秦漢時代的簡牘
畫像與政治社會

古月集

邢義田 —— 著

卷一：漢代的簡牘

自序 ——為歷史稍稍上色——

《古月集》四卷是聯經版《今塵集》（2021）的姊妹篇。這又是一套難脫硬邦邦嫌疑的秦漢史研究論文集。這類古史論文集通常只有文字，沒有圖畫，更沒有黑白以外的顏色。長期以來，依據傳世和出土文獻而書寫的史學論文，基本上並不考慮歷史上人物和人世間原本存在的色彩。這兩套書但願稍稍有點例外。

真實的世界原本多彩多姿，有聲有色，猶如我們每一天睜眼所見。如果我們稍稍挖掘一下自己的記憶，也許會赫然發現記憶中的人和事常常如同一張張黑白照片，並沒有人物或場景該有的顏色。怎會這樣呢？大家也許曾注意，也許像我一樣根本沒想過。

依據當代認知與知覺神經生理學的一大發現，在神經通路上視覺神經對圖形和色彩訊息的傳遞是先拆開圖形和色彩，而後於較高階的腦區組合。圖形與色彩組合成功以後，進一步做記憶、語意分析並賦予意義。如果視覺神經接收到的訊息不包括有色光譜中的色彩，則腦中存檔的記憶也就沒有色彩。[1]

為什麼視覺神經接收的訊息常沒有色彩呢？除了視覺先天性缺陷或後天的病變，一大原因是我們習慣閱讀文字，經由文字形成我們對當下世界

1　請參艾力克・肯德爾（Eric Kandel）原著，黃榮村譯，《啟示的年代：在藝術、心智、大腦中探尋潛意識的奧秘——從維也納 1900 到現代》（臺北：聯經出版公司，2021）。

和歷史的認知和記憶。對視覺神經而言，文字是圖形。文字不論手寫、鉛印或電腦打字，如同黑白圖形，也就是非光譜色中灰階式的黑到白。原本多彩的歷史現場一旦化為文字，經閱讀，腦「記憶檔」儲存了僅有黑到白非光譜色的圖形。如果我們想從「記憶檔」搜尋和重建某些畫面，或許能組合出若干影像，影像必成黑到白不同灰階的狀態，也就像一張張黑白照片了。

　　自人類發明文字，文字成為傳遞訊息和記憶主要的載具以來，長期累積的經驗使我們很自然也不自覺地以為凡過去的一切都會隨時間而褪色。可是彩色攝影出現以後，不論照片、電影或電視，歷史現場的顏色得以保留。有趣的是從此影視導演常用影像色彩單一化的手法，不論是黑白或泛黃，去倒溯故事情節，引導觀眾進入一段過去的故事場景。當導演恢復銀幕上的五光十色，觀眾立即明白倒溯已經結束，回到了情節的當下。導演可以用「有色和失色」引領觀眾出入故事情節的當下和過去，正是因為導演和觀眾有一個共同的認知和經驗——當下多彩，進入過去就等於進入一個色彩消褪、單一或失色的世界。

　　我們的視覺習慣其實是面對充滿色彩的當下世界。顏色幫助我們辨別和認識世上的種種，誘發我們的情緒，也激起我們觀看的興趣。過去的人和事會褪色，這無形中造成我們對過去一切相當的距離感，甚至隔閡。越古老的似乎越蒼白模糊，也越難引發我們的興趣。對今天許多人來說，兩千多年前的秦漢中國正是遙遠模糊，一張張蒼白乏味的老照片……這相當不幸。

　　長期以來人們對秦漢歷史文化的記憶主要建築在《史記》、《漢書》等四史的文字性材料上。文字或因司馬遷的生花妙筆，令今人仍樂於閱讀，可是讀史書畢竟像看一部黑白電影或一張張黑白照片，從視覺經驗來說，仍然存在難以跨越的距離。

　　彩色影視出現以後，影視導演用彩色攝影消除了視覺上有色和無色的隔閡感，恢復了歷史現場的絢麗。現在樂於觀賞七彩影視劇的人無疑遠多於喜歡閱讀二十五史的。影視劇裡趙飛燕、楊貴妃身穿華服，滿頭珠翠，

或雙頰貼著花鈿，眉心點染胭脂，豔紅的嘴唇微微輕啟，激活了今人對漢、唐宮中風流的想像。其中原因當然非常非常多。我覺得最少有一部分是因為今天的攝影重現了歷史現場該有的五光十色。今天如何能去重現兩千年前秦漢的五光十色？又如何去想像古人的風采呢？靠出土文物。

近百年來，考古出土了大量秦漢時代的文物。織物、飾品、陶銅金銀玉器、壁畫和畫像石刻等等的色彩得以重現在世人的眼前，使我們有機會捉捕到兩千年前若干原本的絢麗光影。陝西漢景帝陵出土的帶彩女陶俑和西安交通大學校園內漢墓出土的彩色壁畫都讓我們瞥見漢世貴婦和婢僕的花容月貌。歷史現場的絢麗雖然只可能部分恢復，用想像卻可從殘痕去填補失色的部分，再現歷史的風華。

就人世間繽紛多彩而言，古今本沒有什麼不同。顏色更是古今中外建立人間秩序的重要工具。[2] 遺憾的是今天的歷史研究和書寫者有很多忽略顏色，仍然習慣性地專注在文字材料上。這不是他們對顏色無感，而是文字本身無形中造成了無意識的習慣和局限，不自覺地將色彩一事排除在思考和關注以外。

這幾十年來我有幸接觸不少秦漢考古出土的原始文物和圖畫。它們的繽紛絢麗和鮮活生動讓我感覺到兩千年前的世界離我似乎不再那麼遙遠和冰冷。因此每每企圖將它們納入死硬的研究論述，一方面為文字論述作證，一方面也希望多少拉進今天讀者和秦漢的距離。讀者也許會發現，《古月集》和《今塵集》附有比一般為多的彩色圖版。利用古文物和圖像資料為秦漢歷史稍稍上色是我長久以來的願望。

因此我要特別感謝聯經出版公司不計成本，同意用全彩印刷這兩個集子。《古月集》和《今塵集》既然是先後出版的姊妹篇，為什麼開本大小不一致？這也必須感謝聯經慷慨同意我任性的要求。主要是因為《今塵集》出版以後，我希望《古月集》能有較大的版面，清楚呈現彩圖的細節。不

2　關於顏色和身分秩序請參邢義田，〈從制度的「可視性」談漢代的印綬與鞶囊〉，《今塵集》卷三（臺北：聯經出版公司，2021），頁219-272。

少彩圖出自我幾十年中的走訪拍攝，當年親見的感動，希望能更好地傳遞給讀者，讓我們共同見證一個逝去時代的風華。

《古月集》論文的寫作年代在《今塵集》之前。《古月集》所收文字十一年前大部分曾由北京中華書局出版。限於當時的條件，印成黑白。現在調整編排，增刪篇目和內容，換補彩圖，希望彩圖帶給讀者較為鮮活的想像。為了鮮活性，《古月集》增添了幾篇當年在聯經《歷史月刊》上刊登的文字，例如〈趙高與秦的終結〉、〈漢武帝生命中的幾個女人〉、〈蕭何、田蚡、衛青、楊震——關說在漢代〉……希望讀者能感覺到「人」才是歷史的主角。有人，才有情緒、溫度和人世間的多彩多姿。

《古月集》較中華書局版《秦漢史論著系列》（2011）有增有刪。例如〈中國古代的天下觀與秦漢長城的象徵意義〉一文刪去，是因為已移入《Google 地球與秦漢長城》（2022）一書。所增則達十餘篇。另有若干篇因增補內容以致改動篇題。其餘也無不有或多或少的刪修和增補，所補多者至數百或數千言。小小心得當以新版為準。

個人精力十分有限，近年考古出土排山倒海，相關研究和出版大增，有太多太多來不及吸收。舊文又多失誤，現在不敢說修補完善。數十篇論文書寫在幾十年之中，如今無力完全統一體例，也是一個遺憾。有些是我刻意保留早期的體例，以見證論文寫作要求的時代變化。這都是須要向讀者說明或致歉的。

幾十年中幫助我的師長、朋友和學生太多，令我感恩難忘。尤其大學老同學黃榮村不久前贈送我他翻譯的諾貝爾獎得主艾力克・肯德爾（Eric Kandel）關於視覺神經和認知的經典大書，使我得以重新思考「歷史失色」的問題。他們的幫助帶給我治學莫大的快樂，使我明白知識的浩瀚和自己的渺小。謝謝他們。

最後要謝謝長期默默支持我的妻維紅和一雙兒女。

邢義田

民國 111 年 5 月 15 日

原序

　　秦漢以皇帝為核心的官僚體制如何出現？又如何運作？是我長久關注的主要課題。和世界其它古代文明相較，這套體制以及背後的價值觀可以說是中國傳統政治和文化經驗中的一大特色。

　　學者討論秦漢帝制的形成，每每從春秋戰國這「天地間一大變局」的角度出發，強調從周代封建制沒落到秦漢郡縣官僚制出現，中國在政治、社會、經濟和文化思想各方面都發生了鉅變。這幾百年間確實有極大的變化。然而注意變化，有時不免會忽略了其中的不變，或變化不是那麼劇烈的部分。這些部分有的反而是中國歷史文化發展中更根本的「底色」。

　　以春秋戰國至秦漢社會最底層的農村聚落來說，在定居式農業、族人聚居、聚葬和職業世代相襲的基本生活形態上都表現出頑強的延續性。聚落內部尊老尚齒的倫理，歷經春秋戰國的鉅變也延續不絕。這是兩千年傳統中國農村一層重要的底色。春秋戰國以來，列國以鄉里什伍之制將鄉野聚落編組起來，加強控制。這並沒有破壞聚落的結構，甚至強化了原有的秩序和權力支配關係。此後，象徵國家徵兵、徵稅和司法的有秩、嗇夫、里正和代表鄉里聚落本身利益的父老，共同成為基層聚落的領袖。這本集子中的〈漢代的父老、僤與聚族里居——「漢侍廷里父老僤買田約束石券」讀記〉、〈漢侍廷里父老僤買田約束石券再議〉、〈從戰國至西漢的族居、族葬、世業論中國古代宗族社會的延續〉和〈從出土資料看秦漢聚落形態和鄉里行政〉四篇都和探討這個主題有關。

這樣的社會又會產生出怎樣的統治體制和相應的價值觀？過去二十多年的探討主要注意以下四個方面：

一是注意社會特質和統治體制之間的關係。因此寫了〈從安土重遷看漢代的徙民和遷徙刑〉，指出不論就農民本身或統治者的角度，都不會也不希望農民輕易離開土地。漢代政府為了實邊或救荒，遷移人口每每須要提出鼓勵措施，而遷徙刑造成遷者離鄉背井，不得返葬，也往往會被認為是「更甚於死」的重刑。由於想到農民不輕意也不可能年年離開鄉里，因而寫成〈漢代案比在縣或在鄉？〉一文，分析農民日常可能活動的範圍、旅行的條件、地方行政的能力以及漢代縣、鄉面積等等因素，指出漢代每年八月案比，只可能在鄉里，而不可能在縣城舉行。

另外利用漢代居延和敦煌邊塞出土的大量習字簡、急就篇和九九術殘簡等，寫〈漢代邊塞士卒的軍中教育〉一文，指出由內郡各地徵調到邊塞守邊的士卒，原本不通文墨，即所謂「不知尺籍伍符」，在服役期間有機會學習文字、算術和國家法令，退伍後返回鄉里，即成為地方官員以外，較底層的知識文化群體，也成為帝國重要的一部分支柱。

〈月令和西漢政治〉是依據秦代武公時期更修〈為田律〉木牘、西漢東海郡功曹史墓出土簡牘和敦煌懸泉出土王莽月令詔條五十條，配合傳世文獻寫成。本文指出月令早已存在，系統多樣，漢以後逐漸統一，但漢朝自有「漢家月令」和經書月令不完全一致。王莽即使尊經泥古，也只能摘其可行者行之。王莽月令詔條清楚反映傳統政治不能違背，而且只能順應一個定居農業社會的生活秩序。這樣的原則自《夏小正》出現以來大概就不曾改變過。

〈從尹灣出土簡牘看漢代的「種樹」與「養老」〉一文則指出秦漢政府如何積極維護一個自古以來鄉里「尚齒」的傳統。〈秦或西漢初和姦案中所見的親屬倫理關係——江陵張家山二四七號墓《奏讞書》簡 180-196 考論〉一文從秦或漢初的一件和姦案辯論案例，指出以秦地風俗為背景的秦律有著和關東六國倫理上的差異，以及這種差異在漢代的意義。以五服制為核心的儒家倫理禮制雖經漢代循吏大力提倡，真正變成國家法律遵循的

原則，並在中國社會生根，要等到晉代泰始律出現以後。由於服制成為法律的準則，借法律的力量強制推行，中國社會的儒教化從晉代以後向前大步邁進。

二是注意官僚人才的來源與訓練。前後寫了〈東漢孝廉的身分背景〉、〈察舉孝廉的年齡限制〉、〈論漢代的以貌舉人〉和〈秦漢的律令學〉等文，探討不同背景的地方精英，以什麼條件，通過怎樣的管道進入全國性的官僚體系。秦漢官僚大體上都是在以吏為師的傳統下，接受以律令為主的文吏訓練；如要升遷，就須進一步通曉儒經。漢代經師無論公私，幾乎都是在朝或退隱的官員，拜他們為師可以說也是以吏為師。章學誠早已指出，以吏為師是政教不分的封建老傳統，秦漢承之，足證秦漢去古之未遠。漢末王粲曾指出「吏服馴雅，儒通文法」是漢代官員品質的一大特色。這個特色到漢末魏晉才隨著士族的貴族化而漸漸消褪。

三是注意官僚體制運作的特色。〈從如故事和便宜從事看漢代行政中的經常與權變〉一文從漢代「如故事」和「便宜從事」這兩個公文套語，探討漢代官僚運作的基本依據和特質，指出祖宗故事、經義和律令是官僚行政的三大依據。官僚行政有因循保守的傾向，又因允許某種程度的便宜行事，而能保持彈性，不致僵化。為求了解秦漢行政的特色，曾注意秦漢地方公文書的形成方式、行文程序和保存。因此寫了〈從簡牘看漢代的行政文書範本——「式」〉、〈漢代書佐、文書用語「它如某某」及「建武三年候粟君責寇恩事」簡冊檔案的構成〉、〈湖南龍山里耶 J1（8）157 和 J1（9）1-12 號秦牘的文書構成、筆跡和原檔存放形式〉等論文。

談官僚體制運作不能不說官僚頂端，權力來源的皇帝以及皇帝制背後的思想觀念。這一部分離完成尚早，目前僅寫了〈中國皇帝制度的建立與發展〉、〈秦漢皇帝與聖人〉、〈漢武帝在馬邑之役中的角色〉、〈母權、外戚、儒生——王莽篡漢的幾點解釋〉、〈東漢光武帝與封禪〉、〈從古代天下觀看秦漢長城的象徵意義〉等文。

四是注意官僚士人的價值觀。過去有學者指出從戰國以後，封建時代的武士蛻化為文士，漢代儒家興起，變得重文輕武，或者說沒有了「兵的

文化」。但我認為封建時代的某些價值觀，如《詩經》裡所說的「允文允武」，並沒有隨郡縣官僚制的建立而煙消雲散。〈允文允武：漢代官吏的一種典型〉一文從兩漢官吏的養成教育、仕宦過程、仕宦中的實際經歷、文官武吏都佩刀帶劍的服飾特色、墓葬畫像和碑志的讚頌、魏晉南北朝士人對當代及漢代的評論，指出秦漢官吏雖分文武，實則分際不嚴。一般官吏習騎射、知兵法，出入文武兩途。兩漢薦書每以「才兼文武」為言，漢末墓葬祠堂畫像充滿狩獵和戰爭圖，墓碑經常以文武雙全表揚死者。這些都反映出封建貴族的基本價值，一直到漢末沒有根本的變化。

以上相關論文共三十八篇，收入本書卷三、卷四。這些可以說是我思考中國古史發展的若干切片。思考的主軸如同前文提到，是有意在王夫之所說「戰國者，天地一大變革之會」或趙翼所謂「天地間一大變局」之外，揭示自周至漢變局中較為少變或不變的一面，也企圖說明所謂變革或變局的特色，也許可從封建貴族制向社會下層擴大和延伸的角度作出不同的詮釋。今後還有多少機會說清全部的故事，不可知。以下再簡單說說這三十八個「切片」所源自的思考主軸。

周代封建是認識中國古史的關鍵。周人行封建所立下的思想、政治和社會格局，大體上籠罩了傳統中國近三千年。春秋戰國時，中國一度發生了社會、經濟、政治和思想上的重大變化。變化的根源在於封建制逐漸失去了原本維繫天下秩序的作用。周人征天下，行封建是企圖利用以周天子為中心的宗法制，強調親親的精神，以維繫天子和諸侯以及諸侯與諸侯之間的關係。然而征服完成後，幾百年間，征服者待封的子弟日多，新的土地未增，人多地少，分封漸不可行，封國間兄弟甥舅般的情誼日漸變淡，生存競爭反倒日趨激烈。華夏封國和戎狄之間的關係也趨於緊張。依《春秋》公羊家的說法是「戎狄交侵，中國不絕若線」。周天子無力應付這樣的內外危局，逐漸失去了威信和對天下的控制。

封國之君為應付國與國之間的生存競爭以及國內大家巨室的覬覦，講求富國強兵，出現所謂的變法。變法的方面很多，從田制、兵制、法制、官制到人才利用，各國都出現不同程度的變化。變化的大方向有兩個：一

個是各國掌權的人想盡辦法將過去由一層層封建貴族掌握的人民和土地，收歸自己直接控制，成為一個中央集權的國家。另一個是，為了對抗舊的貴族，尋找新的支持，掌權者有意無意地將一些過去只有貴族享有的特權，分給了原本身分較低的吏和平民。這些新變化，乍看之下像是導致了封建的崩潰；換一個角度看，它們常常是借用舊磚瓦，建造新房子，使得封建制在新的形式下，得以擴大、延伸和轉化。

所謂擴大和延伸，簡單地說，是指原本由上層貴族獨占的封建特權，擴大並向下延伸成為包含下層平民在內的一種制度。例如：

（1）原來只有封建貴族擁有土地，經過賞田、授田等方式，變成平民普有土地。在周人封建體制之下，土地是一切財富和身分的基礎，也是征服者和征服者同盟才享有的特權。封建時代的平民不可能擁有土地。可是西元前 645 年晉惠公與秦國打仗，戰敗；為尋求國人支持，「朝國人而以君命賞」，賞眾以田地。這是一時之計。後來各國賞授土地給平民的情況愈來愈多，演變成由國家普遍授田，平民服役納租成為義務。國君和國內爭權的貴族，為了爭取平民支持，甚至訂出不同的畝制和租額。晉國大夫范氏、智氏、中行氏、韓氏、魏氏、趙氏爭權，據說就曾如此。晉大夫的競爭引起吳王的注意。吳王請教孫子：「這些大夫誰會先亡？誰能保住國家？」孫子預測必是授百姓田畝最大，收租稅最輕的趙氏最得人心。結果果如所料。根據湖北雲夢睡虎地秦簡、山東臨沂銀雀山和湖北江陵張家山漢初簡，我們幾乎可以確知從戰國到漢初，授田制應是當時最主要的田制，平民不但從國家得到土地田宅，也可依軍功大小從國家得到高低不同的爵位，享受不同等級的法律待遇。

在封建體制裡，除了擁有采邑和祿田的各級封君和士，他們之下還有一大群擔任各種行政庶務，按月領俸，名為府、史、胥、徒或皂、輿、臣、僚等之「稍食」小吏（從閻步克先生說）。當封君和封君相爭，或和封國內諸卿大夫相爭之時，各級貴族為壯大自己，除了拉攏平民，也要籠絡這批身分低，卻實際處理庶務的吏。或許為了抬高他們的身分，師法封建的等級制，逐漸有了依月奉多少而來的秩級制度。例如商鞅變法時，在秦國

出現了從斗食、五十石、百石到千石等「有秩」之吏。在春秋戰國官僚制形成的過程中，靠身分得位，以爵為尊的貴族逐漸邊緣化，而依實務能力，謀得月奉的吏逐漸成為官僚主體。整個官僚體，在國君集權的要求下，甚至有全盤吏化的趨勢。除了千石之吏，更出現了二千石、萬石的官吏，連最高階者都納入了月奉的體系。這些吏像布衣而卿相者一樣，沒有家世的依靠，榮華富貴來自於君，自然唯君是命，絕對效忠。「忠」是這批吏最講究的德性；相對來說，「孝」則是宗法下封建貴族講究的舊道德。在封建制轉化為官僚制的過程裡，出現「忠臣出於孝子之門」這類銜接新舊道德的說法，但孝始終沒有失去作為傳統中國社會道德倫理核心的地位。

（2）原來唯有貴族有姓氏，逐漸演變成平民普遍擁有姓氏。許多貴族獨占的「符號」開始平民化。在封建時代，「百姓」原是統治貴族的代名詞，不是指一般的平民。統治貴族在受賜土地和人民時，同時受賜姓氏。原來沒有姓氏的平民如何逐漸開始有了姓氏，還是一個無法完全了解的謎。古書裡有「吹律定姓」之說，這到底是怎麼回事？沒人能說得清。總之，賞賜姓氏一事後來似乎趨於浮濫，姓氏不再那麼神聖，一直到漢代，人們還經常改姓。另一方面，春秋時擴大徵兵，編造戶籍，為了事實上的需要，平民不能不開始有一個代表家族來源和個人的符號，也就是姓和名。百姓逐漸成了平民的代稱，先秦諸子書已普遍用百姓稱呼一般的平民。

封建時代諸侯有「國」，大夫有「家」，一般平民附屬於貴族的「國」或「家」，自己是沒有資格稱「家」的。但是最遲在漢初，喜歡儒術的轅固生曾譏笑老子的學說為「家人言」，意思是平民俚俗之言。「百姓」、「家」只是許多封建貴族的身分符號逐漸平民化的兩個例子而已。秦簡公六年（西元前 409 年）「初令吏帶劍」，七年「初令百姓帶劍」。劍原本是貴族身分的象徵，只有貴族才能佩劍，現在允許吏和百姓帶劍，也同樣意味著貴族符號的平民化。

（3）原來唯有貴族可執干戈以衛社稷，春秋戰國時因戰爭規模擴大，

貴族間相互鬥爭，須要更為廣泛的兵源，演變成全民徵兵。封建時代的爵位是用來賞賜幫助周室征服的功臣或宗室子弟，和軍功的關係原本密切。後來平民加入軍隊，立下戰功，也受到爵位的賞賜。這可以說是十分自然的發展。商鞅變法時明白以軍功授爵平民。戰國時三晉、齊、楚也都有自己的爵制。從此貴族獨有的爵稱，變成平民也可擁有，並隨爵位享有不同數量田宅、服飾、車馬、奴僕等的特權。漢代常賜平民爵位，有二十等之多。湖北江陵張家山漢初墓出土的《二年律令》詳細記載了二十等爵的名稱和依爵分配田宅的數字。一直到東漢末年，劉劭討論二十等爵制時，還特別詳述了這二十等爵和封建諸侯、卿、大夫、士的對應關係。從《二年律令》看，劉劭的解釋有憑有據。平民可以因軍功而有爵，吏自然也可以有爵。在春秋戰國編民為什伍的軍國體制下，所謂的爵也就是犒賞軍功為主的軍爵，吏正是率民作戰的各級軍官。《商君書‧境內篇》講的大半是吏如何因軍功加官晉爵。

（4）封建時代原有「刑不上大夫，禮不下庶人」的話。一般庶人也就是平民，受刑罰的約束。所謂刑罰主要是殘傷身體的肉刑，例如：刺紋樣或文字的黥刑，斷腿的刖刑，剃去頭髮的髡刑和砍去腦袋或支解身體的死刑等。大夫以上的貴族如犯法，會被殺，但不會受到這樣的殘害和羞辱。庶民原本沒有資格和貴族同受「禮」的規範。春秋戰國以降，貴族和庶民的界線不再涇渭分明。一方面，「刑無等級，自卿相將軍以至大夫庶人，有不從王令，犯國禁、亂上制者，罪死不赦」（《商君書‧賞刑》），另一方面隨著平民地位的提升，平民也可以和貴族一樣講求禮教。

孔子和他的弟子在這個「平民講禮」的過程裡，扮演了極重要的角色。孔子主張有教無類。他開始教導平民去學習封建貴族的禮。孔子較重視禮制的實質意義，甚至為禮建立起新的核心價值，也就是仁。孔子說仁者，愛人。這原本不是封建制倫理所強調的。但孔子的弟子或再傳弟子有些偏重禮的儀節，有些講究作為封建家族倫理核心的「孝」道等等。不論如何，從春秋以後，平民開始有機會接受貴族式的六藝教育，學習禮、樂、射、御、書、數；或者說像貴族一樣，他們也有機會成為有教養的

「君子」了。

隨著喪禮五服制和《孝經》的形成，自天子以至庶人有了共守的禮制準則。《孝經》從「天子之孝」講到「庶人之孝」，孝成了上下一體的道德核心。《孝經》最後一章講喪親。如何依禮行喪，表現孝道，首先要規範親屬等級。講究禮儀的儒者詳細構想出喪禮服制，以自己為中心，上兩代父、祖，再加上子、孫兩代共為五服。依據構想，這樣的服制也是從天子至於庶人一體適用。這些儒者又認為嬰兒三歲才能脫離襁褓，免於父母的照顧，因此父母親死，應該為父母守喪三年。守喪之時要按時行禮，不能工作，不能生產。封建時代很多貴族都難以遵守，但是現在的儒者甚至鼓吹平民也要行此理想中的古禮。這是封建時代的平民萬萬不可能，也不夠資格去遵奉的禮。

簡言之，封建體制之下原本由各級貴族獨占的實際利益、符號、禮儀和價值，在各國封君和貴族為應付封國內外的壓力，拉攏平民相助的大形勢下，逐漸開放給了下層的吏和平民。這不能不說是一種封建貴族制的向下擴大和延伸。

擴大和延伸終不免造成封建性質的轉化。首先是周初封建下征服者與被征服者身分不可踰越的原有特質，現在因為被統治平民的加入而漸漸泯滅。春秋戰國文獻裡常見武丁任用罪徒傅說為相之類的故事。這應該只是一種附會，但是反映出上層統治者不再以征服者自居，也不以獨占統治優勢為用人的考量。他們在這幾百年激烈的生存競爭中，體察出一條真理：將國家交給才智優秀的人去治理，比交給世襲官位的人去治理，有更大的生存機會。從此「唯才德是用」逐漸成為政治上晉用人才的主要原則。中國由此變成一個階級色彩淡薄，憑個人本事競爭，相對地公平和開放的社會。這樣相對的公平和開放在古代埃及、希臘、羅馬或印度階級森嚴的社會裡都找不到。

總之，春秋戰國時代的人並無意於切斷歷史，而是在歷史中尋找面對變局的資源。用古人的話來說是「人人稱說堯舜」。即使求新求變者，也多半利用舊瓶裝新酒。新的名號可以創造於一日之間，舊的價值和觀念卻

往往陰魂不散，久久不能盡褪。秦始皇創號皇帝，自周以來的天命、天子和天下觀卻始終支配著以皇帝為首的郡縣世界，就是一例。當然逝者如斯，歷史不會停滯。歷史學者固宜善觀其變，似亦不可無視於其不變。許多變化的因子，往往就在不變的土壤裡。這是我要說的故事梗概。想說的故事還很多，目前重點多半集中在和政治社會有關的一面。

為了研究以上課題，過去二十年，我花了不少時間去學習秦漢的簡帛和圖像資料。因為簡牘文書可以說是秦漢官僚行政最直接的物證，而大量的墓葬畫像石磚和壁畫則生動反映了地方官僚的集體心態和價值觀，也反映了在文獻中見不到的漢代社會。學習過程中寫了相關論文四十篇，分別輯入卷一、卷二。

卷一以簡帛研究為主。自十九世紀末漢晉簡牘大量出土，簡帛出土和研究經歷一百多年，已於近年蔚為顯學。我真正開始接觸這個領域是在進入中央研究院歷史語言研究所以後。史語所收藏有 1930 年代出土的居延漢簡和相關的檔案，又有勞榦和陳槃等著名先驅。身為後輩，自然從學習史語所的材料和前輩的著作入手。

這一冊大致分成「研究」和「述舊與資料」兩部分。第一部分大半和居延漢簡有關，兼及新出土的簡牘。這部分除了步武前輩，作簡牘文書內容的考證，也試圖探究新的課題，利用新的方法或工具，摸索新的可能。尤其近年注意到簡牘的重量、體積和書寫姿勢、家具、編聯和保存等使用方式的關係，因此寫了〈漢代簡牘的體積、重量和使用——以中研院史語所藏居延漢簡為例〉一文。又因曾接觸羅馬帝國的木牘文書和研究，覺悟到應將出土文書放回到出土的環境中去了解。過去大家幾乎都被出土的簡帛內容所吸引，很少注意它們和出土遺址或環境的關係。這種情形在居延漢簡的研究上十分明顯。2006 年夏走訪居延漢簡的出土地——甘肅和內蒙古額濟納河一帶，並利用衛星定位儀記錄了若干遺址的位置，因此寫成〈全球定位系統（GPS）、3D 衛星影像導覽系統（Google Earth）與古代邊塞遺址研究〉一文。希望新的工具能為今後的簡牘和遺址研究帶來新的角度和思考。

述舊和資料這一部分主要是依據檔案和口述，記錄前輩研究和保存居延漢簡等文物的功勞和過程。為感念前輩之篳路藍縷，我先後寫下〈勞榦院士訪問記〉、〈勞榦先生的漢簡因緣〉、〈傅斯年、胡適與居延漢簡的運美及返臺〉、〈夏鼐發現敦煌漢簡和晉泰始石刻的經過〉四文。這一部分也收錄了史語所同仁蕭璠、林素清、劉增貴、顏世鉉和我一起整理居延漢簡的成果和工作報告。沒有他們的堅持和努力，不會有《居延漢簡補編》的出版，也不會有簡帛金石資料庫的建立。在此要特別感謝工作夥伴們。這一部分較特別的一篇是去年 11 月到香港大學，得見馮平山圖書館所藏，和居延漢簡相關的檔案以及馬衡、勞榦、向達、余遜四人的釋文底稿和釋文簽數千件。回臺後將所見寫成一篇調查記，希望為近代簡帛學術史提供一項還少人知道的材料。

卷二以收錄有關漢代畫像石、畫像磚和壁畫的研究和評論為主。圖像研究是正宗秦漢史學家不屑一顧的領域。長期以來大概只有藝術家，少數的考古或美術史學者垂青。我嘗試去學習，是基於以下的考慮。

在秦漢史研究的領域裡，研究政治、社會、思想、制度、經濟史的學者和研究圖像、畫像或藝術史的，基本上極少交集。這是令人十分遺憾的情況。我深深相信「畫為心聲」就如同「文為心聲」。古人留下文字或圖畫，是以不同的形式和語言在傳達所思、所感，其信息之豐富多彩，並無不同；其易解與難明，各有優劣，難分軒輊。後人要了解古代的人、事或社會文化，不能圖、文兼用，僅憑「隻」眼，不論閉上那一隻眼，都將無法「立體」呈現那個時代。

這些年，陸續讀了不少和漢代畫像有關的中外論著。他們的解讀和論證有些不免捉風捕影，因而逐漸明白為何正宗的秦漢史學者不輕易使用圖像材料，也難以接受圖像學者提出的解釋。我不曾受過藝術史和考古學訓練。如何利用古代存留下來各式各樣的圖像或視覺性材料，是一個不小的挑戰。二十年來，不得不面對自己訓練的不足，試圖找出一套令自己心安，也足以說服他人的圖像解讀方法。

近二十年前，剛接觸漢代畫像時，完全不懂方法。當時受到姚師從吾

「學騎馬，騎到馬背上，學游泳，跳到河裡去」名言的影響，一直覺得方法無待外求，就在具體的材料之中。因此沒有求助汗牛充棟的中外藝術或圖像學理論，而是一頭跳進畫像的大河。在接觸材料和面對問題的過程裡，靠著直覺，摸著石頭，一點一滴分析歸納，逐漸琢磨出過河的方法。

首先察覺到畫像表現存在著一定的套數。1990 年寫〈東漢孔子見老子畫像的構成及其在社會、思想史上的意義〉，第一次提到格套，並試著依據格套和榜題，從眾多的母題中，找出所謂的孔子見老子畫像。這一篇習作迄今沒有發表。不過後來證明格套還算有用。它像秦漢時代的諺語一樣，是了解漢代社會通俗智慧和心態的一把鑰匙，可以打開一窺漢畫寓意的門徑。

整整十年後，寫成〈漢代畫像中的「射爵射侯圖」〉。此文較為細緻地討論了格套和榜題，將構成漢代畫像單元的元件，區分出必要、次要和非必要的部分，又討論了格套運用的靈活性、寓意的多重性和墓葬和祠堂畫像的拼湊性。重要的是同時警覺到這一套方法的有限性。

運用同樣的方法，我嘗試處理牽涉更廣的題材。同一年（2000），發表〈古代中國及歐亞文獻、圖像與考古資料中的「胡人」外貌〉一文。這一嘗試使我覺悟到格套在藝術呈現上所可能造成的圖像與事實、圖像與文獻之間的差距，以及與集體記憶之間的關係。

2002 年發表〈格套、榜題、文獻與畫像解釋──以一個失傳的「七女為父報仇」漢畫故事為例〉。在方法上，有較新的進展。第一，這篇小文再一次檢討了格套和榜題的關係，分析榜題的作用，並為榜題類型作了初步分類。其次，從畫像的空間和時間因素，討論了漢代藝匠的創作空間。第三，指出畫工石匠傳統和文字傳統之間可以有重合，也可以有不同；它們分享著共同的文化資產，卻可以有不同的表述。

「多重寓意」和「脈絡意義」之說則是在 2005 年〈漢代畫像胡漢戰爭圖的構成、類型與意義〉一文中正式提出。這是〈胡人外貌〉一文的姊妹篇。這一篇遇到解釋上最大的難題是：在一無榜題可據的情形下，如何理解胡漢戰爭畫像中出現的風伯、雨師、雷公、河伯、泰山君、大禹等一類

的人物？因而提出尋找「脈絡意義」的輔助方法。本文試圖論證所謂的胡漢戰爭圖應有較早期、意義也較單純的淵源。可是在幾百年變化的過程裡，它承載了愈來愈多的想像和期望，蘊含了愈來愈複雜或多重的寓意。它們之間不必然諧和統一。面對古人思想和藝術呈現之間的複雜性和不統一，我們最好從動態的角度去考慮，不宜強加調和，僅給「一套」解釋。

〈撈鼎圖〉和〈猴與馬造型母題——一個草原與中原藝術交流的古代見證〉是 2007、8 年所寫的兩篇。這兩篇希望另闢蹊徑，去解讀一些用先前使用的方法無法解讀的漢畫母題。〈撈鼎圖〉主要指出西漢中晚期出現在石棺上的撈鼎圖並不是照抄《史記》諷刺秦始皇的泗水撈鼎故事。它借用既有的故事，卻從一開始就糅雜了其它種種求仙的傳說，有了主角、內容和意義上很大的轉變，以適合墓葬文化和升仙心理的需要。它所傳達的重點和司馬遷所說有很大的距離。因此在漢畫撈鼎圖中從不見「秦王」和「泗水」榜題，觀看撈鼎的人從語意曖昧的「大王」變成墓主，更增添了《史記》不曾提到的龍等構成元素。

〈猴與馬造型母題——一個草原與中原藝術交流的古代見證〉一文是從草原地帶出土的一種猴騎馬小型銅垂飾說起，試圖說明利用某些出現在後代的母題，可以回推出漢或漢以前類似母題的意義。和馬上封侯以及猴防馬病寓意相關的圖飾不但出現在漢代的石刻畫像中，也出現在其它材質的器物上，此後綿延上千年。藝術母題的延續是傳統社會文化延續特質的一環。

總體來看，以上這些解讀和觀察根據的方法都有局限，仍然無法解開許多解不開的謎團；即使自以為解開的，也有待今後證據的考驗。不論如何，希望今後能在既有的基礎上，繼續深入，綜合圖像和文獻，重新勾勒孔子、老子和周公的形象以及他們在皇帝制下具有的時代意義。

過去二三十年，也曾有意打破歷史學界存在的某些界限：一是專業領域的界限，一是使用材料的界限，一是中外歷史的界限。過去一個世紀，中國史學研究有一個明顯的現象，就是以時代、課題，或以材料區分，有所謂的先秦、秦漢、魏晉南北朝、唐宋、明清等斷代史，或政治、制度、

經濟、史學、思想、文化、美術等專史，又有所謂的出土文獻學、簡帛學、敦煌學、古器物學等等；隨之而有無數各式的專業組織和期刊。中國史和外國史更是楚河漢界，互不相通的兩大營壘。這些都是隨著近代學術趨於專業分工，逐漸形成於不同的發展階段。當初形成都有理由，其結果是造成研究上「囿於一隅」的嚴重現象。課題和視野都為之割裂、窄化和淺化。

因為對此深感不安，我試圖打破界限，一直不願以那種史或那種材料的專業研究者自居。在學習摸索的過程裡，隨著面對的課題，順手運用材料，不論圖、文，不論傳世或出土，也不論中外。這套集子依性質和主題分為四冊，實際上邊界模糊，甚至有諸如〈從比較觀點談秦漢和羅馬皇帝〉、〈漢代中國與羅馬帝國軍隊的特色〉、〈羅馬帝國的居延與敦煌〉、〈從金關、懸泉置漢簡和羅馬史料再探所謂羅馬人建驪軒城的問題〉、〈古代中國及歐亞文獻、圖像與考古資料中的「胡人」外貌〉、〈赫拉克利斯在東方——其形象在古代中亞、印度與中國造型藝術中的流播與變形〉、〈英國國家圖書館藏明代木牘試釋〉等等撈過界的淺陋之作。

撈得過界，避不開淺陋。淺陋之作，豈值匯集？兩年前，中央美術學院的鄭岩兄和寧夏文物考古研究所的羅豐兄提議結集出版，以利讀者。二兄與我論學多年，熱心代為聯絡。這時，社科院歷史所的侯旭東兄引介了中華書局。中華書局出版名著極多。學生時代以來，不知讀了多少。中華書局的徐俊和于濤先生先後出面邀約，深感榮幸，欣然應允。衷心感謝諸好友和中華書局的盛意。

應允之後，在一年多的修訂過程裡，才覺悟不該答應。舊稿先後成於二十餘年間，多半不是小訂小補可以了事，大修大補又心餘力蹙。這二十多年來學術論文在體例上，頗有變化，這次修訂本應統一體例，但工程浩大，最後只能在有限的範圍內，儘量減少內容的錯誤而已。許多時賢高論不及補入，深覺不安。又有些舊文，蒙時賢商榷，或修或刪，也有些存舊，以便讀者對照。學棣劉曉芸、劉欣寧和游逸飛幫忙閱讀書稿，找出不少錯。若不是他們，錯誤肯定更多。謝謝他們。

接著，還要特別感謝歷史語言研究所。我真正的研究生涯是到史語所以後才開始。在這個優良的環境裡，有無數使我得益的師友，圖書館、考古庫房、事務室和秘書室等單位也有無數默默支援我的同仁。二十餘年朝夕於斯，是我人生最大的幸福。在這段時光裡，除了良師益友時刻扶持，我有機會摸遍史語所收藏的居延漢簡、漢晉碑拓和畫像拓本，說我是吃史語所的奶水長大，一點不為過。這個集子理所當然獻給母親——史語所。

最後，出版這個集子適值家父九十大壽。父親早年讀書於天津南開中學，不及卒業而中日戰起。從此闖南走北，戎馬一生，常以無暇，也無書可讀為憾。他老人家退休後，二十餘年來，發憤苦讀，讀書每至夜分，批註、筆記盈於篋笥。長於安逸的我，深愧不如，後半生當以父親的用功為榜樣。在此祝福他老人家福壽康泰，並以這個集子權充壽禮。

邢義田序於臺北南港史語所 2008 年 8 月 8 日

卷二　畫像石、畫像磚與壁畫

概說

卷三　皇帝、官僚與社會

皇帝

政府與官僚

家、宗族、鄉里風俗與信仰

卷四　法制、行政與軍事

法制

行政

軍事

簡牘研究

漢代簡牘的體積、重量和使用
——以中研院史語所藏居延漢簡為例

　　自簡牘帛書的研究成「學」以來，簡牘的重量和體積似乎是一個還不曾被討論過的問題。這個問題看似無關宏旨，其實關係不小。以下不妨從一個東方朔的故事說起：

> 朔入長安，至公車上書，凡用三千奏牘。公車令兩人共持舉其書，僅然能勝之。人主從上方讀之，止，輒乙其處。讀之二月乃盡。詔拜以為郎。
> （《漢書‧滑稽列傳》東方朔條）

　　東方朔上書，用牘三千，公車令二人勉強搬動，進呈武帝。三千奏牘堆疊起來體積龐然，奏牘起首的部分顯然堆在上層；武帝從上方讀起，兩個月才讀完。班固在〈東方朔傳〉贊裡說，世上傳言東方朔的滑稽故事多不可信，須特別花功夫甄別，可信的才入傳。三千奏牘一事不論是否可信，無意中透露竹木簡牘的重量和體積，不論在搬動或閱讀上，可以造成習於用紙的今人難以想像的問題。學者早已利用這個故事中「乙其處」之語，說明古人閱讀時的注記習慣，卻忽略了這三千奏牘重量和體積的意義。[1] 重量和體積如何左右文書的形式、存放和管理，就「簡牘文書學」或古代文書檔案管理的研究而言，不能不說是一個基本課題。

1　另一個相關的故事是秦始皇「衡石量書，日夜有呈，不中呈，不得休息」（《史記‧秦始皇本紀》）。〈集解〉以為石為「百二十斤」，瀧川龜太郎以為非指確數，「但言有定程耳」（《史記會注考證》，卷6，頁57）。

一 史語所藏簡牘重量和體積的測量

近數十年來，湖北、湖南等地區出土很多戰國或秦漢簡牘，出土時多泡水，為保存不得不脫水和用藥劑處理。重量和體積都因而發生變化。居延和敦煌出土的簡牘情況不同。這些木質為主的簡牘保存於沙土之中，因長期乾燥，重量變輕，形體或稍收縮，絕大多數大致保持原狀。例如漢一尺約 23 公分，現在一標準尺寸的簡仍多長 23 公分左右，可知收縮有限。

中央研究院歷史語言研究所藏有 1930 年代發掘的一萬餘枚居延漢簡。其中十餘枚為竹簡，餘為木簡。史語所漢簡整理小組過去曾全面整理，測量了簡的長寬厚，唯未留意重量。目前整理小組已經解散，一時無法再進行全面測重。去年（2005）底和今年初，我利用機會抽樣測量了少數簡。現在將測量數據公布（附表一～三），供大家參考。

測量樣本中較重要的是兩件完整的簡冊。史語所珍藏編繩和編簡都完整的簡冊兩件，一件是由三簡編聯而成的 57.1 號簡冊，另一件是 128.1 號由七十七枚簡編成，迄今最長的漢代簡冊，也就是通稱的永元器物簿（圖 1.1-4）。這兩個簡冊除了編聯簡數和長度不同，基本形制一致：第一，使用的簡都是長約 23 公分或漢一尺，寬約 1 公分，厚約 0.2-0.3 公分的典型木簡；第二，編法上都使用兩道編繩，簡側都沒有契口。漢代文書的重量，除了簡本身，還有編繩。絕大部分漢簡都失去了編繩，即使簡冊得以復原，整冊的重量仍不易準確估計。因此這兩件帶編繩簡冊就特別有意義了。

兩件簡冊在史語所陳列館中長期展示。2005 年 12 月 26 日因調整展櫃，展件暫時送回考古庫房。我得到庫房林玉雲小姐的協助，於 27 日上午在倉庫第一次對這七十七枚組成的文書冊進行測重。測重工具是一台專供實驗室使用，靈敏度極高，美國 Denver Instrument 公司生產的 XJ-2100 型電子磅秤。秤得重量為 243.63 公克。這包括七十七簡和所有的原編繩。

為了安排攝影，到 2006 年 1 月 3 日上午才又測量 128.1 簡冊體積。單

1.1

1.2

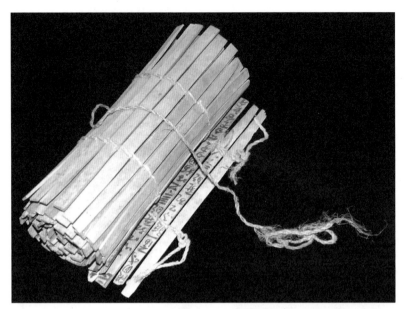

1.3

1.4

圖 1.1-4　128.1 簡冊正背面展開（為便於對照，背面照片有意上下顛倒）和捲起的情況

古月集：秦漢時代的簡牘畫像與政治社會
　　　　——卷一　漢代的簡牘

簡一枚長 23.3-23.5 公分，寬 0.7-1.3 公分，厚 0.2-0.3 公分。簡冊的簡體部分（不包括一側多出的編繩）全長 90 公分。原簡冊上附有一條紮繩，一頭打有兩個結。我們沒有解開結，現有紮繩長度展開後長 57 公分。

因為想知道簡冊捲起後的體積，林玉雲和我曾將 128.1 號簡冊捲起來。我們從文書開頭的一端開始。這是考慮到整組簡冊是由三組不連續的編繩編聯在一起，尾端有相當長多餘出來的編繩，可供繼續編聯之用；簡冊捲起時，留有多餘編繩的尾端原應在簡冊的外層較為合理。[2] 當然不論從那頭開始捲，都不影響重量和體積的測量。捲好後，整個成捲的簡冊從一頭看，有些扁塌，呈橢圓形。上下直徑為 7.5 公分，左右直徑為 9 公分，平均 8.25 公分。有了長度和直徑，這一捲簡冊的體積即可大致估算出來，在 1250 立方公分左右。

57.1 號簡冊由楊德禎小姐於 2006 年 1 月 9 日測重，三簡加編繩共重 11.38 公克。如果拿這三枚簡的簡冊和 128.1 簡冊的重量比較，可以發現 128.1 號簡冊一簡加編繩平均約重 3.16 公克，而 57.1 號簡冊一簡加編繩平均約重 3.79 公克。如果將兩件簡冊共八十簡（77+3）加編繩的重量平均計算，則一簡加編繩平均約重 3.19 公克。木簡重量因質材、厚薄、長短、寬窄頗有差異。我們曾任取形式一致，簡體完整，各書寫一行字的八枚簡作為抽樣樣本，測量結果長度在 22.6 至 23.7 公分之間，寬在 0.9 至 1.4 公分之間，厚在 0.24 至 0.53 公分之間，平均重量為 4.035 公克（附表三）。換言之，這八枚簡的平均重量反而在上述兩簡冊帶編繩各簡的平均重量之上。影響重量差別的一項因素是木材種類；種類不同，木材重量差異頗大（附

2　富谷至曾從「書籍」和「賬簿」兩大類不同性質的簡冊來考慮簡冊的收捲方式，他也以 128.1 簡冊為例，證明該冊性質為賬簿，收捲應是簡冊起首收在內，末尾在外。參富谷至著，《秦漢刑罰制度の研究》（東京：同朋舍，1998），頁 9；中譯參柴生芳、朱恒曄譯，《秦漢刑罰制度研究》（桂林：廣西師範大學出版社，2006），頁 4-5；又見富谷至，《木簡・竹簡の語る中國古代》（東京：岩波書店，2003），頁 72-79；劉恒武中譯本，《木簡竹簡述說的古代中國》（北京：人民出版社，2007），頁 45-48。揚之水先生論證雖小異，但基本分類意見和富谷一致，參氏著，《古詩文名物新證》（二）（北京：紫禁城出版社，2004），頁 369。

表四）。

　　此外，同樣大小的竹簡和木簡，重量並不一樣。這有兩點必須考慮：第一，不同的竹木材質原含水分比例應有不同，分析竹木簡重量應考慮竹木的品種；第二，目前掌握的樣本經過二千多年乾燥，早已脫去不同比例的水分。除非經由實驗，找出不同品種竹、木的脫水比例常數，否則難以完全準確地復原原重量。我們現在測重，其重量必較漢代使用時為輕，這是使用本文數據時，必須放在心上的。

　　史語所藏居延漢簡中有少數為竹質，我們挑選了形式一致，基本完整的漢尺一尺的竹簡十二枚測重。每枚重量輕則 1.59 公克，重則 5.03 公克，差別不小；十二枚平均約重 2.616 公克（附表二），而木簡則平均重 4.035 公克（附表三），木簡明顯較寬、較厚，也較重。一枚木簡之重約是竹簡的1.54 倍。不過這並不表示新製好的竹木簡在重量上有這麼大的差別。可惜我們沒有設備和人力作進一步更精細的測定。

　　為了能作些初步實驗，2006 年 7、8 月間隨甘肅省文物考古研究所組織的考察隊到居延漢簡出土的額濟納河沿岸考察，我刻意尋找了漢簡主要的木料來源——胡楊和紅柳。在額濟納河沿岸仍生長著成片的胡楊林或零星聳立在大片黃沙中的胡楊樹，在戈壁上和遺址旁則不時見到零散分布的紅柳叢。我採集了木料標本，注意到胡楊枝榦雖較粗較高，木質遠較屬灌木類的紅柳疏鬆。紅柳枝榦質地極為細密堅實，相對重量要比胡楊重得多（附表四）。同樣大小的木簡如果用胡楊或紅柳製成，即使經過乾燥，重量相差很多。額濟納河一帶目前已見不到松樹。居延漢簡有不少松木製的。考察時在漢代遺址中拾得一些松木標本。松木木紋清晰，色澤和胡楊、紅柳也不同，不難辨別。松木質地較接近胡楊，不如紅柳堅實，重量也明顯較輕。

　　回臺後，請人將胡楊、紅柳和松木標本依漢簡的一般長寬厚切割成簡（23.13×1.18×0.34 公分）。紅柳標本是我用小鋸自紅柳樹上鋸下。胡楊標本因胡楊樹太高，最低的樹枝都在一人伸手所及的高度之外，只能撿拾地上斷落的枯枝。松木標本是自遺址中撿拾而來。因額濟納河當地已無竹子，

我用臺灣所產新鮮未脫水的竹子作成同樣長寬厚度的簡。這些標本簡因本身材料性質不盡一致，乾燥程度不同，由此得來的數據並不能符合嚴格的實驗要求。這必須先聲明。此外，還有一點必須說明，切割竹木簡時雖用了較精準的雷射刀鋸，希望切成的長寬厚度盡可能一致。事實上，因為材料的軟硬和紋理，切出來的每一簡在長寬厚上仍有些微差異（附表四）。因此，重量和體積僅能以平均值作相對性的比較。也由於這一番切割的經驗，才知道古人沒有近代工具，要製作出光滑平整，大小厚薄一致的木簡，尤其如果是紅柳木，很不容易。當時應僅能做到大致相近的長寬厚。以竹木簡的切割相比較，由於紋理性質不同，相對而言，切削竹簡要容易得多。[3]

■ 古代簡冊與書籍重量估計

居延邊塞出土的這些簡和編繩因長期乾燥，其重量理論上應較原本為輕；輕多少？仍待真正的專家比對研究。如果以 128.1 號簡冊的重量為準，又如果東方朔不用牘而用簡，三千簡大約重 9,491.825 公克，或 9.5 公斤左右。如以以上兩件簡冊的一簡平均重量 3.475 公克為準，則三千牘就有 10,425 公克，稍多於 10 公斤。如以上述八枚簡的平均重量 4.035 公克計，則三千簡達 12,105 公克，即 12 公斤餘。9.5～12 公斤不算太重，一二人即足以抬起。

如果東方朔是用較簡為寬的木牘，三千牘的重量更要多上好幾倍！漢代一般稱寬木簡能容好幾行字的為牘，其寬窄厚薄不很一致。以這次抽樣者為例，牘輕者一枚不過 4.86 公克（簡 26.21），重者一枚達 21.81 公克（簡

3　富谷至在討論竹木簡的製作時，也已注意到製作成批標準型簡和製作書冊時，竹比木更合適。參富谷至，《木簡・竹簡の語る中國古代》，頁 98；劉恒武中譯本，《木簡竹簡述說的古代中國》，頁 60。

286.19、562.1），折中而計，一枚也有 13 公克餘。如此東方朔的三千牘可重達 39 公斤！難怪要兩個人才勉強抬得動。

另外舉個例子來說。司馬遷所撰《史記》既不是經書，也不是詔書或律令，依漢代的習慣，書寫用的簡當為一般漢一尺或約 23 公分長的竹木簡。《史記》有一百三十篇，五十二萬六千五百字。五十二萬六千五百字須要多少枚竹或木簡來書寫呢？可以粗略估算。目前所見一般簡上書寫字數因單行或雙行書寫，可容十或二十餘字，甚至上百字。[4] 這裡姑且以與司馬遷時代較近，內容性質也較接近的江蘇尹灣東海郡功曹史師饒墓中所出《神烏賦》竹簡為參照。《神烏賦》竹簡長約 22 至 23 公分，單行書寫，每行約三十三至四十三字，平均三十八字左右。山東臨沂銀雀山西漢初墓出土的幾種典籍竹簡如《孫臏兵法》長約 28 公分，每簡書寫字數也在三十五至三十八字左右。假設《史記》以同樣的形式書寫，一簡以三十八字計，則須竹簡 13,855 枚，是東方朔奏牘數量的 4.6 倍，以木簡的重量計，則達 43.7～48.1 公斤，甚至 55.9 公斤。如以新鮮未脫水的竹簡計（參附表四：竹簡重量平均值），則達 58.33 公斤；用新鮮紅柳簡則更重達 101.62 公斤！不過司馬遷著述於長安，所用似較可能為竹簡。近年出土戰國至秦漢簡，其非出於邊塞者，雖有木簡，一般多為竹簡。[5] 要抬起或移動這樣一部四、五

---

4 參李均明、劉軍，《簡牘文書學》（南寧：廣西教育出版社，1999），頁 96-98。

5 錢存訓指出漢代用簡以竹為常，木簡多用於不產竹之地。參錢存訓，《中國古代書史》（香港：香港中文大學，1975），頁 85。富谷至也有類似見解，他認為除西北地區外，漢代一般編綴式的簿籍和書籍一般用竹，各種證明文件、檢、檄、楬、符等才使用單支的木牘。參富谷至，《木簡・竹簡の語る中國古代》，頁 95-100。不過近年刊布的湖南龍山里耶秦簡三萬七千餘枚，除極少數竹質，幾全為杉木質木簡或木牘。龍山里耶一帶不能說不產竹。雲夢睡虎地秦律〈司空律〉中有一條說：「令縣及都官取柳及木柔可用書者，方之以書；無方者乃用版。」可見秦代縣一級以及都官公文書用木方或木版。里耶在秦代為遷陵縣城，其所出簡牘當為縣之文書，正可證實秦律的規定。不過，這應是指正式的公文書而言，不排除副本或其它用途的文書用竹。1996 年公布的長安未央宮遺址出土西漢王莽時期的簡，由杉木製成，內容多關祥瑞，原應編聯為冊；不久前公布的南越國宮署簡，內容上明顯屬簿籍類，簡也是木質。又《鹽鐵論・論功》文學論匈奴「略於文而敏於事」時，說匈奴「雖無禮義之書，刻骨卷木，百官有以相記，而君臣上下有以相使」（王利器校注本，頁 326）。漢初中行

十公斤的《史記》，比東方朔的三千奏牘，必然更為勞師動眾。

相對而言，真正造成困難的應在體積。體積之龐大會造成搬運、貯藏和管理上的問題。前文提到我們曾將 77 枚簡組成的 128.1 簡冊捲起來，試圖知道這樣的簡冊體積多大。因為深恐造成損害，捲的時候不敢太用力，另一方面因為麻質的編繩有一定硬度，無法捲得很緊。或許因為不太緊，捲起來以後，置於桌上，成捲的冊子上下較扁塌，直徑約 7.5 公分；左右較寬，直徑約 9 公分（圖 1.4）。如果取平均值 8.25 公分當直徑，就可以估計出此簡冊成捲的體積約為 1250.877 立方公分（$4.125^2 \times \pi \times 23.4$）。考慮到這些簡冊捲起來排放在一起時，各捲不可能完全緊密，了無空隙；一捲所占的空間實際上是簡冊長寬高之積。如此一來，其體積應在 1579.5 立方公分左右（$7.5 \times 9 \times 23.4$）。如果 77 枚簡冊所占空間為 1579.5 立方公分，以 13,855 枚簡抄成的《史記》，其體積約達一百八十倍，即 284,310 立方公分左右。

284,310 立方公分意味著多大的空間？不容易想像，但可作一個比較。我手頭有一部臺灣藝文印書館景印乾隆武英殿刊本，包括裴駰《集解》、司馬貞《索隱》和張守節《正義》在內的精裝《史記》兩冊，疊在一起長寬厚共為 $26 \times 19 \times 6 = 2,964$ 立方公分。換言之，漢代一部竹簡抄寫的《史記》本文，體積上約為現代含三家注本《史記》的九十六倍！武英殿刊本包含的三家注印成雙行小字，字數似乎沒人統計過，但肯定比《史記》本文多。現在已很難找到沒有加注的《史記》白文本。幸好司馬遷曾精確地說他的《史記》有五十二萬六千五百字。五十二萬餘字的書如果以北京中

說曾入匈奴，教「單于左右以疏記，以計課其人眾畜物」（《史記·匈奴傳》）。所謂刻骨，疑因匈奴多牛羊，利用其骨刻書，或如近年未央宮側遺址所出骨籤之類；卷木則無疑是木製編聯之卷冊，這當是仿西漢簡冊之制而來。因此簡用竹或木，似難一概而定，錢、冨谷說猶待更多資料驗證。參睡虎地秦墓竹簡整理小組，《睡虎地秦墓竹簡》（北京：文物出版社，1978），頁 83；湖南省文物考古研究所編著，《里耶發掘報告》（長沙：岳麓書社，2006），頁 179；社科院考古所，《漢長安城未央宮 1980-1989 年考古發掘報告》（北京：中國大百科全書出版社，1996），頁 238；廣州市文物考古研究所等，〈廣州市南越國宮署遺址西漢木簡發掘簡報〉，《考古》，3（2006），頁 3-13。

華書局點校本二十五史的版面形式印刷，一頁印五百六十字，約須九百四十頁，體積恰好和中華點校平裝本三冊《周書》相近（15×21×4＝1,260 立方公分）。如果僅計白文，漢代竹木簡本的《史記》體積是現代紙本的兩百二十五倍！ 也就是說，現在在書架上放一部不含注解的《史記》白文，在漢代就需要最少兩百二十五倍的空間。

三 檔案保存與維護

　　《史記》一部不過一百三十篇，《漢書・藝文志》著錄的漢代圖籍共達一萬三千二百六十九卷。《抱朴子外篇・自序》說劉向《別錄・藝文志》「眾有萬三千二百九十九卷」。姑不論準確的卷數和每卷的大小，這些都是劉向在長安未央宮秘府校書時見到的書。這些秘府圖籍並不包括漢代中央政府的公文檔案。我們已無法知道這些檔案有多麼龐大，顯然要比秘府圖籍龐大得多。僅以法律文書來說，《鹽鐵論・刑德》謂：「方今律令百有餘篇，文章繁，罪名重……律令塵蠹於棧閣，吏不能徧睹。」《漢書・刑法志》說武帝時：「律令凡三百五十九章，大辟四百九條，千八百八十二事，死罪決事比萬三千四百七十一事。文書盈於几閣，典者不能徧睹。」這僅僅是律令。日常中央及地方各單位往來行政文書數量必更為驚人。依漢代之制，公文書除起草和送出的正本，各相關單位還要抄錄副本。其中有些固然定期銷毀，[6] 有些如「故事」則須長期保存。由此不難想見中央各府寺行政文書的數量必遠遠在蘭台和秘府等收藏的經史典籍之上。

　　從可考的藏書處來說，西漢武帝以來，天下獻書，「外則有太常、太史、博士之藏，內則有延閣、廣內、秘室之府」（《漢書・藝文志》如淳引劉歆《七略》），此外還有蘭台、石室、石渠閣、麒麟閣、天祿閣。（《三輔黃圖》

6　關於定期銷毀之制可參汪桂海，《漢代官文書制度》（桂林：廣西教育出版社，1999），頁227-232。

卷六；《漢書‧儒林傳》施讎條師古曰引《三輔故事》）東京以降除南宮，有蘭台、石室、辟雍、東觀、宣明、鴻都等藏書閣。[7] 東觀「在南宮，高閣十二間」（徐松《河南志》卷二引陸機《洛陽記》）這些地方或藏舊典，或藏公文檔案，其規模必然不小。另有些貴重的策命之詔、諡號之策、盟誓之丹書鐵券、封禪之玉版等等並不藏在尋常的藏書閣，而是藏於宗廟或宮室。[8] 可惜長安未央宮雖經發掘，未央宮北的天祿閣和未央宮前殿西北石渠閣遺址也被指認出來，它們的繁華盛大，已不易從殘存的基址去想像了。[9]

更難想像的恐怕是這些文書如何分類，如何排放，又如何在須要查看時找出來。這和行政效率直接相關。據文獻可知，有些簡牘文書是盛於以織物製成的書囊裡。[10] 據出土實物和簡牘文書，則知為了儲存或傳送，簡帛文書又會裝在竹笥之中，如馬王堆漢墓出土之竹笥，竹笥之外還有繫繩和封檢。這些竹笥應該就是文獻中所說用以盛書用的「篋篚」之類。賈誼說：「俗吏之所務，在於刀筆篋篚」，師古曰：「篋篚所以盛書。」（《漢書‧賈誼傳》）賈誼和師古之說可以從張家山《二年律令》得到印證。《二年律令》〈戶律〉曾提到宅園戶籍、年紬籍、田比地籍、田命籍和田租籍這些重要的籍簿要在縣廷保存一份副本，「皆以篋若匣匱盛，緘閉，以令若丞、官嗇夫印封，獨別為府，封府戶」（簡 331-332）云云。我們或可想像在存放文書的「府」中，是一排排封緘過的篋篚。如何排放？幾無可知。在文書分類上，從「令甲、令乙、令丙」、「天子所服第八」、「蘭台令第卅三」、「御史令第卅三」、「某年某月盡某年某月吏病及視事書卷」、「某年某月至

7　參邢義田，〈從「如故事」和「便宜從事」看漢代行政中的經常與權變〉，《秦漢史論稿》（臺北：東大圖書公司，1987），頁 352-353。本書卷四，頁 425-492。

8　近年長安桂宮遺址出土王莽封禪玉牒。此玉牒之所以藏於桂宮，馮時曾細加討論。可參馮時，〈新莽封禪玉牒研究〉，《考古學報》，1（2006），頁 31-58。另青海海晏縣曾出土王莽虎符石匱，李零曾詳考金匱石室之制。參李零，〈說匱〉、〈王莽虎符石匱調查記〉，《入山與出塞》（北京：文物出版社，2004），頁 351-357。

9　社科院考古所，《漢長安城未央宮 1980-1989 年考古發掘報告》，頁 17-18。

10　王國維原著，胡平生、馬月華校注，《簡牘檢署考校注》（上海：上海古籍出版社，2004），頁 92-96。

某月吏寧書」這些大家熟知的線索可約略見其梗概。

關於如何排放，所知甚少。「律令塵蠹於棧閣」、「文書盈於几閣，典者不能徧睹」之語則反映檔案龐大所可能造成查找的困難，也反映文書是藏於所謂的「棧閣」或「几閣」。棧閣和几閣是什麼樣子？按《說文》，棧是棚，几是踞几，應是矮桌。宋代文書存放有所謂「架閣庫」，架閣指存放文書，內分數十個抽屜匣的櫃架。[11] 宋代文書是紙，用紙以前呢？除了棧、几、閣，幾無線索，研究也少。[12] 十分期待今後考古工作不但能注意搶救簡帛，也能注意簡帛出土的環境和原本的存放狀態。例如漢長安未央宮遺址曾出木簡，也曾出數萬件認為是「檔案」性質的骨簽，如果發掘時曾仔細留意它們原本排放所留下的痕跡，找到可以復原的線索就好了。[13]

圖2　128.1 冊尾編繩打圈結

以下僅根據一點點的線索，說明簡牘存放除了几閣，可能也分類懸掛

11　可參王金玉，《宋代檔案管理研究》（北京：中國檔案出版社，1997），頁47；周雪恒主編，《中國檔案事業史》（北京：中國人民大學出版社，1994），頁209-217。承柳立言兄示知並借閱二書，謹謝。

12　相關討論可參汪桂海，《漢代官文書制度》，頁204-232。

13　《漢長安城未央宮 1980-1989 年考古發掘報告》頁 91 說：「遺址中的骨簽大多出土於 F2、F3、F4、F5、F6、F9、F10、F11、F12、F13、F14 和 F15 中（包括其附近），主要分布於上述房屋牆壁附近，推測這些骨簽原來置於靠牆壁而立的架子上。」同書頁 238 說：「在前殿 A 區遺址第 3 層（漢代文化層）發現了被火燒的木簡，它們分別出於 F13 和 F26 之內。F13 的木簡尚未寫字，F26 出的木簡墨書隸字。」對骨簽出土的狀態可惜沒有更進一步仔細的報導。

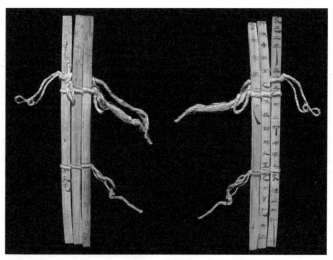

圖 3　史語所藏居延漢簡冊 57.1 正背面

於壁。崔寔《政論》曾提到「州郡記，如霹靂，得詔書，但掛壁」（《太平御覽》卷 496、卷 593）。詔書如何「掛」法？令人好奇。首先請注意幾件較完整的簡冊實物，其編繩末尾有打結成圈環的現象。例如史語所藏永元器物簿冊末尾兩道編繩各結有一個圈環（圖 2）。又前文提到的 57.1 簡冊上下兩道編繩在同一端都結有圈環，更在另一端單獨另紮一帶圈環之繩（圖 3）。肩水金關出土「勞邊使者過界中費」冊以九枚簡，兩道編繩編成。冊左側編繩稍長，打了結，留下圈環。[14] 這種情形也見於近年新刊布的額濟納漢簡「專部士吏典趣輒」冊。此冊有八簡，兩道編繩右側起頭處留下了兩個圓圈環。冊尾編繩也打了結，但繩末開口，應可繫楬。[15] 這些圈環的作用引人注目。我猜想就是供懸掛時之用。壁上有釘，即可懸掛。「專部士吏典趣輒」冊兩頭都有圈環，可以平掛，便於閱讀，或應如胡平生所說，是所謂的「扁書」。[16] 其它只有一側有圈環，只能豎掛，不便閱讀；這

14　簡冊照片參李均明，《古代簡牘》（北京：文物出版社，2003），頁 142，圖 15。

15　參魏堅主編，《額濟納漢簡》（桂林：廣西師範大學出版社，2005），頁 73。

16　參胡平生，〈「扁書」、「大扁書」考〉，收入中國文物研究所、甘肅省文物考古研究所編，《敦煌懸泉月令詔條》（北京：中華書局，2001），頁 48-54；馬怡，〈扁書試探〉，《簡帛》第一

圖 4.1　掛壁的簡冊，山東臨沂白莊漢墓出土。採自《中國畫像石全集》3，圖 11。

圖 4.2　1992 年作者攝原石於臨沂市博物館

樣的懸法，自然不是為了閱讀，而是存放。「得詔書，但掛壁」就是將詔
書往壁上一掛，存檔了事的意思。《中國畫像石全集》第三冊收錄臨沂白
莊漢墓出土一石，其上有人手持編簡，壁上有懸掛的簡冊（圖 4）。[17] 由於

輯（上海：上海古籍出版社，2006），頁 415-428。馬怡先生已指出「專部士吏典趣輯」冊兩
頭編繩有環，可以懸掛。掛壁的習慣最少一直沿續到宋元，請參高珂立，〈宋代的粉壁與榜
諭：以州縣政府的政令傳布為中心〉，收入鄧小南主編，《政績考察與信息渠道──以宋代為
重心》（北京：北京大學出版社，2008），頁 411-460。不過後世的掛壁是為公布政令和漢代
扁書相似，而不是為存檔。另籾山明，〈王杖十簡再考〉，《東洋史研究》，65：1（2006），
頁 1-36 曾論及詔令或挈令懸於官署之壁的問題，也宜參考。

17　畫像中編繩較一般麻繩為粗，疑為韋編之皮韋，唯無確證，俟考。孫機《中國古代物質文
化》（北京：中華書局，2015）頁 312 認為孔子讀《易》韋編三絕之韋即皮編繩，可參。又

刻工細緻，可以清楚看見懸於壁的簡冊帶有編繩，而且是豎掛。我推測簡冊如果分類掛懸，不失為一種不同於紙本文書的存放方式。目前還沒有分類的證據，但懸掛簡冊，於漢代的確有文獻和圖像可證。

前引《鹽鐵論・刑德》說「律令塵蠹於棧閣」，這就不禁使我們想到保存檔案在「塵」和「蠹」兩方面的維護問題，以及竹木質之物最怕的火災問題。為防塵，一般置於囊或筐篋之中；為防蠹、防霉或又為書寫易於受墨，從若干出土簡（如長沙走馬樓簡）已知古人在製簡的過程裡，會在簡面塗刷一層至今不明的油性或膠性物質。[18] 為了防蠹和防霉，從《齊民要術》卷三引《四民月令》又可知到七月七日，有「暴經書及衣裳」的習俗。曝曬的應不止經書，凡成捲收藏的簡冊和帛書大概都須攤在陽光下曬一曬。

為防火，睡虎地秦律〈內史雜〉規定不准將火帶進收藏物品的「藏府」和收藏文書的「書府」，其近旁也不准興建官吏的居舍。[19] 漢代會預備井和水缸（滅火水缸見望都一號漢墓壁畫，水缸榜題「戒火」二字）等滅火之具，也會繪製象徵水，起厭勝作用的水生植物荷、菱於建築的藻井或「厭火丈夫」於牆上。[20] 這樣的防護措施當然也用於一般建築。可能也是為了防火，才會將一些較為貴重的文件放置在所謂的石室金匱之中。

楊賓《柳邊紀略》卷三記康熙時他在寧古塔的見聞，有云：「邊外文字多書於木。往者傳遞者曰牌子，以削木片若牌故也。存貯年久者曰檔案、曰檔子，以積累多，貫皮條掛壁，若檔故也。」滿人書於木牘之制疑承自明代。大英圖書館藏敦煌出土簡牘中即有明代邊塞所出木牘文書。參邢義田，〈英國國家圖書館藏明代木牘試釋〉，《地不愛寶》（北京：中華書局，2011），頁 317-341 及注 17。「貫皮條掛壁」應亦有所本。

18　陳夢家，〈由實物所見漢代簡冊制度〉，《漢簡綴述》（北京：中華書局，1980），頁 295；蕭靜華，〈從實物所見三國吳簡的製作方法〉，《長沙三國吳簡暨百年來簡帛發現與研究國際學術研討會論文集》（北京：中華書局，2005），頁 26。感謝胡平生先生提示資料。

19　睡虎地秦墓竹簡整理小組，《睡虎地秦墓竹簡》，頁 109。

20　《論衡・謝短篇》：「牆壁書畫厭火丈夫，何見？」《風俗通義》佚文：「殿堂宮室，象東井形，刻作荷菱。荷菱，水物也，所以厭火。」（《藝文類聚》卷 62、63）河南、陝西漢墓出土有「東井滅火」榜題之陶井模型或畫像磚甚多，不一一細舉。

四 和體積、重量相關的使用問題

在重量和體積上，竹木簡牘雖較古代兩河流域所使用的泥版輕便耐用，較古代埃及的莎草紙（papyri）或中國魏晉以後流行的紙，則遠為笨重龐大。這樣的文書載體如何影響官僚行政的效率和管理，又如何影響到知識、文化的傳播，文化品味和藝術的產生（如漢末魏晉以降紙的流行和書法、繪畫藝術的興盛），都是有待進一步研究的問題。這裡先僅就思考所及，提兩點和漢代典籍、文書管理以及簡冊制度相關的想法：

1. 檔案定期銷毀

汪桂海先生從漢簡文書內證，證明漢代有文書定期銷毀制度，一般文書約十至十三年即銷毀。[21] 從竹木簡牘文書的體積和重量，可以旁證其說有理。竹木簡牘文書體積龐大，如果長期累積，不加銷毀，儲存空間必然成為問題。

文書定期銷毀制在用紙時代開始以後繼續存在，但在使用竹木簡牘的時代，銷毀的迫切性似乎要更高。據《唐律疏議》，唐代文案分為應除文案和見行文案，凡「不須常留者，每三年一揀除」。凡揀除淘汰者為應除文案，常留者為見行文案。《宋刑統》和日本《養老公式令》也有三年一揀除的規定。[22] 據研究，宋代一般官文書保存以十年為期，每三年「檢簡」或鑒定一次，凡須永久保留者移至別庫架閣，否則定期銷毀。[23] 漢代一般文書是否能有十年至十三年的保存期？比宋代紙文書保存還長？不無問題。漢代邊塞文書雖然繁複龐雜，其數量恐怕還遠遠比不上中央各府寺或地方郡縣。漢代中央或地方郡縣一般公文書能保存多久？幾無資料可考。我估計除了永久保存者，一般保存期限恐怕很難比唐或宋代更長。

---

21 汪桂海，《漢代官文書制度》，頁 227-232。
22 參《唐律疏議》，卷 19，頁 351；仁井田陞著，栗勁譯，《唐令拾遺》（長春：長春出版社，1989），頁 534。
23 參王金玉，《宋代檔案管理研究》，頁 38。

此外，似乎也必須考慮到秦漢時因使用竹木簡，迫於體積和重量，對文書的存毀應有比十或十三年期限更細密的規定。也就是說，對不同性質或內容的文書，應有更多保存期限等級上的規定，而不是僅分為一般和永久兩類而已。

再者，銷毀的意義也有多種，不一定只靠定期銷毀。為充分利用資源，漢代邊塞吏卒隨時將竹木簡一再削改利用，或移作它用。例如將廢棄的文書簡改作習字簡、廁簡或所謂的「黃羊夾」，[24] 或改削成其它用途不明的用具（如居延簡 393.1）。當然從不少出土簡有火焚的痕跡（如居延簡 37.35）可知，應該也有被焚燒，或當作柴薪燃料的。這些都有助於減輕文書保存的壓力。

由此似乎可以推知，為何目前發現的秦漢三國晉代簡牘，除了見於墓葬者，絕大部分是出土於所謂的「井」或垃圾堆中。湖南里耶秦簡、長沙走馬樓漢武帝時代簡、長沙東牌樓東漢簡牘、走馬樓三國時代吳簡和郴州晉簡都在所謂的「井」中發現。1973 至 74 年在甲渠候官遺址出土上萬簡牘，除了 F22 房址中出土九百餘枚，另有三千餘枚出土於房址外數十公尺的垃圾堆。這些應該都是陸續被拋棄的舊檔案。

2. 抄寫、編聯、讀寫姿勢和家具

大家都知道秦漢時代經、傳原本分篇抄寫和流傳。即使如《史記》這樣整體性的著作，皇帝要大臣閱讀，也只取一篇如〈河渠書〉，抄賜。原因很簡單，一套上百篇的大書不論抄寫或存放，都是不小的工程。《史記》有一百三十篇，五十二餘萬字，一篇平均四千字，一簡三十八字計，一篇即有一百零五簡左右。這比永元器物簿的七十七簡還要多出近三十簡，比

24　胡平生，〈敦煌馬圈灣簡中關於西域史料的辨證〉附錄二：「馬圈灣木簡與『廁簡』」，收入吳榮曾主編，《盡心集——張政烺先生八十慶壽論文集》（北京：中國社會科學出版社，1996），頁 296-297。2008 年 8 月參觀甘肅省文物考古研究所陳列室，見到被認為是一種狩獵工具的「黃羊夾」。它是用麻繩將十餘枚一頭削尖的木簡綑成尖朝內的圈環。我注意到這十餘枚簡原都是有字的文書，顯然是廢簡再利用。

睡虎地秦簡〈封診式〉部分的九十八支也要多。張家山漢簡出土，整理者根據出土位置，共將五百二十六簡歸入《二年律令》的部分。因為原編繩腐朽，也因為這是為陪葬特別抄寫的，其編聯是否完全依照生前使用時的狀態，難以推測。這種陪葬簡冊的一大特點是其不會再真正使用，僅有「貌而不用」（《荀子·禮論》）的象徵性。因此可以不計使用上是否方便，凡同一標題下的編聯成一捲。如果真供實用，五百二十六簡為一捲，其體積約為永元器物簿的 6.83 倍，其直徑約為 21.56 公分。這樣的簡捲不易以單手持握，基本上只能置於几案展讀；限於几案長度，也只能展開一部分，看一部分，再收捲一部分。如此，在閱讀或查找上會造成很多不便。

從這個角度看，我的一個大膽推測是，墓葬中出土的簡冊，凡一冊多達數百簡者，都比較可能是為陪葬而特別抄製（典籍著作例外），非供實用。以下再以報導較清楚的隨州孔家坡西漢墓出土的日書簡為例。這些簡出土於槨室頭廂。從殘存絹片可知，原來簡冊很可能是包在絹囊內。出土報告說竹簡「大致呈捲狀，基本保持了下葬時的原貌，當係一冊。經清理，共登記竹簡七百餘枚。」又說簡「基本長度為 33.8 釐米，寬度 0.7 至 0.8 釐米。」[25] 如果不計簡冊編聯時，因編繩造成的空隙，七百餘簡編為一冊，此冊最少長達 4.9 至 5.6 公尺。此冊單簡長為 33.8 公分，超過一般 23 公分的標準長度。姑以居延 23 公分長竹簡平均重 2.616 公克計算（參附表二），七百簡可重 1,831.2 公克。如果據 33.8 公分的長度換算，一簡重 3.84 公克，七百簡即達 2,688 公克。換言之，這份出土日書冊，全長四、五公尺，重

圖 5.1　沂南北寨漢墓官員簪筆跪而雙手持簡冊孫機線描圖，《漢代物質文化資料圖說》，頁 279。

25　湖北省文物考古研究所、隨州市考古隊編，《隨州孔家坡漢墓簡牘》（北京：文物出版社，2006），頁 29-30。

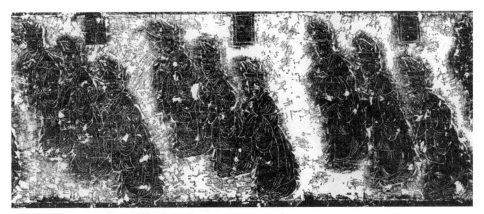

圖 5.2　沂南北寨漢墓，群吏簪筆持牘站立行禮。

達 2.6 公斤以上。試想這樣的簡冊，捲成一捲，直徑約 24.88 公分，如果不置於几案，而是單手持握，不論坐或站，邊展邊讀，將是何等不便？

　　在漢代畫像裡，可以找到單人跪坐或站立，雙手持簡冊，或站立的雙人共持一簡冊而觀的例子（圖 4～7.1-3），可是從不見有將簡冊置於几案之上而閱讀的。我們固然不能因此否認漢人常常利用几案讀寫簡冊，但必須考慮他們顯然也常常站著或坐著讀寫。如果考慮到書寫和閱讀姿勢以及家具的特色，簡冊編聯理論上可以無限延長，為了使用的方便，一般應不會太長吧。

　　因此，陪葬文書數百簡為一冊的長度並不能反映漢世實用簡冊的長度。從實用角度看，除了典籍，一般木質行政文書冊編聯百簡左右為一篇，可說已是合宜長度的極限。我們曾以七十七簡的元永器物簿複製品作持握實驗。一人兩手持簡冊展讀，兩手伸開能握的簡冊長度頂多不過百簡左右（圖 8）。永元器物簿冊由七十七枚簡構成，全長九十公分。不論置於几案或手持展讀，都還算方便；再長，即不便完全展開，或必須收捲一部分。在山東臨沂白莊漢墓出土的畫像上即可看見雙手持簡冊，因冊太長，收捲一端而讀的情形（圖 9.1-2）。[26] 我曾在徐州漢畫像石藝術館見到一方徵

26　拓片見《中國畫像石全集》，3（濟南：山東美術出版社，鄭州：河南美術出版社，2000），
　　圖 12。

圖 6.1　邢義田藏拓局部，原石藏山東省博物館。

圖 6.2　局部摹本（作者摹）

古月集：秦漢時代的簡牘畫像與政治社會
　　　　——卷一　漢代的簡牘

圖 7.1　《中國畫像石全集》3，圖 88 局部。

圖 7.2　《中國畫像磚全集》1，圖 156。

7.3 原漆板畫　　　　　　7.4 前圖經影像處理　　　　7.5 前圖放大局部　簡冊清晰可見

7.3-5　江西南昌海昏侯墓出土漆衣鏡背板畫中站立的人物雙手持簡冊，採自《南方文物》3（2016）。

圖 8　劉增貴先生手持永元器物簿複製品，2007 年作者攝。

　古月集：秦漢時代的簡牘畫像與政治社會
　　　　——卷一　漢代的簡牘

圖 9.1　山東臨沂白莊漢墓畫像，1992 年作者攝於臨沂市博物館。

圖 9.2　局部線描圖（作者摹）

圖 9.3　徐州畫像局部，2010 年作者攝於徐州漢畫像石藝術館。

集的小型石祠畫像，其上左端憑几的人物雙手持有展開的簡冊（圖 9.3）。不過石匠顯然不擅於在平面上表現雙手持簡冊的三維景象，簡冊看起來不但脫離了雙手，似乎更中折成僵硬的兩段冊子。如今在墓葬以外，還不曾出土比元永器物簿更長的木質實用簡冊，應該不是偶然。如果是使用較窄細的竹簡，一冊可容的簡數將可在百枚以上。總之實用簡冊的長度疑以方便雙手持握為度。

此外，簡冊編寫先後的問題，也須重新考慮。漢代簡冊是先編再寫或先寫再編聯？論者多認為二者皆有。[27] 有人認為「簡冊大多先編聯好後再書寫，特別是長篇書籍」，或者說「通常書籍類的簡冊先編後寫」，「一些籍賬與券書類的簡冊每每先書寫後編冊」。[28]

先編後書與先書後編誠然都有，例如簡冊上有繪圖於多簡之上的，應屬先編再繪。如果僅寫字，我以為先寫再編應較為便利，才是常態。[29] 就永元器物簿來說，各簡一氣寫下，沒有留下編繩空間，許多字壓在編繩之下，很清楚是先寫再編。[30] 像《史記》這樣的長篇著作，我推想各篇恐怕也是先寫再編。[31] 第一，《史記》各篇長度不一，而且相差甚多。短者不及千字（如〈楚元王世家〉、〈司馬穰苴列傳〉、〈循吏列傳〉、〈佞幸列傳〉、〈龜策列

---

27 例如李均明、劉軍，《簡牘文書學》，頁 15；張顯成，《簡帛文獻學通論》（北京：中華書局，2004），頁 123；胡平生，《長江流域出土簡牘與研究》（武漢：湖北教育出版社，2004），頁 19；駢宇騫、段書安，《二十世紀出土簡帛綜述》（北京：文物出版社，2006），頁 68；冨谷至，《木簡・竹簡の語る中國古代》，頁 72-79，劉恒武中譯本，頁 45-48。

28 張顯成，《簡帛文獻學通論》，頁 123；胡平生，《長江流域出土簡牘與研究》，頁 19。

29 近年新出土湖南龍山里耶秦簡三萬七千餘枚，基本上是地方政府的文書檔案，出土報告說這些木簡或木牘有「兩道編繩或無編繩，編繩係書寫後再編聯，尚未見到先編聯後書寫的。」見湖南省文物考古研究所編著，《里耶發掘報告》，頁 179。

30 令人較納悶的是如果是先寫後編，為何此冊第三和第四段編繩所編的最末一簡會是空簡？仍然沒有好的解釋。就內容和編繩言，此冊前三部分各有十六簡，最後一部分為廿九簡，共七十七簡。

31 近日讀到陳劍先生文，指出李天虹和馮勝君都曾論證郭店楚簡絕大部分篇章都是先寫後編，可以參照。參陳劍，〈郭店簡《尊德義》和《成之聞之》的簡背數字與其簡序關係的考察〉，《簡帛》第二輯（上海：上海古籍出版社，2007），頁 219 及注 1。

傳〉），長者上萬字（〈秦始皇本紀〉、〈晉世家〉、〈楚世家〉、〈趙世家〉），一般自千餘字至八九千字不等，很不一律。[32] 如此，在寫一篇之前，不容易預先編好簡冊。第二，如果一篇先預編達百簡，萬一寫錯須削改或須整簡抽換，都會造成不便。當然這不排除先預編若干較短的簡冊；不夠時，將短冊聯綴成長冊。即使如此，仍然不能免去削改時，因冊簡上有二或三道編繩，刀鋒誤傷編繩或礙於編繩，書刀不易使力，或整簡抽換時，須先鬆解再繫緊的諸般不便。

因而不論那類文書，一般恐以先書再編為便。製簡時或先於簡側預刻二或三道編繩契口，書寫臨近契口時，留下編繩的空間，再繼續往下寫。我的同事林素清小姐曾發現居延簡中有在簡體三分之一等長處，分書「上下」字樣，具有標尺作用的簡（例如簡 7.26、57.24、273.7，圖 10.1-3），她說：「當簡文須分三欄書寫時，或須以二道編繩編聯成冊時，可利用這樣的標尺置於書寫簡側，對照上、下兩字劃分出的上中下三欄，即可很整齊的寫出三欄文字，而無須於每枚簡上都作欄記。若須於簡上刻畫契口，以利韋編時，利用這種標尺來輔助，也是相當便利的。」[33] 標尺簡可幫助書寫者在準確的位置上留下供編繩用的空間。這種標尺簡存在的本身，即可旁證在簡尚未編聯之前，已在簡上書寫。因為如果先行編聯簡冊，寫到編繩左近，越過編繩續寫即可，標尺簡就完全沒有存在的必要。如果簡數多，先寫又不先編聯，也許會造成次序錯亂。不過，避免錯亂並不困難。一則可在簡背編號，一則在書寫時依一定的次序擺放；全篇寫畢，再依次編聯，就沒問題。[34]

---

32 感謝學棣游逸飛代為統計《史記》各篇白文字數。最短的如〈司馬穰苴列傳〉、〈楚元王世家〉各有七百餘字，最長如〈晉世家〉、〈秦始皇本紀〉各有一萬二、三千字。年表字數難以計算，不列入。

33 林素清，〈《居延漢簡補編》識小二則〉，《居延漢簡補編》（臺北：中央研究院歷史語言研究所，1998），頁 57-60。

34 簡背編號已在戰國楚簡上發現，基本上和簡序有關。陳劍指出，「最有可能的，應該是在有關竹簡已經抄寫好之後，出於某種目的從後往前清點數目，並隨手將竹簡提起倒過來翻面後記下的數目字。而且，這個清點記數的過程最可能在還未編成冊的散簡狀態下進行的。」這

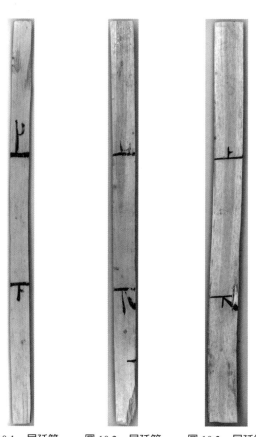

圖 10.1　居延簡　　　圖 10.2　居延簡　　　圖 10.3　居延簡
7.26 紅外照　　　　 57.24 紅外照　　　　 273.7 紅外照

　　當然，這些都不能排除先將簡冊編好，或先編一部分短冊，再寫；不
足，再繼續編聯和書寫。過去學者或以簡冊上留有編繩的空間，或以編繩
上下二字間距離較一般為大作為證據，來論定某些冊子是先編再書寫。其
實留有編繩空間或空間較大並不足以證明編寫的先後。因為不論先書或後
書，都一樣可以留下或寬或窄編繩的空間。如果發現編繩上沾有書寫時不

是陳劍觀察郭店簡《尊德義》和《成之聞之》的簡背數字得到的結論，雖然仍有數字和簡序
不合的情形，未能得到妥善解釋。陳先生所說應是數字編碼的一種方式，應還有其它方式，
暫不細說。請參注 31 引陳劍文，頁 209-225。

慎留下的墨痕，或書寫將近編繩處，字跡出現擁擠、縮小或放大的現象，似乎才是先編後書較好的證據。這樣的證據，尤其前者，似乎較少人注意，也不見報導。

從古人書寫的姿勢看，也以先寫後編較為便利。古人席地而坐，或置簡冊於書案之上。《後漢書·劉玄劉盆子列傳》曾提到書案。更始帝寵姬韓夫人侍飲，見常侍奏事，怒而「抵〔抵，擊也〕破書案」。書案有可能只供放置文書，未必供伏案抄寫。[35] 可是王粲〈儒吏論〉謂「彼刀筆之吏，豈生而察刻哉？起於几案之下，長於官曹之閒」云云，似可證刀筆吏的工作和几案分不開。又《鹽鐵論·取下》賢良謂：「東嚮伏几，振筆如〔王利器引楊沂孫曰：「如」同「而」〕調文者，不知木索之急，箠楚者之痛也。」這應可作為「伏几而書」的明證。如果在几案上書寫，簡冊先編後編皆無不可，不成問題。值得注意的是，在漢代的圖像資料裡，迄今還找不到任何伏案或伏几書寫的例子，反而有圖像，也有文獻可證，漢人常常一手持簡牘，一手執筆，或坐或站，以懸腕懸肘之姿書寫。[36]

例如在河北望都一號漢墓的壁畫裡，畫了許多坐在枰上的功曹和主記之類的地方官吏。他們手中持著牘，所坐的枰旁有硯墨置於地上，卻沒有任何几或案。他們應該都是坐著，兩手分持筆、牘，懸肘書寫。這種情形在望都漢墓榜題為「主簿」的畫像裡看得最清楚。他左手持牘，右手正握著筆（圖11）。在四川成都青杠坡出土一件畫像磚上，可以看見跪坐的官吏分在主官的兩側，他們手捧簡冊，腰間繫有書刀，身旁也沒有任何書寫時可供憑依的家具（圖12）。換言之，他們如須書寫，很可能也都是坐著，一

---

35 孫機和揚之水談几案，只談到案有食案和書案等，書案供放置文書，沒說是否也在案上書寫。參孫機，《漢代物質文化資料圖說》（北京：文物出版社，1991），頁216-219；揚之水，《古詩文名物新證》（二），頁377-383。

36 《莊子·田子方》：「宋元君將畫圖，眾史皆至，受揖而立，舐筆和墨……。」這裡說的雖是畫圖，但站立著書寫應也是常事。《韓詩外傳》卷七謂：「趙簡子有臣曰周舍，立於門下，三日三夜。簡子使人問之……對曰：願為諤諤之臣，墨筆操牘，從君之後，司君之過而書之。」周舍持筆墨牘，願隨簡子之後司其過而記之，想來也應是隨行隨記，站立著書寫吧。

手持牘，一手執筆。湖南省博物館藏長沙金盆嶺西晉墓出土青瓷俑則非常生動地表現了兩吏對坐，持牘執筆而書的模樣（圖 13）。張朋川和揚之水先生都曾注意到這件材料，並討論了坐姿書寫的問題。[37]

以下再舉幾個立姿書寫的例子。2000 年在秦始皇陵封土西南角 K0006 號陪葬坑發現八件原有彩繪的文官俑。這八件造型最大的特點是皆為立姿袖手，「腰束革

圖 11　望都一號漢墓壁畫主簿

帶，右腰間貼塑出作懸掛狀的削、砥石囊」。左臂與軀幹間有一近橢圓形的 3×9 公分左右的斜孔，或雙手交合處有一豎向的 1.6×4.5 公分左右的長方形孔（圖 14.1-3）。[38] 發掘報告分析認為懸於腰間的是削刀和磨刀用的砥石，

而臂間腋下的橢圓斜孔和雙手間的長方孔原應插有簡牘。[39] 這個分析完全正確。發掘者段清波先生說：「八尊袖手立俑恭謹經（站）立，刻畫的是一幅官署中整裝在崗，靜待官署長官到來前的文官群體形像。他們袖手

37　張朋川，〈中國古代書寫姿勢演變略考〉，《文物》，3（2002），頁 85-86；揚之水，《古詩文名物新證》（二），頁 386-387。

38　秦始皇陵考古隊，〈秦始皇陵園 K0006 陪葬坑第一次發掘簡報〉，《文物》，3（2002），頁 4-31；陝西省考古研究所、秦始皇兵馬俑博物館編，《秦始皇帝陵園考古報告 2000》（北京：文物出版社，2006），頁 73-85。

39　秦始皇陵考古隊，〈秦始皇陵園 K0006 陪葬坑第一次發掘簡報〉，頁 29；段清波，〈秦始皇帝陵園 K0006 陪葬坑性質芻議〉，《中國歷史文物》，2（2002），頁 59-66；《秦始皇帝陵園考古報告 2000》，頁 260-262。

圖 12　四川成都青杠坡出土畫像磚

圖 13　長沙金盆嶺西晉墓出土校書俑，湖南省博物館藏。

圖 14.1　始皇陵 K0006 坑
文官一號俑

圖 14.2　一號俑腰間
削刀及砥石

圖 14.3　始皇陵 K0006 坑文官
十一號俑

　古月集：秦漢時代的簡牘畫像與政治社會
　　　　 —— 卷一　漢代的簡牘

經（站）立，臂夾簡冊，腰掛書刀、砥石，長官一有吩咐，便記錄下來分頭去辦理各種事務。在他們的身上只是缺少兩漢文職官吏必備的毛筆罷了。」[40] 這是很生動的描寫。

這裡要強調的是秦始皇陪葬俑已發現數千，各種姿勢或立，或坐，或跪都有，這些所謂的文官俑都以挾牘立姿塑造，應反映了官吏，或者更準確地說，侍從官吏書寫時常見的姿態。可是這批俑畢竟只見持或挾簡牘，沒有擺出書寫的姿態，會令人懷疑真的是站立著書寫嗎？有更積極的證據嗎？山東沂南北寨漢墓中室北壁中柱畫像下半截左側有一戴進賢冠、佩劍、站立的官吏，兩手前伸，右手持牘，左手持筆，作正待書寫狀（圖15.1-2）。[41] 又在西元五世紀初高句麗德興里古墳的射戲壁畫裡，有人正騎馬馳射，其側站立一人，榜題曰：「射戲注記人」。注記人正一手執筆，一手持牘而書（圖16.1-2）。[42] 這是我耳目所及，站立書寫最明確的例子。此例時代較晚，站立書寫的習慣無疑存在已久。

珥筆或簪筆的習慣可以旁證書寫常為立姿。前文提到段清波先生發現秦文官俑沒有筆在手。筆在那兒？漢世官員習慣夾筆於耳際，叫珥筆；或將筆桿一端如簪一般插在髮中，叫簪筆。[43]《漢書》有「簪筆持牘趨謁」和「持橐簪筆事孝武帝數十年」這樣的話（分見〈武五子傳〉昌邑哀王劉髆條、〈趙充國傳〉）。顏師古注說簪筆是「插筆於首」。筆怎麼插於首？張守節《史記正義》在注解〈滑稽列傳〉西門豹「簪筆磬折」時說得較詳細：「簪筆，謂之毛裝簪頭，長五寸，插在冠前。謂之為筆，言插筆備禮也。」這位唐

40　段清波，〈秦始皇帝陵園 K0006 陪葬坑性質芻議〉，頁 63。

41　參南京博物院、山東省文物管理處，《沂南古畫像石墓發掘報告》（北京：文化部文物管理處，1956），圖版 54，拓片第 43 幅。較清楚的線描圖參林巳奈夫，《中國古代の生活史》（東京：吉川弘文館，1992），頁 157，圖 8-14。

42　高句麗文化展實行委員會編，《高句麗文化展》（東京：高句麗文化展實行委員會，出版年不明，疑在 1985 年左右），頁 38。

43　站立書寫時，也有用筆沾墨的。前引《莊子·田子方》：「宋元君將畫圖，眾史皆至，受揖而立，舐筆和墨……。」郭慶藩《莊子集釋》點校本校記引陸德明《經典釋文》云舐：「原作䑛，字當作舐。《說文》作𦧇，云：以舌取食也。」由此可知，或以筆入口取津液以和墨。

圖 15.1　《中國畫像石全集》
1：212

圖 15.2　林巳奈夫，《中國
古代の生活史》，頁 157。

朝學者認為簪筆的筆，名為筆，其實根本不是筆，而是長五寸，一端帶毛
的簪，插在冠前，備禮的飾物而已。他的理解應是混同了漢簪筆之筆與後
世師其「遺象」的白筆。白筆一名或始見於曹魏，原指備而未和墨之筆，[44]
後來演變為象徵性一端帶毛的簪，插於冠首，或綴於手板頭，甚至又以紫
囊裹之，詳見南北朝至唐、宋各朝禮儀或輿服志，不細說。漢代官員所簪
是一枝真正書寫用的筆，不是帶毛之簪。它也不是插於冠前，而是將筆桿
像簪一般插於頭側髮中。徐州北洞山西漢楚王陵出土陶俑的額側髮際有簪

44　《太平御覽》卷六八八「白筆」條引《魏略》曰：「明帝時嘗大會殿中，御史簪白筆，側階
　　而坐。上問左右：此何官？侍中辛毗對曰：此謂御史。舊簪筆以奏不法，今但備官耳。」辛
　　毗之意是曹魏時，殿上御史已不再奏不法，筆簪而不用，不濡墨矣。同條引徐廣《車服雜
　　注》曰：「古者貴賤皆執笏，有事則書之，常簪筆。今之白筆是其遺象。」（臺北：臺灣商務
　　印書館景印本，1997）

圖 16.1　西元 408 年高句麗德興里壁畫古墳，站立持筆的書寫者旁有榜題「射戲注記人」。

圖 16.2　上圖局部

筆小孔即為其例。[45]

　　另一種方式是夾筆於耳際，故又稱珥筆。山東沂南北寨漢墓前室西壁畫像清楚刻畫了或站立或跪坐的官吏，手中持牘，耳際插筆（圖5.1-2）。[46]潘安仁為賈謐作贈陸機詩「珥筆華軒」句，李善注引崔駰《奏記》：「竇憲曰：『珥筆持牘，拜謁曹下』」（《文選》卷二十四，文津出版社），曹植也說：「執鞭珥筆，出從華蓋」（《三國志·陳思王植傳》）。

　　為什麼要將筆插於額側髮際或夾於耳際？如果是伏几案而書，大可將筆、墨、硯等文具置於几案之上或其旁。揚之水先生即曾指出洛陽朱村東漢墓壁畫，書案上有硯和卮燈。[47]官吏之所以要簪筆於耳，我以為應和他們常常須要站立著侍從長官，或在行動中（從君之後、趨謁、出從華蓋……）站著書寫，沒有其它更方便的地方放置毛筆有密切的關係。久而久之，簪筆或珥筆成了習慣，甚至成為禮儀。不但沂南北寨畫像中的官吏在參加喪禮的場合，[48]珥筆在耳，曹魏以後，其變制（白筆）變成官員服飾的一部

45　徐州北洞山西漢楚王陵考古報告謂1式陶男侍立俑2223戴冠持笏佩劍，「額髮右側前部有簪筆小孔」。同式俑共有三十五件。從考古報告圖52及圖版23：2看，報告的判斷應屬正確。參徐州博物館、南京大學歷史系考古專業，《徐州北洞山西漢楚王墓》（北京；文物出版社，2003），頁62-63。

46　《晉書·輿服志》：「笏者，有事則書之，故常簪筆，今之白筆是其遺象。」孫機在討論有幘之冠時，借用沂南北寨漢墓畫像中的戴冠人像，並標示其耳側之筆為白筆（見前引《漢代物質文化資料圖說》，頁231，圖版57；《中國古輿服論叢》增訂本（北京：文物出版社，2001），頁164圖），似嫌稍有不妥。如果承認沂南墓為漢墓，則畫像中的筆是真筆，而不是漢以後得其遺象的白筆。也有人認為沂南墓晚於漢，則又當別論。

47　揚之水，《古詩文名物新證》（二），頁376，圖20-20：1-2。

48　揚之水先生認為此圖為上計，但沒有解釋為何在上計的場合會出現繫於樹下或由人牽繫的羊、置於案上整治過的禽獸、酒罈和外有封檢，不知內盛何物的囊袋、篋笥。上計時，固有計籍和書囊，但如揚文所附馬王堆一號漢墓出土的方形竹笥外也有封檢。單從外觀無以得知其內是否為計簿或其它。私意以為沂南漢墓前室東西南三壁上的這些物品比較不像上計吏所攜的「計偕物」。所謂計偕物應包括具有地方特殊性的「方物」（如揚文頁478所引應劭所貢伏苓、紫芝、鹿茸、五味等藥物），不會是極普通的羊或禽兔之類。圖中所示羊酒等比較像是參加祭禮的人帶來的祭品或助祭的食物。因此，我認為這是喪祭圖較合宜。參揚之水，〈沂南畫像石墓所見漢故事〉，《古詩文名物新證》（二），頁470-478。

圖 17　採自莊天明，《執筆的流變》
（鳳凰教育出版社，2014）。

圖 18　內蒙古通遼市庫倫旗前勿力布格村遼墓道壁畫局
部，呼和浩特內蒙古博物館複製，2018.10.25（作者攝）。

分。這頗像魏晉以後紙文書雖已普遍，漸漸不再用笏或牘書寫，官員行
禮，卻仍然持笏板在手。

　　還有一個不好理解之處，如果站立書寫，墨置於何處？如何站著以筆
沾墨？我推想通常情況下古人是坐著書寫，或手持牘懸肘以書，或置簡牘
几上，以筆沾墨，硯、墨可置於席榻旁或几上。但在睡臥或侍從長官須站
立等情況下，不便使用硯墨，則或其身旁有隨侍者代捧墨硯，或用炭條、
鉛筆代替毛筆。手捧墨硯者在旁，不見於秦漢圖像資料，但明確見於唐代
和遼代繪畫（圖17、18）。炭條古代或稱石墨，《水經注》卷十五洛水條：
「洛水之側有石墨山，山石盡墨，可以書疏，故以石墨名山矣。」有人以為
石墨即石炭，即煤，但也有人以為不是。不論如何，迄今無實物出土，無
以證實。

　　鉛筆則有文獻可據。揚雄答劉歆書云：「雄常把三寸弱翰，齎油素四
尺，以問其異語，歸即以鉛摘次之於槧，二十七歲於今矣。」[49] 據此，揚
雄先以毛筆書於油素（油素者，絹也。見《太平御覽》卷 589 引《齊書》「人蓄油
素」條雙行夾注），再以鉛錄於槧牘。書之於絹帛與書之於簡牘，用具不
同。唯《西京雜記》卷三又說揚雄好事，「常懷鉛提槧，從諸計吏，訪殊

---

49 錢繹，《方言箋疏》（北京：中華書局，1991），卷 13，頁 523。

方絕域四方之語」。這裡只提到鉛槧，不及毛筆。傳為唐人所編《古文苑》卷七錄有蔡邕〈筆賦〉，其解題云：「古者簡牘畫以鉛槧，至秦蒙恬始製筆」。[50] 依此說，似蒙恬造筆之前，簡牘率以鉛書寫。蒙恬始造筆說已知不確。不過在使用簡牘的時代，無疑既用鉛，也用毛筆書寫。鉛供書寫，其形如何？不可確考。唯鉛於漢至南北朝，又叫鉛筆，其形當如筆。懷鉛即懷鉛筆。[51] 用鉛筆即無沾墨問題，便於行動中或站立時書寫。《東觀漢記·曹褒傳》謂曹褒：「常慕叔孫通為漢禮儀，晝夜研精沉思，寢則懷鉛筆，行則誦文書。」[52] 寢則懷鉛筆，似乎是為了隨時書牘，免去睡臥時沾墨的麻煩。揚雄以鉛而不以毛筆書異語於木牘，或許也因為用鉛筆，便於抹去再書，像今天的鉛筆一樣。《文選》卷三十八南齊任昉（彥昇）〈為范始興作求立太宰碑表〉提到：「六府臣僚，三藩士女，人蓄油素，家懷鉛筆。」可見鉛筆沿用最少到南北朝。[53] 中國自殷商即已掌握了鉛的使用，先秦鉛器出土甚多。[54] 漢墓出土有買地鉛券、代役鉛人、鉛錢，可見用鉛普遍。唯迄今似不見有書寫用的鉛筆出土，今後考古應加注意。

以上所談，無非在於說明漢代因書寫姿勢而形成的一些習慣。如果經常或坐或立，懸腕懸肘而書，則似乎只有使用未編的簡或牘才便於持握。即使持用編聯過的簡冊，也應是不過數簡的短冊；長冊則難於邊手持邊書寫。不論是書籍或賬簿類，待完整的一篇抄畢，削改好錯誤，最後再進行

50　傳唐人編，《古文苑》（臺北：鼎文書局景印宋章樵注本，1973），卷 7，頁 176。

51　胡平生、馬月華，《簡牘檢署考校注》（上海：上海古籍出版社，2004），頁 51 注 4 謂之鉛粉筆。

52　吳樹平，《東觀漢記校注》（鄭州：中州古籍出版社，1987），頁 606 引《事類賦》卷 15。

53　《周書·儒林傳》：「世宗纂曆，敦尚學藝，內有崇文之觀，外重成均之職，握素懷鉛重席解頤之士，間出於朝廷。」嚴可均，《全上古三代秦漢三國六朝文》全梁文卷 67 王曼穎與沙門慧皎書：「固宜油素傳美，鉛槧定辭。」（錄自梁《高僧傳》卷 14。）

54　參李敏生，〈先秦用鉛的歷史概況〉，《文物》，10（1984），頁 84-89。近見籾山明引用同樣的材料，推測漢代的兒童在習字時應該也是使用這樣的「鉛」來書寫文字。見氏著，〈削衣、觚、史書〉，收入汪濤、胡平生、吳芳思編，《英國國家圖書館藏斯坦因所獲未刊漢文簡牘》（上海：上海古籍出版社，2008），頁 94。

編聯，無論如何應是最方便的方式。

後記

本文得以完成，要特別感謝史語所的林玉雲、楊德禎小姐和楊永寶、丁瑞茂先生、柳立言兄、學棣劉欣寧、游逸飛以及甘肅省文物考古研究所張德芳和張俊民先生、中國文物研究所胡平生先生、社科院歷史所馬怡小姐的指教。最後另要感謝匿名審查人提供的寶貴意見。

94.12.28/97.5.31

原刊《古今衡論》，17（2007），頁 65-101。98.11.2 訂補：111.1.11 再補

附表一：史語所藏居延木簡重量體積抽樣資料表

居延木簡	簡號	重量（公克）	長（公分）	寬（公分）	厚（公分）
1	3.9	4.69	15	3.2	0.2
2	5.1	2.80	20.8	2	0.3
3	8.1	4.59	7.3	3.6	0.45
4	14.1	7.15	23.8	1.3	1.47
5	21.1	63.91	19.3	5.9	2.23
6	23.2	26.24	24.6	3	1.66
7	26.21	4.86	23.5	2.75	0.15-0.3
8	30.2	2.92	10.9	1.6	0.55
9	30.6	2.69	11.1	1.6	0.5
10	35.5	5.66	22.9	1.1	0.35
11	35.22	5.38	2.8	2	0.38
12	36.8	2.23	22.6	1.2	0.24
13	45.1	41.66	17	3.9	2.33
14	46.17	4.31	9.1	5.1	0.32
15	49.3	5.02	9.8	2.9	0.46
16	57.1	11.38	23.2	3	0.34
17	62.18	3.59	9.5	3.3	0.35
18	81.5	19.39	29.5	1.1-2.2	1.1-2.2
19	82.1	9.2	23.2	2.7	0.4
20	82.18	5.76	10.2	2.7-3	0.5
21	83.3	8.9	8.9	2.6	1.54
22	83.5	15.92	9.3	4	0.34
23	128.1	243.63			
24	133.3	10.81	17.6	3.5	0.46
25	133.4	6.65	15.1	2.8	1.1
26	133.5	4.91	16.1	3	0.35
27	133.23	2.72	22.9	1.2	0.31
28	142.12	1.4	9.2	1.6	0.42

古月集：秦漢時代的簡牘畫像與政治社會
—— 卷一 漢代的簡牘

居延木簡	簡號	重量（公克）	長（公分）	寬（公分）	厚（公分）
29	159.14	6.3	23.5	2	0.38
30	160.15	7.15	23	1.7	0.47
31	179.2	60.63	14.5	7.5	1.87
32	210.35	4.71	23.6	1.3	0.43
33	214.5	3.74	23.2	1.7	0.4
34	229.1＋229.2	5.33	30	2.4	0.31
35	236.1	5.02	14.5	1.9	1.38
36	255.21	4.59	7.2	1.1	0.29
37	255.24	6.38	8.5	1.1	0.25
38	258.2＋265.12	9.51	15.8	3.3	0.47
39	262.9	2.38	12.3	1	0.4
40	279.11	9.71	15.4	3.4	0.5
41	286.19	21.81	23	4.6	0.75
42	288.19	21.14	12	1.8	0.3
43	293.5	3.67	23.3	1.2	0.29
44	311.3	2.69	23.2	1.2	0.3
45	377.4	33.36	23.1	3.9	1.75
46	393.8	5.14	10.75	1.8	0.5
47	456.5	31.02			
48	505.1＋505.4	7.53	22.8	1.4	0.53
49	509.13	12.45	23.2	3	0.52
50	513.17＋303.15	2.28	23	1.6-1.8	0.2-0.3
51	526.1	96.94	23	6.8	2.46
52	534.3	3.07	23.7	0.9	0.32
53	562.1	21.81	23.2	6	0.49
54	562.13	8.82	22.9	2.2	0.58

附表二：史語所藏居延竹簡重量體積抽樣資料表

居延竹簡	簡號	重量（公克）	長（公分）	寬（公分）	厚（公分）
1	13.9	1.72	22.4	0.7	0.13
2	15.10	5.03	23.6	1.2	0.42
3	25.1	2.64	22.8	1	0.26
4	34.23	1.77	23.1	0.9	0.22
5	35.7	3.13	23.2	0.8	0.2
6	35.18	2.97	23	0.9	0.16
7	35.23	2.79	22.8	0.6	0.2
8	37.37	3.22	23.3	0.8	0.28
9	57.6	2.69	25.8	1	0.2
10	142.27	1.69	23	0.8	0.12
11	313.32	1.59	23.1	0.7	0.18
12	501.1	2.15	22.7	0.7	0.17
平均		2.616	23.233	0.841	0.211
13	524.5	0.95	11.5	0.7	0.17
14	539.2	0.96	11.3	1.2	0.42
平均		0.955	11.4	0.95	0.295

附表三：單行簡重量體積資料表

單行一尺木簡	簡號	重量（公克）	長（公分）	寬（公分）	厚（公分）	備註
1	35.5	5.66	22.9	1.1	0.35	
2	36.8	2.23	22.6	1.2	0.24	
3	133.23	2.72	22.9	1.2	0.31	
4	210.35	4.71	23.6	1.3	0.43	
5	293.5	3.67	23.3	1.2	0.29	
6	311.3	2.69	23.2	1.2	0.3	
7	505.1+505.4	7.53	22.8	1.4	0.53	
8	534.3	3.07	23.7	0.9	0.32	
平均		4.035	23.125	1.188	0.346	

單行一尺木簡	簡號	重量（公克）	長（公分）	寬（公分）	厚（公分）	備註
9	57.1	11.38	23.2	1	0.34	三簡加編繩

附表四：紅柳、胡楊、松木、竹標本重量體積表　　2006.10.12-13

	長（公分）	寬（公分）	厚（公分）	重量（公克）
紅柳 1	23.13	1.18	0.34	6.48
紅柳 2	以下略同	以下略同	以下略同	7.75
紅柳 3				7.81
紅柳 4				7.30
平均				7.335
松木 1				4.07
松木 2				3,68
松木 3				標本不夠完整，未列入計算
平均				3.875
胡楊 1				3.84
胡楊 2				4.19
胡楊 3				3.15
胡楊 4				3.14
胡楊 5				3.37
平均				3.538
台灣竹 1				4.24
台灣竹 2				4.76
台灣竹 3				3.63
平均				4.21

附錄：「永元器物簿」的簡數和編號問題

長期以來自查科爾帖（A27, Tsakhortei）出土迄今最完整的漢代簡冊存在著簡數和編號說法不同的問題。因為我們有機會檢查原簡冊，應該作一次澄清。

1956 年索馬斯特勒姆編輯出版的《內蒙古額濟納河流域考古報告》只非常簡略地提到這一完整的簡冊七十八枚出土於查科爾帖（A27）烽燧遺址建築的乙室（Room B）。[55] 貝格曼的考古日記裡則曾稍詳細提到，1930 年 10 月 29 日是靳士貴發現了這一簡冊，並說這一冊子是「由七十八枚有字木簡組成」。[56] 有些文獻據之以為永元器物簿由七十八枚簡組成，[57] 但最早作考證的勞榦先生認為此冊由七十七枚簡組成。[58] 這件獨一無二，迄今最長的簡冊，到底由幾枚簡組成呢？須要澄清。

這七十八枚簡據貝格曼日記描述「捆在一起」的狀態，出土時應該是捲在一起的。[59] 因為編繩仍在，又未細究內容，很容易就將七十八枚簡視為同一個冊子。在整理的過程裡，不論是最早的釋文或反體照片，都將「入南書二封」云云沒有編繩相連的一簡置於全簡冊之前。例如 1943 年勞榦先生在四川李莊出版石印的《居延漢簡考釋——釋文之部》就是如此。此書完全沒有收錄簡影，唯一例外是卷三，勞先生特別為此簡冊作了起首部分的摹本。這個摹本很清楚將「入南書二封」一枚置於最前，沒有編繩，其餘則編繩相連。不過，勞先生顯然已查覺到「入南書二封」一簡和其它七十七簡的編冊無關。

55　Bo Sommarström, *Archaeological Researches in the Edsen-gol Region Inner Mongolia*（Stockholm, 1956），p. 294 及圖版 XIX 文字說明。

56　貝格曼著，張鳴譯，《考古探險手記》（*Travels and Archaeological Field Work in Mongolia and Sinkiang-A Diary of the Years 1927-1934*）（烏魯木齊：新疆人民出版社，2000），頁 151。

57　如《居延漢簡甲乙編》下冊（北京：中華書局，1980），頁 311。

58　勞先生在最早出版的石印本《居延漢簡考釋——考證之部》（李莊：中央研究院歷史語言研究所，1944），卷 1，頁 74 下即指出廣地南部兵物冊為 77 簡。

59　貝格曼著，張鳴譯，《考古探險手記》，頁 151。

這批萬餘枚的漢簡是運到北平進行整理時，才加上了編號。編號是依據和出土地點緊密相關的採集品包號，同一地所採集的往往編有好幾個號碼。查科爾帖（A27）烽燧遺址乙室共出土簡九十枚左右，即編有 92、128、130、151、251、552 不同的號。編號時，有些是以朱砂將編號寫在簡的背面或側面，有些是寫在橢圓形的小紙吊牌上，再將吊牌以細繩繫在簡上。我們曾反覆檢查簡冊正背面，確實沒有發現任何編號痕跡，也不見橢圓吊牌。

現在所能見到最原始用來製版出書用的反體照片上，此冊旁邊沒有編號。1943 年石印的《居延漢簡考釋——釋文之部》，1957 年在臺北出版《居延漢簡——圖版之部》和 1960 年出版的《居延漢簡——考釋之部》也都沒有編號。臺北版《居延漢簡——考釋之部》是據圖版順序排列，在圖版 570-575 各頁的釋文，也就是永元器物簿的釋文之前，甚至都明確注明「未編號」（《居延漢簡——考釋之部》，頁 190-192）。

勞書各簡都有編號，唯此七十八簡沒有。那麼，此冊編號 128.1 和「入南書二封」一枚編為 128.2 號是怎麼來的呢？在出版的資料中，最早注明這七十八簡編號為 128.1 和 128.2 的是 1959 年科學出版社出版的《居延漢簡甲編》。《甲編》圖版和釋文曾另行編號，並將此七十八簡編為第一號。但書後所附〈本編簡冊索引〉卻在第一號之原簡編號欄下注記：「128.1, 128.2（勞書未編號）」，給了兩個原簡編號。128.1 是指七十七枚簡組成的永元器物簿或勞先生所說的廣地南部兵物冊，128.2 是那枚沒有編繩的「入南書二封」一簡。從此《居延漢簡甲乙編》和《居延漢簡釋文合校》都沿用了這樣的編號。

《甲編》編號又是據何而來？現在終於可以較肯定地說，在北平作釋文時永元器物簿即有了 128.1 的編號。今年 11 月 26 至 29 日，我到香港大學圖書館看到了 1940 年留在港大馮平山圖書館，未隨居延木簡送到美國，由馬衡、向達、余遜、勞榦等最初作釋文時的種種記錄。[60] 在圖書館整理

60　關於香港大學馮平山圖書館藏「居延漢簡整理文件」（館藏編號：特 796.7 10），目前僅有該

這些記錄時，一個名為「校閱漢簡記錄」的黃色牛皮紙袋內，有一件一眼可以認出是勞榦先生手書，題為「送往上海印影木簡及送往南京美展陳列品細目」的冊子，在展品目錄下共三件：第一件即編號為 128.1 的七十七枚簡組成的永元器物簿冊。目錄是這樣記錄的：

包號	包 內 件 號	
128	1	2

（1 字下有朱筆注：冊，計簡七十七片編成）

另一件是三簡編連在一起的 57.1，第三件展品是居延筆模型。由此可以清楚知道永元器物簿不是沒有編號，而且早已編成 128.1 和 128.2。由於找到這件早期記錄，永元器物簿的編號和件數問題應該可以定案了。

2007.11.30 自港返台後定稿

後記

128.1 簡冊原有橢圓吊牌。1965 年漢簡自美返臺，開箱查驗曾拍照片，照片中橢圓吊牌仍在（圖 19.1-2）。其後不知何時鬆脫遺失。

圖 19.1

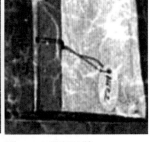

圖 19.2　局部吊牌

館人員張慕貞小姐所寫報導。詳見港大圖書館出版的《焦點新聞信》（*Focus: the University of Hong Kong Libraries newsletter*）new series Vol.5, No.4, June 2006. 或上港大圖書館網站：http://lib.hku.hk/general/focus 2007.11.30.又我已寫成〈香港大學馮平山圖書館特藏部藏居延漢簡整理文件調查記〉，見本書卷一，頁 429-487。

居延出土的漢代刻辭箭桿

一 居延箭矢實物的出土

　　弓、弩是漢代居延邊塞最重要的長距離兵器。弓或弩發射的箭，簡牘文書中一般通稱作「矢」，有時稱作「箭」。揚雄《方言》：「箭，自關而東謂之矢，江淮之閒謂之鍭，關西曰箭。」[1]作為通名，箭或矢實指一物，簡牘文書中有時「矢箭」連言。[2]隨弓或弩的大小、射程遠近，箭本身的長短，箭鏃不同的形制和特性，箭矢又有「稾矢」、「宔矢」、「陷堅矢」、「陷堅稾矢」、「畫方矢」、「雕郭稾矢」、「雕郭矢」、「弩矢」、「弩宔」、「茹矢」、「陷堅羊頭銅鏃箭」等不同的稱呼或種類。[3]

　　漢代障燧中使用箭矢的數量十分龐大。居延簡 EPT48：117 提到矢的數量達兩萬三千枚。EPF22：175-185 簡提到萬歲部等十部裝備的稾矢和矢的總數達一萬七千五百七十八枚。簡牘中一次提到箭矢數最多的是王莽時「假敦德庫兵奴〔弩〕矢五萬枚……」。[4]

　　箭矢由箭鏃、箭羽和箭桿三個部分組成。本文討論的箭桿，在簡牘文書中稱作「干」。有關裝備檢查的文書中（居延簡 3.7、3.26、EPS4.T2.46、敦煌

1　錢繹，《方言箋疏》（北京：中華書局，1991），卷 9，頁 305。

2　如：甘肅省文物考古研究所等編，《居延新簡——甲渠候官》（北京：中華書局，1994），EPT65：304，EPF22：628A；甘肅省文物考古研究所編，《敦煌漢簡》（北京：中華書局，1991），編號 1468。

3　這些箭的名稱資料可參大庭脩編，《居延漢簡索引》（大阪：關西大學出版部，1995），頁 297-299。

4　甘肅省文物考古研究所編，《敦煌漢簡》（北京：中華書局，1991），編號 80。

簡 1784、1830、2117、2171、2261）常提到某類矢若干，「干唴呼，未能會」。
王國維和于豪亮皆曾詳考「干」即箭桿，「唴呼」是漢晉人常用語，唴，
意為「坼裂」。[5]「干唴呼」即箭桿坼裂。箭桿也有一例稱作「莖」
（EPT58.75）。

　　在居延各遺址中發現的各式箭鏃甚多，箭桿卻很少。1973-74 年甘肅
居延考古隊在破城子等三處遺址進行試掘，獲得遺物二千三百餘件。[6] 其中
在破城子（A8）遺址，發現了王莽至建武初期的弓一件（EPT31：05）（圖

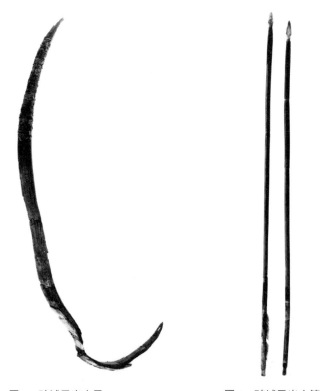

圖1　破城子出土弓　　　　　　　　圖2　破城子出土箭矢

5　王國維，《流沙墜簡》（京都：東山學社，1914），屯戍叢殘考釋，頁 39 上下；于豪亮，《于
　　豪亮學術文存》（北京：中華書局，1985），頁 233。
6　《文物》，1（1978），頁 1-11。

1）。另外發現箭二支（EPT57：011、012）（圖 2）。報導中對箭有以下的敘述：

> 竹桿，三棱銅鏃，全長 67 厘米，首尾纏絲鬃漆，尾羽三條。其中一枚的桿上陰刻「睢陽六年〔造〕」五字（圖版參：3）。出于下層，屬于昭、宣時期。又金關一枚殘箭桿針刻：「元鳳三年，執金吾護工卒史喜、考工令通、丞常、令史奉省……」，係由中央政府監造。（頁 6）

上述報導附有破城子出土一箭的全箭及刻辭照片，[7] 金關出土者沒有編號，也沒有圖版。1995 年 8 月 8 日訪問蘭州甘肅省文物考古研究所時，我曾親自察看有睢陽刻辭一箭。竹質箭桿呈褐色，仍極堅實挺直。箭尾兩叉已失，刻字部位和史語所所藏者相同，都在箭羽纏絲鬃漆的下方。箭長 50公分。金關一箭，承朋友相助，得見照片。其形制與破城子一箭幾乎完全相同，箭羽不存，長度稍短。

1990-92 年的敦煌懸泉置發掘，除簡牘，出土遺物達二千六百五十餘件。其中有銅鏃，報導中沒有提到是否有箭桿。[8]

1930 年西北科學考查團在居延邊塞發現的箭矢實物也不多。索馬斯特勒姆（Bo Sommarström）的《內蒙古額濟納河流域考古報告》（*Archaeological Researches in the Edsen-gol Region Inner Mongolia*, Stockholm, 1956, 以下簡稱《報告》）中曾記錄箭矢的出土及數量：

出土地點	數量	原《報告》頁碼
A10：I（瓦因托尼）	5	94
A10：II	1	97
Boro-tsonch（博羅松治，P9）		
第一地點	1	266

7　較清楚的照片可參《中國甘肅簡牘暨古墓文物展》圖錄（大阪：日本大阪府立近つ飛鳥博物館，1994），圖 48。

8　何雙全，〈敦煌懸泉置和漢簡文書的特徵〉，《漢簡研究的現狀與展望》（大阪：關西大學出版部，1993），頁 133-135。

出土地點	數量	原《報告》頁碼
A27：D	1（？，已炭化）	298
A32：A	1（？）	308
A33：4	2（？）	321
A33：4	35	324
A33：7	1	332
A33：13	1	338
A35：1	1	351
	總計：49	

　　上表四十九支箭矢中，四支打有問號，是因為《報告》以為可能是箭桿，但不確定。其中四十支集中出土於地灣（Ulan-durbeljin）肩水候官所在的障塞遺址 A33。四十枝中又有三十七支集中出土於編號第四地點，長四‧五，寬三公尺大的房址內。《報告》對第四地點箭矢的形制有以下的記錄：

P.164 的第 1 至 10 號：

「十支，蘆葦弩弓箭殘桿，全幹皆從頭裂到尾，箭桿近箭羽的後部皆有意截斷（和下列箭桿皆發現於房址近南牆的地面下）。除第二號，箭桿上都有一行精刻的漢字。有些尚有箭羽。第九號尚完整，長 33.3 公分」。

P.165 的第 1 號：

「上述箭桿的後部，兩排箭羽尚在，同地出土，曾有意截斷，但未全裂開。長 27，直徑一公分」。

P.165 的第 2-25 號：

「廿四支，蘆葦箭殘桿，和上述 1-10 號同，但沒有刻字，同地出土」。

《報告》明確記錄了在九支殘箭的箭桿上發現刻辭。傅振倫在一篇回憶性的文章〈西北科學考查團在考古學上的重大貢獻〉中也曾提到「桿上有精刻細書章草文字」的羽箭。[9] 這些羽箭刻辭，過去一直沒有發表，也沒有人

9　《敦煌學輯刊》，1（1989），頁 3。

注意。我們在整理史語所所藏居延簡時，很幸運又看見了這批尚稱完整或殘損的箭矢，其中九件果然有極細的刻辭。其長度和殘存情況的特徵，和《報告》中的描述相符，因此可以肯定這些就是《報告》中提到的刻辭箭桿。[10] 另外，也找到編號 165 的箭桿殘片廿四件（165.1、165.2、165.3、165.5、165.6、165.7、165.8、165.9、165.10、165.11、165.12、165.13、165.14、165.15、165.16、165.17、165.18、165.19、165.20、165.21、165.22、165.23、165.24、165.25），這些應該是《報告》中提到 P.165 沒有字的殘桿的一部分。類似無字殘桿還有 164.2 一件。164.2 應即《報告》P.164 中無字的第 2號。

此外，還有兩件沒有刻字，也沒有箭鏃，但完整的箭桿（281.1、359.1）。編號 281.1 者見於貝格曼《報告》頁 94。《報告》云：「弩弓箭幾近完整，銅鏃仍在。箭頭一端之桿有 2.2 公分包漆，箭尾有三道箭羽，長九公分。箭羽以塗黑漆之纏絲固定。似原有搭弦之兩叉。箭桿長 32.3 公分，直徑 1 公分。」現在箭鏃已與箭桿分離。這個箭鏃應即下文將提到的編號 281.2 的箭鏃。箭桿實測直徑 0.855 公分，長 32.4 公分，竹質，箭羽三道，與箭桿相連的部分箭羽尚在，箭羽長九公分，與報告同。著箭鏃及箭羽的兩頭都纏絲包黑漆。著箭鏃一頭箭桿向內略收小。著箭羽的一頭，尾部切削成有斜角之方柱形，這些特徵都和《報告》所記相合。方柱形部分叫作「栝」。斜面兩側原本應纏有兩片外張的小片，使箭尾形成「Y」字形，以便搭弦。這部分叫作「叉」。經仔細觀察，發現方柱形栝的部分是利用竹節質地較硬，又無中空之處削成。

281.1 和 281.3、281.4、281.5、281.11 同出土於 A10：I 試掘坑上層。《報告》中寫明以上五支為蘆葦箭桿。經查原物，《報告》認定為箭桿是正

---

10 貝格曼的《報告》除 359.1 一箭說是竹幹（cane shaft），其餘都說是蘆葦（reeds）。為此，我們曾請中央研究院植物研究所的專家彭鏡毅鑑定，從箭桿木質化明顯的現象判定，應為竹類。由於台灣沒有中國大陸竹類標本，無法作進一步鑑定。箭羽也曾請中研院動物所專家劉小如鑑定，從羽毛厚薄及毛色、花紋，推定應屬雁鵝類。同樣因無比對的標本，無法作進一步鑑定。關於箭桿質地為竹的旁證，見下文。

確的。值得注意的是 281.3 有明顯的兩個竹節，281.4 也有一個明顯竹節。281.5 剖成一半，有節，中空，剖面竹質纖維十分清楚。其外部色澤、質感和 281.1、281.4 以及本文所報告的刻辭箭桿完全相同，也和 1973-74 年破城子和金關出土的二竹箭相同，應該可以證明這批箭桿應該都是竹質，而非蘆葦。

這種斜出搭弦的叉尚見於另一箭桿 359.1。貝格曼《報告》頁 266 亦曾著錄此箭。《報告》謂箭桿為竹質，竹節在箭桿的中部。箭頭部分之箭桿包漆 2.6 公分，箭尾部分包漆 10 公分。箭羽長 8.8 公分，纏絲固定。箭桿長 32.2 公分，直徑 0.9 公分。箭桿實測長 32.3 公分，直徑 0.751 公分，殘存箭羽長九公分，寬 0.5 公分。《報告》有附圖（pl.9：1），可以確定是同一箭，測量稍有差異，不知何故。箭尾兩側斜出叉殘存一片，叉長 1.8 公分，合叉計算，全箭桿長 34.1 公分。[11]

勞榦在《居延漢簡——考釋之部》著錄 47.1、47.2 兩號為箭桿並附有圖版（圖版 475）。經檢證實物，兩支皆殘斷。47.2 一頭仍見纏絲和包黑漆的痕跡，直徑 0.7 公分，應是箭桿無疑。47.1 殘缺較甚，沒有纏絲或黑漆的痕跡，只剩一截圓桿，不易確認為何物。從 47 的編號可知，原出土於 A35，第一地點。據《報告》，列入這個地點出土的箭桿只有前述 47.1 的一件（頁 351）。

除了箭桿，本所所藏居延出土不同形式三鋔銅鏃七件（281.2、295.1、295.2、353.4、353.5、375.8、471.2），四鋔銅鏃一件（415.3）。

這些箭鏃和箭桿應屬簡牘中所記的那一類矢，值得進一步研究。王國維《流沙墜簡》器物類曾據文獻，考矢為短矢，稾矢為鳴矢。王氏引《方言》謂箭三鐮，長尺六者謂之飛。漢尺一尺六寸約合 36.8 公分。[12] 勞榦《居延漢簡考證》同意矢為短矢之說，但認為稾矢可能是長矢，而不是鳴

11　這樣帶栝叉的箭桿也見於廣州出土西漢南越王墓的西耳室。栝叉形式和製法和居延所見基本相同。南越王墓西耳室所出箭桿皆無箭羽的痕跡，應為明器（參《西漢南越王墓》上冊，北京：文物出版社，1991，頁 89-90；下冊，圖版 46）。

12　王國維，《流沙墜簡》（上虞羅氏宸翰樓印本，1914），頁 38 上下。

矢。[13] 我們看見的實物箭桿加上箭鏃（長 2.8-3.6 公分），長度接近漢尺一尺六寸，似可證明王氏對矢尺度的考證。上述甲渠候官出土有「睢陽六年造」刻辭的箭桿長 67 公分。這個長度和 36、37 公分左右的矢不同，反而與馬王堆三號墓箭箙中所盛蘆葦桿明器箭的 68.5 公分的長度相近。三號墓北槨所出還有長至 84.2 公分者。[14] 黃文弼《羅布淖爾攷古記》報導在羅布淖爾出土的一竹質箭桿，長約 70 公分。[15] 江蘇邗江胡場五號西漢宣帝時墓出土十餘支竹箭，殘長約 57 公分。[16] 另外，湖北隨州市擂鼓墩附近所出戰國曾侯乙墓中，有完整箭矢包括箭鏃長 59.4-71 公分。[17] 這些不知是否可說是較長的矦矢。這些箭矢從形制上看，顯然是無法「鳴」的。

現在可以明確證明矦矢較長，是弓之矢；茜矢較短，是弩之矢的證據，見於上述馬王堆三號墓出土的弓、弩、箭實物及遣策記載。三號墓出土弩兩件，木弓、竹弓各兩件，不同長短的箭各十二支，分裝在兩個木造矢箙內。與遣策中記載弩矢十二、弓矢十二完全相符。[18]

二 刻辭箭桿的性質

先簡略說明一下箭桿原編號的情形。當初傅振倫等人在整理這些箭桿並編號時，是將編號寫在一小橢圓形的紙牌上，再將紙牌用細繩繫在箭桿上。[19] 當我們首次接觸這些箭桿時，發現有少數紙牌已不知於何時脫落，

13　勞榦，《居延漢簡——考釋之部》（臺北：中央研究院歷史語言研究所，1960），頁 49-50。

14　楊泓，《中國古兵器論叢》增訂本（北京：文物出版社，1986），頁 214。

15　《羅布淖爾攷古記》（北京：北京大學，1948），頁 160。

16　揚州博物館、邗江縣圖書館，〈江蘇邗江胡場五號漢墓〉，11（1981），頁 16。

17　《曾侯乙墓》（東京：東京國立博物館特別展，1992），圖 77。

18　十二支弩矢僅有箭桿，長 62 公分，連鏃約 67.5 公分；十二支弓矢連鏃全長 82.4 公分，詳見高至喜，〈從馬王堆二、三號漢墓出土文物看西漢早期兵器的發展〉，湖南省博物館編，《馬王堆漢墓研究文集》（長沙：湖南出版社，1994），頁 193-201。

19　參傅振倫，〈第一批居延漢簡的采集與整理始末記〉，《文物天地》，1（1987），頁 28。

因無可參證，只得依位置接近的，重新繫上。

這些刻辭箭桿外觀上的共同點是：箭桿本身都被從頭到尾，縱向剖開，只剩半圓的一部分。都沒有箭鏃，部分殘存少許箭羽。箭桿兩頭所繫黑漆和纏絲都還殘存。經仔細觀察，發現字是刻在纏絲和繫漆完成之後。有部分字刻在漆上，因刻的字太過淺細，表漆一旦剝落，字也就無法辨識。有些刻得稍深，尚有些許痕跡可見。

其次，據刻辭知道這些箭全是河內工官製造的。河內工官在漢代河內郡懷縣（今河南武陟縣西南 11 里）。這對了解居延邊塞的武器補給是極有意義的資料。過去所知道河內工官製造的兵器僅有弩機。方詩銘輯錄清代以來著錄的河內工官弩機有十四件。[20] 另在雲南省江川李家山、福建崇安漢城遺址都曾出土河內工官弩機。[21] 文獻提到工官生產的兵器有弓、弩、刀、鎧之屬（《續漢書·百官志》考工令條本注），但從不曾提到由誰造箭。現在確知河內工官製弩機，也造箭。

秦漢用來造箭桿的植物不一，通常用竹。[22] 用來造箭的竹，為細長之小竹，名為「篠」或「竹箭」。《尚書·禹貢》：「淮海惟揚州……篠簜既

20 方詩銘，〈從出土文物看漢代「工官」的一些問題〉，《上海博物館集刊》，建館三十周年特輯（1982），頁 136-137。

21 宋治民，〈漢代的銅器鑄造手工業〉，《中國史研究》，2（1985），頁 16；收入氏著，《戰國秦漢考古》（成都：四川大學出版社，1993），頁 191。

22 見於記載的箭材有「棘」（《睡虎地秦墓竹簡·日書甲種》：「牡棘為矢，羽之雞羽」（no.281））、「葛」（《馬王堆漢墓帛書（肆）·五十二病方》：「以葛為矢，以□羽□」（no.214））。《西京雜記》卷五：「武帝時郭舍人善投壺，以竹為矢，不用棘也……」。也有用「蘆葦」造箭的。《西京雜記》卷四：「茂陵輕薄者……以青州蘆葦為弩矢」。另《漢書·匈奴傳》有人對王根說：「匈奴有斗入漢地，直張掖郡，生奇材木，箭竿就羽（師古曰：就，大雕也，黃頭赤目，其羽可為箭。）如得之，於邊甚饒……」前引高至喜文提到馬王堆三號墓所出 24 支明器箭「似用蘆葦桿製成」（頁 194）。這些都是為特殊用途，用特殊的箭材。匈奴造箭所用之奇材，亦用以造穹廬及車。要之，其非竹甚確。其後漢向匈奴求地一事作罷。又《韓非子·十過》：「吾奈無箭何？張孟談曰：『臣聞董子之治晉陽也，公宮之垣皆以荻、蒿、楛、楚牆之。其高至於丈，君發而用之，有餘箭矣。』」可見荻、蒿、楛、楚皆可為箭。《墨子·城守》備城門謂：「及多為矢，即毋〔無〕竹箭，以楛、趙榆可。」可見無竹箭，才以其它材料造箭。

敷」,〈孔傳〉:「篠,竹箭;簜,大竹」;《爾雅·釋地》:「東南之美者,
有會稽之竹箭」,〈疏〉:「郭云別二名則竹箭,一名篠,是竹之小者,可以
為箭桿者也。」居延簡中有一枚王莽時的詔書殘簡,提到竹箭:

> 「制詔納言其〔虞〕官伐林木取竹箭始建國天鳳二年二月戊寅下」(《居延漢
> 簡》95.5)

原簡字跡十分清晰,[23]「竹箭」二字可以確定無疑。王莽此詔是用《禮記·
月令》或《呂氏春秋·仲冬紀》的文字,但一般以小竹造箭當是事實,否
則也不會成為月令中的行事。再從文獻上看,兩漢河內的淇水盛產竹材,
有造箭的條件。武帝元光中,河決於瓠子,群臣塞河,曾「下淇園之竹以
為楗」(《史記·河渠書》)。〈集解〉引晉灼曰淇園:「衛之苑也,多竹篠。」
淇園即在淇水之側,所產竹篠的篠即指適於造箭的小竹。東漢初,寇恂為
河內太守,「伐淇園之竹,為矢百餘萬」(《後漢書·寇恂傳》),這是以河內
淇水之竹造箭的確證。[24] 居延發現的河內工官箭雖不能直接證明即用此地
之竹,可能性不低。[25] 河內工官生產弩機,也造箭。應可由此推定當時生
產銅兵器的工官應該也造銅鏃,使得弓、弩和箭矢的製造成為一個整體性
的工業。

目前出土的漢代箭桿上,有些有刻辭,有些沒有。如果不是每一支箭
都刻上作坊和督造、製造者的名字,那麼這些刻辭箭桿的作用何在呢?居
延簡牘文書中記錄的箭矢數量動則上千上萬。要在每一支箭桿上刻上十餘
至數十字的可能性似乎不大。居延出土的完整箭桿,也有一字不刻的。史
語所所藏沒有刻字的完整箭桿有二支(281.1、359.1)。可以明白證明並不是

---

23 〔虞〕字各家未釋,字跡較模糊。我以紅外線檢視,從殘存筆劃看應為虞字。

24 陳橋驛復校,《水經注疏》(江蘇古籍出版社,1989)卷9:「《詩》云:瞻彼淇澳,菉竹猗
猗。毛云:菉,王芻也,竹,編竹也。漢武帝塞決河,斬淇園之竹木以為用。寇恂為河內,
伐竹淇川,治矢百餘萬,以輸軍資。今通望淇川,無復此物。」守敬按:左太沖《魏都賦》:
「淇、洹之筍」,則西晉時,淇川尚有竹(頁856-857)。

25 漢代除河南淇水和會稽產造箭之竹,以成都為中心的蜀地亦為產地。《後漢書·公孫述傳》
李熊復說述曰:「蜀地沃野千里……名材竹幹,器械之饒,不可勝用……」李賢注:「竹幹,
竹箭也。」

每支箭都非「物勒工名」不可。不過，若干數量的一批箭矢在完工後，綑成一束，其中有一支刻字，標名監造和製造者則很有可能。

這些刻字的箭桿在工官作坊時原本就已剖開或原本是完整的呢？因為發現廿五件編號為 164 或 165，五件編號為 281 的無字箭桿殘片（281.1、281.3、281.4、281.5、281.11），可以推想這些箭桿原本應該是完整的。到了居延，不知什麼原因才被剖開來，其中一部分有刻辭，其餘就成了沒字的部分。1973-74 年居延發現的睢陽刻辭箭及金關刻辭箭桿都完整，也可作為這類刻辭箭原本完整的旁證。

多少支箭為一束呢？尚不可知。王國維引《周禮》鄭注和《漢書·匈奴傳》等，認為古人以百矢或五十矢為一束，「古人用矢皆以百或五十為制，由上簡觀之，則漢時猶然矣」。[26] 夏鼐承王國維之說，也認為「漢人賦矢確以五十為一單位」。[27] 然《淮南子·氾論》：「訟而不勝者，出一束箭」，高誘注：「箭十二為束也。」章太炎引惠士奇《禮說》，以一束十二矢為正。[28] 據廣州南越王墓所出成束箭桿的情形，似並不一律。南越王墓原報告云：「箭桿，一百六十支。其中 C252 共五十支，盛一長卅三、寬廿八厘米的竹笥中。C203 有卅支，其中有十支外用絹裹纏成一束，餘已散亂，C101 的共八十支，廿支為一束，有兩束尚存原狀，餘亦殘斷……。」[29] 五十、卅、廿或十支為一束，似乎並無規律。前述江蘇邗江胡場五號漢墓所出的十餘支竹箭出土時是裝在一個獸皮製的箭箙中，確實箭支數未見報導。馬王堆三號墓所出矢箙中各有弓、弩矢十二枚，與高誘所說正合。當然這些是墓葬裡的情形，和一般工官處理成品的方式不必一致。

26　《流沙墜簡》器物類，頁 38 下。

27　夏鼐，〈新獲之敦煌漢簡〉，原刊《史語所集刊》第 19 本（1948），後收入其論文集《考古學論文集》（考古學專刊甲種第 4 號，1961），頁 89。

28　參章太炎〈膏蘭室札記〉卷二「束矢」條，《章太炎全集》（一）（上海：上海人民出版社，1982），頁 213-214；〈詁經札記〉「束矢解」條，同上，頁 334-335；〈太炎文錄初編〉，卷 1，「說束矢白矢」條，《章太炎全集》（四）（上海：上海人民出版社，1985），頁 35-36。

29　《西漢南越王墓》上冊，頁 89。

綜而言之，河內工官在造好一批箭以後，可能在作坊內即依據當時工官的慣例，於其中一支之上刻寫各級督造和製造者的名銜和名字，並加編號，當作這一批箭的製造標籤。這批箭由河內的工官作坊，經大司農或其它單位統籌，運往居延邊塞，刻字的標籤箭也跟著到了居延。《漢書‧食貨志》謂武帝時置張掖、酒泉郡，「邊兵不足，乃發武庫工官兵器以澹之」。這批居延出土的刻字箭正可為《漢書‧食貨志》所說的情況作註腳。漢代邊塞除了得到內郡工官的箭矢供應，是否也自行造箭，目前尚無具體證據可以回答。從邊兵不足，才發武庫工官兵器，似乎意味著邊郡也生產武器，其詳不可知。

三 刻辭內容

這九支箭桿的刻辭內容，與 1973-74 年發現的「睢陽」箭或金關箭都有不同。其刻辭釋文如下（釋文不十分確定者加〔〕）：

164.1	河內工官令〔畾〕左丞可福作府嗇夫處佐望冗工疑工鳴造甲（圖3）
164.3	□五年河內工官令〔畾〕左丞可福作府嗇夫□佐□冗工〔疑〕工〔臣〕造丙（圖4）
164.4	河內工官令僵丞辰武作府嗇夫從佐望冗工疑工子造丙（圖5）
164.5	佐丞可福作府嗇夫從佐信冗工疑工疑造乙（圖6）
164.6	工官令〔畾〕左丞可福作府嗇夫從佐信冗工疑工□〔造甲〕（箭桿左半殘）（圖7）
164.7	□五年河內工官令僵丞辰武作府嗇夫〔從佐望〕冗工疑工子造〔丙〕（圖8）
164.8+165.4	□年河內工官令〔僵〕左丞可福作府嗇夫從佐〔信冗工疑工〕□□□（圖9）

164.9　　　　　　☐丞辰武作府嗇夫從佐望冗工☐工☐造丙（圖10）

164.10　　　　　河內工官令☐左丞可福作府嗇夫〔處〕佐望冗工〔疑〕工
　　　　　　　　子造〔丁〕（圖11）

　　這九支箭桿的刻辭刀法特徵有明顯不同，非出自一人之手。從164.3、164.7及165.4殘存的「五年」或「年」字之上，還有刻字的痕跡看，「某年」之上或許還刻有年號。這和漢銅器、漆器、部分長安第三號建築遺址所出骨簽刻辭以及前文所提金關出土箭桿上「元鳳三年」刻辭體例是一致的。只可惜這九支箭桿上可能存在的年號，因漆剝蝕太甚而完全無法辨識。

　　箭桿刻辭中出現的督造和製造者的職稱有以下幾種：

1. 工官令

　　河內工官令名「僵」，另一不完整的釋為「畐」。

2. 丞

　　左丞

　　有左丞可福，丞辰武兩人。兩職沒有互見的現象。可能工官令之下，一度有丞，一度有左、右丞。按容庚《秦漢金文錄》卷三所收元康元年高鐙、元康元年雁足鐙、建昭三年行鐙、建昭三年雁足鐙、竟寧元年中宮、桂宮雁足鐙、永始三年高鐙銘有右丞；建平二年嘉至搖鍾、居攝元年鍾、新始建國地皇上戊二年新候騎鉦有左丞。可見自元帝至新莽時期，考工令下一度有左、右丞。

3. 作府嗇夫

　　作府嗇夫有處、從二人。此職從其它的漢器銘文看，目前所知似僅出現於西漢宣帝時期器物。容庚《秦漢金文錄》卷三有元康元年高鐙、雁足鐙，卷四有五鳳元年熨斗，元康三年昭臺宮扁四器銘文中有作府嗇夫。此四器皆明白出自考工令轄下的作坊。作府嗇夫是考工令的屬官。裘錫圭

〈嗇夫初探〉一文，在討論主管作造器物的嗇夫一節，曾指出主管作造的下級長官往往是嗇夫。[30] 並曾引用元康元年雁足鐙器銘，釋文將「作府嗇夫」，點讀為「作，府嗇夫」。他以戰國魏安邑鍾由府嗇夫主管為證，認為此銘「作」字從上讀，府嗇夫為職官名。不過裘先生也指出「但『作』字或有連下讀的可能」（頁497）。從居延的箭桿刻辭上下文義看，「作府嗇夫」當作一職官名，無疑才是正確的。「作府嗇夫」或「作府佐」的職稱也出現在未央宮三號建築遺址出土的骨簽上。[31] 在已發表的少數骨簽中，其有明確紀年的有武帝太始元年、昭帝始元二年、始元五年、宣帝元鳳元年，由此或可推定這批刻辭箭桿也可能屬武帝至宣帝時期。紀年骨簽上的工官有河南工官和穎川工官，由此也可知，除了中央考工令，地方工官如河內、河南、穎川工官在工官令之下，還有作府嗇夫和作府佐的職位。將作府嗇夫和前述左、右丞出現的時代合而觀之，或可推定這批河內工官造箭的時代應在武帝至王莽時代之間。

4. 佐

此佐當為作府嗇夫之屬佐，有望、信兩人。

5. 冗工

有疑一人。

6. 工

有鳴、子、疑、〔臣〕四人。

---

30 收入《古代文史研究新探》（上海：江蘇古籍出版社，1992），頁496-497。

31 社科院考古所漢城工作隊，〈漢長安城未央宮第三號建築遺址發掘簡報〉，《考古》1（1989），頁33-43；李毓芳，〈略論未央宮三號建築與漢代骨簽〉，《文博》，2（1993），頁3-8；李遇春，〈漢長安城的發掘與研究〉，《漢唐與邊疆考古研究》第一輯（北京：科學出版社，1994），頁38-39；〈漢長安城未央宮的考古發掘與研究〉，《文博》，3（1995），頁82-93。

84.4.27 初稿

86.2.28 和平紀念日定稿

補記

　　本稿修訂甫畢，收到汪濤、胡平生、吳芳思主編，《英國國家圖書館藏斯坦因所獲未刊漢文簡牘》（上海：上海辭書出版社，2007）。圖版壹壹公布了編號 1733 的刻辭箭桿一件。這一件我在 1997 年到英國國家圖書館參觀時曾得見並曾略作筆記。箭桿呈紅褐色，有兩竹節，長 41 公分，半剖，殘存狀態和史語所收藏的居延箭桿類似。箭桿刻字筆劃清晰，保存完好。箭桿一端有整理者的墨書編號 T.XXII.C。這是指出土地為敦煌平望候官博望隧。《英國國家圖書館藏斯坦因所獲未刊漢文簡牘》未作此件釋文。據當年筆記和圖版，姑錄釋文如下：「二年襄國造第一」。據《漢書・地理志》、《續漢書・郡國志》，襄國乃兩漢趙國之一縣，故邢國也。1998 年 10 月 6 日籾山明教授曾來信以為「第一」應作「第卅」。英國國家圖書館藏敦煌簡已上網，可查看。經再度查對，籾山「第卅」之釋是正確的。特補記於此。

原刊《居延漢簡補編》（臺北：中央研究院歷史語言研究所，1998）

97.4.24 訂補；105.2.12 再訂

164.1
圖3

164.3
圖4

164.4
圖5

164.5
圖6

164.6
圖7

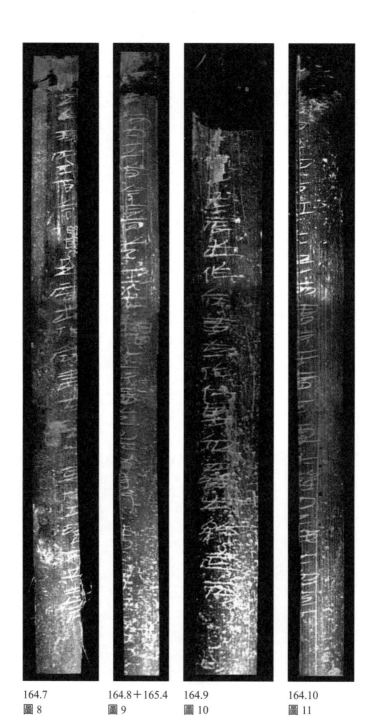

164.7　　　164.8＋165.4　164.9　　　164.10
圖 8　　　圖 9　　　　圖 10　　　圖 11

古月集：秦漢時代的簡牘畫像與政治社會
　　──卷一　漢代的簡牘

「秦胡」、「中國」、「秦人」與「漢國」小議
——讀新出居延漢簡札記

一 秦胡問題

「秦胡」一名見於《三國志》注、《後漢書》以及樊利家買地鉛券。歷來注家對這一名詞都沒有註解。近年因居延新出建武六年「甲渠言部吏毋作使屬國秦胡盧水士民者」等三簡（圖1.1-4），引起學者對「秦胡」一詞意義的推測。較早提出看法的有初師賓、方詩銘兩家。因為兩家解說都有可商之處，因此嘗試另提一說，供作進一步討論的參考。以下先錄出有關資料：

1. 《後漢書・鄧訓傳》：「訓因發湟中秦胡羌兵四千人，出塞掩擊迷唐於寫谷。」

2. 同上，〈段潁傳〉：「（建寧）三年春，徵還京師，將秦胡步騎五萬餘人，及汗血千里馬，生口萬餘人。」

3. 同上，〈董卓傳〉：「六年，徵卓為少府，不肯就。上書言：『所將湟中義從及秦胡兵皆詣臣曰：「牢直不畢，稟賜斷絕，妻子飢凍。」牽挽臣車，使不得行。羌胡敝腸狗態，臣不能禁止，輒將順安慰，增異復上。』」

4. 同上，〈袁紹傳〉：「（審）配獻書於（袁）譚曰：『……又乃圖獲鄴城，許賜秦胡，其財物婦女，豫有分數。』」

5. 《三國志・袁紹傳》裴注引《漢晉春秋》審配獻書於譚曰：「……又乃圖獲鄴城，許賜秦胡，其財物婦女，豫有分界。」

6. 同上，〈武帝紀〉裴注引《魏書》：「賊將見公，悉于馬上拜，秦胡觀者前後重沓。」

7. 《樊利家買地鉛券》：「光和七年九月……平陰男子樊利家從洛陽男子杜謂子子弟□買石梁亭部桓千……若一旦田為吏民秦胡所名有，謂子自當解之…」（羅振玉，《貞松堂集古遺文》卷 15，頁 27 下-29 上）

8. 居延新簡三枚，今錄《居延新簡》所作釋文如下：[1]

　　●甲渠言部吏毋作使屬國
　　秦胡盧水士民者　　　　　　　　　　　　　　　　（EPF22：696）
　　建武六年七月戊戌朔乙卯甲渠郭守候敢言之府移大將軍
　　府書曰屬國秦胡盧水士民從兵起以來□困愁苦多流亡在郡縣吏
　　　　　　　　　　　　　　　　　　　　（EPF22：42＋EPF22：322）
　　匿之明告吏民諸作使秦胡盧水士民畜牧田作不遺有無四時言‧謹按部
　　吏毋作使屬國秦胡盧水士民者敢言之　　（EPF22：43）（圖 1.1-4）

　　最早討論秦胡問題的是初師賓氏。他在〈居延漢代遺址的發掘和新出土的簡冊文物〉一文中提到：「秦胡有可能是指秦時移居河西已經匈奴化的外族人。」[2]他舉《漢書‧匈奴傳》顏師古對秦人的註解：「秦時有人入匈奴者，今其子孫尚號秦人。」為證。他並認為「盧水士民應即史籍記載的盧水胡。」[3]其文刊出的第二年，方詩銘寫〈釋秦胡——讀新出居延漢簡甲渠言部吏毋作使屬國秦胡盧水士民書札記〉，[4]對秦胡一詞提出不同的意見。方詩銘曾引用前面抄錄的資料以及其他有關「秦人」的記載，認為「秦指漢族人，胡指非漢族人」，「由於當時稱漢族人為秦人，稱國內的非漢族

1　初師賓在〈居延漢代遺址的發掘和新出土的簡冊文物〉和〈秦人、秦胡蠡測〉兩文中所作釋文有出入之處。這裡根據《居延新簡》（北京：中華書局，1994）。《居延新簡》EPF22：42，EPF22：322 實為同一簡之上下，圖版分開，分編為二簡號，應綴合。初氏摹本正確。

2　《文物》，1（1978），頁 8。

3　同上，頁 8。

4　見《中國歷史博物館館刊》，1（1979），頁 37-39。

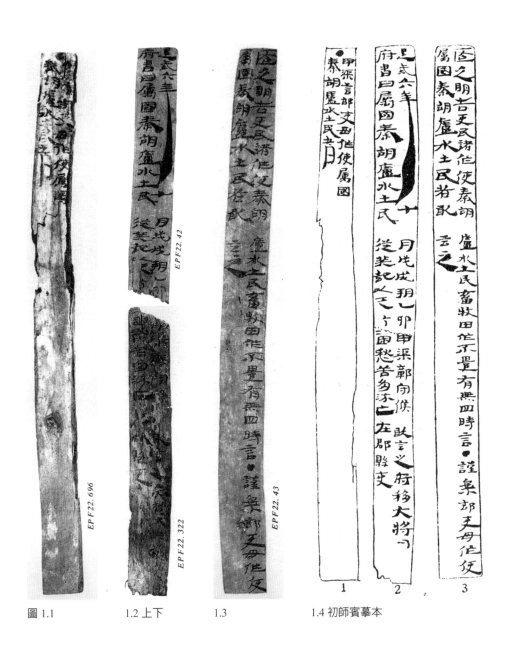

圖 1.1　　　　　1.2 上下　　　　　1.3　　　　　1.4 初師賓摹本

和外國為胡人，因而『秦胡』就成為一詞，普遍使用。」此外方氏也以為盧水士民就是盧水胡。[5] 方說發表以後，初師賓又寫〈秦人、秦胡蠡測〉。[6] 他不贊成方說，也修改了自己早先的看法。新的推測是「秦胡或為久居漢地，業已漢化的胡族」。[7] 他在附註中說這才是他真正的看法，舊稿刊出時，未能即時更正而已。

換言之，目前關於秦胡有「漢化的胡族」以及「秦指漢族，胡指非漢族」兩解。這兩解何者為是？有無其他的可能？由於目前還缺少真正直接的證據，私意以為要討論這個問題可暫從兩方面下手：第一、先列舉「秦胡」可能有的不同的解釋，再採取排除法，得出較可能，但不必是最後的結論；第二、排除的標準在於與已知記載牴牾的多少，第三、設想在漢代的環境下，漢代人可能從什麼樣的觀念去塑造這樣一個名詞。

要假設秦胡可能有的解釋，即不妨從已有的兩解開始。其中秦指漢族，胡指非漢族，大概是最困難成立的一解。初師賓曾提出五點商榷，其中較強而有力的一點即漢人無以秦或秦人自稱的。初氏之文未曾舉證，這裡擬補充證據，看看漢人如何自稱，尤其在漢人與外族人並提時是如何措詞用字。這類例子兩漢書中都極多，由於現在討論的時代是東漢，姑舉《三國志》、《後漢紀》和《後漢書》中的若干記載為例：

1. 《三國志・武帝紀》：

   三郡烏丸承天下亂，破幽州，略有漢民合十萬餘戶。

   斬蹋頓及名王以下胡、漢降者二十餘萬口。

2. 《後漢紀・光武皇帝紀》：

   擁兵征討，出入胡、漢。

3. 《後漢書・公孫瓚傳》：

   （閻）柔招誘胡、漢數萬人……

5　同上，頁 38。又顧炎武《日知錄》卷 28〈漢書註〉條也認為「秦者中國人，胡者胡人，猶後人之言蕃漢也。」

6　見《考古》，3（1983），頁 260-263、281。

7　同上，頁 260。

4. 《後漢書‧南蠻西南夷》：

武陵太守上書以為蠻夷率服，可比漢人，增其租賦⋯⋯

明年遂招誘鬱林、合浦蠻、漢數千人蒼梧郡。

肅宗募發越巂、益州、永昌夷、漢九千人討之。

天漢四年并蜀為西部，誌兩督尉，一居旄牛主徼外夷，一居青衣主漢人。

5. 《後漢書‧西羌傳》：

羌胡被髮左衽而與漢人雜處。

6. 《後漢書‧西域傳》：

大人修莫霸復與漢人韓融等殺都末兄弟，自立為于寘王。

7. 《後漢書‧南匈奴傳》：

北單于惶恐，頗還所略漢人，已示善意。

單于⋯⋯顧讓韓琮曰：「汝言漢人死盡，今是何等人也？」

單于⋯⋯乃還所鈔漢民男女及羌所略，轉賣入匈奴中者合萬餘人。

大破烏桓，悉斬其渠帥，還得漢民。

從這些例證可見漢代人自稱漢人，外族也稱中土之人為漢人。當並舉漢人與非漢人時，則稱「蠻、漢」、「夷、漢」或「胡、漢」，漢代人自己沒有以秦或秦人自稱的。

外族有稱漢人為秦人的例子。《漢書‧西域傳下》載武帝輪台之詔，引軍侯弘上書言：「匈奴縛馬前後足，置城下，馳言：『秦人，我匄若馬』⋯⋯。」對此，顏師古注說的很清楚：「謂中國人為秦人，習故言也。」他的意思是匈奴仍沿襲舊的秦人稱謂而未隨漢代秦而改稱秦人為漢人。這樣的例子不多，下文將再詳談。

二 漢代所謂的中國、中國人

先說顏注提到的中國人。這裡要稍稍補充的是秦漢時人沿襲先秦的傳

統，經常自稱所居之地為「中國」，人為「中國人」，並和非中國人對舉。
這在漢代傳世和出土文獻、青銅鏡銘中有無數清楚的例證：

1. 《史記·秦本紀》：

   其玄孫曰費昌，子孫或在<u>中國</u>，或在夷狄……

   繆公怪之，問曰：<u>中國</u>以詩書禮樂法度為政，然尚時亂，今戎狄無
   此，何以為治？……

2. 《史記·孝武本紀》：

   天下名山八，而三在蠻夷，五在<u>中國</u>……

3. 《漢書·武帝紀》：

   今<u>中國</u>一統而北邊未安，朕甚悼之……

4. 《漢書·陸賈傳》：

   賈因說佗曰：足下<u>中國</u>人，親戚昆弟墳墓在真定……

5. 《漢書·萬石君石奮傳》：

   方南誅兩越，東擊朝鮮，北逐匈奴，西伐大宛，<u>中國</u>多事……

6. 《漢書·鼂錯傳》：

   以蠻夷攻蠻夷，<u>中國</u>之形也……今匈奴地形技藝與中國異……

7. 《漢書·張騫傳》：

   大夏、安息之屬皆大國，多奇物，土著，頗與<u>中國</u>同俗而兵弱，貴漢
   財物……

8. 《漢書·王莽傳上》：

   莽念中國已平，唯四夷未有異……

9. 《三國志·鍾繇傳》裴松之注引司馬彪《戰略》曰：「袁尚遣高幹、郭
   援將兵數萬人，與匈奴單于寇河東，遣使與馬騰、韓遂等連和，騰等
   陰許之。傅幹說騰曰：「古人有言『順道者昌，逆德者亡』。曹公奉天
   子誅暴亂，法明國治，上下用命，有義必賞，無義必罰，可謂順道
   矣。袁氏背王命，驅胡虜以陵<u>中國</u>，寬而多忌，仁而無斷，兵雖彊，
   實失天下心，可謂逆德矣。」

10. 《敦煌漢簡》簡66：

圖 2　　　圖 3　　　圖 4.1-3　中國國家博物館藏，中國大寧青銅鏡及局部銘文，1952 年
敦簡 66　　EPF22.233　長沙伍家嶺 211 號墓出土。
局部　　　局部

今共奴（按：王莽時改稱匈奴為恭奴）已與鄯善不和，則中國之大利也……
（圖 2）

11.《居延新簡》簡 EPF22：233：

　●有能生捕得反羌，從徼外來為閒，候動靜，中國兵欲寇盜殺略人
　民，吏增秩二等，民與購錢五萬……（圖 3 EPF22.233 局部）

12. 湖南長沙伍家嶺二一一號墓出土西漢晚期青銅鏡銘：

　聖人之作鏡兮，取氣于五行，生于道康兮，咸有文章，光象日月，其
　質清剛，以視玉容兮，辟去不羊，中國大寧，子孫益昌，黃常元吉，
　有紀剛（圖 4.1-3 銅鏡及鏡銘局部）

　　以上所舉十二例，全見於中國和蠻夷、羌、胡虜、朝鮮、匈奴、大
宛、大夏或安息等外族對舉的文脈裡，幾無例外。「中國」一詞早在秦漢
王朝出現以前即已存在。秦繆公將中國定義為禮樂詩書法度之國以與戎狄
相對照，其中的文化意涵極為濃厚。傳說中周公制禮作樂，建立起一套封
建體制。在古人的認識裡，所謂的「禮樂詩書」其實無異於一套統治制度
和概念。以上第十一例須要稍作解釋。在捕獲反羌的購賞條例裡，除提到

反羌和從塞外來當間諜偵察漢邊塞動靜的，還特別提到那些意欲盜寇和殺略中國百姓的中國兵。這裡的兵非指兵器而是人。漢代邊塞上有很多因犯罪罰戍邊陲和意欲逃亡的人。他們有可能在邊地再犯下盜寇或殺害人的事。他們和反羌一樣，都成為追捕購賞的對象。從以上各例看，中國、中國人或中國兵無疑也具有政治上的意義，意指中國天子或皇帝統治威權所及的土地和納入編戶，接受治理的人口。

我們可以說漢代沒有今天以國際法、國際組織、條約、以某國憲法或公民投票為據，民族國家（nation-state）意義上的中國，但漢代及漢代以前「中國」一詞和相關概念及詞語（如中國人、中國兵）已然存在，並已意味著一種兼具文化和政治實體意義下的人群認同符號（詳見後文）。這個符號此後為中原王朝和周邊國家或民族所沿用。8

三 兩漢書中所謂的「秦人」

秦人應該是秦統一六國後，秦代中國人的稱呼。唯秦一統為時甚短，六國後人仍有頗強的六國意識，楚人自認為楚或荊人，趙人自認為趙人，齊人自認仍為齊人，以與征服他們的關中秦人相區隔。秦二世時，關東群雄蠭起，六國名號紛紛出籠，就是以消亡未盡的六國意識為重要的基礎。可是秦一統六國，對周邊外族而言，秦郡縣治下的編民或黔首又都是秦人。秦亡以後，外族依於故習，仍稱中國人為秦人。除了前文提到的例子，兩漢書中提到秦人時，或是追溯秦朝舊事，或指漢境以外的中國人。漢代人則自稱漢人或中國人，如以上所引之例，沒有再自稱秦人的。這種情形就如同清朝亡後，除了遺老，少有人再自稱清人。東漢初，離秦亡已

8　例如五代時，契丹阿保機稱帝，其后述律氏不贊成阿保機攻幽州，謂：「萬一不勝，為中國笑。」（《資治通鑑》卷二六九，後梁均王貞明三年（917）二月條、《遼史·后妃傳》太祖淳欽皇后述律氏條）。述律氏口中的中國無疑指具政治意義的敵國——中國。

兩百餘年，這時候的漢人已沒有以「秦」或「秦人」自稱的道理。

　　或許就是因為如此，班固寫〈李廣利傳〉時，才將《史記・大宛傳》：「聞宛城中新得秦人」的「秦人」改為「漢人」。[9] 司馬遷去亡秦時代較近，秦人一詞或許尚不突兀。顧頡剛在其筆記〈湯山小記〉「蒼梧秦王」條裡，因《史記・南越列傳》有蒼梧秦王，眉批曰：「越人當如匈奴一般，稱漢人為秦人。」[10] 顧說即便可從，也是漢初才得如此。南越國的趙佗本秦吏，認同秦，稱秦人以別於漢，其封親兄弟於蒼梧，稱秦王，十分自然。[11] 班固時代離漢初已遠，不得不改秦人為漢人，以從東漢初的習稱。

　　不過，班固也曾用「秦人」一詞。《漢書・匈奴傳》上：「於是衛律為單于謀『穿井築城，治樓以藏穀，與秦人守之。漢兵至，無奈我何。』」這裡是以衛律的口氣說話，這些秦人是指單于控制下的中國人，[12] 以區隔漢朝治下的漢兵或漢人。又班固此處行文，也可能是為了不與接著提到的「漢兵」混淆，故未改秦人為漢人。方詩銘曾根據班固在〈李廣利傳〉裡改秦人為漢人，證明秦人和漢人的涵義「完全相同」，恐難成立。[13]

9　當然也有後人妄改「秦人」為「漢人」的可能。史漢異文每每如此。參呂思勉，《讀史札記》，〈匈奴不諱名而無姓字〉條（上海：上海古籍出版社，1982），頁 590-591。不過此處是否為後人妄改，非班固之筆，無法證實。

10　顧頡剛，《顧頡剛讀書筆記》（臺北：聯經出版公司，1990），頁 5248。

11　溫敬偉，〈南越國「蒼梧秦王」考略〉收入南越王宮博物館編，《西漢南越國史研究論集（一）》（南京：譯林出版社，2015），頁 163-172。趙佗離結箕倨以見漢使，又在給漢文帝的書信中自稱蠻夷大長老，是另一種認同的表態，不可不注意。參朱聖明，《華夷之間——秦漢時期族群身分與認同》（廈門：廈門大學出版社，2017），頁 178-201。

12　同樣情形也見於《琴操》王昭君條：「昭君謂（呼韓邪單于子世違）之曰：『為胡者妻母，為秦者更娶。』」見前引《顧頡剛讀書筆記》，卷 2，頁 607。唯查逯欽立，《先秦漢魏晉南北朝詩》（北京：中華書局，1982），卷 11，《琴操》，〈怨曠思惟歌〉作：「昭君有子曰世違。單于死，子世違繼立。凡為胡者，父死妻母。昭君問世違曰：『欲為漢也，為胡也？』世違曰：『欲為胡耳。』昭君乃吞藥自殺。」（頁 315）顧先生所引「秦」字逯欽立先生作「漢」。按宋郭茂倩輯《樂府詩集》（四庫全書本）卷五十九作「單于死，子世達立。昭君謂之曰：『為胡者妻母，為秦者更娶。』世達曰：『欲作胡禮。』昭君乃吞藥而死。」當以作「秦」字為是。

13　見前引方詩銘文，頁 37。

四 對秦胡幾種解釋的商榷

　　此外，如果「秦胡」解為「漢人」和「胡人」，則不好解釋為什麼〈鄧訓傳〉會說「發湟中秦胡羌兵四千人」。這是說發湟中的漢人、胡人和羌兵嗎？如此一來，似乎是說羌兵與胡有別，須要分別列舉。兩漢文獻常見「羌胡」一詞（見下文徵引），可證此處秦胡不能解作胡人和漢人。又如果解秦胡為胡人和漢人，為何《後漢書》、《三國志》在並提漢人與非漢人時，稱「蠻、漢」、「胡、漢」、「夷、漢」而在其他地方又特別要說「秦、胡」？又如果秦胡即胡、漢，〈鄧訓傳〉、〈段熲傳〉和〈袁紹傳〉中的「秦胡」，沒有不作「胡漢」的道理。如此說來，將「秦胡」理解為「漢人」和「胡人」，實有困難。

　　那麼，解「秦胡」為「漢化的胡族」是否得當呢？不妨先檢查一下初師賓提出的理由。初氏說：「所以如此推測，一是史漢二書諸『秦人』及師古注雖然不大一律，但『秦』字俱作秦時、秦地解，涵義固定。『秦胡』字樣見於漢簡，時代介於史漢之間，可與秦人之解比附……要之，史漢所謂秦人皆漢族、漢人，但主要指秦時便入居異域如匈奴、大宛等地的漢人，與漢時漢人不同。同理，秦胡也應是秦時、秦地之胡。秦人、秦胡的『秦』，顯然是同一概念。」[14] 他說《史記》、《漢書》裡的秦人是指入居異域的中國人，與漢時漢人不同，這是正確的。這在《三國志‧烏丸鮮卑東夷傳》辰韓條及《後漢書‧東夷傳》中有旁證。〈烏丸鮮卑東夷傳〉說：「辰韓在馬韓之東，其耆老傳世，自言古之亡人避秦役來適韓國，馬韓割其東界地與之，有城柵。其言語不與馬韓同，名國為邦，弓為弧，賊為寇，行酒為行觴。相呼皆為徒，有似秦人……今有名之為秦韓者。」《後漢書》所載略同，謂：「故或名之為秦韓。」[15] 辰韓又稱秦韓，蓋因其先乃為秦之亡人入韓國者。「秦韓」一名的形成對理解秦胡的意義很有參考價值，這

14　見初師賓前引文，頁 260-261。

15　《梁書‧諸夷傳》新羅條記載同（頁 805）。

將於下文再論。

不過，秦人似乎不必然指「秦時」便入匈奴或大宛等地的漢族人。李廣利攻宛城，在武帝太初三年（西元前 102 年）左右，離秦亡已過百年，宛城中「新得秦人」不可能是秦時便已亡入大宛者；始元四年（西元前 83 年）衛律與單于謀，所謂「欲與秦人共守城」的秦人，為時更晚。他們只可能如顏師古所說，是秦時亡入匈奴者的子孫，或漢代以後為匈奴等所虜，輾轉流亡域外，或私自亡奔於漢帝國以外的漢人。「秦人」、「秦胡」的秦是同一概念，然應指漢人。解為秦時、秦地則有語病。

初氏接著論證：「其次，此冊之『屬國秦胡盧水士民』疑即史籍的『盧水胡』。盧水胡一名首見《後漢書‧西羌傳》。據崔鴻《十六國春秋》，北梁沮渠為盧水胡望族，先世任匈奴左大且渠官，因以為姓氏，世居張掖盧水、臨松，即今黑河中上游一帶，受漢文化影響較深。盧水士民，蓋指居住盧水地域的士庶百姓。秦胡，指種族……當然，秦胡也可能是個總稱，包括許多『雜胡』，盧水的胡人僅屬其中一支，或者是重要的一部分。」[16]他疑「屬國秦胡盧水士民」是指秦胡種的盧水胡，唯也不排除其他的可能。方詩銘以為即指盧水胡。[17] 這個說法證據有所不足。史籍中雖有盧水胡，但不一定能和這裡的盧水士民相比附。如果北涼時（西元 397-493 年），盧水胡的望族仍然以匈奴的官名為姓氏，如何由此證明在北涼之前四百多年的「秦胡種」盧水士民已是「漢化」的胡人？

要了解此處簡文的可能意義，有必要先澄清建武六年時張掖屬國的情況。當時張掖屬國都尉是竇融。竇融趁天下大亂，稱霸河西，為河西五郡大將軍。《後漢書‧竇融傳》說：「保塞羌胡皆震服親附，安定、北地、上郡流人避凶飢者，歸之不絕。」這種情況和簡牘文書所說：「從兵起以來，□困愁苦，多流亡在郡縣」頗為相合。「屬國秦胡盧水士民」流亡在郡縣，為吏民所役使或庇匿，竇融因此特令禁止。

---

16 見初師賓前引文，頁 261。
17 見方詩銘前引文，頁 39。

簡牘文書曾使用「士民」和「吏民」兩詞。二者都是漢代的常用語，指漢天子治下的編戶齊民。[18]《漢書‧平帝紀》，元始元年，「遣見大夫行三輔，舉籍吏民」，吏民乃有名籍者，[19] 亦即編戶之民。吏民一詞於兩漢書中隨處可見，無勞贅舉。居延漢簡則有「陽朔元年六月吏民出入籍」（29.3B，《居延漢簡（壹）》）可證「吏民」為官方文書中的正式用詞。士民也是常用詞。例如，光武給竇融的詔書中曾說：「勉循士民」（〈竇融傳〉）；又〈龐參傳〉：「使督涼州士民，轉居三輔」；〈劉陶傳〉：「軍吏士民，悲愁相守。」吏民和士民的意義基本上相通。簡文稱「盧水士民」，亦即盧水吏民，初氏解作盧水的士庶百姓是對的，但可不一定是胡人。

兩漢「吏民」一詞多指漢人或最少是已納入編戶且漢化的胡人，並不用以稱外族。例如，《漢書‧汲黯傳》注引應劭曰：「故律：胡市，吏民不得持兵器及鐵出關。」此處吏民明顯是指漢郡國治下，邊關內的漢人。[20] 初師賓以為秦胡或指盧水士民的種族，或以秦胡為總稱，盧水胡人為其一支，恐怕都不好說。

據史籍看，盧水胡與羌胡有關。文獻中的盧水胡主要見於《後漢書‧西羌傳》。《北堂書鈔》卷六十四引華嶠《漢後書》謂馬防「行車騎將軍，與長水校尉耿恭，征盧水羌還」，《後漢書‧竇固傳》更明言「盧水羌胡」。也有學者認為盧水胡以匈奴為主，雜有月氏胡和羌族因素。[21] 假使盧水士

18　黎虎先生論吏民文，與愚意相同，請參黎虎，〈論「吏民」即編戶齊民〉，《中華文史論叢》2（2007），頁 53-95。又可參劉敏，〈秦漢時期「吏民」的一體性和等級特點〉，《中國史研究》3（2008），頁 3-15；楊振紅，〈吳簡中的吏、吏民與漢魏時期官、吏的分野〉，《出土簡牘與秦漢社會（續編）》（桂林：廣西師範大學出版社，2015），頁 73-103。

19　張晏曰：「舉錄賦斂之籍而賞之。」補註：「蘇輿曰：哀紀遣光祿大夫循行舉籍，顏云舉其名籍，此義與彼同。張專就本文為說耳。」《史記‧項羽本紀》：「沛公曰：吾入關，秋毫不敢有所近，籍吏民，封府庫，而待將軍。」此處「籍吏民」意義相同。

20　我所見例外見於《後漢書‧段熲傳》：「餘羌復與燒何大豪寇張掖，攻沒鉅鹿塢，殺屬國吏民。」這裡屬國吏民連言。可是這時張掖有張掖郡及張掖屬國。這段敘述似有省文。餘羌和燒何羌既寇張掖郡縣又攻張掖屬國，省稱為「寇張掖」。如此下文的「屬國吏民」不一定連讀，而是指殺害屬國胡人與郡縣吏民的意思。

21　周一良和唐長孺都以為盧水胡和月氏胡有關，但是他們都沒有解釋為何《後漢書‧竇固傳》

民即盧水胡，他們也應是羌胡、匈奴或月氏胡，而不是所謂的秦胡。此外，從前文引〈鄧訓傳〉：「發湟中秦胡、羌兵四千人」的行文方式看，秦胡與羌兵（羌胡）也必有不同。因此，簡文「屬國秦胡盧水士民」一句不宜連讀，「屬國秦胡」與「盧水士民」是兩回事，應分別對待。假如這個分別可以成立，討論秦胡，就不必再將盧水士民的問題糾纏在其中。

　　初師賓在論證中，曾舉《居延漢簡甲乙編》甲 2112 號簡，證明「張掖屬國胡騎兵中也有所謂『秦胡人』。」這項證據有待商榷。他錄該簡釋文如下：

　　元鳳五年盡本始元年九月以來秦

　　屬國胡騎兵馬名籍　　　　　　　　　　　　　　　　　　（甲 2112AB）

經查《居延漢簡甲乙編》釋文及圖版，此簡兩行字分在一簡的兩面，初氏釋「九月以來秦」的「秦」字下似有漫漶的字跡，《甲乙編》原釋文作：

　　元鳳五年盡本始元年九月以來奈□　　　　　　（512.35A 甲 2112B）

　　□屬國胡騎兵馬名籍　　　　　　　　　　　　（512.35B 甲 2112A）

「奈」即「秦」字。因勞榦《居延漢簡——圖版之部》僅錄 A 面圖版，而《甲乙編》兩面圖版又極為模糊，《居延漢簡合校》釋文完全從《甲乙編》。後查史語所藏原簡，並據紅外線照片極為清晰的影像，發現此木楬其實基本完整，並無缺字（圖 5.1-2）。釋文應作：

　　元鳳五年盡本始元年九月以來秦　　　　　　　　　　　　（512.35A）

　　騎屬國胡騎兵馬名籍　　　　　　　　　　　　　　　　　（512.35B）

稱之為「盧水羌胡」。《後漢書·西羌傳》謂湟中月氏胡「其羸弱者南入山阻，依諸羌居止遂與共婚姻」，「被服飲食言語略與羌同，亦以父名母姓為種」。如此即使盧水胡原與月氏胡有種屬上的關係，但與羌人婚姻，也不能說是純粹的種族了。參周一良，〈北朝的民族問題與民族政策〉，收入《魏晉南北朝史論集》（北京：中華書局，1963），頁 155-157；唐長孺，〈魏晉雜胡考〉，收入《魏晉南北朝史論叢》（北京：三聯書店，1955），頁 403-414。馬長壽，《碑銘中所見前秦至隋初的關中部族》（北京：中華書局，1985），頁 18。又可參陳寅恪，《魏晉南北朝史講演錄》（合肥：黃山書社，1987）有關盧水胡部分，頁 96-98；俞偉超，〈古代「西戎」和「羌」、「胡」考古學文化歸屬問題的探討〉，《先秦兩漢考古學論集》（北京：文物出版社，1985），頁 189。

2007 年 11 月 26 日我在香港大學圖書館得見當年馬衡所作 512.35 簡正背面釋文，其所釋與我們用紅外線所見完全相同。[22] 如此一來，全楬兩面應讀作「元鳳五年盡本始元年九月以來，秦騎、屬國胡騎兵馬名籍」。秦騎和屬國胡騎果然不能連讀，得不出初氏所說「秦屬國胡騎，約指屬國胡騎中的秦胡騎士」的結論。[23] 初先生推測秦胡為「漢化胡族」的論證幾乎都落空。這份兵馬名籍包括屬國胡騎和秦騎，可見二者必有不同，卻也必有類似性，因而得合為一籍。同樣情形也見《肩水金關漢簡》EJT1：158「所將胡騎秦騎名籍」云云。簡文雖殘，但胡騎和秦騎並列同一名籍，同樣可證胡騎和秦騎必非一事，但也必然有可以同列名籍的道理。有這一新的認識大有助於重新考慮其他解釋的可能性。

圖 5.1-2　512.35AB

秦胡是否可能非通名，而是一種特殊胡族的稱謂呢？初氏也提到這種可能性。不過這很難解釋樊利家地券「若一旦田為吏民秦胡所名有」的措辭。為何在吏民之外，單獨提到一種特殊的秦胡族？其它族的胡人又如何呢？為避免這些困難，只得另作假設。

五 秦胡或指胡化的漢人

另一個可能的假設就是本文打算提出的：「秦胡」或指胡化的漢人，「秦騎」指由胡化漢人所組成的騎兵，因不隸屬屬國，故與屬國胡騎分列；又因為他們都是胡人或胡化的騎兵，有相類處，因此被編列在同一名籍

22　參港大圖書館特藏部《居延漢簡整理文件》檔（檔案編號：特 796.7 10）。Taralingin durbeljin 出土簡馬衡釋文稿，釋文流水編號 255。

23　見初師賓前引文，頁 262。

中。

　　漢人胡化以及胡人漢化，應該是漢代中國人與外族頻繁接觸下同樣顯著的現象。過去大家較注意胡人的漢化，比較少談漢人胡化的問題。實則漢代邊郡居民，因與非漢民族往來甚至雜居，生活風俗頗受外族影響，史籍中有不少相關的記載。例如《後漢書‧循吏傳》衛颯條：「遷桂陽太守。先是含洭、滇陽、曲江三縣，越之故地。武帝平之，內屬桂陽。民居深山，濱溪谷。習其風土，不出田租。」從「習其風土，不出田租」可見當地漢民之山越化。[24] 這是南方，再看北方邊陲。《漢書‧趙充國辛慶忌傳》贊：「山西天水、隴西、安定、北地處勢迫近羌胡，民俗修習戰備，高上勇力鞍馬騎射，故秦詩曰：『王于興師，修我甲兵，與子皆行。』其風聲氣俗自古而然，今之歌謠慷慨，風流猶存耳。」《漢書‧地理志》也說：「鍾、代、石、北迫近胡寇，民俗懻忮，好氣為姦……定襄、雲中、五原本戎狄地。頗有趙、齊、衛、楚之徒，其民鄙樸，少禮文，好射獵，雁門同俗。」除了這些因地處邊陲，沾染「少禮文，好射獵」的胡風，秦、漢以來更不斷有很多的中國人亡奔匈奴或為匈奴所擄（詳後）。他們為適應草原游牧的環境，生活不能不作某種程度的調整，而趨於胡化。這是不能不承認的。

　　兩漢史籍中提到的秦人主要是指漢郡縣以外，在外族統治下的漢人。這些秦人雖知穿井、植穀，但生活的某些方面已不同於漢郡縣內的漢人，應不難想見。秦人如果是指在胡地，已胡化的漢人，疑秦胡也是指這一類的漢人。因胡化，善騎射，由他們組成的騎兵，也就叫秦騎。或問：何得以「胡」稱漢人？

　　對此，不得不一談漢人的胡漢觀念。漢人分別胡、漢，基本上是承繼春秋戰國以來，以文化區別夷夏的大傳統，所謂入中國則中國之，入夷狄

24　《資治通鑑》卷 56 靈帝建寧二年條胡三省謂：「山越本亦越人，依阻山險，不納王租，故曰山越。」陳可畏先生指出山越中除了東越的後人，還有很多自東漢晚期以來不堪腐敗吏治的漢人亡入山越地區，構成了山越的一個組成部分。參所著〈東越、山越的來源和發展〉原刊《歷史論叢》第一輯（北京：中華書局，1964），收入社科院歷史所編，《古史文存》秦漢魏晉南北朝卷（北京：社會科學文獻出版社，2004），頁 80-102。

則夷狄之，並不以種族為界線。金日
磾乃匈奴休屠王子，隨父降漢，近在
武帝之側，貴幸無比。武帝病，屬霍
光輔少主。霍光竟謙讓日磾。日磾
曰：「臣外國人，且使匈奴輕漢。」
於是遂為霍光之副。日磾固以外國人
自居，武帝和霍光卻不因此見外。日
磾子孫，貴顯漢廷，以迄王莽，前後
七世。成帝時，金欽甚至因通明經
術，舉明經。（《漢書‧金日磾傳》）金
日磾一家七世可謂「入中國則中國
之」的最佳注腳（圖6）。

圖6　和林格爾東漢墓壁畫局部榜題「休屠
胡」指金日磾

　　王昭君下嫁呼韓邪單于，單于死，復妻其子（《漢書‧匈奴傳》）；元封
中，以江都王建女為公主嫁烏孫昆莫右夫人。昆莫老，欲以其孫尚公主。
公主不聽，上書言狀，漢天子的答覆是：「從其國俗」（《漢書‧西域傳》）。
這是所謂「入夷狄則夷狄之」。日磾和昭君所代表的並不是一時特例。在
《漢書‧景武昭宣元成功臣表》中頗不乏因功或因歸降封侯的胡族將領；
李陵、張騫、蘇武入匈奴，都曾娶婦生子。[25] 蘇武歸漢，宣帝甚至遣使匈
奴，迎蘇武之子歸漢，拜為郎，並不曾因其娶胡婦，疑慮蘇武之「忠貞」
（《漢書》〈蘇建傳〉、〈張騫傳〉）。從這些例子看來，漢代對所謂夷夏之防，
似不若後世那般敵我分明。胡人入中國，依中國之俗，則以中國人目之；
中國人入胡，依胡俗，則以胡人視之。

　　如此，以「胡」稱胡化的漢人就十分自然了。蔡琰〈悲憤詩〉稱：「卓
眾來東下……來兵皆胡羌」；皇甫規妻罵董卓曰：「君羌胡之種，毒害天下
猶未足耶！」（《後漢書‧列女傳》）董卓明明是漢人，他手下也並非「皆」羌
胡，也有漢人。但他們像董卓本人一樣，十分胡化，因此全被斥為羌胡。

25　見《漢書》各人本傳，李陵子又見〈匈奴傳〉。

那麼，為何不稱為「漢胡」，來表明他們原本是漢族，而稱之為「秦胡」呢？這可能是因為早有秦人一詞來稱呼亡入異域的中國人及其子孫。他們胡化，漢人以胡目之，故稱之為秦胡。「秦胡」的造詞法頗似前文提到的「秦韓」。秦人入韓，韓化，稱秦韓；秦人入胡，胡化，則稱秦胡。用「秦」字的另一原因，或許也由於漢代人以漢人自稱，與胡人連言則稱「胡、漢」，這和「漢胡」一詞意義容易混淆。既有現成的秦字可形容域外胡化的中國人，為便於區別，即襲故稱而稍變，而成「秦胡」一詞。

　　樊利家地券中「吏民秦胡」連言，可能意味「秦胡」還有非編戶之民的含意。漢代北邊諸郡居民深染胡風，可是只要他們在漢郡編戶之列，史冊和詔書仍以吏民、士民視之。地券此句的意思可能是指不論「編戶民」或「非編戶民」名有田地的情況。居延簡提到「屬國秦胡」和「盧水士民」似也有意標示編戶與非編戶的兩種身分。漢代屬國依其故俗為治，不在編戶之列。而盧水士民可能有漢族，也有漢化的胡人，不論種族為何，因在編戶，故稱士民。

　　漢代屬國的組成是以降胡為主。降胡中也有胡化的漢人嗎？對此，並沒有確實的證據。不過，如果有，不足為奇。前文說過匈奴曾經擄掠大量的漢人，[26] 漢人逃亡入匈奴的也很多。元帝時，一位熟悉邊事的郎中侯應

---

26 匈奴掠奪漢人口見於《漢書》各〈本紀〉及〈匈奴傳〉者略錄如下：（以下除註明見卷九十四〈匈奴傳〉者，皆見各本紀）

　　高后七年　匈奴寇狄道，略二千餘人。

　　孝文十四年　匈奴單于十四萬騎入朝那，蕭關……虜人民畜產甚多……匈奴日以驕，歲入邊，殺略人民甚眾，雲中、遼東最甚，郡萬餘人。（卷九十四上〈匈奴傳〉）

　　孝文後五年　君臣單于立歲餘，匈奴復絕和親，大入上郡、雲中各三萬騎，所殺略甚眾。（卷九十四上）

　　武帝元朔元年　匈奴入……漁陽、雁門……殺略三千餘人。

　　二年　匈奴入上谷、漁陽，殺略吏民千餘人。

　　三年　匈奴入……雁門，殺略千餘人。

　　四年　匈奴入代、定襄、上郡，殺略數千人。

　　　　（伊稚斜單于既立，其夏，匈奴……入代郡，殺太守共友，略千餘人。秋，又入雁門，殺略千餘人。其明年，又入代郡，定襄、上郡，各三萬騎，殺略數千人。匈奴右賢王……數寇盜邊，及入河南，侵擾朔方，殺略吏民甚眾。）（卷九十四上）

曾說：「邊人奴婢愁苦，欲亡者多，曰：『聞匈奴中樂，無奈候望急何。』然時有亡出塞者」；他又說：「盜賊桀黠，群輩犯法，如其窘急，亡走北出則不可測。」（《漢書·匈奴傳》）漢人逃亡出塞的證據在漢簡中很多，不細舉。這些漢人入匈奴，時間一久，娶妻生子，幾代之後，也就與胡人少異。匈奴降漢，他們隨之編入屬國，是十分自然的事。但據木楬「秦騎、屬國胡騎兵馬名籍」，可知昭、宣帝元鳳至本始時，秦騎原與屬國胡騎並列，一百餘年後到建武時，不知什麼原因，秦胡似乎納入了屬國。

所謂胡化，除了飲食衣服不同於中國以外，從《漢書》〈地理志〉及〈匈奴傳〉看來，還變得剽悍少禮，尚勇力，善騎射。漢人相比之下，遠為文弱。這是兩漢政府愈來愈倚重胡人當兵的一個原因。沾染強悍胡風，又善騎射的漢人自然是漢政府利用的對象。沿邊六郡良家子屬於此類。《三國志》和《後漢書》提到的「秦胡」全是為漢朝當兵的，也就不意外了。從記載中所說「許賞賜秦胡，其婦女財物，豫有分數」，「賊將見公，悉于馬上拜，秦胡觀者前後重沓」，分享戰利品（婦女、財物）、馬上拜和觀者不知先後，爭先層層圍繞等等，都明顯非華夏禮俗，可證他們應是沾染胡風，粗而少禮的一群。

方詩銘曾引《古文苑》錄蘇武別李陵詩：「子當留斯館，我當歸故鄉。

五年　其秋，匈奴萬騎入代郡……略千餘人。

元狩三年　秋，匈奴入右北平、定襄，殺略千餘人。

太初三年　秋，匈奴入定襄、雲中，殺略數千人。

　　　　　（又使右賢王入酒泉、張掖，略數千人。）（卷九十四上）

征和三年　匈奴入上谷、五元，殺略吏民。（卷九十四上）

昭帝後元二年　冬，匈奴入朔方，殺略吏民。

元鳳二年　匈奴三千餘騎入五原，略殺數千人，後數萬騎南旁塞獵……略去吏民去。（卷九十四上）

新莽始建國二年　匈奴南將軍二千騎入西城迎（陳）良等，良等盡脅略戊己校尉吏士男女二千餘人入匈奴。（卷九十四下）

始建國三年　是後，單于……入塞盜寇，大輩萬餘，中輩數千，少者數百……略吏民畜產不可數，緣邊虛耗。（卷九十四下）

一別如秦胡，會見何詎央。」證明秦、胡兩指。[27] 此詩不見於《漢書》，其真偽早有爭論，似乎不宜作為論據。[28]

以上析論秦胡諸說，並提出秦胡指胡化漢人的看法。這個看法充其量也不過是一個假設，並不敢自信。秦胡真正何指，還有待更多的資料來證實。漢化的胡人和胡化的漢人同是草原游牧與中國農業文化交會下的邊緣人物，他們在歷史上的作用和意義還有待進一步去認識。

附記

傅師樂成作古，轉眼周年。顧其治學，向重夷夏。弟子不敏，無以紹述，爰草斯篇，用慰師靈。民國 74 年 1 月 15 日。又文成之後，蒙蕭璠、杜正勝兄指正，謹此致謝。

補記

拙文發表後，得讀吳礽驤、余堯合著〈居延新獲建武秦胡冊再析〉（《西北師院學報》，4（1984），頁 20-26）。吳、余所論頗有與拙文合者，即「屬國秦胡」與「盧水士民」應是兩事，所指不同；也有相異處，即吳、余認為屬國秦胡是漢化胡人，以匈奴族為主，融合有小月氏、羌人等種族而形成新的雜胡——盧水胡。二人之說，基本上與馬長壽、俞偉超合。參文中引馬、俞書。此外，李志敏，〈支胡考——兼談秦胡在史冊消失問題〉，《西北民族研究》，1（1995），頁 111-116、胡小鵬、安梅梅，〈「秦胡」研究評說〉，《敦煌研究》，1（2005），頁 32-36；初昉師賓，〈再釋「秦胡」〉，《甘肅省第二屆簡牘學國際學術研討會論文集》（上海：上海古籍出版社，2012），頁 17-28 和趙永復、趙向群等所著都有進一步商榷，讀者自可參看，不再多論。

27　見方詩銘前引文，頁 38。

28　參逯欽立，《漢魏六朝文學論集》（西安：陝西人民出版社，1984），頁 3-22；《先秦漢魏晉南北朝詩》李陵錄別詩二十一首序，頁 336-337。

再補記

　　自《肩水金關漢簡（貳）》刊布後，多了不少有關屬國胡騎的新資料。其中值得注意的莫過於簡73EJT14：2（圖 7.1-2）。這枚簡第一次透露屬國胡騎的人名和他的單位歸屬——「充國佰縣泉里呼淦」。這八個字如何讀法，令人困惑。它們應讀作「充國，佰縣，泉里，呼淦」或讀作「充國佰，縣（懸）泉里，呼淦」？如果是前者，則胡騎呼淦是充國之下，佰縣的泉里人，也就是說屬國胡騎如同漢朝治下的編戶齊民，是以國（層級相關於郡）、縣、里編組起來。如果是後者，則似乎是歸屬於「充國佰」之下，佰是仟、佰的佰，乃軍隊編組單位，仟（千）有仟（千）長，佰（百）有佰（百）長。居延簡148.1+148.42 明確提到屬國有千長、百長。「充國」如果是佰這一單位的名稱，則有可能取名於趙充國。但屬國的佰以下分成里，又甚奇；縣泉如為里名，或通假懸泉，如同敦煌的懸泉置。因為缺少其它資料可以比勘，現在還無法判斷何者為是，或二者皆非。呼淦應是某外族名字的譯音，則屬無疑。期待今後有更多資料可以解決這個問題。

105.7.14

圖 7.1-2　金關簡
73EJT14：2 及局部放大

三補記

　　《居延新簡》新版出版後，有緣再讀，注意到以下這件書信牘末尾問候祝福語中有「為國愛身」這樣的話。這是一位名叫習的軍人寫信給一個名叫萬年的人。從書信內容看萬年應是習的長官。「為國愛身」猶如今天所說「為國珍重」，令我感覺到那時應曾存在某種形式或程度的國族認同或國家意識，雖然漢世的「國」和今日之「國」並不是一回事。漢簡人名

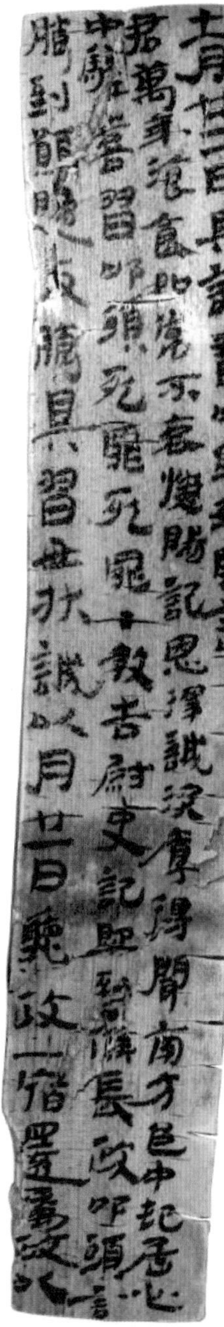

圖 8.1　EPT44.4A 　　　　圖 8.2　EPT44.4B

中有不少破胡、漢彊之類，應都和這種意識或認同有一定的關聯，值得繼續留意。

106.2.14

茲錄《居延新簡》EPT44：4A如下：

十一月廿二日具記。習叩頭死罪言

君萬年餐食如常不？哀憐賜記，恩澤誠深厚。得聞南方邑中起居，心中驩喜，習叩頭，死罪死罪。教告尉史記即到‧候長政叩頭言腦到，願歸取腦具。習毋狀，誠以月廿一日聽政一宿，還屬政。以（圖8.1）

EPT44：4B

君教曉崔尉史令月廿五日所來上官所有歸者，願‧君復召之第十㢓甲卒破櫌封，請辟行罰言狀。習叩頭，死罪死罪。習腦殊毋用腦。府掾史長吏因蒙‧君厚恩同。奈何？叩頭死罪。願君加餐食，永安萬年，**為國愛身**。習方行部詣官。叩頭，死罪死罪（圖8.2）

四補記——略記「漢國」

因為注意到書信中「為國愛身」一語，不禁又注意到漢代自稱還有「漢家」和「漢國」二詞。過去「漢家」一詞（例如「漢家天下」）較為人知，但多未注意「漢國」的存在。「漢國」一詞在《史記》、《漢書》、《三國志》、《後漢書》等文獻中出現頗多，而且是出現在詔書、章奏等等官方重要的文書裡，應是正式的說法。有漢國這一習用詞，則知「為國愛身」的「國」可指漢國，也即指中國。漢國與中國幾乎同義，唯是否有微妙的差異，值得探究。《漢書‧王嘉傳》有這樣一個故事，丞相王嘉得罪，被詔詣廷尉，王嘉不服，曾發「奉職負國」之語：

有詔假謁者節，召丞相詣廷尉詔獄。使者既到府，掾吏涕泣，共和藥進嘉，嘉不肯服。主簿曰：「將相不對理陳冤，相踵以為故事，君侯宜引決。」使者危坐府門上。主簿復前進藥，嘉引藥杯以擊地，謂官屬曰：「**丞相幸得備位三公，奉職負國，當伏刑都市，以示萬眾。丞相豈兒女子邪，**

何謂咀藥而死！」嘉遂裝出，見使者再拜受詔，乘吏小車，去蓋不冠，隨使者詣廷尉。……上聞嘉生自詣吏，大怒。使將軍以下與五二千石雜治……嘉繫獄二十餘日，不食歐血而死。

他說的「負國」是辜負漢國、漢家、朝廷、皇帝或國家？《漢書·賈誼傳》贊：「劉向稱『賈誼言三代與秦治亂之意，其論甚美，通達**國體**，雖古之伊、管未能遠過也』」，《後漢書·朱穆傳》載朱穆上疏曰：「案漢故事，中常侍參選士人。建武以後，乃悉用宦者。自延平以來，浸溢貴盛……愚臣以為可悉罷省，遵復往初，率由舊章，更選海內清淳之士，明達**國體**者，以補其位……。」「國體」之國又指什麼？和為「國」愛身、負「國」的國同一義嗎？這些都有待蒐證，進一步研究。以下先對「漢國」略作勾稽，以待識者後考：

1. 《史記·三王世家》廣陵王條褚先生曰：

   王夫人者，趙人也，與衛夫人並幸武帝，而生子閎。閎且立為王時，其母病，武帝自臨問之。曰：「子當為王，欲安所置之？」王夫人曰：「陛下在，妾又何等可言者。」帝曰：「雖然，意所欲，欲於何所王之？」王夫人曰：「願置之雒陽。」武帝曰：「雒陽有武庫敖倉，天下衝阨，**漢國**之大都也。先帝以來，無子王於雒陽者。去雒陽，餘盡可。」

2. 《史記·大宛列傳》：

   初，貳師起敦煌西，以為人多，道上國不能食，乃分為數軍，從南北道。校尉王申生、故鴻臚壺充國等千餘人，別到郁成。郁成城守，不肯給食其軍。王申生去大軍二百里，(偵)〔偩〕而輕之，責郁成。郁成食不肯出，窺知申生軍日少，晨用三千人攻，戮殺申生等，軍破，數人脫亡，走貳師。貳師令搜粟都尉上官桀往攻破郁成。郁成王亡走康居，桀追至康居。康居聞漢已破宛，乃出郁成王予桀，桀令四騎士縛守詣大將軍。四人相謂曰：「郁成王**漢國**所毒，今生將去，卒失大事。」欲殺，莫敢先擊。

3. 《漢書·哀帝紀》建平二年六月條：

侍詔夏賀良等言赤精子之讖，漢家曆運中衰，當再受命，宜改元易號。詔曰：「漢興二百載，曆數開元。皇天降非材之佑，**漢國**再獲受命之符，朕之不德，曷敢不通！夫基事之元命，必與天下自新，其大赦天下。以建平二年為太初元將元年。號曰陳聖劉太平皇帝。漏刻以百二十為度。」

4. 《漢書‧天文志》：

三年秋，太白出西方，有光幾中，乍北乍南，過期乃入。辰星出四孟。是時，項羽為楚王，而漢已定三秦，與相距滎陽。太白出西方，有光幾中，是秦地戰將勝，而**漢國**將興也。

5. 《漢書‧路溫舒傳》：

宣帝初即位，溫舒上書，言宜尚德緩刑。其辭曰：

……往者，昭帝即世而無嗣，大臣憂戚，焦心合謀，皆以昌邑尊親，援而立之。然天不授命，淫亂其心，遂以自亡。深察禍變之故，乃皇天之所以開至聖也。故大將軍受命武帝，股肱**漢國**，披肝膽，決大計，黜亡義，立有德，輔天而行然後宗廟以安，天下咸寧。

6. 《漢書‧陳湯傳》：

議郎耿育上書言便宜，因冤訟湯曰：「……使湯塊然被冤拘囚，不能自明，卒以無罪，老棄敦煌，正當西域通道，令威名折衝之臣旋踵及身，復為郅支遺虜所笑，誠可悲也！至今奉使外蠻者，未嘗不陳郅支之誅以揚**漢國**之盛。……

7. 《漢書‧李尋傳》：

哀帝久寢疾，幾其有益，遂從賀良等議。於是詔制丞相御史：「……惟漢興至今二百載，曆紀開元，皇天降非材之右，**漢國**再獲受命之符，朕之不德，曷敢不通夫受天之元命，必與天下自新。……

8. 《漢書‧匈奴傳》：

昌、猛即與為盟約曰：「自今以來，漢與匈奴合為一家，世世毋得相詐相攻。有竊盜者，相報，行其誅，償其物；有寇，發兵相助。漢與匈奴敢先背約者，受天不祥。令其世世子孫盡如盟。」……昌、猛還奏

事，公卿議者以為「單于保塞為藩，雖欲北去，猶不能為危害。昌、猛擅以**漢國**世世子孫與夷狄詛盟，令單于得以惡言上告于天，羞國家，傷威重，不可得行。宜遣使往告祠天，與解盟。昌、猛奉使無狀，罪至不道。」

9. 《漢書・王莽傳》：

〔張〕竦因為〔劉〕嘉作奏曰：建平、元壽之間，大統幾絕，宗室幾棄。賴蒙陛下聖德，扶服振救，遮扞匡衛，國命復延，宗室明目。臨朝統政，發號施令，動以宗室為始，登用九族為先。並錄支親，建立王侯，南面之孤，計以百數。收復絕屬，存亡續廢，得比肩首，復為人者，嬪然成行，所以藩**漢國**，輔漢宗也。建辟雍，立明堂，班天法，流聖化，朝羣后，昭文德，宗室諸侯，咸益土地。……

10. 《三國志・魏志》魏文帝延康元年條裴注引《獻帝傳》：

相國華歆、太尉賈詡、御史大夫王朗及九卿上言曰：「……帝室遂卑，若在帝舜之末節，猶擇聖代而授之，荊人抱玉璞，猶思良工而刊之，況**漢國**既往，莫之能匡，推器移君，委之聖哲，固其宜也。……

11. 《後漢書・安帝紀》延平元年條：

八月，殤帝崩，太后與兄車騎將軍鄧騭定策禁中。……皇太后……又作策命曰：

「惟延平元年秋八月癸丑，皇太后曰：咨長安侯祜：孝和皇帝懿德巍巍，光于四海；大行皇帝不永天年。朕惟侯孝章帝世嫡皇孫，謙恭慈順，在孺而勤，宜奉郊廟，承統大業。今以侯嗣孝和皇帝後。其審君**漢國**，允執其中『一人有慶，萬民賴之。』皇帝其勉之哉！」讀策畢，太尉奉上璽綬，即皇帝位，年十三。……

12. 《鹽鐵論・伐功》：

大夫曰：「……蒙公死而諸侯叛秦，中國擾亂，匈奴紛紛，乃敢復為邊寇。夫以小國燕、趙，尚猶卻寇虜以廣地，今以**漢國**之大，士民之力，非特齊桓之眾，燕、趙之師也；然匈奴久未服者，羣臣不并力，上下未諧故也。」

13.《論衡・謝短》：

秦則前代也，漢國自儒生之家也。從高祖至今朝幾世？歷年訖今幾載？

14.《論衡・恢國》：

夫經熟講者，要妙乃見；國極論者，恢奇彌出。恢論漢國，在百代之上，審矣。何以驗之？

15.逯欽立編《先秦兩漢南北朝詩》蔡琰〈胡笳十八拍〉：

越漢國兮入胡城，亡家失身兮不如無生。

原刊《傅樂成教授紀念論文集——中國史新論》，1985；收入《秦漢史論稿》，1987，頁 317-332。

96.11.30 訂補/105.7.14 續訂補/ 106.2.14 再補/109.3.30 三補/111.2.13 四補

漢簡、漢印與《急就》人名互證

　　勞榦〈史記項羽本紀中學書和學劍的解釋〉一文曾引《急就》記姓名的部分，並說道：「這裡所寫的姓名，並非實有其人，只是把常見的姓和名，都舉出來，以備將來的應用。」[1]章太炎《膏蘭室札記》「鄭子方」條及「焦滅胡章」條嘗論《急就》諸姓名，則以為實有其人：

> 以鄭子方觀之，當即田子方。古田字與陳同聲，則與鄭為平去，故得借用。五章有田細兒，或文字相避也，**則知諸姓名皆實有其人矣**。[2]

> 《急就》例無複字，而焦滅胡與六章郭破胡重，司馬褒與五章馬牛羊重，尚自於與五章尚次倩重。姓名訖，請言物，與二十五章諸物菉訖五官出重，知史游真本無此章矣。然其**名字仍復奇古，當非後人所造，或亦古有是人**，而東漢人羼入之，如齊國山陽兩章歟？[3]

按《急就》的作者史游是元帝（西元前 48-33 年）時人。他活動的時代正在居延出土漢簡所涵蓋的時間範圍內。比較漢簡和《急就》中的人名，就可以證明《急就》姓名出於虛擬，不必實有其人，唯所擬人名多屬西元前一世紀所常見（圖 1.1-3）。《急就》宋延年條，顏師古注謂：「姓者並是古來所有，非妄造之。名字或是舊人已經稱用，或是新構義理，然非實相配屬，真有其人，所以章中自云『姓名訖，請言物』，又云『諸物訖，五官出』。以此求之，其意可曉。」經檢索居延和敦煌前後出土簡，以及其他漢墓出土簡，發現漢簡中最少有廿九個人名和《急就》所記相合。有些《急

1 　　《勞榦學術論文集甲編》下冊（臺北：藝文印書館，1976），頁 896-897。

2 　　章太炎，《章太炎全集》（一）（上海：上海人民出版社，1982），頁 83。

3 　　同上，頁 83-84。

圖 1.1-3　大英圖書館藏敦煌出土《急就》簡 T.xv. a.i.5（局部及局部放大）

就》的人名在漢簡中不一定是人名，而是里名、隧名、部名或其他。現在依照《急就》人名出現順序，分述可由漢簡參證者如下。此外，傳世漢印甚多，真偽相屬，姑錄羅福頤《漢印文字徵》所及者，以為旁證。

1. 延年

「延年」之名，漢世極多。《急就》「宋延年」條，顏師古注謂：「延年之義，取於壽考無疆也。漢有李延年，杜延年，田延年。」王應麟補曰：「又有嚴延年，孔延年，乘馬延年，解延年，東郭延年。」居延簡中「延年」也很多。其姓名完整的有「河陽里張延年」（10.22），「京兆尹長安南

里張延年」（280.8），「第五隧長趙延年」（112.23），「田延年」（116.6），「呂延年」（191.11），「丁延年」（521.20），「杜延年」（562.26），「魏延年」（EPT51：359、EPT 51：528、EPT 51：530），「沛郡山蒼縣蔡里趙延年」（EPT58：3）。其中張延年有兩位，屬里不同，應是同名同姓不同的人。趙延年也有兩位，但無從斷定其為一人或二人。另敦煌馬圈灣簡有「魏延年」（吳礽驤等，《敦煌漢簡釋文》，1991，甘肅人民出版社，編號848）。江蘇邗江胡場五號漢墓出土木牘有「徐延年」（李均明、何雙全，《散見簡牘合輯》，文物出版社，1990，編號1059）。

　　姓失考，名「延年」的在居延簡中更多。列之如下：

5.4　　□□私印

　　　肩水候官

　　　□□□□姦卒延年以來（甲31）

12.1B　□禁止行者便戰鬥具驅逐田牧畜產毋令居部界中警備毋為虜所詆利
　　　且課毋狀不憂者

　　　劾尉丞以下毋忽如法律令敢告卒人／掾延年書佐光給事□（甲2554
　　　A）

12.1C　都尉事司馬丞登行丞事謂肩水候官傳移檄到如大守府檄書律令／卒
　　　史安世屬樂世書佐延年（甲2554D）

34.21A　俱起隧王充郎在宜穀　　　延年□□□
　　　　第廿二隧長馬蓋宗在元城　□□五年□九十□
　　　　第卅八隧長王常富在新賓（甲241A）

57.10B　掾宗守嗇夫延年佐就（乙52版）

68.62　□□令史延年□（乙61版）

97.10，213.1

　　　九月乙亥觻得令延年丞置敢言之肩水都尉府移肩水候官告尉謂東西
　　　南北都□

　　　義等補肩水尉史隧長亭長關各如牒遣自致趙侯王步光成敢石肎成皆
　　　□

書牒署從事如律令敢言之（甲564）

148.8　殄北督烽隧史延年五月癸卯☐☐（甲843）

213.28A，213.44A

元康二年正月辛未朔癸酉都鄉嗇夫☐☐

當以令取傳謁移過所縣道☐☐式

正月癸酉居延令勝之丞延年☐（甲1167A）

227.50　士吏延年尉史☐☐（乙169版）

238.18　☐☐長延年／隧☐臨（乙178版）

250.18A　八月丙申廩☐☐

郭卒李利

令史延年（甲1319A）

267.7　三尺五寸蒲復席青布緣二　直三百　六月戊戌令史安世∟充∟延年共
置杜君所（甲2534）

312.2　☐☑七月中尉史延年除去陽／（甲1663）

346.40　☐☑給永元豐亭長延年羊／式（乙241版）

485.52　☐☐延年☐☐☐

☐錢領☐☐（乙266版）

534.30B　大烽隧中延年守候塞尉奉☐☐（乙277版）

乙附四八A　　　　　☐　　☐

☐☐☐

當責許子方錢百　延年十二月正月食未取（乙292版）

EPT51：193　　　　　　　萬歲隧刑齊自取第一　長王萬年自取
出錢三千六百剈却適隧長壽自取第三隧長願之自取　初元
年三月乙卯令史延年

臨之隧長王紋自取候史李奉自取（以上為第
一欄）

付第三部吏六人二月奉錢三千六百（以上為第二欄，此簡左上
側有刻齒）

EPT51：373　五十・凡錢千償勝之。延年前☐☐

EPT51：389　臣延年昧死再拜謹使守☐☐

EPT52：96　十二月乙丑張掖大守延年長史長壽丞☐下居延都尉縣承書從事下

當用者如詔書律令／掾段昌卒史利助府佐賢世

EPT52：413　三月己丑右扶風順守丞下右輔都尉丞扶風廄宗正少府左書到言

三月丁酉宗正慶忌丞延年下都司空承書從事下當用☐

☐☐甲辰大司農調受簿丞賞行五官丞事下都內上農都尉執金吾

EPT52：698　☐尉史延年　　☐

EPT56：168　☑長延年皆毋☐☐

EPT56：343　舉劾各如牒

☑

寅朔癸卯甲渠士吏延年劾／式

另外有延年里（225.41、EPT52：669、EPT 57：12、EPT 58：11、EPT 65：445），不一一細舉。

羅福頤《漢印文字徵》（以下簡稱印徵）錄有「延年印」（第一，頁12上），「蔣延年印」（一，14上），「吾丘延年」（二，5下），「喪延年」（二，8上），「濕延年印」，「公孫延年之印」，「姚延年」，「張延年」，「斬延年印」，「陳延年」，「魏延年」（七，10下）。

2. 子方

《急就》鄭子方條，顏師古注：「子者，男子美稱，方者言其正直不回也。」王應麟補曰：「漢有聞人通漢字子方，陰子方，辟子方。」按《漢書・霍光傳》有霍光奴名「王子方」；三國時，糜芳字子方（《三國志・楊戲傳》）。居延簡可見之實例有：「董子方」（26.1）、「田子方」（127.33）、「許子方」（乙附48A、EPT53：73）、「姚子方」（EPT57：72）、「李子方」（EJT3：

38)、「成子方」(EJT23：167A)、「丁子方」(EJT24：977A)、「許子方」(EJT25：15B)、「宋子方」(EJT29：109)、「劉子方」(EJD：75A)。另簡 62.23、160.20B 等也見「子方」之名，姓不可考。敦煌帛書有「魚澤候守丞王子方」(T.XIII.ii.001a)，及姓不詳之「子方」(T.XV.a.v.8)。江蘇揚州胥浦 101 號漢墓出土竹簡遺囑中有名「子方」者(《散見簡牘合輯》，1083、1086、1095)。

印徵：「楊子方印」(八，19上)、「王子方」(八，19下)

3. 益壽

《急就》衛益壽條，顏注：「益壽亦延年之義也。」應麟補曰：「漢王子侯表有蔞侯益壽，功臣表有齊益壽，劉益壽，匈奴傳御史屬公孫益壽。」居延漢簡中有「褒益壽」(90.25、513.26)，「卜益壽」(118.6)，「李益壽」(EPT51：394)，「呂益壽」(EJT1：178B)，「亓益壽」(EJT14：19)，「孔益壽」(EJT37：622)。「益壽」人名又見居延簡 124.23、EPF19：1A 等。此外，日勒有「益壽里」(20.6)。據馬圈灣簡，敦煌效穀也有「益壽里」(《敦煌漢簡釋文》，285)。

印徵：「蘇益壽」、「楊益壽」(五，8下)、「田益壽印」(五，9上)

4. 步昌

《急就》史步昌條，顏注：「步昌，言高步而昌盛也。漢有李步昌。」應麟補曰：「功臣表有趙步昌。」居延簡牘中不見步昌人名，但有「步昌里」(EPT52：269)。按《漢書・地理志》蜀郡嚴陵，「莽曰步昌。」在敦煌，有「步昌候」(T.VI.b.i.156、T.VI.b.i.18)，「步昌士吏」(T.VI.b.i.91、T.VI.b.i.219)。敦煌馬圈灣則見人名「戍卒韓步昌」，及「步昌隧」(《敦煌漢簡釋文》，687、185、269、270、271)。

印徵：「步昌祭酒」(一，3上)，「李步昌」、「焦步昌」(二，10上)

5. 千秋

《急就》周千秋條，顏注：「千秋亦欲長生久視也。漢有張千秋、田千秋。」應麟補曰：「又有韓千秋、鄂千秋、夏侯千秋、蔡千秋、在千秋。戰國策云：為千秋之祝。」居延簡中有「周千秋」（562.7）、「朱千秋」（5.2、19.26+90.45+90.64+192.27+192.39），「訾千秋」（40.27、143.7、EPT51：250）。這位訾千秋，曾任收虜隧長、萬歲隧長。另有「傅千秋」（EPT53：192），「蕭千秋」（EPT56：71A），「叔千秋」（EPT57：42）。居延簡中姓不可知，人名為千秋者，列之如下：

68.48　　□□屬國都尉千秋丞充□□（乙60版）

219.42　　千秋等四人肩水候□□（乙164版）

257.24　　入□士吏千秋（乙壹玖零版）

居延簡中另有千秋里（37.57、212.65、334.6、560.19），這些里分屬轑得、昭武、氐池縣。也有以千秋為名的「千秋隧」（EPT57：77）。此外，敦煌馬圈灣簡有「郭千秋」（《敦煌漢簡釋文》，759），也有「千秋隧」（同上，687，太多不備舉），「千秋亭」（同上，582）。從以上例證之多，可見千秋確為漢代人喜歡用的名字。

印徵：「邪千秋印」、「孫千秋印」（七，11上）

6. 辟兵

《急就》高辟兵條，顏注：「辟兵，言能弭止兵戎也。」應麟補曰：「漢霍光傳有司隸校尉臣辟兵，不知姓；王子侯表有西梁侯闢兵；百官表執金吾辟兵；楚元王太子辟非，注：辟非，猶辟邪，辟兵之類；史記宋辟公辟兵：紀年，桓侯辟彊，言辟禦彊梁者，亦猶辟兵，辟非。」居延簡中名辟兵者有：「霍辟兵」（EPT51：226），「尉史辟兵」（EPT50：86、EPT51：269、EPT 51：583），「呂辟兵」（EJT21：311），「李辟兵」（EJD：54）及姓不明的「辟兵」甚多，不贅。

印徵：「傅辟兵」、「曹辟兵印」、「杜辟兵印」（九，5下）

7. 萬歲

《急就》鄧萬歲條，顏注：「萬歲，猶千秋耳。」應麟補曰：「漢王子侯表，中山靖王子曲成侯萬歲，又有陳萬年，後漢廣宗王萬歲。」居延簡中，以「萬歲」為人名者僅一見，「居延都尉萬歲」（276.6）。但是有「萬歲部」（55.24+137.20、267.10、270.14、EPT40：72、EPT 50：44、EPT 50：244、EPT 59：243A、EPT 59：573、EPT 59：647、EPT 65：162、EPF16：46、EPF 22：175、EPF 22：373、EPF 22：432），「萬歲隧」（6.8、8.6、49.31+49.13、174.7、217.22 等，太多不備舉），「萬歲候」（61.3+194.12、82.39、104.9+145.14 等，太多不備舉），「萬歲塢」（214.118），此外，還有「萬歲里」。萬歲里有屬居延縣的（EPF22：439），有屬昭武縣的（15.20、28.21B、29.2），有屬觻得縣的（145.30、160.14），有屬驪靬縣的（334.33），有屬日勒縣的（491.4），有屬魏郡鄴縣的（EPT51：497），有屬東郡白馬縣的（EPT57：63）。可見以萬歲為名的里，在漢代各地應相當的多。如《漢書·武帝紀》元封元年，注引應劭曰：「嵩高縣有上中下萬歲里。」此外，漢有「萬歲宮」（《漢書·宣帝紀》），「千秋萬歲殿」（《續漢書·五行志》），「萬歲苑」（《後漢書·孝安帝紀》），「萬歲亭」（《後漢書·黃瓊傳》）。敦煌簡中有「萬歲候」（T.XXVII.13、T.XXVII.29），「萬歲部」（T.XXVIII.38）。從以上千秋、萬歲、益壽、延年取名的普遍，可以反映出漢人一般對現世的眷戀和期望。西漢張安世三子分名千秋、延壽、彭祖（《漢書·張安世傳》）可以說是一個突出有趣的例子。

印徵：「任萬歲」、「陳萬歲」、「朱萬歲印」（二，10 上），「李萬歲印」（十四，12 上）

8. 利親

《急就》郝利親條，顏注：「利親，言其善父母也。」應麟補曰：「漢王子侯表有參戶孝侯利親，劇魁孝侯利親，平的釐侯利親，後漢阜陵王便親。」居延簡中有馮利親（127.17），盧利親（174.5），丁利親（484.27），爰利親（EJT9：102A），牛利親（EJT9：251），王利親（EJT24：156），辛利親（EJT31：144），趙利親（EJT37：253），李利親（EJD：180）。另以利親為名，

姓不可知者，尚有 193.8、EPT40：6A、EPT52：222 等簡，不贅。

印徵：「荊利親印」（八，21上）

9. 漢彊

《急就》馮漢強條，顏注：「漢強，意在忠於本朝也。」應麟補曰：「漢王子侯表有氏孝侯漢強，後漢呂強字漢盛。」居延簡有「甲渠候漢彊」資料二十餘條：

3.12A　□□□甲渠候漢彊敢言之府移書曰戌卒（甲6A）

6.5　五鳳二年九月庚辰朔己酉甲渠候漢彊敢言之府書曰候長士吏蓬隧長以
　　　令秋射署功勞長吏雜試□□
　　　封移都尉府謹移第四隧長奴□□□□□□□敢言之（乙5版）

38.17　十一月壬寅甲渠鄣候漢彊告尉謂士吏當安主候長（甲275）

40.4A　五鳳二年十月庚戌朔壬申甲渠候漢彊敢言之府移舉曰甲渠候所移鄣
　　　應（甲287）

63.37　☑漢彊卒鄣彊皆不在☑□（乙57版）

159.14　五鳳三年十月甲辰朔甲辰居延都尉德丞延壽敢言之甲渠候漢彊書
　　　言候長賢日迹積三百廿一日以令賜賢勞百六十日半日謹移賜勞名
　　　籍一編敢言之（甲941）

261.19　□□鄣候漢彊□□（乙195版）

282.10　□月戊午甲渠鄣候漢彊□居延
　　　如律令／令史尊（乙214版）

EPT51：493　□□鄣候漢彊敢□□

EPT52：89　入麥小石百八石三斗□〼　五鳳四年十二月丁酉朔戊申甲渠尉
　　　史充受左農左長佐宗／候漢彊臨

EPT53：29　己丑甲渠鄣候漢彊
　　　□
　　　簿一編敢言之

EPT53：62　神爵四年五月癸酉甲渠候漢彊謂

EPT53：69　　□□候令史齊敢言之爰書□□

　　　　　　　　□射候漢彊前令史齊署當□□□

EPT53：138　甘露二年八月戊午朔丙戌甲渠令史齊敢言之第十九隧長敞自

　　　　　　　　言當以令秋射署功勞即石力發弩矢□弩臂皆應令甲渠候漢彊

　　　　　　　　守令史齊署發中矢數于牒它如爰書敢言之

EPT56：6A　　甘露二年四月庚申朔辛巳甲渠鄣候漢彊敢言之謹移四月行塞

　　　　　　　　臨賦吏三月奉秩別用錢簿一編敢言之書即日餔時起候官

EPT56：65A　五鳳五年三月丙寅朔甲午甲渠鄣候漢彊謂士吏安主候行中隨

　　　　　　　　書到

EPT56：206　□□漢彊謂士吏常候長充□□

EPT56：259　甘露元年閏月乙未朔庚申甲渠鄣候漢彊敢言之府下詔書曰

EPT56：280A　甘露三年三月甲申朔癸巳甲渠鄣候漢彊敢言之府下詔書曰

　　　　　　　　徒髡鉗鈦左

EPT56：336　□候漢彊敢言之謹寫移敢言□

　　　　　　　　□令史竝　書即日桑榆時起官

EPT58：51　　□候漢彊移過所遣收降隧長□□

EPS4.T2：118　□辛亥朔乙亥甲渠鄣候漢彊□

　　　　　　　　□等充行候事□□□□

上簡繫年者頗多，從繫年看，漢彊從神爵四年（西元前 58 年）至甘露三年
（西元前 51 年），擔任甲渠鄣候一職最少達八年之久。另一位甲渠鄣候喜，
任同一職從元帝初元元年（西元前 48 年，簡 283.26+283、36+283.65）至永光五
年（西元前 39 年，簡 EPT59：415），最少也有九年。陳夢家曾排出從宣帝到
建武時先後擔任甲渠候的名單。從鴻嘉以後到元延，曾有甲渠候一至二、
三年即換人的情形。（參《漢簡綴述》，頁 47）如果將這一類材料充分整理，
對了解漢代邊塞人事調動很有幫助。（按：李均明，〈居延新簡概述〉，《東西學
術研究所紀要》24（1991），頁 78-79，已提到這一類的研究工作。李振宏和孫英民已
於 1997 年出版《居延漢簡人名編年》，中國社會科學出版社。）

　　《漢印文字徵補遺》11，有「張漢彊印」（3240）

10. 君明

《急就》景君明條，顏注：「君明，言有明德，宜為列國諸侯也。漢有京房，字君明。」應麟於漢名君明者無補說。居延簡中則見「游君明」（81.5D），「任君明」（EPT53：183）。此簡殘斷，「任」字屬前讀，或屬後讀為君明之姓，並無把握。另 EPT51：416B 簡也有名「君明」者。敦煌帛書有「幼卿君明」（T.XIII.ii.001a）。江蘇胥浦 101 號漢墓出土竹簡也有名「君明」者（《散見簡牘合輯》，1094）。

11. 奉德

《急就》董奉德條，顏注：「奉德，言其持德義也。一曰言有賢德，人所戴奉也。」應麟補曰：「後漢儒林傳，任末友人董奉德。」居延簡有「丁奉德」（303.40），「司馬奉德」（387.3）。

印徵：「師奉德印」（二，16 上）

12. 賢良

《急就》桓賢良條，顏注：「賢良，言可應賢良之舉也。」應麟於漢名賢良者無補說。簡牘中亦僅一見：「迎奉食錢未持來自責之不得劾之賢良責夕勝之弘負千三百勝之負三千五」（312.1）。此簡「賢良」疑為人名。

13. 逢時

《急就》任逢時條，顏注：「逢時，言遇太平也。漢有王逢時。」應麟無補說。敦煌馬圈灣簡有「張逢時」（《敦煌漢簡釋文》，1027）。

印徵：「王逢時」（七，1 下）

14. 廣國

《急就》由廣國條，顏注：「廣國，言為本朝益土地也。」應麟補曰：「漢有竇廣國，又張廣國為太常。」居延簡有「從史廣國」（247.36），「守城尉廣國」（512.3），「王廣國」（EJT30：40），又某「廣國」（EPT59：842）。

15. 承祿

《急就》烏承祿條，顏注：「承，受之也。」應麟補曰：「後漢有承祿觀。」按《後漢書‧孝桓帝紀》，另有「中藏府承祿署」。居延簡中有「史承祿」（EPT53：109A），「輔承祿」（68.45），「成承祿」（116.40），「守令史承祿」（EJT37：531）。另有「尉史承祿」（311.6、EPT52：398B、EPT65：349）。

印徵：「李承祿印」、「司馬承祿之印」、「楊承祿印」（一，2上）

16. 何傷

《急就》孔何傷條，顏注：「何傷，言無所傷害也。」應麟補曰：「取論語何傷於日月。沛公左司馬曹毋傷，諸侯王表梁貞王毋傷。王子侯表封斯侯胡傷，灌嬰傳，齊有華毋傷。」何傷、胡傷與毋傷於義雖同，顏、王未真正舉出以「何傷」為名者。居延簡中有「李何傷」（157.4）。

印徵：「胡何傷」、「囗何傷」、「杜何傷」、「臣何傷」（八，8上）

17. 不侵

《急就》所不侵條，顏注：「不侵，言其謹愨，不為寇暴也。」應麟於漢名不侵者無補說。居延簡中有「董不侵」（EJT24：282）、「鄭不侵」（EJT37：766）。另有「不侵候」、「不侵隧」、「不侵部」。其例太多，不一一列舉。

印徵：「王不侵印」、「不侵之印」、「孫不侵印」（八，5下）

18. 未央

《急就》龍未央條，顏注：「未央，言益壽無極也。」應麟補曰：「漢王子侯表薪館侯未央，中山靖王子容丘侯未央，魯安王孫新昌侯未央，燕刺王曾孫臨都侯未央，梁敬王子功臣表搖未央，匈奴傳，刑未央。」文獻中名未央者甚多；除上述，《漢書‧藝文志》歌詩類有「詔賜中山靖王子嚕及孺子姜冰未央材人歌詩四篇」師古曰：「孺子，王妾之有品號也。姜，王之眾妾也。冰，其名。材人，天子內官。」師古於未央二字未注，未央應與冰同為人名。居延簡所見亦不少，有「史未央」（6.6）、「呂未央」

（15.20）、「工未央」（334.13）、「朱未央」（336.19、EPT53：208）、「馮未央」（EPT2：8）、「張未央」（EPT52：452）、「曲未央」（EPT65：207）、「杜未央」（EPT59：3）。另敦煌馬圈灣簡有「王未央」（《敦煌漢簡釋文》，838A）。姓不可知，名未央者，如下：

18.5 永光四年閏月丙子朔乙酉大醫令遂丞襃下少府中常寺承書從事下當用者如詔書閏月戊子少府餘獄丞從事

□□□□□□丞相府承書從事下當用者如詔／掾未央屬順書佐臨

□□□□□□□□騎將軍御史中二千石郡大守諸侯相承書從事下當用

者書到言／掾□□令史相（乙14版）

176.62 □敕之奉未央辭皆自名（甲1019）

266.11 □印行事丞未央移□（乙200版）

272.20 □未央（甲1428）

273.28 □□月丙辰朔庚午殄北第二隧長舒受守卒大未央／掾野臨（甲1464）

274.13 大奴未央　牛車（乙206版）

278.7B 候長□ㄟ未央候史包隧長畸等疑虜有大眾欲並入為寇檄到□等各循行部界中嚴教吏卒定蓬火輩送便兵戰鬥具毋為虜所萃槷已先聞佑失亡重事毋忽如律令（第三面）（乙209版）

562.14 　　　　印曰牛慶

肩水候官

　　　　四月乙亥金關卒未央（乙282版）

EPT51：286 □卒未央迹盡乙卯積十日　凡迹□□

　　　　□卒侯游迹盡乙丑積十日　出入□

　　　　□卒許敢迹盡甲戌積九日

EPT56：402 □□□□□殷昌里大夫□未央年卅□　貰買□□

EPT65：424 □傷之何等未央□□

印徵：「蘇未央」、「周未央」、「上官未央」、「高未央」、「李未央」、「靳

未央」、「馮未央」、「杜未央」、「譚未央」、「焦未央」（五，14上）

19. 嬰齊

《急就》伊嬰齊條，顏注：「嬰齊，謂嬰兒之絜齊者也。魯有公孫嬰齊，漢有南越王趙嬰齊。」應麟補曰：「王子侯表阿武侯嬰齊，功臣表武嬰齊，藝文志有郎中嬰齊，不知其姓。」居延簡有「候長嬰齊」（216.3）、「關嗇夫嬰齊」（539.8）、「太子守觀奴嬰齊」（EPT43：92）、「奴嬰齊」（EJT1：1）、「趙嬰齊」（EJT23：1015）、「呂嬰齊」（EJH2：70）。另名嬰齊，姓失考者，有簡 10.2A、580.3、EJT37：4、EJT37：1102。敦煌簡有「大煎都候嬰齊」（T.VI.b.i.18）。馬圈灣簡有名「嬰齊」者，姓不可知（《敦煌漢簡釋文》，680A）。

印徵：「焦嬰齊」、「張嬰齊」、「魚嬰齊」、「陳嬰齊印」（十二，14上）

20. 穉季

《急就》畢穉季條，顏注：「穉季者，言非長，叔幼也。漢有杜穉季。」應麟補曰未舉其他名穉季者。居延簡則有「霍穉季」（EPT51：654）、「屈穉季」（EJT26：269A）。

印徵：「田穉季」（十四，16下）

21. 宜王

《急就》觀宜王條，顏注：「宜王，言有益於王室者也。」應麟補曰：「漢有酒泉侯宜君。注：宜君，侯之名也。」君雖與王同義，然宜君畢竟非宜王。宜王在漢簡中有實例：「令史宜王」（10.30）、「驛候書令宜王」（19.34）及某「宜王」（311.9）。另敦煌效穀有「宜王里」（505.12）。

22. 終古

《急就》許終古條，顏注：「終古，言不廢絕也，漢有濟北思王終古。」應麟補曰：「王子侯表柏暢侯終古，雲侯終古，功臣表禦兒侯轅終古。轅

一作棦。」居延簡中不見名終古之人，但有終古隧（如：85.5、282.5、317.19、EPT2：11、EPT40：6A、EPT51：407、EPT51：409、EPT52：56、EPT52：564、EPT59：353、EPT59：606、EPT59：835）。湖北江陵鳳凰山十號漢墓出土竹簡中有「王終古」（《散見簡牘合輯》，編號877）。

印徵：「董冬古」、「張冬古」、「臣冬古」（三，2上），印「終」字皆作「冬」。

23. 富貴

《急就》曹富貴條，顏注：「富貴，言滿而不溢，高而不危也。」應麟補曰：「功臣表張富貴。」簡牘見「昌宜侯王富貴」（EPT59：340A）。另「富貴里」見於屋蘭（14.25）、觻得（45.7B、77.2）、氐池（51.3、562.22）。在其餘郡縣，名富貴之里，想必還有不少。例如敦煌簡中即見「敦煌富貴里」（T.VI.b.i.253）、富貴隧（T.XVI.3、T.XVII.2）。

印徵：「長富貴」、「富貴」（六，19上）

24. 彭祖

《急就》蕭彭祖條，顏注：「彭祖者，追慕彭鏗，尚其長年也。漢有張彭祖、嚴彭祖。」應麟補曰：「又有趙王彭祖、祕彭祖、竇彭祖、田彭祖、趙彭祖、劉彭祖、鄧彭祖、黎彭祖、蔡彭祖。」居延簡可見「張彭祖」（29.2）、「成功彭祖」（564.6）、「橫原里公乘彭祖」（EPT51：86）、「令史彭祖」（EJT28：64）、「張彭祖」（EJT30：6）、「游徼彭祖」（EJT30：170）及另二姓不詳之「彭祖」（EPT52：765、EPS4.T2：52）。敦煌簡有「郭彭祖」（T.XLVI.h.011）。

印徵：「胡彭祖印」、「樊彭祖印」（一，3下）、「藩彭祖印」（一，17上）、「申彭祖印」、「胡彭祖印」、「左彭沮」（五，6下，7上）

25. 勝客

《急就》薛勝客條，顏注：「勝者，克堪之義；客者，人禮敬之為上客

也。」應麟補曰：「漢功臣表郭亭孫勝客，樊噲曾孫勝客，恩澤侯表，丙吉玄孫勝客。」居延簡有「第十七候長勝客」（EPT52：33），及另二姓不詳之「勝客」（40.1+41.29、EJF1：75）。

印徵：「石勝客」、「王勝客印」（十三，15下）

26.男弟

《急就》求男弟條，顏注：「男者，以別女；弟者，有兄之稱也。」應麟補曰：「漢功臣表有趙弟，後漢李章字弟公，祭遵字弟孫。」應麟未真正找到名男弟者。居延簡中可見二名「男弟」之例（EPT50：207B、EPT57：79），唯姓俱不可知。

印徵：「郭男弟」（十三，14上）

27.次倩

《急就》尚次倩條，顏注：「次者，長幼之第；倩者，青色而美也。」應麟補曰：「漢江充字次倩。」漢簡可見「靳次倩」（EPT56：213）、「張次倩」（EPT56：347B）。

28.罷軍

《急就》減罷軍條，顏注：「罷軍，猶言偃武也；一說久從戎役，故疲勞也。」應麟補曰：「漢王子侯表，管侯罷軍，藺侯罷軍，柳侯罷師，功臣表，成侯重罷軍，共侯盧罷師。漢表作氏。百官表，衛尉王罷軍。」居延簡有「鉼庭長罷軍」（EPT8：21、103.47）、「呂罷軍」（EJC：420）。敦煌簡則見「大煎都候丞罷軍」（T.VI.b.i.152）。另在五枚殘簡中提到罷軍（T.VI.b.i.61、T.VI.b.i.93、T.VI.b.i.118、T.VI.b.i.125、T.VI.b.i.157），由於出土地點相同，五枚簡中的罷軍可能就是那位大煎都候丞。敦煌馬圈灣簡有「魯罷軍」（《敦煌漢簡釋文》，1117）。另居延簡334.28，《甲乙編》作「蘇寵軍」，《合校》作「蘇罷軍」。從圖版看，原字甚清晰，「寵」以作「罷」為是。

印徵：「臣罷軍」、「郭罷軍」、「仲罷軍」（七，21下）

29. 破胡

《急就》郭破胡條，顏注：「破胡，言能克匈奴。」應麟補曰：「列女傳，齊威王佞臣周破胡；漢王子侯表，高邱侯破胡；功臣表任破胡；昭帝紀，呂破胡。又有趙破胡。」破胡之名，漢簡中極多。以「破胡」為人名，有「丁破胡」（EPT51：106）、「萬世隧長破胡」（5.18+255.22）、「丞破胡」（11.10）、「甲渠候破胡」（EPT51：199、EPT57：12、EPT58：48、EPT 58：82）、「掾破胡」（EPT58：45B）、「候破胡」（159.22、EPT56：189、EPT56：378）、「鄣候破胡」（EJT21：114）、「于破胡」（EJT37：482）、「杜破胡」（EJT37：1130）及其他姓與頭銜皆不明的「破胡」（11.9、67.1、104.29、159.12、202.11、202.23）。其餘有「破胡隧」、「破胡亭」，不一一細舉。著名完整的簡冊「廣地南部言永元五年六月官兵釜磑月言簿」（128.1）記載的就是「破胡隧」的裝備。敦煌簡則見「破胡西部」（T.XXVIII.36）、「破胡止奸隧」（T.XXII.d.05）、「破胡宗民隧」（T.XXII.d.015）。

印徵：「梁破胡」、「兒破胡印」（九，12 上）

30. 義渠

《急就》憲義渠條，顏注：「義渠，國名也。後為縣。在北地，以縣為名也。」應麟補曰：「百官表，高帝五年廷尉義渠；韓非子，陽成義渠，騎將也；後漢袁紹將，蔣義渠。」居延簡名「義渠」者僅一見：「義渠防等」（EPF22：851）。此義渠可為人名，亦可為地名，不能十分肯定。

31. 地餘

《急就》左地餘條，顏注：「地餘，言土地有餘，封邑廣大也。漢有歐陽地餘。」應麟補曰：「廣川王去，有幸姬王地餘。」居延簡有「胡地餘」（EPT50：7B）、「孫地餘」（EPT52：433）、「單地餘」（EJT24：543）、「王地餘」（EJC：104）。

32. 莫如

《急就》解莫如條,顏注:「莫如,言無有能如之者也。漢有毛莫如。」
應麟補曰:「功臣表有宣莫如;王子侯表有柴恭侯莫如;齊孝王後,毛莫如;風俗通姓氏篇,漢有屯莫如。」簡牘中有「田莫如」(EPT53:187)、「華莫如」(EJT37:1003)。

印徵:「蘇莫如印」、「甄莫如」、「田莫如」(一,22 上)、「笪莫如印」、「樊莫如」(十二,13 下)

以上漢簡中可證實為人名,與《急就》相合的有 29 個,疑為人名而與《急就》相合的有二個。《急就》共列人名 132 個,曾在漢簡中出現的占五分之一以上,可以說是相當高的比例。前文引《急就篇》「宋延年」條顏師古注:「姓者並是古來所有,非妄造之。名字或是舊人已經稱用,或是新構義理,然非實相配屬,真有其人。」此說經簡牘驗證,仍然妥當。此外,可以一提的是這些漢簡中的人物有些籍屬邊郡,有些來自內郡,但是取名卻有不少共通的偏好,且與傳世漢印相合的甚多,這是值得注意的現象。

80.8.29 初稿,82.4.3 補漢印資料

原刊關西大學東西學術研究所大庭脩編,《漢簡研究的現狀與展望》(關西大學出版社,1993),頁 274-289;原題作〈漢簡中人名與《急就篇》人名之相合者〉,今改訂。

96.8.27 訂補

補記

近年出土和出版的邊塞和內郡漢簡、漢印及封泥大增,其可補列者必多。一時不及,有待來日。

111.1.29

再補記

 近年張傳官先生繼續努力，據新出土材料，補證更為豐富和細密。請參看張傳官，《〈急就篇〉新證》（上海：中西書局，2022）。

112.1.6

讀居延漢簡札記
——物故、小家子、寺廷里、都試、治園條

1. 物故

	其二領**物故**	
1. 受正月餘襲二百卅二領	今餘襲二百卅領	（EPT51.192）
2. 棄矢百皆斥呼**物故**　卩		（EPT51.405）

　　漢代文獻、簡牘、磚銘常稱人死為「物故」（圖1.1-2），敦煌簡中也有稱馬死為物故者（《敦煌漢簡》，中華書局，1991，簡164、169、620）。《漢書・匈奴傳》：「當孝武時，雖征伐克獲，而士、馬物故亦略相當……」，於士卒、馬匹之死，同以物故稱之。同傳嚴尤諫王莽曰：「……胡地沙鹵，多乏水草。以往事揆之，軍出未滿百日，牛必物故且盡。」牛死亦曰物故。以上居延新出二簡稱衣物及箭矢損壞或不存，為「物故」。有趣的是湖北

圖 1.1　居延簡 239.41

圖 1.2　2004.7.14 作者攝於洛陽考古工作隊陳列室

江陵張家山西漢初墓出土簡《二年律令》簡77、78也稱金錢、布帛、粟米、牛馬的死亡、不存或損毀，都是所謂的物故：

> □□□財（？）物（？）私自假貸，假貸人罰金二兩。其錢金、布帛、粟米、馬牛毀，與盜同法。（簡77）

> 諸有假於縣道官，事已，假當歸。弗歸，盈二十日，以私自假律論。其假別在它所，有（又）物故，毋道歸假者，自言在所縣道官，縣道官以書告假在所縣道官收之。……（簡78-79）

這是說凡向縣、道官借貸各種物品，用畢，應將所借貸者歸還；不歸還超過二十天，則以「私自假律」論處。其借貸之物如在它地，又有死亡、不存、消耗或損毀的情形，無法歸還借出者，要自行向原出借的縣、道官報告。原縣、道官須發文書給借貸之物所在的縣、道官，請他們代為回收。這裡所謂「物故」的物品包括金錢、布帛、粟米和牛馬。這反映了秦漢時代人們對死亡的一種看法。人與馬、牛、衣物、箭矢等一樣，同是一種「物」。人、馬、牛的死亡和物品的損壞或消耗，意義相同。

《史記·匈奴列傳》索隱引「《釋名》云：『漢以來謂死為物故，物就朽故也。』又引《魏臺訪議》，高堂崇曰：『聞之先師：物，無也；故，事也；言無復所能於事者也。』」（《後漢書·儒林傳》牟長條李賢注引《魏臺訪議》問物故之義，同。）此於「物故」有「物就朽故」和「物，無也；故，事也」兩說。又《漢書·李廣蘇建傳》顏師古曰：「物故謂死也。言其同於鬼物而故也。一說，不欲斥言，但云其所服用之物皆已故耳。而說者妄欲改物為勿，非也。」師古又提出物故為「鬼物而故」及不欲直言死，但云所服用之物皆已故兩說。四說中，高堂崇先師之說實出於附會。鬼物之說，則死後化鬼，鬼亦為物。與「物就朽」，「服用之物已故」之說，其實都假設人和其它的東西原本都是一種「物」，因此都可以用「物故」一詞來形容它們的消亡或死亡。

2. 小家子

1. □□榮小未傅為驛騎皆小家子貧急不能自給實☒　　　　　　（EPT58.30）

漢有所謂「中家」，指財貲中等之家。此「小家子」似指財貲不及中家之子，所謂貧急不能自給者也。這一簡的句讀似應為「□□榮小未傳，為驛騎，皆小家子，貧急不能自給，實⋯⋯」榮為人名，「小」指戶籍上大小口的小，「未傳」指尚未傳籍。小未傳合而成一詞，見張家山簡《二年律令》和敦煌懸泉簡（參張經久、張俊民，〈敦煌漢代懸泉置遺址出土的「騎置」簡〉，《敦煌學輯刊》，2（2008），頁 59-73）。「傳」字原釋為「傳」，形似傳字，但疑誤。原簡十分清晰，榮上還有三字殘跡，惜不可釋。「小家」一詞亦見《史記・滑稽列傳》：「巫行視小家女好者，云是當為河伯婦」；《漢書・霍光傳》「使樂成小家子得幸將軍，至九卿封侯」；《太平經合校》卷67，六罪十治訣第 103：「今愚人甚不仁⋯⋯中尚有忽然不足者，爭訟自冤，反奪少弱小家財物，殊不知止。」小家女、小家子意指小家之子女。「少弱小家財物」之措詞顯示小家指勢弱財少的人家，和簡中所說「貧急不能自給」意近。《後漢書・陳蕃傳》：「陛下超從列侯，繼承天位。小家畜產百萬之資，子孫尚恥愧失其先業，況乃產兼天下，受之先帝⋯⋯」，此以畜產百萬為小家，乃相對於「產兼天下」的皇帝而言。此小家為形容詞，非真指漢代一般的小家。

有中家、小家，可推知當時也有所謂的「大家」。《漢書・公孫弘卜式兒寬傳》寬當免，「民聞當免，皆恐失之，大家牛車，小家擔負，輸租繈屬不絕，課更以最」，此大、小家亦依財貲相對而言。

3. 寺廷里

皂布襲一領　　　錢百封

韋一封

1. 脩武縣寺廷里王平卩

布復襲一領衣

布襜褕一領衣　　　一兩封（EPT56.69）

脩武縣的寺廷里使我想起河南偃師出土的侍廷里父老僤買田約束石券。這兩個里名其實相同，「侍廷」即「寺廷」，寺、侍通假（參高亨，《古

文字通假會典》，齊魯書社，1989，頁 405）。脩武縣寺廷里之「寺」應是指縣寺、縣廷，也就是縣衙門；寺廷里應指縣廷所在之里。

4. 都試

1. 抵校因**都試**馳射會☒　　　　　　　　　　　　（《居延漢簡》40.18）

2. ☒☒☒☒軍玉門塞外海廉渠盡五月以

　☒九月**都試**騎士馳射最率人得五算半算☒

　☒四月　　　　　　　　　　　　　　　　　　　（EPT52.783）

3. ☒使者二千石所以**都試**眾吏也　或壞不壞白之（73EJF3：225）

EPT52.783 簡字跡十分清晰。這是文獻所載漢代都試之制的三條出土實物證據。第一，證明「都試」之名確如文獻所載；第二，證明都試是試騎士馳射和所謂的眾吏；第三，證明都試在九月舉行。文獻中都試有行於八月和九月兩種記載。

其餘漢簡中資料皆曰秋射。秋射發十二矢，以六為中程，過程一矢賜勞十五日，否則奪勞。從賞罰來看，秋射和都試似不相同。上引第二條謂「都試騎士馳射，最，率人得五算半算」。第一，測試的對象不同。秋射是以邊塞的候、燧長為對象；都試是試騎士和眾吏。眾吏意義甚泛，包括那些吏，不清楚。第二，獎賞方式不同。所謂「最」，是漢代考績術語，即成績評為最高者為「最」。文獻中例證甚多，無勞細舉。「率」也是漢代常詞，即按比率。「人得五算半算」是可按比例，一人得 5.5 算。過去依文獻認為漢代一算是一百二十錢。但江陵鳳凰山十號漢初期墓出土，以算徵收的稅收帳目中，一算卻不是一百二十錢。據弘一核算，一算合一百八十五錢。因此，他認為「算」可能是按人頭徵稅的單位（參弘一文，《文物》，6（1974），頁 79）。不論一算為多少錢，似可確定漢代以若干錢為一算，算是一種單位名稱。換言之，都試的獎賞辦法是賞錢，而不是賜勞，這就和邊塞官兵秋射獎懲不同。吳昌廉君已有〈秋射——兼論秋射與都試之異同〉一文，見《簡牘學報》11（1985），頁 191-200。宜參看。

補記：劉增貴認為「算」非指錢，而是「記優缺點之數」。參其〈居

延漢簡補編的一些問題〉《居延漢簡補編》（臺北：中央研究院歷史語言研究所，1998），注 36，頁 46-47。按：算的意思或許因使用脈絡不同而有不同的意義。在增減算的脈絡裡，算應和優缺點的計數有關，在其他使用的脈絡裡，也可能意義有別。因近年長沙走馬樓吳簡和安徽天長西漢墓出土「算簿」牘，使得我們對漢代至三國的徭役賦稅計算之制有了新的認識。從天長算簿牘上各鄉之「事算」若干萬千或若干千百，又「復算」若干的記述看，「事」無疑指徭役，以戶為單位，按每戶人口數和男女老小之別，而承擔一定數量的事。此事即居延簡中常見「毋官獄徵事」，或張家山漢墓所出〈奏讞書〉簡 180：「律曰：諸有縣官事」所說之「事」，應泛指編戶一切力役之徵。「算」則似仍以解作算錢若干為妥。天長算簿中各鄉「事算若干」或指一鄉之人，應負擔若干數量之「事」，這些事或由鄉民親服，或僱人代役，皆以錢計其值，合而曰事算若干。參張榮強，〈說孫吳戶籍簡中的「事」〉《吳簡研究》第一輯（武漢：崇文書局，2004），頁 203-221；胡平生，〈長沙走馬樓三國吳簡第二卷釋文校證〉《出土文獻研究》第七輯（上海：上海古籍出版社，2005），頁 112-133；孟彥弘，〈吳簡所見「事」義臆說——從「事」到「課」〉《吳簡研究》第二輯（武漢：崇文書局，2006），頁 201-213；天長市文物管理所、天長市博物館，〈安徽天長西漢墓發掘簡報〉《文物》11（2006），頁 4-21。

5. 治園條

　　　　　　　　　　韭三畦　　葵七畦

城官中亭治園條　　　　　　　　　　　其故多過條者勿減

　　　　　　　　　蔥二畦　　凡十二畦　　　　　　　　　　（506.10A）

界亭　　　　　　　　　　　　　　　　　　　　　　　　　（506.10B）

　　「蔥二畦」《居延漢簡合校》作「蔥三畦」，據圖版改正（圖 2.1-2）。這一條資料過去似少人注意。近見高敏〈從居延漢簡看內蒙額濟納旗古代社會經濟狀況〉（絲綢之路考察隊編，《絲路訪古》，甘肅人民出版社，1982）一文曾引用這一條，證明居延地區的官府有副食生產（頁 72-73）。高先生文中並沒

有去討論這一條資料的性質。如果參證文獻，可知這是漢代地方官員設「條教」的實際物證。余英時先生在〈漢代循吏與地方傳播〉（收入《中國思想傳統的現代詮釋》，聯經出版社，1987）一文中曾對「條教」作過討論。余文主要引用文獻，不曾引用簡牘中的資料。如果參證簡牘，可知條教為特定的文書形式和行政用語，內容複雜，和頒條教者是不是儒吏或循吏沒有關係。

首先，這件資料叫作「城官中亭治園條」，又曰：「多過條者」云云，證明這是漢代文書名為「條」的一類。「條」為一種文書形式，現在因《居延新簡》的發表也可以比較看得清楚。

1. 陽朔五年正月盡十二月府

   ▨

   移丞相御史刺史條　　　（EPT56.77AB，兩面內容相同）

2. 　　　陽朔三年

   ▨　　正月盡十二月　（EPT56：470AB，兩面內容相同）

   府移大大司農部掾條

3. □督烽掾條如律令　　　　　（EPT48：146）

4. ・丞相大司空奏可減罷條　（《居延漢簡》73.8）

5. □□□□其直□諸食王田□其□□令有品條之□十分之二

圖2.1-2　506.10AB

（EPT59：311）

6. □皆誦讀如條品方循

（EPT59：274）

從以上，可知從中央的丞相、御史、大司農、大司空到地方的刺史、督烽掾，都可以有「條」。這些「條」就是第五條資料中「令有品條」，第六條「誦讀知條品」中的條。《論衡・程材》：「五曹自有條品，簿書自有故事」，地方曹吏依據條品處理公務。所謂條品，就是一條條以品為名的規定。而法令規章凡以條列方式列出的都可稱作「條」。兩漢刺史以六條

問事，其六條十分清楚是以條列的方式出之。除了品可有條，令可以有條，連皇帝的詔書也有條列的叫「條詔」（EPS4.T.1：25）或「詔條」。敦煌懸泉置即出土了王莽時期的「四時月令詔條」五十條。

1995 年 8 月 10 日在蘭州參觀甘肅省文物考古研究所，承所中朋友厚意，見到在敦煌懸泉置一房址北牆上題寫的「使者和申（或作中）所督察詔書四時月令五十條」（圖 3）。這篇題寫在牆上的月令五十條約有六十公分高，二百四十公分寬。內容分上下兩欄書寫，有少部分殘缺。前後一百行，依孟春至各季十二月一條條舉出各月禁忌。條與條之間有紅豎線分隔，共五十條，現僅殘缺兩條。孟夏至孟冬的下半截殘缺較多。這份月令文件是由安漢公王莽請詔，由「太皇太后制曰可」而成的詔書，文件中註明「詔條元始五年五月甲子朔丁丑」。這個「詔條」就是題名的「詔書四時月令五十條」。因條條列舉，故稱詔條。平帝元始五年（西元五年）五月甲子朔丁丑可能是下詔的日期。五月甲子朔與《二十史朔閏表》合，丁丑即五月十四日。以上所記，都是根據參觀時所作的筆記。現在可以參看中國文物研究所、甘肅省文物考古研究所編，《敦煌懸泉月令詔條》（北京：中華書局，2001）。

有了以上的了解，回頭看「城官中亭治園條」，知道這是有關城官中亭蔬果園中種植的一條條規定。「城」不知指什麼樣的城。按「城官」一詞也出現在居延簡 506.9A、503.10、505.19、505.36。這些簡都出土於大灣 A35 遺址。其中 506.9A 簡中提到「元延元年十月甲午朔戊午橐佗守候護移肩水城官自言責嗇夫……」，505.19 簡有云：「詣城官都吏郝卿……」，簡 505.36 提到：「‧右凡十二兩輸城官 凡出入折耗五十九石三斗」，可見城官為一詞，或指肩

圖 3　四時月令詔條局部，2006.7.27 再訪考古所時作者攝。

水部治，也就是一般認為肩水都尉府所在的遺址大灣 A35。遺址有內外城圈，內城四周土牆或經後世繼續利用，至今仍甚完好。「中」字連後讀，意為中亭。城官中亭又見簡 503.10：「・城官中亭史兼次書」。「中」字《居延漢簡甲乙編》和《居延漢簡合校》作「二」，誤。此簡紅外線照片「中」字甚清晰（圖 4）。今年（2007）11 月 26 日在香港大學圖書館見馬衡當年所作釋文稿，亦釋為「中」，可見當時原簡字跡清晰。《居延漢簡甲乙編》缺此簡圖版，《居延漢簡——圖版之部》圖版 86 所刊簡影不夠清晰，以致誤釋一直未能更正。「亭」可有園地供植菜蔬。周振鶴先生論證亭有亭部，指一定之空間地域，[1] 甚有理據。此條言亭有園，亦可為其說之一證。「其故多過條者，勿減」是說如果種植超過條所規定的數量，不要因條的數量規定而減少種植。換言之，條所規定的不過是最低要求的數量。

圖 4　503.10
紅外線照片

　　這種官府生產副食的規定還可參考下文所引仇覽為蒲亭長，為制科令，生產果菜雞豕。又《漢書・循吏傳》裡的一條記載。召信臣為少府時，「太官園種冬生葱韭菜茹，覆以屋廡，晝夜燃蘊火，待溫氣乃生」。這是少府太官以類似溫室的方法在冬天生產宮中需要的菜蔬。地方官顯然也有園地生產副食。《漢書・薛宣傳》載薛宣的兒子薛惠為縣令。薛宣過其縣，留數日，「案行舍中，處置什器，觀視園菜，終不問惠以吏事」。所謂舍中，應指薛惠所居彭城縣令的官舍。官舍顯然有種植菜蔬的園。這主要是因為漢代地方官府的官吏很多是住在官舍裡，只在休沐時才回到自己的家。[2] 住在官府，就有主副食的需要。《後漢書・文苑傳》「黃香條」，黃香於延平元年

1　周振鶴，〈從漢代部的概念釋縣鄉亭里制度〉，《歷史研究》，5（1995），頁 36-43。

2　最近江陵張家山出土的漢初〈奏讞書〉釋文公布，其中一條「夫為吏居官，妻居家」，結果發生妻子與其他男子通姦的案子，可參。見《文物》，3（1995），頁 35。

「還魏郡太守。郡舊有內外園田，常與人分種，收穀歲數千斛。」魏郡的田有穀，園則當有副食的生產。漢末動亂，田園荒蕪，有些有心的地方官重新整治。《三國志‧倉慈傳》裴松之注引《魏略》謂曹操時，顏斐為京兆太守，令屬縣整阡陌，樹桑果，「又於府下起菜園，使吏役閒鉏治」。此府指太守府。不只是地方官府，甚至是居延的邊燧似乎也有生產副食品的園。居延簡 EPT59：612（圖5）：

　　□□□□雞　□

　　□諸隧治園□□

　　□者□各自□□

圖5　EPT59:612

　　從圖版看，此簡甚殘，不過「諸隧治園」四字明確可辨。這裡的治園和前引「治園」同義。此簡還提到雞。雞常見於居延簡（10.39、219.5、511.18、EPT2.31、EPT4.86、EPT43.206、EPT51.223、EPT52.40、EPT59.56、EPT59.612、EPT22.633），養雞似乎也應是治園工作的一部分。除了養雞，應該也養豬，甚至羊。這些牲畜在漢代明器中經常一起出現，代表漢人肉食的主要來源。[3] 下引資料也可為旁證。

　　治園條中規定種韭、葵和蔥，這和宣帝時渤海太守龔遂勸民農桑，「令口種一樹榆，百本，五十本蔥，一畦韭，家二母彘，五雞」（《漢書‧循吏傳》）十分相類。治園條既名為條，即可能不止所見到的這一條，應還有其他條列的規定。《後漢書‧循吏傳》「仇覽條」，謂覽選為蒲亭長，「為制科令，至於果菜有限，雞豕有數」；同傳童恢為不其令，「耕織種收，皆有條章」。〈集解〉引《齊民要術》謂恢為不其令，「率民養一豬，雌雄雞四頭」。

　　這些地方官施於百姓的生產條教，現在看來可能和當時居家，不論官民，常於屋舍之庭園生產蔬果、雞、豬等副食的習慣有關。東漢陶製明器中常見屋舍與豬圈相連，也曾見陶樓宅第之側有園田的。河南淮陽于莊西

3　例如陽陵的動物欄中即有雞、豬、羊、狗。見陝西省考古研究所漢陵考古隊編，《中國漢陽陵彩俑》（西安：陝西旅遊出版社，1992），頁56-57。

漢墓所出土陶樓側有園，有井，是最明白的一件（圖 6.1-2），可以為證。[4]
近年河南內黃三楊莊出土漢代農舍遺址，住屋之側有井，有田，有池，有
樹，有廁，更可以為證。

圖 6.1　河南偃師大渠出土，採自《河南出土漢　圖 6.2　前圖左側局部　2012.8.8 作者攝於河南
代建築明器》，圖版廿九　　　　　　　　　　博物院

寫於 85.1.30-9.30

原刊簡牘學會編輯部主編《勞貞一先生九秩榮慶論文集》，蘭臺出版社印
行《簡牘學報》第 16 期（1997），頁 55-65。
97.9.24 訂補；105.2.12 再訂

後記

原有論「功勞和休假」一節，今刪。

111.2.14 三訂

4　參〈淮陽于莊漢墓發掘簡報〉，《中原文物》，1（1983）；〈淮陽出土西漢三進院落〉，《中原
文物》，4（1984）。

尹灣漢墓木牘文書的名稱和性質
——江蘇東海縣尹灣漢墓出土簡牘讀記之一

　　《文物》1996 年第八期公布了 1993 年在江蘇連雲港市東海縣溫泉鎮尹灣村西南發掘的西漢末墓群簡報，並刊布了六號墓所出的部分簡牘。同期另刊出滕昭宗〈尹灣漢墓簡牘概述〉（以下簡稱〈概述〉）及由連雲港市博物館署名的〈尹灣漢墓簡牘釋文選〉（以下簡稱〈釋文選〉）。《文物》同年第十期又刊出連雲港市博物館、東海縣博物館等所作〈尹灣漢墓簡牘初探〉（以下簡稱〈初探〉）。

　　據〈初探〉一文附注，〈初探〉是中華書局《尹灣漢墓簡牘》一書的前言，唯有所刪節。在這之前，《中國文物報》在 1995 年 10 月 29 日即曾以〈漢代地方行政文書的重大發現——連雲港尹灣漢墓出土一批簡牘〉為題，對發掘及出土簡牘作了簡略的報導。《簡帛研究》第二輯（北京：法律出版社，1996 年 9 月），在「簡帛研究動態」欄也有報導（頁 428-430），內容小有改動。例如《文物報》報導六座墓共出土竹簡一一六支，《簡帛研究》改成一三三支。1997 年，《文物》第一期又刊布了謝桂華氏〈尹灣漢墓簡牘和西漢地方行政制度〉、李學勤〈《博局占》與規矩紋〉、裘錫圭〈《神鳥賦》初探〉、劉樂賢、王志平〈尹灣漢簡《神鳥賦》與禽鳥奪巢故事〉四篇論文，對出土的簡或牘就內容展開了進一步的討論。

　　以上這些報導中對簡牘的性質和稱謂頗有出入。六號墓所出的廿三枚木牘中有很多是與地方行政有關的簿籍。但是這些簿籍到底該如何稱呼？《中國文物報》、《文物》上的〈簡報〉、〈概述〉和稍後刊出的〈初探〉，

都不完全相同。命名涉及對簿籍性質的理解，有必要澄清。

以下姑以滕昭宗〈簡牘概述〉所訂名稱為準，對這些木牘的名稱和內容性質作一檢討：

1. 集簿（一號牘）

此牘上方書有「集簿」二字。從圖版看，「簿」字清晰，「集」字筆劃似僅下半的「木」較可辨識，唯其為集字可疑。釋文作集字，當是根據較圖版為清楚的原牘。由於原簡有標題，這是唯一各家命名都相同的一牘。

「集簿」一名不但見於尹灣一號牘，也見於居延簡 310.19：「第五丞別田令史信元鳳五年四月鐵器出入集簿」（勞圖版 12）。這兩件簡牘可以證明《續漢書‧百官志》注引胡廣曰：「秋冬歲盡，各計縣戶口、墾田，錢穀入出，盜賊多少，上其集簿。丞、尉以下，歲詣郡，課校其功……」，其中所說的集簿確實有所據。過去曾有學者懷疑「集簿」的「集」應作「計」，現在看來，集字並無錯誤。[1]

依胡廣之說，秋冬之時，縣應以集簿上於郡，郡再上計於中央。這些集簿包括（1）戶口數、（2）墾田數、（3）錢出入數、（4）穀出入數、（5）盜賊數。準此以考尹灣一號牘的集簿內容，可謂頗多吻合，而尹灣牘所見更為詳細。一號牘包括東海郡：

（1）所屬縣邑侯國鄉亭之數

（2）縣三老、鄉三老、孝、弟、力田人數

（3）郡縣侯國吏員數

（4）戶口數

（5）提封、墾田數

（6）種宿麥畝數

1　例如安作璋，《秦漢官吏法研究》（濟南：齊魯書社，1993），頁 181；韓連琪，《先秦兩漢史論叢》（濟南：齊魯書社，1986），頁 383。他們在引用胡廣集簿一詞時，都在集字後用括號加一「計」字。

（7）男子數、女子數

（8）年八十以上、六歲以下、年九十以上，年七十以上人數

（9）種樹數目

（10）以春令成戶之數

（11）一歲出入諸穀數

（12）一歲出入諸錢數

以上十二項和胡廣所說集簿的戶口、墾田、錢穀出入三大項相合。胡廣僅就集簿之要項言，沒有提到和地方建置和吏員人數相關的上述（1）、（2）、（3）三項。地方政府手中的集簿要詳細得多。

另一不同的是尹灣集簿沒有提到盜賊多少，缺了一大項。這似乎不是因為東海郡的集簿沒有這一項，而是恰未見於此墓，或另有木牘，朽爛而不存。過去連雲港市花果山漢墓即曾出土可能是有關盜賊數的計簿。[2] 江蘇邗江胡場五號宣帝時墓中的告土主木牘上提到本始四年「獄計」，[3] 居延簡也有「本始三年獄計」（293.7，圖1）值得注意。胡廣以「盜賊多少」為言，也只是就獄計內容，言其要項。實際上，上計的獄計內容不限於盜賊數。《漢書・刑法志》提到天下斷獄殊死及耐罪以上至右趾的統計數字，《風俗通義・正失》謂：「地節元年，天下斷獄四萬七千餘人」，《漢書・魏相傳》提到「案今年計，子弟殺父兄，妻殺夫者，凡二百二十二人」，

圖1　居延簡 293.7 及局部紅外線照片

2　李洪甫，〈江蘇連雲港市花果山出土的漢代簡牘〉，《考古》，5（1982），頁 476-480。這些簡牘的性質，據張廷皓辨正，認為最少其中第 1、2、4、6 號牘為有關盜賊獄訟的計簿，張氏將 1 號牘訂名為「某年十月盡十一月盜賊文□」，參張廷皓，〈江蘇連雲港市出土的漢代法律版牘考述〉，《文博》，3（1984），頁 29-32。

3　揚州博物館、邗江縣圖書館，〈江蘇邗江胡場五號漢墓〉，《文物》，11（1981），頁 12-23。

《漢書・宣帝紀》地節四年九月詔要求「其令郡國歲上繫囚以掠笞若瘦死者所坐名、縣、爵、里，丞相御史課殿最以聞。」由此可知，獄計包含每年各種罪犯的統計數字。宣帝地節四年以後，甚至進一步要求郡國上報囚徒遭笞打或因飢致死的相關資料。要求是否落實，不得而知。但上計似不限於單純的盜賊數字。

此外，據《續漢書・百官志》宗正條本注，郡國上計還應包括郡國中的「宗室名籍」。本注謂宗正「掌序錄王國嫡庶之次，及諸宗室親屬遠近，郡國歲因計上宗室名籍」。此制見於東漢，不知始於何時。郡國中如有宗室之屬，給中央的上計簿應還有宗室名籍這一項。這一項尚不見於尹灣一號牘。《漢書・匡衡傳》提到匡衡受封僮之樂安鄉田三千餘頃，劃界有誤「至建始元年，郡乃定國界，上計簿，更定圖，言丞相府」。可見計簿還包括郡、國更定疆界的圖。[4] 嚴耕望先生嘗考計簿內容云：「宗室狀況、斷獄情形、兵戎戍卒、山林澤谷之饒、關梁貿易之利，以及地理變遷，無不入簿。然則蓋凡地方一切情形無不入計簿者。」[5] 徵之尹灣一號牘，地方政府確實必須每年將地方各方面的情況作成統計。

然而郡國計簿是否真的無所不包？待考。我的推想是：漢法細密，行政皆有一定規範，對各郡國必須上計的基本項目必定曾有明確規定，這些基本項目或即如胡廣所提及者。不同區域的郡國在不同時期，不免有地方上的個別特殊情況，例如上谷郡有戍卒，須「入戍卒財物計」（《漢書・景武昭宣元成功臣表》眾利侯郝賢條）；內郡如無戍卒，應即不必。地方如有特殊物產如鹽、鐵、玉、銅、金銀、藥材、毛皮等，或亦須列入計簿，否則不列。各郡國上計，內容似乎不可能一律或無所不包。有些基本項目肯定必須主動列入上計簿，有些則似在上級政府要求時才納入，如前述宣帝要求郡國上報囚徒遭笞打致死的資料。

4　參邢義田，〈中國古代的地圖〉，收入中山大學藝術學研究中心編，《藝術史研究》第 6 輯（廣州：中山大學出版社，2005），頁 105-124。

5　嚴耕望，《中國地方行政制度史》甲部（臺北：中央研究院歷史語言研究所，1990 三版），頁 260。

2. 郡屬縣鄉吏員定簿（二號牘）

此牘原有殘存標題，〈概述〉釋出「〔郡〕屬縣鄉」四字，〈初探〉釋作「都尉縣鄉」。滕昭宗據《居延新簡》EPT51：306：「‧張掖居延甲渠候官陽朔三年吏比六百石定簿」，將此牘亦命名為郡屬縣鄉吏員定簿。《中國文物報》在報導中則稱之為「東海郡屬縣、侯國、邑吏員編制總簿」；〈初探〉名之為「東海郡吏員簿」。從圖版看，「〔郡〕屬縣鄉」等字下仍有墨跡，如用紅外線設備或能辨認出更多的字跡，也可能確定「〔郡〕屬」和「都尉」的歧異到底何者為是。

「定簿」一名見《居延新簡》EPT51：306。EPT51：306 是一標題簡。從圖版看，原簡字跡雖非工整，尚屬清晰，《居延新簡》所釋「定簿」二字可確認無疑。[6] 從這一標題簡，可以知道這是關於陽朔三年甲渠候官比六百石吏的簿冊。簿冊的內容從同出破城子的簡 259.2：「‧右鄣候一人秩比六百石」（勞圖版 349）可以推知，應是一份包括鄣候在內，秩祿屬比六百石這一級長吏的名冊。敦煌簡有「吏秩比六百石員四人見」一枚（《敦煌漢簡》673）。如果同意將尹灣出土的二號牘稱之為「郡屬縣鄉吏員定簿」，容易得到一個印象，以為定簿是有關人事員額編制的簿冊。事實上，參照其它材料，定簿在漢代有特定意義，是一種清冊的通名。

從上引居延簡可知漢代確有定簿。可是定簿卻不是特指某一種簿籍。文獻中，定簿作為名詞，見於《晉書‧陶侃傳》。〈陶侃傳〉謂陶侃「及疾篤，將歸長沙，軍資、器仗、牛馬、舟船皆有定簿，封印倉庫，自加管鑰，以付王愆期，然後登舟，朝野以為美談。」晉制多從漢代，所謂定簿在此應指各種物資（軍資、器仗、牛馬、舟船）在清點後，依據實際情況而作成的一種清冊。《隋書‧食貨志》高熲「又以人間課輸（「課輸」，《通典‧食貨七》丁中條作「課稅」），雖有定分……復無定簿，難以推校……」云云。《通典‧食貨七‧丁中》載開元二十五年〈戶令〉：「……諸戶，計年將入

6　此簡「定」字書法與于豪亮〈釋漢簡中的草書〉所討論的「定」字草書相同，參《于豪亮學術文存》（北京：中華書局，1985），頁 256。

丁老疾，應徵免課役，及給侍者，皆縣令貌形狀，以為定簿。一定以後，不須更貌。」[7] 這裡的定簿都是指一種清查後，可作實際依據的人丁底冊，「一定以後，不須更貌」將定簿的作用表露無遺。[8]

　　以下再來看看「定」字在漢代文書中的涵義。在簡牘文書中，我們常見「定作」、「定行」、「定積」、「定負」、「定得」、「定出」、「定入」、「定課」、「定受」等詞。例如《漢書·王莽傳》：「州郡各選精兵，牧守自將，**定會**者四十二萬人。」稍一檢查，「定」字在這些語詞裡都在清查計算後表示實際情況的意思，「定」即「實」也。「定」字也單獨使用，意義也十分類似。以下舉最常見的「定作」、「定行」以及單獨使用的「定」字為例，以概其餘：

（1）　　　　　　　　其一人作長　右解除七人　定作十七人　伐葦五百□□
　　　　　　　　　　三人養　　　　　　　　　　　率人伐卅
　十一月丁巳卒廿四人　　　　　　　　　　　　　與此五千五百廿束
　　　　　　　　　　一人病
　　　　　　　　　　二人積葦

（《居延漢簡》133.21）

上述的「卒」總共有廿四人，其中七人或任炊事，或病，或積葦，實際擔任採伐蘆葦的為十七人。此處「定作」，即實際擔任伐蘆葦工作者之謂。

　　（2）過半通府府去降虜隧百五十九里當行一時六分定行五時留遲三時四分
　　　　解何　　　　　　　　　　　　　　　　　　（《居延漢簡》181.1A）

此簡原簡字跡清晰，釋文確切無疑，意思是說降虜隧離府一五九里，應行一時六分，實際卻走了五時，遲延了三時四分，原因何在？這類查問驛置

7　《通典》（臺北：商務印書館，1987 臺一版），頁 42。

8　新近刊布的長沙走馬樓三國吳戶籍竹簡中有「定見人二百五十五人，其一百卅五人男，一百廿人女」、「右定見□百七十七人，其一百八十五人男，一百九十二人女」一類的記錄。所謂「定見」，疑頗似後世所謂的「貌閱」。「見」即「現」，也就是親身出現，點名核實，以為定數。參李均明、宋少華，〈《長沙走馬樓三國吳簡》竹簡〔四〕內容解析八則〉，《出土文獻研究》第八輯（2007），頁 185。

傳送「不中程」的文書很多，所謂「定行」明白是指實際花費在行程上的時間，「定行」也可以說就是「實際行走」。我們再來看單獨使用的「定」字：

（3）皁布衣直三百九十　　韋□直六百　　橐直二百

　　　皁襲直二千　　　　皮□直三百　　張偉三百

　　　袍直千三百　　　　皮□直六百　　凡直五千六百九十　　除二千四百六十五

　　　定三千二百廿五　　　　　　　　　　　　　　（《居延新簡》EPT52：91B）

（4）　　　　　　　　　　　　　其十四人已前出　　用羊韋八十三件

　　最凡吏九十七人　　定受奉八十三人　　　　　　交錢五萬九百八錢

　　　　　　　　用絳一匹

　　　　　　　　用布十八匹　　（《居延新簡》EPT40：6B）

（3）例中的「定」字單獨出現，（4）例中的「定」字出現在「受奉」一詞之前。從文書內容可以看出，都是在經過計算以後，用「定」字來表示實際的結果。其餘簡牘文書中出現的「定入」、「定出」、「定受」、「定課」、「定積」、「定負」、「定得」等也都相同。歸結而言，幾可肯定「定簿」應是泛指一種經過清查，記錄實際情況的簿冊。[9]

那麼，二號牘所列東海郡二府、十八縣、二邑、十八侯國、三鹽官、二鐵官的員額是什麼性質的員額呢？是編制上應然的員額，還是經過清查，實際在職的吏員人數？這是必要釐清的。如果所列是編制上應然的員額，則不能說是一種清冊，也就不宜稱之為定簿；如果是實際人員數，則

9　居延簡 157.14，《甲乙編》釋文作：「……定行八時三分實行七時二分」，讀者易誤以為「定行」是指規定的程，「實行」才是實際行走的時間。按：《甲乙編》釋文不確。勞榦釋文作：「……宣行八時三分實行□時二分」，《合校》釋文作：「……定行八時三分□行一時二分」（勞圖版 362）。此簡圖版下段字跡模糊，我以紅外線檢查原簡，字跡則仍十分清晰，實應作：「……定行八時三分疾程一時二分」。「疾程」兩字筆劃清晰，意思是實際所用時間比規定的程快了一時二分。漢簡並沒有「定行」與「實行」兩詞同時出現在一簡中的情形。永田英正研究江陵鳳凰山十號墓出土文書中「定算」一詞的意義，參酌其它漢簡，也指出「定」字有實際總計的意思。參氏著，《居延漢簡の研究》（東京：同朋舍，1989），頁 600。

將二號牘定名為定簿應可從。

從六號墓中出土的相關文書來看，這些文書應該和墓主生前的工作有關。〈簡報〉推測墓主是曾任卒史、五官掾、功曹史的師饒（頁24），〈概述〉疑墓主曾為計吏（頁34）。按漢郡「功曹史主選署功勞」（《續漢書·百官志》），又「職在刑罰」，嚴耕望謂其「既總揆眾務，又握群吏進退之權」。[10] 六號墓所出文書可以說和一個功曹屬吏的職掌緊密相關，反映的應是他在職務上掌握的實際情況。二號牘上的吏員比較像是實際人數，而不是編制上應然的員額。《中國文物報》稱之為「編制總簿」，〈概述〉認為「定簿首列二郡官即太守府與都尉府的定員編制」（頁32），編制二字容易使人以為是指編制上應然的員額，易生誤會。二號牘標題雖殘缺，滕氏定名為「定簿」似乎較為合適。

不過，如果對照漢代居延或敦煌出土的簿冊，可以發現有所謂的「吏員簿」：

（5）·肩水部元鳳二年吏員　　　　　　　　　（《居延漢簡》514.29）

（6）·甲渠候官竟寧元年吏員簿　　　　　　（《居延新簡》EPT51：23A）

（7）·三月吏員簿

　　長以下八十二人

　　廿一人長秩四百石守陽關候

　　一人丞秩二百石見　　　　　（《敦煌懸泉漢簡釋粹》，90DXT0215（3）：29）

以上例（5）簡的簡末自「員」字以下殘，從形式上看，和例（6）簡相同，極可能也是吏員簿的標題簡。這兩簡是某單位某年吏員數的簿冊。這種簿冊並不稱為「吏員定簿」，而僅稱作「吏員簿」。這兩簡的時代和尹灣所出者接近。雖然一出自帝國東陲的東海郡，一出自帝國西部的邊塞，如果承認漢代地方行政有其一致性，尹灣發現的這一木牘記載東海郡某年各單位的吏員數目，也不無可能應稱作「郡屬縣鄉某年吏員簿」，而非「吏員定簿」。滕氏所引「定簿」簡，內容僅涉及甲渠候官某年的比六百石吏，而

10　嚴耕望，前引書，頁121。

非單位吏員總數。這在性質上和尹灣所見總計東海郡全部吏員的情形有所不同。這是我不反對「吏員定簿」一名用在二號牘上，卻也不無保留的原因。當然還有一個可能吏員簿即吏員定簿之省。如能用紅外線仔細再查原簡，確定「郡屬縣鄉」或「都尉縣鄉」等字及以下的字跡，畢竟是確定這件文書名稱最好的方法。

3. 吏員考績簿（五號牘）

　　正面上部原有標題，殘損只剩兩字殘筆，不可釋讀。〈釋文選〉所錄釋文作「□□〔吏〕」。這是不是意味標題由三字構成，末一字可能為吏？並不清楚。滕氏據內容而自行定名。〈簡報〉稱之為「東海郡吏員考績簿」，〈初探〉稱正面為「東海郡下轄長吏不在署、未到官者名籍」，簡背為「東海郡屬吏設置簿」。

　　漢有考績或稱考課，唯尚不見所謂的「考績簿」。五號牘原有標題，惜殘損。據已刊布的內容看，正背兩面性質似有不同。正面的內容有幾個部分：

　　（1）‧右九人輸錢都內

　　（2）‧右十三人絡

　　（3）‧右六人告

　　（4）‧右六人寧

　　（5）‧右十人缺七人死三人免

　　（6）‧右二人有劾

　　（7）‧右六人未到官

　　這幾個部分涉及的官吏包括縣左右尉、縣丞、縣令、縣長、侯國相、鐵官長、鐵官丞和獄丞。這些都是秩祿在二百石以上的吏。記載的內容關係到他們（1）擔任的特殊工作：輸錢到都內或齊之服官、送衛士、徙民或罰戍到中央或邊郡、上計或購物等；（2）因病或因親人死亡奔喪、告病、告寧的人數；（3）官員死亡及免職的人數；（4）「有劾」官員人數；（5）未到職官員人數。

滕昭宗認為從以上幾項,「我們得知漢代各郡考績的主要內容」(〈概述〉,頁33)。

實際上這些和漢代所謂的「考績」或考課有別。漢代考課乃計算其功勞、過失,別其殿最,施以獎懲。[11] 此牘為分別統計長吏擔當不同任務、告病、告寧、死、免、有劾、未到官的人數,可以說是吏員人事動態和勤務報表。這些可以作為考績的基礎,和考績不無關係,但並不是考績的本身。因為沒有內容直接關係到考其殿最,稱其為考績簿恐有不妥。〈初探〉稱一面為「長吏不在署、未到官者名籍」,其內容不僅僅是一份名籍;背面為設置簿,此名尚無其它文獻或簡牘資料可據。「長吏名籍」這個名稱也待商榷。

目前在其它簡牘資料中還找不出類似的簿籍,也無法確定其名稱。可以確定的是此牘提到的「輸錢都內」、「告」、「寧」、「免」、「缺」、「有劾」和「未到官」的用語,在居延、敦煌簡或文獻中都可找到。以下各舉一些例子:

A. 輸錢

1. 輸錢府會月廿五日謹☑ (《居延漢簡》30.15)

2. ☑輸錢張掖酒泉案秋毋官獄徵☑ (《居延漢簡》340.41)

3. 十月己亥輸錢部庫畢入☑ (《居延漢簡》507.10)

4. 出錢八十以與尊輸錢— 出六百以與薛廣漢 受君六千

☑

出□□□百以與宋倩 出三百六十以與外人

出四百卅以與祁衍□ (《居延新簡》EPT53:75A)

《漢書‧江充傳》:「於是貴戚子弟惶恐,皆見叩頭哀求,願得入錢贖罪。上許之,令各以秩次輸錢北軍,凡數千萬。」除了輸錢,還有更多「輸穀」的情形。例子太多,不細舉。

---

11 安作璋、陳乃華,《秦漢官吏法研究》(濟南:齊魯書社,1993),頁183-189。

B. 都內

1. 　　　都內賦錢五千一百卅

 　　　入　給甲渠候史利上里高何齊

 　　　地節二年正月盡九月積九月奉　　　　　　　　　　（《居延漢簡》111.7）

2. 　第一候受都內

 　　阜布禪衣一領　　　　　　　　　　　　　　　　　　（《居延漢簡》181.15）

3. 　□里邸種已　已得河南□□

 　　□月壬戌除　已得都內第□

 　　　　　　凡并直千□　　　　　　　　　　　　　　　（《居延漢簡》239.15）

4. 　出都內第一七稯布廿八□　　　　　　　　　　　　　　（《居延漢簡》520.19）

5. 　三月己丑右扶風順守丞下右輔都尉丞扶風廐宗正少府左書到言

 　三月丁酉宗正慶忌丞延年下都司空承書從事下當用□　　□　　□

 　□□甲辰大司農調受簿丞賞行五官丞事下都內上農都尉執金吾

 　　　　　　　　　　　　　　　　　　　　　　（《居延新簡》EPT52：413）

6. 　　貸縣官裘一領過受都內

 　　□

 　　皂布禪衣一領　　　　　　　　　　　　　　　　　（《居延新簡》EPT53：210）

7. 　入張□□廿三

 　　交都內　　　　　　　　　　　　　　　　　　　　（《居延新簡》EPT53：250）

8. 　　阜布復絝一兩

 　　　犬皮絑二兩受都內

 　聯衣橐革緹二兩

 　　　　枲履一兩　　　　　　　　　　　　　　　　　（《居延新簡》EPT59：19）

9. 　都內

 　　□

 　　第十　　　　　　　　　　　　　　　　　　　　　（《居延漢簡》490.8 圖 2）

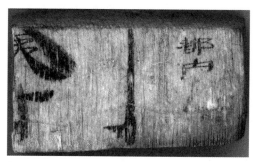

圖 2　居延簡 490.8 紅外線照片

　　東海郡的官員有些負責「輸錢都內」，這是什麼意思？是指輸送地方賦錢到漢長安的中央官署大司農的屬官——都內。《漢書·百官公卿表》治粟內史條：「……武帝太初元年更名大司農，屬官有太倉、均輸，平準、都內、籍田五令丞。」《漢書》沒有特別說明都內史令、丞所職為何。不過據其它記載，都內為出納錢財之處。《史記·平準書》武帝時，「乃募豪民田南夷，入粟縣官，而受錢於都內」（標點本，頁 1421）；《漢書·賈捐之傳》：「都內之錢，貫朽而不可校……」（頁 2832）；同書，〈張湯傳〉其子張安世條：安世辭祿，「詔都內別臧張氏無名錢以百萬數」（頁 2651）；同書，〈王嘉傳〉：「孝元皇帝承大業，溫恭少欲，都內錢四十萬萬，水衡錢二十五萬萬，少府錢十八萬萬。」（頁 3494）從此可知都內藏錢，和水衡、少府相比，都內是最大的藏錢之處。都內錢據《漢書》及古注，似乎是用來支應中央官署官員的俸祿和其它開銷。《漢書·王莽傳》：「郎、從官、中都官食祿都內之委者，以太官膳羞備損而為節」；《史記·平準書》〈索隱〉按：「中都猶都內也，皆天子之倉府，以給中都官者，即今太倉以畜官儲是也」（頁 1418）；《漢書·食貨志》師古曰：「都內，京師主臧者也。」

　　尹灣簡牘透露漢代中央如何自地方得到賦錢，而居延等邊塞出土的文書又證明中央都內收到的錢財，不僅用來支付中央官員的俸祿，也用於支援邊塞。這可以大大補充文獻的不足。以上第一簡清楚提到收入都內賦錢五千餘，以給甲渠候史的月奉。其它各簡及上引〈王莽傳〉「都內之委」等語則證明都內不僅藏錢，也藏有衣、食之類其它的物品。簡 2、3、8 出

現「都內第□」、「都內第一」、「都內……第十」的字樣，這透露都內有依數字編號的部門，不同的部門可能分別藏有不同的財物。

C. 繇

尹灣五號牘將下列工作視為官吏的「繇」：（1）送罰戍、徙民至邊地；（2）上邑計；（3）送衛士、保宮〔奉〕（？）；（4）市魚、市□□、市材等採購任務。這類的繇，類似出公差，在文獻中也可見到：

1. 《史記‧項羽本紀》：「諸侯吏卒異時故繇使、屯戍，過秦中，秦中吏卒遇之多無狀。」（標點本，頁310）
2. 《史記‧高祖本紀》：「高祖常繇咸陽。」（頁344）
3. 《史記‧蕭相國世家》：「高祖以吏繇咸陽，吏皆送奉錢三，何獨以五……」（頁2013）
4. 《漢書‧蓋寬饒傳》：蓋寬饒為衛司馬，「先是時，衛司馬在部，見衛尉拜謁，常為衛官繇使市買。」（頁3243）
5. 同上傳，蓋寬饒為司隸校尉，「公卿貴戚及郡國吏繇使至長安，皆恐懼莫敢犯禁，京師為清。」（頁3244）

江陵張家山247號墓出土《奏讞書》簡189有「今廷史申繇使而後來」句，亦可證秦漢官吏出差，稱為繇或繇使。

D. 告、寧、免

漢有寧、告之科。所謂告是告病、告假，寧是因親人死喪，請喪假。《後漢書‧陳寵傳》附子陳忠傳，忠上疏謂：「蕭何創制，大臣有寧告之科。」李賢注引《漢書音義》：「告寧，休謁之名；吉曰告，凶曰寧。」《漢書‧馮野王傳》成帝時，「有司奏野王王舅，不宜備九卿，以秩出為上郡太守……野王懼不自安，遂病。滿三月，賜告，與妻歸杜陵就醫藥。」見同傳，告又有「賜告」、「予告」之別，此處不細究。[12] 所謂「大臣有寧、

---

12 詳參邢義田，〈漢代邊塞軍隊的給假、休沐與功勞制〉，《簡帛研究》第一輯（北京：法律出

告之科」，大臣病滿三個月，可以告假回家養病。這個規定似不及於小吏。居延漢簡中有隧長病滿三個月，即免職出缺的例子：

1.　第十三隧長王安病三月免缺移府●一事一封　五月庚辰尉史☐

（《居延新簡》EPT52：158）

E. 有劾

1.　有劾決 （《居延漢簡》126.18）

2.　　　　其二人候尉不食　　　百四人見

　吏員百八人　　　　　　　　　　☐　　　　　　　　　　☐

　　　　二人有劾縠 （《居延漢簡》271.22）

3.　　　　　　　　　　　候一人六千　令史三人二千七百

　五鳳四年八月奉〔祿簿〕　尉一人二千　尉史四人二千四百　凡☐…☐

　　　　　　　　　士吏三人三千六百　候史九人其一人候

　　　　史拓

　　　　有劾五千四百☐☐ （《居延新簡》EPT5：47）

4.　☐忠　　有劾缺☐ （《居延新簡》EPT17：22）

5.　☐當曲隧長居延利上里公乘徐延壽年卅　五鳳四年十一月庚午有劾缺

（《居延新簡》EPT56：24）

6.　甲渠城北☐長徐憚　有劾缺　憚☐居主養驛馬

（《居延新簡》EPF22：352）

7.　戍卒上黨郡屯留暘石里公乘趙柱年廿四庸同縣開閭里公乘路通年

　　卅三　有劾 （《敦煌漢簡》2077）

「有劾」也見於文獻。《漢書・灌夫傳》：「案尚書，大行無遺詔。詔書獨藏嬰家，嬰家丞封。乃劾嬰矯先帝詔害，罪當棄市。五年十月，悉論灌夫支屬。嬰良久乃聞有劾，即陽病痱，不食欲死。」（頁2392）《續漢書・百官

版社，1994），頁192-195；〈從「如故事」和「便宜從事」看漢代行政中的經常與權變〉，《秦漢史論稿》（臺北：東大圖書公司，1987），頁334-335。本書卷四，頁425-492。

志》左右都候條注引蔡質《漢儀》:「宮中諸**有劾**奏罪，左都候執戟戲車轉送付詔獄，在官大小各付所屬。」（中華書局點校本，頁3579）由此可知，「有劾」是一個司法上的專有名詞，指官吏被控犯罪。據徐世虹研究，對官吏起訴稱之為劾。劾只是劾、問（詰）、鞫、當或劾、掠治、傳爰書、訊鞫論報等一連串司法程序的開始。[13] 有劾者，似暫時保有職位和薪俸。從上引第三例看來，候史九人月奉共五千四百錢，一人平均六百。其中候史拓有劾，月奉仍然照列並發放。尹灣牘將「有劾」和「缺」、「免」者分列，證明有劾並不即刻免職出缺。或許因為如此，以上例子中有些記錄「有劾，缺」，有些

圖3　126.18 及局部
紅外線照片

卻只記「有劾」。再看以上第一例作「有劾，決」，經查圖版，三字都十分清晰。或許是有劾，經「決」之後才免職出缺。[14] 有劾僅僅是被控有罪，決是指判決定罪。判決定罪以前，並不去職，薪俸照領。唯有劾者因須入獄，雖保有職位名義和薪俸，卻不再執行職務。判決罪名一旦成立，即免職出缺。

F. 未到官、到官

1. 令史尊除未到官　　　　　　　　　　　　　　　　　　（EPT56：301）

2. 以功次遷為肩水候　候官以三月辛未到官□

　　　　　　　　　　　　　　　　　　　　　　　　　（《居延漢簡》62.56）

3. □取寧□六十二日不到官移居延亙遣　●一事一封

　　　　　　　　　　　　　　　　　　　　　　　　　（《居延漢簡》185.29）

13　徐世虹，〈漢劾制管窺〉，《簡帛研究》第2輯（北京：法律出版社，1996），頁312-323。

14　「決」是漢代司法程序中的關鍵性步驟，也稱之為鞫。《漢書·刑法志》注引如淳曰：「以囚辭決獄事為鞫。」《漢書·景武昭宣元成功臣表》注引如淳曰：「鞫者，以其辭決罪也。」漢代文獻常見「決獄」、「獄已決」、「獄之疑者，吏不敢決」即指此。

4. ☑受遣十月癸酉到官令史憲出入五十餘日不到毋狀憲已受遣

             （《居延新簡》EPT51：248）

5. ☑下餔到官　　☐   （《居延新簡》EPT51：364）

6. ☑到官其昏第卅四☐☐   （《居延新簡》EPT51：724）

7. 建武秦年六月庚午領甲渠候職門下督盜賊　敢言之新除第廿一隧長常
  業代休隧長薛隆迺丁卯餔時到官不持府符●謹驗問隆
  辭今月四日食時受府符諸候官行到遮虜河水盛浴渡失亡符水中案隆丙
  寅
  受符丁卯到官敢言之   （《居延新簡》EPF22：169-172）

8. 中到課言謹案良等丙申日中受遣即日到官敢言之

             （《居延新簡》EPF22：369）

9. 莫到臨渠宿明七日還到　八日詣官宿廿三　九日宿第九　十日到官毋
  狀當坐   （《居延新簡》EPF22：375）

10. ☑壬子餔時到官留遲積五日又☐☑ （《居延新簡》EPF22：507）

11. ☐餔後受遣甲戌到官敢言之 （《居延新簡》EPF22：552）

12. 甲渠言隧長趙永代騎士王敞●乘隧谷少永留十三日乙巳到官

             （《居延新簡》EPF22：586）

13. 居聑二年八月辛亥朔乙亥廣武候長尚敢言之初除即日到官視事
  敢言之   （《敦煌漢簡》770）

14.   癸亥朔
  本始六年三月　乙酉到官   （《敦煌漢簡》1808）
    丁丑盡辛卯十五日

15. ☐☐辛昏時到官謹案良帶犯除敢言之 （《敦煌漢簡》2269）

  從以上殘斷的文書簡可知，漢代邊塞對除任新職，到官視事，規定極為嚴格，不但須要攜帶相關文件（如：府符），在時間上也不得無故延誤；延誤或遺失文件，都會遭致調查和處罰。不到任新職即「未到官」，應該也會引起調查，最少會加以記錄。尹灣木牘中的「未到官」想來和居延、敦煌文書中所見到的性質相同。

綜合以上對此牘內容的檢討，再來看看這些是不是漢代所謂的「考績」？漢代考績又稱考課。漢元帝時，京房奏考功課吏之法。《漢書·京房傳》謂：「上令公卿朝臣與房會議溫室，皆以房言煩碎，令上下相司，不可許。上意鄉之……房罷出，後上令房上弟子曉知功課吏事者，欲試用之。房上中郎任良、姚平，『願以為刺史，試著功法……』。石顯、五鹿充宗皆疾房，欲遠之，建言宜試以房為郡守。元帝於是以房為魏郡太守……居得以考功法治郡。……」從這一段記載可知漢代官吏考課之制是逐漸建立起來的。成帝時御史大夫出缺，谷永薦左馮翊薛宣，上疏曰：「宜考績功課，簡在兩府〔師古曰：兩府，丞相、御史府也〕，不敢過稱以奸欺誣之罪……」（《漢書·薛宣傳》）。薛宣任職地方的考課成績在丞相和御史府都有案可查，可見在西漢元成之世的確存在對官吏的功過考核。

致於考課的內容，不得其詳。上引〈京房傳〉注，晉灼曾略及其概：「令、丞、尉治一縣，崇教化，亡犯法者，輒遷；有盜賊，滿三日不覺者，則尉事也。令覺之，自除，二尉負其（罪），率相准如此法。」這並不是考課的全部內容，不過已透露考課察功過，論賞罰的基本特色。尹灣五號牘並沒有這樣的內容。它並不是考課的本身，只能說是備考課，以供定殿最，行賞罰的資料而已。

五號牘背面殘損的情形較為嚴重，〈釋文選〉所釋有不少闕文。依釋文看，背面和正面一大不同是正面以「·右若干人從事何事」或「·右若干人如何如何」的形式構成，背面不見這樣的情形。背面起首殘闕，第一行以「·今掾史見九十三人其廿五人員……」的形式開始，接著提到有些員吏「以故事置」，有些為「請治所置吏贏員」等等。這一面提到不同的員吏，但因殘闕，有些員吏的名稱不明，斷句也不易確定。釋文列出的名銜有右史、鄉嗇夫、亭長、掾史、督郵史、都水、督盜賊、案事史、外郵掾、勸田史、囗作、送裝、從使者奏事、上爭界圖、畫圖、寫圖、上良縣侯上書解、胡君門下、祭酒、主簿、上奏、曹史、守屬。牘末以「凡贏員若干」結束。

以上這些名稱，有的不見於文獻，甚至不見於二號牘所列各郡縣侯國

的吏員簿。此外，這也是我們第一次知道漢代地方官府有所謂的贏員。贏與盈餘之盈字通。《莊子·列禦寇》謂：「多餘之贏」。[15] 贏員當是編制員額外的人員。從釋文看，原牘似有殘闕，我們尚無法辨別上述人員中那些屬於贏員。[16] 所謂「以故事置」，當是依前例、先例設置之意；[17] 「請治所置吏」或「請治所」，意義為何，待考。他們都和所謂的贏員分別列舉，似乎不在贏員之列。總之，木牘這一面在性質上較接近吏員簿，不宜稱之為考績簿。

4. 武庫永始四年兵車器集簿（六號牘）

〈概述〉中不曾提到原來是否有標題。[18] 〈初探〉名稱相同。但〈簡報〉稱之為「永始四年武庫兵車器集簿」。〈簡報〉雖附六號牘圖版，太不清楚，無法知道原牘上是否有名稱，也不知道「武庫」二字究竟在「永始四年」四字之前或之後。（按：據中華書局《尹灣漢墓簡牘》圖版，武庫永始四年兵車器集簿是牘上原有名稱）關於集簿的名稱，相關討論已見前文。[19]

此牘釋文尚未發表（按：釋文已發表於中華書局《尹灣漢墓簡牘》）。〈概述〉曾簡略介紹其內容。木牘以隸書書寫，正面六排，背面五排，每排廿一至廿六行不等。開列的兵器以冠有「乘輿」二字的五十八種（共 114,693 件）開始，接著列出一八二種兵車器 23,153,794 件的清單。此牘令人注目的是：

15　參高亨，《古字通假會典》（濟南：齊魯書社，1989），頁 49-50。

16　現在已有較深入的研究，請參廖伯源，《簡牘與制度——尹灣漢墓簡牘官文書考證》（臺北：文津出版社，1998）。

17　關於故事，參邢義田，前引文〈從「如故事」和「便宜從事」看漢代行政中的經常與權變〉，頁 334-349。

18　按《尹灣漢墓簡牘》（北京：中華書局，1997）圖版，此為原標題，已沒問題。

19　本文發表後得見李均明，〈尹灣漢墓出土「武庫永始四年兵車器集簿」初探〉，《尹灣漢墓簡牘綜論》（北京：科學出版社，1999），頁 86-120；李成珪，〈前漢長安武庫收藏目錄之發現〉，《長沙三國吳簡暨百年來簡帛發現與研究國際學術研討會論文集》（北京：中華書局，2005），頁 411-437，各有不同意見，請讀者自行參看。

第一，武庫藏兵器數量如此龐大，其它郡是否也是如此？或者東海郡是個特例？

　　第二，為何一郡的武庫會有標示著「乘輿」的武器？

　　第三，這些武器是由當地工官製造或來自其它地方？

　　第四，〈概述〉中除了提到有「乘輿」字樣的兵車、武器，還有將軍鼓車、將軍兵車、比二千石將軍鼓車、儲將公主諸侯使節、郅支單于兵等，令人不禁好奇：這些器物的使用者是誰？

　　要討論這些問題，必須先看看西漢東海郡的沿革。在西漢末以前，東海郡所轄曾有部分屬於漢初劉交的楚國。[20] 景帝三年冬，削楚所有之東海郡。同年楚王戊反，被誅。楚國更大為縮小，所屬薛郡改置魯國，彭城郡南部改置屬漢之沛郡。武帝元鼎四年，以東海郡三萬戶置泗水國。昭、宣、元、成帝時將魯、城陽、楚王子侯國的屬地，陸續併入東海郡。

　　從以上的沿革，可以猜測：東海郡龐大的兵器庫存，或許有很大一部分是早期王國的遺留。漢初王國之制可上比天子。《漢書·諸侯王表》：王國「宮室百官，同制京師」；《漢書·百官公卿表》：「諸侯王，高帝初置，金璽盭綬，掌治其國…群卿大夫都官如漢朝。」賈誼《新書·等齊》：「天子車曰乘輿，諸侯車曰乘輿，等也。」如此看來，在漢初某一段時間，王國使用的兵和車器有「乘輿」之號，並不奇怪。[21] 又皇帝也會將帶有「乘輿」之號的器物賞賜給諸侯。例如河南杞縣許村崗疑為諸侯王的一號墓中曾出土一件漆盤口沿鎏金銅箍上有「綏和元年廣漢郡工官造**乘輿**」云云刻銘。[22] 文、景以降，尤其是七國之亂以後，王國地位大衰，其制不再擬於天子，乘輿二字不可再用，唯仍可能擁有帶乘輿二字的器物和比一般郡縣更多的武器。這些帶有乘輿字樣的武器或其它器物或為諸侯王所造，或為

20　參周振鶴，《西漢政區地理》（北京：人民出版社，1987），頁 27-33。

21　可參趙翼，《廿二史箚記》卷二（臺北：華世出版社，1977），漢初諸侯王自置官屬條、漢時諸侯王國各自紀年條；柳春藩，《秦漢封國食邑賜爵制》（瀋陽：遼寧人民出版社，1984），頁 44-57。

22　開封市文物管理處，〈河南杞縣許村崗一號漢墓發掘簡報〉，《考古》，1（2000），頁 42。

漢天子所賜。漢初分封劉姓子弟為王，意在屏藩漢室。王國擁有較強大的兵力或裝備應屬可以理解（圖 4.1-2）。但是到武、昭、宣帝以後，王國封土不但分割，併入郡縣，他們曾擁有的武器（有些有乘輿之名，有些或沒有）很可能被轉移到由天子直轄的郡縣武庫中。

這樣推測的一個旁證是漢長安未央宮三號遺址的發現和遺址中出土和兵器相關的「骨簽」。這批五萬七千餘件的骨簽只有十分簡單的報導和十幾二十件發表。報導中提到兩個相關的現象，即標示兵器的骨簽上有些不但使用「乘輿」二字，而且標示的製造年代沿續的時間極長。已發表有年號紀年的骨簽從武帝到平帝的都有，還有沒有年號的則屬武帝以前，年代前後沿續最少一百餘年。[23] 發掘三號遺址的劉慶柱先生相信，這是宮中管理工官的一個官署，因此留下這麼多的記錄。由此可以推想，郡的武庫必然也有管理和記錄，記錄中的武器很可能也是長時間累積下來的。東海郡除接收王國遺留下來的兵器，也有鐵官兩處在下邳和朐。鐵官也必生產武器。[24] 東海地處東陲，甚少內憂外患，[25] 消耗

圖 4.1　1986 年徐州北洞　4.2
山楚王墓出土楚武庫印

23　社科院考古所漢城工作隊，〈漢長安城未央宮第三號建築遺址發掘簡報〉，《考古》，1（1989），頁 33-43；李毓芳，〈略論未央宮三號建築與漢代骨簽〉，《文博》，2（1993），頁 3-8；李遇春，〈漢長安城的發掘與研究〉，《漢唐與邊疆考古研究》第一輯（北京：科學出版社，1994），頁 38-39；〈漢長安城未央宮的考古發掘與研究〉，《文博》，3（1995），頁 82-93。按未央宮遺址出土骨簽 2020 年已由中華書局出版全數 90 冊，尚不及覆按，進一步工作有待來日。

24　參吳榮曾，〈秦的官府手工業〉，《先秦兩漢史研究》（北京：中華書局，1995），頁 195-209。

25　東海郡在漢代中晚期可考的動亂，似只有《漢書·成帝紀》所說，永始三年十二月山陽鐵官徒二百餘人攻殺 長吏，自稱將軍，經歷郡國十九（《漢書·天文志》謂經歷郡國四十餘），流竄到東海，東海太守亦被殺。此亂踰年即定。

有限，因此到永始年間仍保有大量的兵器。這些還存在的兵器，或許成為每年計簿中統計數字的一部分，是否都還堪用，就是另外一個有趣的問題了。

如果這個推測可以成立，則東海郡擁有龐大的武庫，可以說是特例。因為其它非由王或侯國演變而來的郡，除非是邊郡，應不可能擁有這麼多的兵器和車器；[26] 但是也可以說不是特例，因為漢代有不少郡都曾是王、侯國，或是王、侯國的一部分；它們的武庫可能也一樣驚人。

我們對漢代地方郡國武庫的情形所知甚少。《漢書》卷六十四下提到武帝時一位故丞相史嚴安上書，書中說：「今郡守之權，非特六卿之重也；地幾千里，非特閭巷之資也；甲兵器械，非特棘矜之用也。以逢萬世之變，則不可勝諱也……」他上書中所說的六卿是謂齊晉因六卿坐大而亡；閭巷、棘矜則指秦末閭巷之民杖棘矜而起，遂奪秦鼎。他警告武帝要以此為殷鑑。他描述當時地方郡守權大，又有甲兵器械。這樣的描述固然含糊，不過透露出地方政府的確握有相當的武器。這從尹灣漢墓出土的武庫集簿牘得到了證明。

另一件值得注意的事例是昭帝時，韓延壽為東郡太守，「試騎士，治飾兵車，畫龍虎朱爵。延壽衣黃紈方領，駕四馬，傅總，建幢棨，植羽葆，鼓車歌車，功曹引車，皆駕四馬，載棨戟，五騎為伍，分左右部，軍假司馬，千人持幢旁轂，歌者先居射室，望見延壽車，嗷咷楚歌。延壽坐射室，騎吏持戟夾陛列立，騎士從者帶弓鞬羅後，令騎士兵車四面為營陳，被甲鞮鍪居馬上，抱弩負蘭，又使騎士戲車弄馬盜驂，延壽又取官銅

---

26 一個不很合適的旁證是秦代遷陵縣可供轉輸它地的甲兵數量。據湖南龍山里耶出土秦洞庭郡遷陵縣的木簡文書資料，始皇卅四年遷陵有弩臂一百六十九件，曾出弩臂四件輸益陽，三件輸臨沅。目前學者都認為遷陵曾是秦代中西部的軍事重鎮和武器的補給站。遷陵只是縣，不是郡，其擁有的弩臂的數量，相對於漢代東海郡，實在少得可憐。參湖南省考古研究所編，《里耶發掘報告》（長沙，岳麓書社，2006），簡（8）147，頁183；宋艷萍、邢學敏，〈里耶秦簡「陽陵卒」簡蠡測〉，《簡帛研究二〇〇四》（桂林：廣西師範大學出版社，2006），頁125-127。

物，候月蝕鑄作刀劍鉤鐔，放效尚方事，及取官錢帛，私假繇使吏。及治飾車甲三百萬以上。」（《漢書‧韓延壽傳》）結果當時的御史大夫挾怨報復，延壽竟坐棄市。延壽試騎士時所用的兵車、幢棨、羽葆、鼓車、甲、棨戟、弓弩、鞮鍪、置弩的蘭、刀劍等在尹灣武庫集簿上可以見到類似的軍事裝備。尤其值得注意的是「治飾車甲三百萬以上」。三百萬不知是指車、甲的數量或花費的錢帛。從《居延新簡》兵弩簿提到某種弓一件值五百五十錢推估，[27] 三百萬如果指錢，全部買弓，只夠買五千四百餘件，似乎太少。因此這三百萬應指車甲的數量。將三百萬件車甲列為罪狀，顯然意味著製作這樣數量的武器，足以構成「上僭不道」之罪的一部分。

附記

本文初稿動筆於民國 85 年 12 月 6 日，成於 86 年 3 月 1 日；3 月 11 日見到謝桂華先生在《文物》1997 年第一期上的大文後，曾據謝文稍作補充，特此聲明。文成之後，承廖伯源、劉增貴、紀安諾諸兄惠賜寶貴意見，謹此致謝。

原刊《大陸雜誌》95：3（1997），頁 1-13。此文寫於正式報告《尹灣漢墓簡牘》出版之前不久。現在因正式報告已出版，部分舊文已無意義，校訂時刪去兩節，其餘稍作增補，未作大更動，以存當年之舊。

97.4.9；106.8.28 訂補；111.1.29 再訂

27　《居延新簡》EPT15：126：「兵弩簿……□弓直五百五十……」。

漢長安未央宮前殿遺址出土木簡的性質

　　《漢長安城未央宮》考古報告於 1996 年由中國大百科全書出版社出版。報告中報導在遺址前殿 A 區出土經火燒殘損的木簡一一五枚。相關的圖版、摹本和釋文都已見於報告中。報告撰寫者對這批木簡的性質並沒有作太多的討論，僅在釋文之後簡單地說：「前殿 A 區遺址出土的木簡涉及了醫藥、人名及記事等方面的內容。」（頁 248）又在討論前殿 A 區建築遺址的性質時說：「前殿 A 區建築位於前殿西南角，應屬於前殿的附屬建築。在這些建築遺址內出土的遺物……還有記錄治病、健身的木簡等遺物。這些遺物反映出，居住於 A 區建築中的可能是一批服務於皇室的一般人員。他們在皇宮之中從事著保衛、醫療和正常的管理、勞動等活動。」（頁 249）

　　閱讀這百餘簡以後，我得到以下幾點初步的印象：

1. 這些簡形制大略一致，皆殘斷，非原來長度，除少數碎簡，寬度原本十分接近。各簡文字之字體幾乎一致，為漢簡中常見的草書，應出於同一人之手。未央宮報告稱之為「隸書的木簡」（頁 248），也可說是相當草的隸書。

2. 簡 88「四龜」作「三龜」，「三龜」二字圖版尚屬清晰。「四」書作「三」是王莽時文書的特徵。[1]

3. 簡 42「王□堂」，簡 86「王堂」。按兩簡之堂字清晰，「王」字在圖版上無法完全辨識，只下半部可確定。「王□堂」的「□」，也只餘下半部筆劃可見。1930 年代出土的居延簡 312.6「王路堂免書

1　參饒宗頤、李均明著，《新莽簡輯證》（臺北：新文豐出版公司，1995），頁 103-106。

初始元年十一月壬子」（圖1），經勞榦考證，即王莽始建國元年，將公車司馬改曰「王路四門」，未央宮前殿改稱「王路堂」。[2] 疑未央宮前殿出土簡上的「王□堂」、「王堂」或即《漢書·王莽傳》中的王路堂。

如果以上的觀察不誤，則這批簡的時代似應屬王莽時期。莽末赤眉入長安，曾大火焚之。宮殿中的文書檔案在這時可能即化為灰燼。今日所見乃火燼之餘。這批簡有明顯因焚燒而發黑的現象，似即與此有關。另未央宮報告中提到前殿 A 區出土錢幣五銖，二枚，大泉五十，六枚，貨泉，三枚，么泉一十，一枚，共十二枚（頁238）。從出土錢幣種類也可證明此區遺物可能屬王莽時期。

　　這批簡的內容性質如何？從殘文看，應該很清楚是當時的一份有關嘉禾（例如 13 號簡）、靈芝（3 號等簡）、神龜（88 號簡）、赤色樹（93 號簡）等祥瑞的紀錄，而與醫藥無關。

　　關鍵性的幾枚簡是簡 36、68、69 號。69 號云：「☐之瑞五十七」。此簡除「七」字不明，餘皆明白可辨。這個「瑞」字即祥瑞之瑞，「五十七」是某類瑞應的編號或統計數字。簡 36 號：「□孰之□百四十七」，應作「□孰之瑞百九十七」。原簡「瑞」字完整，圖版可辨。簡 68 號：「□□□十二」，「十二」之前一字殘左側偏旁「王」，右側存下半部，應是「瑞」字。36、68 和 69 簡屬同一性質。從此三簡可以推知這應是一份曾加編號或總計數字的祥瑞記錄。

　　其次，如 2 號簡「徑二寸九分」（釋文改訂見下校注），6 號簡「十枝相

2　勞榦，《居延漢簡——考釋之部》（臺北：中央研究院歷史語言研究所，1965），〈考證〉，頁22。

交錯」都是靈芝等瑞物的大小形狀的描述記錄。這類形狀和地點的描述常見於漢代文獻。如「甘泉宮內中產芝，九莖連葉」（《漢書・武帝紀》），「有芝生甘泉殿邊房中。《漢舊儀》云：『芝有九莖，芝金色，綠葉朱實，夜有光』」（《三輔黃圖》卷 2），「建初三年，零陵泉陵女子傳寧宅，土中忽生芝草五本，長者尺四寸，短者七八寸，莖葉紫色」（《論衡・符驗》），「建初五年，芝出潁川，……尺五寸」（《藝文類聚》卷 98 引《古今注》）。20 號簡「南鄉堂上芝生一枚……」，應是瑞物靈芝出現地點的記錄，其下應還有大小、形狀、顏色等的描述。18 號簡「集于沛丘」，應是鳳凰、神雀之類在某地出現的記錄。《漢書》中常見這類記載，例如〈宣帝紀〉顏師古注引應劭曰：「前年神爵集于長樂宮，故改年」，〈成帝紀〉鴻嘉二年三月：「博士行飲酒禮，有雉蜚集于庭。」

王莽篡位前，各方獻瑞，《漢書・王莽傳》有不少記載。例如安漢公加九錫時，「聖瑞畢溱，太平已洽」，「麟鳳龜龍，眾祥之瑞，七百有餘」。中郎將平憲誘塞外羌人內屬，羌豪良願對曰：「安漢公至仁，天下太平，五穀成熟，或禾長丈餘，或一粟三米，或不種自生，或繭不蠶自成，甘露從天下，醴泉自地出，鳳皇來儀，神爵降集。」王莽得天下後，遣五威將王奇等班德祥五事，符命二十五，福應十二，凡四十二篇於天下。73 號簡謂「☐羔頭頸腹下出☐」即是一種所謂的福應。〈王莽傳〉謂「福應言雌雞化為雄之屬」。小羊頭頸畸形，出在腹下，應屬此類。在未央宮前殿發現這時期瑞應記錄的殘簡，完全是可能的事。

報告以為簡的內容和醫療有關，可能是因為將 51 號簡釋作「防治病中柏樹」、55 號簡作「☐病中柏杏李榆樹」，提到治病或病。其實這個「病」字不確。釋作「病」，兩簡文意不通。據圖版，51 號簡的「防」字偏旁及上半部不清；「病中」應釋作「府中」。55 號簡「病」字也應釋作「府」。「府」字常見於居延、敦煌簡，無勞舉例。改釋為「府」，文意即通。改此病字，百餘簡即和醫療無涉。

如果以上所說尚屬合理，那麼前殿西南角 A 區建築也就不是供從事保衛和醫療等人員居住的地方，而可能是某種貯藏文書之處。

釋文校注：

2 號　「徑二寸四分」之「四」應作「九」。原簡九字寫作「力」之形，在居延、敦煌漢簡中例子很多，查佐野光一編《木簡字典》即可。

6 號　「☐十枝☐☐錯……」，「☐☐」圖版清晰，應為「相交」二字，可釋為「十枝相交錯」。

7 號　「穗俱土或已收獲復主莖葉及一」，「土」應作「出」，「主」應作「生」。此二字寫法常見於漢居延敦煌簡，改釋後，文意即通。原釋文中還有不少同樣的例子，也都應改釋為「出」和「生」，各見下文。

8 號　「……有畫刻☐」，「刻」下一字應是「書」字，書下還有一字不可識，因此此簡下半段應釋作「……有畫刻書☐」。

12 號　「言謂宗曰女……」，「宗曰女」應作「泉甘如」；「如」以下字，除「力」字以外皆難確認。此「力」字也可能是「九」，須視上下文而定。

13 號　「……曰如密」應作「……甘如密」，「稻禾一本主」應作「稻禾一本生」。

15 號　「五采上翔山地飲食☐」，「上翔」之間還有它字，不可識，應作「五采上……翔」。「山」字字形不類，或應釋其它字，一時尚難定。「飲食☐」二字之後應還有四字，應作「飲食☐☐☐☐」。

16 號　圖版上起首二字似乎被塗描過。「持王三枚」應作「持玉三枚」。「玉」字原簡寫作「王」，同樣書法可參《武威漢簡》85 乙，《漢代簡牘草字編》，頁 6。

18 號　「疾于沛丘」，「疾」原簡作「屎」，居延、敦煌簡中常見，應釋為「集」。類似書法可參居延簡 258.3、317.21 兩簡中的「集」字（分見勞榦，《居延漢簡——圖版之部》圖版 236、328）。

20 號　「南鄉堂上芝王一枚……」，「王」應作「生」。

21 號　「☐☐樂長當曰☐下有☐中柏樹」，「曰☐」應作「甘露」，圖版尚可辨識。「有☐中」應作「有☐☐中」

22 號　「▢鐵有▢芝主▢上」，應作「▢鐵有靈芝生石上」，圖版清晰可辨。

24 號　「田▢繁祉」，「▢」原簡作「互」，應釋作「與」。參于豪亮〈漢簡中的草字〉，《于豪亮學術文存》（中華書局，1985），頁 247。

26 號　「▢所場葵也」，「場」應作「謂」。釋「葵」字不確，此字待考。

33 號　「榆樹上其▢黃白味曰如密」，應作「榆樹上其色黃白味甘如密」。

36 號　「▢▢執之▢百四十七」，應作「▢▢執之瑞百九十七」。「瑞」字完整，圖版可辨。

48 號　「▢者七之一本主十下莖」，按圖版，「七」字不明；「主十下莖」似應作「生十六莖」。

51 號　「防治病中柏樹」應作「▢治府中柏樹」。

55 號　「▢病中柏杏李榆樹」應作「▢府中柏杏李榆樹」。

64 號　「▢王所夢多有主葛宗▢于」，「王」字原簡作「圣」，有可能是「丞」。「主葛」應作「生葛」，「宗▢」之「▢」，原簡作「𦡼」，應即「語」字。

65 號　「▢主小男……」，「主」字原簡作「圣」，和 64 簡之「丞」字書法相似，疑是「丞」字。

68 號　「▢▢▢十二」，十前一字尚存一偏旁「王」，應即「瑞」字。

73 號　「▢羔頭頸腹下土▢」，「土」應作「出」。

80 號　「自主」，應作「自生」。

88 號　「四龜」，應作「三龜」。

　　報告中釋文作到 97 號簡，98-115 號簡殘斷較甚，字跡不清。圖版的確不甚清楚，粗讀一過，以下四簡尚可釋出一二字：

99 號　　甘露▢

101 號　▢尹

102 號　▢大▢

103 號　▢奉▢

87.5.12 初稿

89.3.7 改訂

原刊《大陸雜誌》100 卷 6 期（2000），106.8.28 再訂

後記

　　胡平生先生對未央宮簡也作了校釋，大致同意我對木簡性質的推定，其釋文更為精確可從，釋出者也較多。請參胡平生，〈未央宮前殿遺址出土王莽簡牘校釋〉，《出土文獻研究》，第六輯（2004），頁 217-228。除個別錯字，本文校注維持原貌，以利讀者對讀胡平生先生之文。又《居延新簡》EPT40：24A：「……閒□……／□處田中桼樹下，有石下入地中，石上與地平。取診視三偶，大如小杯，廣二寸／……」（圖2）。簡背有習字殘跡。頗疑此簡所記亦某種祥瑞。姑錄備考。

111.2.14 補

圖2　《居延新簡》
EPT40：24A

張家山漢簡《二年律令》讀記

　　《張家山漢墓竹簡（247 號墓）》於 2001 年 11 月由文物出版社正式出版。2002 年的 3 月間收到書。稍一翻讀，即覺美不勝收。釋文夠水準，圖版質量好。內容上，不論與秦青川牘、睡虎地簡、漢居延簡、懸泉簡或文獻對讀，都可以加深我們對許多問題的認識，有許多內容過去從不曾見過，更是精彩。以下是逐條讀《二年律令》圖版和釋文的札記，略分為（1）漢廷與諸侯國、（2）政治制度與地方行政、（3）經濟與財政、（4）刑律制度、（5）二十等爵制、（6）夫妻與家庭六類。這不過是一個大體的歸類，各類相互牽連之處不少，須要相互參看。

一 漢廷與諸侯國

1.　簡一～二.133（一～二指簡編號，133 指原書釋文頁碼，下同）「以城邑亭障反，降諸侯，及守乘城亭障，諸侯人來攻盜，不堅守而棄去之若降之，及謀反者，皆要（腰）斬。其父母、妻子、同產無少長皆棄市。其坐謀反者，能偏（徧）捕，若先告吏，皆除坐者罪。」（〈賊律〉）
　　「降諸侯」、「諸侯人來攻」、「不堅守而棄去之若降之及謀反者」云云，反映漢初朝廷中央與諸侯國之間關係十分緊張。《二年律令》還有幾條反映了同樣的現象，例如：〈捕律〉「捕從諸侯來為閒者一人，拜爵一級，又購二萬錢……」（簡一五一.153），〈津關令〉對出入京師所在的關中，有極嚴密的通行、金、銅、馬匹等人員及物資的控管（簡四九一.205～五二

四.210），表明漢廷和諸侯國之間用間諜刺探消息，甚至相互爭奪資源，防備對方攻擊。[1] 處罰和購賞之重正反映出彼此之緊張。〈奏讞書〉有一個高祖十年七月的案例，一位臨淄的獄史闌娶了本應徙居長安的齊國田氏女子，結果論處黥為城旦，因為「律所以禁從諸侯來誘者，令它國毋得取（娶）它國人也。闌雖不故來，而實誘漢民之齊國，即從諸侯來誘也。」（簡二一～二二.214）諸侯國百姓之間不許嫁娶，嫁娶甚至以「實誘漢民之齊國」來描述，亦可見漢廷與諸侯國關係之有如敵國一般。從文獻上看，呂后以太后臨朝稱制，大封諸呂為王為列侯，曾引起劉氏子弟及從龍異姓王侯的不安。呂后元年廢三族罪，二年春又下詔安撫功臣：「高皇帝匡飭天下，諸有功者皆受分地為列侯，萬民大安，莫不受休德。朕思念至於久遠而功名不著，亡以尊大誼，施後世。今欲差次列侯功以定朝位，藏於高廟，世世勿絕，嗣子各襲其功位。其與列侯議定奏之。」（《漢書·高后紀》，頁96，中華書局點校本，下同）呂后的措施反映了不安。但文獻記述的不安，以反映當時的王侯功臣為主，當時一般的社會大眾受到什麼影響？文獻語焉不詳。《二年律令》和《奏讞書》加深了我們對當時漢和諸侯國之間情勢的認識。

「謀反者皆腰斬。其父母、妻子、同產無少長皆棄市」亦見於文獻（《漢書·晁錯傳》，頁2302；《漢書·孔光傳》，頁3355）。[2]「父母、妻子、同產」應即漢律所謂的三族。[3] 三族無少長皆棄市是大逆無道罪對謀反者家屬的懲

1　馬禁可參陳偉，〈張家山漢簡津關令涉馬諸令研究〉，《考古學報》，1（2003），頁29-43。

2　參李均明，〈張家山漢簡收律與家族連坐〉，《文物》，9（2002），頁60-61。

3　三族何指爭論甚多甚久。私意以為過去的爭論往往是受儒家五服制盛行後的家族觀念的影響所造成。張家山《二年律令》和《奏讞書》已使我們看清秦及漢初律中沒有五服制的影子。過去因今古文經說引起的糾葛可以擺脫。其次，三族的族也不要以後世族的概念去理解，族就是「非我族類」的族，族也就是類；三族即三類人。這三類人在漢初律中即父母、妻子和同產，亦即當事人的父母、妻、兒女和同父兄弟姐妹。其詳參程樹德，《九朝律考》（臺北：商務印書館，1973），頁58-59；杜正勝，《古代社會與國家》（臺北：允晨文化出版公司，1992），頁826-831；新近研究參冨谷至，《秦漢刑罰制度の研究》（東京：同朋舍，1998），頁256-271。關於同產指同父兄弟姊妹，請參本文第五節第6條。

罰。謀反者本人，腰斬。呂后元年曾詔除三族罪。高祖時剷除功臣，呂后多預其謀。高祖死，功臣諸侯對呂后疑慮極深。呂后一稱制即廢三族罪，用意似在於減低諸侯王的敵意和疑懼。呂后元年已廢，為何《二年律令》的〈賊律〉裡仍然有此條？須要解釋。

這有很多可能。一是呂后詔除三族罪，事實上並未真廢，或甫廢即恢復，故仍見於《二年律令》。一是這批律簡名為《二年律令》，不一定是指呂后二年（西元前 186 年）之律，惠帝二年（西元前 193 年）也有可能。據墓中〈曆譜〉，墓主於惠帝元年六月「病免」（簡十.129）。照漢代的規定，病免即離職歸家養病。從墓主病免到呂后二年亡故，有七年時間。一個病免之吏，手頭擁有的是病免時使用的律令？或是臨死時國家才頒的最新律令？無從知道。睡虎地〈秦律十八種〉內史雜說「縣各告都官在其縣者，寫其官之用律」，[4] 又尉雜規定「歲讎辟律於御史」。[5] 依此推斷，地方官吏使用的律令法規會有改變，須要每年更新和核對。[6] 不過這應是在職之吏才須如此。所謂「都官在其縣者」包括病免之吏嗎？不知道。從常理推想，這位小吏在家養病七年，遠在江陵，接觸或抄錄最新律令的機會雖不能排除，恐不如在職之吏那樣常規和完整。《嶽麓書院藏秦簡（肆）》0691 正：「丞相議：吏歸治病及有它物故，免。不復之官者，令其吏舍人、僕〔傭〕行，☐」。[7] 吏歸家治病而不再到官任職者，他的舍人和僕等都須一併離去。可見秦代對因病免歸家的官吏似分為將再回職和不回職工作的兩大類，待遇應有所不同。丞相之議如施行，不再回任的病吏大概也就不可能

4　睡虎地秦墓竹簡整理小組，《睡虎地秦墓竹簡》（北京：文物出版社，1990），頁 61。

5　同上，頁 64。

6　《逸周書·嘗麥》提到周的刑書由太史「藏之于盟府，以為歲典」；《周禮·地官》謂〈鄉大夫〉之職「各掌其鄉之政教禁令。正月之吉，受教法于司徒，退而頒之于其鄉吏。」《管子·立政》也說：「正月之朔，百吏在朝，君乃出令，布憲于國；五鄉之師，五屬大夫皆受憲于太史……」可見自來應有每年頒令之制。《商君書·定分》談到藏令之制時說：「一歲受法令以禁令」，高亨注釋說：「每年一次，依照禁室所藏法令的條文，把法令頒給官吏。」（《商君書注譯》，北京：中華書局，1974，頁 188。）以上可與睡虎地秦律所記參看。

7　《嶽麓書院藏秦簡（肆）》（上海：中西書局，2016）。

有機會接觸新的律令了。其次，據閻步克先生對漢代官員因病因喪離職再仕的細緻研究，證明漢代「職事才是朝廷的關注所在，至於官員的個人權益則照顧得很不周到」。[8] 這一點並不能直接證明江陵小吏病免後的遭遇，但有助於思考他能有多少機會繼續接觸新的律令。如果朝廷重視職事，希冀病癒之吏能迅速有效地回到工作崗位，不但要照顧他們病中的生活，還應繼續提供他們和工作相關的新信息。可是漢代官吏病免告歸之後，除了少數特例，一般幾乎得不到任何照顧。因此，這位江陵小吏較可能的情況是病免後，帶著工作上曾用過的律令文書和書籍回家，希冀一日病好復出，還用得上。不意一病不起。家人於是依俗（睡虎地秦墓的小吏情形類似），僱請書手將墓主用過的文書資料摘抄若干，置於墓中陪葬。[9] 如此，《二年律令》的二年就有可能是指惠帝二年而非他死時的呂后二年。

這樣推斷會面臨一個難題：墓主於惠帝元年六月病免，如果律令簡是他身前所用，為何名為二年而非元年律令？惠帝、呂后時歲首為十月。墓主於惠帝元年六月病免，四個月後即為惠帝二年。或許在病免之初，墓主對病癒抱持著希望，仍留意著新的律令，因此呂后稱制後於元年追尊其父為呂宣王，給予其子孫法律特權一事即見於《二年律令》的〈具律〉。有些信息如元年春廢三族罪，未能及時得到，因而我們見到的是過時的〈賊律〉。以上雖然提出惠帝二年的假說，但我深知此說面臨的難題尚無法完滿解決。姑言之，俟考。

另一個可能：這些律令是為陪葬而摘抄，題為《二年律令》，是因為墓主死於呂后二年。為陪葬而抄，抄件遂具有明器的性質。「明器貌〔盧文弨集解：貌，形也〕而不用」（《荀子・禮論》），因而不必是最新或當時實用之律，也就是說摘抄的不必也不可以完全是呂后二年時的新律令。《二年律令》抄有元年以前之律，〈奏讞書〉中甚至抄有春秋魯國的舊法（簡一

8　閻步克，《品位與職位——秦漢魏晉南北朝官階制度研究》（北京：中華書局，2002），頁188。

9　紀安諾，〈尹灣新出土行政文書的性質與漢代地方行政〉，《大陸雜誌》，95：3（1997），頁24-27。

七四.226～一七九.227)。張建國先生甚至認為二年是指高祖二年，現在所見的《二年律令》乃高祖二年蕭何所訂，但也包含以後新增和刪改的律令。[10] 類似的情形也見於睡虎地秦律。學者幾乎都注意到睡虎地秦律內容涵蓋的時間很長，有些可以早到昭王的時代，〈法律答問〉有些部分是孝公時商鞅所訂，〈為吏之道〉末尾甚至抄有兩條戰國時的魏律。[11] 可見墓主家人很可能是依當時的習慣，從墓主遺留的文書檔案裡挑選若干，請人抄寫，無論新舊，這樣或可解釋為何《二年律令》中仍有「父母、妻子、同產棄市」這樣已廢的族刑。

2.　簡一八四.157「吏六百石以上及宦皇帝，而敢字貸錢財者，免之。」(〈雜律〉)

「字」字，原注引《孝經援神契》：「言孳乳浸多也。」按：字與孳通，《堯典》：「鳥獸孳尾」，《史記·五帝本紀》作「鳥獸字微」，參高亨《古字通假會典》頁 428。「字貸錢財」應指貸錢滋息，求取不當利益。凡為皇帝服務和秩六百石以上的官員，皆不得貸錢滋息，否則免官。據《漢書·惠帝紀》，惠帝以太子即皇帝位，曾優遇「爵五大夫、吏六百石以上及**宦皇帝而知名者**有罪當盜械者，皆頌繫。」所謂「宦皇帝而知名者」歷來注家有四種不同的解釋：

(1) 文穎曰：「言皇帝者，以別仕諸王國也。」
(2) 張晏曰：「時諸侯治民，新承六國之後，咸慕鄉邑，或貪逸豫，樂仕諸侯，今特為京師作優裕法也。」
(3) 如淳曰：「知名，謂宦人教帝書學，亦可表異者也。……」
(4) 師古曰：「諸家之說皆非也。宦皇帝而知名者，謂雖非五大夫爵、

10　張建國，〈試析漢初「約法三章」的法律效力─兼談「二年律令」與蕭何的關係〉，原見《法學研究》，1 (1996)，頁 154-160，收入其書《帝制時代的中國法》(北京：法律出版社，1999)，頁 43-44。

11　參黃盛璋，〈雲夢秦簡辨正〉，《考古學報》，1 (1979)，頁 1-26；黃展岳，〈雲夢秦律簡論〉，《考古學報》，1 (1980)，頁 1-27。

六百石吏，而早事惠帝，特為所知，故亦優之，所以云及耳，非謂凡在京師異於諸王國，亦不必在於宦人教書學也……」

（以上俱見師古注引，頁 87）

顏師古不贊同文穎、張晏所說宦皇帝以別於宦諸侯的意見。他從「早事惠帝，特為所知」來解釋宦皇帝而知名者。其說有一旁證。秦律〈法律答問〉有一條「可（何）謂宦者顯大夫？宦及智（知）於王，及六百石吏以上，皆為顯大夫。」睡虎地秦簡的注釋者早已注意到兩者之間可能有關，並語譯此條為「做官達到為王所知，以及俸祿在六百石以上的，都是顯大夫」（頁 139）。這樣的意思和顏師古的解釋雖不全同，卻相當接近。不過張家山此簡不涉「知名者」，所謂「宦皇帝者」到底是指那些官員呢？

從《二年律令》此條以及其它相關的律令看來，漢初皇帝與諸侯國之間涇渭分明，關係緊張。文穎以「宦皇帝者」特指與「宦諸侯者」有別，似乎也是一個合乎當時情況的說法。《二年律令》另有幾處特別提到「宦皇帝者」（簡二一七.162、二九一.173、二九四.173），可見「宦皇帝者」是當時一個有特定意義的常用辭。在概念上，既有所謂的「宦皇帝」者，也就可能有「宦其它某某」者。在漢初，較可能和「宦皇帝」相對應的，似乎只可能是「宦諸侯」。

漢初諸侯王承戰國以來的風習，盛養賓客，廣納賢豪，有志之士亦非必仕於漢廷，常遊走於列國之間。文帝時，淮南王劉長謀反，即曾「收聚漢、諸侯人及有罪亡者，匿與居，為治家室，賜與財物、爵祿、田宅，爵或至關內侯。」（《漢書・淮南衡山濟北王傳》，頁 2141）可見仕宦於諸侯國，和宦於皇帝一樣可以得到「財物、爵祿、田宅」。劉長謀反之前，將軍薄昭在勸諫他的書信中曾有這樣幾句話：「亡之諸侯，游宦事人，及舍匿者，論皆有法。」（同上，頁 2139）這是說士人游宦諸侯或諸侯藏匿罪徒，皆有法禁。這些法禁在賈誼《新書・壹通》中也曾提到：「所謂建武關、函谷、臨晉關者，大抵為備山東諸侯也。天子之制在陛下，今大諸侯多其力，因建關而備之，若秦時之備六國也。豈若定地勢使無何備之患，因行兼愛無私之道，罷關一通天下，無以區區獨有關中者，所為禁游宦諸侯及無得出

馬關者，豈不曰諸侯得眾則權益重，其國眾車騎則力益多，故明為之法，無資諸侯。」[12] 所謂「禁游宦諸侯」、「無得出馬關者……明為之法，無資諸侯」，強烈表明皇帝與地方諸侯在人才和物資上的競爭關係，並明白以法律禁止。在這樣的情勢下，一方面禁止游宦諸侯，一方面惠帝對「宦皇帝而知名者」特加優遇，應該就不難理解了。惠帝六歲為太子，時時在被廢立的危機中，完全靠母親呂后和若干功臣維護；十六、七歲即位，又完全在呂后控制之下。惠帝心灰意懶，「不聽政」（《漢書·外戚傳》上），縱情聲色以至於死。顏師古從「早事惠帝，特為所知」去理解「宦皇帝而知名者」，意味著惠帝似曾有力量去提拔或照顧一批早早跟隨他的人，這和當時的情況恐有不符。

宦皇帝者與宦諸侯者相對乃籠統言之，細繹之則非指全體為皇帝或諸侯服務的內外臣僚，而似特指在皇帝或諸侯王身旁工作的近侍。[13] 十餘年前，裘錫圭先生讀書札記即有〈說「宦皇帝」〉一條，指出賈誼《新書·等齊》中的「官皇帝」實為「宦皇帝」之訛。[14] 今查《新書·等齊》，通篇以事皇帝與事諸侯王相對照，並抨擊宦皇帝與宦諸侯「其法等齊」之不當。宦皇帝雖與宦諸侯相對，裘先生認為宦皇帝者非通指一切為皇帝服務的內外官員，應專指宮中內朝近侍之流。前引張家山簡將「吏六百石以上」和「宦皇帝者」分開並列，也可證明宦皇帝者非通指所有為皇帝服務的內外官員。〈法律答問〉「宦及智（知）於王及六百石吏以上」一句指涉「宦」、「知於王」和「六百石吏以上」三類人。「宦」之原意如裘先生指出乃臣僕之屬；「知於王者」雖不排除外官，似以與王較接近的近臣較有機會。「六

---

12 吳雲、李春台，《賈誼集校注》（鄭州：中州古籍出版社，1989），頁96。

13 閻步克對所謂「宦皇帝者」有更為精到細緻的解說，參所著，〈論張家山漢簡二年律令中的「宦皇帝」〉，《中國史研究》，3（2003）；收入中國社會科學院簡帛研究中心編，《張家山漢簡《二年律令》研究文集》（桂林：廣西師範大學出版社，2007），頁35-54；又參其新書《從爵本位到官本位——秦漢官僚品位結構研究》（北京：三聯書店，2009）上編第三章，下編第四章。

14 收入裘錫圭，《古代文史研究新探》（江蘇古籍出版社，1992），頁152-153，原刊《文史》，6（1979）。

百石吏以上」則應是指「宦」和「知於王」之外，也就是內廷之外，其它六百石以上的官吏了。在漢廷與諸侯王關係緊張的年代，禁止士人游宦諸侯，主要是為防堵諸侯王身側聚集一批足智多謀之士。所謂「宦諸侯者」主要也是指這批人。

前引《新書‧壹通》，賈誼提到的武關、函谷關、臨晉關，皆見於《二年律令》之〈津關令〉。〈津關令〉還提到扞關、郇關（簡四九二.206）、夾谿關（簡五二三、五二四.210）。扞關據《後漢書‧郡國志》在巴郡魚復縣；郇關據《漢書‧地理志》漢中郡長利縣「有郇關」。夾谿關於文獻無可考，〈注釋〉謂：「在今陝縣，位於黃河之南」（頁210）。這些關隘之內就是西漢初所謂的關中或關內。我曾論證漢代的關中、關東或山東、山西，有時是泛稱，但在行政和法律上因牽涉到諸多施政和特權，必有一定指涉的範圍。這個範圍於漢初，應即在上述諸關之內；武帝時曾有變動，元鼎三年函谷關從靈寶東移至新安，關中為之擴大；光武建武二年，函谷關恢復到靈寶舊地。[15]

二 政治制度與地方行政

1. 簡一一.135「撟（矯）制，害者，棄市；不害，罰金四兩。」（〈賊律〉）

漢代矯制之制，我曾為文論及。[16]「矯制」一詞不見於其它簡牘材料。《漢書‧馮奉世傳》謂「漢家之法有矯制」，此簡可證其制自漢初已然，並

---

15 邢義田，〈試釋漢代的關東關西與山東山西〉、〈試釋漢代的關東關西與山東山西補正〉收入《秦漢史論稿》（臺北：東大圖書公司，1987），頁85-120。本書卷四，頁207-240。

16 邢義田，〈從「如故事」和「便宜從事」看漢代行政中的經常與權變〉《秦漢史論稿》，頁370-372。本書卷四，頁425-492。近見孫家洲先生亦曾詳論，可參其所著，〈再論「矯制」——讀《張家山漢墓竹簡》札記之一〉，原刊《南都學壇》，4（2003），收入中國社會科學院簡帛研究中心編，《張家山漢簡《二年律令》研究文集》（桂林：廣西師範大學出版社，2007），頁226-237。

以「害」或「不害」論罰之輕重。沈家本《漢律摭遺》卷四「矯制」條引〈終軍傳〉以證武帝時又有「矯制大害」之目。[17] 按:《漢書·景武昭宣元成功臣表》如淳曰:「律:矯詔大害,要斬。有矯詔害,矯詔不害。」(頁660)矯詔即矯制。如淳引律未言矯詔害,將如何處置,從此簡可知矯制害者,棄市。棄市之例見魏其侯竇嬰(《史記·惠景閒侯者年表》,頁1012)。矯制不害,罰金四兩;不害例見宜春侯衛伉,國除,未見罰金(《史記·建元以來侯者年表》,頁1037)。

又秦簡〈法律答問〉有「矯令」:「僑(矯)丞令,可(何)殹(也)?為有秩偽寫其印為大嗇夫」(頁106),可參。

2.　簡二一七.162「吏及宦皇帝者、中從騎,歲予告六十日;它內官卅日。吏官去家二千里以上者,二歲壹歸,予告八十日。」(〈置吏律〉)

此簡原簡字跡清晰,釋文正確。此簡提到吏、宦皇帝者、中從騎和其它內官。「吏」是指什麼吏?為何和其它三者(宦皇帝者、中從騎、它內官)並列?中從騎為何被特別提及?十分難解。我猜想此處之吏非泛指所有的吏,而是與「它內官」或者說其它內官相對的另一部分「內官」。宦皇帝者及中從騎一年予告六十日,其它內官四十日,吏離家二千里以上者,兩年歸家省親一次,一次八十天。這是對為皇帝服務的漢廷官員和內官在一般休沐以外的一種特別慰勞假。[18] 這一規定似宜和前文所說惠帝即位後,曾在刑罰上優遇「爵五大夫、吏六百石以上及宦皇帝而知名者」放在同一個背景中來考查。這都是漢初中央為爭取人心所採取的手段。

「予告」據文獻只有考課為「最」的二千石才能享有。《史記·高祖紀》孟康引漢律說得很清楚:「吏二千石有予告、賜告;予告者,在官有功最,法所當得者也。賜告者,病滿三月當免,天子優賜,復其告,使得帶印

17　沈家本,《漢律摭遺》,《歷代刑法考》,3(北京:中華書局,1985),頁1449-1450。

18　參廖伯源,〈漢代官吏之休假及宿舍若干問題之辨析〉,《秦漢史論叢》(臺北:五南圖書公司,2003),頁345-361。

紱，將官屬，歸家治疾也。」《後漢書・馮野王傳》：「吏二千石告，過長安謁，不分別予、賜……夫三最予告，令也；病滿三月賜告，詔恩也。」文獻所見予告皆針對二千石而言。中從騎不見於《二年律令》所列中央與地方職官秩表。〈注釋〉謂疑指騎郎。漢初有騎郎，唯不見於《二年律令》。「中從騎」疑或泛指從皇帝之諸騎，其詳待考。在皇帝身旁服務的內官雖非二千石，但為皇帝個人效力，才在例行性的休沐之外享有特殊待遇。

以前曾有小文據居延新簡EPT59：357「……省卒作十日輒休一日……」的記錄，指出漢代不同官吏有不同的休沐日數，休沐可以合併利用，其長短又和任職單位「去家」之遠近有關。[19] 居延簡所見官吏去家有十里者（136.2）、七十五里者（89.24）、六百里者（37.57）、六百五十里者（179.4），最遠為一千零六十三里（49.9、EPT50：10）。貢禹琅邪人，「自痛去家三千里」（《漢書・貢禹傳》）。過去以為功勞簡記錄「去家」距離是和休沐給程有關，現在看來還和可以多久歸家一次相關。如果離家太遠，兩年才有一次機會。《二年律令》此簡規定離家二千里以上的兩年予告八十天，可作如是觀。

休沐涉及官吏的權益，應該還有更細和更複雜的規定。例如：《二年律令》的傳食律中即有一段和官員休沐有關：「諸吏乘車以上及宦皇帝者，歸休若罷官而有傳者，縣舍食人、馬如令。」（簡二三七.165）諸吏乘車以上和宦皇帝者分別言之，則所謂「諸吏乘車以上」似是指漢廷中服務於皇帝以外的一群具有「乘車」資格的吏。他們如果歸家休假或罷官，都允許使用傳置設備，沿途各縣並要依規定提供其人馬應有的供應。

既有「諸吏乘車以上」，似應另有不夠格乘車，次一等的吏，這是前所未知的制度。乘車吏秩最少一百六十石，無乘車之吏秩則為一百二十石：簡四七〇.202-203「都官之稗官及馬苑有乘車者，秩各百六十石；有秩毋乘車者，各百廿石」；簡四七一～四七二.203「縣道傳馬、候、殿有乘車者，

---

19 邢義田，〈漢代邊塞軍隊的給假、休沐與功勞制〉，《簡帛研究》，第一輯（北京：法律出版社，1993），頁192-205。本書卷四，頁673-688。

秩各百六十石；**毋乘車者及倉、庫、少內、校長、髳長、發弩、衛將軍、衛尉
士吏、都市亭廚有秩者及毋乘車之鄉部**，秩各百廿石。」

「都官之稗官及馬苑有乘車者」、「縣道傳馬、候、廄有乘車者」、「有
秩毋乘車者」、「毋乘車之鄉部」這樣的措詞方式意味著都官之稗官、馬
苑、縣道傳馬、候、廄這些單位因有或無乘車而有高下之別，有秩吏和鄉
部嗇夫所在單位也因有無乘車而有等級不同。乘車之有無成為一個區分該
單位吏秩身分等級的指標。

有些單位兼有乘車和乘馬，有些僅有乘車或乘馬，有些兩者皆無。單
位之吏似乎因此也分高下，有乘車者和乘馬者兩級。〈置吏律〉簡二一
三.161 有「屬尉、佐以上毋乘馬者，皆得為駕傳」，既有所謂「毋乘馬」之
吏，應即另有「有乘馬」之吏，疑「乘馬吏」又較「乘車吏」下一等。湖
南省博物館藏有常德石門出土屬西漢中期以前的「乘馬翠鄭」銅印一枚和
出土不明的西漢中期「乘馬汎印」銅印一枚。西漢初有將軍乘馬絺（《史
記・絳侯周勃世家》，《漢書・周勃傳》作「乘馬降」），成帝時有將作大匠乘馬
延年。孟康曰：「乘馬，姓也。」（《漢書・溝洫志》）疑此複姓乘馬即由乘馬
之吏而來。[20] 以爵級來說，公乘以上乃夠格乘公家所備之車，為吏則可能
是所謂的乘車吏。《漢書・百官公卿表》顏師古說明公乘之義，曰：「言其
得乘公家之車也。」[21] 公乘以下為吏也可乘車，或須自備，或僅騎馬而已。
車馬所費不貲，貢禹曾為供車馬，「賣田百畝」（《漢書・貢禹傳》）；胡建為
守軍正丞，「貧亡車馬，常步行與走卒起居」（《漢書・胡建傳》）。車又較馬
貴，無以備車者則騎馬矣。以上僅為推測，俟考。[22] 以前曾討論到漢代為

---

20 陳松長，《湖南古代印璽》（上海：上海辭書出版社，2004），頁 23、72、75。同書另有穿帶
   兩面銅印「臣乘馬」、「高乘馬」（頁 79）。此乘馬當為人名。

21 中華點校本《後漢書・百官志》注引劉劭《爵制》有一句謂：「然則公乘者，軍吏之爵最高
   者也。雖非臨戰，得公卒車，故曰公乘也。」（頁 3632）王先謙集解本字句相同。其中「得
   公卒車」一句不辭；現在二年律令中雖有「公卒」一詞，但公卒身分甚低，甚至在公士之
   下，以此公卒仍無以解「得公卒車」之義。頗疑卒應作乘，形近或字壞而訛。「得乘公車」
   實應作「得乘公車」；果如此，文句即通，也和顏師古注之義相合。

22 關於乘車乘馬吏，已有另文討論，這裡不再重複。請參邢義田，〈乘車、乘馬吏再議〉，《今

吏須有一定的家貲，家貲不足則會因「貧」罷休，喪失吏職，而貧的一個標準即在是否備得起為吏的車馬衣冠。[23]

既然談到官吏的休假，趁便提一下〈奏讞書〉中一條有關喪假的資料。〈奏讞書〉簡一八〇.227～一八一.227：「律曰：諸有縣官事，而父母若妻死者，歸寧卅日，大父母、同產十五日。」這為漢初之喪假期限提供了最確切的證據。所謂「諸有縣官事」，是泛指所有為公事服務的，包括官吏和服徭役的百姓在內。如果父母或妻死亡，可以有卅天喪假；祖父母和同產，則為十五天。以前受到《漢書·文帝紀》的影響，曾為文指出「文帝以後官吏服喪以三十六日為極限」，[24] 應作修正。同一文又利用一條有神爵四年紀年的敦煌簡，算出當時一位燧長為父喪取寧三十日，現在卻得到了證實。此簡原文如下：「玉門千秋隧長敦煌武安里公乘呂安漢，年卅七歲，長七尺六寸。神爵四年六月辛酉除功一，勞三歲九月二日。其卅日，父不幸死，寧，定功一勞三歲八月二日。訖九月晦庚戌。故不史，今史。」（《敦煌漢簡》中華書局 1186AB，圖版 139）《敦煌漢簡》釋文「寧」字作「憲」，難以通讀；我據文例，改釋為「寧」。[25] 這是一枚記呂安漢功勞的簡，他原積

　　塵集》卷 2（臺北：聯經出版公司，2021），頁 261-278。新近刊布的湖北江陵張家山 336 號西漢墓出土簡中更多有秩乘車的資料，可證拙說。請參看荊州博物館編，《張家山漢墓竹簡〔三三六號墓〕》（上）（北京，文物出版社，2023）。

23 邢義田，〈從居延簡看漢代軍隊的若干人事制度〉，《新史學》，3：1（1992），頁 111-116。本書卷四，頁 641-671。

24 邢義田，〈漢代邊塞軍隊的給假、休沐與功勞制〉，《簡帛研究》，第一輯（北京：法律出版社，1993），頁 194。

25 按原簡此字字形上半部作「宀」，下半為「皿」和「心」。和「憲」字不全同。按《說文》七下「宀」部，以「寍」為「寧」之本字，也就是說「寧」字可以沒有下方的「丁」。郭店簡〈緇衣〉「邦家之不寧」（簡20）的「寧」正作此形。疑書簡者於此字字形掌握不夠準確，將部件「心」寫到「皿」的下方去了。又「憲」、「寧」形近而訛最有名的例子可謂秦憲公。《史記·秦本記》作「寧公」而《史記·秦始皇本記》作「憲公」。1978 年陝西寶雞楊家溝出土秦公鐘和秦公簋以後，證明「憲公」才正確。此亦可旁證寧、憲二字易混，此簡之寧字宜依文例及字形改釋。又「晦庚戌」之戌疑應作「寅」，原簡或誤書。按徐錫祺《西周（共和）至西漢曆譜》神爵四年九月晦為庚寅。陳垣《二十史朔閏表》同。晦為庚戌日者要到五鳳二年八月才可能出現，也和簡九月晦庚戌不合。

功一，勞三歲九月二日，其中三十日因父喪告假，請假日數須從積勞中扣除，因此其功勞定為功一，勞三歲八月二日。原以為呂安漢最多可請三十六日，但因請假須扣除積勞日數，他自行斟酌只請了三十天。現在看來，他是請滿了假，最多就是三十天。這一枚敦煌簡可以證明從漢初到宣帝時期，有關父母喪假期限的規定基本未變。[26] 如果官吏請假須扣除積勞日數，由此似可推想如果百姓服役，服役期間請喪假，也須在補滿日數之後才能除役。如果以上所說不誤，也可旁證閻步克在《職位與品位》一書中所說：秦漢吏制與後代相較，重「事」不重「人」，刻薄少恩的特色。

3. 簡二四六～二四八.166「田廣一步，袤二百卅步，為畛，畝二畛，一佰（陌）道；百畝為頃，十頃一千（阡）道，道廣二丈。恒以秋七月除千（阡）佰（陌）之大草；九月大除道□阪險，十月為橋，脩波（阪）堤，利津梁。雖非除道之時而有陷敗不可行，輒為之。鄉部主邑中道，田主田道。道有陷敗不可行者，罰其嗇夫，吏主者黃金各二兩。□□□□□□及□土，罰金二兩。」

簡二四九.167「禁諸民吏徒隸，春夏毋敢伐木山林，及雝（壅）隄水泉，燔草為灰，取產□（麑）卵□（𪃟）；毋殺甚繩重者，毋毒魚。」（〈田律〉）

誠如〈注釋〉指出，這兩條可以分別參照青川郝家坪戰國秦木牘〈為田律〉及睡虎地秦墓竹簡秦律十八種之〈田律〉。張家山這兩條整理者也認為應歸於田律，可見秦、漢初律的沿襲關係。以前為文談漢代的月令，曾提到漢代自有漢家月令，它的來源很複雜，可以源自古代的某些月令，

---

26 關於這一枚簡的解釋，饒宗頤、李均明《敦煌漢簡編年考證》（臺北：新文豐出版公司，1995）頁 40-41 有不同的意見。李先生從九月晦庚戌推算此簡應為甘露三年簡，從神爵四年六月辛酉至甘露三年九月庚戌有七年五個月，又依胡平生之說勞四歲或勞三歲九月十五日當一功，推算後認為並未扣除其父喪奔喪的卅日。即使依此說換算功勞，如一功當四歲，則勞為三歲五月；如一功當三歲九月十五日，則勞為三歲七月十五日，都與簡上數字三歲八月二日或九月二日不合。其中原因，一時還難解索。參蔣非非，〈漢代功次制度初探〉，《中國史研究》，1（1997），頁 62-63。

也可以源自秦漢時的律令，而不一定和今天所見的《呂氏春秋》、《禮記》或《淮南子》等月令完全相合。[27] 懸泉所出王莽時月令詔條五十條可以為證。像王莽這樣一味以經書為據的人，對必須實施的月令也不能完全照搬經典。第一，月令詔條五十條僅從經典中每月摘取幾條；第二，五十條中有些並不見於《呂氏春秋》或《禮記》。[28] 據胡平生研究，這份詔條的內容不但和王莽有關，也和劉歆有關，納入了劉歆某些對儒經的見解。總體來講，月令詔條可以說已大量融入了王、劉等儒生所服膺的經典內容，與經典尚且有距離；在他們之前，秦漢政府所採取的月令，與儒經的差別只會更大，不會更小。我曾推測漢家月令的另一大來源是漢代的詔書、故事或律令。[29] 故事之例已見拙文〈月令與西漢政治〉，詔書和律令的例子目前可以找到以下三條：

A. 懸泉月令詔條第卅二行：「毋彈射蜚鳥」，見於宣帝元康三年六月詔，胡平生已於注中指出。[30] 此為出於詔書之一例。

B. 懸泉月令詔條第六十四行：「毋采金石銀銅鐵」，不見於今本月令。張家山《二年律令》金布律有關於采銀、采鐵、采鉛、采金、采丹的規定（簡四三六～四三八.192）。這些規定涉及如何徵稅，和月令沒有直接關係。但《二年律令》僅僅摘錄了金布律中的幾條，無法排除金布律其它部分曾有採礦上時令限制的可能。

C. 簡二五一.167「殺傷馬牛，與盜同法。」雲夢龍崗秦簡有不少禁止盜、殺馬牛等獸的殘文，如：「馬牛殺之及亡之，當償而評

---

27 邢義田，〈月令與西漢政治——從尹灣集簿中的「以春令成戶」說起〉，《新史學》，9：1（1998），頁 1-52。本書卷四，頁 145-187。

28 如「毋采金石銀銅鐵」（行 64），見中國文物研究所、甘肅省文物考古研究所編，《敦煌懸泉月令詔條》（北京：中華書局，2001），頁 7。關於月令詔條和今本月令的出入，于振波已作過初步探討，請參其〈從懸泉置壁書看《月令》在漢代的法律地位〉，發表於 2001 年長沙百年來簡帛發現與研究及長沙吳簡國際學術討論會。

29 邢義田，〈月令與西漢政治——從尹灣集簿中的「以春令成戶」說起〉，頁 39-43。

30 《敦煌懸泉月令詔條》，頁 20。

□□□□□□□」（101）、「……〔馬〕牛殺……」（110）。[31] 這些
殘文據胡平生研究，可能屬於〈廄苑律〉。[32]《二年律令》的整理
者將上簡歸入〈田律〉。不論何律，這類規定原見於秦和漢初之
律。光武所頒「四時禁」也有「毋屠殺馬牛」（EPT22：47A）。胡平
生將「毋屠殺馬牛」和同遺址所出「嫁娶毋過令」、「毋伐樹木」、
「私鑄作錢，薄小不如法度及盜發塚公賣衣物」等合而觀之，認為
「『四時禁』應當就是『四時月令』所禁諸條」。[33] 此說頗可從，則
這些內容除毋伐樹木外，也都和漢時律令有關。

4. 簡三二八.177「恒以八月令鄉部嗇夫、吏、令史相雜案戶籍，副臧（藏）
其廷。有移徙者，輒移戶及年籍爵細徙所，并封。留弗移，移不并封，及
實不徙數盈十日，皆罰金四兩。數在所，正、典弗告，與同罪。鄉部嗇
夫、吏主及案戶者弗得，罰金各一兩。」（〈戶律〉）

這是漢代八月案比，審定戶籍一條極重要的新資料。「恒以八月」案
戶籍，和文獻記載相合。簡三三五.178 言立先令，「至八月書戶，留難先
令，弗為券書，罰金一兩」。簡三四五.179 言民別戶，「皆以八月戶時，非戶
時勿許」。可見所謂八月案比主要的工作即在處理這些戶籍變動，而不是將
全縣男女老少集合起來貌閱。從這一條也明確知道戶籍的編造是在鄉而不
是在縣，證實了我過去的推測。[34] 漢初是由鄉部嗇夫和縣吏、令史共同編
定戶籍。鄉無令史。此令史和所謂的「吏」應當都是縣吏，嚴耕望考縣屬
吏已言之甚詳。[35] 案戶比民由縣主持，實際上是由縣廷派員到各鄉和各鄉

---

31 中國文物研究所、湖北省文物考古研究所編，《龍崗秦簡》（北京：中華書局，2001），頁
106-108。

32 同上，頁 106。

33 《敦煌懸泉月令詔條》，頁 45。

34 邢義田，〈漢代案比在縣或在鄉？〉，《中央研究院歷史語言研究所集刊》，60：2（1989），
頁 451-487。

35 嚴耕望，《中國地方行政制度史甲部——秦漢地方行政制度》（臺北：中央研究院歷史語言研
究所，1990），頁 221-222。

嗇夫共同執行。拙文曾推定案比還應有鄉以下之里正等最基層的吏參加。此條謂「數在所正、典弗告，與同罪」，「數在所」是指名數所在之單位，也就是最基層的里。〈注釋〉以為正、典是指里正和田典。但〈錢律〉有「正典、田典、伍人不告，罰金四兩」（簡二〇一.160）之句，原簡字跡清晰，此處「正典、田典」連言，原簡似有誤抄。不論如何，此條仍可證明基層正典之類的鄉吏與掌握名數有關。「副藏其廷」是指戶籍副本藏於縣廷。怎知此「廷」是縣廷？因為簡三三一.178言民宅園戶籍、年紬籍、田租籍等，有「謹副上縣廷」的話，本條之廷也應是縣廷無疑。副本上縣廷，正本則在鄉。鄉在漢代地方行政上的重要地位，現在益發清楚了。

5.　簡三三一.178「民宅圖、戶籍、年紬籍、田比地籍、田命籍、田租籍，謹副上縣廷……」（〈戶律〉）。「年紬籍」之「紬」字左側糸部清楚，右半「由」筆劃模糊，由其他出土簡可證其為紬字無疑。「田命籍」之「命」字也不清楚。不論如何，漢代籍簿名目繁多，「宅圖」、「田比地籍」、「田租籍」等皆前所未見。「年紬籍」和「田命籍」如釋文無誤，也是新名目。[36] 可以肯定的是戶籍和田籍或地籍明確分開。這種情形最少到晉代還是如此。[37]

　　簡三三四～三三六.178「民欲先令相分田宅、奴婢、財物，鄉部嗇夫身聽其令，皆參辨券書之，輒上如戶籍。有爭者，以券書從事；毋券書，勿聽。所分田宅，不為戶，得有之，至八月書戶，留難先令，弗為券書，罰金一兩。」（〈戶律〉）

36　相關討論請參邢義田，〈「結其計」臆解──讀嶽麓書院藏秦簡札記之一〉，《今塵集》卷2（臺北：聯經出版公司，2021），頁195-201。

37　參《晉令輯存》，頁12-13。晉戶籍內容和漢代相似，僅包括男女、郡縣里名、爵、生卒年月等項，不錄財產。長沙走馬樓出土的三國時吳國的戶籍，胡平生曾舉出其標準格式，並作了如下結論：「戶籍記戶主及妻兒、子女、姓名、年齡、疾病、傷殘等情況，奴婢附於戶下，記名字、身高，每戶有一簡作戶口合計。其它各種專項的賦稅統計登記的簿籍，都不應當列入戶籍中。」見氏著，〈從走馬樓簡「刌」（剏）字的釋讀談到戶籍的認定〉，《中國歷史文物》，2（2002），頁37。

　古月集：秦漢時代的簡牘畫像與政治社會
　　　── 卷一　漢代的簡牘

這一條簡334上半截保存情形欠佳，扭曲變形，字跡模糊，新出刊紅外線圖版的《二年律令與奏讞書》，原簡殘缺更甚，字跡並不比較理想。尤其關鍵的「先令」二字，依舊圖版看，尚隱約可見，新圖版反難以辨識。如果原釋文可從，最少表明兩點：

第一，自漢初（可能相沿自秦）以生前所立遺囑（先令）處分財產受到法律承認，而且是法律上解決遺產爭訟的主要甚至是唯一的依據（「毋券書，勿聽」，這是說沒有券書，即不聽告，不受理爭訟之案）；

第二，民立遺囑，須由鄉部嗇夫「身聽其令」，即親自聽取當事人述說遺囑，並以「三辨券」寫下券書，並像戶籍一樣上報。

「三辨券」或「參辨券」之制已見於秦〈金布律〉（〈秦律十八種〉，頁39），秦律注釋者謂：「三辨券，可以分成三份的木券」（頁39），由當事者分別保存。以先令來說，當事人之一當然是立遺囑的人，其次是作為見證「身聽其令」的鄉部嗇夫。還有一份不知由誰保存。如果是「輒上如戶籍」，像戶籍一樣地上報，則應是保存在縣廷。[38] 因為處理爭訟的基層單位是縣。如距縣廷太遠，百姓也可就近請鄉嗇夫聽取案件（簡一〇一.148，參下文）。如此，縣和鄉都須要有先令資料。這一條似乎也透露出這樣的信息：戶籍像先令一樣，也是一式三份，可能即由戶長、鄉和縣分別保存。

拙文〈漢代案比在鄉或在縣？〉曾據以下三片削衣，局部復原了一份應和先令相關居延出土的文件：[39]

父病臨（臨字只存左半側）之縣南鄉見嗇夫（夫字只存左半）□□　□□券書家
財物一錢□□
□□破胡□□□□□□　　二年三月□□

（《居延漢簡》202.11、202.15）

---

38 新的討論請參邢義田，〈再論三辨券──讀嶽麓書院藏秦簡札記之三〉，《今塵集》卷2（2021），頁221-232。

39 邢義田，〈漢代案比在縣或在鄉？〉，頁468及附圖。

□□□□

　　□知之當以父先令戶律從〔事〕　　　　　　　　　（《居延漢簡》202.10）

　　這三片削衣和神爵元年紀年簡同出破城子 A8 遺址，時間上可能屬西漢宣帝一朝。父病，到縣之南鄉見嗇夫。從鄉部嗇夫「身聽其令」看來，這是去立遺囑無疑。削衣不全，另一片提到「券書家財……」，應是有關財產參辨券書的券書。可惜券書內容已失去。末尾說「當以父先令、戶律從〔事〕」，也正合戶律此條所說「有爭者，以券書從事」。這裡明白揭示父之先令和戶律都是處理遺產的依據，先令甚至排在戶律之前，先令的重要性不容忽視。江蘇儀徵胥浦一〇一號西漢墓所出平帝元始五年墓主臨死前所立先令，就更清楚證明參與見證遺囑的除有縣鄉三老、都鄉有秩、鄉佐，還有里師、伍人和親屬，可謂慎重之至。[40]

6.　簡四一一.188「發傳送，縣官車牛不足，令大夫以下有訾（貲）者，以貲共出車牛。及益，令其毋訾（貲）者與共出牛食、約載具。……」[41]（〈徭律〉）

　　這一條徭律的發現有助於理解過去居延和敦煌簡中有關訾（貲）家出車牛或僱人（傭）為公家輸運的記錄（16.2、154.5、214.125、267.16、EPT7：4、EPT7：17、EPT43：65、EPT43：152、EPT 59：100、EPT 59：175、EPF22：364）。從這一條知道，公家車牛不足時才要民伕協助，此其一；有貲而爵屬大夫以下者才承擔這樣的役，此其二。經查居延和敦煌簡，發現目前可

40　此件先令李解民有較佳之排序和釋文，見長沙市文物考古研究所編，〈揚州儀徵胥浦簡書新考〉，《長沙三國吳簡暨百年來簡帛發現與研究國際學術研討會論文集》（北京：中華書局，2005），頁 449-457。近見有學者反對遺囑之說，請看看魏道明，〈中國古代遺囑繼承制度質疑〉，《歷史研究》，6（2000），頁 156-165；曹旅寧贊成魏說，參曹旅寧，《秦律新探》（北京：中國社會科學出版社，2002），頁 313-317。私意以為中國古代的遺囑繼承實不宜從近代民法中的遺囑或西方古代法律中的遺囑繼承概念去理解。套用西方觀念，對了解中國傳統社會或法律幫助不大。中國近代史學套用西方理論已有慘痛經驗，不可不記取。

41　此處句讀從陳偉先生說，參陳偉，〈《二年律令》、《奏讞書》校讀〉，《簡帛》，第一輯（上海：上海古籍出版社，2006），頁 345-352。

考的訾家竟無一有爵。又從居延、敦煌簡看，承擔此役者不必身任其事，花錢僱人即可。

7. 簡四一二.188「傳送重車重負日行五十里，空車七十里，徒行八十里。」（〈徭律〉）

《九章算術・均輸》：「車載二十五斛，重車日行五十里，空車日行七十里」，又「今有程傳委輸，空車日行七十里，重車日行五十里」，此簡可證《九章算術》確有所本，也可見這樣的行車和載重標準從漢初到《九章算術》寫成的時代未曾改變。

8. 簡四一四.188「縣弩春秋射各旬五日，以當徭。戍有餘及少者，隤後年。」（〈徭律〉）

漢代地方軍隊平日情形如何，資料極少。「縣弩春秋射各旬五日，以當徭」可以稍補不足。縣弩指縣中的射弩手，也是地方百姓須擔當的徭役的一種。所謂春秋射各旬五日，或可有三解：

（1）或句讀為「春、秋，射各旬五日」，亦即於春秋兩季，縣民任射手各十五日，共三十日；

（2）或句讀為「春、秋，射；各旬，五日」，亦即縣弩於春秋兩季之各旬（每十日），習射各五日，兩季六個月下來即習九十天，以此充徭。

（3）或句讀為「春、秋射，各旬五日」，將春秋射理解為春射和秋射，秋射也就是文獻和漢簡中所說的秋射，而非指春秋兩季；縣弩於春射和秋射舉行時，各任射手參加演練十五日，共三十以當徭。

如果考慮董仲舒所說：「古者……使民不過三日……至秦則不然，用商鞅之法……又加月為更卒，已復為正，一歲屯戍，一歲力役，三十倍於古」（《漢書・食貨志》；「使民不過三日」之說又見《漢書・貢禹傳》），古者使民三日，漢世徭役是古代的三十倍，即九十天。如此，則九十天一解似可成立。如果考慮「旬五日」為十五日，較合乎古語習慣，[42] 不讀作「各旬，

42 《藝文類聚》卷二天部引《尸子》：「神農氏治天下，欲雨則雨，五日為行雨，旬為穀雨，旬

五日」，則（1）、（3）兩解又較合理。以上三種可能，不敢遽定孰是。

「戍有餘及少者，隤後年」一句涉及地方每年及齡役男和所需役男多少不一，因此每年有應任戍卒者過多或不足的情形。這不禁使我想起敦煌懸泉置出土的一簡：

> 「神爵四年十一月癸未，丞相史李尊送獲（護）神爵六年戍卒河東、南陽、潁川、上黨、東郡、濟陰、魏郡、淮陽國詣敦煌郡、酒泉郡。因迎罷卒送致河東南陽潁川東郡魏郡淮陽國并督死卒傳樫（樫）。為駕一封軺傳。御史大夫望之謂高陵，以次為駕，當舍傳舍，如律令。」（《敦煌懸泉置漢簡釋粹》四〇：I0309.3：237）

這一簡是說各郡戍卒由丞相史這樣一位中央級的官吏護送到邊郡去。為何四年即護送六年的戍卒？《釋粹》只簡單提到神爵六年乃預設之辭。這確實是預設之辭，因為神爵只有四年，五年即改元五鳳。

為何會出現這樣的文書呢？一個可能是神爵四年邊塞戍卒不夠，提前抽調神爵六年的役男。這就好像民國初年軍閥糧餉不足，向百姓預課未來幾年的糧或稅一樣。神爵年間邊境多事。先是元年西羌反，曾大舉徵調出擊；二年春，羌降，置金城屬國處之；秋，匈奴日逐王將萬餘人來降，使都護西域騎都尉鄭吉迎日逐王，破車師。這種情勢一直要到五鳳三年，五單于爭立，匈奴諸王紛紛來降，置西河和北地屬國收納降眾才逐漸安定下來。五鳳四年匈奴單于稱臣，「以邊塞亡寇，減戍卒什二」。在這以前，邊塞屯戍的人力需求可以想見應多於平時（以上詳見《漢書‧宣帝紀》）。

如果和張家山〈徭律〉這一條合看，似可說明當時的確有針對戍卒人數需要之多少，以預徵或緩徵的方式調節。「隤後年」似是役男多於需求時，延緩徵調的辦法。「少者」指年少者，凡年少者也延後徵召。役男不足時，則有可能先行徵調明年甚至後年才須服役的兵（或降低役男起徵的年齡），這也就是神爵四年提前徵調六年戍卒的原因吧。

五日為時雨……」，又《太平御覽》卷九天部引《莊子》曰：「列子御風而行，泠然經旬五日而後返。」旬五日為十五日。

古月集：秦漢時代的簡牘畫像與政治社會
——卷一 漢代的簡牘

9.　簡四六四.197「田、鄉部二百石」

　　鄉部秩二百石又見簡四六八.202。可是簡四六六.202 又說「鄉部百六十石」，不知何故。疑鄉有大小，掌鄉者或稱嗇夫，或稱有秩，秩級遂有別。「田、鄉部」為田嗇夫與鄉部嗇夫之省文，李學勤已論之，不贅。[43] 田嗇夫例見簡三二二.177，鄉部嗇夫例見簡三二八.177。二年律令中不見鄉部有秩或田有秩，亦可注意。按秦已有田嗇夫，例如見〈秦律十八種〉田律（頁 22）。漢初既有田嗇夫，又有田典，他們相互關係如何？又有什麼差別？待考。[44]

三　經濟與財政

1.　簡一九七～一九八.159「錢徑十分寸八以上，雖缺鑠，文章頗可智（知），而非殊折及鉛錢也，皆為行錢。金不青赤者，為行金。敢擇不取行錢、金者，罰金四兩。」（〈錢律〉）

　　這是關係漢初貨幣制的一條重要材料。第一，這說明了什麼是行錢和行金；[45] 第二，證實漢承秦，有銅錢和黃金兩種流通貨幣。〈奏讞書〉高祖七年八月有盜賣官米一案，「得金六斤三兩，錢萬五千五十」（簡七〇～七一.219）可證買賣中用金，也用錢。罪行以罰金方式處理的情形很多。罰金以斤兩為單位。可考的西漢金貨不少，重量雖有差別，大致在二百五十克

43　李學勤，〈奏讞書與秦漢銘文中的職官省稱〉，《中國古代法律文獻研究》，第一輯（1999），頁 61-63。

44　裘錫圭先生以為田典為田嗇夫的下屬。參氏著，〈嗇夫初探〉，收入《古代文史研究新探》（上海：江蘇古籍出版社，1992），頁 458-459。廖伯源說同，參氏著，〈漢初縣吏之秩階及其任命〉，收入中國社會科學院簡帛研究中心編，《張家山漢簡《二年律令》研究文集》（桂林：廣西師範大學出版社，2007），頁 23。

45　參吳榮曾，〈秦漢時的行錢〉，《中國錢幣》，3（2003），收入《張家山漢簡《二年律令》研究文集》，頁 189-193。

左右，約即漢代的一斤。1968 年河北滿城一、二號漢初墓出土金餅共六十九塊，重量平均在 15.62 克左右，約當漢一兩。[46]

漢承秦曾以金為通貨不成問題。問題是金與銅錢間的比價。過去大家受王莽貨幣改制的影響，通說以金一斤當萬錢。[47] 近年已有學者指出此說之不確，認為終西漢一代，黃金與銅錢之間「沒有法定的比價」。[48] 這一說法現在須稍作修正：不是沒有「法定的」比價，而是法定比價並不固定。簡四二七～四二八.190：

> 「有罰、贖、責（債），當入金，欲以平賈（價）入錢，及當受購、償而毋
> 金，及當出金、錢，縣官而欲以除其罰、贖、責（債），及為人除者，皆許
> 之。各以其二千石官治所縣十月金平賈（價）予錢，為除。」

〈金布律〉這一條表明漢代金與銅錢之間有比價，比價是以每年十月各郡國治所所在之縣的平價為準。據張家山《算數書》金價一兩值三一五錢，一斤為五○四○錢。黃錫全先生曾估計秦代黃金一兩等於秦錢三百六十錢。[49] 嶽麓書院藏秦簡《數》082「金一兩五百七十六錢」；簡 0957「貲一甲直（值）錢千三百卌四，直（值）金二兩一垂，一盾直（值）金二垂。」；簡 0970「馬甲一，金三兩一垂，直（值）錢千九百廿，金一朱（銖）直（值）錢廿四。」一兩等於廿四銖，如此金一兩正好等於五百七十六錢。又《居延漢簡》227.13「罰金二兩，直千二百（下殘）」，如此金一兩約值六百錢；《居延新簡》EPT57：1 提到「罰金各四兩，直二千五百」，如此金一兩值

46　林甘泉主編，《中國經濟通史——秦漢經濟卷下》（北京：經濟日報出版社，1999），頁 630-631。

47　近見學者孫家洲、韓樹峰仍如此主張，參孫家洲主編，《秦漢法律文化研究》（北京：中國人民大學出版社，2007），頁 15、279。韓樹峰以《漢書‧東方朔傳》隆慮公主以金千斤、錢千萬為昭平君預贖死罪，館陶公主允許其近幸董偃日取黃金百斤、錢百萬作為金一斤值萬錢的證據。按原文提到的金和錢，似乎只是平行列舉，並沒有二者比價的意思，宜可再酌。

48　林甘泉主編，《中國經濟通史——秦漢經濟卷下》，頁 635-645；李祖德，〈試論秦漢的黃金貨幣〉，原刊《中國史研究》，1（1997），收入社科院歷史所編，《古史文存》，秦漢魏晉南北朝卷（北京：社會科學文獻出版社，2006），頁 155-173。

49　黃錫全，《先秦貨幣通論》（北京：紫禁城出版社，2001），頁 78。

六二五錢，一斤恰值萬錢。可惜簡 EPT57：1 殘，時代不明，否則可證實莽制。探方 57 坑多為宣帝至王莽時代簡，一斤值萬錢或為西漢中晚期至王莽時之制。幣制前後有變，金與錢比價也浮動不定。各地百姓以金或折錢繳納罰金、贖金、償債或政府以金發放購賞時，是以各郡治所在縣份之十月平價為準。所謂平價，固然須依市場狀況，因涉及罰金、贖金和發放購賞等官方行為，這個平價必得為官方所認可或公布。如此，說它是「法定的」也未嘗不可。

如果沒有法定比價，張家山《二年律令》中那麼多有關罰金的規定將根本無法施行（如簡四三三.191、四三四.191 都提到毀壞縣官器，「令以平賈（價）償」）。《漢書・食貨志》說王莽時「諸司市常以四時中月實定所掌，為物上中下之賈，各自用為其市平，毋拘它所。眾民賣買五穀布帛絲綿之物，周於民用而不讎者，均官有以考檢厥實，用其本賈取之，毋令折錢。萬物卬貴，過平一錢，則以平賈賣與民，其賈氐（低）賤減平者，聽民自相與市。」（頁 1181）王莽這個由諸司市以四時中月官定平價，以防物價波動的辦法，看來並不完全出於儒經，而與漢家舊制有淵源。

金價浮動，可從出土簡略窺端倪。《居延漢簡》225.42 有這樣的殘文：「何毋窮大黃金為物遺平即價流通不/口銖二十五物銖卅十枲直泉萬重二十斤」（圖 1）。此簡似關乎黃金平價，原簡清晰，從枲、泉用字，可知屬王莽時代。唯「何」字上半殘，也有可能是「利」字；「價」字右半殘，也有可能是傷或其它字。又《居延新簡》EPT50：221 有「金銀賈重其用請增金銀賈黃金率」（圖 2）這樣的殘文。疑也和調整黃

圖 1　225.42　　圖 2　EPT50.221
紅外線照片

金價值有關。

　　金價因時浮動，還可以從東漢王充所說一個明帝時的故事得到證明。明帝十一年廬江皖侯國有小民陳爵等釣於湖邊，意外發現黃金，獻於太守，太守又轉獻朝廷。十二年，陳爵父陳君賢上書曰：「賢等得金湖水中，郡牧獻，訖今不得直。」詔下廬江……詔書曰：『視時金價，畀賢等金直。』」（《論衡·驗符》）詔書所謂「視時金價」，就是依當時黃金所值之平價，以錢償其所獻。如果金錢比值固定，明帝詔書應沒必要說「視時」了。

　　話說回頭，漢初金與銅錢比價浮動，一方面是符合經濟市場學的原理，一方面也和漢初幣制混亂，幣值不穩有關。高祖初定天下，曾令民鑄莢錢，造成通貨膨脹，物價騰貴。據王獻唐研究，高祖即又曾禁民私鑄。[50]惠帝三年（西元前 192 年）和高后二年（西元前 186 年）都曾重申禁令。高后二年更行八銖錢，錢文仍為半兩，希望挽救幣值。但八銖與莢錢輕重不等，政府發行的八銖反被熔化，鑄成三銖重的莢錢。高后六年（西元前 182年）不得不再改行五分錢。[51] 幣制混亂，幣值不穩，其與金的比價當然不得不變動。

2.　簡二三九.165「田不可田者，勿行；當受田者欲受，許之。」（〈田律〉）

　　〈注釋〉：「行，指授田。禮記月令注：猶賜也。」按：注釋所說正確（詳見讀記下條）。在睡虎地及銀雀山簡之外，現在又多了一些有關授田制的資料。簡二四四.166「田不可狼（墾）而欲歸，毋受償者，許之」這一條明顯涉及歸還不可墾之田，也應和授田制有關。總之，從春秋戰國以來，土地雖有買賣，但由國家控制土地，授予人民並收取田租，恐怕才是主要的土地使用形態。從秦到漢初，因戰亂，人口脫離土地，土地有兼併的現象，但授田之制，最少在法律上依舊存在。如果秦末漢初土地買賣確曾大為流行，流行到「富者田連阡陌，貧者無立錐之地」（《漢書·食貨志》董仲

50　王獻唐，《中國古代貨幣通攷》（濟南：齊魯書社，1979），頁 661-667。

51　以上參林甘泉主編，《中國經濟通史——秦漢經濟卷下》，頁 609。

舒語）的地步，近年出土的戰國或秦漢律令不應毫無反映。《二年律令》有田律和市律，沒有一條關係到土地買賣，戶律反而有極詳細依爵授田宅的規定。張家山《算數書》有各式各樣的算題，丈量田畝者有之，計算租稅者有之，無一涉及買賣土地。反觀成書較晚的《九章算術·盈不足》卻有買賣善田、惡田，畝價不同的算題。這之間變化的意義值得論土地所有制形式者進一步思索。[52]

3. 簡二四一.165「入頃芻稾，頃入芻三石；上郡地惡，頃入二石；稾皆二石。令各入其歲所有，毋入陳，不從令者罰黃金四兩。收入芻稾，縣各度一歲用芻稾，足其縣用，其餘令頃入五十五錢以當芻稾。芻一石當十五錢，稾一石當五錢。」（〈田律〉）

〈秦律十八種〉田律有一條和此條前半十分相近：「入頃芻稾，以其受田之數。無狠（墾）不狠（墾），頃入芻三石，稾二石。」（頁 21）《張家山漢墓竹簡》注釋已指出此條當沿秦律而來。此條或因摘抄，少了「以其受田之數」等語。不過也顯然有些修改，不再是不論可墾與否都收同樣數量的芻稾，而是考慮到了上郡的特殊情況。[53]

芻是牲畜的草料，稾可以當燃料和建築用料。照商鞅的說法，這些資源的數量和倉府、壯男壯女數等並列，是強國必須掌握的「十三數」之一（《商君書·去強》）。此條的重要在於透露出漢初中央和地方在財務上的關

---

52 前引《中國經濟通史——秦漢經濟卷上》頁 322-323 引鄭玄「漢無授田之法」後謂「秦亡漢興之後，封建國家已不再普遍推行授田制。從西漢到東漢，封建國家有時也把公田賦予貧民，但那只是古代授田制的一種孑遺，並非是一種經常的制度。」這樣的論斷，現在看來須要商榷。關於戰國授田制之通行，裘錫圭在〈戰國時代社會性質試探〉一文中說：「實際上直到西漢文帝時代，土地兼併都還不算嚴重。在戰國時代，各國大概都是實行授田制的。」（《古代文史研究新探》，頁 416。）又授田制可參吳樹平，〈雲夢秦簡所反映的秦代社會階級狀況〉，《雲夢秦簡研究》，頁 87-102。

53 關於上郡特被舉出，相關研究參王子今，〈說「上郡地惡」——張家山漢簡《二年律令》研讀箚記〉，《張家山漢簡《二年律令》研究文集》（桂林：廣西師範大學出版社，2007），頁 109-116。

係。地方各縣可以留用足夠其縣一歲所須的芻稾，其餘則以每頃五十五錢，折錢的方式上繳中央。除了土地不佳的上郡，其餘各郡一頃入芻三石，一石十五錢，共四十五錢；稾二石，一石五錢，共十錢，合之正好共五十五錢。值得注意的是「縣各度一歲用芻稾，足其縣用」，照文意如何方為足用，似乎是由縣自己去「各度」。簡二五五.168「卿以下，五月戶出賦十六錢，十月戶出芻一石，足其縣用，餘以入頃芻律入錢。」這裡說的戶賦也是「足其縣用」，有餘則依「入頃芻律」折錢上繳。果如此，這給了地方極大優先留用財賦的彈性和權力。古代論國家財富以「藏富於民」為理想。銀雀山漢簡〈守法、守令等十三篇〉有「賦，餘食不入於上，皆藏於民也」之說（《銀雀山漢墓竹簡〔壹〕》，簡940～941）；《管子・山致數》說：「王者藏於民，霸者藏於大夫，殘國亡家藏於篋。」西漢蕭望之與少府李彊議，以為「古者藏於民，不足則取，有餘則予。」（《漢書・蕭望之傳》）基本思想相當一致。

　　除了縣，郡自然也要留用一部分，中央還能從地方收到多少稅賦呢？這是中國古代帝國財政史上極重要，卻缺少足夠材料去探討的問題。黃今言先生在討論這一問題時曾指出「西漢初期的財政收入，怎樣在中央、地方兩級進行分配，各占多少比例？大概開始時不甚明確，結果造成『獻未有程』，同時『吏或多賦以為獻』，而『民疾之』。」[54] 這是就獻費而言。《二年律令》這兩條雖僅涉及芻稾和戶賦，地方上繳的數量和獻費一樣，在呂后二年以前似乎還沒有定程，一切似以地方足用為先決條件。沒有定程，一方面是因為王朝初立，無暇於制度；一方面更可能是迫於形勢，不得不如此。漢室初立，地方多在諸侯王控制之下。劉邦曾傳檄地方徵兵討叛，地方居然無人理會。呂后時，她和諸侯王的關係只會更緊張，不會更好。中央力量不足，只能聽任地方留用財賦。中央力量一旦增強，由地方「各度」的空間想必逐漸受到壓縮。吳楚之亂以後，諸侯只能衣食定額租稅，即其徵也。

---

54 黃今言，《秦漢賦役制度史》（南昌：江西教育出版社，1988），頁210。

4. 簡二四三.166「縣道已狠（墾）田，上其數二千石官，以戶數嬰之，毋出
五月望。」

簡二五六.166「官各以二尺牒疏書一歲馬牛它物用槀數、餘見芻槀數，上
內史，恒會八月望。」（〈田律〉）

上墾田數於二千石官是指縣道上計於郡，時間在每年五月中。上芻槀
數於內史是指郡於八月中上計於中央。所謂內史應即中央的治粟內史。由
此可以推知，地方鄉里向縣道上報鄉里墾田和芻槀數的時間必在五月中以
前。武威旱灘坡東漢初墓出土木簡有一條說「鄉吏常以五月度田，七月舉
畜害，匿田三畝以上坐□」（《文物》10（1993），頁30-32，同出紀年簡有「建武
十九年正月」者）鄉吏於五月才度田，其上報於縣道的時間必在五月以後。
可見西漢至東漢初這方面的期限規定曾有不同。

所謂「以戶數嬰之」，〈注釋〉以為是指標明墾田的戶數，正確。但如
何「嬰」或繫？是以縣墾田為單位繫上戶數？或以鄉里為單位？仍多未
明。我以前曾論斷漢代案比雖以縣的名義行之，其實是在鄉里中執行。案
比以人口為主，在每年八月；清查田土是另一回事，與人口清查並不同時
進行。現在從這一條可以得到旁證，漢初五月中以前須上報墾田數，所謂
「以戶數嬰之」只是附上戶數，並不是清查。

5. 簡二五六.168「官各以二尺牒疏書一歲馬、牛它物用槀數，餘見芻槀數，
上內史，恒會八月望。」（〈田律〉）

江蘇尹灣漢墓集簿出土後，增加了我們對漢代上計制度的認識。拙文
曾將東海郡集簿內容劃分為十二項，內容比胡廣所說戶口數、墾田數、錢
穀出入數和盜賊數要多。[55] 現在知道還有芻槀數須要上報。漢初以十月為
歲首，「恒會八月望」，明白說出上計期限為八月十五日，這是前所不知的
新信息。上芻槀數於內史之制當源於秦。〈秦律十八種〉倉律：「入禾稼、
芻槀，輒為廥籍，上內史」（頁27）。張家山簡中不見「廥籍」，唯漢半通

55 邢義田，〈尹灣漢墓木牘文書的名稱和性質〉，《大陸雜誌》，95：3（1997），頁2。

印中有「廥印」，可參（羅福頤，《秦漢南北朝官印徵存》，頁449、450）。此外《太平經》有這樣一種說法：「大神言：已算計諸神所假稟，常以八月晦日，錄諸山海陵池，通水河梁淮濟江湖所受出入之簿各分明……」（王明，《太平經合校》，卷110，頁533）。《太平經》這裡所說的無關地方行政，但八月晦日計假稟一事，現在看來，無意之中反映了漢制，也可為《太平經》的成書時代添上一條佐證。

二尺牒也值得注意。可見正式的上計簿冊應用二尺之牒。尹灣之木牘雖名為集簿，長僅23公分，可見是抄錄之副本，非正式上計所用。

6. 簡四二五.190「□□馬日匹二斗粟、一斗尗（？）。傳馬、使馬、都廄馬日匹□（？）一斗半斗。」（〈金布律〉）

〈注釋〉謂：「『尗』字不清，疑從『叔』，即菽、豆。」按：《敦煌懸泉漢簡釋粹》簡II 0214.2：556「制曰：下大司徒、大司空，臣謹案：今曰：未央廄、騎馬、大廄馬日食斗一升、叔（菽）一升。置傳馬粟斗一升，叔（菽）一升。其當空道日益粟，粟斗一升。長安、新豐、鄭、華陰、渭成（城）、扶風廄傳馬加食，匹日粟斗一升。車騎馬匹日用粟、叔（菽）各一升。建始元年，丞相衡、御史大夫譚。」從此簡可證〈注釋〉所說當確。從此也可看出漢初至建始間，不同馬匹配食變化之梗概。以傳馬而言，由一日菽一斗五升（一斗半斗）減為粟一斗一升和菽一升。建始時，長安、新豐、鄭、華陰、渭成（城）和扶風廄傳馬「加食」，一匹一日才有粟一斗一升，未加以前似當更少。又居延簡中所記馬日食數有「一斗八升」（19.30）和「二斗」（414.1A）者。

7. 簡四三〇.190「官為作務、市及受租、質錢，皆為緇，封以令、丞印而入，與參辨券之，輒入錢緇中，上中辨其廷。質者勿與券。租、質、戶賦、園池入錢縣道官，勿敢擅用，三月壹上見金、錢數二千石官，二千石官上丞相、御史。」（〈金布律〉）

這一條關係到中央與地方的財政關係。租錢、質錢、戶賦和園池收

入，地方縣道都不能擅用，每三個月上報於郡（應即漢簡中常見「四時簿」所上報者），郡再上報丞相和御史。

第一，這一切是以錢繳納，但也有金。金的來源為何，待考。

第二，所謂租錢，當如簡四三六～四三八.192 所說，民煮私鹽、採銀、鐵、鉛、金和丹，要向縣道繳租。質錢不知何指。秦簡〈法律答問〉：「百姓有責（債）勿敢擅強質，擅強質及和受質者，皆貲二甲」（頁127）。〈注釋〉：「質，抵押」（頁128）。戶賦據簡二五五.168「五月戶出賦十六錢，十月出芻一石，足其縣用，餘以入頃芻律入錢」，如此地方似乎不是不可以使用，而且是先足其縣用，其餘的才上繳。簡四三〇這一條的「勿敢擅用」，大概是指不敢不照規定使用，並不是完全不可以用。園池之錢則是供天子至封君奉養之用。《史記·平準書》：「孝惠、高后時……量吏祿，度官用，以賦於民。山川園池市井租稅之入，自天子以至于封君湯沐邑，皆各為私奉養焉，不領於天下之經費。」

四　刑律制度

1. 簡八八.146「有罪當黥，故黥者劓之，故劓者斬左止（趾），斬左止（趾）者斬右止（趾），斬右止（趾）府（腐）之。女子當磔若要（腰）斬者，棄市。當斬為城旦者黥為舂，當贖斬者贖黥，當耐者贖耐。」（〈具律〉）

此條後半「女子當磔」以下針對女子，前半似應針對男子。男子有罪當黥，「故黥者，劓之」，是說犯罪當受黥刑，其已被黥者，則劓之；「故劓者，斬左止（趾）」，是說已劓者再有罪當刑，則斬左止（趾）；接著「斬左止（趾）者」前無「故」字，從字句看，當是省或脫去「故」字，也就是說凡已斬左趾者，再有罪當刑，則進而斬右止（趾）。同理，已斬右趾者有罪當刑，則受腐刑。肉刑至此而盡，再犯罪，可想而知，就只有死刑了。女子原本當磔或腰斬者，棄市，不知為何如此。「當斬為城旦者，黥為舂」之「當斬」二字以下疑有省略或脫字，應作「當斬左、右趾為城旦

者，黥為舂」。唯女子而為城旦，不見它例，又與一般了解的男為城旦，女為舂不同。「當贖斬者，贖黥」同樣應也是「當贖斬左或右趾者，贖黥」之省。睡虎地秦律〈具律〉贖斬、腐，金一斤四兩；贖黥，金一斤。當耐即當服徒刑或勞役刑者，可以贖耐。睡虎地秦律〈具律〉贖耐，金十二兩。以上贖金額和《二年律令》簡一一九.150的規定完全相同（詳下）。

2. 簡一〇一.148「諸欲告罪人，及有罪先自告而遠其縣廷者，皆得告所在鄉，鄉官謹聽，書其告，上縣道官。廷士吏亦得聽告。」（〈具律〉）

此條明白規定「告」之程序。縣是接受自告或告人的基層單位。如縣廷太遠，「得」向所居鄉之鄉官行告。鄉官聽告，並無審判權，僅能調查和查明案情，將查明的結果上呈縣道，由縣道處理。

居延出土著名的司法案件簡冊「建武三年候粟君所責寇恩事爰書」頗可為此條之證。[56] 建武三年甲渠候粟君向居延縣控告受僱為他販魚的寇恩。這表明縣是受理控告的地方單位。居延縣受理粟君的控告，沒有直接查問寇恩，而是行文下屬的都鄉嗇夫，要求都鄉嗇夫驗問寇恩。名為宮的都鄉嗇夫於是遵令，兩度查驗供辭，這正是所謂的「鄉官謹聽」。不過他並沒有「書其告」，因為粟君不是直接告到鄉裡，而是「書其辭」，將驗證後的供辭記錄兩次上報於居延縣，這是所謂的「上縣道官」。

「廷士吏亦得聽告」之「廷士吏」應是指縣廷之士吏。甲渠候粟君向居延縣遞狀子，當時受理的或許就是一位士吏吧。按士吏一職不見於《漢書·百官公卿表》，居延和敦煌簡中卻常見。過去一般認為士吏是邊郡與候長相當之候官屬吏。[57]《漢書·匈奴傳上》顏師古注：「漢律：近塞郡皆置尉，百里一人，士史、尉史各二人，巡行徼塞也。」（頁3766）士史即士吏，其職蓋巡行邊塞也。居延簡有一條說士吏「主亭隧候望，通烽火，備

---

56 邢義田，〈漢代書佐、文書用語「它如某某」及「候粟君所責寇恩事」簡冊檔案的構成〉，《中央研究院歷史語言研究所集刊》，70：3（1999），頁559-588。本書卷四，頁541-570。

57 如勞榦，〈從漢簡中的嗇夫令史候史和士吏論漢代郡縣吏的職務和地位〉，《中央研究院歷史語言研究所集刊》，55：1（1984），頁12。

盜賊為職」（456.4）可證。現在知道士吏不僅僅是一武吏，也是文吏，兼掌理訟聽告。居延另一簡記載有秩士吏段尊「能書，會計，治官民頗知律令，文」（57.6）「文」是指他文吏的身分；頗知律令，才能理訟聽告。敦煌懸泉簡即有一例，記載了五鳳二年四月，平望部士吏安世如何對四名戍卒賈買財物進行調查，驗問供辭並將結果上報。（《敦煌懸泉漢簡釋粹》，頁 26，II0314.2：302）漢代吏雖分文武，職掌卻非絕對地文武兩分。

　　士吏一職的存在可因張家山簡追溯到漢初。又〈秦律雜抄〉戍律：「同居毋并行，縣嗇夫、尉及士吏行戍不以律，貲二甲」（頁 89），這裡的尉和士吏應都是縣嗇夫之下屬，是知士吏一職更源於秦。

3.　簡一一〇～一一一.149「證不言請（情），以出入罪人者，死罪，黥為城旦舂；它各以其所出入罪反罪之。獄未鞫而更言請（情）者，除。吏謹先以辨告證。」「譯訊人為（詐）偽，以出入罪人，死罪，黥為城旦舂；它各以其所出入罪反罪之。」（〈具律〉）

　　「證不言請」云云在以前出土的漢簡中已多次出現，但沒有如此完整清楚的。1986 年連劭名曾正確將「證不言請」讀為「證不言情」，指出此律起源可能很早，並從《唐律·詐偽律》找到佐證。[58] 當時他說：「《唐律》中又增加了『譯人詐偽』的內容，這是《漢律》此條中所沒有的。」現在清楚知道連這一部分也大體是從漢律沿襲下來。《唐律·詐偽律》：「諸證不言情及譯人詐偽，致罪有出入者，證人減二等，譯人與同罪。」和以上此條精神幾乎完全一致。又連文認為「證不言請」律從唐律判斷，在漢代應屬〈賊律〉（頁 43）。現在張家山簡的編輯者是將此條置於〈具律〉。

4.　簡一一四～一一六.149「……死罪不得自气（乞）鞫，其父、母、兄、姐、弟、夫、妻、子欲為气（乞）鞫，許之……獄已決盈一歲，不得气（乞）鞫……」

58　連劭名，〈西域木簡所見《漢律》中的「證不言請」律〉，《文物》，11（1986），頁 42-47。

按：《晉書‧刑法志》：「二歲刑以上，除以家人乞鞫之制，省所煩獄也。」（頁 926）此乃針對魏律改漢律而說，由此可知漢代允許家人代為要求重審，此簡可證。此條之「父、母、兄、姐、弟、夫、妻、子」似乎少了妹。疑此處之弟有兩義，一為兄弟、男弟之弟，一為女弟之弟，即妹。如此正合於「父母、妻子、同產」之三族。此處之「子」似當包括子男和子女。當事人為男性時，父母、妻子、同產為三族；當事人為女性時，父母、夫子、同產為三族。

《周禮‧秋官‧朝士》鄭司農云：「若今時徒論決已滿三月，不得乞鞫。」如此漢初律在判決一年以內可要求重審，反而比東漢的三個月更有利於罪犯。

5. 簡一一九.150 此簡載明以金贖罪之不同等級，可改列表如下：

贖死	金二斤八兩	40 兩
贖城旦舂、鬼薪白粲	一斤八兩	24 兩
贖斬、腐	一斤四兩	20 兩
贖劓、黥	一斤	16 兩
贖耐	十二兩	12 兩
贖遷	八兩	8 兩

按：武帝時淮南王安反，群臣議罪輕重，膠西王端議曰：「論國吏二百石以上及比者……當皆免官削爵為士伍，毋得宦為吏。其非吏，他贖死金二斤八兩。」（《史記‧淮南衡山列傳》）其非吏者，贖死金二斤八兩，由此可知此簡所列乃針對吏以外的一般人，「吏」及「吏比者」當另有規定。從此簡也可知，以金贖死之斤兩數，自漢初到武帝淮南王劉安謀反時應未變動。

自贖城旦舂、鬼薪白粲以下，贖金每級差四兩，可知漢初行一斤十六兩制。令人不解的是為何如此分級？為何斬左右趾和腐刑這樣的身體刑，贖金金額反在勞役刑城旦舂和鬼薪白粲之下？城旦舂和鬼薪白粲如果是不同等級的勞役刑，為何罰金相同？如果「耐」僅僅是剔去鬚鬢，為何比遷刑更重？為何需要更多的贖金？或者「耐」為「耐為隸臣妾」之省？城旦

春和鬼薪白粲從這一條看，它們應是終身刑，才可能被視為比斬左右趾和腐刑更嚴重。[59] 總之，這證明從秦到漢初，刑律中的確存在著矛盾和不合理，文帝的改革才有了必要性。

以前曾為文討論到遷徙刑在秦漢刑法中的不同地位。在秦刑中遷刑較輕，漢代以後徙邊或徙邊戍演變成僅下死刑，所謂「減死一等」的替代刑。減死而徙的事例可以早到梁王彭越反，論以大逆棄市，高祖赦為庶人，徙蜀青衣（《漢書·彭越傳》）。這個例子無疑十分特殊。元、成以後高官犯大逆不道等重罪，有不少是減死徙邊。[60] 從東漢和帝開始，死罪繫囚減死一等徙邊經常出現並普行於一般百姓。[61]

對以前的討論，擬補充兩點：（1）在秦和漢初律中，「遷」和「戍邊」或「戍」是兩回事。《二年律令》中既有遷，也有戍邊和戍。可見遷不見得遷於邊，戍也不一定是戍於邊。（2）《二年律令》證實最少呂后時漢律中仍有遷刑。遷刑是否曾廢除，是否是文帝改革的一部分，值得注意。遷刑如廢，戍邊仍然存在，稱為「戍邊」、「徙邊」或「徙」。戍邊見於新出的敦煌懸泉兵令簡：「兵令十三：當占緡錢，匿不自占，〔占〕不以實，罰及家長，戍邊一歲。」（《釋粹》八 II 0114.3：54）

五 二十等爵制

1. 簡二三五～二三七.164-165「食從者，二千石毋過十人，千石到六百石毋過五人，五百石以下到二百石毋過二人，二百石以下一人。使非吏，食從者，卿以上比千石，五大夫以下到官大夫比五百石，大夫以下比二百石。」

---

59 關於刑期問題，請參拙文〈從張家山漢簡二年律令重論秦漢的刑期問題〉，《國立臺灣大學歷史學報》，36（2005），頁407-432。本書卷四，頁119-144。

60 大庭脩，《秦漢法制史研究》（中譯本）（上海：上海人民出版社，1991），頁136-164。

61 邢義田，〈從安土重遷論秦漢時代的徙民與遷徙刑〉，《秦漢史論稿》，頁411-448。本書卷四，頁79-117。

（〈傳食律〉）

吏	從者	非吏
2000 石	10 人	
1000～600 石	5 人	卿以上
500～200 石	2 人	五大夫－官大夫
200～石	1 人	大夫以下

從此可以見吏之等級與爵之對應關係。所謂「卿以上比千石」又見簡二九一.173。「五大夫以下到官大夫比五百石」說的較籠統，所謂「五大夫以下」包不包括五大夫呢？五大夫以下有公乘、公大夫、官大夫，他們都比五百石嗎？簡二九一較清楚地分為五大夫比八百石，公乘比六百石，公大夫和官大夫才是比五百石。卿何指？從簡三一〇～三一六明列二十等爵之田宅數可以推知，卿是一種身分通稱，指左庶長以上至大庶長。從左庶長到大庶長的田頃數和宅數，每級只差二頃和二宅，但從左庶長到下一級的五大夫，田宅數從七十四遽降至廿五。簡二八九.173 和簡二九一～二九三.173 直接以「卿」代稱左庶長至大庶長，更是這幾級屬卿的確證。

簡二八九.173 賜棺槨錢以爵分等級可改列如下：

卿以上	棺錢級 1,000	槨錢級 600
五大夫以下	600	300
毋爵者	300	

簡二九一～二九三.173 賜不為吏及宦皇帝者：

關內侯以上	比	二千石
卿	比	千石
五大夫	比	八百石
公乘	比	六百石
公大夫		
官大夫	比	五百石
大夫	比	三百石
不更	比	有秩

簪裊	比	斗食	
上造			
公士	比	佐史	
毋爵者		飯一斗，肉五斤，酒大半斗（2/3），醬少半升（1/3）	
司寇			
徒隸		飯一斗，肉三斤，酒少半斗（1/3），鹽廿分升一（1/20）	

　　卿以上的徹侯和關內侯則是最高一等的侯。卿以下是大夫。大夫似又可分為上大夫和下大夫兩個等級。上大夫包括五大夫和公乘二級（田宅數各為 25～20），下大夫包括公大夫、官大夫和大夫三級（田宅數各為 9～5）。上下大夫之間的地位差距較為明顯。從不更到公士則是爵最低下的四級，相當於士。士以上二十等依田宅數可清楚劃分為侯－卿－上大夫－下大夫－士五個主要的等級。[62] 如此和《續漢書·百官志》引劉劭《爵制》大體相近。《爵制》謂：「自一爵以上至不更四等，皆士也。大夫以上至五大夫五等，**比大夫也**。九等，依九命之義也。自左庶長以上至大庶長，**九卿**之義也。關內侯者，依古圻內子、**男**之義也。」其所分士、大夫、卿、侯（子、男二等合言）四等與《二年律令》所見有爵之四等正合。如果子、男分而視之或將「大夫以上至五大夫五等，比大夫也」，細分為上、下大夫兩等，如此都成為五等，似較合於古來封建爵分五等之說。

　　關於五等爵制，近來閻步克有新的研究。依其說，「清晰的卿、大夫、士之等級名稱，及其區分為上、中、下的制度，應以春秋時代最為典型。」[63] 例如《左傳》成公三年臧宣叔提到大、次、小國的卿和大夫晉見周天子時，如何依次降等，即依上、中、下為別（又參《韓非子·外儲說左

62　關於爵等劃分不同的意見可參李均明，〈張家山漢簡所反映的二十等爵制〉，《中國史研究》，2（2002），頁 37-47，收入中國社會科學院簡帛研究中心編，《張家山漢簡《二年律令》研究文集》，頁 81-93。

63　閻步克，《品位與職位——秦漢魏晉南北朝官階制度研究》，頁 77。

下》）。好依附古制的王莽，即曾訂「千石曰下大夫，比二千石曰中大夫，二千石曰上大夫，中二千石曰卿」（《漢書·王莽傳》中）。三級有時也可概分為上、下兩級，例如《左傳》哀公二年趙簡子謂「克敵者，上大夫受縣，下大夫受郡」。從田宅數看，二十等爵的大夫這一區間，明顯可以再分出上下兩個等級。又閻步克考證文獻，認為「按漢初制度，二千石與關內侯相比擬，六百石官與五大夫相比擬。」[64] 從上簡可知呂后二年時，五大夫比八百石，公乘比六百石。如果朱紹侯和閻步克所論爵日益貶值之說是可信的，則閻步克引《大樂律》中有六百石相當於五大夫的文字，認為《大樂律》可能出自叔孫通所定「朝儀」之說，可能就須要再斟酌了。[65] 不過話說回來，據《漢書·惠帝紀》，惠帝以太子即皇帝位，曾優遇「爵五大夫、吏六百石以上及宦皇帝而知名者有罪當盜械者，皆頌繫。」在這個詔書裡，爵五大夫和吏六百石似乎又相當。難道從惠帝初即位（西元前 194 年）到呂后二年（西元前 186 年），五大夫的身價從比六百石升高到了比八百石？五大夫到底應比六百石或八百石，仍有進一步討論的餘地。

2.　簡三○五～三○六.175「自五大夫以下，比地為伍，以辨□為信，居處相察，出入相司，有為盜賊及亡者，輒謁吏、典。田典更挾里門篿（鑰）以時開；伏閉門，止行及作田者；其獻酒及乘置乘傳，以節使，救水火，追盜賊，皆得行。不從律，罰金二兩。」（〈戶律〉）

這是秦至漢初曾實施嚴格的地方管理制度的確證。《商君書》和《管子》等文獻都曾記述「令民為什伍」的制度，看來自戰國起即在各國施行，不僅僅是思想家的規劃而已。《韓詩外傳》曾強烈批評這種制度，現在可以確認乃針對實況而發，不是無的放矢。漢初是自五大夫以下比地為伍，後來似更趨嚴厲。《鹽鐵論·周秦》御史曰：「……故今自關內侯以下，比地為伍，居家相察，出入相司……」，原本五大夫以上之有爵者尚

64　同上，頁 106。

65　同上，頁 106 注 2。

古月集：秦漢時代的簡牘畫像與政治社會
——卷一　漢代的簡牘

不須納入鄰里什伍，到鹽鐵議出現的昭帝時代，關內侯以下皆盡納入。這意味著漢廷對地方的控制力在漢初百餘年中日益加強，也反映了在爵的賞賜和買賣變得氾濫之後，爵本身的貶值。[66]

從簡三一○～三一六.175-176 所述爵級田宅多少可知五大夫是二十等爵級中關鍵性的一級。五大夫所受田宅（25 頃、宅）較上一級的左庶長（74 頃、宅）少了近三分之二，五大夫以上有十一級有爵者不須比地為伍。朱紹侯認為從高祖到惠帝，「高爵的起點」由秦時的七大夫（公大夫），提高一級到公乘，惠帝時又提高到五大夫。[67] 從五大夫和左庶長田宅的懸殊看，更正確地說，五大夫應該算是較低爵的最高一級才是。青海上孫家寨一一五號王莽時代墓中曾出土不少與爵相關的簡，其中有幾條和五大夫有關：[68]

(185) 各二級；斬捕八級，拜爵各三級；不滿數，賜錢級千。斬首捕虜毋過人三級，拜爵皆毋過五大夫。必頗有主以驗不從法狀（356、243、340）

(186) 二級當一級；以為五大夫者，三級當一級。首虜不滿數者，藉須復戰；軍罷而不滿數，賜錢級（359、349）

(187) 二千級，若校尉四百級以上，及吏官屬不得戰者，拜　爵各一級，爵毋過五大夫式（373）

斬捕首虜以首級數賜爵，但有兩項限制：一是首級數再多，所賜之爵不得超過五大夫；其次，到五大夫這一級，計算首級數算得更為苛刻，三級才當一級。從此似乎又可見五大夫一直到西漢末或王莽時，在法律條文上仍維持著一定的地位和價值。

漢初有田典，田典掌里門開閉。田典一職，沿秦制。《睡虎地秦墓竹簡》〈秦律十八種〉廄苑律：「最者，賜田典日旬；殿，治（答）卅。」〈注釋〉謂：「田典，疑為里典之誤。」（頁 23）現在證實田典無誤。湖北龍崗

66　朱紹侯，《軍功爵制研究》（上海：上海人民出版社，1990），頁 73-83；閻步克，《品位與職位──秦漢魏晉南北朝官階制度研究》，頁 95-113。

67　朱紹侯，《軍功爵制研究》，頁 67。

68　青海省文物考古研究所，《上孫家寨漢晉墓》（北京：文物出版社，1993），頁 192-193。

秦簡中即有里典和田典同時存在的例子。[69] 唯田典不見於其它漢代簡帛或文獻。惠帝時舉孝弟、力田，文帝時以戶口置三老、孝悌、力田「常員」（《漢書‧文帝紀》），疑田典漸為新的鄉官所取代，故於文獻無載。

3. 簡三一〇～三一三.175-176，三一四～三一六.176 二十等爵田宅數表列如下：

	田	宅（宅之大方卅步）
20.徹侯		105 宅
19.關內侯	95 頃	95
18.大庶長	90	90
17.駟車庶長	88	88
16.大上造	86	86
15.少上造	84	84
14.右更	82	82
13.中更	80	80
12.左更	78	78
11.右庶長	76	76
10.左庶長	74	74
9. 五大夫	25	25
8. 公乘	20	20
7. 公大夫	9	9
6. 官大夫	7	7
5. 大夫	5	5
4. 不更	4	4

---

69 中國文物研究所、湖北省文物考古研究所編，《龍崗秦簡》（北京：中華書局，2001），簡150：「租者且出以律，告典、田典，典、田典令黔首皆智（知）之，及☒」注釋：「典，即里典、里正。」（頁122。）

3. 簪裊	3	3
2. 上造	2	2
1. 公士	1.5	1.5
-1. 公卒	1	1
-2. 士五	1	1
-3. 庶人	1	1
-4. 隱官	50 畝	0.5
-5. 司寇	50 畝	0.5

以上爵稱與《漢書・百官公卿表》所列完全相同。高祖五年詔中曾說：「其七大夫以上皆令食邑……又曰七大夫、公乘以上皆高爵也」（《漢書・高帝紀》）云云，是漢初原有所謂的七大夫，今可證在高祖五年以後，呂后二年以前某時，七大夫顯然已改稱公大夫了。[70] 簡三一二～三一三.176謂「不幸死者，令其後先擇田，乃行其餘。它子男欲為戶，以為其□田予之。其已前為戶而毋田宅，田宅不盈，得以盈，宅不比，不得。」可見這些田宅乃由國家授予，死後得由其為後者繼承。簡三一八.176「□□廷歲不得以庶人律未受田宅者，鄉部以其為戶先後次次編之，久為右，久等，以爵先後。有籍縣官田宅，上其廷，令輒以次行之。」鄉部指鄉部嗇夫，他們要按為戶先後及爵級高下，分配田宅給當得田宅者。爵級高，田宅數不足的得如數補足；「宅不比，不得」似指宅舍如不相比鄰，不得補足。[71] 簡三二〇.177「欲益買宅，不比其宅者，勿許。為吏及宦皇帝者，得買舍室。」這裡規定要多買宅舍，必須買相比鄰的，否則不許。又簡三二一.177「受田宅，予人若賣宅，不得更受。」將所受田宅讓予他人或賣掉，則不得再受田宅。可見有田宅買賣的情況。簡三二二.177「代戶、貿賣田宅，鄉部、田嗇夫、吏留，弗為定籍，盈一日，罰金各二兩。」從這一條看，國家似乎在某些情況下允許田

---

70 師古曰：「七大夫，公大夫也，爵第七，故謂之七大夫。」

71 李均明之說，見氏著，〈張家山漢簡所見規範繼承關係的法律〉，《文物》，2（2002），頁30。相關討論詳見本文第 6 節第 5 條。

宅買賣，並要求地方鄉吏必須在一定時限內完成「定籍」的手續，否則罰金。所謂定籍當是定田籍和戶籍。

「代戶」似是指前條有不幸死，其繼承為後或「子男欲為戶」者。這些人以及買賣田宅者都須要重新登記戶籍和名下的田宅數。「代戶」一詞又見武威旱灘坡東漢墓出土簡「代戶，父不當為正，奪戶。在〈尉令〉弟（第）五十五行事（按：即故事）。大（太）原武鄉嗇夫」（《文物》，10（1993），頁 30-32 及李均明、劉軍，〈武威旱灘坡出土漢簡考述〉，頁 37）。簡三二三～三二四.177 則規定不為戶，卻冒他人名而受田宅者，不但要沒入田宅，還要受到戍邊二歲的懲罰。

值得注意的另一點是同屬無爵，只有田一頃，宅一宅的公卒、士五和庶人。一頃百畝，這樣的授田制似乎是依據一夫百畝的思想而來。[72] 這背後意味著一夫一妻的小家庭制和一戶只有一人得受田。

一宅三十步見方，這裡的「宅」到底是什麼意思？僅指住屋或住宅？或也包括住屋鄰旁的院子等土地在內？如果僅指住屋，大方卅步，即大 900 平方步，面積可觀。據足立喜六考證漢一里三百步為 414 公尺，陳夢家考西漢時為 417.53 公尺；[73] 如以 414 公尺計，一步為 1.38 公尺；以 417.53 公尺計，一步則為 1.39 公尺；三十步則在 41.4-41.7 公尺之間，方卅步則在 1713.96-1738.89 平方公尺之間。「公卒、士五、庶人一宅」，平民一戶不過五口至七、八口，有這麼大的住屋，令人十分懷疑。

所謂的「宅」應非單指住宅建築，而是包括周邊的庭園土地。漢代一般住宅不過「一堂二內」，面積並不太大，一宅實指住宅及院牆內的所有的區域。自商鞅變法以來，以田宅賜有軍功者，其田其宅就必然有一定的單位大小。兩漢也常有賜「宅一區」、「第宅一區」或「宅一所」的事，這些宅顯然也有標準的大小。《孟子・梁惠王上》：「五畝之宅，樹之以桑」，

---

72 參楊振紅，〈秦漢「名田宅制」說〉，《中國史研究》，3（2003），收入社科院歷史所編，《古史文存》秦漢魏晉南北朝卷（北京：社會科學文獻出版社，2006 二刷），頁 120-154。

73 楊寬，《中國歷代尺度考》（上海：商務印書館，1938），頁 51；陳夢家，〈畝制與里制〉，《考古》，1（1966），頁 40。

〈盡心上〉又說：「五畝之宅，樹牆下以桑」，可見五畝之宅的「宅」不僅是住屋，也包括宅院牆內可種桑的土地；否則住宅有五畝，豈不大的不可思議？類似的說法也見於《後漢書·郭丹傳》：「〔郭遷〕初為漁陽太守……及在公輔，**有宅數畝**，田不過一頃。」（頁941）這裡的數畝之宅，如《孟子》所言，也指居所和居所周邊的宅院。漢一般住宅有庭院，還可從幾條資料得到證明。王莽好古，曾規定：「城郭中**宅不樹藝者**為不毛。」（《漢書·食貨志》，頁1180）這個規定乃據《周禮·地官·司徒·載師》：「**凡宅不毛者**有里布，凡田不耕者出屋粟。」也就是說凡是不在住宅四周種樹的，稱之為「不毛」，要課徵特別稅，以為懲罰。這正告訴我們漢人觀念中的宅，包括可種樹的庭院在內。

睡虎地秦簡〈封診式〉也明確證明院牆的存在以及和住屋的關係。〈封守鄉某爰書〉條謂：「甲室、人：一宇二內，各有戶，內室皆瓦蓋……」（簡八-九.149）一般民屋有瓦蓋，已因2003年河南省文物考古研究所在河南內黃三楊莊黃河故道內發現的大片未散亂，漢代建築群的屋瓦而證實。據報導：「在距地表五米深的堆積中，清理出兩組保存較為完整的漢代建築群落，其中一組可以確認是兩進院落，布局清晰可辨，房頂保存完好，並出土了大量的石臼、石磨、石滾等實用工具。從伴出的王莽錢幣和文字瓦當判斷，其年代約為東漢早期。」[74] 有瓦蓋的一宇二內，和《漢書·鼂錯傳》所說的「家有一堂二內」正同。最可以證明院牆存在的是〈封診式〉穴盜爰書條（《睡虎地秦墓竹簡》簡七四～八三.160）。這一條因調查住家失竊而詳細描述了住屋的內部以及與院牆的關係：「典丁診乙房內，房內在其大內東，比大內，南鄉有戶，內後有小堂……內北有垣，垣高七尺，垣北即巷也。垣北去小堂北唇（原注十二：小堂北唇，小堂的北部邊緣，頁161）丈，垣東去內五步……」垣即院牆，院牆去小堂北側邊緣有一丈之地，東離房內有五步之遙，牆內這片一丈或五步的土地正是居宅堂室外的庭院。

---

74 河南省文物考古研究所編，《河南省文物考古研究所文物考古年報（2003）》（鄭州：河南省文物考古研究所，2003），頁15。

庭院內種樹則是當時一般的習慣，其例甚多。《漢書‧王吉傳》的故事大概最為有名：「始吉少時學問，居長安。東家有大棗樹垂吉庭中，吉婦取棗以啖吉。吉後知之，乃去婦。」《三國志‧先主傳》：「先主少孤，與母販履織席為業，舍東南角籬上有桑樹，生高五丈……」官宦或有錢人的宅第庭中有樹，更是不稀奇。漢樂府〈相逢行〉：「黃金為君門，白玉為君堂。堂上置樽酒，作使邯鄲倡。中庭生桂樹，華鐙何煌煌。」[75] 由以上可知所謂「宅之大方卅步」，此宅所指當包括宅牆內室舍以及周邊的庭園，不單指居宅建築而已。前面提到河南內黃三楊莊出土的幾處農舍院落內都有樹的遺痕，可以說是最好的證明。[76]

漢代文獻中不見「公卒」，但常見「奪爵為士伍」或「免為庶人」、「廢為庶人」的話，士五和庶人一直無法確定是否為相同的身分，或有什麼高下不同。現在看來三者身分應有不同，最少漢初如此，雖然田宅數一樣。《史記‧秦本紀》集解引如淳曰：「嘗有爵而以罪奪爵，皆稱士伍。」士伍或許因為曾有爵，地位遂高於了無爵位的庶人。下文將提到公卒和士伍同為七十五歲受杖，更低一級的庶人則無此項待遇。

此外，隱官和司寇可各得半宅，又可以另得五十畝的田。黃留珠先生多年前從北魏均田制奴婢可授田，標準與良人同，推定秦代的奴也可授田。[77] 現在看來頗有先見之明。秦漢刑徒乃由古代奴隸轉化而來，隱官、司寇目之為奴之子遺亦無不可。不過秦漢政府授他們田宅，要少於一般的庶人良民，標準並不相同。

4.　簡三五五.181「大夫以上年七十，不更七十一，簪裊七十二，上造七十三，公士七十四，公卒、士五（伍）七十五，皆受仗（杖）。」（〈傅律〉）

這一條不但證明授老者鳩杖始自漢初，而且明確知道隨爵級，授杖的

75　逯欽立，《先秦漢魏南北朝詩》上，頁 265。

76　河南省文物考古研究所，河南省內黃縣文物局編，《三楊莊漢代遺址》（2007），頁 29。

77　黃留珠，〈讀雲夢秦簡札記四則〉，《秦漢歷史文化論稿》（西安：三秦出版社，2002），頁60，原刊《歷史研究》，5（1997）。

年歲也有不同。過去從文獻看是七十以上授杖，現在知道這是有爵大夫以上者才如此，一般無爵者（公卒、士五）須七十五以上才授杖。庶人似不在授杖之列。就漢代會計作業來說，七十一到七十五以上，都包括在年七十以上，因此以七十以上作為一個公文書寫上的慣用語。

地位越低下者，經濟能力和營養等生活條件越差，卻要到較高的年齡才能享受鳩杖的特權。可想而知爵級越低下，能得鳩杖的機會越小。而且從簡三五六.181 得知大夫以上年五十八免徭役，公士六十五，公卒以下要六十六，也就是爵級越低下的，免徭役的年齡越高，負擔徭役的時間越長。他們要在免徭役之後能多活上近十年才有機會得鳩杖。對無爵的小老百姓而言，這可是一段漫漫長路。尹灣六號西漢晚期墓所出東海郡集簿上記錄某年東海郡年七十以上受杖者有 2823 人。這個數字是否可靠，高大倫、李成珪和我都曾從人口學的角度表示過懷疑。[78]

5. 簡三五九～三六二.182 不為後而傅者改列表如下：

關內侯	子二人	不更	它子	簪裊
卿	子二人	不更	它子	上造
五大夫	子二人	簪裊	它子	上造
公乘				
公大夫	子二人	上造	它子	公士
官大夫				
大夫	子	公士		
不更				
上造	子	公卒		

78 高大倫，〈尹灣漢墓木牘《集簿》中戶口統計資料研究〉，《歷史研究》，5（1998），頁 110-123；邢義田，〈十年樹木，百年樹人——從尹灣出土簡牘看漢代的「種樹」與「養老」〉，《石璋如院士百歲祝壽論文集——考古、歷史、文化》（臺北：南天書局，2002），頁 531-551，本書卷三，頁 625-651；李成珪，〈簡牘資料と思想史研究の擴大——尹灣漢墓簡牘の分析を中心として〉，《楚地出土資料と中國古代文化》（東京：汲古書院，2002），頁 403-409。

「當士（仕）為上造以上者，以適（嫡）子；毋適（嫡）子，以扁（偏）
妻子、孽子，皆先以長者。若次其父所，所以以未傅，須其傅，各以其傅
時父定爵士（仕）之。父前死者，以死時爵。當為父爵後而傅者，士（仕）
之如不為後者。」（〈傅律〉）

　　簡三六四～三六五.182「不更以下子年廿歲，大夫以上至五大夫子及小爵
不更以下至上造年廿二歲，卿以上子及小爵大夫以上年廿四歲，皆傅之。公
士、公卒及士五（伍）、司寇、隱官子，皆為士五（伍）。疇官各從其父疇，有學
師者學之。」（〈傅律〉）

　　簡三六七.182～三六八.183「疾死置後者，徹侯後子為徹侯，其毋適（嫡）
子，以孺子□□□子。關內侯後子為關內侯，卿侯（後）〔子〕為公乘，【五大夫】
後子為公大夫，公乘後子為官大夫，公大夫後子為大夫，官大夫後子為不更，
大夫後子為簪裹，不更後子為上造，簪裹後子為公士，其毋適（嫡）子，以下妻
子、偏妻子。」（〈置後律〉）

　　〈注釋〉：「疇，世業。《史記・曆書》集解引如淳曰：『家業世世相傳
為疇。律：年二十三傅之疇官，各從其父學。』」古代中國是一個家族世
從其業的世界。封建之世固不必說，春秋禮壞樂崩之後，諸子百家尤其法
家雖高倡時移世異，不必從古之說，但他們幾無例外都企圖恢復古代世
業，不遷居不改業的局面。[79]《荀子・榮辱》說：「父子相傳，以持王公，
是三代雖亡，治法猶存，是官人百吏之所以取祿秩也。」官人百吏指吃公
家飯的各官府的官和吏，靠著父子相傳的本事（治法）以取祿秩。而以上兩
條漢初〈傅律〉正明顯體現了古代職業父子相傳的精神。傅是指到某一年
齡後，傅之疇官，各從其父學。如淳〈注〉所引漢律，得到了證實。又由
「疇官各從其父疇，有學師者學之」可知，除從父學，另一途即以吏為
師。睡虎地秦律〈內史雜〉提到有專為掾史子弟所設的「學室」，學室中
當有擔任教授的學師。叔孫通為秦博士，有弟子百餘人，叔孫通也可以說

79　邢義田，〈從戰國至西漢的族居、族葬、世業論中國古代宗族社會的延續〉，《新史學》，6：
　　2（1995），頁 1-41。

古月集：秦漢時代的簡牘畫像與政治社會
　　——卷一　漢代的簡牘

是一種學師吧。景帝時文翁於蜀郡置學官，除弟子，當也有所謂的學師。著名的酷吏嚴延年其父為丞相掾，延年「少學法律丞相府」；張湯父為長安丞，湯從小習見父治獄，「視文辭，如老獄吏」。[80] 這些例子都可以做此條的註腳。閻步克發現中國古代官僚體系裡，在以采邑、田祿為本的士大夫之下，還有一個為大家忽略的「稍食」月糧的府史胥吏、皂輿隸僚或稱之為官師小吏的階層。[81] 這一發現，慧眼獨具。這裡可以補充的是：他們拿月糧和靠采邑祿田過日子的士大夫不同，但他們都同樣地父子相傳，也都可能因不盡職、犯罪、過失或因連坐種種原因而失去職位，甚至遭禁錮而使世業中止。因此官僚體系仍不斷需要自其他社會階層補充新人。

　　一家之中，父之妻妾不止一人，不同身分的兒子（嫡子、偏妻子、孽子……）也不止一人。他們要怎樣繼承父業和父爵呢？在秦漢繼承法中有「為後」及「不為後」兩種。依簡三五九至三六二的規定，則有「不為後而傅」和「當為父爵後而傅」兩種情形。不為後者不襲父爵，為後者襲父爵。不論襲不襲父爵，以傅而言（承父業，此處指仕宦為吏，亦即古代士之子恆為士之意，卻不必襲任父之原職），為後者「仕之如不為後者」，二者並無不同。為後即為爵之繼承人。《漢書‧韋賢傳》有一個立以為後的故事：

> 初玄成兄弘為太常丞，職奉宗廟，典諸陵邑，煩劇多罪過。父賢以弘當為嗣，故敕令自免。弘懷謙（嫌），不去官。及賢病篤，弘竟坐宗廟事繫獄，罪未決。室家問賢當為後者，賢恚恨不肯言。於是賢門下生博士義倩等與宗家計議，共矯賢令，使家丞上書言大行，以大河都尉玄成為後。賢薨，玄成在官聞喪，又言當為嗣，玄成深知其非賢雅意，即陽為病狂……徵至長安，既葬，當襲爵，以病狂不應召。

　　韋賢因參與擁立宣帝，宣帝即位後，獲爵關內侯。本始三年為丞相，封扶陽侯。其諸子誰為後襲爵，由韋賢決定。賢病篤，其妻問賢當為後者，這就是希望以賢的遺囑或先令為據立後。賢有四子，長子早卒，次子

80　以上例子俱見邢義田，〈秦漢的律令學〉，《秦漢史論稿》，頁266-289。本書卷四，頁11-78。
81　閻步克，《品位與職位——秦漢魏晉南北朝官階制度研究》，頁123-159。

弘當為嗣，卻為官獲罪，三子舜，少子為玄成。賢因恚恨不肯言，不及決定後子即死。因此才由門生宗親家人計議，共矯賢令，也就是共同假託賢之遺囑或先令，代為上書，以少子玄成為後。[82] 可見在爵位繼承中，當事人有絕對的主導權，為後者可以不一定是長子，並不一定依據某些學者所謂的身分性的法定繼承順序。[83] 身分性的法定繼承順序似僅適用於沒有先令或遺囑的情況。

漢代有不少兄弟為後的例子。秦簡〈法律答問〉有「士五（伍）甲毋（無）子，其弟子以為後」，也就是以弟之子為後。立以為後者，即秦律所謂的「後子」，繼承父爵。〈法律答問〉說：「可（何）謂後子？官其男為爵後，及臣邦君長所置為後大（太）子，皆為後子。」在漢初，襲爵並不襲原官職。襲爵者和其他不為後的諸子一樣，只能出任一些較低的吏職。這樣就會出現許多簡二九四.173所說「官卑而爵高」的情形。例如襲爵為關內侯者，出仕時卻和其他兄弟一樣，只能擔任和不更、簪裊相比的有秩或斗食吏（參簡二九二.173）。〈奏讞書〉的案例裡就有職卑爵高的官吏（如簡六〇.218「郵人官大夫」、簡六四.218「獄史五大夫」、簡六九.219 醴陽令「秩六百石，爵左庶長（按：左庶長比千石）」）。

「當士（仕）為上造以上者，以適（嫡）子；毋適（嫡）子，以扁（偏）妻子、孽子，皆先以長者。」釋文編者將「士」讀為「仕」，正確。「當仕為上造以上者」是指出任上造以上等級的職位；據簡二九二.173，「上造、公士比佐史」，這是最低一級的吏職了。「以適（嫡）子；毋適（嫡）子，以扁（偏）妻子、孽子，皆先以長者」，這是列出身分和年齡順序的原則。[84]

簡三六七.182～三六八.183置後律之置後襲爵等級可改列如下：

82　閻愛民先生曾論此處之室家指妻室，甚確。唯其引司馬光《家範》等為說，以為「宗家」為室家之誤，似可再商。韋賢妻問賢當為後者，賢不肯言，其門下生博士遂與更大範圍之宗親商議，於理似較順。宗人一詞習見於兩漢，謂其有誤，似宜有更佳佐證。參閻愛民，〈《漢書·韋賢傳》中「宗家」與「室家」之辨〉，《中國史研究》，3（2007），頁35-40。

83　參曹旅寧，《秦律新探》，頁311。

84　相關研究可參李均明，前引文，頁26-32。

徹侯子	徹侯	
關內侯子	關內侯	（以上同等）
卿子	公乘	（下二等）
五大夫子	公大夫	（下二級）
公乘子	官大夫	（下二級）
公大夫子	大夫	（下二級）
官大夫子	不更	（下二級）
大夫子	簪裏	（下二級）
不更子	上造	（下二級）
簪裏子	公士	（下二級）

這樣可以清楚看到只有侯這一等，為後者承襲原爵。卿這一等包括大庶長到左庶長，其後承爵都必須降二等為公乘。從上大夫這一等，即五大夫以下包括下大夫和士這三等爵之為後者，都降二級襲爵。依簡三六四～三六五.182 來看，最低一等爵公士之子和公卒、士伍及刑徒司寇、隱官等之子都無爵可襲，俱為士伍。這樣的爵位承襲辦法為前所未知。如果降級襲爵，是否也意味著降級繼承田宅，以及襲爵為「後」者與其他不為後之諸子女，甚至其他家人財產上的重新分配？如果降級繼承，這背後牽涉到的行政工作量實在大得驚人，更不要說其中可能引起的糾紛和訴訟。

6. 簡三六九.183「□□□□為縣官有為也，以其故死若傷二旬中死，皆為死事者，令子男襲其爵。毋爵者，其後為公士。毋子男以女，毋女以父，毋父以母，毋母以男同產，毋男同產以女同產，毋女同產以妻。諸死事當置後，毋父母、妻子、同產者，以大父，毋大父以大母與同居數者。」（〈置後律〉）

「死事者」似指為公事捐軀或為國家殉難者，[85] 〈注釋〉舉出高祖時魯侯奚涓死於戰爭，無子，由其母襲爵的例子。他們的家人子女可以受到特

---

85 李均明，前引文，頁 28。

殊照顧。[86] 死事者如有爵，其子男即襲其爵，無須像一般關內侯以下降級降等；如無爵，其後可為最低一級的公士。其置後襲爵之優先順序十分清楚：子男→子女→父→母→男同產（兄弟）→女同產（姐妹）→妻→祖父→祖母與同居數者（數當指名數，即同居並同戶籍者）。約言之，子、女優於父母，父母優於兄弟姐妹，兄弟姐妹優於妻，妻優於祖父母及同居同戶籍者。這應該是針對死事者的特殊規定，和一般置後不同。

一般置後之次，女兒在妻之後。〈奏讞書〉簡一八〇.227：「故律：死夫（？）以男為後。毋男以父母，毋父母以妻，毋妻以子女為後。」「死夫」圖版不明，無以驗證，一說應作「死疾」，即因疾而死。[87]「以男為後」的「男」應指子男。女兒在妻之後亦見於代戶的情況，簡三七九～三八〇.184：「死毋子男代戶，令父若母，毋父母令寡，毋寡令女，毋女令孫，毋孫令耳孫，毋耳孫令大父母，毋大父母令同產子代戶。同產子代戶，必同居數，棄妻子不得與後妻子爭後。」（〈置後律〉）代戶是指代為戶長（戶人），其次第可改列如下：

子男→父母→寡妻→子女→孫→曾孫→祖父母→同居數之同產子。

綜而言之，置後繼承涉及幾個因素，因素間互有優先性：

一、性別，兩性皆可為後，但男優於女

二、年齡，年長優於年少

三、同產（嫡庶），同產優於不同產，嫡優於庶

四、同居，同居優於不同居

五、輩份，輩份高優於低

這幾個因素不一定是絕對的。以性別言，男優於女，但男性並不是不

---

86 漢初從龍功臣及家人如何受到特殊照顧現有李開元的詳細研究，參所著《漢帝國的建立與劉邦集團——軍功受益階層研究》（北京：三聯書店，2000）。

87 陳偉先生認為「死夫」之「夫」應作「疾」。參陳偉，〈讀《奏讞書》札記〉，收入武漢大學簡帛研究中心編，《簡帛網電子年刊 2006》（武漢：武漢大學簡帛研究中心，2006），頁1894。http://www.bsm.org.cn 2006/01/29 發表。唯新近出版的《二年律令與奏讞書》（2007），「死夫」又作「死而」，可見此處該如何釋讀，尚難確定。

論年齡、輩份或是否同居，一定居於優先的順位；兩性皆可為後，但孫和耳孫是否包含孫女和曾孫女，並不清楚。以年齡言，長優於幼，但孫和耳孫反在祖父母之前。以輩份言，子女有時優於母，孫優於祖。簡三七八.184 交代了若干因素間的相互優先性：「同產相為後，先以同居，毋同居乃以不同居，皆先以長者。其或異母，先以同母者。」其中一個關鍵是同產。所謂同產是指同父所生，張晏說：「同父則為同產，不必同母也」（《漢書·元后傳》注引）。長久以來，不少學者因《後漢書·明帝紀》李賢注：「同產，同母兄弟也」，認為同產是指同母所生，[88] 現在看來張晏說的才對，最少在漢初是對的。因為簡三七八.184 明確提到同產相為後，「其或異母，雖長，先以同母者。」這條語意十分清楚，所謂同產可以同母，也可以異母（「其或異母」）；其所以稱為同產，只可能是同父了。同母與異母，以同母為優先；同母又優於年齡因素，所謂「雖長，先以同母者」。

相對而言，長優先於幼卻是一個一般性的原則，簡三七八.184 謂「同產相為後，先以同居，毋同居乃以不同居，皆先以長者。」這個「皆」字表明長幼原則的通用性。所謂「同產相為後」，在漢初或不分男女，兄弟姐妹皆可為後。但居延新簡 EPT5：33 謂「同產子皆得以為嗣，繼統。」這是西漢中晚期至東漢初之間的簡，其所說的同產子，是指繼統的嗣，只可能是子，不可能包含女。妻，可以是同產兄弟姐妹的嫡母或庶母，不論母、庶母或祖父母，輩份都要比同產高，優先順序卻在同產之後。又同居優於不同居，也在簡三七八.184 中看到。總之，同產和同居都是影響繼承、編戶成員法律權利和義務的重要原則。

---

88 如〈漢代屯戍遺簡法律志〉，《中國珍稀法律典籍集成》，甲編第二冊（北京：科學出版社，1994），頁 115。

六 夫妻與家族關係

1. 簡三二.139「妻悍而夫毆笞之，非以兵刃也，雖傷之，毋罪。」

   簡三三.139「妻毆夫，耐為隸妾。」（〈賊律〉）

   如妻凶悍，丈夫毆打只要不動兵器，雖傷也沒罪；妻毆打丈夫，沒有條件限制，都要被耐為隸妾。法律上的不平，顯而易見。又簡三二可和睡虎地秦律簡四四九（頁185）對讀：「妻悍，夫毆治（笞）之，決其耳，若折支（肢）指胅體（體），問夫可（何）論？當耐。」依秦法，丈夫傷妻耳、四肢或造成脫臼，要處以耐罪；漢初法則是「雖傷之，毋罪」。「耐」據沈家本、杜正勝等考證是指完其髮，去其鬢鬚。[89] 徐世虹考證髡、完、耐之義，其結論也是剔去犯人的鬢鬚。[90] 張德芳和胡平生在註釋敦煌懸泉簡時，也作如是解。[91] 日本學者堀毅則注意到從剔去鬢鬚解釋秦以後耐刑的不妥。他利用文獻指出耐刑在後漢和晉的刑罰體系中是勞役刑的通稱。[92] 從《二年律令》此簡看來，女子耐為隸妾，此耐即不可能是剃去鬍鬚。又簡八二.145「上造、上造妻以上……其當刑及當為城旦、舂者，耐以為鬼薪、白粲」；簡八九.146：「女子當磔若要（腰）斬者，棄市……當耐者贖耐。」上造妻以上，「耐」為白粲，女子當「耐」者贖耐，這些「耐」也顯然不能解作剔去鬍鬚解。徐世虹曾指出不滿十歲的兒童無鬢鬚，無由髡剔。她所引〈奏讞書〉兩例有「耐為隸臣妾」，卻沒有解釋隸妾又如何剔去鬢鬚？[93] 耐者或應如《漢書・文帝紀》元年三月，蘇林注所說：「二歲刑以上為耐；耐，能任其罪也。」（頁114）《後漢書・光武帝紀》李賢注引《前書音義》：

---

89 沈家本，《歷代刑法考》（北京：中華書局，1985），頁301-303；杜正勝，〈從肉刑到徒刑〉，《大陸雜誌》，15：5.6（1985），頁16-18。

90 徐世虹，〈漢簡所見勞役刑名資料考釋〉，《中國古代法律文獻研究》，第一輯（巴蜀書社，1999），頁91-92。

91 張德芳、胡平生，《敦煌懸泉漢簡釋粹》（上海：上海古籍出版社，2001），頁9注2。

92 堀毅，〈秦漢刑名考〉，《秦漢法制史論攷》（法律出版社，1988），頁163-165。

93 徐世虹，前引文，頁91-92。漢代人一般認為「人十四五，乃當生鬢鬚」，見王利器，《風俗通義校注》，頁562。

「一歲刑為罰作，二歲刑已上為耐。」（頁51）耐原本是某些徒刑或勞役刑的通稱，文帝以後成為二年以上的勞役刑，無待東漢或晉。

2. 簡三五.139「子牧殺父母，毆詈泰父母、父母叚（假）大母、主母、後母，及父母告子不孝，皆棄市……」（〈賊律〉）

按：懸泉簡 II 0115.3：421：「賊律：毆親父母及同產，耐為司寇，作如司寇；其（詬）詈之，罰金一斤。」（《敦煌懸泉漢簡釋粹》，頁8）懸泉簡此條見於〈賊律〉，可旁證張家山此條列入〈賊律〉應屬正確。又比較二者對於子毆打或詈罵父母的罰則，可以看出前後輕重的不同。毆打或詈罵父母原本皆棄市，後來變成耐為司寇的兩歲勞役刑，詈罵則只罰金一斤。「泰父母」即「大父母」，也就是祖父母。毆詈祖父母，在漢初與毆詈父母同罰，皆棄市。這似乎比秦代還嚴厲。《睡虎地秦墓竹簡》〈法律答問〉：「毆大父母，黥為城旦舂。今毆高大父母，可（何）論？比之大父母。」據此，在秦代毆打祖父母和高祖父母都是黥為城旦舂，比棄市為輕。從此一例可見，漢承秦法，一般雖有用刑寬鬆的趨勢，也不全然，有些似乎變得更嚴厲。

〈注釋〉注三謂：「假大母，庶祖母或繼祖母。《漢書·衡山王傳》『元朔四年中，人有賊傷後假母者』注：『繼母也，一曰父之旁妻。』」按：《抱朴子外篇·嘉遯篇》：「後母假繼，非密於伯奇」（楊明照校箋本，頁39）。此條之後母似以作繼母解為宜。

〈注釋〉注四謂：「主母，本為奴婢對女主人之稱，此處疑指名義上有母子關係的女主人。」按《戰國策·燕策》、《史記·蘇秦列傳》和《列女傳·節義傳》都有妾進藥酒，「進之則殺主父，言之則逐主母，乃陽僵棄酒」的故事。是妾也可以主父、主母稱己夫及其妻。

又此條自父母、祖父母以下，只及父母之繼祖母、主母、繼母，完全不提父母之繼祖父、主父或繼父，十分值得注意。這是否意味對父母之繼祖父、主父或繼父不孝，所受刑罰不同，不致棄市？同樣的情形又見於簡四〇.140「婦賊傷、毆詈夫之泰父母、父母、主母、後母，皆棄市」，棄市的

懲罰也不及於主父和繼父。簡三四〇.179「諸（？）後欲分父母、子、同產、主母、假母、及主母、假母欲分尊子、假子田以為戶者，皆許之。」此條涉及分產和立戶，也不及主父和繼父；主母、繼母卻和父母、子、同產並列。這樣一致地只提母方，不提父方，主要是父方身分認定較少疑義，而母卻有各種不同身分，法律條文有必要分別列明。

冨谷至曾指出五服制和刑罰關係之確立，可考者始見於晉泰始三年之泰始律，或可追溯到三國或東漢末。[94] 其說如可從，我們就不宜從五服制去解析漢代社會的家族了。《二年律令》所反映的家族關係即明顯無法和五服制對應起來。儒家所提倡的五服制進入刑律體系，並由士大夫階層深入社會各個階層是一個相當緩慢的過程。[95] 冨谷至在論秦漢連坐和族刑時，認為連坐和族刑適用的範圍原以戶籍登記的家族為對象；換言之，戶籍登記是基準，後來才轉變成以服制為基準。[96]

〈置後律〉中有一條極值得重視，簡三八二～三八三.184：「死毋後而有奴婢者，免奴婢以為庶人，以□人律□之□主田宅及餘財。奴婢多，代戶者毋過一人，先用勞久、有□子若主所言吏者。」這一條有些殘損不明，意思卻還清楚：在無後人繼承的情況下，可免奴婢為庶人。他們依某種律可分得主人的田宅和餘下的財產，甚至代主人成戶。如果奴婢多，代戶者不得超過一人，以服務較久、有子（？）或主人曾向官方先交代過的為優先。換言之，從法律的角度而言，家不完全是同居共財的血緣團體；在某些情況下，非血緣的成員，例如奴婢，同樣可以化身齊民，分得家財並獨立成為國家的編戶。就此來說，冨谷至指出以戶籍登記為基準，其說值得重視。

94　冨谷至，前引書，頁 268。

95　其詳可參邢義田，〈秦或漢初和姦案中所見的親屬倫理關係——江陵張家山 247 號墓《奏讞書》簡 180-196 考論〉，已收入柳立言主編，《中國傳統法律的理念與實踐》。本書卷三，頁 573-625。

96　冨谷至，前引書，頁 262-271。

3. 簡三九.139「父母毆笞子及女婢，子及奴婢以毆笞辜死，令贖死。」（〈賊律〉）

古代父母對子女及奴婢的權威於此可見。這和古代羅馬家父長掌子女之生死，有幾分近似。毆打子或奴婢以致冤死，父母雖為死罪，卻可以贖其死。睡虎地秦律中有一條「擅殺子，黥為城旦舂」。這裡的「子」從此條後文看是指嬰兒。嬰兒肢體不全或有「怪物」，殺之無罪；僅僅因為孩子太多，而殺嬰，即犯殺子之罪，「黥為城旦舂」（《雲夢睡虎地秦簡》，頁181）。秦律和漢初律表現出來的精神，意味著父母對子女的生命，在某些情況下有剝奪的權利。但隨著「天地之性，人為貴」（《孝經》）觀念的強化，在理論和事實上，子和奴婢的生命權似乎都得到了較多的保障。《荀子‧王制》：「水火有氣而無生，草木有生而無知，禽獸有知而無義，人有氣、有生、有知亦且有義，故最為天下貴。」《禮記‧祭義》：「曾子聞諸夫子曰：天之所生，地之所養，無人為大，父母全而生之，子全而歸之，可謂孝矣。」（又見《大戴禮記‧曾子大孝》）

人為天地最貴者的想法為漢儒所繼承。董仲舒說：「人受命於天，固超然異於群生」（《漢書‧董仲舒傳》），又說：「天地之精所以生物者，莫貴於人」（《春秋繁露‧人副天數》），唯人能「下長萬物，上參天地」（《春秋繁露‧天地陰陽》）。漢儒基於對人和人命的重視，反對父母可以剝奪子女的生命。東漢章帝時白虎觀議經，討論到殺子：「父煞其子，當誅何？以為天地之性，人為貴。人皆天地所生也，託父母氣而生耳。王者以養長而教之，故父不得專也。」（《白虎通德論‧誅伐》）東漢王吉為沛相，令若有生子不養，斬其父母。賈彪為新息縣長，縣中貧民多不養子，賈彪定制，不養子與殺人同罪。這比秦律和漢初律都要重。不過王吉和賈彪的規定似乎也隱約透露，即使到東漢，國家正式的刑律中並沒有殺子即斬其父母這一條。

董仲舒認為人受命於天，能參天地，因此「異乎群生」。可是秦漢時代奴婢地位低下，雖列入戶籍，也與田宅、牛馬、車船等同列在財產的簿

籍中。[97] 換言之，奴婢是活的財產或者說是如同牛馬的「群生」之一。從某些方面看，秦漢奴婢和古希臘、羅馬的奴隸一樣被充作禮物轉讓或在市場上被買賣，生命也常操之於主人之手。秦時先到官府報備，殺子殺奴都是允許的。秦末群雄起事，田儋為了藉機殺縣令，假裝綑綁一奴，「欲謁殺奴。」《集解》服虔曰：「古殺奴婢皆當告官。」告官而殺叫謁殺。睡虎地秦律中有父因親生子不孝，告到官府要求「謁殺」的例子。另有一例因婢女太凶悍，主人告官要求施以「黥劓」，這叫「謁黥劓」。較不清楚的是告官後，不知是由主人、父母或由官府來執行這些剝奪生命或殘損肢體的懲罰。

這一層法律對奴婢生命的保護，實際上恐怕相當脆弱。西漢時，主人對奴婢多加「專殺」。武帝時，董仲舒曾建議「去奴婢，除專殺之威」。服虔注：「不得專殺奴婢也。」（《漢書·食貨志》）所謂「專殺」當是未向官府報備而逕自殺害。專殺之風顯然並沒有因董仲舒建議而稍止。因為後來王莽在禁止奴婢買賣的詔令裡，提到當時主人對奴婢仍然是「專斷其命」。王莽對略賣妻子為奴，置奴婢於市場，與牛馬同欄，專斷奴婢生命於股掌，大不以為然。他強烈抨擊秦漢以來賣奴、殺奴乃是「逆天心，悖人倫，繆於天地之性人為貴之義。」（《漢書·王莽傳》）在此信念下，他不惜迫使自己的次子王獲自殺。因為他殺奴。始建國元年新朝伊始，他立刻下令改奴婢為私屬，禁止買賣；犯令者，死。面對擁有成千上萬奴婢的官僚地主，王莽的勇氣令人敬佩。後來他雖然失敗，在中國人權史上，其所作所為仍然是不可磨滅的一頁。王莽改奴婢為私屬，「私屬」一名有其來歷。《二年律令》簡一六三.155「奴婢為善而主欲免者，許之，奴命曰私屬，婢

---

97 這個問題曾引起辯論。參傅舉有，〈從奴婢不入戶籍談到漢代的人口數〉，原刊《中國史研究》4（1983），〈論漢代「民貲」的登記及有關問題〉，原刊《中國史研究》，3（1988），收入傅舉有，《中國歷史暨文物考古研究》（長沙：岳麓書社，1999），頁148-161。楊作龍，〈漢代奴婢戶籍問題商榷〉，《中國史研究》，3（1985）。按：自里耶戶籍簡公布後，可知秦代戶籍中明顯登記有「臣」，證明戶籍包括奴婢。參《里耶發掘報告》（長沙：岳麓書社，2007），頁203、205。

為庶人，皆復使及算，事之如奴婢。主死若有罪，以私屬為庶人，刑者以為隱官⋯⋯」。

　　繼王莽而起的光武帝也是一介儒生。他不同意王莽的許多作法，但對《孝經》人貴之義，拳拳服膺。建武十一年，光武下詔：「天地之性，人為貴。其殺奴婢，不得減罪。」兩漢書錄詔書，常作摘節。所謂「其殺奴婢，不得減罪」，如何減罪，不得其詳。張家山簡「令贖死」提供了重要的線索。光武其後又下詔「敢炙灼奴婢，論如律，免所炙灼者為庶人。」可見漢律中原本還有「炙灼奴婢」的罰則，此不見於張家山漢簡。同樣不見於張家山簡的還有光武所除去的「奴婢射傷人棄市律」（以上皆見《後漢書・光武帝紀》）。但 1987 年湖南張家界古人堤建築遺址中出土的東漢律目錄中有「奴婢賊殺」和「奴婢射人」兩目，正好可和文獻印證。[98]

4.　簡一九二.159「諸與人妻和奸，及其所與皆完為城旦舂。其吏也，以強奸論之。」（〈雜律〉）

　　《敦煌懸泉漢簡釋粹》簡 II 0112.2：8「・諸與人妻和奸，及所與□為通者，皆完為城旦舂；其吏也，以彊（強）奸論之。其夫居官⋯⋯」與此條極近，或即源自漢初雜律此條。懸泉簡末尾有「其夫居官⋯⋯」云云，可證張家山簡此條為摘抄（原簡完整未殘斷），原應接著有更多規定。又從「其夫居官」可知漢代為官居於官舍，並不一定與家眷同住；有些休沐時才得歸家團聚。或許因為分居兩地，奸案有了較多發生的機會。〈奏讞書〉即有一個「夫為吏居官，妻居家，日與它男子奸」（簡一九三.227）的案例。長詩〈孔雀東南飛〉描述廬江府小吏夫妻的悲劇也可以說是這種背景下的產物。

98　湖南省文物考古研究所、中國文物研究所，〈湖南張家界古人堤遺址與出土簡牘概述〉、〈湖南張家界古人堤簡牘釋文與簡注〉，《中國歷史文物》，2（2003），頁 66-71、72-84。

5. 簡三八四.184「女子為父母後而出嫁者，令夫以妻田宅盈其田宅。宅不
   比，弗得。其棄妻，及夫死，妻得取以為戶。棄妻，畀之其財。」（〈置後
   律〉）

　　這一條應是對女子財產權的重要保障。大意是說女子為父母後而繼承
有田宅者，出嫁後其田宅加入夫的田宅數中。「宅不比，弗得」之「弗得」
即「不得」，照李均明的解釋，應是指宅舍若不相比鄰，即不得與夫之宅
數相合併。果如此，只有鄰宅間行嫁娶，才可能合乎上項規定，這未免難
以想像。試想在一個安土重遷，以鄉里為主要生活範圍的農業社會裡，婚
嫁雖多在鄉里之內，但如何能不出鄰宅鄰伍之外？又簡三二〇.177「欲益
買宅，不比其宅者，勿許」。如果解釋成想要多買宅舍，如與其居宅不相
鄰，即不許，這項規定的合理性不知何在。[99]

　　如果妻為夫所棄或夫死，妻得取回其原有田宅而自立為戶。夫要棄妻
或休妻，要將妻的田宅還給她。她從娘家帶來的田宅財產可以說是她的嫁
粧。出嫁後，嫁粧雖併入丈夫的財產，但法律上仍承認這份嫁粧與出嫁者
的特殊關係。當女子的婚姻狀況發生改變，不論被休或因夫死而寡，她的
嫁粧都跟著她，不會被他人剝奪。這可以說是對女子財產權的重大保障。
《唐律疏議》卷十二〈戶婚〉引〈戶令〉云：「應分田宅及財物者，兄弟均
分，妻家所得之財，不在分限。兄弟亡者，子承父分。」此令規定妻家所
得不在分限，也是對妻財產的保障。現在看來，此令淵源有自。

　　所謂棄妻，已見秦律〈法律答問〉：「棄妻不書，貲二甲；其棄妻亦當
論不當？貲二甲。」〈注釋〉：「休妻而不登記，罰二甲。」（頁133）

101.4.21/102.2.28/105.2.12 再訂

---

99 按：「宅不比」之「比」，近有學者指出非比鄰之謂，乃「等同」之意。此說實較佳，其義與
　秦漢常詞「決事比」、「非吏比者」之「比」同義。參謝曉燕，〈《二年律令・戶律》313 簡「宅
　不比」釋義辨析〉，武漢大學《簡帛網》（2023.3.31 發布）。

後記

　　本文原刊《燕京學報》新 15 期（2003）。時賢所論，該補入或據改者太多，一時不及，有待來日。目前僅稍事刪削訂補，拙文有些錯誤已有學者商榷，特存舊，或加按語於注中。關於繼承制，劉欣寧的《由張家山漢簡《二年律令》論漢初的繼承制度》（臺北：臺灣大學文史叢刊，2007）有更為細緻的討論，請讀者自行參考。

97.4.9

一種前所未見的別券

——讀《額濟納漢簡》札記之一

2007 年 12 月底，承孫家洲先生厚意，寄下其主編《額濟納漢簡釋文校本》（以下簡稱《校本》）一冊。其中收錄了人大額簡研讀班的釋文校正之外，另有 29 篇相關論文，成果豐碩，對推進額簡研究之功自不消說。我在讀《額濟納漢簡》（以下簡稱《額簡》）時注意到一條和券別之制相關的材料，未見諸賢提及，特拈出，以為續貂。[1]

《額簡》99ES16SF2：5A：

居攝二年三月乙未第十部吏□買弩一具與第十六隧長韋卿

《校本》：「按：根據文意，『買』當讀作『賣』。」（頁 14）

《額簡》99ES16SF2：5B：

居攝二年三月乙未第十六隧長韋卿從第十部吏買弩一具賈□一百□□

《校本》：「按：括弧內的說明文字『右側有四個刻齒』《額簡》未標注。」（頁 14）

這是同一支簡從中剖開，其中一半的兩面；兩面都有字，因簡中剖，一面字跡剩下左半，一面剩下右半。簡的另一半不知何去。簡的下截頗有殘缺，少了約四公分。釋文基本上是從殘存的左右半推測出來。雖為推測，因圖版有放大圖，字跡十分清楚，所釋基本無誤。

又據各家對居延河北塞諸隧的復原，第十二至第十六隧一般都認為屬第十部（宋會群、李振宏、邢義田），也有學者認為屬第十七部（初師賓、吉村

1　按迄今曾提到此券特別的是謝桂華先生，見〈初讀額濟納漢簡〉收入魏堅主編，《額濟納漢簡》（桂林：廣西師範大學出版社，2005），頁 49-50。

昌之）。[2] 從《額簡》這一條看，第十六隧隧長從第十部士吏買弩，第十六隧屬第十部的可能性應該較大。為何隧長要從長官買武器？是個還待了解的問題。

正如《校本》指出，此簡右側有四個刻齒。從放大的圖版看，其中三個有清楚用刀刻削的痕跡，一個痕跡甚淺，在有無之間。不論三或四個，這正是籾山明教授頗有所見的刻齒簡，也是胡平生先生曾致力的剟別和刻契券書。[3] 如依籾山氏之說，四個刻齒中有三個，其形式像是代表「百」，有一個有缺損，已難判定，可能是百，也可能是指十。因簡上所書數字太殘，雖釋出「□一百□□」，[4] 基本上已不易和刻齒確實對應，十分可惜。

胡先生曾十分詳細地討論過出入取予券書的各種形式，發明甚多。本簡不涉出入，而是買賣，應屬胡先生所謂契刻類型的買賣券書。[5] 胡先生在討論契刻類型的買賣券書時，或因其非該文重點，只舉了樓蘭出土魏晉簡一例和居延新簡一例。這兩例的共同特點是在左或右側有刻齒，簡正背面文字連續連讀。其不同是樓蘭一例沒有書寫年月日期，居延一例有貰賣年月日期。又樓蘭一例只書買者買了何物，未書賣主；居延一例則有買賣雙方爵里姓名，甚至有中人姓名。嚴格來說，這兩例雖同屬契刻類型的買賣券書，卻有明顯不同。

《額簡》99ES16SF2：5 一簡有刻齒，也明確屬買賣行為，應可歸入契刻類型的買賣券書。但在形式上它和前兩例又很不同，可說是第三種形式。先說相同處。第一，有年月日期，第二，有買賣雙方姓名、物品和價錢，第三在簡的右側有刻齒。其不同處，第一是除刻齒之外，簡本身被有

---

2 邢義田，〈漢代居延甲渠河北塞烽隧配置的再考察〉，收入《Google 地球與秦漢長城》（臺北：三民書局，2022），頁 42-50。

3 籾山明著，胡平生譯，〈刻齒簡牘初探——漢簡形態論〉，收入《簡帛研究譯叢》，第二輯（長沙：湖南人民出版社，1998），頁 147-177；胡平生，〈木簡出入取予券書制度〉，《胡平生簡牘文物論集》（臺北：蘭臺出版社，2000），頁 99-120。

4 籾山明教授建議如從刻齒數看，此處「一百」應釋為「二百」。參エチナ漢簡講讀會，〈エチナ漢簡選釋〉，《中國出土資料研究》，第 10 號（2006），頁 201。

5 胡平生，〈木簡出入取予券書制度〉，頁 114。

意從中剖開為二，顯然是買賣雙方（第十部士吏和第十六隧隧長）一執左券，一執右券。而前兩例都沒有剖別的現象。第二，簡兩面文字不連讀，並對調買賣雙方在文字上的主受詞地位，一面寫第十部士吏賣弩給第十六隧長，一面則書第十六隧長從第十部士吏買弩一具價若干。這種形式的別券，似不見於過去發表的簡牘文書。

籾山明教授指出不同形狀的刻齒代表不同的數目，是一大發明。于豪亮先生討論秦律中的刻券之制，曾就《尚書序》孔疏引鄭玄云：「書之於木，刻其側為契，各持其一，後以相考合」，進一步指出：「所謂『刻其側』是將約文中規定借貸或取與的數目，刻在兩片相合處。」[6] 近讀張家山漢簡《奏讞書》，查覺刻齒符號代表的意義或許並不都完全相同，而是在特定的場合下可以由立券者約定其特殊的意義，非局外人所能確知。在被推定屬秦王政六年的一個女婢在巷中遭人搶錢的案子裡，提到「婢價所有尺半荊券一枚，其齒類賈人券」（簡二〇二）。[7] 這說明作賣買的商人所用的刻齒券書有可供辨識的特殊處，和「非賈人券」有所不同。又此案在調查中發現這一枚有一尺半長，荊木所製的券，「類繒中券也。今令販繒者觀視，曰：『券齒百一十尺，尺百八十錢，錢千九百八十，類繒中券。』」（簡二〇四～二〇五）。[8] 這是說經進一步調查，發現這枚賈人券類似買賣繒布者所特別使用的，其刻齒意義，販繒者才懂得。販繒似乎是特殊的一行（漢初的灌嬰曾是睢陽販繒者）。因此找來一位賣繒的，指認這枚荊券應為「類繒中券」，券齒上的「百」，意指十尺，一尺之價為一百八十錢，這枚券刻齒所示的錢數為一千九百八十錢。百指十尺，一尺為一百八十錢，也就是說券齒代表長度和錢數兩種意義，都是繒布買賣者特有的規約。如果刻齒代表固定的數字或意義，大家看刻齒數和形狀即知其意，又何須找一位販繒者來確

6　于豪亮，〈秦律叢考〉，《于豪亮學術文存》（北京：中華書局，1985），頁 132。
7　張家山漢墓竹簡整理小組，《張家山漢墓竹簡（二四七號墓）》（北京：文物出版社，2001），頁 228。武漢大學簡帛研究中心編，《二年律令與奏讞書》（上海：上海古籍出版社，2007），頁 377 釋文相同。
8　同上。

認「繒中券」的意義？由此可以推想，如果買賣其它物品，刻符即使相同，意義卻可以不完全一樣。《管子‧輕重甲》：「子大夫有五穀菽粟者，勿敢左右，請以平賈取之，子與之定其券契之齒，釜區之數，不得為侈拿焉。」于豪亮先生解釋這一段說：「券契之齒即券旁刻劃的數目，數目多少和貸出的釜區之數，都要由政府決定。」[9]《管子》這一段所說的券齒之數和貸穀數量或由政府決定，私人買賣則應可由立契交易的雙方共同約定。《居延漢簡》262.29 曾有這樣一段文字：

262.29 及局部　　　　　EPT52.323

> 七月十日郭卒張中功貰買皁布章單衣一領
> 直三百五十三……約至十二月盡畢已，旁
> 人臨桐史解子威知券齒。

這一私人買賣衣物的契約有見證的旁人解子威，其功能在「知券齒」。我感覺這一券齒似非一般，而有雙方特殊約定的成分，因此須要有人特別見證。如果券齒代表人人皆知的意義，則似乎不必特別須要旁人為券齒作證。有趣的是在同一地點，由同一人見證，而且很可能由同一人所寫的，有相同「知券齒」字樣的契約又見：

《居延新簡》EPT52.323：

> □□□蓋衣丈二尺〓 十七直二百四錢三堆吏張君長所約至十二月盡畢已旁
> 人臨桐吏解子威知券齒

在買賣契約中以「知券齒」作結束語的又見肩水金關簡 73EJT27.4、敦煌

9　于豪亮，前引書，頁132。

懸泉簡 I90DXT01123：11。另外表述不是那麼清楚，但意思可能相同的是「知券約」，見 EPT52.589、73EJT24.275AB、2000ES9SF1.4。

《周禮‧秋官‧士師》鄭司農云：「若今時市買為券書以別之，各得其一，訟則案券以正之。」秦王政六年此案中的尺半荊券，正是市買別券之制和「訟則案券以正之」活生生的一個案例。此案應可以證明「賈人券」和「非賈人券」應有別，「繒中券」又是只有賣繒者才能解讀的「賈人券」中的一種。由此例可知，刻齒券別之制的實態應遠比文獻所載複雜，居延出土帶齒券書上的刻符，隨買賣物品的不同，應該還有比數字更多的信息。隨著出土實物和文書的增加，今後我們當還有機會有更多新的認識。

97.1.3

補記

湖南長沙東牌樓出土東漢中平三年（公元 186 年）券書木牘殘件，兩面有字曰：「（正面）中平三年二月桐丘男子何君□從臨湘伍仲取／（背面）十月當還，以手書券信 同文／」。「同文」二字甚大，僅存一半，可見此券中剖為二，雙方各執一券（《長沙東牌樓東漢簡牘》，文物出版社，2006，簡 100）。此為「合同」木券之又一形式。

98.6.19 增訂

再補

近於《出土文獻研究》第九輯（2010）見初世賓先生大作〈懸泉漢簡拾遺（二）〉以懸泉簡為例，提到：「某些木符，字面相對，在邊側契齒時，使用**內部約定**的以不同齒形代表不同數的技巧，將編號數用齒表達，大約最基本的齒形代表一百，故符文書作『券齒百』。」（頁 206）初先生認為數字乃「內部約定」，「其中含有『數』的秘密」，其意與鄙意正合。

99.3.18/106.7.5 再訂

原刊武漢大學簡帛研究中心《簡帛網》http://www.bsm.org.cn 2008.3.28

羅馬帝國的「居延」與「敦煌」
——英國雯都蘭達出土的駐軍木牘文書

■一 一段因緣

　　1978 年 6 至 8 月間，為了預備博士論文，曾從夏威夷遠赴歐洲，走訪古羅馬的遺跡。當時有意一試的題目是和羅馬帝國邊防相關的一些問題。經與指導教授商量，計畫從英國開始，渡海再沿萊因河考察羅馬人遺留下來的邊防要塞。到英國後，先看了幾處倫敦附近及威爾斯的軍營遺址，接著北上愛丁堡，準備一訪仰慕已久，由哈德良（Hadrianus，西元 117-138 年）和安東尼魯斯（Antoninus Pius，西元 138-161 年）兩位皇帝先後在英國北部和蘇格蘭南部所築的兩道「長城」。7 月 15 日上午，先參觀了新堡的新堡大學（University of Newcastle-Upon-Tyne）古物博物館。這裡收藏有哈德良長城附近出土的羅馬遺物，十分豐富。下午，乘巴士西行，到卅哩外的郝斯帖茲（Houseteads）（圖 1）。這是哈德良長城線上的要塞，和最近的巴士站相距四哩半。下車後必須步行。那天，一人獨行在鄉間的小路上。路旁盡是高過一人的芒草，頭頂則有尾隨不止，嗡聲如雷，黑壓壓一片的蒼蠅。結果先到達二哩外的另一要塞——雯都蘭達（Vindolanda）（圖 2.1-2）。說實在，那時我對雯都蘭達一無所知，更不知道在我到訪的前四年，這裡已發掘出震驚羅馬史學界的木牘文書。在雯都蘭達遺址旁的小博物館中，曾購得一本簡介遺址的冊子，冊子中有一幅木牘的圖片。那時注意的問題是邊塞的布局，曾專心看了雯都蘭達軍營的總部，也特別研究了半天郝斯帖茲有名的廁所遺址（圖 3），卻完全沒有將木牘放在心上。

圖 1　郝斯帖茲空照圖

古月集：秦漢時代的簡牘畫像與政治社會
　　　　── 卷一　漢代的簡牘

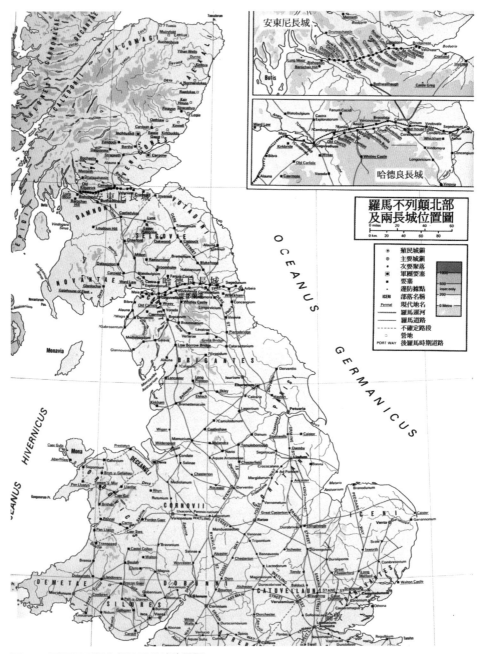

圖 2.1　羅馬不列顛北部及兩長城位置圖

圖 2.2　雯都蘭達遺址空照圖

圖 3　雯都蘭達軍營廁所遺址

古月集：秦漢時代的簡牘畫像與政治社會
　　　　——卷一　漢代的簡牘

這樣一晃十幾年，雯都蘭達除了保留在遊歐的日記中，幾已從記憶的邊緣消失。兩年前，大庭脩教授出版《大英圖書館藏敦煌木簡》，曾以雯都蘭達的木牘為證，證明羅馬人也用木牘。於是塵封的記憶重新勾起。可是在臺灣沒有任何羅馬木牘的消息。1993 年 8 月重訪夏威夷，作短期研究，才赫然發現雯都蘭達的木牘已陸續出土上千，透露許多羅馬帝國邊境社會，軍隊和邊防的新消息。這些木牘的形式與內容和中國漢代居延、敦煌的簡牘頗多類似，也有不同，值得對照觀察。以下介紹這些木牘，一方面為比較研究提供素材，另一方面也希望能引起大家對羅馬文明的興趣。

二 發現經過

1. 考古發掘的背景

在介紹雯都蘭達木牘發現的經過以前，有必要先簡單說說此地及附近的地理和歷史背景。

雯都蘭達是哈德良長城邊上的一個要塞。大約在西元 120 至 130 年間，哈德良皇帝為了區隔羅馬人控制的地區和北邊的蠻族，曾令當地駐軍修築了一道東西 118 公里長的長城。這個長城的規模如果和秦漢的長城相比，只能算是一段短短的邊牆。牆外有深挖的地塹；牆或為土造，或以石砌，上半截多已坍塌。牆基部分的寬窄高低並不一致，以我所見的東半段來說，寬不過二人並行，高不及一人。根據現在的考古調查，沿長城每隔大約一羅馬哩（約 1,475 公尺）有一小的寨堡（milecastle），兩個寨堡之間有兩個土造的烽火台。每隔六、七公里有一較大的要塞（fort）。長城全線一度有要塞 16 至 17 個。在蘇格蘭高地與英格蘭北部高地之間有兩條分別東西向流入海的河流，長城大致沿河築在河的北岸。其位置可以說充分利用了英格蘭和蘇格蘭之間最狹窄的部分，以最經濟的築城長度即可阻隔南北。長城附近的地形，以我所見的而言，全是極為平緩的丘坡，不難越渡（圖 4.1-2）。河流和長城相輔相成，形成良好的屏障。約略位於長城全線中

圖 4.1　郝斯帖茲附近平緩的丘地，遠處地平線　圖 4.2　郝斯帖茲附近的長城
有長城。

央的要塞即雯都蘭達。

　　這些要塞有些存在於哈德良築城以前。羅馬人於西元一世紀中後期征服這一地區。當時的軍隊為防衛，已開始建塞築堡。雯都蘭達的考古清楚證明，這個要塞的早期木構建築和部分的出土木牘即屬於一世紀末。

　　十六、十七和十八世紀都有文獻提到雯都蘭達這個古羅馬遺址。十九世紀初，安東尼・哈德列（Antony Hedley）最早開始在雯都蘭達從事考古發掘。當時發現了要塞的東門遺跡。1914 年，另一位業餘考古家發現一方還願石碑，從碑銘證實現在稱為切斯特洪（Chesterholm）的地方，羅馬時代名為雯都蘭達，也證實當地除有駐軍，也有平民聚落。1929 年，勃列家族的艾瑞克・勃列（Eric Birley）買下遺址附近的地產，開始了較科學的考古發掘。當時艾瑞克致力發掘的是雯都蘭達東北方二哩外的另一要塞郝斯帖茲。第二次世界大戰使考古工作中止。戰後地產轉入他人之手。不過艾瑞克之子羅賓（Robin）仍獲准在那裡作調查。1967-69 年的調查證實當地有值得大規模發掘的民居遺址。羅賓和他的兄弟安東尼・勃列（Antony Birley）（圖 5）想要買回地產，但地產主人卻賣給了出價更高的另一人。幸好新的

圖 5　安東尼・勃列

主人熱衷古物，對考古極為支持。
1970 年捐出土地，成立雯都蘭達
信託組織（Vindolanda Trust），邀請
勃列家族的學者專家成為組織的董
事，進行無期限大面積的考古發
掘。

　這是雯都蘭達考古工作的轉捩
點。從這一年開始，羅賓和他的太
太辭去大學教職，全力進行民居遺
址的五年發掘計畫。不但找出要塞
西門外平民聚落的範圍，出土大量
遺物和建築，更發現聚落和要塞的
時代大致相同（圖 6-9）。這使得今
人有更充裕的材料去認識帝國邊境
社區的生活和文化。這幾年發掘軍

圖 6　安東尼・勃列於遺址發掘現場

圖 7　雯都蘭達出土陶器和玻璃器

圖 8　雯都蘭達出土軍人墓碑

事要塞建築也有新的進展，基本釐清了要塞從早期木構到後期改為石造，一度被廢棄到再度駐軍的幾個階段。共可分為七期：

第一期約在西元 85-92 年之間，要塞面積約四英畝；

第二期自 92 至 97 年間，要塞擴大到約七英畝。這個規模一直維持到第五期（約西元 120-130 年間）。這時哈德良修長城，主要的要塞移至東北兩哩外的郝斯帖茲，雯都蘭達退在長城線之內。不知什麼原因，哈德良所修的長城不及十年即遭放棄。繼位的安東尼魯斯在更北的蘇格蘭高地另築長城。但很快又被放棄，羅馬人南撤，再以哈德良長城為邊界。

自第六期開始（西元 160-180 年），雯都蘭達再度駐軍，直到第七期的三世紀以後，要塞規模縮回四英畝。

2. 出土經過與處理

以下要特別介紹的是木牘的出土。這才是令從事考古數十年的羅賓真正興奮的發現。羅賓在他的書中說道：「如果我下半輩子還是必須在泥濘、潮溼的地溝中工作，不敢相信還會再經歷一次，當第一眼看見那些墨書小

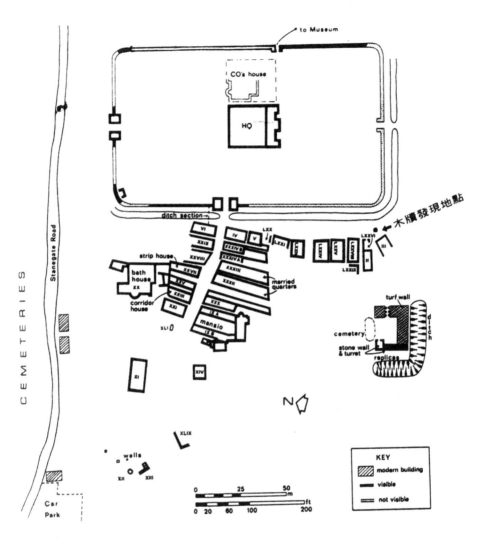

圖 9　雯都蘭達遺址平面圖及木牘出土位置示意圖

木片時，那樣的震撼與興奮。」1973 年的 3 月中旬，羅賓和幾位助手清理
發掘坑層遇到的一段現代排水溝，希望將它繼續挖寬以後，能找到早期木
構建築的遺留。他們發掘的第二期地層，在擴大的木造要塞之內，而在第
六期石造要塞的西南角外。第二期地層離地表約深二公尺餘。探坑兩邊有

南北方向，以成排植物枝幹編成的牆。據推測，牆內可能是一個作坊
（fabrica）。牆外在雜草和蕨類植物的堆積中，雜有木類殘片及各種廢棄物，
原來可能是垃圾場。羅賓拾起兩小片，懷疑是作坊木工留下的木屑，順手
交給在地表的助手。助手察看後交還給羅賓，並說其上似有記號。羅賓仔
細再看，震驚地發現這些記號是墨書的筆跡！

羅賓形容他當時像作夢一樣不敢相信，立刻將木片拿到發掘工作站，
細心清洗，進一步發現其實是兩片黏合在一起。當小心將兩片分開，赫然
看見兩片的內側是細小清晰的字跡。於是又向古文字專家求教，經證實是
文字後，送到新堡大學的照像部門進行攝影。雯都蘭達駐軍遺留的木牘文
書就這樣陸續重見天日。

自 1973 年以來，雯都蘭達出土的木牘殘片已達約一千九百件。1973-
74、1974-75 年兩季的發掘得到約四百件。由於有些殘片過於細小，有些
與其他堆積物黏結在一起，有些極薄極脆，在處理的過程中容易斷裂，有
些在處理時加以拼合，因此出土的殘片數字不易準確統計。以 1973 至 74
年出土的為例，殘片有二百餘，整理後成 86 件。當時請到古文字專家原在
曼徹斯特大學（University of Manchester），現已轉到牛津大學的包曼（A.K.
Bowman）和杜蘭大學（University of Durham）的湯瑪斯（J.David Thomas）負責
文字解讀。經過將近十年，1983 年終於出版《雯都蘭達的拉丁書牘》
（*Vindolanda: The Latin Writing-Tablets*）一書。本書共收錄經整理後的木牘圖版
及釋文 117 件。1985 年以後，恢復木牘發掘。到 1989 年，新出土經整理
的木牘文書計 765 件，1989 年以後至 1992 年，又有 301 件。羅賓在 1993
年出版的報告中（*Vindolanda: Research Reports, New Series*，Vol. II）附錄有自
1973 至 1992 年木牘編號表，列表的木牘總計 1206 號。在 1994 年的報告
中提到的總數已達一千九百件。據羅賓估計，在雯都蘭達地下可能保存的
木牘在一萬至十萬件之間。

木牘先後出土於不同的地點，有些出於垃圾堆，有些出於要塞的建築
之中。出土所屬的時代層位也有不同。據羅賓編號表，除去若干時代不明
確的，各時期出土木牘數量情形如下：

1. 第一期（約西元 85-92 年）： 16 件
2. 第二期（約 92-97 年）： 93 件
3. 第三期（約 97-102/103 年）：464 件，另三件屬三或四期
4. 第四期（約 104-120 年）： 3 件，另二件屬四或五期
5. 第五期（約 120-130 年）： 153 件
6. 第六期（約 160-200 年）： 15 件

從以上數量分布可知絕大部分木牘屬哈德良皇帝的時代以前。在不列顛總督阿格瑞寇拉（Agricola）離任（西元 85 年）以後到哈德良至不列顛視察（西元 122 年）以前，有卅多年之久，英國的歷史除了一些石碑，幾乎一無史料。無怪乎嗜古成癖的英國人分外看重這些木牘文書。

這些木牘為什麼能夠保存下來？經過專家反覆研究，並不能得到很好的答案。因為木牘先後出土於不同的發掘坑層，木牘周圍的堆積情況並不一致。現在找出最主要的共同環境特點是浸泡在潮溼（dampness）之中。這種情形和中國湖北江陵、湖南雲夢睡虎地、山東臨沂銀雀山、日本京都平城宮等地出土竹木簡的潮溼條件，相當類似。雯都蘭達木牘出土後，字跡在十餘分鐘內即褪色，甚至褪色到肉眼不可見的程度。中國出土的簡牘也有同樣的問題。英國學者為應付這個問題，木牘清洗後，立即以紅外線攝影。後來由大英博物館實驗室發展出一套化學藥物浸泡的保存方法。據報導，經浸泡後，原牘縮小不及百分之三、四，而先經保存處理後的木牘，再以紅外線攝影，效果更佳，因此現在發表的木牘照片都是處理後重新拍攝的。

雯都蘭達信託組織將經過處理、攝影，作成釋文以後的原牘，陸續出售給大英博物館保存（圖 10.1-2）。以出售所得經費，維持後續的發掘。目前發掘工作仍在進行，由羅賓負責；釋文工作則改由羅賓的弟弟安東尼負責。自艾瑞克開始，雯都蘭達的考古工作即由勃列家族主導。他們的「家族企業」，可以預見將隨發掘而不斷發展。

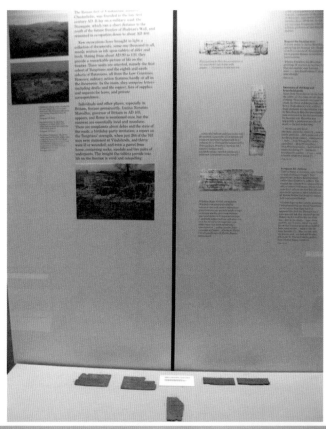

圖 10.1-2　大英博物館展出的雯都蘭達出土木牘，2006.6.26 作者攝。

古月集：秦漢時代的簡牘畫像與政治社會
　　　　　——卷一　漢代的簡牘

■三 木牘的形制

中國古代的書寫材料以竹木簡和帛為主。西漢雖有紙張，紙成為主流的書寫材料要到魏晉以後。羅馬帝國時代的地中海世界，沿襲長久以來的傳統，是以埃及草紙（papyri）和牘板（tabula）為主要的書寫材料，輔以羊皮紙（parchment）、小羊皮紙（vellum），甚至陶片（ostraca）。從十九世紀以來，在埃及和敘利亞的沙漠遺址和墳墓中大量發現古希臘、羅馬以及拜占庭時代的草紙文書，形成所謂的「草紙文書學」（papyrology）。因為牘板、陶片等出土的數量遠在草紙之下，因此一般將這些質材的文書研究也納入「草紙文書學」的名義之下。

根據草紙文書學者的研究，古代羅馬人使用的牘板主要有兩種形制：一種是以蘆葦或其它材料製成的筆，沾墨在木牘上書寫，為了方便可稱之為墨牘；另一種則是在木牘四周留窄邊，中間稍稍挖低整平，填上一層染上紅色或黑色的蠟，再以尖鐵（或其它金屬）筆在蠟上刻寫。這種牘板便於重複使用，可名為蠟牘（圖11-12）。不論用墨、蠟，這些牘板大小不一，一

圖11　瑞士雯都尼沙出土的蠟牘、尖筆、封牘用戒指和印章。

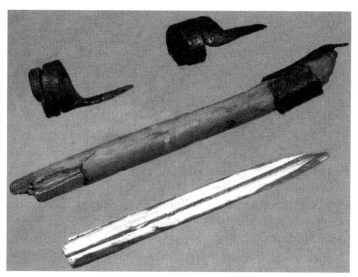

圖 12　雯都蘭達出土的木桿鐵尖筆

般略呈長方形，長寬在數公分至十餘公分左右。牘板通常是以兩片對折的
形式出現，也可單片使用。在對折的兩片內側書寫，蠟上的字跡較不易受
損。一般木牘的一邊有孔或楔口，可以用細皮繩將兩折連起來或紮在一
起。這樣的木牘稱之為雙折牘（diptych）。也有三折的，稱之為三折牘
（triptych）；再多的稱為多折牘（polyptych）或是稱為書（codex）了。

　　羅馬時代的木牘過去在英國、德國、荷蘭、法國、義大利南部、埃
及、多瑙河中游北岸（古羅馬達奇亞省 Dacia）以及瑞士等地都曾發現。雯都
蘭達發現的木牘具有形制上特殊的意義：

　　第一，其它地區出土的多為蠟牘，例如瑞士雯都尼沙（Vindonissa）發
現的數百件全為蠟牘。雯都蘭達發現了多種形式的木牘文書，墨書者占絕
大部分。以 1989 年整理出來的 765 件為例，墨牘即占 637 件，蠟牘只有
128 件；1989 年以後出土的 301 件中，也有三分之二屬墨牘。

　　第二，雯都蘭達出現另一種形式的木牘，即木牘整治成蠟牘的形式，
中間低下，卻不上蠟，仍以墨來書寫。這是其它地方極少見的。

　　第三，雯都蘭達木牘大小，最大的為 20×9 公分，最小者為 16.5×6

公分。一般厚 1-2 公釐，但也有不少薄至 0.25 公釐。凡是墨書的牘都是以英國北部至今仍在生長的赤楊木（alder）製成，極少數以樺木（birch）製成。蠟牘木料以經過檢驗的為例，全為非英國當地生長的落葉松（larch）或針樅（spruce），可證這些蠟牘原料來自其它地區。雙折墨牘有許多是以一整片的薄木片對折而成。這種木料甚為柔軟，雖對折，卻不致斷裂。由於牘木極薄，猶如葉片，包曼等人將之取名為葉片牘（leaf tablets），認為是羅馬時代木牘形式上的另一種類型。

第四，雯都蘭達出土的木牘文書，有的以數個有邊孔的雙折牘相連在一起。這在形制上甚具意義。包曼認為這可視為雙折木牘向多頁（書）發展的過渡形式。

另外必須一提的是雯都蘭達木牘文書所使用的文字，到目前為止全為拉丁文。這些手跡為古文書和古文字學家提供了極可貴的資料。包曼等人小心辨識，認為其書法屬拉丁文的古羅馬草書體（old Roman cursive）。其特點和埃及等地出土的草紙文書上使用的極為一致。由於雯都蘭達木牘所屬的時代十分清楚，多在西元一世紀前後，這為其它地區發現的文書，在書體上提供了斷代的參考。此外，這些木牘文書在文法上也有特點，有助於認識一世紀的通俗拉丁文。

四 主要內容

目前出土的木牘內容基本分兩大類：一類是當地駐軍遺留的軍事文書，另一類是私人信件。通過文書內容，已經證實雯都蘭達駐防部隊先後不同。從部隊的番號可知，西元一世紀駐防此地的基本上都不是羅馬的正規軍團（legiones），而是地方民族組成的協防軍（auxilia）。此外從木牘提到的人名可知，士兵大部分可能是塞耳提克種（Celtic）的當地人，少數為日耳曼種，軍官則來自不同的地區。軍官有些帶著妻兒。出土遺物中有嬰兒的鞋子，也有軍官妻子發送的生日邀請信。1973-75 年的木牘文書已完整

發表，1975 年以後的還在陸續發表中。

A. 軍事文書

　　軍事文書所涉範圍甚廣，諸如各級單位兵力清單、錢、糧、衣物記錄、執勤情況、入伍推薦書、敵情報告都有。以下舉若干例子，以見一斑。

　　1. 要塞財務（reditus castelli）：

　　　　七月廿七日，三十六又二分之一笛納（denarii）

　　　　七月廿八日，廿七笛納

　　　　七月廿九日，〔　〕笛納

　　　　七月卅日，〔　〕笛納

　　　　七月卅一日，〔　〕笛納

　　　　總計：六〔　〕笛納

（木牘編號：85（出土年）/43（流水號），原發表於 *Britannia*, vol. xviii, 1987，頁 135，圖版 XVc）

　　此牘形式屬上述的葉片牘，邊緣沒有楔口或孔，長寬 8.9×6.9 公分；文字見於一面，另一面空白。據研究，此牘基本尚屬完整，不是某一文書的一部分。內容為逐日記錄某年 7 月 27 日至 31 日要塞笛納銀幣的收入情形。後三日及總計數字已模糊難辨。「要塞財務」或為文書標題。要塞因何有此收入，不可確知。據推測可能是向附近百姓出售食物或要塞作坊的製造品。

　　2. ……不列顛人（Brittones）不著盔甲護身（？）

　　　　他們有很多騎兵（equites）

　　　　騎兵不使用劍，

　　　　不列顛人擲矛時也無固定姿勢（或坐姿？）

（木牘編號：85/32，原發表同上，頁 136，圖版 XVd）（圖 13）

　　此牘形式為雙折牘，長寬為 7.8×8.6 公分，文字見於一折的一面。從內容上看，此牘並不完整，沒有標題，內容性質不可確知。推測是某種敵

圖 13　木牘編號：85/32

情報告或備忘錄，記錄當地不列顛人作戰的方式和特點。由於過去缺少不列顛人有騎兵的資料，這一資料即十分可貴。

3.　……三（?）摩笛（modii），二分之一笛納……

　　二分之一笛納

　　……為祭典（ad sacrum），〔　〕笛納

　　……為祭典，〔　〕笛納

　　……為祭典……

　　六月十九日

　　大麥……

　　塞耳提克啤酒……

　　六月廿日

　　大麥，四（?）摩笛

　　塞耳提克啤酒，二（?）摩笛

六月廿一日，大麥……

……送至糧倉（？）……

……二摩笛

六月廿二日

大麥，五又二分之一摩笛

邁西克酒（？）送入……

六月廿三日

大麥，五又二分之一摩笛

酒，一摩笛十四色塔瑞（sextarii）

塞耳提克啤酒，三摩笛

六月廿四日

大麥，六（？）摩笛

塞耳提克啤酒，三摩笛?色塔瑞

酒，一摩笛十二色塔瑞

酸酒，二色塔瑞

經普瑞哇土斯（Privatus）（？）

魚醬，一又二分之一色塔瑞

經普瑞哇土斯（？）

豬油，十五色塔瑞

獻給主上，當作捐獻

經普瑞哇土斯（？）

酒，一摩笛為女神（？）祭典

酒，十二色塔瑞

經普瑞哇土斯（？）

六月廿五日

大麥，?色塔瑞

主上……在布瑞加（Briga?）

（木牘編號：33、47、62，原發表於 *Vindo*，1983，頁 83-93，圖版 II：1，2）

這是一份多件雙折牘組合而成，較長的文書。以上經譯出的部分即由兩個半雙折牘組成，其餘還有不少細小的殘片，尚不知如何拼合復原。總之原文書應更長，目前能復原出來的只是一部分。文件基本上逐日記錄為了祭典（ad sacrum 為通稱；未指明是何祭典）列出的金錢和物品數量。這到底是一份收入或支出的記錄，並不清楚；不過釋文作者根據其它類似的草紙文書，相信是支出記錄的可能性較大。羅馬軍中為加強團隊精神，各單位有不少宗教和互助性質的活動，由官兵共同出錢。例如必有的軍旗崇拜、勝利還願儀式和喪葬互助基金，皆由薪餉中扣除湊成。宗教儀典之後，也會有聚餐。上文中的「經普瑞哇土斯」原文作「per priuatum」，這一天是幸運女神 Fors Fortuna 的祭禮日。「主上」，原文作「domino」，意義甚多，無法確指。羅馬軍中常用此字稱呼單位的長官，甚至同伴。原文許多部分的意義，至今不明或不能確定。摩笛和色塔瑞皆容量單位。

4. ……在……笛納……香料……獐鹿……鹽……仔豬……火腿……
   在……小麥……鹿肉
   ……在……每日……獐鹿……總計廿笛納……emmer（麥之一種）……十
   （餘）笛納……總計（？）……

（木牘編號：11，原發表於 *Vindo*，1983，頁 93-96，圖版 II，3）

這是一件雙折殘牘，內側兩面書寫，外側空白。牘長寬為 3.3×13.5 公分；原牘上下殘，因此木牘邊緣可能有的繫孔也不見了。這是文書的一部分或全件不能確定。總之，從殘存的內容看，疑是軍隊某單位購買食物的賬簿。這個賬簿使我們知道羅馬軍隊的伙食，也許並不像一般過去以為的那樣缺少肉食。不過，仍不能肯定是一般士兵或軍官才能享有這些肉類，或在特別節慶或祭日才打的牙祭。

B. 私人信件

雯都蘭達的木牘中有很多私人信件。其中有不少重複提到相同的人，現在最少已找出四個人的書信檔。其中巴塔維第八或第九營的營長的信件資料最多，其妻的信件也不少。上文提到的生日邀請信即寄給這位營長夫

人。為什麼這些私人信件會和其它的官方文書一起出土？目前考古工作還在進行，對許多建築的位置和性質，出土品的層位關係都有待進一步澄清，因此並沒有好的答案。包曼相信葉片牘基本上是一種輕便形式的木牘，主要用於臨時性，較不須長期保存的文件上，使用後不久即丟棄。因此有很多是發現在當時的垃圾堆中。在丟棄的過程中，官方與私人的即無所區別。包曼指出到目前為止並沒有發現駐軍的「檔案室」，迄今出土的木牘都不能算是真正的檔案。以下舉兩件書信的例子：

5. 克勞修斯向兄弟及老夥伴韋耳迭斯敬致問候。

　　我的兄弟，韋耳迭斯，經過這樣長久的時間，未見你的回信，使我驚異。容我請問，你是否有任何我們老前輩的消息，或者是關於……他在那個單位工作，代我向他及獸醫韋瑞利斯致意。並請代詢韋瑞利斯，他答應用來出售的大剪刀是否可由我們的一個朋友送來給我。此外，我的兄弟，韋瑞利斯，可否請代我向（我們的？）姐妹圖滕納和韋布特斯致意。請回信示知他的近況（？）

　　（另一人筆跡？）

　　衷心祝福，鴻運當頭，再見。

　　（背面，同一人筆跡）

　　倫敦，韋耳得迭斯，省督侍從官收。他的兄弟克勞修斯寄

（木牘編號：86/470，原發表於 *Britannia*，XXI，1990，頁 33-41，圖版 V，VI）

這封信出土於第三期上層要塞長官建築（praetorium）內廢棄的堆土中。形式屬葉片雙折牘，長寬為 18.9×7.0 公分。葉片兩側皆有兩個繫孔，另有兩個 V 形楔口，無疑原為紮繩之用。地址寫在右側牘葉的背面。這是最通常的書信形式。

發信人是克勞修斯（Chrauttius），收信人是維耳迭斯（Veldeius）或維耳得迭斯（Veldedeius），信中出現稍有差異的拼法，Veldeius 可能是 Veldedeius 的省略形式。這是一個塞耳提克種人（Celtic）的名字。信中的兄弟和姐妹，都不是真正的血親，而是羅馬人書信中常用的親切稱呼。老夥伴

（contubernali antiquo）是指兩人曾是在一起當兵的同夥弟兄。信中「我們的前輩」，原文作「parentes nostri」。parentes 是父母親之意，但也可泛指長輩，由於寄信和收信人不是真正兄弟，因此此處也只能譯作前輩。所謂「出售」，原文只作 pretio，指某物的價款，因所指為買或賣，前後文中並不清楚，英譯只作「in exchange for money」，中譯從權，並不完全貼切。送信人原託韋耳迭斯向韋瑞利斯致意，但信的下半段又像是他直接向韋瑞利斯說話。這是原信形式上較奇特之處。此外，信的本文，地址和信尾問候語筆跡有所不同，證明由不同的人所寫。這種情形在羅馬人的書信中常見。羅馬有一定身分的人物，通常口授書信，由知書的侍者或書吏代筆，最後由自己寫一二問候語及簽名。

6. 烏大維敬向兄弟甘笛德斯問候。

馬瑞納斯送來的一百磅牛筋我將會處理。自你來信談及此事，馬瑞納斯迄今卻從未向我提起。我曾好幾次寫信給你，告知我購買了約五千摩笛的穀糧，為此我需要現金。除非你捎來現金，最少五百笛納，否則我將會失掉我已付出的頭款約三百笛納，並大感顏面無光。因此，懇請儘速賜下現金若干。來信提到的給我的牛皮，目前在卡塔拉同；信中又說到車子，請賜信示知有關車子的事。如果不是因為路況欠佳，除非我不顧拉車的牲畜受傷，我將早已去收那批牛皮。請注意特修斯從法塔利斯收到約八又二分之一笛納。可是他卻沒有將這筆錢置於我的賬中。你知我已訂貨（？）一百七十張牛皮和三（？）摩笛的穀物。請務必送下現金，我才能買下打穀場上的穀物。再者，我手頭有的穀，都已碾製完成。我們的夥伴弗朗修斯已經在此。他要我賣（？）牛皮給他，我同意了，他打算付現。我告訴他我將於三月初交割牛皮。他決定將於一月中來。但是他既沒出現，也沒交貨。如果他果真已付現，我必已將牛皮交出。我聽說弗朗提納斯·裘利烏斯以高價出售他以每件五笛納買來的皮貨（？）。格瑞特·司佩克塔斯……和費穆斯。我自格列科手中得信。再見

（背面）雯都蘭達

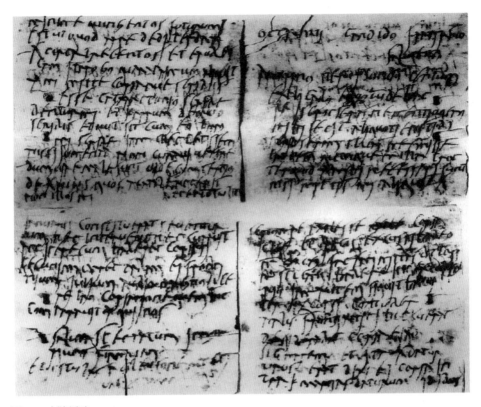

圖14　木牘編號：88/946

（木牘編號：88/946，原發表於 *Britannia*，vol.XXI，1990，頁 41-52，圖版 VII，VIII）

（圖14）

這是雯都蘭達出土信件中最長的一件。出土於第五期地層之下，應屬第四期（西元 105-125 年）作坊遺址的填土中。信件由兩件雙折牘構成。兩件牘的邊緣都有楔口和繫孔。由於書寫時未等墨汁全乾，即將木牘對折，墨跡因此沾在對面一牘上。背面未書完全的地址，僅書雯都蘭達，似乎意味這信是由熟人親自帶到，而不是通過一般的郵寄程序。

羅馬人在木牘或草紙上書寫，通常由上而下，分行自左而右，此信較奇特處在先寫右側一牘，再寫左側一牘，和通常形式正相反。據推測，這可能是因為書者習以左手執筆。因為此信通篇為同一人手跡，因此可以肯

定寫信的人即是烏大維。

這信談的全是牛筋、穀物和牛皮的交易。烏大維在信中表示他將付錢買一百磅牛筋。他購買了大約五千摩笛的穀糧，須要甘笛德給他一些現金，因為他已付了大約三百笛納的頭款，如餘款不足，將十分難堪。他希望自卡塔拉同運一些牛皮和車子。盼望甘笛德和特修斯一談，特修斯自某一弗塔利斯得到的一筆錢八又二分一笛納為何沒有轉給烏大維。他訂了一百七十張牛皮的貨。他有三（？）笛摩碾製過的穀（bracis），但是他還想買穀糧，因此需要錢。一個弗朗修斯的朋友來看他，要買牛皮，答應要來並提貨，但是人卻未出現。以下一段意義欠明，最後是一般信件的結束語。

這些交易中提到的金錢數量，相當不小，三百笛納約合當時士兵一年的薪水。信中提到穀物數量之大，顯非供應當時一般的市場，而是供應軍隊的需要。烏大維和甘笛德應都是專做軍隊生意的商人。信中提到特修斯轉手的錢數雖不大，但在羅馬邊區也有這樣的信用制度，是十分值得注意的。

7. 克勞底亞·色維拉向她的列比笛納問候。

我的姐妹，九月望日之前的第三日是我慶祝生日的日子。容我熱烈地邀請你，確定你能來加入我們。如果你能光臨，你的光臨將使我那一天更為快樂。請代我向你的塞瑞利斯問候。我的艾利斯和我的小兒也向你（？）問候。

（另一筆跡）

我的姐妹，我恭候你的光臨，我的姐妹，再見。我最親愛的心肝，敬祝幸福快樂。

（背面，第三人筆跡？）

舒比夏·列比笛納收，弗拉維斯·塞瑞利斯（之妻）色維拉寄

（木牘編號：85/57，原圖版 XVI *Britannia*，XVIII，1987，頁 137-142）（圖 15）

這是目前所知最早的一封女子拉丁文書信，邀請他人參加她的生日慶祝會。書信的時間在西元一世紀初。信寫在一件雙折牘上。原牘碎為七

圖 15　存世最早的女子拉丁文書信，木牘編號：85/57。

片，經拼復，中央頂端稍殘。拼復後長寬為 22.3×9.6 公分。此牘可貴在墨跡保存極好，以肉眼即可見字跡。

這封書信的重要性在於證明羅馬駐軍長官的眷屬，隨同軍隊在一起。受邀請的列比笛納（Lepidina）的丈夫已從其它木牘證實是巴塔維第八或第九營的營長，而邀請她的色維拉（Severa）的丈夫則是當地另一營的營長。色維拉在信中提到她的兒子，可證夫妻兒女應該都生活在一起。

羅馬曆法每月中間的一日稱為望日（ides），因每月長短不一，望日也就隨月份不同，此處九月望日前第三日為 9 月 10 日。信中以姐妹相稱，並不表示真正的親屬關係。信背面寄信人「之妻」二字是英譯者所加，原文沒有。

五 雯都蘭達、居延、敦煌及其它

雯都蘭達和居延、敦煌正好處於地球的兩端。它們對羅馬和漢帝國而言又都各是西北疆的邊防要塞（圖 16-17）。就木牘涵蓋的時間來說，居延和敦煌的簡牘大約要比雯都蘭達的早上一百多年（圖 18）。當東漢建立後，逐

圖 16　敦煌漢長城（岳邦湖先生攝）

圖 17　雯都蘭達羅馬要塞重建一角（1978.7.15 作者攝）

圖 18　中央研究院歷史語言研究所藏居延出土淮陽田卒名籍簡

古月集：秦漢時代的簡牘畫像與政治社會
——卷一　漢代的簡牘

漸減少在北方和西北塞外的活動，居延和敦煌的駐軍式微，文書趨於減少時，雯都蘭達才開始有了最早期的駐軍木牘文書。很難想像在地球這樣遙遠的兩端，曾有類似的一群人，先後藉用類似的材料，留下他們生活最真實的記錄。對照兩邊的記錄，可以引發一些或許有益的聯想。

雯都蘭達要塞的財務記錄和兵力清單十分簡略，但可以想像羅馬邊防軍的各級軍官，大概和居延和敦煌候塞的各級官吏一樣，每天除了戰備，還有大量各類的日常文書須要處理。羅馬的兵書曾說治軍的要訣之一在不使士兵有片刻的空閒。漢代沒有類似的話，實際上大概也是如此。

雯都蘭達有幾百人在作坊中生產勞動，居延和敦煌的駐軍也是忙於生產與備戰，幾無一日停息。所不同的是羅馬的軍隊不像居延和敦煌駐軍那樣從事農業生產。雯都蘭達商人和駐軍交易牛皮、牛筋和穀物，不禁使我想起建武三年甲渠候粟君責寇恩爰書所反映的邊區經濟活動，以及漢代邊軍的後勤問題。羅馬軍中的祭祀，則使我聯想起居延簡中因社祭納錢物的記錄。

羅馬軍隊曾是宗教信仰傳播的重要媒介。在新堡大學博物館，即可看見哈德良長城駐軍對米特拉神（Mithras）的崇拜遺物。這一神祇可能淵源自波斯，隨軍隊傳布到帝國各地。居延和敦煌的駐軍來自各地，從兩地的遺簡和遺物中，可以找出多少當時信仰的痕跡。這應是一個重要和值得注意的問題。

羅馬軍隊也曾經是帝國各地羅馬化重要的動力。雯都蘭達駐軍的組成主要是當地人，但軍隊文書使用的是拉丁文。在雯都蘭達還出土有羅馬詩人魏吉耳（Vergilius）的拉丁詩篇殘句，遺址內另有羅馬式的浴室。羅馬文化可以說隨著駐軍傳播到今天英國的北部。那麼，來自漢帝國內部各地的戍卒，又為居延和敦煌這樣的邊區帶來了什麼？過去的研究似乎還很少注意這樣的問題。

雯都蘭達的木牘還在發掘之中，以現在的數量和發表的內容看，其質和量以及透露的消息似乎都還不能和居延、敦煌的數萬簡牘相比。如果確如羅賓所估計，今後有上萬木牘出土，情況當又不同。

換一個角度看，雯都蘭達木牘較勝一籌之處，在於每一件木牘都有清楚的出土地點和層位資料。木牘僅是遺址出土品的一部分，遺址中的建築和遺物也可以幫助我們認識木牘的意義。在這些方面，居延和敦煌簡的出土品和遺址資料，以已經發表的來說，遠為粗糙。這是今天漢簡研究中一個難以彌補的限制和遺憾。中國的簡帛發掘工作還在不斷進行。今後除了注意簡帛的本身，如何能同時更為詳盡地記錄下出土和遺址情況，精確細緻地報導出來，這將大有助於簡帛研究，大為提高簡帛資料的價值。

　　發掘不易，保存更難。居延和敦煌木簡出土於乾燥的沙漠，保存問題較小，其餘內陸湖北、湖南、山東等地所出，大部分都十分潮濕，甚至浸在水中，情形和雯都蘭達相當類似。胡繼高和湖北省博物館實驗室都曾報導用乙醚和乙醇脫水處理竹木簡，方法和雯都蘭達木牘的處理基本原理相同，但程序和連浸的時間有別。如何進一步實驗，依據個別情況，找出最理想的處理過程，似有必要。日本木簡也出土於潮濕的環境，奈良國立文化財研究所採取完全不同的化學處理方式，可以有效長期保存，但木簡外部包有一層發亮的物質，改變了原物的狀態。國際間如何交流保存的技術經驗，是我閱讀雯都蘭達資料後，想要提出的另一點呼籲。

後記

　　現在荊州市文物保護技術研究中心胡繼高、吳順清等先生已成功開發出新的竹木簡復原及保護技術，成效極好，先後出版的多批楚簡可以證明。新法已基本克服了字跡清晰化和竹簡原狀保存問題，令人振奮。2004年7月11日承彭浩和吳順清先生盛意，有緣參觀保護技術研究中心，印象深刻。這樣的保存技術如何精益求精，推廣運用，加惠今後各地出土的簡帛，恐怕是更令學界期待的。關於雯都蘭達遺址發掘的最新進展和考古出版書籍，可參網站：http://www.vindolanda.com

原刊成功大學《西洋史集刊》第五期（1993），頁 1-29；收入《古羅馬的榮光——羅馬史資料選譯》第一冊（臺北：遠流出版社，1998），頁 45-65。

補後記

　　日本奈良國立文化財研究所在處理和保存木簡上已發展出新方法，不再有發光物質包在木簡表面而同樣達到木簡變堅實，墨跡保留不變又容許以手觸摸的保存效果。

112.3.15

從金關、懸泉置漢簡和羅馬史料
再探所謂羅馬人建驪靬城的問題

　　古代羅馬和中國的關係，長久以來，激起許多中外學者浪漫的聯想。去年（2000），以翻譯希臘和羅馬古典著作聞名的學者王以鑄先生，在為一本羅馬史中譯本所寫的序言裡，曾發出這樣的祝願：

> 當時條件的限制使羅馬和漢帝國未能建立關係，羅馬只從傳聞中知道東方有個產絲的國家。……當時中國通西域的使者最遠也只到達西亞，沒有到巴爾幹半島的記錄，更不用說意大利了。但是從不久前的報紙上我們得知我國西部腹地發現了一個白人聚落，據說他們可能是西元前 53 年羅馬將領克拉蘇斯東征帕爾提亞（我國歷史上叫安息）慘敗之後流落到中國的他麾下羅馬士兵的後裔。克拉蘇斯戰敗陣亡後，西方的史籍再也沒有提及他的部下的下落，只知道他們消失在東方的大漠裡。如果有關史學界把這事的來龍去脈弄清，這實在是我國和古羅馬的一段稀有的因緣！[1]

王先生一方面認識到古羅馬和漢帝國「未能建立關係」，一方面不禁又懷著憧憬，希望它們曾經有過某種關聯。當他得到消息說中國西部發現可能是羅馬士兵後裔所建的「白人聚落」，熱切地期盼史學界去弄清楚，因為「這實在是中國和古羅馬一段稀有的因緣」。

　　這段話的背後有一份可敬可愛的浪漫和期待。他所說西部的「白人聚落」，指的就是一座據說由一百四十五位羅馬俘虜建立的驪靬城。1989年，一位澳洲教師大衛·哈里斯（David Harris）為尋找此城（圖1），千里迢

1　奧托·基弗著，姜瑞璋譯，《古羅馬風化史》（瀋陽：遼寧教育出版社，2000），頁 5-6。

迢從澳洲飛到甘肅。消息經新華社披露，海內外的報章雜誌競相報導，轟動一時。中國和俄國的學者為之組織起來，參加調查。他們在號稱是驪軒城所在的甘肅永昌縣及其附近，不但找到驪軒縣古城的殘牆，甚至還找到四百餘「驪軒人」的後裔。在有心人的推動之下，永昌縣城裡現在不但塑像建碑（圖2），每逢節慶，還舉行羅馬士兵的化裝遊行（圖3）及「魚鱗陣」表演，以紀念西元前53年導致先祖「自西徂東」的一場戰役。永昌縣更成立了驪軒文化研究會。研究會常務理事宋國榮原來是一位農民，身高一公尺八二，高鼻深目，眼珠帶綠，棕髮卷曲，深信自己的遠祖來自羅馬（圖4）。據說，這位「羅馬後裔」的夢想是去義大利，看看

圖1　大衛·哈里斯和關意權夫婦

圖2　驪軒古城石碑（2001.8.12 劉錚雲攝）

圖3　永昌魚鱗陣遊行

老祖宗的原居地。[2] 2015 年以羅馬軍隊建驪軒城為背景，甚至出現了一部由成龍主演的電影——《天將雄師》！

　　永昌某些人認同「羅馬人」為祖宗，和中國大陸許多地方搶歷史名人，沒有太多本質上的不同。地方上為了脫貧脫困，創造旅遊資源（圖5），賣弄些噱頭，本不足以計較。學術界跟著起哄，真假不分，問題就值得重視。這十幾年來，圍繞著羅馬人建驪軒城一事，不少學者著文立論，甚至寫了專書。[3] 在眾人喧騰之下，子虛烏有可以變得煞有其事。如果說「歷史」可以「製造」，這是二十世紀末一個具有「國際合作」特色的鮮活例證。

圖 4　宋國榮先生　　　　　　圖 5　劉錚雲夫婦參加旅遊團攝於永昌雕像前
　　　　　　　　　　　　　　　　（2001.8.12）

2　相關報導及照片見 Erling Hoh, "Lost Legion", *Far Eastern Economic Review*, Jan.14, 1999, pp.60-62；林亢文，〈羅馬遺裔—中華生根二千年〉，《東週刊》（香港），415（2000.10.5），頁 36-41。

3　已出版之專書有這位澳洲教師（David Harris）所寫的報導，*Black Horse Odyssey: Search for the Lost City of Rome in China*（South Australia: Wakefield Press, 1991）；丘進，《中國與羅馬—漢代中西關係研究》（廣州：廣東人民出版社，1990）；劉增泉，《古代中國與羅馬之關係》（臺北：文史哲出版社，1995）。另外據說甘肅西北民族學院已過世的關意權教授有遺稿四十五萬字等待出版（按：已出版）。近年又有書和電影行市。例如高耀峰、劉紹棻，《驪軒之謎：古羅馬軍團失蹤兩千年後驚現中國始末記》（臺北：國家出版社，2007）。

2000 年《文物》第五期刊布了部分懸泉置的簡牘，其中有幾條與驪軒相關。這些新材料立即引起學者再探驪軒與羅馬關係的興趣。甘肅省文物考古所的張德芳、何雙全等先生先後發表文章，即利用了相關的新簡。目前正反意見都有。[4] 過去我對這個問題也曾提出看法。[5] 現在打算一方面檢討這些新簡牘，一方面也追查一下羅馬方面的材料，再次說明驪軒並不是羅馬人所建，或為羅馬俘虜而設，驪軒建制與漢代一般內地郡縣無異。驪軒縣居民應為漢之編民，其中或許有若干漢化的胡人，但無法證明他們原本是羅馬人或羅馬人的後裔。羅馬方面的材料也無法證明，曾有羅馬軍團的殘部，如德效騫（Homer. H. Dubs）所說，於西元前一世紀中後期助匈奴郅支單于守城，更於敗後成為陳湯的俘虜，被送到漢代的邊郡建立驪軒城。

一 有關驪軒的簡牘資料

有關驪軒的簡牘資料出自居延肩水金關和敦煌懸泉置。其中一枚肩水金關簡，早已於勞榦的《居延漢簡》中刊布；懸泉置簡釋文正式公布的有三枚，見於〈敦煌懸泉置漢簡釋文選〉（《文物》2000 年第 5 期，並刊出其中一枚的圖版）。張德芳的文章中曾引用了較多相關的金關和懸泉簡，其中金關簡八枚，懸泉簡四枚，但無圖版。以下先將這些資料集中重錄，再作討論：

4　劉光華、謝玉杰，〈驪軒是西漢安置羅馬戰俘城商榷〉，《西北第二民族學院學報（哲社版）》，2（1999），頁 3-16；張德芳，〈驪軒城與羅馬戰俘無關〉，《光明日報》，2000.5.19.；甘肅省文物考古研究所（何雙全執筆），〈敦煌懸泉置漢簡內容概述〉，《文物》，5（2000），頁 21-26；張德芳，〈漢簡確證：漢代驪軒城與羅馬戰俘無關〉，收入胡平生、張德芳編撰，《敦煌懸泉漢簡釋粹》（上海：上海古籍出版社，2001），頁 222-229。

5　〈漢代中國與羅馬關係的再省察——拉西克著《羅馬東方貿易新探》讀記〉，收入邢義田編譯，《西洋古代史參考資料》（一）（臺北：聯經出版公司，1987），頁 209-224；〈漢代中國與羅馬帝國關係的再檢討（1985-95）〉，《漢學研究》，15：1（1997），頁 1-31；收入《學術集林》，12（1997），頁 169-202。

肩水金關簡

1. 驪靬萬歲里公乘兒倉年卅長七尺二寸黑色　劍一　已入
   牛車一兩（《居延漢簡》334.33，圖6.1）

2. ☒和宜便里年卅三歲姓吳氏故驪靬苑斗食嗇夫乃神爵二
   年三月庚寅以功次遷為☒☒（73EJT4：98）

3. ☒公乘番和宜便里年卅三歲姓吳氏故驪靬苑斗食嗇夫乃
   神爵二年三月辛☒（73EJH2：2）

4. 閏月丙申驪靬長東亡移書報府所☒☒☒（73EJT1：199）
   （按張德芳前引文謂此簡：「為削衣，同探方所出三一八枚簡中
   紀年簡十三枚……其中始元一枚，本始五枚，地節五枚，元康
   一枚，甘露一枚，最早為始元二年（前八十五年），最晚為甘露
   二年（前五十二年）。因此該簡大致可定為昭宣時期遺物，下限
   在公元前五十二年以前。」）

5. 驪靬尉史當利里呂延年年廿四☒☒（73EJT9：127）
   （按張德芳前引文謂此簡：「同出紀年簡廿五枚……其中本始一
   枚，五鳳六枚，甘露十枚，初元五枚，河平一枚，元始一枚。
   宣帝時期居多，共十八枚……因此……為宣帝時遺物的可能性
   亦較大。」）

6. ☒出錢五十粟五斗驪靬☒出錢五十粟五斗顯美
   （73EJT37：915）

7. 鰊得☒☒驪靬常利里馮奉世☒☒
   （73EJT24：964）

8. 驪靬苑奴牧番和宜便里☒☒☒（73EJT23：193）

9. 驪靬苑大奴尹福長七尺八寸（73EJC：95）

圖 6.1　居延簡
334.33

懸泉置簡

10. 出粟二斗四升　以食驪靬佐單門安將轉從者一人凡二
    人□往來四食□三升

    （V92DXT1311.3：226，圖版見《文物》5（2000），頁32，
    圖五：7（圖6.2））

    （按：〈釋文選〉、張德芳釋文「驪靬」俱作「驪軒」，查圖版，
    軒應作靬。）

11. 驪靬武都里戶人大女高者君自實占家當乘物□□年廿
    七□□次女□□□□□☑☑（V92DXT1210.3：96）

    （按：〈釋文選〉和張德芳釋文排列不同，無圖版，無法判定
    何者近乎原簡。驪靬，〈釋文選〉作「驪軒」。從前簡知「軒」
    或以作「靬」為是。）

12. □□□過所遣驪乾尉劉步賢□□（V92DXT1511.4：5）

13. ☑所遣驪靬苑監侍郎古成昌以詔書送驪橐他
    （IV92DXT0317.3：68）

    （按：「橐他」，〈釋文選〉作「橐佗」。〈釋文選〉、張德芳釋
    文「驪靬」俱作「驪軒」。）

■ 簡牘中的驪靬與驪靬人

〈敦煌懸泉漢簡內容概述〉曾以專節討論張掖郡驪靬
縣是否為羅馬城的問題。〈概述〉的說法如下：

> 驪靬，張掖郡屬縣，位于今永昌縣以南。設縣的時間等
> 史書無載，過去發現的漢簡中也很少提及。驪靬又作犁
> 軒、犁靬、犁鞬，史學界一般認為漢代的犁靬是指羅
> 馬，這一點似無疑義。近年來國內外有學者認為驪靬就
> 是羅馬，漢代驪靬縣是因安排停獲的羅馬戰俘而設縣命

圖6.2　懸泉簡
V92DXT1311.3：
226

名的；驪軒人即羅馬人，驪軒縣城即羅馬城，今永昌以南古城就是漢代的
羅馬城。懸泉簡中有三條資料……為元、成帝時期文書。我們還可以看
出，驪軒縣下有鄉里、郵置，同時還設有養馬「苑」，其建置與內地相同。
文書中的古成昌、單門安、高者君三人，從名字看，可能不是漢人。這些
問題有待今後進一步研究。[6]

〈概述〉的作者十分慎重地認為這些問題有待今後進一步研究，未遽下定
論。不過，文中先引述近年來國內外學者認為「驪軒就是羅馬」，又認為
懸泉簡提到驪軒的三個人，從名字看「可能不是漢人」，似又隱約地暗示
他們不無可能是羅馬人。

在〈概述〉發表之前，蘭州大學歷史系和第二民族學院的劉光華和謝
玉杰先生曾指出驪軒設縣應在建昭三年（西元前 36 年）陳湯敗郅支單于，甘
露元年（西元前 53 年）安息敗羅馬軍於卡萊爾之前。據他們的意見，「驪軒」
實指匈奴之「犁汗」。昭帝元鳳三年（西元前 78 年）漢敗屯匈奴右賢王、右
犁汗王，並俘獲右犁汗王部眾「數百人」，「為安置這『數百』犁汗部眾，
漢朝遂于張掖郡置驪軒縣……何況軒、汗音同，俱讀翰，可通用。因之，
驪軒的建縣年代上限當在元鳳三年春或稍遲」[7]。劉、謝一文從文獻上證明
驪軒置縣應在陳湯敗郅支，甚至安息敗羅馬軍團之前，如此，驪軒即不可
能是由羅馬戰俘所建，或為安置他們而設。

可是，「驪軒」即「犁汗」，為安置匈奴右犁汗王之數百部眾而置驪軒
縣之說，仍有些通解上的困難。設「縣」以安置降胡並非漢代在西北地區
實行的制度。漢代承秦，於有蠻夷處或設「道」，或因胡「故俗為屬國」
（《史記・衛將軍驃騎列傳》）。兩漢為安置歸降的匈奴或羌人，在西北沿邊多
設置屬國。屬國的編制和郡縣不同；屬國之下置都尉、丞、候、千人（《漢
書・百官公卿表》），這是大家都熟悉的。而據上述簡牘，驪軒是一個不折不
扣的縣，有長（見前引簡 4），有尉史（簡 5），其下有里（簡 1「萬歲里」、簡 7

---

6 《文物》，5（2000），頁 25。

7 劉光華、謝玉杰，前引文，頁 16。

「常利里」、簡11「武都里」）。這樣的建置和漢代內郡一般的縣全無二致。《漢書・地理志》張掖郡下有十縣，驪靬為其一，即為明證。因此，為安置一百餘名羅馬戰俘而置驪靬縣，在制度上講不通。

如果不將驪靬縣的設置說成是為安置匈奴右犁汙王的數百部眾，而僅說驪靬縣名之音與匈奴語之「犁汙」音相近，而與匈奴有關，這比說驪靬乃轉譯自羅馬的亞歷山卓要可能得多。武帝敗匈奴，雖說「幕南地空」，以後在河西置郡縣，仍沿用了若干匈奴遺留下來的名稱，是比較可以理解的事。

驪靬縣比較特別的是因在邊地，有為養馬而特置的苑。養馬苑中有善於養馬的胡人，倒是十分可能。匈奴休屠王子金日磾降漢，因善養馬，曾被安排去當馬監。驪駼（靬）苑有大奴尹福高七尺八寸，「尹福」是相當中國式的姓名。在漢代，胡人有可能有這樣的名字。例如懸泉簡歸義的羌人中有以「唐堯」，也有以「少卿」、「長生」為名的。如果沒有其它的線索，單憑這些名字，實難判斷他們是胡人或漢人。尹福是養馬苑奴，身材又較一般漢人高大（詳下），因此推測他是一位胡人，不無可能。〈概述〉作者認為苑監侍郎「古成昌」和驪靬佐「單門安」的姓名不似漢人，也不無可能。不過，單單從姓名恐怕難以準確判斷。

我們可以比較一下懸泉簡中明確提到的非漢人，就可以發現他們的種落名、國名、官名和人名基本上以譯音為主，如：

「歸義聊耶芷種羌男子東憐」（II 90DXT0214.1：1）、

「歸義聊卑為芷種羌男子唐堯」（II 90DXT0214.1：2）、

「歸義壘卜芷種羌男子封芒」（II 90DXT0214.1：4）、

「歸義□良種羌男子落歸」（II 90DXT0214.1：5）、

「鄯善王副使者盧匿」（I 90DXT0116.2：15）、

「烏孫大昆彌副使者薄侯、左（佐？）大將」（II 90DXT0214.2：385）、

「康居王使者楊伯刀、副扁闐、蘇□王使者姑墨、副沙困即、貴人為匿」（II 90DXT0216.2：877）、

「西域胭人佰」（V 92dxt0309.4：40B）、

「右大將軍副使屈□子」

「左都尉副使胡奴殊子」

「姑墨副使少卿子」

「貴人病藉子」

「貴人子王子」

「危須副使頃□出子」

「烏壘使者駒多子」

「侍子貴人屋貝卿子」（V 92DXT1410.3：57A）

「子雲　　足危　　烏黑子　　日中

容　　　長生　　黑犯子

□償　　始成子　　日……」（V 92DXT1410.3：57B，按以上某某子的子應是侍子，子前為人名）

以上這些名字除少數有中文字義上的意義（如唐堯、少卿、長生、始成……），大部分是無意義的譯音而已。例如「壘卜芘種羌男子封芒」的「壘卜芘」、「封芒」都明顯是譯音。《漢書・趙充國傳》有「先零豪封煎」；「封煎」、「封芒」的「封」應是同一個羌語音的譯音。同樣，「蘇□王使者姑墨」的「墨」字，《漢書・陳湯傳》有康居「貴人屠墨」；「鄯善王副使者盧匿」、「貴人為匿」的「匿」字，《漢書・段會宗傳》有「康居太子保蘇匿」；「左大將」的「將」字，〈段會宗傳〉有烏孫小昆彌兄「末振將」。這些譯音之名大部分沒有中文上的意義。像「成昌」、「門安」這樣多少有些意義，或像「唐堯」、「少卿」、「長生」這樣有明顯中文意義的名字，是否從胡名譯音而來，如無其它旁證，恐難完全斷定。但也不無可能因胡音與漢文音近，而譯成了這樣。

其次，再來看看驪軒縣的人是不是胡人或羅馬人。簡牘資料上，凡籍屬驪軒的人，和其他漢代的編民一樣，在過所一類文書中署寫姓名、爵級、縣里、年齡、身高、膚色等資料（前引簡 1、7、11），簡 1：「驪軒萬歲里公乘兒倉年卅長七尺二寸黑色　劍一　已入　牛車一兩」是出入關津的紀錄。紀錄中的主角「兒（倪）倉」，有一個十分典型的漢人姓名；籍屬萬

歲里，里名也是十分典型的漢里名；公乘，是一般漢簡中常見的爵級；身高七尺二寸、黑色，則是簡中常見漢代軍民的標準身高和膚色。[8] 匈奴或其它胡人的身高如何，欠缺確實的資料。[9] 匈奴休屠王子金日磾高「八尺二寸」（《漢書·金日磾傳》），可以參考。因而從簡的內容上說，這位兒倉最可能是一位驪軒縣下標準的編戶齊民，而且很可能是一位漢人，並非胡人或羅馬人。

同樣的情形也見於簡 11：「驪軒武都里戶人大女高者君自實占家當乘物□□年廿七□□次女□□□□□☑」。「戶人」、「大女」都是漢代人口簿籍簡中常見的術語。「大女」在居延簡中常見，不勞舉證。「戶人」一詞見於江陵鳳凰山十號西漢墓出土之鄭里廩簿及一六八號墓出土衡杆上文字。[10] 以女子為戶人或戶長，則見於江陵高台西漢十八號墓出土的木牘。[11] 這些資料都是西漢的，可證「驪軒武都里戶人大女」云云和西漢內郡行政文書中的習慣完全一致。「高者君」三字因無圖版，無法核驗釋文的正確性；如果正確，也是漢人的姓名。漢代以「君」為名的不限於男子，女子也很

8　據張春樹統計漢簡中四十六人的資料，其中十八歲以上而身高詳確者三十六人，平均身高為七尺三寸。霍光身高七尺三寸，被當時人認為是「不短不長」（《史記·三代世表》褚少孫補引《黃帝終始傳》）。參張春樹，《漢代邊疆史論集》（臺北：食貨出版社），頁 193-194。不過張春樹引楊希枚之說，認為簡中「黑色」二字是指黑色的人種，近有學者據張、楊之說，更進一步認為「驪軒萬歲里的黑皮膚的西域人疑即來自埃及亞歷山大里亞城的非洲人，也就是漢代史官說的『黎軒』或『驪軒』人。」（見林梅村，《古道西風——考古新發現所見中西文化交流》〔北京：三聯書店，2000〕，頁 177）。「黑色」二字指皮膚顏色，但絕不是今人所理解的黑色人種，楊、張之說實出誤解，請參我多年前舊稿，〈論漢代的以貌取人——從「行義」舊注說起〉，《慶祝高去尋先生八十大壽論文集》（臺北：正中書局，1991），頁 257。

9　目前根據遺骨所作體質人類學的分析多以顱骨為限，我一時還沒找到身高的統計研究，請參潘其風、韓康信，〈內蒙古紅巴拉古墓和青海大通匈奴墓人骨的研究〉，《考古》，4（1984），頁 367-375；韓康信，〈塞、烏孫、匈奴和突厥之種族人類學特徵〉，《西域研究》，2（1992），頁 3-23。

10　李均明、何雙全編，《散見簡牘合輯》（文物出版社，1990），頁 70-72、77。

11　湖北省荊州地區博物館，〈江陵高台 18 號墓發掘簡報〉，《文物》，8（1993），頁 19 及圖版二。

多。[12]「自實占」即文獻和簡牘中都見到的「自占」，自行上報財物資產，以備課稅。「實」者，據實申報也。在漢代只有編民才登記財產上稅。從「自實占」可證這位高姓大女是一位漢人編民無疑。

簡 5「驪軒尉史當利里呂延年」雖沒有明說他籍屬驪軒，但漢代慣例以本地人充屬吏，這位當利里的呂延年很可能就是驪軒本縣人。呂延年的「延年」是最常見的漢代人名之一，他是漢人的可能性最大。同樣，簡 7「驪軒常利里馮奉世」、簡 12「驪乾尉劉步賢」（「驪乾」為「驪軒」的異寫。「驪乾尉」《光明日報》釋文作「驪乾稟尉」。張德芳先生見告排印衍一稟字），馮奉世、劉步賢都是典型的漢人姓名。[13] 以目前公布的資料來看，籍屬驪軒的吏民無疑以漢人居多，但也不排除在這樣的邊縣，會有一些養馬的胡人居民。然而他們會是羅馬人嗎？

這個問題可以從幾方面來看。一是驪軒縣存在的時間。張德芳先生根據以上第 2、3 簡，已十分有力地證明驪軒早在神爵二年（西元前 60 年）以前即已存在。這比所謂西元前 53 年羅馬軍團為安息敗於卡爾萊（Carrhae），流亡到馬奇阿納（Margiana）（圖 7），西元前 36 年陳湯殺郅支單于，生虜 145 人都要早。因此驪軒縣不可能是由這一百多名羅馬士兵所建，或為安置他們而建。這項論證已有力地駁斥了王先謙以大秦國降人置驪軒縣的假想。

驪軒縣建置甚早，雖不可能由大秦國降人所建，可是這並不意味其後即不會有羅馬人到驪軒，不會為漢人守邊或養馬。驪軒苑中的養馬胡奴有可能是羅馬人嗎？要釐清這一點，我們須要重新檢視一下德效騫的說法，認識一下羅馬軍團的特性，以及羅馬方面的史料到底是如何記載的。為此，或許有必要先回顧一下羅馬人建驪軒城一說的來歷。

12　據劉增貴蒐羅的例子，漢代女子以「君」為名的例子達四十八個，是名字可考案例的最大宗，參劉增貴，〈漢代婦女的名字〉，《新史學》，7：4（1996），頁 45-47。

13　羅福頤《漢印文字徵》第二有「召步賢」，第六有「呂步賢」印。「奉世」之名，文獻及漢簡、漢印中不少，不細舉。西漢元帝時有右將軍馮奉世。

圖7　西元前一世紀的羅馬、安息和漢代中國形勢圖。

三 「羅馬人建驪軒城」——一段古今中外學者「共同製造」的歷史

　　如果追查起來，始作俑者是中國學者。可以追到范曄的《後漢書·西域傳》、顏師古、錢坫、郭嵩燾、李光廷和王先謙等人的著作。《後漢書·西域傳》首先說：「大秦國一名犁鞬」；《漢書·張騫傳》謂：「初置酒泉郡以通西北國，因益發使抵安息、奄蔡、犛靬、條支、身毒國」，顏師古注：

> 「李奇曰：『靬音虔』，服虔曰：『犛靬，張掖縣名也』。師古曰：『…自安息以下五國皆西域胡也。犛靬即大秦國也。張掖驪靬縣蓋取此國為名耳。驪、犛聲相近，靬讀與軒同。李奇音是也，服說非也。』」

「犁鞬」即「犛靬」，顏師古據《後漢書》，認為「犛靬即大秦國也」。他進

一步從字音上指出「張掖驪靬縣蓋取此國為名」。他將大秦國和張掖驪靬或犛軒縣之得名聯繫在一起，用一個「蓋」字，表示他不過是從字音上去推想。

進一步將大秦和義大利的羅馬聯繫在一起的則有清代名儒郭嵩燾和李光廷等。《漢書·張騫傳》王先謙〈補注〉引郭嵩燾之說，以為「大秦國一名犛靬，即今意大利。西隔地中海，為安息所閡，漢使亦未能一至。班史亦約略言之，不詳其始末也。」[14] 他在《漢書·西域傳》烏弋山離國王條〈補注〉裡，重複提到相同的意見，又引李光廷《西域圖考》謂：「犛靬即後書之大秦。兼有今歐羅巴一洲之地，國都羅馬，拓地直至土耳其東境與安息鄰。」[15]

郭、李或以為大秦即今義大利，或兼有歐洲一洲之地，以羅馬為國都。郭氏為清代通西學之名儒，其說可見於《郭嵩燾日記》或《使西紀程》光緒二年（1876）十一月二十日條。在日記裡，郭嵩燾說：「大秦即羅馬國，今屬意大里。安息，今波斯。條支，今阿剌伯也。」[16] 李光廷則是清儒中較早利用西洋地理與歷史知識作中國地理考證的學者之一。[17] 其《西域圖考》自同治九年（1870）起多次刊刻，篇首附有據西洋地圖，用經緯度繪製而成的「西域」地圖及「地球全圖」。卷六考大秦，分大秦為東境、西境兩部，謂東境當今土耳其，西境當「今意大里亞國地，古稱羅馬。漢時大秦之國都也。」（圖8）書中並略述了羅馬帝國興衰、統一與分裂的歷史。[18]

王先謙之說除了根據當時學者這些先進的說法，張德芳進一步研究，

14　王先謙，《漢書補注》（臺北：藝文印書館，影印長沙王氏校刊本），卷61，頁6下。

15　同上，卷96上，頁27下。

16　參見湖南人民出版社點校，《郭嵩燾日記》（長沙：湖南人民出版社，1982）第三卷，頁127。

17　道光九年（1829）所刊徐松《漢書西域傳補注》依循傳統方式考證，尚不見西洋新知的影響。

18　李光廷，《漢西域圖考》（蘭州：中國西北文獻叢書第三輯，1990影印同治九年刊本），卷6，頁22下-27下。

圖 8　李光廷《漢西域圖考》卷六附圖

發現先謙更接受了錢坫《新斠注地里志》（1792 年序，1797 年刊）以驪軒降人置縣之說，[19]以為張掖郡驪軒縣是以大秦國的降人置縣。《漢書·地理志》張掖郡驪軒條，先謙〈補注〉曰：「《說文》作麗靬，〈張騫傳〉作犛靬，〈西域傳〉作黎軒，〈匈奴傳〉作黎汗，音同通用。犛靬即大秦國，蓋以其降人置縣。」（頁 16 上下）王氏之注和錢坫所說幾乎相同，但他們兩人都沒有說明以何為據。錢坫謂「本以驪軒降人置縣」，[20] 王先謙稍改為「蓋以其降

19　張德芳，前引〈漢簡確證：漢代城與羅馬戰俘無關〉，頁 223。

20　錢坫，《新斠注地里志》（徐松〈集釋〉）（開明書局《二十五史補編》本），卷 12，頁 119。

人置縣」。以「蓋」代「本以」，態度較審慎，表示有推測的成分。

另一個引發聯想的源頭是荷蘭著名的漢學家戴文達（J. J. L. Duyvendak）。1938 年，他在歐洲漢學雜誌《通報》（*T'oung Pao*）第卅四卷，發表一篇〈西漢史上的一件戰役圖〉（An Illustrated Battle-Account in the History of the Former Han Dynasty）。這篇論文主要是認為山東孝堂山石祠西壁的胡漢交戰圖，應是淵源於描述陳湯誅郅支單于的「戰役圖」（illustrated battle-account）。他的根據是《漢書·元帝紀》。〈元帝紀〉謂建昭「四年（西元前 35 年）春正月，以誅郅支單于告祠郊廟，赦天下。群臣上壽置酒，以其圖書示後宮貴人。」他認為這裡所說的「圖書」中的「圖」，應該是孝堂山石祠中所見那樣的胡漢交戰圖。這種形式的交戰畫像不見於中國本身的繪畫傳統，應非中國的藝匠所作，而可能源自中亞的康居或粟特（Sogdiana），出於從那裡俘虜而來的藝匠之手。戴文達甚至認為《漢書·陳湯傳》對陳湯誅郅支戰役一幕幕生動的記述，就是依據後宮貴人所見的那幅戰役圖。

戴文達一文完全沒有提到羅馬軍團，也沒說卡爾萊一役羅馬俘虜和陳湯誅郅支單于，或羅馬俘虜和驪軒城的關係。1957 年，英國的漢學家德效騫（Homer H. Dubs）卻從王先謙補注和戴文達之說得到了靈感，將陳湯誅郅支的文獻描述和圖畫、羅馬俘虜以及「以大秦國降人置縣」等事作了聯繫，寫下一本名為《古代中國的一座羅馬城》（*A Roman City in Ancient China*, London, 1957）的小書。[21]

在這本書裡，作者認為驪軒城乃亞歷山卓城（Alexandria）的譯音。陳湯敗郅支單于後，帶回助郅支以「魚鱗陣」守城的 145 位羅馬士兵，這些士兵在今甘肅永昌附近建了驪軒城，為漢守邊。《漢書·陳湯傳》提到的「魚鱗陣」，德效騫相信就是羅馬軍團所專長的「龜盾陣」（testudo，此字原意為龜或龜甲；兵士盾牌相勾連，狀若龜背之紋，故得名。參圖 9、10）；他將土城

21　此書現有中文摘譯本可參，請見丘進譯，〈古代中國的一座羅馬人城市〉，收入中外關係史學會、復旦大學歷史系編，《中外關係史譯叢》第 4 輯（上海譯文出版社，1988），頁 364-373。

外的「重木城」譯為 double palisade of wood，認為即是羅馬軍團常以尖木樁作成的防禦工事（palisade，拉丁名為 vallum。參圖 11-13）。由此證明，在都賴水單于城助郅支守城的應有羅馬軍人在內。他甚至認為描繪陳湯勝利的交戰圖應是模仿羅馬的凱旋式（triumphus）而來。

圖 9　圖拉真紀功柱上的龜盾陣

四 大衛‧哈理斯的追尋

　　在戴文達和德效騫兩人假說的鼓舞之下，大衛‧哈里斯這位原本寫小說的澳洲教師，懷著一份有如當年席里曼（Heinrich Schliemann，1822-1890）尋找特洛伊城（Troy）的浪漫，於 1989 年來到甘肅，依據比荷馬史詩更渺茫的線索，找尋這座夢幻中的羅馬城。

　　經過十分曲折的努力，哈里斯根據蘭州西北民族學院關意權教授給他的一份地圖，曾到永昌西南「者來寨」（哈里斯書作 Zhor Lai Zhai，新華社 1993.7.11 的一份電文作「者寨子」，後者誤。）調查過一次。在這裡他看見高約一個人的四分之三高度，長約百餘公尺的殘牆，一些花紋像是漢陶的殘片。[22] 但是這些殘牆和陶片完全無法證明是否是漢代的遺留，更不要說是建驪靬城的羅馬人的遺留。

　　他為了作進一步的鑽探發掘，尋找更多的證據，返回澳洲尋求贊助，又帶著前一年在蘭州成婚的妻子，飛往義大利的羅馬、敘利亞的大馬士革、蘇俄的莫斯科和烏茲別克的塔錫肯特（Tashkent）等地（參圖 14），企圖

22　David Harris, *Black Horse Odyssey*, pp. 159-163.

圖 10　馬可・奧利留紀功柱上的龜盾陣

圖 11　羅馬人的防禦工事

圖 12　羅馬人的防禦工事「倒勾鐵刺」

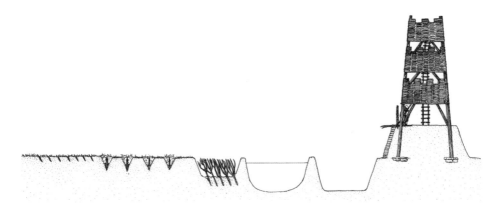

圖 13　防禦工事結構圖「百合花」

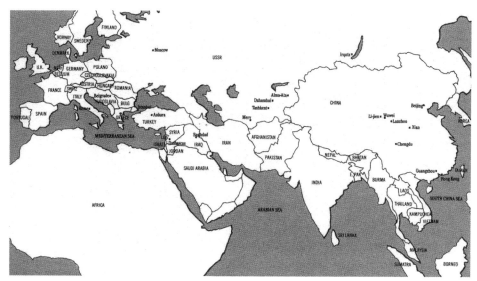

圖 14　大衛‧哈里斯書中所附其追尋羅馬軍團踪跡圖

查證文獻上所說以及德效騫推測，羅馬殘部曾經停留的地點和他們曾去過
的郅支城。他在羅馬、大馬士革、莫斯科毫無所獲。在塔錫肯特，他找到
當地考古研究所的所長查米拉‧烏茲邁歐娃（Zamira Uzmaiova）。她曾在木
盧（Merv）從事考古發掘達二十餘年。以下轉錄幾句哈里斯書中的話：

> 她曾在木盧附近沙漠尋找古遺物達二十餘年。她的老師馬森（Masson）在木
> 盧附近帶領考古則達四十年。安息人所虜的羅馬軍團就消失在木盧之西。
> 如果要說這個世界上還有誰知道這些士兵的下落。這個人必是烏茲邁歐娃
> 博士。……「抱歉，我完全沒有你要尋找的羅馬人的證據。」她的話使我
> 的心下沉。依照德效騫的理論，有些卡爾萊之役的羅馬殘部被拘禁在木
> 盧。其中一些勇敢的傢伙又從木盧逃到匈奴郅支單于的王庭。如果在木盧
> 找不到這些羅馬人的痕跡，這將是我們證據上的重大缺環。……查米拉眼
> 光中流露著對我們的同情，但她說：「郅支城也沒有留下痕跡。」這對我是
> 另一個重大的打擊。[23]

23　Ibid., pp.249-250.

哈里斯不死心。在塔錫肯特，他又去請教卡姆查藝術研究中心（Khamza Fine Arts Research Centre）歷史部門的負責人愛德華・耳維拉茲（Edward Rtveladze）。耳維拉茲攤開中亞地圖，一一指出木盧以東一千公里內曾有羅馬遺跡的地點以及遺跡的檔案照片。遺跡中有一件似乎可能有關的是在阿富汗邊界一個叫克里福特（Keleft）附近洞穴壁上刻寫的拉丁銘記。銘記的意義已無法完全了解，但其中有一字「Girex」是羅馬第十五軍團（XV Apollinaria）的名字。哈理斯相信這是安息人確曾將羅馬俘虜送往中亞的一項證據。[24] 為了查證郅支城是否確如烏茲邁歐娃所說一無可考，哈里斯又到了可能是郅支城所在附近的阿耳馬・阿塔（Alma Ata）。當地一位名叫白帕可夫（Baipakov）的教授告訴他，在地查姆布耳（Dzhambul）以東十五公里有一年代不可考的石城殘留，可能是郅支城。白帕可夫聳著肩說：「我說的僅是一個假設……誰知道呢？它也可能是中古時期商旅往來打尖的休息站（caravanserai）」。[25] 哈里斯結束中亞之旅以後，再到蘭州，希望去永昌者來寨再作一次調查時，當地已變成文物保護區，不准外國人進入。哈理斯黯然返回澳洲，將追尋的經過寫成了書。儘管如此，他沒有就此放棄在中國找到這座羅馬城的希望。其書最後一章的中文標題赫然是——「來日方長」。

五 對哈里斯訪中亞所獲「證據」及羅馬文獻記載的檢討

德效騫可能無法想像，他的一個假說在數十年後可以引發這樣大的波瀾。哈里斯為了證實德氏之說，苦苦追尋，不但到中國，更遠赴中亞，希望在羅馬軍團殘部可能停留的地方，找到證據。哈里斯不通中文，大概不

24　Ibid., pp. 252-253.
25　Ibid., pp. 255-257.

知道中國學者老早就根據中國方面的史料，指出德氏之說的不可信。[26] 不過一直沒有人去查核德效騫所用的羅馬史料。以下即針對哈里斯走訪俄屬中亞所獲的「證據」和德效騫所用的羅馬史料稍作檢討，就可以知道這座所謂的漢代羅馬城，迄今仍只能存在於他們的想像之中。

哈里斯在中亞所得到的幾項證據，其實當地的學者已明確告訴他並不可靠。其中唯一比較值得進一步檢討的是在洞穴壁上發現的拉丁文軍團名稱銘刻。羅馬軍團從共和時期開始的確就有不同的名稱和番號。[27] 當這些軍團日趨常備職業化以後，軍團名稱越來越代表一種榮譽。有些戰績彪炳的軍團，其名稱和番號可以長期存在達二百餘年。前文提到的第十五軍團即為其一。[28] 第十五軍團是由奧古斯都（西元前 27 年至西元 14 年）所組成，其名稱 Apollinaria 源自羅馬主神阿波羅（Apollo），這也是奧古斯都的保護神。第十五軍團從奧古斯都時代，一直存在到西元 215 年以後。駐防的地點原在今多瑙河中游，羅馬帝國的帕農尼亞省（Pannonia），西元 68 年移往巴勒斯坦的猶大省（Judaea）。西元 71 年又移回帕農尼亞，西元 114 年以後調駐到今天土耳其東部，古羅馬的格拉西亞—卡帕多西亞省（Galatia-Cappadocia）。格拉西亞—卡帕多西亞省在阿美尼亞（Armenia）之西，是最接近俄屬中亞地區的一省。這些移防的情形，因有軍團官兵大量墓碑、還願碑與其它相關遺物的出土而被詳細的考證出來。如果稍一了解第十五軍團駐地移動的情形，就不難了解在阿富汗邊界附近發現的第十五軍團的名稱銘刻（如果銘刻確實是指第十五軍團），只可能是該軍團移防格拉西亞—卡帕多西亞之後，也就是西元 114 年以後才存在的。這和西元前 53 年的卡爾萊

---

26 參前引邢義田，〈漢代中國與羅馬帝國關係的再檢討（1985-95）〉，《漢學研究》，15：1（1997），頁 3 及注 4。

27 關於羅馬軍團名稱的來源請參 Graham Webster, *The Roman Imperial Army*（Norman: University of Oklahoma Press, 3rd ed., 1985, 1998），pp.104-107.

28 參 J.P.V.D. Balsdon, *Rome: The Story of An Empire*（N.Y.: McGraw-Hill, 1970），pp.88-91；邢義田，〈羅馬帝國軍隊常備職業化的特色〉及附表「奧古斯都軍團存續表」，《古羅馬的榮光》第二冊，頁 545-574。

之役，西元前 36 年陳湯敗郅支之役都相去太遠。更重要的是西元前五十或三十餘年，第十五軍團根本沒成立，還不存在！完全無從證實德效騫的假說。

接著談談德效騫所用的羅馬文獻。他主要是依據蒲魯塔克（Plutarch，約西元 46-126 年）《希臘羅馬名人傳》中的〈克拉蘇傳〉。傳中記載西元前 53 年，克拉蘇（M. Licinius Crassus）在卡爾萊為安息所敗的經過。傳中提到克拉蘇入侵安息的兵力為「七個羅馬軍團（legiones），約略四千騎兵，以及約略相同數量的輕裝步兵」（XX.1），[29] 其所部在戰役中，「據說有二萬人被殺，一萬人被俘虜」（XXXI.7）。此外，老蒲林尼（G. Plinius Secundus，西元 23-79 年）《自然史》（*Naturalis Historia*）中提到安息將俘獲的克拉蘇殘部，安置在馬奇阿納。蒲林尼在介紹馬奇阿納這個地方時說：「這裡就是克拉蘇戰敗後，羅馬俘虜被〔安息王〕歐羅笛斯（Orodes）發遣所至的地方」（VI.47）。其它羅馬史料提到克拉蘇在卡爾萊戰敗一事的雖有不少，但不是記載過於簡略，就是時代較晚。唯一時代較早，但德效騫反捨而不用的是帕特庫逯斯（Velleius Paterculus，約西元前 20 年以前至西元 30 年以後）《羅馬史》殘卷中的片段記載。這個記載是卡爾萊之役後十餘年，安東尼在征阿美尼亞途中（西元前 36-35 年），巧遇曾被安息俘虜而後逃亡的羅馬士兵。由於這個士兵引導退卻的道路，安東尼的軍團才免於被圍和覆沒的命運（II. lxxxii.2）。德效騫為何捨此不用，我們下文再作檢討。

這裡先檢討一下克拉蘇軍隊的組成和性質。簡單地說，在共和末期，羅馬的軍團是由羅馬的公民組成，基本上全是步兵。一個軍團約有四千八百人。克拉蘇所領的七個軍團有約三萬三千六百人。他們是真正的羅馬人。軍團作戰時常搭配一定數量由「非羅馬公民」組成的騎兵。克拉蘇的四千騎兵正是這樣的隊伍。他們和數量相當的輕裝步兵都是協同軍團作戰，都屬於由非羅馬公民組成的「協防軍」（auxilia）。[30] 所謂「非羅馬公民」

29　本文所引羅馬史料皆據 Loeb Classical Library 本，不再一一注明。

30　請參邢義田，〈羅馬帝國軍隊常備職業化的特色〉、〈漢代中國與羅馬帝國軍隊的特色〉，收

主要是指沒有羅馬公民權的羅馬盟邦（socii）和行省的人民（provincialis）。在那個時代，他們只是羅馬的盟友或被羅馬征服，受羅馬統治，並沒有公民資格，因此不被看成是「羅馬人」。[31] 換言之，克拉蘇率領的軍隊是由約三萬三千多羅馬步兵，協同作戰的非羅馬騎兵四千和輕裝步兵四千所組成。德效騫估計其軍總數在四萬二千人左右，基本上正確。

蒲魯塔克對戰役的經過有相當詳細的描述。但是我們完全無法從描述中得知羅馬步、騎到底各有多少損失。有些記載說是幾乎全軍覆沒，蒲魯塔克只籠統地說有二萬人被殺，一萬人被俘。問題的關鍵是被安息王發遣到馬奇阿納的羅馬俘虜，其中到底有多少是步兵，有多少是騎兵，他們之中又有多少是真正所謂的「羅馬人」。對這些問題，羅馬方面的資料可以說一無線索。

須要弄清這些問題的原因在於如此才能深一層評估德效騫說法的可能性。德效騫認為〈陳湯傳〉中所說的魚鱗陣就是龜盾陣，那麼他所說助郅支守城的羅馬人應該是羅馬軍團的步兵。因為「龜盾陣」是羅馬正規軍團步兵使用的一種戰術，騎兵不用。〈陳湯傳〉也明明記載為魚鱗陣的是「步兵百餘人」。照德效騫的講法，這百餘步兵應該就是建立驪靬城的羅馬軍團的士兵。

果真如此，在驪靬苑中養馬的「胡奴」就幾乎不可能是這些步兵了。一方面是時間不合。這些驪靬苑的簡牘，據張德芳考訂屬昭、宣時期，比所謂被陳湯於西元前 36 年俘虜的羅馬士兵要早數十年之久。另一方面，如大家所熟知，羅馬軍團以訓練嚴格著名，士兵除了演練戰技，並不管後勤如養馬之類的事。[32] 這些步兵擅長於養馬的可能性極小。如果是騎兵，倒

入《古羅馬的榮光──羅馬史資料選譯》第二冊（臺北：遠流出版公司，1997），頁 545-574、574-584。

31　關於在共和及帝國初期那些人是「羅馬人」，那些又是「非羅馬人」，可參看 David Roy, *Foreigners at Rome: Citizens and Strangers*（London: Gerald Duckworth & Co., 2000）。

32　請參 R.W.Davies, *Service in the Roman Army*（N.Y.: Columbia University Press, 1989），pp. 33-70；邢義田，前引書第二冊，頁 557-560。

比較可能。但是，這時期羅馬的騎兵卻絕大部分是由「非羅馬人」所組成。因此，如果驪靬苑確有養馬的胡奴，他們是「非羅馬人」或者說是羅馬行省的人民的可能性，要遠大於是「真正的羅馬人」。

我們接著來檢討一下德效騫在羅馬史料上的取捨。前文提到他依據的最主要的是蒲魯塔克（約西元 46-126 年）和老蒲林尼（西元 23-79 年）的記載而捨棄了帕特庫逯斯。帕特庫逯斯的時代（約西元 20 年以前-西元 30 年以後）比蒲魯塔克和老蒲林尼都要早上數十年。蒲魯塔克和老蒲林尼固為著名的羅馬作家，帕特庫逯斯著作的可靠性，據今天許多羅馬史家的看法，雖不敢說一定在前二者之上，但也絕不會在他們之下。最起碼他曾在羅馬第二任皇帝提伯瑞斯（Tiberius）手下任軍官，親隨提伯瑞斯作戰，一般認為他的時代較早，其著作對了解提伯瑞斯的時代和羅馬早期殖民和行省的歷史有較高的史料價值。[33]

德效騫之所以捨棄帕特庫逯斯的記載不用，主要是受到羅馬史權威學者塔恩（W.W. Tarn）的影響。塔恩在《劍橋古代史》中，認為帕特庫逯斯所說的那位協助安東尼的羅馬逃兵，並不是羅馬人而是梅底亞（Media）地區的馬耳地人（Mardian）。[34] 德效騫接受這個說法，一方面是因為他在撰寫這本書的過程中，常常寫信向塔恩請益，以塔恩的意見為意見。[35] 另一方面也是因為這個說法對德效騫自己假說的成立顯得較為有利。

如果我們和德效騫一樣相信權威，大概也就只能接受塔恩的說法。可是當我進一步檢查塔恩所曾引用的資料，赫然發現其說實有爭議的餘地。最明顯的一點是帕特庫逯斯《羅馬史》第二章第八十二節第二段和蒲魯塔克《希臘羅馬名人傳》〈安東尼傳〉第四十章第一至五節，對由誰引導安東尼軍隊脫離覆沒的命運有完全不同的記載。主要不同有兩點：第一，帕特庫逯斯明確地說是一位羅馬人（Romani），蒲魯塔克卻說他是中亞地區的

33　請參邢義田，《古羅馬的榮光》第一冊，頁 14-15。
34　*Cambridge Ancient History*（Cambridge: Cambridge University Press, 1934, 1976），vol. X, p. 74
35　其書最少兩度提到塔恩在書信中給他的意見，見 *A Roman City in Ancient China*, pp. 12-13, 14.

馬耳地人（Mardian）；第二，帕特庫逸斯明確地說這位羅馬人是克拉蘇在西元前 53 年卡爾萊戰敗後的殘部，蒲魯塔克說他是參加安東尼西元前 36-35 年東征阿美尼亞的一員（*Antony*, XL.1, XXXVIII.3）。兩人在時間上可差上十七、八年，可以是完全不同的兩個人。

據我查考，塔恩之所以採信蒲魯塔克的記載，主要是認為：第一，帕特庫逸斯可能是受到何芮斯《詩歌》的影響，混淆了馬耳地人和詩歌中提到的馬蘇士（Marsus）[36]；其次，如參證老蒲林尼《自然史》第六章第十八節第四十七段，可知馬耳地人的部落就在羅馬戰俘所到的馬奇阿納的附近。第四十七段提到安息王發遣羅馬戰俘到馬奇阿納，並描述這個地區所建城鎮和附近民族部落的情形。蒲林尼說馬奇阿納附近有一個凶猛的部落叫 gens Mardorum。Mardorum 是複數的所有格，指馬耳地的人。塔恩參證了這兩項記載，才有了前述的說法。德效騫接受了他的意見。

接著來看看帕特庫逸斯《羅馬史》的原文。在婁伯本（Loeb Classical Library）中，帕特庫逸斯記載道，安東尼在損失了不少於四分之一的兵馬以後，「他因一位曾在克拉蘇戰敗被俘而不背叛命運，仍保持忠心的人的建議下獲救。這個人是一位羅馬人。」[37] 他清清楚楚地說出這位拯救安東尼的人的兩重身分：一是克拉蘇的殘部，二是一位羅馬人。

塔恩既然說帕特庫逸斯所記是受何芮斯《詩歌》的影響而有所混淆。我們不妨再來查一查何芮斯《詩歌》的內容。何芮斯這首詩從一開始就在譴責那些克拉蘇的殘部和蠻族女子結親，為敵人安息王服務，「忘了他們神聖的盾牌，忘了羅馬的英名，忘了羅馬的衣冠，忘了永恆的維士塔女神

---

36 原文作："The story in Vell. Pat. II, 82, 2 that the guide was a soldier of Crassus may be du to a confusion of *Mardus* and *Marsus*, cf. Horace, *Odes*, III. 5, 9, Marsus et Apulus（of Crassus' men），" *CAH*, X, p.74.

37 原文作："amissaque non minus quarta parte militum captivi cuiusdam, *sed Romani*, consilio ac fide servatus est, qui clade Crassiani exercitus captus, cum fortuna non animum mutasset." 英譯作："After losing not less than a fourth part of his soldiers, he was saved through the fidelity and by the suggestion of a captive, *who was nevertheless a Roman*. This man had been made prisoner in the disaster to the army of Crassus, but had not changed his allegiance with his fortune." pp. 222-225.

（Vesta）！」[38] 他所譴責的馬蘇士（Marsus）等人是對羅馬不忠不義之人。帕特庫逯斯筆下那位羅馬人卻對羅馬「保有忠心」（fide）。可見，帕特庫逯斯述說的故事和何芮斯詩中描寫的人物十分不同，難以證明是受到何芮斯的影響。追根究柢，塔恩並沒有真正的證據可以證明帕特庫逯斯的記載錯誤，而在帕特庫逯斯之後的蒲魯塔克一定正確。

　　大家要知道，古代羅馬人並沒有我們今天這樣的「國家」觀念；羅馬文獻中提到某人為某某人，一般是指他是某城市、某地區、某部落或某族的人，而不是某「國」或某「帝國」的人。帕特庫逯斯活在羅馬共和末至帝國初期。他說的「羅馬人」，幾可斷言是指羅馬和義大利地區具有羅馬公民身分的人，而不包括受羅馬統治，行省中的人民。這些受羅馬統治的「非羅馬人」參加協防軍，配合羅馬軍團作戰，待遇遠低於羅馬軍團。戰勝固可，若戰敗常趁機作鳥獸散。反而是訓練嚴格的軍團，對羅馬有較大的忠誠度，即使戰敗，也能較有秩序地撤退，保存戰力。克拉蘇敗後，帕特庫逯斯明確記載有「殘存的軍團」（reliquias legionum）在部將卡修斯（C. Cassius）的率領下撤退到敘利亞（II.xlvi.4）。塔恩在《劍橋古代史》第十卷第 74 頁雖主張救安東尼的是馬耳地人而非羅馬人，但是他在附注中說明其意見時，用了「或許」（may be）二字。德效騫卻將「或許」的意見視為權威性的結論，沒有再進一步深查。經過本文以上的查考，可以知道塔恩發表的意見，並不是完全確切不移。

　　德效騫一方面引羅馬史權威以自重，一方面很可能是不自覺地採取了對自己論點有利的說法，有意無意地忽視了其中可能存在的問題。因為帕

38　Horace, *Odes*, III.v.9-12: "milesne Crassi coniuge barbara/ turpis maritus vixit et hostium/（pro curia inversique mores!）/ consenuit socerorum in armis/ sub rege Medo, Marsus et Apulus/ anciliorum et nominis et togae/ oblitus aeternaeque Vestae/ incolumi Iovi et urbe Roma?"　英譯作："Did Crassus' troops live in base wedlock with barbarian wives and（alas, our sunken Senate and our altered ways!）grow old in service of the foes whose daughters they had wedded--Marsian and Apulian（Marsus et Apulus）submissive to a Parthian king, forgetful of the sacred shields, the Roman name, the toga, and eternal Vesta, while Jove's temples and the city Rome remained unharmed?"

特庫逐斯的羅馬人說如果無誤，則可證明克拉蘇所率的殘部中，在十幾年後，最少有部分仍流落在中亞，並沒有向東進入匈奴掌控的區域，甚至協助匈奴守城。這和德效騫想要證明的不合。如果幫助安東尼的是中亞的當地人，似乎就比較可以推論先前被俘的羅馬軍團並沒有留在當地，有些向東去了更遠的東方。這較有利於德效騫假說的成立。總之，將他引用的羅馬史料作一檢討，即不難發現：

（1）德效騫用以說明克拉蘇戰敗一事的羅馬文獻本身即有模糊不清和歧異之處。羅馬戰俘中有多少步兵，多少騎兵不可知，又不知其中到底有多少是真正的羅馬人。蒲魯塔克和比他早的帕特庫逐斯對克拉蘇殘部的動向有不一致的記述，何者正確難以斷言。

（2）羅馬史料完全沒有辦法證明曾有克拉蘇的殘部向東到了比馬奇阿納更遠的東方，反而有資料證明他們或留在中亞，或撤回羅馬行省的範圍之內。這是德效騫的假說在證據上最大的缺環。

（3）他引用權威學者，卻未進一步查考其中可能隱藏的問題，不無採信對自己假說較有利說法的嫌疑。

接著談談羅馬步兵所擅長的「龜盾陣」和以尖木樁作成的防禦工事和〈陳湯傳〉中所說的「魚鱗陣」和「重木城」到底是不是一回事？孝堂山石祠西壁上的胡漢交戰圖（圖15）是仿自羅馬的凱旋式嗎？

羅馬的龜盾陣既有文字記述，[39] 也有圖拉真和馬可・奧利留紀功柱上的浮雕為憑（參前圖9、10），我們可以很清楚知道龜盾陣最主要的特點是在進攻或退卻時，士兵將所持的盾牌密集地接在一起，不留縫隙，並以相接的盾牌舉於頭頂，以遮擋敵人的箭矛攻擊。[40] 從紀功柱上的描繪，可知龜盾陣大約是由三十人，人持一盾所組成。[41] 以下再看看所謂的魚鱗陣和重

39　例如 Tacitus, *Annales*, xii.35.5, xiii.39.4.

40　相關討論參 H.M.D. Parker, *The Roman Legions*（Cambridge: W. Heffer and Sons, 1961）, p. 256.

41　圖拉真紀功柱刻畫的龜盾陣的上方由十五個盾牌組成，左側有盾牌五，右側及正面前方應各有盾牌五，如一人一盾，則此陣共有三十人。參 Lino Rossi, *Trajan's Column and the Dacian Wars*（London: Thames and Hudson, 1971）, p.167-168; G.Webster, *The Roman Imperial Army*,

木城。魚鱗陣只見於《漢書・陳湯傳》，其陣式及來歷均無可考。〈陳湯傳〉倒是記錄了陳湯攻郅支城的情況：

> 明日，前至郅支城都賴水上，離城三里，止營傅陳。望見單于城上立五采幡織，數百人披甲乘城，又出百餘騎往來馳城下，步兵百餘人夾門魚鱗陳〔師古曰：言其相接次，形若魚鱗〕，講習用兵。城上人更招漢軍曰：「鬥來！」百餘騎馳赴營，營皆張弩持滿指之，騎引卻。頗遣吏士射城門騎步兵，騎步兵皆入。延壽、湯令軍聞鼓音皆薄城下，四面圍城，各有所守。穿塹，塞門戶，鹵楯為前，戟弩為後，仰射城中樓上人，樓上人下走。土城外有重木城，從木城中射，頗殺傷外人。外人發薪燒木城。夜，數百騎欲出外，迎射殺之。

依顏師古注「相接次，形若魚鱗」，魚鱗陣無疑也是一種密集的步兵陣形。可是稍一看〈陳湯傳〉的描述，就可以知道這些匈奴步兵是在城門外擺陣，「講習用兵」；既未用於進攻，也未用於退卻。陳湯在城外三里止營。匈奴來攻時是用「百餘騎」，未見用步兵。陳湯派吏士射城門外的匈奴騎步兵時，這些騎步兵即退入城內。我們除了猜測這些匈奴步兵擺出十分密集「形若魚鱗」的陣式外，完全不知道他們手上是否持有盾牌，更不知道是否將盾牌密接在一起。百餘人的魚鱗陣在人數上和三十人的龜盾陣也不同。依〈陳湯傳〉的描述他們似乎只是「講習用兵」，並在城上叫喊，故意挑動漢軍進攻而已。要將這樣的魚鱗陣說成是羅馬的龜盾陣，證據顯然不足。

〈陳湯傳〉所說的重木城，在郅支城土城之外。依文義似是指一種圍繞在土城之外，木構若城寨般的多重防禦工事，故謂之重木城。匈奴守軍可從中向外射殺進攻者。陳湯用火攻，將它燒掉。因為記載有限，我們只能作如此大致的描述。這樣的重木城和羅馬人的尖刺狀木椿等防禦裝置根

---

plate xxviii. 馬可奧利留紀功柱上的龜盾陣則由頂上十八個盾牌，左右側面各三個，未刻出的正面六個，也是三十個盾牌或三十人組成。參 Giovanni Becatti, *Colonna di Marco Aurelio*,（Milano: Editoriale Domus, 1957），圖28。

圖15　山東長清孝堂山石祠胡漢交戰圖，劉曉芸線描。

本是兩回事。德效騫將土城外的「重木城」譯為 double palisade of wood（頁11），並引用塔恩的意見作為證據："The Romans, however, regularly used palisades to strengthen their ditches, especially before gates."（頁14）德效騫完全沒有進一步說明羅馬人用的 palisades 是什麼樣子。如果稍一查考即知，羅馬要塞壕溝外或門前布置的防禦設施有好幾種。最常用的有暱稱為「百合花」（lilia），隱藏在地下的尖木樁陷阱，斜插在地面有倒勾的鐵刺（stimuli）或插在地上由尖樹枝組成的鹿柴（參前圖11～13）。[42] 這些設施和居延邊塞在塞牆外的「虎落」有幾分類似。它們在中文裡幾乎不可能用「城」字去形容。

　　德效騫說陳湯在擊敗郅支，虜獲羅馬士兵以後，曾從他們那兒聽說了羅馬人如何在勝利後舉行凱旋式，因此不免受到影響，以圖畫來描繪自己的戰功（德效騫書頁19）。德效騫接受了由戴文達首先提出來的意見，認為前引〈陳湯傳〉中對郅支城一戰的描寫，一幕接著一幕，即是根據陳湯所繪的戰役圖，也就元帝後宮貴人所傳看的圖（德效騫書頁16）。如果我們稍一比較羅馬的凱旋式進行的方式和孝堂山胡漢交戰圖所呈現的內容，即可知道二者風馬牛不相及。根據羅馬共和時代的習慣，在重大的戰爭勝利之後，元老院可依勝利的大小，賜予將領舉行不同等級的凱旋式的榮譽。凱旋式舉行時，以俘獲的戰利品、俘虜為前導，軍隊、準備獻祭的祭品以及

42　請參 G.Webster, op.cit., pp.179-182, 248; John Warry, *Warfare in the Classical World*（Norman: University of Okalahoma Press, 1980）, p.167.

勝利的將軍依序進入羅馬城遊行，最後
到達丘比特神廟行獻俘和獻祭的儀式。
如果是較大的勝利，將軍可乘四匹白馬
拉的戰車，身穿紫袍，頭戴金質桂冠，
這叫「大凱旋」（triumphus）；如是較小的
勝利，將軍只能步行（後來也可乘戰車），
穿普通官員的紫邊袍，頭戴普通的桂
冠，這叫「小凱旋」（ovatio）。[43] 如果將

圖 16.1　義大利 Boscoreale 發現的凱旋
式銀杯

一件羅馬傳世銀杯上所刻畫的凱旋式（圖 16.1-4）和孝堂山石祠西壁的胡漢
交戰圖（參前圖 15）作一比較，凱旋式最大的特色無疑是在展示戰利品和突
出戰車上戴桂冠的將軍。遊行中並沒有戰爭的場面。孝堂山所描繪的卻以
胡漢騎兵的對陣廝殺和獻俘為主，戰爭的場面尤為主要。兩者表現明顯不
同，實難以關聯起來。對讀這些資料以後，我只能說這些西方漢學家的想
像力未免太豐富了些。

圖 16.2　銀杯凱旋式展開圖

圖 16.3　Boscoreale 凱旋式銀杯另一側面　　　圖 16.4　Boscoreale 凱旋式銀杯另一側面

43　關於凱旋式可參邢義田編譯，《古羅馬的榮光》第一冊（臺北：遠流出版社，1997），頁
　　167-170「羅馬的凱旋式」條及附圖 3.7。

六 結論

總結來說，不論金關和懸泉置新出土的簡牘或羅馬考古及文獻史料，都不能真正證明羅馬士兵曾於西元前一世紀中期來到漢帝國的邊境，並在今甘肅永昌附近建立了一座名稱源於亞歷山卓的驪軒城。驪軒養馬苑中的胡奴是羅馬軍團士兵的可能性也微乎其微。

後記

2001/7/17 成稿。2001 年 8 月長沙簡帛會議前及會議中承張德芳先生指教懸泉置簡釋文上的問題。2002 年 5 月 28 日史語所講論會上，又承劉增貴兄指正，陳光祖兄、劉錚雲兄、香港城市大學卜永堅先生提供資料，謹此一併致謝。

長沙簡帛會議後，據聞主辦單位籌備出版論文集，但等待至今迄無消息。今年不久前臺灣有線電視「發現」頻道（Discovery）針對羅馬軍團到中國建城一事特別播出專集，國內外報章雜誌仍不斷有相關報導（如 *The Economist*, 2004.12.18，《聯合報》2005.3.21），一般都傾向以為實有其事。為免大眾繼續被誤導，遂藉《古今論衡》一角，先行刊布。　　　　94.4.12

再記

甘肅永昌地方人士企圖利用 DNA 證明今天永昌人和古代羅馬人在血緣上的關係。承好友孔為廉教授（William Crowell）賜告，甘肅永昌人所作 DNA 檢驗結果已經於 2007 年出籠。甘肅蘭州大學生命科學院（School of Life Science）檢驗十位永昌人 DNA 標本，證明他們在血緣上和大多數漢人較為接近，和古代羅馬人完全找不出關係。檢驗報告見電子期刊：*Journal of Human Genetics*, vol. 52, no. 7（2007），pp. 584-591. 相關報導詳見網站：http://www.ncbi.nlm.nih.gov/pubmed/17579807（2009.3.16 上網），http://en.wiki pedia.org/wiki/Yongchang_County（2009.3.16 上網）。

98.3.17/105.2.12 再補

補記

　　較新出版的一本可參汪受寬，《驪軒夢斷——古羅馬軍團東歸偽史辨識》（蘭州：蘭州大學出版社，2012）。此書出版，一場無中生有的鬧劇應該結束了。

原刊《古今論衡》，13 期（2005），頁 50-72；一個較早的版本見長沙市文物考古研究所編，《長沙三國吳簡暨百年來簡帛發現與研究國際學術研討會論文集》（北京：中華書局，2005），頁 361-379。

英國國家圖書館藏明代木牘試釋

　　1997 年 12 月 15 日因英國國家圖書館中文部主任吳芳思博士（Dr. Frances Wood）和倫敦大學亞非學院考古系汪濤教授的幫助，有緣在英國國家圖書館「東方與印度典藏部」的舊址（布來克耳街 197 號）讀到心儀已久的漢晉簡牘。那天上午由吳芳思陪同我們進入位於二樓的倉庫。當時所有的簡牘按編號，井然有序地存放在有多層抽屜的木櫃中。保存情況十分良好。

　　這批簡牘的館藏編號為 OR8211-8212。[1] 8211 部分多數為漢簡，8212 部分多數為晉簡及多種中亞文字所書之簡牘或紙、羊皮（？）文書。8212 部分除館藏編號，另有馬伯樂（Henri Maspero）所做的編號。當時我曾留意簡牘字跡清晰的程度，記錄了簡牘中適合使用紅外線儀，以達到較好釋讀效果的簡號。另外特別注意到幾件有明代嘉靖年號的木牘。這使我第一次認識到以木牘書寫記事，在中國並非到魏晉而止。

　　感謝英國國家圖書館去年寄下藏簡照片的光牒。這為大家釋讀提供了極大的便利。光牒中正有明代嘉靖紀年的木牘。這次會議大家的焦點可能比較集中在漢簡上。為免重複，這篇小文打算利用中央研究院歷史語言研究所二十五史和漢籍全文等資料庫，蒐集一些對認識這些明代木牘有幫助的資料，供以後真正對明史有研究的同行作進一步的鑽研。

1　關於這批資料已有郭鋒的介紹，參所著《斯坦因第三次中亞探險所獲甘肅新疆出土漢文文書——未經馬斯伯樂刊布的部分》（蘭州：甘肅人民出版社，1993）。

一 釋文

以下先將這幾支牘的釋文依編號順序集錄如下，再作討論：

1. 8211 1760

□□【倫】

□深哨夜不收　【瞿】進　　亦集乃　　（圖1）

通事李至

（牘下端削成尖形，部分字跡模糊，如以紅外線檢視當有幫助。「深哨」前有一字模糊不可識，中段三行並排小字，其右側兩行亦模糊難辨，僅第二行末一字「進」清晰。釋文無完全把握的置於括號【】中）

2. 8211 1761 正

嘉靖參拾伍年柒月　　日差　　（圖2）

（這一面字跡清晰。一大特色是月日之間空格，日期並未填上。）

8211 1761 背

深哨亦集乃夜不收二名　　李七　　（圖3）
　　　　　　　　　　　　張交成

（這一牘保存完好，楷書字寫得十分工整，字跡清晰。牘頭兩側有對稱刻成類似波浪形之紋飾。牘尾兩側收窄，中央有一穿孔。不及深考明代制度，並不能肯定此牘正面為那一面，詳見下文對差票的討論。）

3. 8211 1762（1）＋（2）

本城通事

嘉靖三十一年八月十四日甘州兼哨通事王保子　張達子　　（圖4）

夜不收李天六

（這一牘下截在「城張」二字間斷裂。上截編號為1762（1），下截為1762（2）。字跡十分清晰。城張二字雖斷裂，據1995年檢視原牘筆記，二字完整可辨。牘末「本

圖1　　　　　　圖2　　　　　　圖3　　　　　　圖4

城」等字較小，分三行，卻未並列。末一行起首較第一、二行為低，不知何故。根據1995年參觀時的筆記，本牘的另一編號為K.K.I.02330，出土於黑城（Khara-khoto），寬3公分，較窄處2公分，長40.4公分，厚1公分。1760、1761兩件和1762編號相連，相信也是出於同一地點。可惜當時筆記沒有記下尺寸，也沒記明出土地。英國國家圖書館應當有資料可以進一步查證。K.K.I.02330是斯坦因所編出土品的原始編號，對照其書《內陸亞洲》（Sir Aurel Stein, *Innermost Asia,* Oxford, 1928）第十三章所列出土品清單，本件應出土於黑城北牆內側廟宇遺址（遺址編號K.K.I.i，圖5），但可能因為本件太無足輕重，清單中未列，書中沒提，書後圖版也未收。）

元、明之時，居延一帶屬亦集乃路。《明實錄》、《永樂大典》、《元史》和《明史》裡有不少和亦集乃路相關的記載。因此幾乎可以確定，英國國家圖書館的記錄說這幾枚牘是出自黑城，應該可信。[2]

▆ 二 元明時的亦集乃

元代亦集乃路（圖6），在甘州北一千五百里。《元史·地理志》甘州等處行中書省，亦集乃路條謂亦集乃城「城東北有大澤，西北俱接沙磧，乃漢之西海郡居延故城。（按：誤。平帝時因羌人獻地，於金城以西置西海郡。西海郡城在今青海海北藏族自治州海晏縣，居延屬漢張掖郡。又考古證實漢之居延故城非元之亦集乃城。[3]）」又謂：「元太祖二十一年內附，至元二十三年立總管府。」（頁1451）世祖至元二十二年秋曾分甘州屯田新附軍三百人田於亦集乃（《元史·世祖本紀》，頁278）。至元二十六年，尚書忽都答兒等奏「甘肅行省所轄亦集乃總管府、沙州、肅州三路遣使頻繁，未給鋪馬聖旨、圓牌。今乞給鋪馬箚子六道，合起馬一匹；圓牌不須應付。奉旨：準（准）。」

2　關於這一區域在歷史上之人文與自然地理變化，可參徐苹芳，〈從居延到黑城——中國西部開發中的歷史經驗〉，宣讀於「文化差異與社會科學通則——紀念張光直先生學術研討會」中國歷史與考古組，臺北，2002年3月1-2日。

3　參內蒙古文物考古研究所，〈內蒙古黑城考古發掘紀要〉，《文物》，7（1987），頁1。

古月集：秦漢時代的簡牘畫像與政治社會
　　—— 卷一　漢代的簡牘

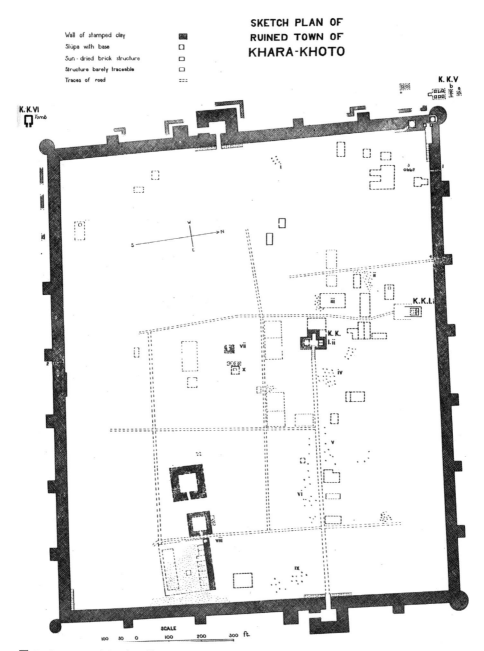

圖 5　*Innermost Asia*, plate 18.

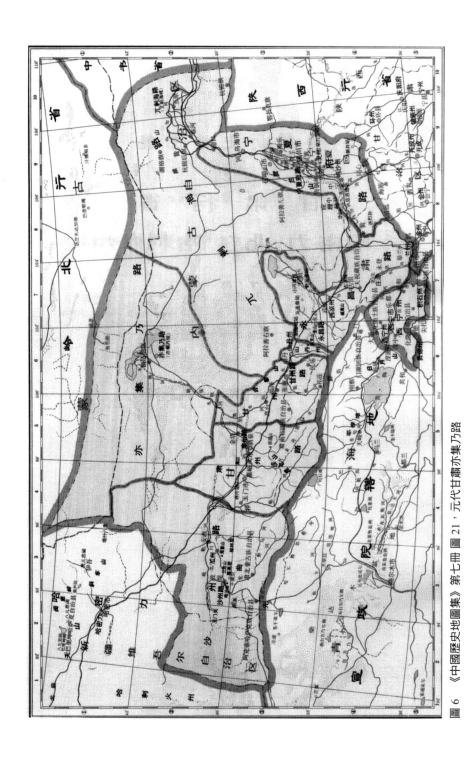

圖 6 《中國歷史地圖集》第七冊 圖 21，元代甘肅亦集乃路

（《永樂大典》卷 19418，站赤，頁 13-1；《元史・兵志》站赤，頁 2588）據蒙元史專家洪金富兄說，鋪馬聖旨和鋪馬箚子是元代准予使用驛馬的文件，以聖旨名義發出者名「鋪馬聖旨」，箚子即文件；六道即六件文件。圓牌也是使用驛站的一種憑證。[4]「圓牌不須應付」是不須給予圓牌之謂。從「遣使頻繁」可知，亦集乃於元代是蒙古與甘肅交通的要道。1983-84 年間，內蒙古考古研究所曾在黑城兩度發掘，不但證實黑城即元亦集乃路總管府城（圖 7），更在總管府建築內及城中各處發現了三千餘件紙文書。文書證實總管府提調的站赤簡稱為蒙古八站，共有馬 283 至 295 匹之多，每站另有駱駝五匹。[5]

　　這一地區自東漢以後基本上不再有人屯墾，唐代雖有人建議，並未實行，自然生態的破壞大為減輕。元代才又在此開渠灌溉，初有軍屯（圖 8），後有民屯，恢復了繁榮。內蒙古考古研究所發掘的文書證明，此地農業及渠道灌溉系統一度發達，農業人口據推斷達四千人，全路人口在七千左右。[6] 經過幾十年環境又趨惡化，十四世紀中期以後，出土文書明確反映出糧食減產和缺糧的嚴重。《元史》本紀也證明成宗、泰定帝和文宗之世，此地水旱饑荒不斷。

　　《馬可波羅行紀》第六十二章提到馬可波羅曾從甘州到亦集乃城（Edzina）：

　　　從此甘州城首途，若騎行十六日，可抵一城，名曰亦集乃（Edzina）。城在
　　　北方沙漠邊界，屬唐古弼州。居民是偶像教徒。頗有駱駝牲畜，恃農業牧
　　　畜為生。蓋其人不為商賈也。其地產鷹甚眾。行人宜在此城預備四十日

4　參蔡美彪，〈元代圓牌兩種之考釋〉，《歷史研究》，4（1980），頁 125-132。

5　內蒙古文物考古研究所等（李逸友編著），《黑城出土文書（漢文文書卷）》（北京：科學出版社，1991），頁 30-32。

6　參內蒙古文物考古研究所，〈內蒙古黑城考古發掘紀要〉，《文物》，7（1987），頁 1-23；《黑城出土文書（漢文文書卷）》，頁 13。書承洪金富兄借閱，謹謝。另有（俄）孟列夫著，王克孝譯，《黑城出土漢文文書敘錄——柯茲洛夫卷》（銀川：寧夏人民出版社，1994）可參，惜此書未能一見。

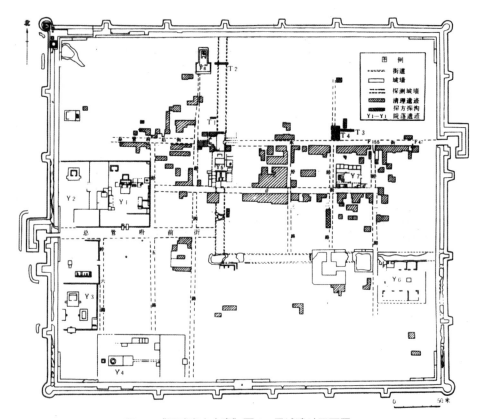

圖 7 　《黑城出土文書》頁 4，黑城遺址平面圖。

圖 8 　《黑城出土文書》圖版伍，至治三年（1323）七月新附屯田軍文書。

古月集：秦漢時代的簡牘畫像與政治社會
　　　　── 卷一　漢代的簡牘

糧，蓋離此亦集乃城後，北行即入沙漠。行四十日，冬季酷寒，路絕人煙，亦無草木。惟在夏季始見有人。其中亦見野獸，緣有若干處所小松林也。行此四十日沙漠畢，抵一北方之州，請為君等言之。（馮承鈞譯本，台灣商務印書館，2000，頁139）

馬可波羅所見到的亦集乃城是亦集乃較繁榮的時代。沙海昂（A.J.H. Charignon）註釋謂：「馬可波羅之 Edzina，應是元代之亦集乃。根據此文，應在黑河盡處尋之。此河今日蒙古人尚名之曰額濟納噶勒（Edzingol）。……古代原是一湖，名曰居延海，後分為二。案居延海名見《漢書》，『在額濟納旗東北境，分東西二泊，東曰朔博泊，西曰朔博克泊。』（《水經注》）……」（同上，頁139）沙海昂的註釋還曾引錄 Palladius 及 Stein 之說。斯坦因云：「額濟納噶勒北流，兩岸耕地雖不常有出產，然常為重要之地，蓋為北方蒙古人與甘肅諸城往來必經之途也。古之樓蘭湖（羅布淖爾）口情形亦與此相類，中國人賴之發展其勢力於中亞。因此余曾追隨歐洲第一探考家 Kozloff 上校（1908 至 1909 年間）之後，往訪哈剌和屯（Kharakhoto，此言黑城）。余以為必是馬可波羅之亦集乃城無疑。觀其所言之方位，及在沙漠邊界之位置，祇有此哈剌和屯城可以當之。嗣經考古學之發現，完全證明此說。此城於成吉思汗初次（疑在 1226 年頃）侵略甘肅時，已遭殘破。然在馬可波羅經行時，及其後百年間，尚有民居，似為屯田之所已久。今在其東北方尚見有重要遺跡。然其城市在西夏時，質言之自十一世紀迄於蒙古侵略之時，則甚發達也。此時以後，因土番勢力之侵入，建有塔寺佛像，今在城中及其附近尚存遺跡不少。Kozloff 上校即在其一寺中發現不少佛教經文畫像。第若在同一處所及其他處作有系統之發掘，必更有不少考古學之寶藏可以發現。據考察之結果，此城之廢，蓋因水源斷絕灌溉缺乏所致云。」[7] 後來的考古發掘可以說完全證實了斯坦因等人的推斷。

洪武五年（西元 1372 年，北元宣光二年）元亦集乃守將卜顏帖木兒以城

7　同上，頁140；*Innermost Asia*, pp. 456-457.

降（《明實錄》太祖卷 74，頁 1358）。但明朝將居民遷走，並未駐守。不久，此城又為北元軍隊所據。洪武十三年（1380），沐英襲元將脫火赤於亦集乃，擒之，盡降其眾（分見《明史》，〈太祖本紀〉，頁 35；〈沐英傳〉，頁 3757；《明實錄》太祖卷 130，頁 2074）。前述的考古發掘證實，這時的亦集乃城已是「僅有駐軍的空城」一座。[8] 洪武廿九年（1396）陝西行都指揮使司建議在肅州北百有餘里之白城子屯軍戍守，白城子「北通和林、亦集乃，路當衝要」（《明實錄》太祖卷 247，頁 3584）。可見洪武時邊軍屯守在亦集乃城之南。不過，永樂四年（1406）甘肅總兵官宋晟曾奏請擴建亦集乃舊城，招商納粟實邊，授歸順之哈密忠順王頭目職官，並給屯軍農具。可見宋晟一度想改善亦集乃城的環境，在此建立據點。但成祖懼築城勞民，納粟道遠難致，僅准工部給屯軍農具，兵部量授忠順王頭目官（《明實錄》太宗卷 57，頁 836-837）。

永樂時及永樂以後，亦集乃可以說始終是明與韃靼、瓦剌等勢力相互拉鋸的地帶（圖 9、10）。明廷常准歸順的外族留住亦集乃，但叛順無常（如：永樂七年（1409）秋七月，甘肅總兵官左都督何福奏韃靼脫脫卜花王、把禿王等各率所部來歸，「止於亦集乃」。成祖遣翰林院侍講楊榮諭何福「脫脫、卜花等既來而止於亦集乃，遲回日久，或至生變。爾可與楊榮計度，從長行事。其哈剌你敢、伯克帖木兒，初與把都帖木兒同來，已而叛去。今者復來，心必未安，故徘徊近塞，欲進未果。朕於遠人，來即撫之，未嘗尤其前過。可遣把都帖木兒及將校數人往亦集乃，以朕意諭之。或與俱來，或令居亦集乃，招撫歸附之眾，用安邊陲。」見《明實錄》太宗卷 94，頁 1248；又如宣德五年（1430）正月上諭陝西守將擇善地處置入亦集乃之麥克零部，見《明實錄》宣宗卷 61，頁 1445）。永樂七年（1409）十一月，甘肅總兵官何福曾受命「領兵駐亦集乃之地」（《明實錄》太宗卷 98，頁 1289）。是否常駐？待考。此後到宣宗、英宗之時，亦集乃一直在蒙元餘部的威脅之下。例如英宗初即位，宣德十年（1435）三月，行在兵部就曾說：「鎮守甘肅沿邊涼州等七衛，地方相去一千八百餘里，虜寇出沒，殆無虛

8 　《黑城出土文書（漢文文書卷）》，頁 81。

古月集：秦漢時代的簡牘畫像與政治社會
　　　　—— 卷一　漢代的簡牘

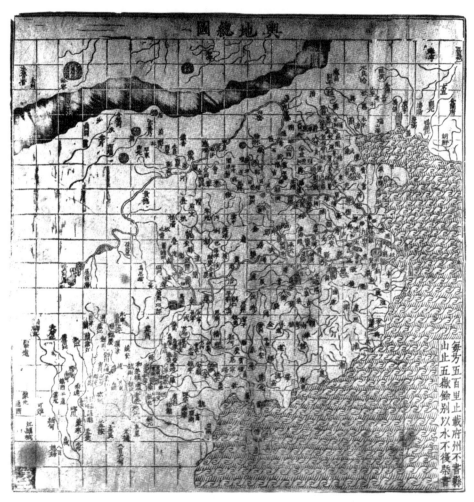

圖 9　《中華古地圖珍品選集》，哈爾濱地圖出版社，1998，圖 72，明羅洪先《廣輿圖》刻於嘉靖卅四年（1555），左上角標出亦集乃。

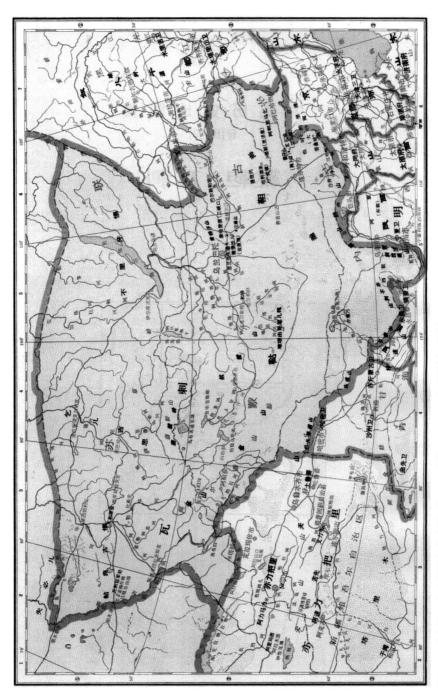

圖 10 《中國歷史地圖集》第七冊圖 87，明代 1413-1430 年間 韃靼 瓦剌。

古月集：秦漢時代的簡牘畫像與政治社會
　　——卷一　漢代的簡牘

月。涼州之東，鐵門關外，有朵兒只伯；鎮夷之北，亦集乃路有阿端只；肅州之西，河州徼外，有猛哥卜花，乘間伺隙，為邊境患……」（《明實錄》英宗卷 3，頁 67）他說「虜寇出沒，殆無虛月」，從《明實錄》看來是真實的寫照。[9]

不過明廷並沒有放棄。例如英宗正統二年（1437）三月，右都督蔣貴等奏「臣等累遣夜不收分途出境，直至寧夏賀蘭山後，探知賊營移往東北。寧夏總兵官都督史昭遣夜不收谷聰言生擒達賊阿台部下同知馬哈木，審知阿台等欲往亦集乃去。臣等議欲整搠軍馬，遇有聲息，不分界地，即往相機勦殺」云云（《明實錄》英宗卷 28，頁 568-569）。奏議中所說的「夜不收」，是一種偵察兵，也正是英國國家圖書館所藏木牘上的夜不收。他們不但深入敵後，探知敵人動向，甚至生擒阿台部下同知馬哈木。阿台是阿魯台死後，韃靼的首領之一（參《明史·韃靼傳》，頁 8469-8470）。

蔣貴的奏議另一方面也透露亦集乃已入「賊人」之手，邊將只能時時遣兵偵伺動靜，或「相機勦殺」而已。不過，此後一直到孝宗時似乎也沒有那一股「賊」能長期控制亦集乃，明朝也沒有完全喪失對此地的影響。例如孝宗弘治八年（1495）六月，有亦剌思等塞外酋「為迤北大達子劫殺」，要求避之近明邊塞，助明擒捕達子，入貢並互市。「甘肅鎮巡等官、太監陸誾、都督劉寧、都御史許進會奏謂：『彼以善意來而拒之，恐生別患，請許之。令有難之時，暫就境外威遠城藏避；無事時，仍在亦集乃等地方往來住牧，并如哈密例。許限年入貢如赤斤罕東例，每季許近肅州城互市一次……』兵部覆奏謂：『住牧、互市可許，入貢及擒捕之事，不可許。』」（《明實錄》孝宗卷 101，頁 1848）兵部既允逃避韃靼的外酋於無事時住牧於亦集乃，可證這裡固非明邊防所及，但也不在韃靼長期控制之下。

自孝宗（1488-1505）以後，亦集乃幾乎自《明實錄》中消失。幸好《明

9　相關研究可參松本隆晴，《明代北邊防衛體制の研究》（東京：汲古書院，2001），此書曾據《明實錄》列出嘉靖卅一年至隆慶五年間北虜入侵情形，見頁 249-254。本文相關明代書籍皆由于志嘉小姐借閱，謹謝。

實錄》中仍不斷有夜不收出境偵探敵情的記錄。這為我們了解英國國家圖書館藏明代嘉靖木牘上的夜不收提供了有用的線索。

三 夜不收

木牘上所謂的「夜不收」是明代守邊，以偵探敵情為主的一種軍士。元、明正史中完全沒有他們的資料。《明實錄》中有資料一百七十餘條，使我們可以略知其大概。

研究明代中後期九邊兵制的蕭立軍先生曾依軍隊職能，大致概括九邊兵的種類為標兵、營兵、守城兵、瞭偵兵（墩軍和夜不收）、特種兵（通事和家丁）等等。[10] 他又總結說道：「各邊還有墩軍和夜不收，分別負責瞭望和偵察」，「與墩軍緊密相關的是夜不收，即偵察兵。夜不收的任務是出境偵諜敵情。從歸屬方面講他們可分為四種。第一是屬於某墩的，楊一清曾提到甘肅鎮的莊浪有『松林墩等處夜不收』；第二是屬於某衛的，如固原鎮靖虜衛也置有夜不收；第三是屬於某城堡的，甘肅鎮紅城子堡曾設『瞭高夜不收』；第四是屬於某營的，甘肅涼州副總兵軍中有『本營馬哨夜不收』。」[11] 可以略作補充的是曾在嘉靖年間於薊鎮練兵的戚繼光，在練兵兩年之後寫的《練兵紀實》一書卷六「練營陣」中提到夜不收：「凡行營，夜不收不親見賊，爪探不的，風聞欺詐，架梁、塘報軍馬，瞭報失真，漏下伏賊，因而悮事者，登時斬。」[12] 可見夜不收的確是沿邊衛所等單位以偵察敵情為主職的軍士。日本學者川越泰博稱夜不收為明代的間諜，從事情報收集、傳達、敵陣夜襲破壞等工作。[13] 他甚至在《西遊記》卷七十找

10　蕭立軍，《明代中後期九邊兵制研究》（長春：吉林人民出版社，2001），頁 120；祁美琴，〈明清之際的「夜不收」與「捉生」〉，《清史研究》，4（2005）。

11　同上，蕭立軍，頁 124、126。

12　戚繼光，邱心田校釋，《練兵紀實》（北京：中華書局，2001），頁 130。

13　川越泰博，《明代長城の群像》（東京：汲古書院，2003），頁 11-48。

到一條夜不收的資料，證明夜不收的工作是「探聽消息」。[14] 考之《明實錄》，他們也擔任瞭望，有時接敵作戰，英宗以後似乎也須屯田積糧。

從以下兩條（資料很多，僅舉兩例）可知夜不收見於沿邊衛所：

1. **《明實錄》宣宗卷 46，頁 1129：**

   宣德三年八月乙未……依交阯土官居京師例，給賜以**遵化衛夜不收**張大川為本衛百戶。初大川與守鮎魚石關巡至將軍樹石匣口，猝遇虜騎四人，與之敵，虜被大川射傷，俱棄馬走，邊將以聞。召大川至京師，詢其實。上嘉其勇，故有是命。

2. **《明實錄》宣宗卷 106，頁 2357：**

   宣德八年九月癸未……給**開平諸衛夜不收**并各處關口臺墩哨探守瞭軍士七千九百餘人皮襖狐帽。

夜不收以晝夜瞭望和窺探敵情為常職。或即因瞭望、偵察不分晝夜，故稱「夜不收」：

3. **《明實錄》宣宗卷 115，頁 2581：**

   宣德九年十二月丁未……大同參將都指揮使曹儉……又奏大同左等衛夜不收高政等常**出窮邊絕境，窺探賊情**，跋涉險阻，冒犯霜露，晝伏夜行，艱苦萬狀，其月糧概支六斗，無以致人死命。請月支米一石，俾有所養。上謂尚書王驥曰：古人餼廩稱事，彼出死力，而與閑居者同食，可乎？其即從儉言。

4. **《明實錄》英宗卷 9，頁 178-179：**

   宣德十年九月壬辰……行在兵科給事中朱純……上便宜六事……沿邊**夜不收及守墩軍士無分寒暑，晝夜瞭望**，比之守備，勤勞特甚。其中貧難居多，妻子無從仰給，乞量加糧賞，以恤其私。

5. **《明實錄》英宗卷 28，頁 568-569：**

   正統二年三月乙卯，右都督蔣貴等奏先因達賊阿台朵兒只伯等在寧夏

14　同上，頁 15。

山後潛住，上命臣等探其情實。與寧夏會兵勦殺。臣等累遣**夜不收**分途出境，直至寧夏賀蘭山後，探知賊營移往東北。寧夏總兵官都督史昭遣**夜不收**谷聰言**生擒**達賊阿台部下同知馬哈木。審知阿台等欲往亦集乃去。臣等議欲整搠軍馬，遇有聲息，不分界地，即往相機勦殺，互相策應。

6. 《**明實錄**》世宗卷106，頁2515-2516：

嘉靖八年十月壬午……錄慶陽甘州等衛偵虜被殺**夜不收**周泰等百五十五人，各實陞一級。

7. 《**明實錄**》世宗卷125，頁3001：

嘉靖十年五月乙巳……謂**夜不收**哨深賊情，以豫戰守之計，所繫至重，今乃老弱居多，鮮有實用。

8. 《**明實錄**》世宗卷164，頁3625：

嘉靖十三年六月丙午……巡按直隸御史朱方條陳邊務六事：一、各邊墩軍**夜不收**因循怠綏，烽堠不明，乞于近關境外，量增墩臺，選撥精壯，以嚴哨探。

夜不收的待遇以月糧為主，可因工作勤惰或季節而有不同。一般似月支米六斗，多可達一石（見上引資料3），某些月份因襲賊勞苦可多支二斗：

9. 《**明實錄**》英宗卷59，頁1129：

正統四年九月己酉……大同宣府緣邊營、堡、墩、臺，原設夜不收，不時出境，巡探聲息。每月關支行糧。其腹裏總兵等官所設夜不收，待有差遣，驗日支與一升五合。

10. 《**明實錄**》英宗卷68，頁1309：

正統五年六月丙戌……命山西偏頭關滑石澗諸堡**夜不收**官旗軍人每歲自冬十月至春二月，增給行糧二斗，以其出境**襲賊**，勞苦故也。

英宗時，夜不收似亦須屯田：

11. 《**明實錄**》英宗卷98，頁1978-1980：

正統七年十一月壬午……錦衣衛指揮僉事王瑛言八事……近年屯田皆取衛所老弱之人，是以糧無所積。乞將馬隊守瞭**夜不收**，并精選奇兵，遇警調用外，其餘悉令屯田。責其成效。俟秋成之後，歸伍操備，如此則民力不勞而邊儲有積矣……上命所司計議以聞，頗採用之。

（按：王瑛共言八事，後「頗採用之」，但並不清楚是採用了八事中的那些事。因此夜不收是否因王瑛言而從此擔負屯田，須參酌其它明代史料才能定奪。）

明朝廷對死事之夜不收例行撫恤，其中也有外族為夜不收而死事者：

12. 《明實錄》英宗卷 42，頁 814：

正統三年五月戊子……行在兵部尚書王驥奏肅州**夜不收巴巴罕及迭力迷失**以招殘虜出境，為阿台所害。詔俱贈所鎮撫及官其子，復給白金布米恤其家。

13. 《明實錄》世宗卷 76，頁 1687-1688：

嘉靖六年五月庚辰……御史丘養浩陳薊遼邊務十事：其七謂本鎮**夜不收**投荒涉險，衝沙冒雪，猝遇伏賊，身膏大漠，艱苦可憫。

14. 《明實錄》世宗卷 228，頁 4729：

嘉靖十八年八月……辛未錄宣府死事**夜不收**楊思中等六人之子，各實授一級。

15. 《明實錄》世宗卷 454，頁 7683：

嘉靖三十六年十二月辛巳，錄三十五年甘肅境外夾山墩等處死事**夜不收**脫仲祥等五十九人，襲陞其子各一級。

四 深哨

深哨一詞不見於正史，見於《明實錄》：

16. 《明實錄》世宗，卷 82，頁 1832-1833：

嘉靖六年十一月戊寅……巡撫甘肅都御史唐澤條奏六事……僉事高登
欲簡雜居諸夷為**深哨**，控以列屯之兵，聯以部伍之法，感之以恩
信……土魯番必不敢輕犯我境。

17. 《明實錄》世宗卷 322，頁 5982-5983：

嘉靖二十六年四月己酉……虜以既通好中國，遂至處其眾不復設備，
遇**深哨**卒亦不殺。

（按：〈明實錄校勘記〉據抱本、閣本以為此條「深」作「探」為是（明世宗，
頁 1781）。從大英圖書館木牘觀之，實應以「深」字為是。）

18. 《明實錄》世宗卷 404，頁 7068-7071：

嘉靖三十二年十一月癸亥……兵科都給事中王國禎等言……九事……
務深哨遠探，得虜之要領，以收未戰先勝之筭。

（按：從「諸夷為深哨」和「深哨卒」可知深哨為一專有名詞，指深入敵境偵探
敵情之人。「深哨遠探」或即「深哨」名稱的來源。）

五 兼哨

兼哨不見於正史，《明實錄》只見一條近似者，或許有關，錄以備考：

19. 《明實錄》英宗卷 12，頁 222：

宣德十年十二月壬子……甘肅總兵官太保寧陽侯陳懋奏甘肅邊防時有
達賊入境，原操備軍士調用不敷，乞於陝西行都司所屬十三衛所屯守
軍士內選精壯者**相兼哨備**，從之。

（按：1762（1）牘「兼哨通事王保子」或指通事王保子而兼任偵哨之事。通事
而兼負其它任務，參見下條。）

六 通事

明代中央和邊地都有通事。通事即翻譯。《明史・職官志》太常寺條下有提督四夷館：「少卿一人，掌譯書之事。自永樂五年，外國朝貢，特設蒙古、女真、西番、西天、回回、百夷、高昌、緬甸八館，置譯字生、通事。」（卷 74，頁 1797）蕭立軍先生指出九邊之通事不單是翻譯，「又是嚮導和尖兵，他們大多是從蒙古駐地逃回的漢人。」他又從領月糧和擔任特殊任務等方面，認為通事「堪稱特種兵」。[15] 大英圖書館 1762（1）牘「甘州兼哨通事」之兼哨和通事連言，「本城通事」和夜不收等同列，似乎多少可以印證蕭先生視通事為特種兵的說法。

七 討論

內蒙古文物考古研究所曾在亦集乃城發掘兩次，但完全沒有發現木質的公文書，英國國家圖書館藏這幾支明代紀年木牘因而益顯珍貴。[16] 這次有機會稍稍翻檢明代史籍以對照以上三枚珍貴的木牘，增加了對中國木牘利用下限的認識。過去總以為竹木簡牘用到魏晉即為紙張所取代。2020 年在新疆尉犁縣孔雀河古河道北岸克亞克庫都克烽燧遺址出土有開元紀年的唐代紙文書殘件一千餘，木牘文書七百餘件（圖 11）。[17] 英國國家圖書館這三枚紀年明確的明代木牘證明下限比我們過去的認識更要晚得多。1760 和1762 號兩枚字跡較隨便，木牘削製也較隨意，不容易判斷它們僅僅是臨時

15　同上，頁 127。

16　參前引內蒙古文物考古研究所，〈內蒙古黑城考古發掘紀要〉，《文物》，7（1987），頁 1-23。

17　尚無正式發掘報告。消息見新華社、每日頭條和中央電視台「中華國寶」「沙丘下的寶藏 探秘克亞克庫都克烽燧遺址」等報導。中華國寶和每日頭條「尉犁克亞克庫都克烽燧遺址發現唐代木牘」都有木牘文書的簡影。請見網站：http://skknews.ccn954bevj.html（2022.2.2 檢索）。

性的或常規性的書寫材料。不過，1761 號木牘正背兩面書寫，字跡工整，形制和紋飾十分講究，一面書明月份卻留下日期空格，等待填寫。這樣的木牘比較不像是臨時性的代用品，而較可能是依一定的規格製成，供日常差遣和記錄夜不收執勤一類的東西。換言之，一直到明代，在某些特殊的情況下，木牘仍是官方行政中規格化的，正式的書寫媒材。這種情形甚至最少持續到清初康熙年間。[18]

英國國家圖書館 1761 牘如果是依一定規格，供特定目的之用，在明代到底稱作什麼呢？一時還無法肯定。和同事于志嘉小姐討論之後，我覺得有可能是戚繼光《練兵紀實》卷二提到的一種差簿或差票。差簿是將馬步軍須輪差的軍士列在一簿中，「逐名一字平列」。差票則是「該營自置票板一方，印刷差票，發各

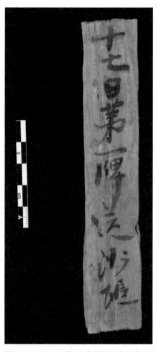

圖 11　克亞克庫都克烽燧遺址出土唐代木簡

中軍提調收候。凡差一軍，必須填票一張，明註為某事，見差某人。票收軍人之手，差註該簿之內。」（頁 61-62）這種差票是「印刷」的，應是印在紙上。凡差遣某軍士，須填寫一票，由軍士收執，另外單位有差簿，登記所有人員輪差的情形，作為管理和監督的依據。內蒙古考古研究所在亦集乃城發掘了三千件元代紙文書，不見有書寫於木牘上的。[19] 由此或可想像，嘉靖時邊塞或因紙缺，改以木牘為之？當然也有可能無關缺不缺紙，

18　康熙年間楊賓之《柳邊紀略》云：「邊外文字多書於木。往來傳遞者曰牌子。以削木片若牌故也。存貯年久者曰檔案，曰檔子。以積累多，貫皮條掛壁若檔故也。然今文字之書於紙者，亦呼為牌子、檔子。」又 1934 年整理清內閣大庫檔時發現滿文木簡二十六件，其中若干件內容有關滿洲征明時，各旗個人戰功之記錄，如俘獲人畜數量等。轉見松村潤，〈滿文の木簡〉，《しにか》月刊，57（1991），頁 54-59。

19　據前引〈紀要〉只出土一件書有「上上大吉」的八稜卦籤算是有文字的木觚，見頁 17。

原本就用木牘。英國國家圖書館 1761 牘的內容為某年某月某日差某人為某事，形式和差票頗為類似。但這究竟是木質「差票」？或是「差簿」（木牘下端中央有可供穿繩編連的孔）？或是其它？仍待明史專家進一步研究。

其次，一個必須思考的問題是：如果明朝自成祖以後已失去對亦集乃地區的控制，這些嘉靖紀年木牘為何會出土於亦集乃所在的黑城呢？我曾一度推想從這些木牘在黑城的出土，可以證明嘉靖時明人仍控制著亦集乃。1762 牘上既有甘州兼哨通事王保子，又曰「本城通事張達子」，這裡的「本城」指亦集乃城似乎最為順理成章。如果這個理解是正確的，這件牘應是寫於亦集乃。如此，不能不承認明人仍防守著亦集乃城。因而我一度甚至認為譚其驤《中國歷史地圖集》（北京：地圖出版社，1982）第七冊將亦集乃畫在明朝疆界之外是一種錯誤（如圖 87 永樂十一年至宣德五年（1413-1430）韃靼、瓦剌的地圖，將亦集乃畫在明代疆界之外，而以合黎山、馬鬃山和韃靼為界，另如圖 61 陝西行都司圖（圖 12）及明代全圖）。

但是于志嘉依據她對明邊防和衛所制的深入研究，十分懷疑我的推想。於是我又重讀《明實錄》，證明于小姐的認識很有道理。嘉靖時，明邊防確實在甘州、鎮夷、肅州沿長城一線。在這一線之外，明朝雖然也保有若干據點如前引《明實錄》提到的白城子、威遠城，真正的邊防是以合黎山以南的長城為界。因此，英國國家圖書館的 1762（1）＋（2）牘或許是嘉靖時自甘州派到「境外」亦集乃，從事偵察的通事或夜不收所遺留。因為當差者須收執差票，木牘於是被帶到了亦集乃。《明實錄》提到不少深入敵境的夜不收死於敵手，或許這是木牘出現在黑城的一個原因吧。如此理解，會產生一個疑問：木牘既然是夜不收受差遣帶在身邊的差票，為何其上只有月份而未填上日期？一個大膽的推想是：偵察任務需時多久才能達成，不是事前所能預計，因此不排除是在任務完成，回單位後才填寫。任務失敗身亡，差票上遂不見日期。

接著必須討論的是 1761 牘兩面應如何讀？可能的讀法不外以下兩種：

1. 「嘉靖參拾伍年柒月某日差深哨亦集乃夜不收二名：李七、張交成」，意思是嘉靖三十五年七月某日差遣到亦集乃擔任哨探任務的

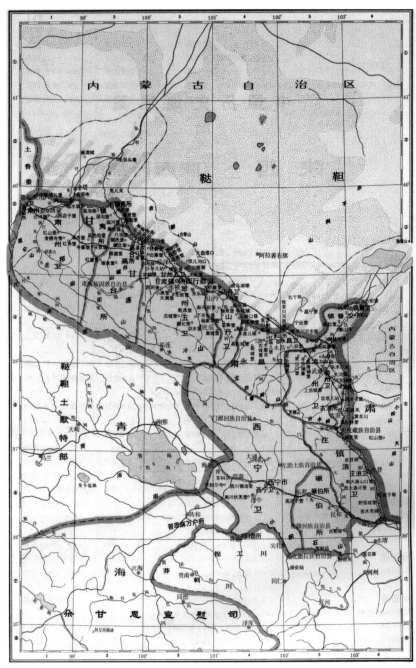

圖12　《中國歷史地圖集》第七冊 圖61，明代萬曆十年（1582）陝西行都司。

古月集：秦漢時代的簡牘畫像與政治社會
——卷一　漢代的簡牘

夜不收兩名——李七和張交成。這裡不將「亦集乃夜不收」理解為「亦集乃之夜不收」，是因為 1760 牘作「深哨夜不收某某 亦集乃」，可見亦集乃不是用以指涉夜不收的身分，而比較像是表示執行任務的地區，可以置於文句中不同的位置。

2. 「深哨亦集乃夜不收二名：李七、張交成／嘉靖參拾伍年柒月日差」正背兩面不連讀。深哨或當名詞用，指擔任的任務。任深哨者是亦集乃之夜不收二名。另一面則是記錄差遣他們的日期。如果這樣讀，似乎必須承認嘉靖時明代在亦集乃仍駐有擔任瞭望的夜不收。或者將深哨當動詞用，意即深哨遠探。夜不收二名的任務是「深哨遠探亦集乃」，也就是深入亦集乃行偵察任務。

究竟如何？不敢遽定。要向大家討教。

93.6.16 初稿/9.30 增補/12.14 再改

補記

本文寫成後，翻查勞榦《居延漢簡——圖版之部》和《居延漢簡——考釋之部》，找到若干西夏和元代的殘紙文件和木牘。現在將編號及圖版號附錄如下：

94.18（紙，504）、94.19（紙，505）、152.2（牘，541）、153.6（紙四片，編號重複，504）、489.4（紙，534）、489.9（紙二片，編號重複，535）、489.10（紙，532）、489.10（紙七片，編號重複，533）、489.10（紙六片，編號重複，534）、496.1（西夏文殘紙，398）、496.2（西夏文？殘紙，398）、500.1（紙，472）、574.4（紙二片，編號重複；一片為漢文，一片為蒙文，475）

過去沒有人注意這些材料，勞先生沒做釋文，《居延漢簡甲乙編》也未收。[20] 我粗粗過目，內容和《黑城出土文書（漢文文書卷）》頗有可相互參證之處。例如 152.2 號殘木牘上有清晰並排書寫的「亦集乃路　亦集乃

20　2007 年 11 月 26-29 日我到香港大學圖書館特藏部曾見到向達所釋這一部分釋文箋 113 張，釋文稿 20 頁，所釋簡包號如下：94、152、153、489、568、574。

路」（圖13），可和英國國家圖書館的明牘參證。特補記於此。

93.7.1/97.2.8

圖 13　史語所藏 居延出土元代木牘
（152.2）8.8×15cm

後記

本文曾得同事洪金富兄和于志嘉小姐大力協助和指導，謹此致謝。唯文中一切錯誤，概由作者自行負責。

原刊汪濤、胡平生、吳芳思編，《英國國家圖書館藏斯坦因所獲未刊漢文簡牘》（上海：上海古籍出版社，2008），頁 99-115。 111.2.5 增補

　古月集：秦漢時代的簡牘畫像與政治社會
　　　　　—— 卷一 漢代的簡牘

述舊、資料整理
與調查

勞榦院士訪問記

勞榦院士，字貞一，湖南長沙人，民國前五年（1907）1 月 9 日生。民國廿年國立北京大學畢業，曾在美國哈佛大學研究。歷任中央研究院歷史語言研究所助理研究員（民國 21 年至 29 年）、副研究院（民國 29 年至 34 年）、研究員（民國 35 年至 92 年）；國立臺灣大學教授（民國 38 年至 61 年）、美國加州大學（洛杉磯）教授（民國 61 年至 64 年退休）。民國 47 年當選中央研究院院士，民國 71 年應聘為臺灣大學歷史研究所客座教授。民國 92 年 8 月 30 日辭世。

圖 1　勞榦先生九秩玉照

訪問人　邢義田（中央研究院歷史語言研究所 副研究員）
時　間　1982 年 10 月 29 日
地　點　中央研究院 歷史語言研究所

問　首先請勞先生談談受教育的經過。

答　我受教育的經過可以說相當特殊。我的性向與家庭環境並不一致。小時候，對數理化的興趣遠較對國學的興趣濃厚。我的高祖（勞崇光）曾任兩廣總督，祖父（勞啟恂）從蔭生任為工部主事，後來分發到陝西任

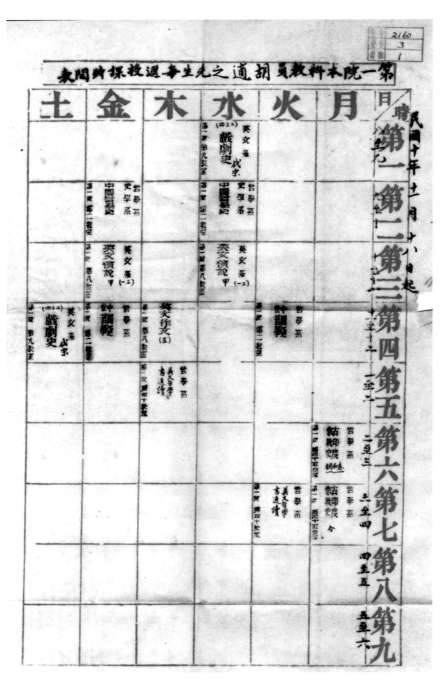

圖2　北京大學第一院本科胡適之先生授課表

古月集：秦漢時代的簡牘畫像與政治社會
　　──卷一　漢代的簡牘

同知，又升到直隸州。他是一個清官，在《陝西新通志》有傳。那時買了很多書。祖父去世後，我的父親在西安任財政廳的科員。我在家看了很多祖父的藏書。除了上學之外，家裡也請有先生來教書。七、八歲時，一位未出嫁的姑母教我《詩經》、四書；後來，又有先生教我《書經》、《易經》、《左傳》等等。讀了很多書，當時已經不是科舉時代，所以讀過了不一定要背。後來因為時局不安定，父親當了短期的縣長就失業了。我的母親到山西任縣長的舅舅家去。他們家住在太原，即在太原進入省立第一中學。

在中學時，一方面讀數理化，另一方面，也讀舅舅家中所藏晚清的種種資料。舅舅（閻杰）原來畢業於山西法政學校。他在入學以前曾準備清末的科舉，搜集了不少應付策論的資料。這些資料對於了解清末的思想大有用處。我中學畢業，考上北京大學。由於當時父親失業，讀書和生活十分昂貴，由舅舅供給，經濟狀況不很寬裕。在北大時期，根本不曾去過電影院和戲院，只好把圖書館當成散心的地方。那時看的新書較多，包括五四運動時期諸健將的著作。北大當時師資優良，胡適之先生（圖2）、傅孟真先生、陳寅恪先生、鄧之誠先生，以及教外交史、近代史的蔣廷黻先生、教史籍概要的陳垣先生，教金石學的馬衡先生、教聲韻學的錢玄同先生等等，對我均有啟發（圖3）。我曾修習傅孟真先生的史學方法論。傅先生在看過我的試卷後，要我畢業後到史語所去。但因史語所待遇較低，而我有母親需要照顧，畢業後就到濟南教了一年書，又到曹州教了半年書。民國21年冬天，才回到史語所。從那時候起，五十年當中，我雖曾赴美，但與史語所一直保持密切的關

圖3　胡適與《國學季刊》編委合影。左起：徐炳昶、沈兼士、馬衡、胡適、顧頡剛、朱希祖、陳垣，原件藏社科院近代史所。

係。我初入研究所時，歷史語言研究所和北大文科研究所尚未合作。史語所有意辦普通的研究所，稱為「研究生院」。半年之後，傅先生改變了辦普通研究所的想法，把我調來南京社會研究所做了一年助理員，後來又回到史語所。

問　當時傳統學問與西洋新知同時存在於您的教育環境裡，五四時高喊打倒傳統、打倒孔家店，全盤西化，您當時覺得如何？

答　我考進北京大學，正當五四運動以後，時間不過晚四五年。但因為時局動盪，學校已經面目全非了。就當時一般學生的思想來說，對於五四時期所提出的原則，例如文學改革、民主運動、女權平等，尤其是尊重「個人」的人格與「個人」的社會地位，都是一致同情的。其實這些原則，清末以來已經有人分別提出，只因為社會阻力太大，不是沒有改革，只是改革的進展比較緩慢。五四運動所以影響很大，是因為五四運動是一個波瀾壯闊的學生運動，具有力量很大的宣傳效果。至於當時極端分子提出「反傳統」、「打倒孔家店」等等的口號，那是不切實際的。譬如民國 20 年我們歷史系畢業同學到曲阜，到了孔子墓前，大家無異議的同時向孔子鞠躬。從這一個經驗看來，那時青年人並不是那樣極端的。我想五四運動的問題，還是「民主與科學」那個口號是不確切的。當時中華民國已建國十年，誰還會反對民主？至於科學一層，五四運動是一個人文運動，不是科學運動，用不著借科學二字來裝點門面。與其說「民主與科學」運動，不如說「人權與人文」運動，可以免除誤會，以及意料以外的副作用。

問　剛才提到您的興趣在理工方面，後來是怎樣走向歷史的呢？

答　當時考進北大預科，分文、理組，自由選擇，我考慮了五、六分鐘，決定讀文組。因為當時家庭環境不好，沒有把握能讀到畢業。文組讀不到畢業也能找到職業，理組則非畢業不可。另一方面，文科也不像理科需要買很多書，多是用講義，比較負擔得起。預科畢業後，覺得

古月集：秦漢時代的簡牘畫像與政治社會
—— 卷一　漢代的簡牘

在文科各系之中，歷史比較接近自然科學一點。學歷史可以做些較基本的工作。

問　您的漢簡研究是如何開始的？

答　我在大學時較注意上古史，但研究的人很多，有很多問題無法解決。因此我往下推一點，就研究漢代。因為漢代文獻資料較齊全，對一些基本問題如官制、法律等較可能做一系統的解釋。我做漢代研究，就是從一般人認為繁瑣枯燥的問題開始，拿對理科的興趣與用功來做這些研究。當時並未專門注意漢簡。民國 19 年漢簡出土，我到史語所時，漢簡是存在北大，但研究方面，進展不快。傅孟真先生認為必須加緊去做，否則在國際上沒面子。因此找我和向達先生、賀昌群先生及余遜先生去做這件事。等到七七事變，故宮博物院考古館館長徐森玉先生設法把它運出來，在香港照像，寄照片給中央研究院。我當時在四川，傅先生要我繼續做釋文。我在四川做好，手寫石印付刊。在南京及臺灣都曾印過。現在大陸出版的《居延漢簡甲編》，一部分是根據我們四個人所做留在北平的考釋的殘稿，一部分根據我後來刊印出來的釋文。至於最近大陸又發現漢簡，分量不少，內容不詳。

問　勞先生學問淵博，著作包括歷史、文學、考古各方面，尤以上古秦漢方面為最。以您數十年的研究心得，您認為秦漢四百餘年在傳統中國居何種地位？秦漢時代對後來影響最大的在哪些方面？

答　漢代是中國一切基本制度確立之始，如郡縣制度、地方屬吏組織、法律制度、官制等等，雖然漢代以前就產生了，但漢代才有詳細的資料，可以從此建立一套清楚的系統，也可以比較各代的制度。所以，研究漢代，不但為的是瞭解漢代，也對漢以後各朝制度，可以找出來源，使得有更清楚的認識。

問　勞先生多年前曾寫一部《秦漢史》，如果現在再寫一部，會不會有什

麼改變？

答 會有很大的改變。我寫那部書時，是代表當時的看法。現在我不但對社會問題與發展有很多當時沒有想到的觀點，對漢代的世族、雇傭、官僚制度、遊俠等社會問題有較多的認識。另外，這本書對於政治制度的「內朝」的問題及地方制度也談得不夠。

問 勞先生將數十年生命投注於中國傳統歷史研究，就一個史學工作者而言，這對今天的中國與中國文化傳承有什麼意義？

答 學術是一個整體，個人的工作只是一個小齒輪。這個齒輪的重要與否很難說，但若沒有它，對整體的運作就會有妨礙。我想，只要往正確的方向走，對中國歷史文化就有貢獻。我不敢說自己的研究對中國文化有重要意義。只能說，研究工作有幾個層次，第一個是對基本工作的探討，至於文字校勘等等問題，雖然不是最後的目的，卻是非常重要的基礎。其次是瞭解其事前的狀況與事後的影響、演變過程，才能深入瞭解問題的發展。對每一個部分都瞭解清楚以後，才能將之完整的連結起來。最後的目的，是建立整個系統的觀念。

問 勞先生認為，一個史學工作者的目的，到底是如傅先生在史語所發刊詞中所言，在「探求歷史的真實」呢，還是必須寓有「使過去種種與今日生活發生關聯」之意義，使我們更瞭解過去？

答 不但瞭解過去，也更瞭解現在。假如我們對過去的好壞都不瞭解，那麼也談不上任何改革。所以，現代中國的歷史發展，由於思想方面缺乏正確的指導，而群眾被感情所驅使，形成了盲目的衝動。如其能夠冷靜的從歷史的演進中找出指標，可以有助我們瞭解文化應發展的方向。

問 勞先生的著作豐富，能否請您談談著作時所抱持的態度與方法？對於正在學習的年輕史學工作者，您認為該注意些什麼？

答 我想，我們不應該只注意正面的證據，更應該留心反面證據。讀別人的文章，也可以從反面去看。例如康有為的《新學偽經考》，就過分注意正面證據，而忽略了反面的證據，影響雖然大，但其副作用就也非常巨大了。

問 近人喜以社會學、人類學，甚至心理學的觀念或方法研究歷史問題，勞先生對這些用所謂「社會科學方法治史」採取何種態度？

答 這些都是非常有用的。不過一個學歷史的人，歷史本身的負擔已經夠重了，如其想對各方面都能深入，那是不可能的。所以每一個做歷史工作的人，也只能分別的就相關科學一兩種下些功夫，而無法全面顧到。

問 勞先生目前進行的工作是什麼？

答 我現在做居延漢簡考釋的整理與出版。敦煌漢簡還有一小部分王國維未見到的，這一部分後來由法國馬伯洛（Henri Maspero）來做，他的學生張鳳把原簡在中國發表，叫做《漢晉西陲木簡》。他未做考證，也很少人做考證，現在我已做好考證，即將出版，出版後，再將居延漢簡補充修訂後再版。至於漢簡工作，在日本及大陸方面應該都有一些新的工作，和我的意見有些異同。我是應當加以批判的。

問 您認為歷史語言研究所今後應如何發展？是嚴守傅孟真先生所訂的史語所工作旨趣呢，還是另走新方向？

答 我想，史語所包含了很多部門，都應該繼續發展。考古及民族學雖然只做小範圍的調查，但也有適合小範圍的方法。傅先生當年鑑於歷史資料被忽視，故提倡「上窮碧落下黃泉，動手動腳找東西」。但我們還應當瞭解傅先生的原意，除了去找以外，我們還得加以整理，加以瞭解，而最後更應當是對中國的歷史、文化做更多的瞭解與更好的解釋。

問 請您比較臺灣和美國的研究環境。

答 美國圖書館的好處，是華盛頓國會圖書館及幾個著名大學的圖書館，對於中國研究的資料都十分注意，所以，像樣的收藏確有好幾處，互相補充，內容就很好了。不過究竟過於分散各處，有時找一部書要找幾處才找到，也有不方便的地方。

問 勞先生少年時對整理工作方面較有興趣，對文學也有相當造詣。您認為，歷史到底是比較偏向文學，還是偏向科學？

答 這很難說，恐怕是一個一直能引起爭論的問題。也就是說歷史是否需要主觀，或是能夠擺脫主觀。這就看各人所研究的範圍，及研究的方面來斷定。譬如你要求找一個指導社會的法則出來，雖然需要嚴密的方法，卻並不能算做科學。假若你要做一個科學發展史，那就非把它當作科學不可。

問 請勞先生談一談，您的文學修養是如何培養出來的？

答 我從前在家裡有不少書可看，而母親對我也有這方面的期望，所以我一直在這方面用心。我對於舊詩就下過不少功夫（圖4），正中書局就出版了我的詩集。不過我的心力主要還是集中於歷史研究。當然前輩做歷史的，也有不少人致力舊詩。例如梁任公、王靜安以及陳寅恪先生的詩也是很好的。

問 歷史研究是理性的，文學是感情的，您認為這二者該如何協調？

答 學歷史的人把歷史當作科學來研究，學科學的人把科學當成科學來研究，二者是一樣的。不過人畢竟是人，人有感情，研究科學無法將感情投入。如愛因斯坦對猶太人的民族感情，湯川秀樹對佛教的宗教感情，也都影響到他們對於科學中宇宙的看法。做歷史研究當然必須堅持客觀超然的立場。不過科學與哲學思想可以並存，但不能因此曲解科學。

問 您對歷史教育有何看法？

答 我認為歷史的了解是對於國民起碼的要求。在大學聯考中，自然組當然應該教一些較淺的歷史。另外，在中學裡，於歷史的師資，一般太不重視了。為了使中國人知道他們是中國人，今後實在不能這樣拖下去了。今後實在應該逐漸改進，凡是中學新聘的史地教員，必須嚴格的由學歷史的（加上些地理訓練）或學地理的（加上些歷史訓練）來教，才能使學生對於自己的傳統有所認識。

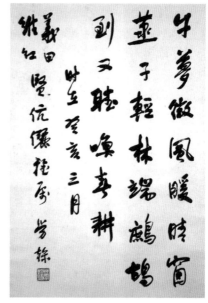

圖4　勞先生的詩和書法

問 中國學者是否也應該多瞭解西洋歷史？

答 是的。為著我們能夠了解別人的，我們的眼光不能只在小範圍打轉。所以我們每一個研究中國問題的人，應當多了解西方，而且更應當有人好好的研究西方。現在中研院有美國文化研究所，是一個正確的方向。不過這只是一個方向，我們更應當擴充到東亞研究以及歐洲研究的研究機構，目前雖然還談不到，但只要向這個方向去走，這條路總可以走通的。

勞榦著作要目：

1.	《居延漢簡考釋一釋文之部》	民國 32 年	中研院史語所	李莊
2.	《居延漢簡考釋一考證之部》	民國 33 年	中研院史語所	李莊
3.	《居延漢簡一圖版之部》	民國 46 年	中研院史語所	臺北
4.	《敦煌藝術》	民國 47 年	國立歷史博物館歷史文物叢刊第一輯	臺北
5.	《居延漢簡一考釋之部》	民國 49 年	中研院史語所	臺北
6.	《勞榦學術論文集（甲編）二冊》	民國 65 年	藝文印書館出版	臺北
7.	《成廬詩稿》	民國 68 年	正中書局印行	臺北
8.	《秦漢史》	民國 69 年	中國文化學部出版部印行	臺北
9.	《魏晉南北朝史》	民國 69 年	中國文化學部出版部印行	臺北
10.	《漢晉西陲木簡新考》	民國 72 年	中研院史語所	臺北

後記

　　勞先生較完整的著作目錄見任長正輯，〈勞榦教授著作目錄（增訂版）〉，《勞貞一先生百歲冥誕紀念論文集》（或《簡牘學報》第 19 期），臺北市簡牘學會、中華簡牘學會出版（臺北：蘭臺出版社，2006），頁 601-629。

　　　　　　　　　　原刊《漢學研究通訊》2 卷 2 期（1983）；112.2.27 改訂

行役尚未已，日暮居延城
——勞榦先生的漢簡因緣

　　勞榦是居延漢簡研究的先驅。居延漢簡的釋文和圖版最早由勞先生出版，他的相關考證和專題論文也開啟了此後研究的先河。勞先生的論文多已集結出版。今天的簡牘學者，尤其是治敦煌和居延簡的學者，可以說無不熟悉。大家都熟知的事，無須多談；前輩的成就，以後輩的淺陋去評論也屬無益。以下打算利用史語所收藏的若干檔案、民國 71 年（1982）訪問勞先生的錄音、石璋如先生的《考古年表》和訪問記錄，談談勞先生如何與漢簡研究結緣以及民國 31 年勞榦和石璋如先生連袂到居延和敦煌考察的經過。這可能還有些學術史的價值吧。

一 勞榦先生的早年

　　勞榦，湖南長沙人，1907 年生。高祖勞崇光曾任兩廣總督。祖父勞啟恂曾任工部主事，後赴陝西任同知，家中藏書甚多。勞先生從小有緣飽讀祖父的藏書。父親原在西安任財政廳科員，後來失業。勞先生隨母到山西太原任縣長的舅舅家中生活，進省立第一中學讀書。舅舅原有意科舉，家中藏書也頗不少。據勞先生說，他讀了相當多舅舅為準備科舉而蒐集的資料，對了解晚清的思想很有助益。

　　大約在民國 13、4 年左右，勞先生進北京大學預科，20 年從北大史學

系畢業。由於家境清困，在北大讀書期間，無法像同學一樣聽戲遊玩。除上課，時間多花在圖書館裡。曾從胡適、傅斯年（史學方法）、鄧之誠、蔣廷黻（近代史、外交史）、陳垣（史籍目錄）、馬衡（金石學）、錢玄同（音韻訓詁學）等先生問學，更曾在北大和清華聽陳寅恪先生的課。勞先生十分推崇鄧之誠的淵博，自覺從錢玄同先生處獲益良多。除了正課之外，勞先生以閱讀五四運動以來的各種新刊物，接觸新思想為消遣。當時在五四之後不久，校園中對五四的種種主張十分同情，但非全然同意。例如「打倒孔家店」，就不是人人贊同。民國 20 年勞先生畢業，歷史系的同學旅行到曲阜，進了孔廟，大家都向孔子像鞠躬。[1]

二 進史語所與漢簡結緣

　　勞先生畢業後，進入中央研究院歷史語言研究所，主要是得到傅斯年的賞識。傅先生授史學方法論，有二十餘學生，對勞先生的試卷特別欣賞，就要勞先生畢業後到史語所。勞先生因母親須要奉養，史語所待遇太低，先到濟南教了一年書，又到曹州教了半年，21 年（1932）冬才到史語所。史語所檔案中保存有一份民國 22 年 2 月 21 日給勞先生的文件抄本。內容是史語所所務會議通過，勞先生在傅斯年的指導下任研究生（圖1）。這是勞先生在史語所的第一個職位。當時傅斯年想在史語所辦一個研究所，培育研究生。不久放棄，改和北大合作。勞先生也就在民國 22 年（1933）從研究生變成了助理員。因傅先生此時兼任在南京的社會學研究所所長，勞被調往社會所工作。23 年，陶孟和出任社會所所長，5 月勞即北歸，回史語所第一組任助理員（23.6.26 史語所任勞為助理員公文底稿）。

　　勞先生投入漢簡工作就在回北平之後。他入史語所的前兩年，也就是

1　以上所記是據民國 71 年 10 月 29 日勞先生在訪問中所作的口述，部分內容見《漢學研究通訊》2：2（1983），學人專訪欄，頁 91-94。

19 年，西北科學考察團在鄂濟納河沿岸發現了上萬的漢簡。20 年 5 月底，這批漢簡運到北平，收藏在北平圖書館書庫。7 月開始由劉復和馬衡在四庫閱覽室監督開箱，由傅振倫和傅明德登記編目，展開初步的整理工作。[2] 劉復社會活動甚多，不久過世（民國 23 年 7 月 14 日），實際工作的是馬衡等人。當時任西北科學考察團理事、北大教授和史語所所長的傅斯年對馬衡的工作頗有不滿。勞先生回憶說當時馬衡的進度甚慢，傅斯年覺得須要加快，否則在國際上會失顏面。於是徵得北平圖書館同意，22 年將這批簡移存景山東街馬神廟松公府的北大文史研究院考古學會。初仍由馬衡和北平圖書館的向達和賀昌群任釋文工作。23 年北大改組，傅振倫調往故宮博物院，木簡移交北大文學院秘書盧逮

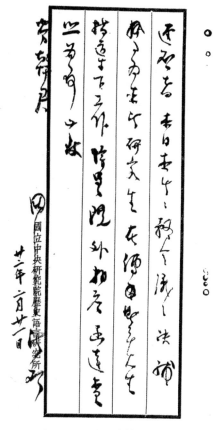

圖 1　勞榦任研究生公文抄件

曾。此後北大史學系助教余遜和史語所的勞榦才加入了工作行列。[3] 當時他們分頭作釋文，各有釋文稿。勞和余的釋文可從現藏於史語所的曬藍本釋

2　參傅振倫，〈西北科學考察團在考古學上的重大貢獻〉，《敦煌學輯刊》，1（1989），頁 3。

3　民國 29 年 8 月 25 日傅斯年在給袁復禮的一封信中曾回顧當年增人手整理的經過，其中有一段說：「此物出土約十五年矣〔按：時間有誤，應作十年〕。久不出版，學界之恥，國家之恥。先是此物到北平後，即在半農、叔平二先生處。半農下世，叔平自任整理，然彼事忙，迄無就也。十年之後，適之先生以北大為原發起人，甚為著急，於是就北大整理。然整理及排比者實為仲章等，釋文則由三機關委人分擔。北平館委向覺明兄，賀昌群兄，北大委余讓之兄，敝所委勞貞一兄，各成一部分……」（史語所檔傅親筆信稿 I-64 及油印件 I-74（1））；又參傅振倫，前引文，頁 3。

文稿本見之。稿本有兩冊，兩冊封面都有勞先生毛筆楷書「漢簡釋文」四字。從筆跡可以看出其中一冊釋文為余先生，另一冊為勞先生所作。馬先醒先生曾仔細研究比對，發現當時五人分工，但余、勞二人所釋有不少重複。[4]

　　在釋文完成後，勞先生曾在一封給傅先生的信中略略提到工作的情形。可惜此信無年份，推定應在 25 年的 5 月 31 日。信中說：「孟真師賜鑒：榦整理之漢簡現已完畢，木皮再有一二次即可結束。此係校余讓之君所整理者，釋文則早已竣事也。……學生勞榦謹上　五月卅一日」（傅檔元 6-5，圖 2）釋文工作從 23 年開始，26 年漢簡運離北平。信中說釋文早已竣事，似應是指勞先生分擔的部分，這部分從曬藍本看共有 1267 簡（不包括無字、不可釋簡）。[5] 完成勢需一段時間，因此推測寫信時間早不過 24 年，應在 25 年。信中所說的「木皮」是當時的用語，或稱「簡皮」，即指柿、削衣。[6] 按信中的意思，勞先生除作了自己部分的釋文，還曾校讀過余讓之（遜）作的部分。曬藍本余先生一冊的釋文裡，的確有不少勞先生動手校改的筆跡（圖 3）。[7] 史語所藏有兩人的親筆書信甚多，筆跡很容易分辨出來。例如余遜釋文稿的第一簡「10 之 30」（即後來習見居延簡編號 10.30），勞即在余釋文「騎將」二字旁重寫「騎將」二字（稿本第 1 頁）；560 之 26「氐池」二字，余釋僅描摹字形，勞在旁加注：「（氐？）池」（稿本第 2 頁）；140 之 18

4　請參馬先醒，〈曬藍本漢簡釋文中之複出簡及其有關問題〉，《簡牘學報》，2（1975），頁 63-84。

5　馬先醒，〈勞貞一先生著曬藍本漢簡釋文中所保存之簡牘形制資料〉，《簡牘學報》，1（1974），頁 59。

6　木皮一詞最初的釋文紙籤，參張慕貞，〈居延漢簡整理文件〉，*Focus: The University of Hong Kong Libraries*, New Series Vol.5, No.4, Jun. 2006. 又或稱簡皮，參賀昌群，《漢簡釋文初稿》（北京：北京圖書館出版社，2005），頁 1029。《說文》卷六上木部：「柿，削木札樸也」，「朴，木皮也。」

7　近見香港大學圖書館館員張慕貞報導，該館收藏有居延漢簡「點校紀錄簿七本」，其中封面題有「勞榦閱　余遜校」或「木簡釋文」字樣。張慕貞報導見 *Focus: The University of Hong Kong Libraries*, New Series Vol. 5, No. 4, Jun. 2006, pp. 8-9.

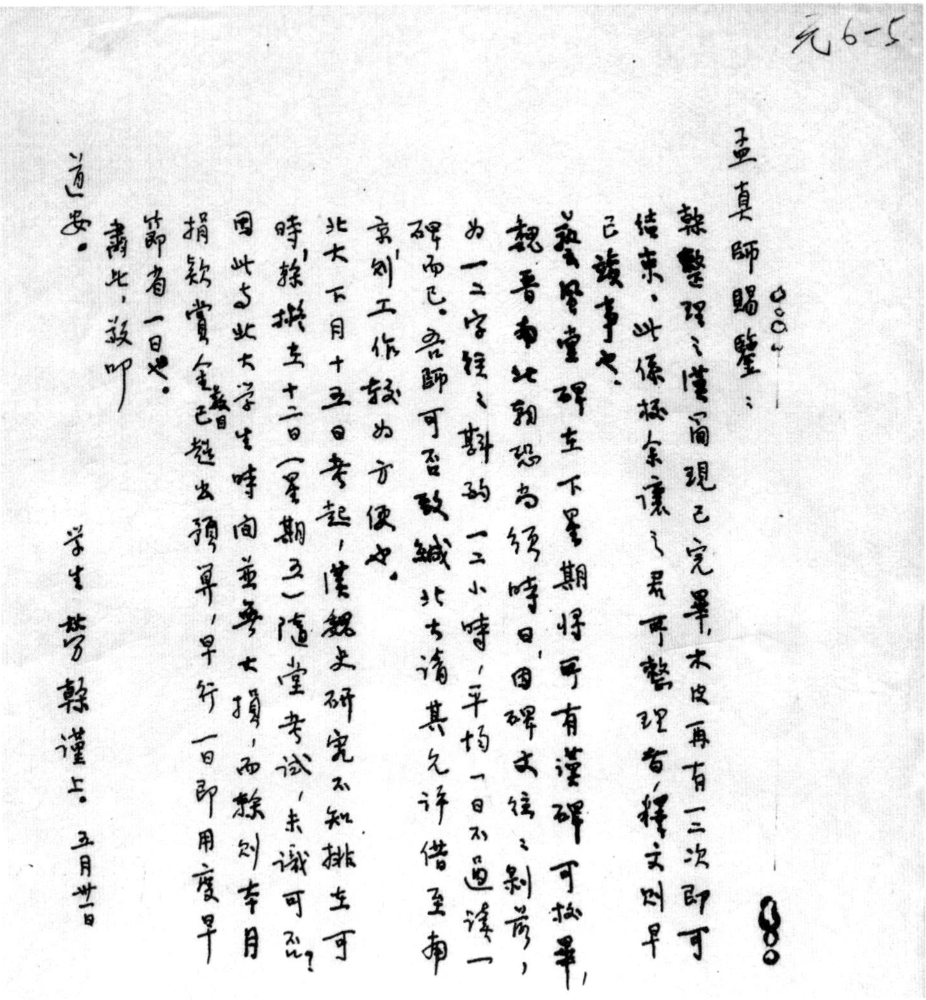

孟真師賜鑒：

雜誌稿之整理謹簡現已完畢不必再有二次即可
結束，此係極余讓之君可整理者，釋文則早
已竣事也。

藝文堂碑左下星期好可有漢碑可拓畢，
親晉南北朝恐為須時日，因碑文俟之剝前，
為一二字徒之料約一二小時，平均一日不過遂一
碑而已。吾師可否致緘北方諸其兄詳借至南
京列工作較為方便也。

北大下月十五日考起，漢魏史研究亦知挑生可
時挑去十二（星期三）隨堂考試，未識可否。
因此乃北大學生時間黃昏七揖，西挑列本月
捐欵賞金善己總出預算，早行一日即用度早
節省一日也。　肅此，敬叩

道安。

學生　勞榦謹上。　五月卅日

圖2　五月卅一日勞榦致傅斯年信原件

背面，余於釋文「薪」字旁加「？」，勞改釋為「莢」字（稿本第 74 頁）；213 之 25，余釋原作「字跡模糊不可辨」，勞在旁注出釋文「■石□六十三三十八」（稿本第 83 頁）；340 之 52 余釋作「□里□二」，勞劃去余釋，在旁改作「來馬十三」（稿本第 87 頁）；116 之 47 原簡左半殘，余釋僅描殘餘筆劃，勞先生在旁注：「掖肩水侯官」（稿本第 101 頁）。改動較多的如 29 之 10，余原僅釋「河平五年」、「廣地」等字，其餘大部分僅描字形，勞先

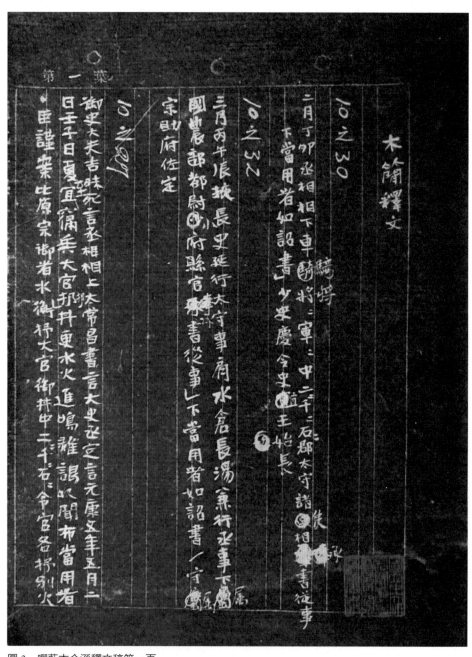

圖3　曬藍本余遜釋文稿第一頁

古月集：秦漢時代的簡牘畫像與政治社會
　　—— 卷一　漢代的簡牘

生在旁重釋數十字（稿本第 76 頁）。余釋十分謹慎，凡無把握的多描摹字形而已；勞先生則常十分敏銳地釋出文字。余釋文稿共 126 頁，曬藍本上勞先生的校改僅見於 101 頁以前。[8]

24 年余遜從北大轉到史語所工作。但余、勞二人似乎並沒有完全集中時間在漢簡的工作上。他們在傅先生的指導下讀書，並在北大上課。余、勞在 25 年 4 月 7 日一封共同署名，由勞先生執筆給傅先生的信中報告工作和讀書的情況（傅檔元 6-4，圖 4.1-2）：

> 孟真師函丈前奉
>
> 　賜示敬悉。一切因循至今始覆書左右，深以為罪。此間工作均在進行。隨（按：應作隋）書標點已畢，現正讀南北史。北大正當春假，現假此時機，進行校碑工作。以六日之力專致力於此，或可較速也。北大圖書館環境尚好，惟往返至少須半小時，且須坐車方能以半小時往返，時間殊不經濟耳。此間現雖
>
> 正值春假，然日來大風揚沙，竟日不已，然較之嚴冬，亦自有間，閉戶讀書仍有佳趣耳。肅此敬頌
>
> 　著安
>
> 　　　　　　　　　　　　　　　學生　　余遜　　　敬上
> 　　　　　　　　　　　　　　　　　　　勞榦
>
> 　　　　　　　　　　　　　　　　　　四月七日

當時傅先生在南京。信中所謂「此間工作均在進行」，疑即指漢簡之校讀。到 5 月底，前引 5 月 31 日勞榦給傅一信，表示釋文已完成，再一個星期即可校畢北大收藏的藝風堂漢碑拓本，魏晉南北朝碑則還須時日去校讀。除此之外，勞先生在北大上課似還須參加漢魏史的隨堂考試。25 年下半年勞榦到南京，傅先生又安排勞榦和傅樂煥、全漢昇等人到中央大學聽

8　2007 年 11 月 26-29 日我到香港大學圖書館特藏部查閱《居延漢簡整理文件》，發現史語所的曬藍本製作於校訂完成以前，曬藍本的校改並不完整。港大所藏余、勞所釋原稿四冊（三、四冊合為一冊）皆經余、勞二人互校對方釋文，四冊皆校至最後一頁。其詳見本書〈香港大學馮平山圖書館藏居延漢簡整理文件調查記〉一文，此處不贅。

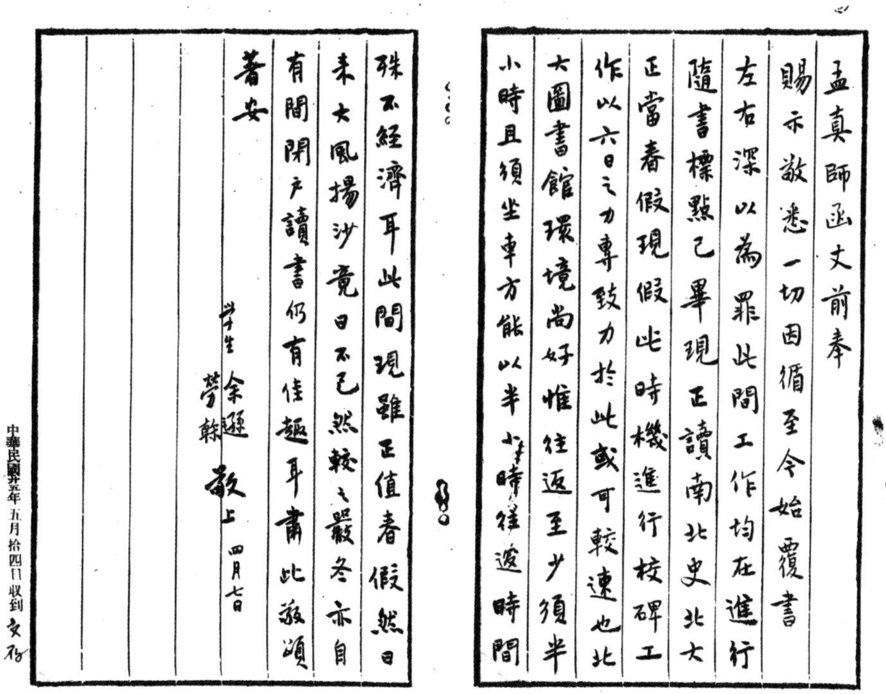

孟真師函丈前奉
賜示敬悉一切因循至今始覆書
左右深以為罪此間工作均在進行
隨書標點已畢現正讀南北史北大
正當春假現假此時機進行校碑工
作以六日之力專致力於此或可較速也北
大圖書館環境尚好惟往返至少須半
小時且須坐車方能以半少時往返時間

珠不經濟耳此間現雖正值春假然日
未大風揚沙覓日不已然輒、嚴冬亦自
有閒闚戶讀書仍有佳趣耳書此敬順
著安

學生 勞榦 余遜 敬上 四月七日

中華民國卅五年 五月拾四日收到 文物

圖 4.1-2　四月七日余、勞致傅斯年信原件

英文課（元 7-15，25.9.7 傅致羅志希親筆信稿）。這是傅先生為史語所年輕研究人員立下的規矩，一邊工作，一邊須到各大學聽課進修。史語所檔案中有許多當時傅先生交涉人員到北大、中大旁聽及課程、人員名單等文件。

　　令人遺憾的是民國 32 年勞先生出版《居延漢簡一釋文之部》，其釋文是根據商務印書館陸續寄到雲南昆明和四川南溪李莊的反體照片，而不是在北平時所作的釋文稿（圖 5）。勞先生在石印本《居延漢簡釋文之部》的考釋自序裡明白說馬叔平、向覺明、賀昌群、余讓之諸先生和他所作的釋文，「因北平淪陷失去」。所謂「失去」，並不是這些稿本都不見了，而是勞先生在準備出版前，沒有這些稿本在手邊。當時怎麼會有曬藍本？曬了

幾份？這些曬藍本又怎麼會藏在史語所？至今仍不是十分清楚。[9]

圖 5　右前第一人為勞榦。民國 27 至 29 年，勞先生在昆明龍
泉鎮寶臺山觀音殿史語所「九間房」研究室中。

三 敦煌、居延考察之旅

民國 31 年春，中央研究院與中央博物院、中國地理研究所合組西北史

9　馬先醒先生曾提到勞、余二人將釋文「原稿交北京大學，而自留一底本，即曬藍本漢簡釋
　文」，見〈余讓之漢簡學〉，《簡牘學報》，1（1974），頁 12。如係自留曬藍底本，為何勞先
　生在昆明時只據反體照片，無底本可以參考？並在自序裡謂原釋文失去，根本不提曬藍本？
　一個可能當然是勞先生未帶曬藍底本到昆明去。但曬藍本後來為何又會在史語所？其中過程
　仍有不明。余、勞釋文稿原本四冊現藏香港大學圖書館特藏部（圖書館編號 特 796.7 10）。
　相關介紹可參張慕貞，〈居延漢簡整理文件〉，*Focus: The University of Hong Kong Libraries*,
　New Series Vol. 5, No. 4, June 2006, pp. 8-9.

地考察團，計畫在陝西、甘肅、寧夏和青海一帶從事考古、歷史和地理的調查。據石璋如先生回憶，當時有一股西北熱，政府和民間有不少個人和團體到西北各地考察。[10] 于右任和張大千都是著名的例子。相較而言，西北史地考察團的目的較為嚴肅。中國與瑞典學者於民國 19 年合組西北科學考察團之後，這是第一次由中國學者自組考察團隊在西北地區進行科學調查。傅斯年基於民族自尊心，一直希望建立一支合乎近代科學方法的學術研究隊伍，將東方學的主導權自巴黎拉回中國。他更希望藉由科學方法找到新的材料，驗證當時由許多西方學者所提出有關中國文明起源的種種新說。

據勞先生一份親筆的計畫草案，西北史地考察團分為（1）歷史考古和（2）地理及動植物兩組。計畫中勞榦、石璋如、高去尋和向達屬歷史考古組。預計自 31 年春至 32 年年底，調查包括地層構造及古生物之自然現象，史前時代、漢代烽燧、魏晉、唐、西夏古城與現代邊疆民族等人文現象，「注重史前文化之探求，古代國防之設施，東西文化之交流以及地理上自然現象。擬先以甘肅為中心，再孜查寧、青各處古代及現代之一切現象。」（李 38-1-3，圖 6.1-2）勞先生在計畫中所說的史前文化的探求和東西文化交流等項目即和傅斯年所關切的問題直接相關。

民國 31 年中，滇緬公路切斷，對日抗戰進入最艱苦的階段。中央研究院經費極為拮据，傅斯年認為經費過少，計畫太大，組織不周全，倉促成行，難有所成，一開始並不贊成考察團的計畫。他在得知計畫內容後，4月 15 日和副所長李濟由重慶合寫一信給計畫中的考察團團長辛樹幟（原西北農學院院長）和中研院總幹事葉企孫。在信中，傅先生有這樣幾句重話：「更有進者，燉煌初步考查，西人走之已熟，煌煌鉅帙，學人共喻。今茲之行，弟等感覺必須稍有所得，若漢簡及漢唐遺物能有特殊發現，始免貽笑他人。若仍係試探性質，則西籍具在，展卷可當臥遊，何必捨吾人更重

10　參陳存恭、陳仲玉《石璋如先生訪問記錄》打字稿，頁 251。此稿民國 91 年已由中研院近史所刊行。

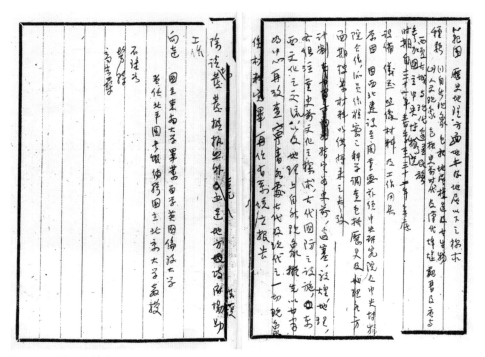

圖 6.1-2　史語所檔案 38-1-3

要之工作，空走此一趟哉？」（李 38-1-6，信件抄本，圖 7.1-2）信中並謂如經費不能增加一倍，則要石、勞二君回所，免得耽誤原有的工作。傅先生在 4 月 22 日給葉企孫的另一信中，更明確表示不願史語所的人員放下手邊的重要工作去西北虛晃一趟。如不得已非去不可，也要減少人數，建議刪去高去尋。信末十分悲觀地表示：「今弟可得言者，即石、勞之行，必一無成績」！（李 38-1-7，那廉君手抄信稿，圖 8.1-2）

　　不論如何，石璋如和勞榦在民國 31 年 4 月還是從昆明李莊出發，踏上西北考察之旅。石、勞根據傅先生的要求，沿途寫信報告工作情況。這些信編有序號，稱報告第一號、第三號、第四號……，大部分用複寫紙複寫，正本存底，複本寄給傅先生。奇怪的是沒有報告第二號，但有石璋如給傅的一信，在時間和行程上恰在一、三號報告之間，可以視為第二號。或許當時忘了加上序號。除了這一封，報告都由兩人署名，勞先生執筆。

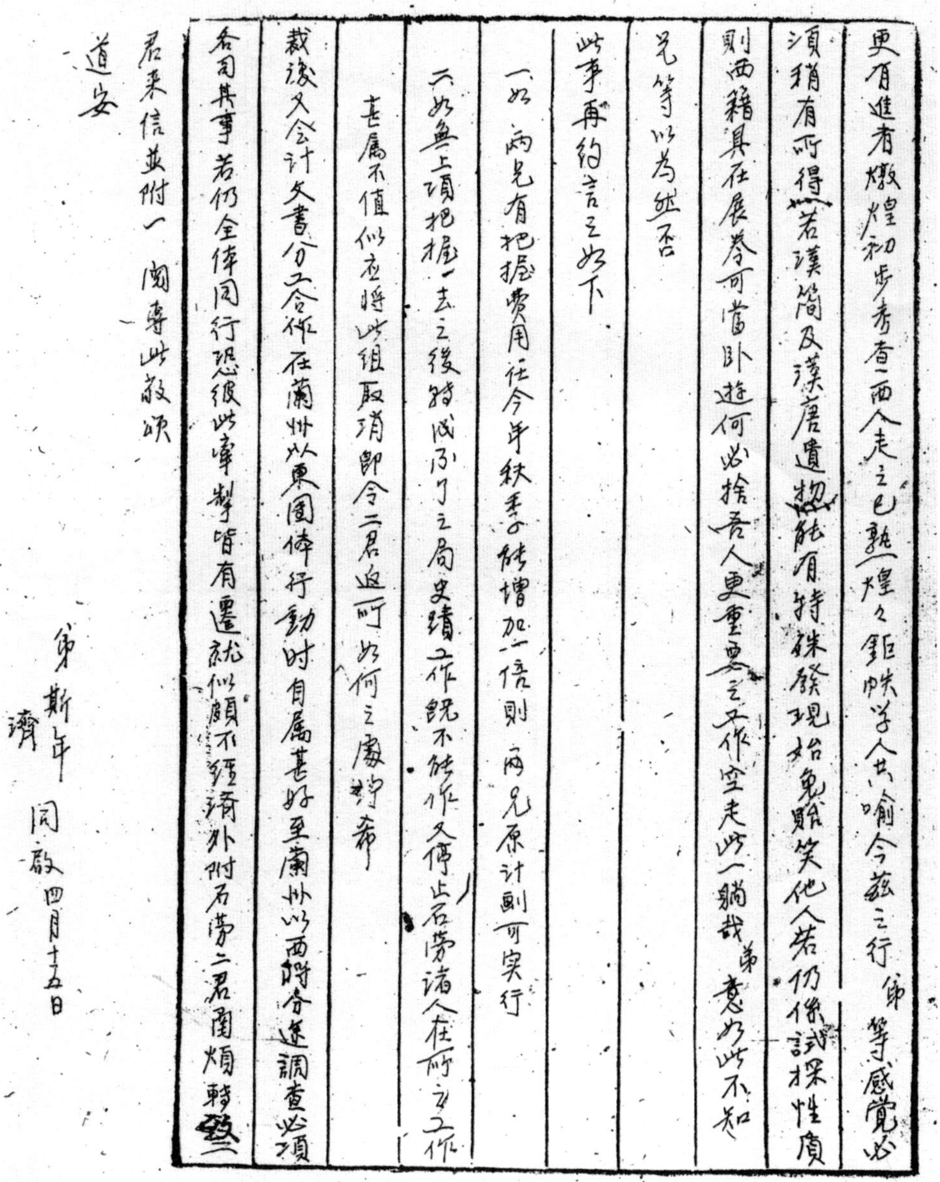

更有進者燉煌初步考查二西人走之已盡（燉煌鉅铁学人共喻今兹之行師弟等感覺必

須稍有所得若漢簡及漢唐遺物能有特殊發現始免贻笑他人若仍係試探性質

則西籍其在展卷可當卧遊何必捨彼人更重要之工作空走此一躺誠弟意必此不知

兄等以為然否

此事再約言之以下

一若兩兄有把握費用往今年秋季能增加一倍則兩兄原計劃可實行

二以無上項把握一去之後時成功了之局史靖作既不能作久得此君謀諸人在所之工作

去屬不值似在將此組取消即令二君返所以何之廢棄希

裁後又会計文書分工合作在蘭州以東圃俸行勤時自屬甚好至蘭州以西時香逐調查必須

希司其事若仍全体同行恐彼此牵掣皆有遷就似顧不経濟外附石滂二君圃煩轉發二

君來信並附一圖專此敬頌

道安

弟斯年

濟同啟四月十五日

圖 7.1-2　史語所檔案 38-1-6

企孫
職 兩兄

接石濤二君函報冬八日開會情形如西北立行科目人員均已加多兩經費並未大

增顧与喬前此立逾所聞者異撰者以此分配誠恐岁々之教與教訓耗於道路而淺績難

期史蹟何尤散保重無成就蓋西北多地原為物價高昂省公部門而考查需欵之大

據弟等既往經驗推三即全數撥歸此內已感不敷若分散過多將各部皆感才掘而困（並非捨壹萬元條道理事

就皆鮮散濟初定四人入主張去人主博物院之捨壹萬元

撰集標本為重故弟等立意以捨萬元仍以全數劃歸史蹟考古為要多部門欵

会議次崇專供燉煌史蹟研究若移作別用即無法報銷而以博物院撥欵立場言尤以

項治項劃歸靖楚始能各作計劃不相渾淆至人員科目之增減似應能否另加欵項為

標準濟前此在逾所屬生物地理組本碩於捨伍萬外另等經費今混為一談似非初擬柳

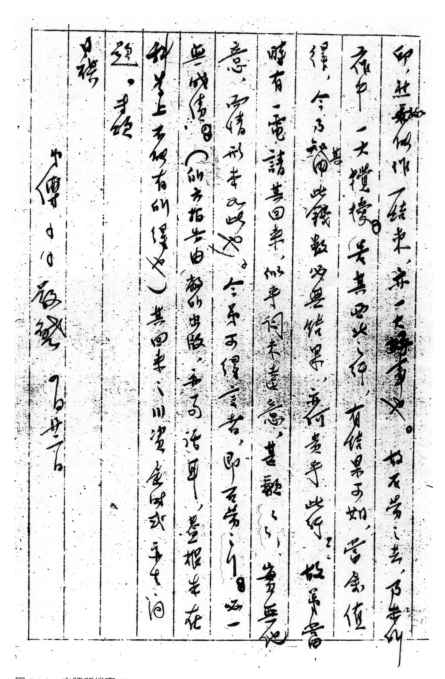

圖 8.1-2　史語所檔案 38-1-7

古月集：秦漢時代的簡牘畫像與政治社會
——卷一　漢代的簡牘

企孫兄。關于調查一事，關于叙者多由濟之陳明，弟無

權發言，此事之組織，弟亦不與聞，僅濟之催弟任何聲明，

故弟知之乎。然自濟之自諭述後，告弟以總數共十五萬一

千元中博洽十有，弟即以為人不可求多，事雖達成功。濟之原批

何在，贊高些，弟頗作主張去向並請濟之考慮，可否在

博物院此部門中想法（倒數停止四川發掘）不意意重少之決定

董未注意此筆巨款亦要花多少錢之實際問題×，其實此事

弟本不願教何有人去，否則二人在例不特皆有益，且其工

作皆甚迫切，安濟發掘，其最要部分在在手，濟之事今沿潤亦令

委之辦，直等于停止工作矣。此乃弟十年心願，今雖不能

報告前後九份，目前完整保存在史語所傅斯年圖書館。從這些報告，不但可以知道二人工作情形，也可以證明傅先生原先太過悲觀了些。在九份報告之外的另一封信裡，石、勞曾評估西北地區可以進一步進行的工作項目。石、勞的考察和提出的評估應曾多多少少促使傅先生於民國 32 年又組織了一次西北調查，以向達和夏鼐兩先生為主，並獲得了更多的成果。以下先根據石、勞的九份報告和石璋如先生來台後所編《考古年表》（民國 41 年 9 月，專刊之 35），略述二人在敦煌和居延考察的經過。

勞榦和石璋如是民國 31 年 4 月 1 日自李莊出發，經瀘州，於 2 日抵重慶，並在重慶發出第一號報告。他們到重慶主要是購買藥品並安排往蘭州的車輛（第二、三號報告，李 38-3-2、3）。第四號報告寫於 5 月 5 日抵蘭州之後。他們乘油礦局的車於 4 月 21 日從重慶歌樂山，經內江、成都、梓橦、廣元、褒城、雙石舖、天水、華家嶺順利於 5 月 4 日到蘭州。報告中提到「沿途除通渭之碧玉鎮外，沒有發現一處遺址。褒城、漢中雖亦有黃土，是否有彩陶遺存尚是問題。天水北之皇城，陶片滿地，屬漢以後遺存。」（四號報告，李 38-3-4；石璋如《考古年表》頁 102 石先生手書補充註記）從他們乘車趕路的行程可以知道，以上所說僅是很一般的觀察。

較重要的是 5 月 26 日發自酒泉的第五號報告（李 38-3-6）。在這個報告裡，石、勞了解到一些居延的情況，有了初步赴居延的想法：

> 由酒泉至安西，據云時有哈撒出現，故馬車不敢坐。為安全計，必坐汽車。但候車須要若干時日。酒泉已由中央軍接防。據云由居延調來，由肅至居路尚平靖。擬敦煌工作畢，赴居延一行。待計劃固定後再奉聞。由涼至甘尚有長城遺跡，由甘至肅，除少數地方有水草，大都為沙漠……

所謂「哈撒」即其他信中所說的哈薩，指哈薩克人。當時甘肅一帶並不完全平靜。勞、石二人在另一封給傅先生的信中提到「甘肅地面近來大體平靜。惟南山寇盜出沒無常，萬佛峽、陽關、西千佛洞諸地必須請求軍隊保護至相當數目，方敢前往耳。」（31.5.20 石勞致傅信，李 38-3-5）

石、勞二位於 6 月 15 日抵敦煌，可巧張大千也於同一日帶「青海番子畫匠數人」抵此臨摹壁畫（報告第六號，李 38-3-7）。石、勞在敦煌的工作情

形雖與漢簡無關，但事後證明他們在這兒測繪石窟，意義十分重大（圖 9.1-2）。1996 年石璋如終於將測繪的結果整理出版成三巨冊《莫高窟形》，極獲好評。這可以說是他們這次西北考察最具體的成績所在。以下將報告第七、八號全文迻錄如次（李38-3-8、9，圖10）：

孟真先生鈞鑒：

十五日到達敦煌以後，十六日休息一日。十七日赴城南十里之月牙泉。此即相傳渥洼天馬所出之地。元和志曾記此地。然廟宇皆清代所修，規模尚大。池北即鳴沙山，高出泉水約一百公尺，自山頂滑沙而下，則沙因摩擦而鳴，一二人自山上而下，仍不鳴也。山因風向及地形之關係，風自山峽入，輒吹沙上昇，不致塞泉，亦非相傳所謂沙能自上也。自敦煌出城五里至廿里以外，即古戈壁灘。到月牙泉五里外即是戈壁，經一小水草田又到沙山。據縣志云，舊三危山曾積

圖 9.1 1942 勞榦、石璋如攝於敦煌千佛洞中寺寓所前。

雪，然自道光修志時已無雪，雪線上昇，水量漸少，漸成沙磧，乃不可避免之事。

十六日曾在敦煌城四圍觀覽。敦煌城經黨河之灌溉，溝渠交錯，綠樹參差，田疇豐美，儼然長江流域。其民多自甘肅各縣徙來，故五方雜處，民情刁薄。黨河西岸為故漢郡城，城垣大部尚存，城內則完全開墾，無復遺跡可尋。

十七日午後自城內出發，多經沙磧，車行甚緩，次晨（十八日）達到千

圖 9.2　石璋如、勞榦、雷震、鄒道龍攝於敦煌 c243 窟。

佛洞。千佛洞共有兩喇嘛廟，一道士廟；喇嘛廟稱為上寺及中寺，道士廟
即著名王道士所曾居者，稱為下寺。璋如及榦住在中寺，張大千則在上
寺，教部藝術團，亦在中寺。張大千雇有喇嘛能畫者及畫匠八九人，大批
臨摹（圖 11）。藝術團僅來三人臨摹，聞藝術團準備住二、三月，張大千則
無限期也。

　　敦煌壁畫始自北朝終于元代。從題識及殘存有層次者推斷，大致可以
決定。蓋用筆及著色均有不同，比附觀之甚為明顯。尤以北朝及唐代之鴻
溝更為顯著。此或因隋氏平陳以後，南士多來雍洛，當時經學書法趨尚南
朝，繪畫應亦受其影響也。現在北朝繪畫片楮不存，則敦煌壁畫可稱瑰
寶。

　　現在之工作為第一步測量一準確之千佛洞全圖。現在對每洞之結構均
詳加測量，蓋此項工作素無人做。伯希和之圖亦非常簡陋，不足以為科學
上之根據。其他諸人更不足論。至於伯希和之照像，所注重者似只是題記
一項，並無若何道理，可補充者甚多。至於紀錄一項擬分為洞內結構、塑

　古月集：秦漢時代的簡牘畫像與政治社會
　　　　　　——卷一　漢代的簡牘

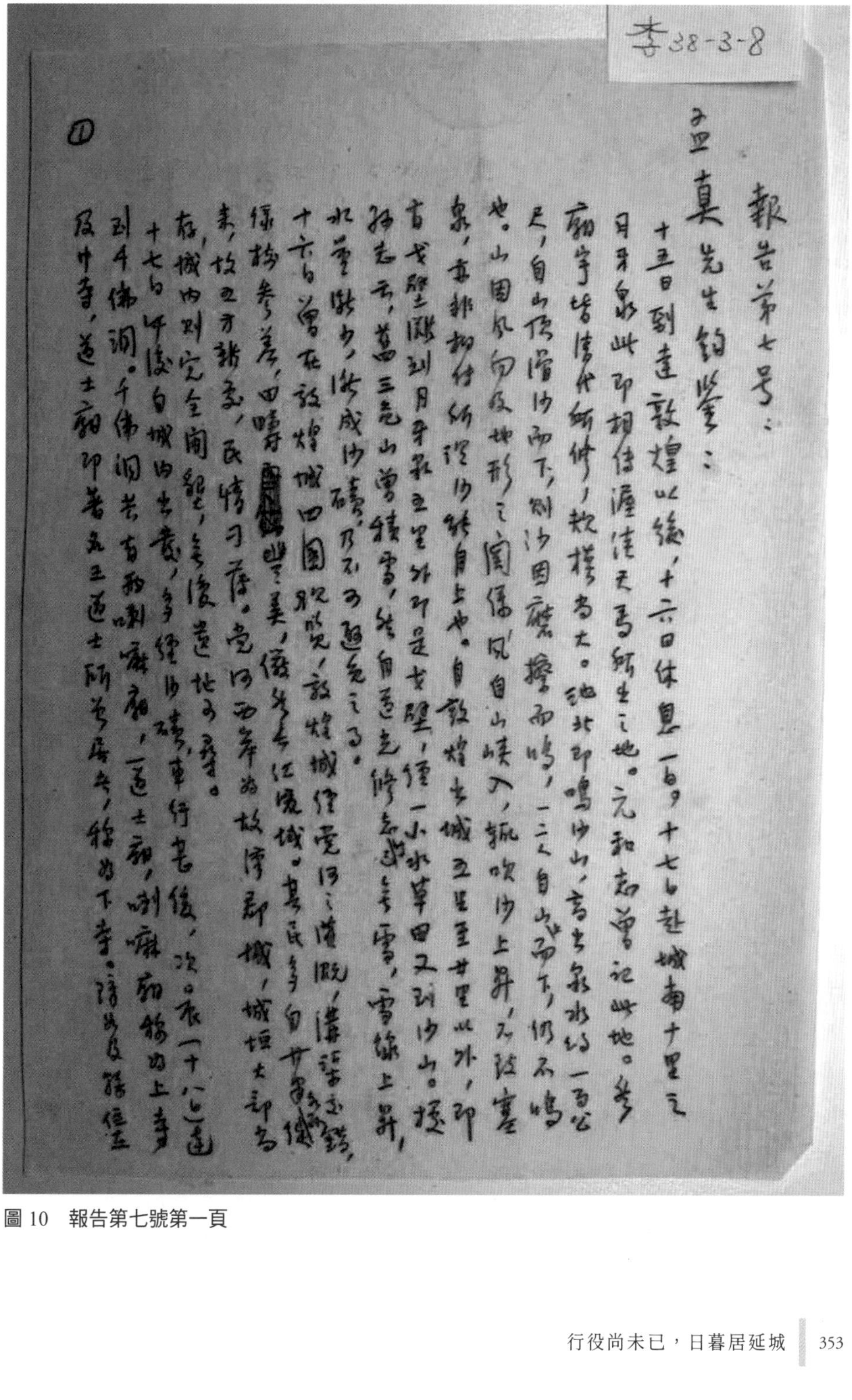

① 報告第七号：

亞真先生鉤鑒：

十五日到達敦煌以後，十六日休息，十七日赴城南十里之

月牙泉此即相傳佳渥洼天馬所生之地。元和志謂記此地。參

廟宇皆清代所修修，枚榜云大。池北即鳴沙山。言去泉水以一百公

尺，自山顶滑沙而下，則沙因震撼而鳴，一二人自山而下，仍不鳴

也。山因风向及地形之關係風自山峽入，瓶吹沙上升，不致塞

泉，東排抑抑附近縫自山上也。自敦煌古城五里至廿里此水，即

古戈壁，歐到月牙泉五里外又是古壁，建一小水草田又到沙山。接

沙志云，嘗三宅山夢積雪，羌自遠光修忽夜雲，雪練上升，

北風吼少，吹成沙磧乃為過忽之了。

十七日營在敦煌城四圉脫脫，敦煌縣亮份之情濫，濮話未詳錄，

线榜參差，田疇夕霽。亮份四筆為故陸郡城，城垣大都為

未，城内則完全開墾，多種白城的出產，多維生多磧田，

十七日午後白城的出產，磧車行老後，次。夜（十八）返

到千佛洞若古莉嘛廟，道士廟，嘛蘭廟粉功上寺

及廿寺，道士廟印著五三通士师苓屋午，粉功下寺。

圖 10　報告第七號第一頁

像、壁畫（佛教故事及圖案），對每洞之特點各作一詳細紀錄，然後再作一比較，從各部分之特點，斷定其時代及其對于歷史之關係。

千佛洞自遊人不斷取攜，現已寸帛片紙無存。聞從先縣長郭曙南曾命紳士所藏經卷歸縣保存，交卸以後竟無蹤跡。又二十五年英人巴慎思盜壁畫十箱被截留，交縣保存，現在亦不知下落。又聞下寺住持李道士云，殘餘番經尚有一捆，為前縣長王會文要去，現亦不知下落。

千佛洞完全為新生代之礫巖，山之成功距有史時代不遠，尚未結緊，故不能雕佛。（據探礦隊說）石質甚壞，常易

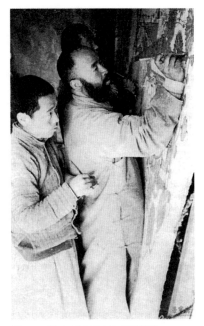

圖11　張大千在敦煌石窟臨摹

崩塌，現在塌壞之事，年有所聞。苟不加以保存，前途不堪設想。又宋代前廊木構計有四個，此間歷來無人注意，現其中兩個已危在旦夕。幸此間無雨，若在四川，早已塌壞。至於壁畫更時常脫落，無從稽核。此事若交地方保管，則官吏無非五日京兆，恐更不如僧道。若交學校保管，則有歷史有基礎之學校，不見得肯到此處。新成立之學校，基礎未堅，難言付託。

譬如前某藝校，改組之際，書籍全被私人瓜分。若以重要國寶，付託一未知前途之學校，前途之事，誰來保證。唯有有基礎之博物館在此成立分館，作長期之計劃，負修理及保管之責。任務□專，軌道可循。庶幾不致如學校設立，簡單則人亡政息，複雜則前途難料。且普通學校不便『兼差』。藝術學校，則古物保管係專門學問與藝術分途。況學藝術者個性皆強，國內無一藝校無潮，又豈是保存古物者爾？此意未知可供參攷否。

現在天氣甚熱，沙漠日中一百二十度（F），現在旅行多在晚上。故陽

關（距敦煌一百六十里）疏勒河烽燧（最近者八十里）皆無法前去。且哈薩仍未肅清，將來前去亦須多人保護方可。擬秋涼再為斟酌。

　　肅此，敬頌

　　道安

學生 　石璋如　同上
　　　　勞　榦

六月二十二日

第八號報告寫於 31 年 8 月 11 日（圖 12），在前一報告的五十天以後。勞先生在報告中說：

孟真先生：

　　璋如及榦於七月十八日赴敦煌西湖，往返八日；於七月三十一日赴南湖，往返十日。西湖當疏勒河下游所成之沼澤，當古玉門關故道；南湖沿南山而行，當古陽關故道。

　　此次出發因縣政府接得報告，新疆軍隊及蘇聯人到敦煌境內窺測，並俘虜敦煌人民。又西湖之土葫蘆地方及南湖之多壩溝地方，聞有煙苗，故縣政府派警會同軍隊前往。西湖、南湖俱哈薩出沒之地，平時絕無法前往，即為工作而請軍隊，敦煌駐軍僅有第五師東干軍兩連，亦不易請到。因此與敦煌縣長商酌，隨同前往。計軍隊副官一人，排長一人，兵四人。縣政府警佐一人，警士二人，黨部幹事一人，均有槍械。此外尚有商會代表一人，嚮導一人。共計十四人，並備十四馬，被褥均置馬上，另攜小帳篷一。

　　十八日下午六時半起身，行二十里宿雜巴閘，此為敦煌沙漠田西北盡頭處，此行僅此處有人家，再西行則為草原及戈壁矣。十九日經戈壁約五十里至頭道泉，始有蒙古牧羊人，其位置約當斯坦因之 Yantak Kaduk Spring 處，更經一戈壁，約行三十里至南泉附近，始見烽台（或是 T23）。試掘其周圍，但蘆葦而已。午後遇雨，即支帳篷在此住宿。

　　二十日早仍陰雨，自南泉行五十里至酥油坨。沿途多是草原及沼澤，但有牧羊人者僅南泉附近之東灣、西灣及酥油坨東五里之香爐墩而已。（香

報告第八號　　　三十一年八月十日（敦煌）

◎真先生：

此次及敦於七月十八日赴敦煌西湖，往返凡四日，於七月三十一日赴南湖，往返十日。西湖古疏勒河下游所成之沼澤，古玉門關故道，南湖沿南山而行，黃古陽關故道。

此次出發因接政府接得報告新疆軍隊及蘇聯人到敦煌境內窺測，即為工作而請軍隊，敦煌駐軍僅有第五師之一團東于軍兩連，亦不易請到。因政府派警會同軍隊前往。西湖、南湖俱哈薩去沒之地，平時絕無法前往，董保罷敦煌人民，又西湖之土鎮蘆地方反南湖之多備博，故有煙草，故縣長與敦煌縣長商酌率董同前往，計軍隊例官二排長二，兵四人，警政、府等佐一人，警士三人，志卻鄉車二人，尚有擔械，此外南有商會代表二，警運二人，共計十八，並備十四馬，逃辭消置馬七上。另携水帳道一。

十日下午六時半起身，行二十里宿雜毛園，此水敦煌出漢四西北畫頭畫，此行僅此委有人家，再西行則為草廬及茫歷矣。十九日經戈壁約五十里至頭道。董保婿有蒙古牧羊人，其住置為黃斯把目己，Ya-ka Kulak Sping 意謂一泉，望約行三十里里粗泉附近始見烽台（或是T23）試探其周圍但產華西己。午後遇雨，即文慷蓬立此住宿。二十日早仍陰雨，自南泉行五十里至酥油地流途事是草廬及沼澤。但

爐墩乃一天然石墩，非烽台）。至酥油坨後，即在滿地羊糞之地上鋪行李休息，燒乾牛糞及乾紅柳為飯。幸天色已漸晴，否則狼狽不堪矣。更行四十里穿低山中至大方盤，即斯坦因所記倉庫之遺址。此時軍隊早已前行，無法停留，僅能觀其大致而已。更上一坡，便成戈壁。行三十里至小方盤。即古玉門關舊址。城每面僅各八丈，有西門及北門。其照片曾見於 Serindia（從西南望者），及 On Ancient Central Asian Tracks（從西北望者）。地形開敞，其城二、三十里以外即可望見。軍隊中以為此乃俄人及哈薩行蹤常及之地，不便久留。飯後仍西行。天已傍晚，約行廿餘里戈壁，即到澤中，四野狼號，人馬股栗。乃北行覓一山坳過夜。露宿其處，未支帳篷，各牽馬韁，未敢熟睡。

二十一日未明即起，約行五六里至後坑（後坑距小方盤三十里）。未停，經戈壁約七十里始至大澤中，其地在玉門關西南（當為 T5 附近）。更南經一烽台在山巔（或是 T6a，大澤地名麻密陀）。向南行三十里即到土葫蘆，南為土山，北臨泉水，下有煙苗，但已早無人跡矣。土山上有烽台一（或是 T6b），在其附近兵房甚顯，然皆已掘過，試掘數坑，僅得片帛。是日仍東返，宿戈壁中。

二十五日回至敦煌城。

此行因隨同軍警前往，故所經烽燧多未及詳為發掘，蓋沿途自酥油坨以西，已久無居人（從前有不少蒙古人，近皆逃走）。且沿途皆為俄人及哈薩出沒之危險地帶，軍警實力不厚，亦無法勸其久停也。

回後即擬前赴南湖，因縣政府未準備好，故遲至三十一日方始成行。下午自城出發行二十里，經南台村後入戈壁。惟傍山一線，略見灌木。天色漸晚，浮雲四起。沿黨河西南行，在戈壁中一小店休息，其下即西千佛洞也。此時未及前往。一日早五時到達南湖，有二百餘戶，為敦煌大鎮。近因哈薩紛擾，損失甚鉅，方在修堡寨中。下午二時更西行，當晚共行四十餘里，露宿戈壁中。

二日早未明即出發，約行三十里至雀毛坨。其地為沙山中幽谷，溪水自南向北流，有人家約七八家。谷西通多壩溝，即此行目的地。西南行經

安南壩，葫蘆斯台等處，為至新疆必經之地，但向南早已無居民行跡矣。谷南口有二烽台，隔溪相對，形勢甚壯。東面烽台踞小山峰上有一小城，每面約二十公尺。惟城牆已破，復依山為壘，至不整齊，故未能詳測。按陽關地望久無所定，清乾隆帝謂在南湖之紅山口（南湖北約二三里）。清光緒時縣令汪宗翰則立碑於村中舊壽昌城中。據元和志在壽昌城西六里，則似在舊漢時龍勒故城舊址。斯坦因到此亦未曾確定。然無論何地，均可繞越。惟雀毛坨故壘則形勢險要，玄奘出關，關卒曾射二矢，是否此處，尚宜詳核也。

三日更西北行七十里至多壩溝。原有居民，近僅六人在此耕種。遠望見有人馬，即行逃避，到後已無一人（其中有由間道逃至雀毛坨者，歸後方見之）亦是一山谷，谷東亦有烽台，惟山經風蝕，已至難上。蓋皆通西湖要道，雀毛坨正對小方盤，多壩溝正對麻密坨，皆可從戈壁北行也。此日仍返雀毛坨，四日返南湖。

六日、七日在南湖發掘二日。計為紅山口之烽臺，壽昌古城，龍勒舊城，均無所得。僅在龍勒遺址得門楣門框各一。或是唐物，未敢遽定也。六日又發掘紅山口北遺址，在戈壁中，窺其大略，似係考試故場，得古磚數塊，土人稱為陽關磚者，然無文字，未能斷定。九日返城，道經西千佛洞，故有洞百餘，今俱沖壞，僅餘六個。壁畫大體仍是六朝，惟粗甚，不如千佛洞，無多可取。九日仍返城。十日下午自城返千佛洞。

此行歷南湖及西湖，凡二十餘日，惟在南湖遇一老人，年七十八矣。云：斯坦因在西湖凡三月之中，共用纏回十餘，漢人二十餘。所掘一無所獲之處甚多。今所經歷多為彼已掘之處，且治安、工人、馬匹俱成問題。未能獲得古物，自在意中。惟希望為敦煌烽燧初步之探討而已。

專此敬頌
道安，

學生　石璋如　同上
　　　勞　榦

八月十一日

兩件報告反映了當時治安和人手上的困難。他們無法從事發掘，一方面是人手不足，一方面也因為軍隊無力保護，無法久留。真正有價值的工作是詳細測繪了千佛洞石窟。從後來石璋如出版的《莫高窟形》一書可知，當時他們不僅測繪，還拍下了四十餘卷，四百餘張石窟結構和壁畫的珍貴照片。照像一事在第九號報告中也曾提到。勞、石在一封 9 月 26 日未加序號給傅先生的信中，一方面提到西北未來可進行的工作，一方面也確定在千佛洞工作之後，到居延去調察：

孟真、濟之先生大鑒：

　　千佛洞的工作業已告一段落，同時為著趕搭礦局的最後一次車（因油礦局燉煌辦事處結束，此車是接人員返礦）。所以于九月廿二日早離開敦煌，廿四日抵關，預備三、五日內赴居延。十七日廿三個汽車送中央軍（四八師）一營到燉煌，現與馬家隊伍（？）駐那裡。原是一百汽車送一團到安西的，該團的郟團長來游千佛洞，與之同返安西。他介紹曾駐居延的夏團長（現駐玉門）一談，夏又介紹該部陳營長（現駐二里子河）。據云路途平安，不過氣候冷點。先是農林部西北視察團以一月零三天的工夫曾往返于居延一帶，據云可往一行。有此兩重關係所以決定離千佛洞到居延去。至於向先生來燉未成問題。早已與陳縣長說妥，而且藝文考察團盧善群尚在千佛洞，與中寺喇嘛相處甚好，故食宿及其它一切不成問題。不過千佛洞開始冷了，早晚均須棉衣。陰曆九月底即凍冷。若再遲，來年恐不能工作。生等月餘來千佛洞工作，詳另報，餘不贅。

　　以下談今後的工作問題。因來西北之不易，而工作僅作一小部，且最近將有如機會來臨，故擬具數項，望垂察焉：

　　1.隴南調查彩陶　彩陶的蹤跡在關外三縣從未見到。疏勒河流域無此種文化遺存，所有的大半是繩文陶片及灰色光白陶片。中國式的彩陶是否西起青海及隴南是一個很值得探討的問題。且彩陶遺址中是否有黑陶的成分，更是不得不前往一視。安特生所挖者都是墓地，不能窺出與其他文化的關係，究竟是純彩陶文化或另有其它堆積也是急待解決的問題。齊家期如果真早於一切，這個問題太有趣了。這是決定中國史前史的最重要的關

節，絕對不可放鬆。而且生擔任的是史前組，所以想往隴南一行。

2. 新疆調查　近來中央軍入疆的聲浪甚高，不久將成為事實。前哨已到安西。果然，則新疆不可不去。更□不〔？〕為本院西北考古暨一基石。袁先生平中雖有許多新疆的材料，但未發表，均在不知之中。新疆在中西交通上太重要了，安肯輕易放過。

3. 陝西銅器時代墓地之調查　本所殷代及戰國時之銅器雖為數不少，但西周墓器確〔卻〕附缺如。行世之西周彝器為數雖多，但無確定之出土地點，無地層及部位之根據，而不能作頭等之材料甚為可惜。倘能在陝西境內作有系統之發掘，不但可為已出土之西周器物之助，更可補殷商殘墓之不足。目前固然不能發掘，但調查工作絕不可少。預先作精準之調查，則抗戰結束後即可從事發掘。固然陝西北平研究院有優先權，不免在合作的條件下進行，實際上他已無形放棄了。

4. 寧夏舊、新石器時代調查　由此次玉門陽關等處的調查，知道繩文陶器在漢代尚大是〔量〕的使用，不能把有繩文陶片的遺址都當作先史時代。所謂寧夏的舊石器時代或新石器時代，是否也有漢代或較早一點的可能，很希望親眼看之，來解決這個問題。本所調查更到綏西的五原，倘能往寧夏一查，則西北的輪廓可以完成。

5. 漢水流域調查　【這一個地帶從（按：這六字左側加圈，似寫後又刪去）】漢水流域還是考古的處女地。西北聯大雖設立城固，但未聞有何發現。早年究受何種文化所支配不得而知，或者是另具型態的一種新文化也未可知，很值得前往一視。

6. 陝東南及豫西一帶調查　這一個地帶從前號為匪區，很少調查者的蹤跡。現在河南省政府設盧氏，向商南等處又為陝豫交通的要道，不如趁此機會前行調查，或有新的出人意料之外的發現。中央軍入疆，意在南疆築路，築路時尚有很多古物發現。希望中央博物院或者派人前往隨時調查。

因為敦煌附近的玉門關、陽關均不能發掘，而居延也因氣候的關係不能久留。預計尚有餘款。以上 6 個調查均甚重要，但以少數之餘款決不能完全完成。餘款確數現尚不可預知，須由居延歸來，始可奉聞。所帶儀器

均為最輕便者，可是在目前的交通條件下，猶嫌其笨重。費巨大力量將其運來而諸多工作尚未著手，又將其運回，在儀器受顛波的振動，在公家受運輸之勞，這種雙重的損失，確是太不值得。倘能以蘭州為西北考古的中心，覓一場所派人駐守，不但儀器等可以不運四川，而西北工作可以從此豎一基礎。擬將紀錄儘短時間整理完備，在張大千諸人以前出版，再定行動。如陝西或新疆能作時，仍希望能作。生榦願於居延工作完結後，即返李莊；生璋如願於居延工作完結後轉行隴南。究應如何辦理，請撥冗賜示為禱。專此敬請

　　撰安

學生　石璋如　　仝上
　　　勞　榦

31.9.26

（以下附言，略）

信中提到向達到敦煌一事。原計畫中勞、石、向為一組。出發時卻只有石、勞二人。這是因為向達代表北京大學參加考察，當時他在西南聯大任教。向先生為了安頓家眷，手續和經費上又多周折，遂至遷延。向達在一封 6 月 29 日給傅斯年和李濟的信中說，他曾接到石、勞二人的信，並表示希望能在 7 月啟程赴甘肅（李 38-2-15）。結果實際上 9 月 25 日才到蘭州，10 月 1 日在武威發信給傅云，希望 5 日到酒泉時「勞、石二兄尚未北行可與會合同赴居延一帶」（李 38-2-8，10 月 1 日向致傅信）。結果 5 日向達趕到酒泉，勞、石二人已於約一週前離酒泉，踏上去居延之路（李 38-2-9，十月六日向致傅、李信）。

　　第九號報告（李 38-3-12，圖 13）是石、勞寫於自居延返回之後。信中除了述敘在居延所見，也簡略說明了去居延前後工作的情況：

孟真先生：

　　　　自陽關回後，學生等即從事千佛洞工作。計為測量、照像及紀錄。測量部分為洞之高低廣狹，像之位置，洞與洞之關係，洞之平面布置及立體布置。（分圖、總圖各已就緒）照像部分則為先將各洞周歷數次，選其最要及

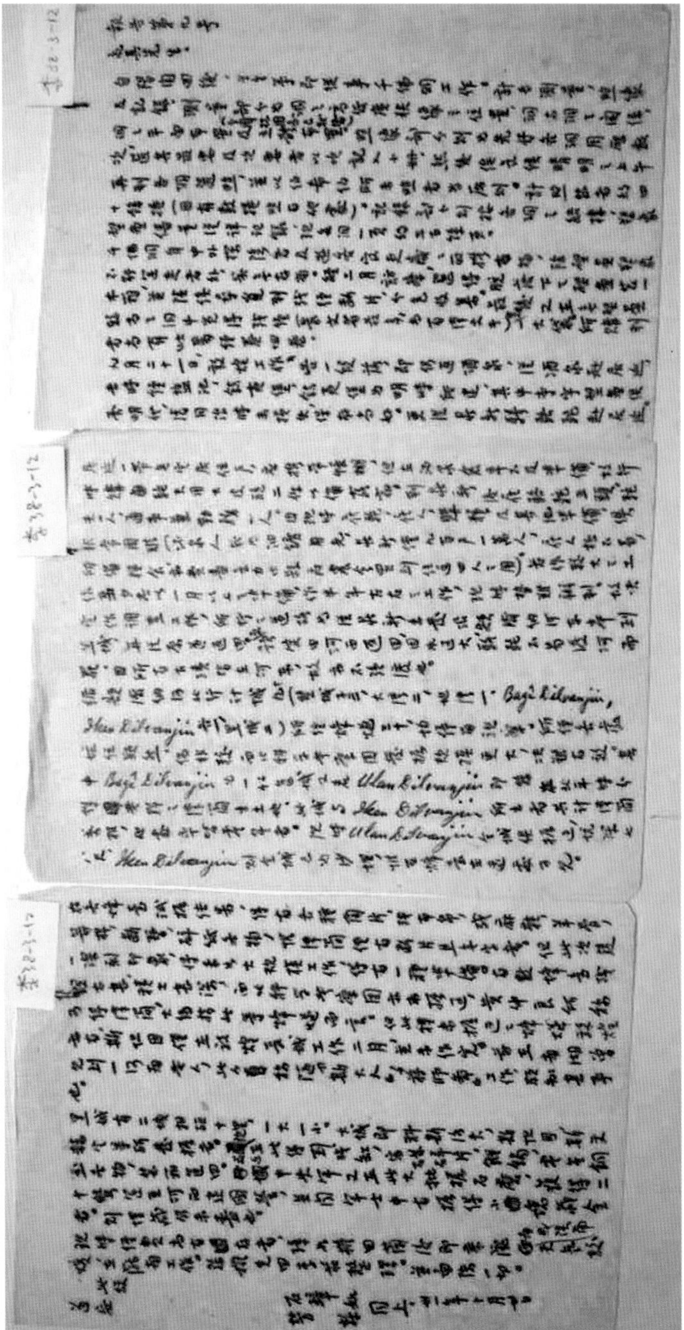

圖 13　報告第九號全三頁

次要者，以次計入小冊，然後俟氣候晴明之上午，再到各洞選照，並以伯希何所未照者為原則。計照出者約四十餘捲（因有數捲照有他處）。記錄部分則按各洞之結構，塑象、壁畫儘量從詳記錄。現每洞一頁，約三百餘頁。

千佛洞自中外探險者及遊客官吏歲歲取攜古物，除壁畫塑象不能運走者外，幾無存物。經三月訪察，選得脫落下之壁畫，裝一木箱。並陸續尋覓到殘經斷片，分包收集。最後又在無壁畫較高之洞中覓得殘經（蒙文者最多，尚有漢文者）裝一大袋。所購到者尚有吐番經卷四卷。

九月二十一日，敦煌工作告一段落，即仍返酒泉。從酒泉赴居延，當時經鹽池，鎮夷堡，鎮夷堡為明時所建。其中寺宇壁畫俱屬明代。清同治時未損失，保存尚好。更從鼎新騎駱駝赴居延。居延一帶無定居住戶，應攜帶帳篷，但在酒泉倉卒不及準備，故行時購駝夫用大皮袍二件以備露宿。到鼎新後雇駱駝五頭，駝夫一人，通事兼勤務一人。因現時雇駝、雇人、購糧及其他準備，俱非常困難（酒泉人幾為油礦用光，鼎新僅九百戶一萬人，雇人極不易。所備糧食亦費盡氣力由縣府農倉買到往返四人之用）。若作較大之工作，至少應以一月以上之準備，作半年左右之工作。現時勢難辦到。故決定作調查工作，所行之道路為從鼎新出發沿額濟納河東岸到黑城，再從原道返回。原預定由河西返回，因水過大，駱駝不易渡河而罷。因所有古蹟皆在河東，故亦不強渡也。

循額濟納河北行計城十（雙城子三、大灣二、地灣一、Bagê Dilvanjin、Iken Dilvanjin 各一、黑城二），所經烽燧三十，均停留視察。所經各處坑位顯然，倘非較西北科學考察隊發掘規模更大，決難有效。其中 Bagê Dilvanjin 為一紅色城又名 Ulan Silvanjin，即榦在北平時分得考釋之漢簡出土地。此城與 Iken Dilvanjin 所出者共計漢簡萬根，他處率皆零星者。現時 Ulan Silvanjin 全城俱掘過，坑深七八尺，Iken Dilvanjin 則全城已為沙埋，惟石烽臺在遠處可見。

在各烽臺試掘，結果得有各種陶片、殘布帛、殘麻鞋、羊骨、箭桿、斷簪、碎紙各物。惜漢簡僅有斷片且無字者。但此次獲一深刻印象，將來如大規模工作，得有一種準備。有數烽臺殘毀太甚，積土甚深。西北科學

考察隊亦未掘過。黃仲良所稱可得漢簡，大約指此等烽燧而言。但此種未掘過之烽燧，敦煌亦有。斯坦因僅在敦煌長城工作二月，並未做完。前在南湖曾見到一河南老人。此人自稱隨「斯大人」、「蔣師爺」工作，頗知其事也。

　　黑城有二城，相距十里，一大一小。大城即科斯洛夫，斯坦因、斯文赫定等所發掘者。現在此得到殘缸，宋磁碎片、鐵鍋、零星銅□各物，裝箱運回。最近中央軍又在此大批掘石磨，獲得二十盤，運至河西建國營，並聞軍士中有掘得小塊藏金者，則埋藏仍未盡也。

　　現時經費尚有存者，璋如攜回蘭後，即乘隴南或陝南天氣較煖，在隴南工作。榦擬先回李莊整理，並面陳一切。

　　此頌

　　道安

石璋如　　同上
勞　榦

卅一年十月卅日

　　報告中所謂的 Bagê Dilvanjin 即小方城，Iken Dilvanjin 即大方城。這件報告完全沒提他們何時從酒泉到居延，也沒有說何時結束居延的考察。據 10 月 2 日傅斯年收到石、勞 10 月 1 日自金泉發出的一封電報云「到肅即赴居延」（李 38-3-11）。所謂「到肅」是從敦煌千佛洞到肅州，也就是酒泉。可見他們當是 10 月 2、3 日左右從酒泉出發，開始居延之旅。他們考察的路線是從酒泉沿著明長城邊上的鹽池、鎮夷堡，沿河北上鼎新（毛目），再出長城沿著額濟納河東岸北上（圖 14）。1930 年貝格曼等人從肅州到毛目也走鎮夷堡這條路。[11]

　　石、勞的這份報告僅非常簡略地敘述在雙城子、大灣、地灣、大小方城和黑城所見的情形（圖 15）。石先生在民國 41 年出版的《考古年表》中

11　可參沈明德譯，〈貝格曼在額濟納河地區的考古工作（選譯《蒙新考古記行》）〉，《簡牘學報》17（1999），頁 177-181。

圖 14　1942 年勞榦騎駱駝從鼎新出發（石璋如攝）

圖 15　1942 年勞榦攝於小方城遺址前（石璋如攝）

則有稍微詳細的記述。《考古年表》為非賣品，他們沿途考察的記錄也從未正式發表。原表表三〈調查諸遺址之位置及蘊藏表〉為表格形式，各調查遺址前有編號，依次有遺址名稱、所在省縣及遺址所在地、調查者、調查年月及蘊藏摘要等欄。以下迻錄表三之「所在地」和「蘊藏摘要」的部分，作為補充：

332 甘肅鼎新　雙城子

在鼎新北。此地尚有漢人居住。再北行一日為漢蒙交界處有蒙人居住。由此以北為蒙古界牲口柴草均不准過此。由此前行即可見蒙古包了。

有大小二城，小城在北，內外兩層，內城約為 30 公尺見方，牆厚約 5 公尺，高約 6.5-7.0 公尺，階坡在東北角。東門杜塞，南門高寬均 2.5 公尺，外城東西 56 公尺，南北 43 公尺，門居中，高約 2.0 公尺。西南角則缺一塊，計東西 14 公尺，南北 11.0 公尺。內城之外，牆距外城之內牆為 5.5 公尺，內城有建築遺跡，據云為同治年間避回亂而築，不知可靠否。外國人在其中掘一木簡，其上朱書一公字，我在其中挖一唐代陶片。現在城外為鹹灘不可耕種。

大城在南，二者相距約一公里，現為農田，其城南北約 360 公尺，東西290 公尺，由中牆起分為南北二城。北城，南北長 170 公尺，所遺短牆高約 1.5 公尺，長約 60 公尺。由此牆分為兩城，故曰雙城子。當年僅有南北二門，現在的東西缺口，係人工毀壞的。據云為明代所築，但北牆附近埋有大量繩紋陶片。保長李應唐云于清代時，曾掘一墓，其中有四長頸瓶及一銅鏡，按此墓非漢即唐，其處為通二里子河要道，有漢唐遺跡當不成問題。

333 甘肅鼎新　大灣城

在雙城子東北。現無人跡，由其環境觀察，當年可能為屯墾之所，因距水甚近，黑河之水可用以灌溉，且地下有黃土，或即當年之農田。

城緊臨黑河，河水繞其北、西兩面，由地下之遺存及其殘牆可分為三個時

代。最早為漢代,東牆殘痕長 320 公尺。東南角有一墩方 50 公尺,高 80 公尺。頂稍尖,中有門,高不可登。西北隅近河邊處尚有一殘墩,並有一房基,此城之東南隅,地下滿布繩紋陶片。在此大城之西北隅有一小城,其東牆距外牆為 200 公尺。該城東牆南北長 164 公尺,居中有一墩,北牆東西長 93 公尺,西牆一墩,南牆 93 公尺。西接小城外甕,惟西牆缺,在此城之地面上滿布唐代陶片。居大城的中心,略近河岸處有一小城尚完整。南北長 77 公尺,東西寬 67 公尺,南北二牆各有一缺口相照,西牆偏北處有一小墩,方約 3.5 公尺。內有一坡可上下城。西南隅有一大墩,下方 14.0 公尺,上方 10 公尺,高 8.0 公尺,與城等高,城牆厚約 3.0 公尺,高約 8 公尺,城門向東門寬 6.0 公尺,深 125 公尺,門內北邊有台階可上城。東門外有一小甕城,東西寬 17.0 公尺,南北長 32.0 公尺。城內正中為房基,面對東門,在此城內之地下滿布黑磁片,為西夏物,故此城當為西夏城。由此可知此處為一重要地帶。隔黑河之西岸,遠望也有一城,南牆被水沖毀,餘尚全。城由黃土打成。在此地帶,上為石子,下為黃土,蓋當年尚可耕種的。

334 甘肅鼎新　地灣

在大灣東北十五里。此處本為耕地,稍修河渠即可耕種。惟無人居,遂致荒蕪。

黑水繞其西北二面,城分二層,內層有二城,小城在東,東西長 20 公尺,南北長 21.5 公尺。牆厚 5.0 公尺,高 6 公尺,方 11.4 公尺,牆上有土窩及柱痕。門向西,寬 2.8 公尺,厚 5.0 公尺。門西為外城,東西寬 47.0 公尺,南北長 54.5 公尺。門在南牆的中部,牆厚 0.7 公尺,高約 1.8 公尺。第二層城東邊,以內小城之東牆為標準,東西寬 97.0 公尺,南北失長。但據東南隅 33.0 公尺,南北全長當為 87.5 公尺。由內大城之西北角走 550 公尺處有墩方 4.2 公尺,外短牆方 14.0 公尺如凸形,而墩居北中,前人曾在此開坑,其中陶片甚多。當為漢代遺存。另西南 40 度向前 7.0 公尺處,亦有一墩甚小。此處本為可耕的農田,現因河渠失修而荒蕪。所謂地灣者就

是農田的意思。

335 寧夏　小方城

地灣東北。該處樹木高大，蘆葦茂密。城畔為一片平地，生有紅柳及短草，想為當年之農田。

小方城即巴個的兒晚經，南距狼猩山 20 里，該城東山西河地勢險要。城內方 12.8 公尺，外 17.7 公尺，牆厚下約 3.0 公尺，上 1.2 公尺。門向南，寬 3.0 公尺，高 6.0 公尺，城內墊土甚厚，現為蒙人堆柴之所。城之一部由土坯作成，坯長 42 公分，寬 22 公分，厚 16 公分。另一種寬 15，長 30，厚 65 公分。牆之另一部由石子打成，牆在一高堆上，此處居延漢簡之大量出土處。

336 寧夏　大方城

在小方城北。此處無樹木，僅有稀疏之蘆葦及駱駝草，惟以積沙甚多，不若小方城處之優美。

大方城，蒙語為伊肯的兒晚經。此城為 39.0 公尺見方，門向東，寬約 5.0 公尺。東西南北兩隅各有一向外突出之墩，長約 3.0 公尺，高約 4.0 公尺，城牆厚約 1.2 公尺。每隔 3.0 公尺有一木杆，後牆正中有一石座，方 5.60 公尺，高 5.5 公尺，西北兩面為河，距城約二公里。據云清代時，草長可沒人，現在均被沙蓋，城亦為沙積，數年後恐被沙全沒。

337 寧夏　黑城

在蔥都耳東南，隔數沙坵，先由一老蒙人在高處用望遠鏡窺視，先找到了黑城的方向，然後依此方向而往，並無道路。該地在舊河谷裡，僅有紅柳與白沙日相爭長而已。

黑城在兩河交匯處所夾之三角地帶上，所在之地為戈壁，而左右兩河則皆為乾谷。城由磚砌成，東西長約 466 公尺，南北寬約 381 公尺，牆高約 10 公尺，有東西二門各有甕城，曲折外出，牆厚下約 12.0 公尺，上厚僅 4 公

尺，四面均有外出之墩，北面 6 個，南面 5 個，東西兩面各 4 個。四隅各
呈圓形外突，建築極堅固而整齊。北牆上有小洞可以出入。西北兩面砂坵
高與城齊，城內有街道，有屋基，地面上滿布黑色磁片及碎磚。城頭堆滿
了碎磚石塊，仍為當年守城時所放置者。大建築在東南隅，牆極堅厚，或
為政治區。城外西南隅有一禮拜堂式之建築物，方基圓頂，大門向東。內
方 5.7 公尺，外方 9.4 公尺，前有門向外突出 2.7 公尺，南北寬 5.6 公尺，
屋頂高約 6.0 公尺，門牆高 5.5 公尺，外後門寬 2.6 公尺，高 3.8 公尺，內
門寬 1.2 公尺，高 2.0 公尺，及左右有窗。大門形制亦極精美，內部白頂如
傘狀，圓頂之腰間有四小孔，當為西夏的建築。外西北部為寺廟所在，均
殘破。1908 年俄人科智洛夫所領之探險隊，曾兩至發掘。1914 年英人斯坦
英所率領之中亞探險隊也往其地發掘。嗣後中法兩國所組織之西北科學考
察團亦曾至其地，我們此次考察乃第四者了。

第九號報告提到發現「碎紙」，上引年表中未提。經查石先生的訪問
記錄，石先生曾特別回憶到「居延紙」的發現經過。石先生在回憶黑水流
域調查第三天以後的部分說到：

> 在某地的墩休息，順便進行發掘，我們就找到了陶片，還有字紙。字是隸
> 書，就是「居延紙」，是這次調查的大發現。發現之初只知是字紙，卻未想
> 到字體的意義。當地因為少雨，埋藏土內的紙未受風吹雨淋，所以除顯破
> 爛、字跡不完整之外，大體情形良好。鑑識字體是勞先生的專長，經過鑑
> 定，紙上的字是東漢的隸書。這分「居延紙」雖然只是一塊，可是有相當
> 高的價值，現在也收藏在史語所內。[12]

另據石璋如先生的訪問記錄，我們才知道石、勞在黑城調查之後，限
於糧食和氣候因素，並沒有繼續北行到居延海而頗覺遺憾。[13] 據石璋如先
生的年表，他們於 10 月結束額濟納河沿線的調查以後，又曾在甘州和張掖

---

12 《石璋如先生訪問記錄》，頁 271。
13 同上，頁 272-273。

調查甘州的紅城子和張掖的黑城子和小黑城。這些據年表所附地圖都在張掖的西南郊，因已不在居延烽燧沿線，不俱錄。

石、勞這一次西北考察雖沒有能夠從事正式發掘，也沒有得到多少遺物，但是這是第一次中國學者自行進行西北實地調查，奠定了以後工作的基礎。勞先生親自考察敦煌玉門關、陽關等遺址，又見識了額濟納河沿線漢代烽燧的實況，促使他後來寫下〈漢代兵制及漢簡中的兵制〉（1943）、〈漢簡中的河西經濟生活〉（1944）、〈兩關遺址考〉（1944）、〈釋漢代之亭障與烽燧〉（1948）、〈論漢代玉門關的遷徙問題〉（1960）等重要的論文。勞先生也寫過若干和敦煌石窟相關的文章，在他的文集《中國的社會與文學》（臺北：文星書店，1964）中最少就收了三篇。石璋如先生將測繪的千佛洞石窟圖和照片帶回給傅斯年和李濟看，大獲二人讚賞，認為是真實的歷史紀錄，值得發表。但是他們更急著要石先生整理殷虛的報告。敦煌石窟的調查資料為此一放五十多年。[14]

石、勞二人的考察成績和對西北地區調查所作的建議，應對民國 32、33 年再一次組成西北科學考察團發生過促進的作用。民國 32 年，中研院史語所的夏鼐、中國地理研究所的李承三、林超、北京大學文科研究所的向達和閻文儒組織了一個西北科學考察團，在甘、新地區展開調查工作。而就在這次調查裡，夏鼐在石、勞走訪過的敦煌小方盤城掘獲三十餘漢簡。石璋如在《考古年表》表三，33 年 11 月條中說：「三十一年勞榦、石璋如前往調查時，因哈薩出沒，未敢久停，僅開一坑即返。此次再在城外高處發掘，獲有漢簡三十餘根。」（頁 28）

四 結論

這段學術因緣轉眼間已是六十多年前的往事。五月三日見到大病初癒

14　參石璋如，《莫高窟形》，自序，頁 2。

的石先生，他為我描述黑城所見，為何夜宿黑城，水缸上放菜刀，又為何沒能到居延海，情節歷歷，一如昨日。石、勞二老在當時必然無法想像，六十年後的簡牘、石窟造像和經卷已經各自蓬勃發展成為專門的簡牘學和敦煌學。二老一步一腳印走在前面，他們的辛勞和成果，應該讓世人都知道。這是撰寫這篇小文的理由。最後容我抄錄一首勞先生的五言古詩〈居延故址〉[15] 作為結尾，並祝福二老福壽康泰：

> 行役尚未已，日暮居延城。廢壘高重重，想見懸旗旌。
> 今茲天海間，但有秋雲輕。歸途遇崎嶇，枯柳相依憑。
> 長河向天流，落日如有聲。刺草凝白霜，古道紛縱橫。
> 豈伊車轍間，曾有千軍行。弔古寧復爾，世亂思清平。
> 誰為畫長策，贏此千歲名？

91.3.23/5.6

後記

此文應第二屆簡帛學術討論會，作於民國 91 年 3 月。當時在傅斯年圖書館閱讀相關檔案，一頁頁的報告和公文，寫在極其粗糙薄脆的紙上，令我深深感覺到前輩生存條件的惡劣和田野考察的艱苦。不禁於文末，特別祝福至今仍每日辛勤工作，百齡的石璋如先生和病痛中的勞榦兩位前輩福壽康泰。

不意年餘，今年九月初，得知勞先生於 8 月 30 日仙逝。收到文豪兄寄下的校稿，悲傷的心情禁不住重新勾起。民國 71 年至 72 年勞先生曾回台一年。當時我甫入史語所，每周與正勝兄隨勞先生到臺大，聽了一學期課。平生之憾得以稍稍彌補。在同仁出版《居延漢簡補編》和整理史語所漢畫拓片的過程裡，常修書遠隔重洋向勞先生討教。勞先生有問必答，甚至在身體欠佳的情況下，為《補編》題寫書名。

這一切猶如昨日，如今哲人竟已遠去。從聊天中知道，勞先生並不相

---

15 勞榦，《成盧詩稿》（臺北：正中書局，1979），頁 5。

信來世。但是心中不免衝動，多麼希望真有來世；如有來世，勞先生就會繼續庇護簡牘研究的未來。是嗎？勞先生。

92.11.29

原刊《古今論衡》，8（2002），頁 43-62；增補較多和勞先生相關文件圖影和後記收入《簡帛研究彙刊》，第二輯（2003），頁 1-38。

97.2.8 再訂

傅斯年、胡適與居延漢簡的運美及返臺

一 謎團

　　二十世紀初以來，中國即成為國內外考古家和探險家的樂園。幾千年的歷史陳跡，埋藏地下，經由考古或偶然的發現，已不知有多少轟動中外的文物，在一百多年裡重見天日。1925 年，王國維曾將簡牘文書和殷虛甲骨、敦煌卷子、內閣大庫文書同列為學問上最重要的新發現。[1] 當時他所知道出土的簡牘不過幾百枚。他那能想像不過五年以後（1930），西北科學考查團的瑞典考古家貝格曼（F. Bergman）在額濟納河流域，也就是漢代的居延邊防線上，又發掘到一萬餘枚簡牘。這就是通稱的居延漢簡。這些漢代邊防軍在木簡上遺留下來的文書，內容極為豐富。從軍事、政治、法律、教育、經濟、信仰、曆法到日常生活，都有既直接，又生動的記錄。它們為漢代史研究打開了一片新天地。

　　漢簡出土的消息可以說轟動一時。瑞典方面希望將漢簡運往瑞典，中國方面反對。最後同意共同研究，簡牘留在中國，其餘採集品運往瑞典並於「一定期限內」歸還。[2] 1931 年 5 月底，漢簡運到北平，藏於北平圖書

1　王國維，〈最近二三十年中中國新發見之學問〉，《學衡》，45 期，1925，頁 1-13。
2　香港大學圖書館藏有一份由傅斯年、陳受頤、胡適、董作賓、徐鴻寶、王作賓、袁復禮和 Svin Hedin, Erik Nonin 簽名「出土品運往瑞典清單」，共 31 箱。也有西北科學考查團第五、六次常務理事會會議錄，討論瑞典團員採集品放行案及主席袁復禮宣讀赫定、那林正式擔保「於一定期限內歸回古生物及考古採集品」公函的記錄。參圖書館《居延漢簡整理文件》檔（檔案編號：特 796.7 10）。以下引用港大資料皆出此檔，不另注。其詳另參本書卷一〈香港大學馮平山圖書館藏居延漢簡整理文件調查記〉，頁 419-475。

館。最初是由北大教授劉復（圖1）、馬衡代表中國方面參加簡牘的整理和釋讀工作，瑞典方面為高本漢。但是劉復忙於其他，不久過世，馬衡一人的工作進度似乎甚為緩慢。[3] 引發種種對馬衡的不滿，甚至有馬據簡牘為己有的流言（圖2.1-2）。[4] 1933 年 7 月北大文學院院長胡適，成為北平圖書館委員會的委員長；傅斯年則是副委員長，也是北大教授和中央研究院歷史語言研究所的所長，更是西北科學考察團的理事。胡、傅於是和北平圖書館協商，陸續將簡牘移往北京大學，並增加整理和釋讀的人手。從 1934 年 10 月開始，除馬衡，增加了北

圖1　劉復

平圖書館的向達、賀昌群，北大的余遜和史語所的勞榦（圖3.1-3）。[5] 1936

3　從港大圖書館藏一份題為「勞余馬向賀諸先生所看各地採集品件數草目」，馬衡所釋部分為 Taralingin durbeljin 和 Vajin torej 兩地出土之簡。前者有字簡 933 件，無字簡 275 件；後者有字簡 229 件，無字簡 10 件。馬衡釋文應作於民國 24 年 2 月 24 日以前。因為 24 日西北科學考查團第四次全體理事大會的會議記錄裡，主席袁希淵（復禮）報告漢簡工作情形時提到「白音托賴及塔拉林金都魯班井兩地之木簡已經馬叔平先生整理考釋」。據我閱讀馬、向、勞、余各人釋文稿印象，馬衡釋文稿字跡最為工整，非有把握，絕不下筆，竟一無塗改。

4　傅斯年曾在給不同人的信中，指責馬衡有意據簡為己有（史語所藏傅斯年檔案 I-74，I-754，I-1216）。馬衡在 1940 年 9 月 10 日，致傅斯年的信中謂：「居延漢簡得兄與森玉等諸兄之力，已能付印，快何如之。釋文延誤之咎，弟不敢辭。惟所謂秘為己有者，大有其人，究何所指？弟亦不暇辨。」馬衡更在信中附詩一首以自我解嘲：十載勞人不自由，是非場裡久沉浮；著書歲月成虛擲，伏案生涯寧強求；垂白那堪聞辯難，殺青差幸減僽（愁）尤；世間期望知多少，豁目來登更上樓。（II-36）按此詩已收入施安昌、華寧釋注，《馬衡日記——一九四九前後的故宮》（北京：紫禁城出版社，2006）所附：詩鈔，第四十七首〈讀袁希淵與傅孟真往復問難書，詩以解嘲〉，頁 260。

5　參港大圖書館藏民國 23 年 10 月 23 日中國學術團體協會西北科學考查團第二次全體理事會會議錄。會中馬衡提議向達和賀昌群加入，傅斯年提議勞榦加入釋文行列。余遜加入是同年 12 月 2 日第三次全體理事大會上由胡適所提。胡適還曾另提陳受頤、蒙文通、孟森、姚士鰲（從吾）、傅孟真加入。24 年 1 月 16 日他們曾參加了第一次在北大文科舉行的整理木簡會議，除蒙文通外，甚至排了每周各人工作時間，但沒有真正到班工作，原因不明。

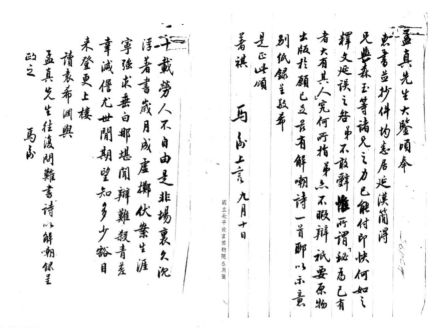

圖 2.1-2　馬衡致傅斯年信兩頁

年 7 月，傅斯年開始和上海的商務印書館接洽漢簡的照像和出版。[6] 但是馬衡、袁復禮、袁同禮等人對出版的方式和條件有不同的意見，尤其不滿由傅斯年主導訂約，使傅斯年和他們之間的關係頗為不睦。[7]

　　1937 年 7 月盧溝橋事變爆發，7 月 28 日日軍占北平。在日軍威脅之下，考察團理事會幹事沈仲章，在理事徐鴻寶（森玉）（圖 4）的協助下，秘密將簡牘和相關資料自北平運到香港。其後，再從香港運到美國。1965 年又自美國運回臺灣。這一過程一直有很多不清楚，也引起許多揣測的地方。從北平運香港的一段，因為後來有勞榦和沈仲章先生的報導，較為人知。漢簡何時從香港運往美國，在什麼情況下進了美國國會圖書館（Library of Congress），以及如何運來臺灣的經過則曾引起國內外不少的謠言和攻

6　史語所藏傅斯年檔案 I-1224，〔以下將僅書檔案編號，不另注明〕，民國 29 年 8 月 7 日商務印書館總管理處駐港辦事處致管理中英庚款董事會函。

7　I-1233-1，民國 25 年 10 月 31 日盧逮曾致傅斯年函；I-497，同年 11 月 2 日盧致傅函。

圖 3.1　向達

圖 3.2　賀昌群

圖 3.3　余遜

圖 4　徐鴻寶

古月集：秦漢時代的簡牘畫像與政治社會
——卷一　漢代的簡牘

許。中華民國政府遭到以國寶抵押貸款，甚至勾搭「美帝」、「盜竊祖國文物」的污蔑。

三年前，中央研究院歷史語言研究院簡牘小組得到楊慶章先生的協助，在史語所的檔案室裡，找到一夾以「居延漢簡」為檔名的卷宗。裡面收有十餘件居延漢簡歸由史語所收藏前後的原始文件及文件副本。而今年（1994）8 月，我和同事王汎森聊天，無意中得知傅斯年圖書館所藏傅斯年先生檔案中另有很多與居延簡有關的文件。經過查閱，終於弄清這一批文物運美和來臺的經過，可以大大澄清長久以來許多失實的報導和揣測。也終於可以看清，在民國二、三十年那個兵荒馬亂的年代，傅斯年和胡適兩位在保存文物上的鉅大貢獻。傅斯年先生百年壽辰將屆，特撰此文，以為紀念。

📰 居延漢簡在香港的情況

民國 26 年 8 月，漢簡由沈仲章先生自北平經天津、青島、上海秘密運往香港。由於種種車船周折，漢簡到香港已是 26 年底或 27 年初。沈仲章的回憶並不清楚，我從其它資料得知應在 27 年 1 月 4 日以前。[8] 香港大學

8　徐森玉在漢簡運到香港，未存放在香港大學前，曾從香港致傅斯年一電（I-1237）（附圖九）。電文云：「韭菜園一號中央研究院傅孟真先生鑒：木簡已全運港。擬用公及仲章、鴻寶三人名義存香港大學。務希電允。排比影印亦擬進行，並盼指示。回電由許地山轉。寶卅一」此電只知發於 31 日，月份不明，當為 27 年事。另據沈仲章 27 年 5 月 9 日、6 月 4 日致傅斯年（I-1217、I-1218），27 年 5 月 23 日商務李伯嘉致傅斯年信（I-1232-1），知五月初以前漢簡已在港大。又據黎樹添〈馮平山圖書館簡史〉，27 年 4 月在該館曾舉行「漢代木簡展覽會」。簡史見《馮平山圖書館金禧紀念論文集》，馮平山圖書館印行，1982，頁 21。可見最遲四月，木簡已在港大。又按蔡元培 27 年 1 月 4 日日記提到木簡二萬餘枚，「經徐君攜至香港，現已寄存香港大學圖書館。」由此可知漢簡抵港更應在 1 月 4 日以前。轉見高平叔，《蔡元培年譜長編》（北京：人民教育出版社，1999），頁 417。這一資料由何漢威兄檢示，謹謝。

馮平山圖書館館長陳君葆先生在 27 年 1 月 6 日的日記裡說：

> 徐森玉的漢代木簡共五箱今日用副監督的名義寄存在上海銀行的保險庫
> 裡，午間由我親自送去。史洛士（按：即港大副校長 Sloss）對於這事似乎特別
> 慎重，不知何故；也許他對這幾箱東西的所有權頗發生一點疑問。不過這
> 實在是太過分些了。[9]

陳先生說他親自押送的木簡有五箱。沈仲章在〈搶救居延漢簡歷險記〉一
文中回憶說，當時他帶出的漢簡有兩箱，但是根據他在 27 年 5 月 9 日自香
港寫給傅斯年的信說：「所有津滬運來之簡品共八箱」（I-1217 圖 5）。到底
是兩箱、五箱或八箱？箱數的矛盾，現在已難確實查考。據沈寫給傅斯年
的同一封信，他曾提到原有簡品「經過多次包裝貯藏」。可能因為如此，
他在信中和回憶中提到的箱數才有了出入。但也可能在運送途中，曾將幾
個小箱合放在兩個大箱中，以便利搬運，因此造成記憶中箱數的不同。又
據以上同一信，漢簡一度是存放在香港大學的「漢口圖書室」。信上說：

> 木簡整理工作經多次囉嗦後，終已在港大漢口圖書室中進行。校方供備鐵
> 櫃一架，容量不大。故祇得將所有津滬運來之簡品共八箱拆散，塞置一
> 起。現時可辦者為緒理品件及編製索引卡片等工作。此因原有簡品，經過
> 多次包裝貯藏，散亂不易檢取，且恐路途有差，故亟須統盤檢視及依號查
> 對一次，以利將來工作。

這個漢口圖書室在港大圖書館之大波樓中。[10] 根據黎樹添先生所寫的〈馮
平山圖書館簡史〉，[11] 自七七事變以後，即有許多內地機關和藏書家的藏書

9　陳君葆著，謝榮滾主編，《陳君葆日記》（香港：商務印書館，1999），頁 334。此書由何漢
　　威兄檢示，謹謝。

10　據蔡元培 1938 年 3 月 1 日日記：「港大除普通圖書館外，有中國文學圖書館，又有一漢口
　　圖書館，均為關於中國事情之書籍，繫一僑居漢口之西人所收藏而售與港大者。」由此可知
　　漢口圖書館屬香港大學。日記轉見高平叔，《蔡元培年譜長編》（北京：人民教育出版社，
　　1999），頁 428。本資料承何漢威兄檢示，謹謝。又參張慕貞，《居延漢簡整理文件》報導，
　　Focus: The University of Hong Kong Libraries, New Series Vol. 5, No. 4, June 2006, pp. 8-9.

11　見前引黎樹添文，頁 20。又參蘇精，〈抗戰時秘密搜購淪陷區古籍始末〉，《傳記文學》，35
　　卷 5 期，1979，頁 109-114。

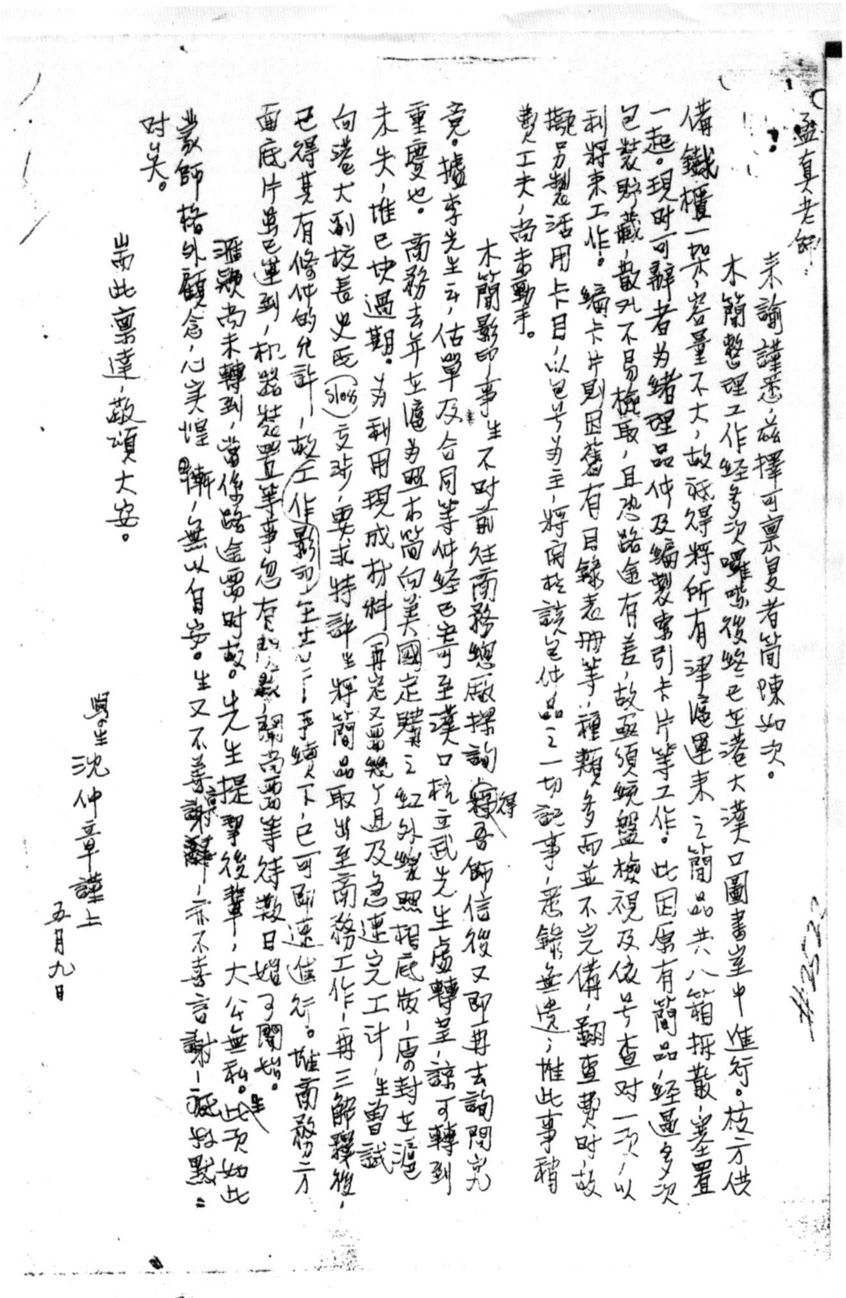

盂真老師：

來諭謹悉，茲擇可稟復者簡陳如次。

木簡整理工作經多次嘗試後終已至港大漢口圖書堂中進行。茲方借得鐵櫃一架，容量不大，故祗得將所有運滬還束之簡一起。現時可辭者為整理品件及編製索引卡片等工作。此因層有簡品，經過多次已裝點散亂不易整取，且恐遺逸有差，故每須頻驗校視及做号查對一項，以利束工作。編卡片則因層有目錄差冊等，種類多而並不完備，翻查費時故擬另製活用卡目，以皂号為主，將兩校談，凡件品之一切記事，悉錄無遺，推此事稍費工夫，尚未動筆。

木簡影印事生不對前延南務總廠探詢，將哥師信役又即再去詢問究竟。據李先生云，估單及合同等件終已至漢口稅立武先生處轉呈，諒可轉到重慶也。南務青年生適為照本箔之紅外線照相底版一店之對生涯未失，堆已史過期，為利用現成材料（再定又要絕了過及為連定工作，生曹試向港大利校長史院(Sloss)交涉，要求特許生將簡品取出至南務工作，再三解釋，已得其有條件的允許，至生二工年續下已可順速進行。雄南務之才面底片事已運到，機器裝置事事急有起，教將需事待數日增了關始。先生提到最後輩，大公無私，惟生又不善謝辭，亦不幸言謝，祗有默認此惟深尚未轉到，當作路途需時故，生又不善謝辭，亦不幸言謝，祗有默認此殘外顧念，心美惶辭，無以自安，惟此敬祈

教師格外顧念，心美惶辭，無以自安。

耑此稟達，敬頌大安。

　　　　　　　　　　　　　　受業生
　　　　　　　　　　　沈仲章謹上

　　　　　　　　　　　　　五月九日

時安。

圖5　1938年5月9日沈仲章致傅斯年信原件

借存在該館。國立北平圖書館即為其一。但是簡史中不曾提及漢口圖書室。又從傅斯年檔案的來往信件中知道,漢簡存放香港大學,是由當時在香港大學任教的許地山教授居間聯繫,聯繫的過程曾有不少曲折。[12] 從沈仲章和徐鴻寶給傅斯年的信件（I-1218,I-1231-1）和前引陳君葆的日記看,這批簡屬北平圖書館所有,而許地山、沈仲章在對港大副校長史洛士交涉時,說辭不一,引起不少權屬和責任上的問題。不過,其中詳情仍須要更多資料才能弄清楚。

另外據沈仲章的回憶和陳君葆日記,漢簡並沒有和押送的沈仲章先生一起到港。陳君葆在 1 月 12 日的日記裡說道:

> 漢代木簡乙事,弄得非常的不好,徐森玉接到沈仲章的電報,說自己在青島脫了船,因此託了船上的吳景楨把東西帶來。吳景楨是誰大家都不知道。海口船從天津到了兩日了,昨天徐到船上去找吳,已登岸去了,又不得要領,因此今天來找地山想辦法。我下第一課時發現幾個人齊集在我的辦公室裡想計策,徐森玉急的了不得。我說,這事最好找一個熟識太古的買辦的人到他們寫字間和海口船上去查查,並且事不宜遲,怕船開了更沒辦法。一句提醒了許地山,結果他立刻和徐森玉跑到太古輪船公司去找莫恩如商量。約一點鐘後地山回來了,一路進來,一路喘息,說:「東西沒有丟,正從船上搬進來,徐森玉在小祈園等你,要立刻去,好在中飯後到太古洋行去領回各行李。」這時剛因芬尼克約在下午到淺水灣去逛逛,我打電話給他告訴了他要下午兩點四十五分才能在大學會齊,然後才趕到小祈園去。……到太古洋行,莫恩如告訴我們說東西要到三點半才能搬到岸上來,並且船上的買辦有一個條子給他說沈仲章還欠下伙食四十五元未交,提行李時須先繳清此數云。[13]

從此看來,第一,漢簡抵港時,沈仲章因在青島脫船,未能同船到。沈仲

---

12 許地山如何居間聯繫,仍不清楚。近見王盛著《許地山傳》（香港:書作坊,2006）,惜於此事無一語及之。

13 陳君葆著,謝榮滾主編,《陳君葆日記》,頁 337-338。

章在回憶搶救居延漢簡的口述裡，對如何在青島脫船，如何發電報給已離去的輪船船長，託船長將裝漢簡的箱子交給吳景楨有較詳細的交代。[14] 不過，沈仲章在回憶中完全沒提他如何，又於何時才到了香港。[15] 第二，漢簡抵港的時間在陳君葆的日記裡有 1 月 6 日以前和 6 月 12 日兩種矛盾的記載。不知為何會如此？一個可能的線索仍然是陳君葆的日記。他在 1 月 15 日提到為木簡事，代許地山草信致史洛士，並建議將此信多打數份，分送西北學術考查團的理事，使他們了解木簡運港始末。日記又說：「現在木簡的其餘一部分已有了下落了。吳景楨致守和（按：指袁守和，北平圖書館館長，時在香港）的信說他過港時把東西逕帶到長沙去，不及在香港停留云。」[16]「其餘一部分已有了下落」一語可以說明木簡應非同時下船，或因沈仲章欠了些伙食費，行李未能全部一起放行。至於吳景楨過港不停，將簡帶到長沙云云，則顯然和事實不符。為何會有這樣的信？一時還無法查考。總之，以上是我目前所能找到漢簡到香港的大致經過。其中仍有不少疑點，只能等待以後進一步澄清。[17]

　　漢簡到港後，是由沈仲章從港大提件到商務照像，費時費事。又因戰局影響，物價飛漲，沈在港生活十分困難，工作進度遲滯。商務亦因戰局，成本劇增，不堪賠累，要求調整合約。傅斯年為此，百般奔走交涉。商得管理中英庚款董事會同意增資刊印，並補助沈仲章在港的生活和整理費用。傅斯年希望簡牘在香港照像後，運到商務的上海廠製版印刷。[18]

14　沈仲章口述，霍偉記錄，胡繡楓整理，〈搶救居延漢簡歷險記〉，《文物天地》，4（1986），頁 36-37。

15　按香港《明報》1995 年 7 月 26 日有署名金月所寫〈典籍避戰禍暫存美國一放五十年不提歸還〉的報導說沈仲章是在青島脫船一周後，經上海輾轉到香港。此文錯誤不少，不知其說所據為何，又是否可靠。

16　陳君葆著，謝榮滾主編，《陳君葆日記》，頁 339。

17　據港大圖書館陳桂英和張慕貞告知，目前刊行的陳君葆日記並不完整，陳氏留下的其它文件還在其家人手中。

18　港大圖書館所藏資料中有一份「送往上海印影木簡細目」，所列僅限 Ulan durbeljin 出土的 33 包 773 件。

傅斯年檔案中保留有數十件和商務印書館王雲五、李伯嘉，北平圖書館袁同禮，庚款會杭立武、葉公綽（恭綽、玉虎、譽虎、玉甫）以及沈仲章、徐鴻寶之間的來往信件。從這些信件可以知道，當時漢簡是在人手與設備兩缺，十分匆促的情形下進行整理和照像的。27 年 8 月 8 日，庚款會董事葉公綽在港曾親自查看，發現木簡因天氣過於潮濕，包裝不良，有部分發黴，主張撥款，重新包裝。不過，他對紅外線玻璃片的品質尚覺滿意。民國 27 至 28 年，沈仲章的工作十分緩慢。因為沈仲章是傅斯年的學生，葉公綽曾先後於 28 年 12 月 28 日、29 年 1 月 16 日致函傅斯年，促傅寫信給沈，限期完工。為此，傅斯年不但寫信，更請在港的葉公綽以及商務方面的人，在 1 月 28 日和沈仲章一起訂下有關檢查照片、編排、重新包裝簡牘、製版印刷的八條期限規約。[19] 五月初，徐鴻寶也到香港協助工作。葉公綽在一份 29 年 8 月 6 日給庚款董事會，以「保存居延漢晉木簡工作報告」為名的文件中，對漢簡運美前的整理情況有最扼要的記述：

> 本會補助最初案為向商務印書館訂購印本，先付價八千四百元。其時本會及該館均不知付印前尚須有若干整理工作。祇知須加整理而已。及沈仲章開始工作後，以種種障礙，不能急進，致一再延期。本會不得已復屢次增付其生活費。一面與商務印書館設法減少諸種障礙。因有本年一月廿八日

19　現在傅斯年檔案中保存有這八條的沈仲章的親筆抄件（I-1223）和打字副本（I-1220），內容完全相同。抄錄如下：影印木簡工作事，蒙葉玉甫先生關切指點，並承李伯嘉先生代表館方，慨允撥借助手及工作處所，實利進行。今將 1 月 27 日談話結果及所擬定之步驟及辦法，恭錄如下：

一、查檢攝片，校錄號碼，以及補照等事，儘先趕辦，定 2 月底前完竣。

二、依採集原圖編排次序，剪貼框式，定 3 月底前畢事。

三、逐條檢視，重新包裝，即指膠接斷簡烘乾，及換裹防濕紙捲等等，4 月底前做妥。

四、以上三項，視工作之可能性及需要程度，准試由館方指撥員工二三名助理。

五、割製珂羅版及印刷事宜，由館方負責，自 5 月份起，限五個月內完畢。

六、覆校書樣，查對附號，決赴滬駐廠辦理，便與技工合作。

七、編訂序目說明及附錄索引等，亦在滬同時進行。

八、妥存簡品事，亟宜策劃辦理，另行研究之。

沈仲章謹記廿九年一月二十八日

所定之八條辦法。厥後工作，較為順利。沈君亦勤奮逾前。滿以為可以如期竣事。但切實研究，始發現以前該館一方的工作，尚有須加補正之處。而以相聯關係，沈君因亦不能如期告竣，即本年四月止。正在躊躇間，適徐森玉先生有來港之議。因候其來此商議。及徐君抵港，逐一細勘，發覺以前雙方疏略，未及切實進行之點。與館方力謀改良協進之策。由徐君逐日在館督同辦理。兩月有半始將原底運出前所應做之工作做畢（即以後可不必再用原底）。但並非就此即可製版。蓋至今尚未能將編排剪貼二事完全做畢。僅將一月廿八日所定程序之第一項、第三項辦竣而已。且逐細（按：原報告此處似有筆誤）包裝之際，復發見以前以為無字之簡中，其實不少有字者。因復趕補照相。編排工作因之加重。即全部應印之數量亦因之增加。截至目下止，全部編次剪貼必須至本年十月底方能完整（此事至今係沈君一人負責）。據該館行政技術兩方負責人均稱該館製印工作，自本年十一月起，必須明年四月方能出版。因此，沈君于本年十一月赴滬辦理脩版校勘及編製目錄索引等事，至明年四月止。此付印前及付印時之實在情形也。（I-1226）

又據 29 年 8 月 9 日李伯嘉致傅斯年的一封信，知道當時商務總計為木簡拍攝分色及紅外線玻璃片 719 片，包括「九千餘」簡的簡影（I-75）。九千餘簡不知如何計算，總之從今日我們所知的簡數看，知道當時還有不少以為無字的簡，並未照像。

三 傅斯年、胡適與居延漢簡之運美

居延漢簡是在什麼情況下，何時自香港運往美國？根據勞榦在《居延漢簡圖版之部》序所記，他在雲南昆明和四川李莊作釋文依據的照片，「是民國 29 年時，在香港照出的照片。當時原簡尚在香港，照好洗了兩份，一份寄到上海去製版，一份寄到昆明由我來做釋文」（頁 3）。勞序沒有提到原

簡在民國 29 年（1940）以後，是何時離開了香港。[20] 現在已經確切地知道，居延漢簡五箱於 1940 年 8 月 4 日離香港，[21] 於 10 月中旬抵華盛頓中國大使館，於 10 月 26 日存入美國國會圖書館。傅斯年和胡適是整個過程的關鍵人物。

首先說明一下漢簡為什麼要由香港運往美國？現在可以肯定地說，完全是為避免戰火，保存文物。而不是如某些報導所說，作為國民政府向美國貸款的抵押保證。[22] 抵押之說，據說是 1955 年勞榦先生訪日，向日本最早的漢簡專家森鹿三教授提起的。[23] 可是據我 1992 年向勞先生書面求證，勞先生回信聲明並無此事。勞先生在 4 月 19 日的回信中說：「至於漢簡運到美國，大約是胡適先生做大使時期。從香港運到美國，在國會圖書館寄存的。所有權完全為中國政府所有，並無抵借之事」（圖 6）。幾十年後的否認，或許仍有人不會心服。現在根據原始文件，說明整個事情的經過。

民國 26 年 8 月松滬戰役以後，隨著戰局日趨惡化，中央研究院歷史語

---

20 一般報導都含混且不正確地說 1941 年太平洋戰爭爆發，香港淪於日軍，簡牘由香港大學校長蔣夢麟和圖書館館長袁同禮協助運往美國（參傅振倫，〈第一批居延漢簡的采集與整理始末記〉，《文物天地》，1987 年第 1 期，頁 28；鄭有國編《中國簡牘學綜論》，華東師範大學出版社，1989，頁 13）。一份轉載沈仲章口述的報導，更說是在 1941 或 1942 年運往美國（〈搶救居延漢簡歷險記〉，《文物天地》，1986 年第 4 期，頁 33-37；天津日報社主辦《采風報》1990 年第 94 期，皆轉載《團結報》報導，但前者作 1941 年，後者作 1942 年）。按：蔣夢麟和袁同禮，當時一是北京大學校長，一是國立北平圖書館館長。

21 沈仲章從北平搶救到香港的不止是居延漢簡數箱，還包括相關的釋文工作記錄、釋文稿和西北科學考查團的會議記錄、帳簿等。漢簡運美時，這些檔案並未隨行，留存在港大圖書館至今。這些檔案現況可參張慕貞的《居延漢簡整理文件》報導，*Focus: The University of Hong Kong Libraries*, New Series Vol. 5, No. 4, June 2006, pp.8-9.；或參港大圖書館網站：http://lib.hku.hk/general/focus/ 2007.11.30。

22 大庭脩，〈漢簡研究ノート〉，《史泉》，68（1988），頁 15；此文已由胡平生譯為中文，刊於《文物天地》，1（1990），頁 14-18。或者如中共一度所攻擊的，蔣介石集團盜賣祖國文物給美帝。參《文物參考資料》1954 年第 10 期起至 1955 年第 9 期；尤其 1955 年第 6 期〈我國文物機關工作人員聯合發表聲明堅絕反對美國陰謀掠奪我國珍貴文物〉一文明確提到藏在美國國會圖書館的居延漢簡一萬餘片（頁 6-7）。

23 2022 年 12 月 24 日我向來史語所訪問的籾山明教授求證。據他所知，最早提到此事的是藤枝晃教授。

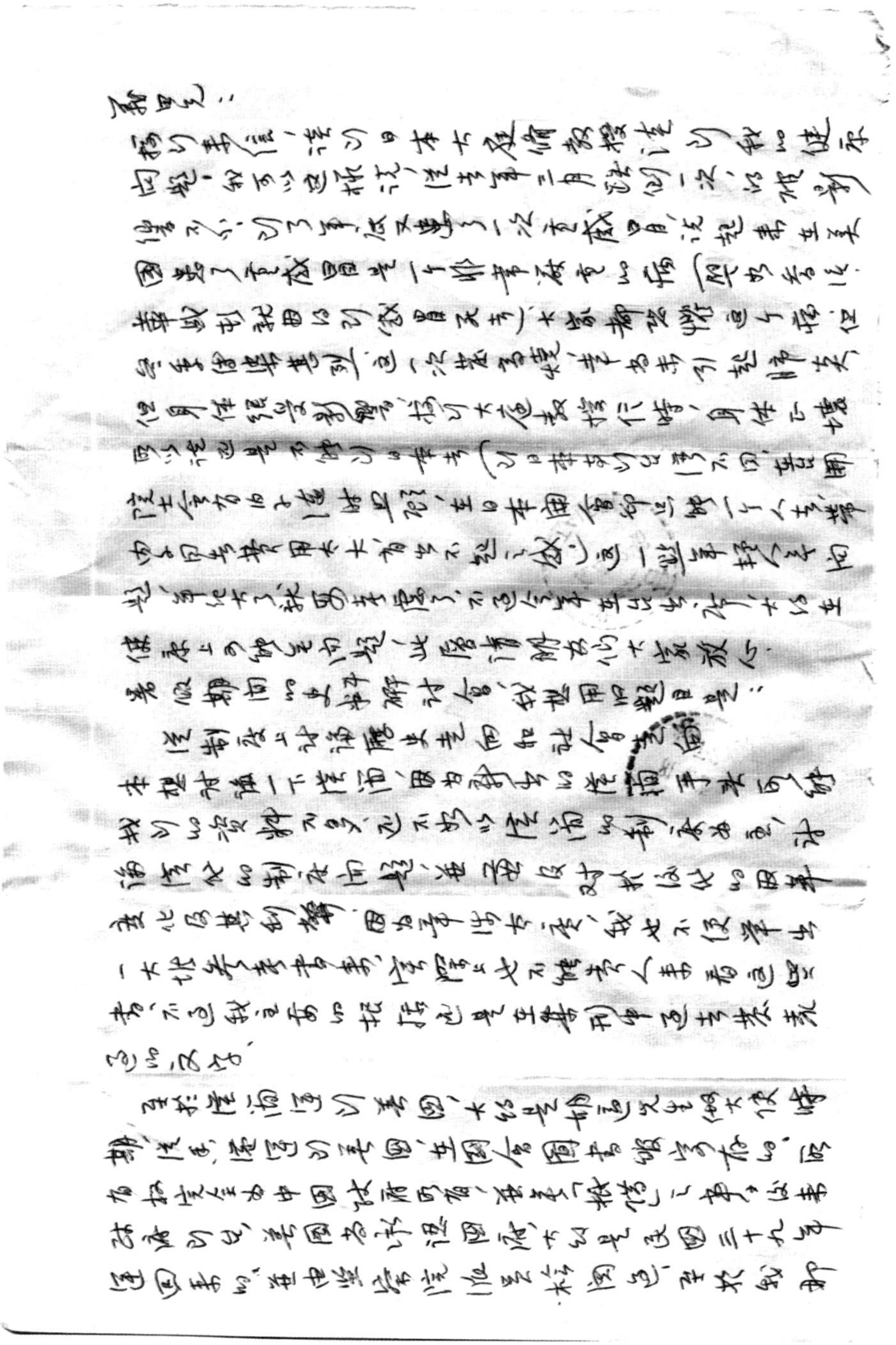

圖6 1992年4月19日勞榦致邢義田信第一頁

言研究所將擁有的文物資料分批陸續遷往雲南昆明。29 年 6 月，徐鴻寶先生曾向傅斯年建議將漢簡自香港運往昆明，並開始安排船隻。這時自港往昆明須繞道越南。庚款會總幹事杭立武則曾電傅斯年，建議改運馬尼剌（I-1236，6 月 23 日杭致傅電報）。但是傅斯年和袁同禮都認為馬尼剌天氣濕熱，不利保存，主張改運美國。當時袁同禮一心想赴美國，自薦願任護送（I-1236，6 月 24 日傅致杭電稿 圖 7；I-1239，7 月 16 日袁致傅函）。徐鴻寶在香港與中航公司交涉船位，一直沒有結果，這時得到傅斯年「運美尤佳」的指示（I-1234，7 月 30 日徐森玉致傅斯年函，圖 8），因此改計，由葉公綽兩度致電時任駐美大使的胡適，希望胡適安排一切。7 月 12 日徐鴻寶也另寫一航空信給胡適，說明始末。從以上的經過已不難看出，漢簡為避戰禍，曾先後有運昆明，或運往馬尼剌的打算，最後運往美國，考慮的完全是安全問題。如果是作為向美國貸款的抵押，必然直運美國，不可能有上述的周折。

　　胡適雖在美國，這時卻是西北科學考察團的理事長。[24] 他任北大文學院院長時，曾參預安排這批重要的文物，對漢簡的命運極為關心。民國 26 年 9 月以後至 27 年，胡適在美國各地旅行演講；旅行之中，不忘在給傅斯年的信中問起：「居延漢簡，當時我曾略作布置，但不知後來如何下落，千萬請兄一問毅生（如他未到南方，請緩問）（按：毅生，鄭天挺），給我一信」（I-1671，12 月 8 日函）。葉公綽發電給胡適，胡適正在旅行，及得葉之第二電，胡尚不及與國會圖書館聯絡，即覆電表示沒有問題，保證安全。胡又在 7 月 31 日寫一信給葉公綽和徐鴻寶，並慎重地在日記中記錄給葉、徐寫信一事（《胡適的日記》手稿本，第 14 冊，遠流出版社，1990）。我們非常幸運地在傅斯年檔案中找到了胡適這封信的抄本（I-1313，圖 9.1-2）。現在抄錄有關部分如下：

24　據 29 年 8 月 22 日袁復禮致傅斯年函（I-64），西北科學考察團的理事名單如下：徐旭生、任叔永、梅月涵、傅孟真、袁希淵、袁守和、徐森玉、翁詠霓、馬叔平、李仲揆、沈兼士、周養庵、胡適之。袁信在希淵、森玉、叔平名下註明為常務理事，又在胡適名下註明為理事長。傅斯年在覆信中指出袁信漏列陳受頤（I-74）。馬衡和袁復禮同為常務理事，而傅斯年以理事卻指揮一切，此亦當為引起馬、袁與傅不睦之一因。

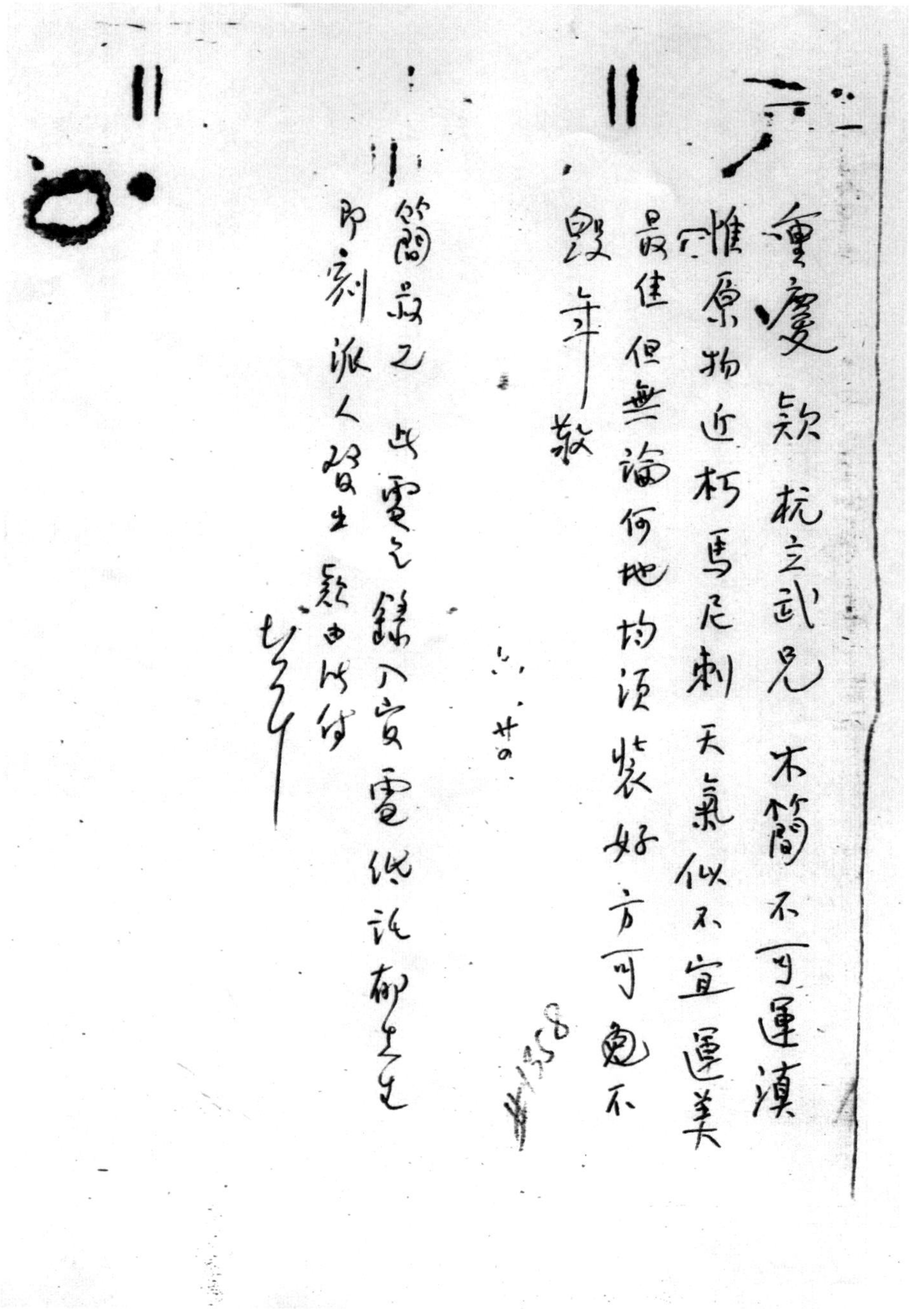

圖 7　1940 年 6 月 24 日傅斯年致杭立武電稿

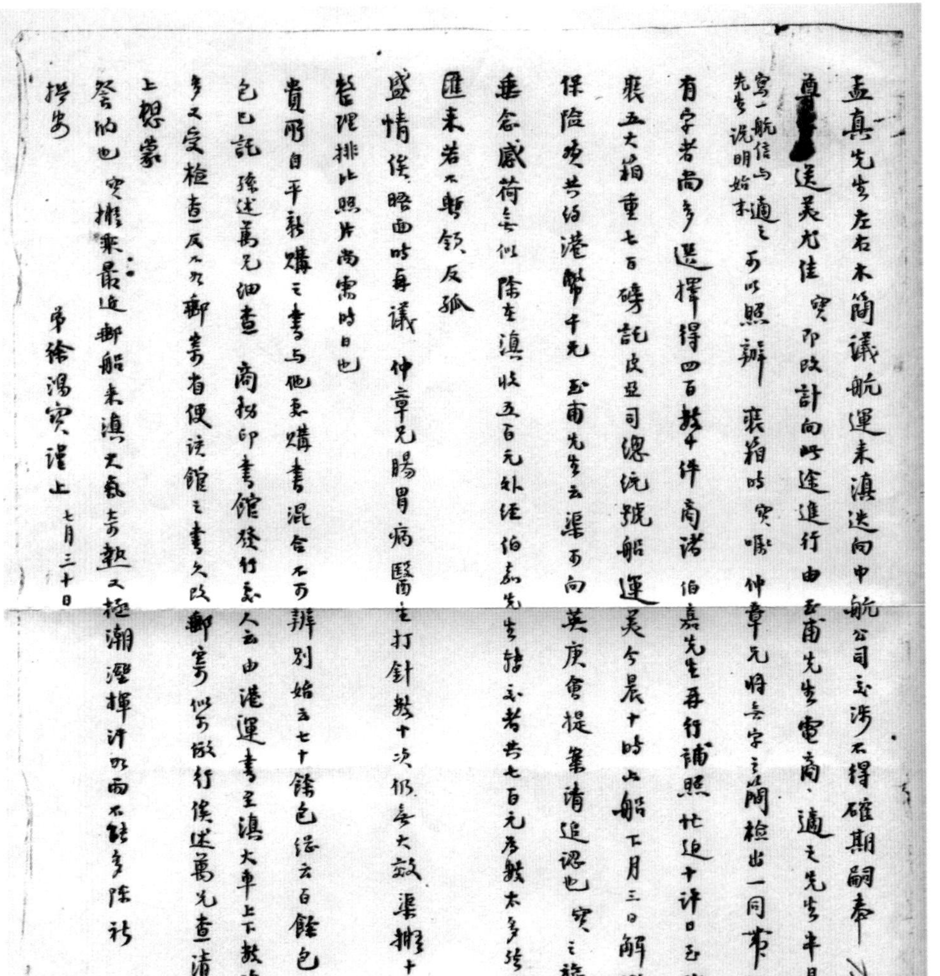

圖 8　1940 年 7 月 30 日徐森玉致傅斯年信原件

玉甫森玉兩先生：

　　前得玉甫先生第一電，因在旅行中，未及作相當接洽，及得第二電，當即復云「Safe custody assured」（保證安全儲藏）。其實尚未與國會圖書館漢文部長相見（彼在東北境上避暑）。但適知其毫無問題。適有先人鐵華公之遺稿幾十冊，現由國會圖書館代為收藏，藏于保險庫，由圖書館出具收條，交適保存。館長與東方部長皆與適最相熟，故木簡事絕對無問題。寄到之日即當轉存國會圖書館，其收條當由適暫為保存。（當攝照收條副本寄玉甫先生及森玉先生。）

　　前日又得森玉先生七月十二日長函，接讀後百分興奮，百分感歎！沈仲章兄之冒險保存漢簡，森玉兄之終始護持，皆使適感歎下淚。適在當日實負典守之責，一旦遠行，竟不能始終其事，至今耿耿。幸得仲章、森玉諸兄保存護持，又得玉甫、孟真諸兄大力，使漢簡全部得整理攝影，留一副本在人間，今又得諸公之力，使此萬餘古簡得至新洲「延其壽命」，此皆足為適減其罪愆。以後保存之責，適當謹慎擔負，務求安全無危險，請諸兄放心。國會圖書館中現有王重民、房兆楹、朱士嘉諸兄，皆足襄助木簡之儲藏等事，並聞。

　　三箱何時出境，乞早示知。如有困難，可謁美國駐港領事，或可得其助力。箱內可寫交適本人，可免海關檢查。

　　……外間時有適回國之傳說，皆無根據。漢簡啟運不可延緩。適無論如何當留此親視木簡儲藏妥當，公等不必因謠言改計也。敬祝兩位安好，並問仲章兄好。

胡適敬上廿九.七.卅一

　　從胡適給葉公綽和徐鴻寶的信，可以清楚看見胡適和國會圖書館的關係。由於胡適和圖書館長和東方部負責人的私誼，胡適在未和他們接洽以前，已極有把握地答應葉、徐二人的要求，負責漢簡在美國的保存工作。如果漢簡是給美國貸款的抵押品，怎可能不透過美駐港領事？又如何可能利用大使的外交豁免權，避免美國海關的檢查？而「延其壽命」一語更積極證明漢簡運美，完全是出於避免戰禍，保存文物。

玉甫
森玉 兩先生：

前得玉甫先生第一電，因在旅行中，未及作相當接洽，及得第二

電，當即復云『Safe Custody assured』（保證安全儲藏）其實

尚未與國會圖書館漢文部長相見（彼在東北境上避暑）但迪

知其意无問題。適有先人鐵華公之遺稿幾十冊，現由國會

圖書館代為收藏，藏于保險庫，由圖書館出具收條，交迪保

存。館長與東方部長皆與迪最相熟，故木簡事絕對無問

題，寄到之日即當轉存國會圖書館，其收條當由迪暫為保存

（當攝照收條副本寄 玉甫先生及 森玉先生。）

前日又得 森玉先生七月十二日長函，接讀後百分興奮，百分感

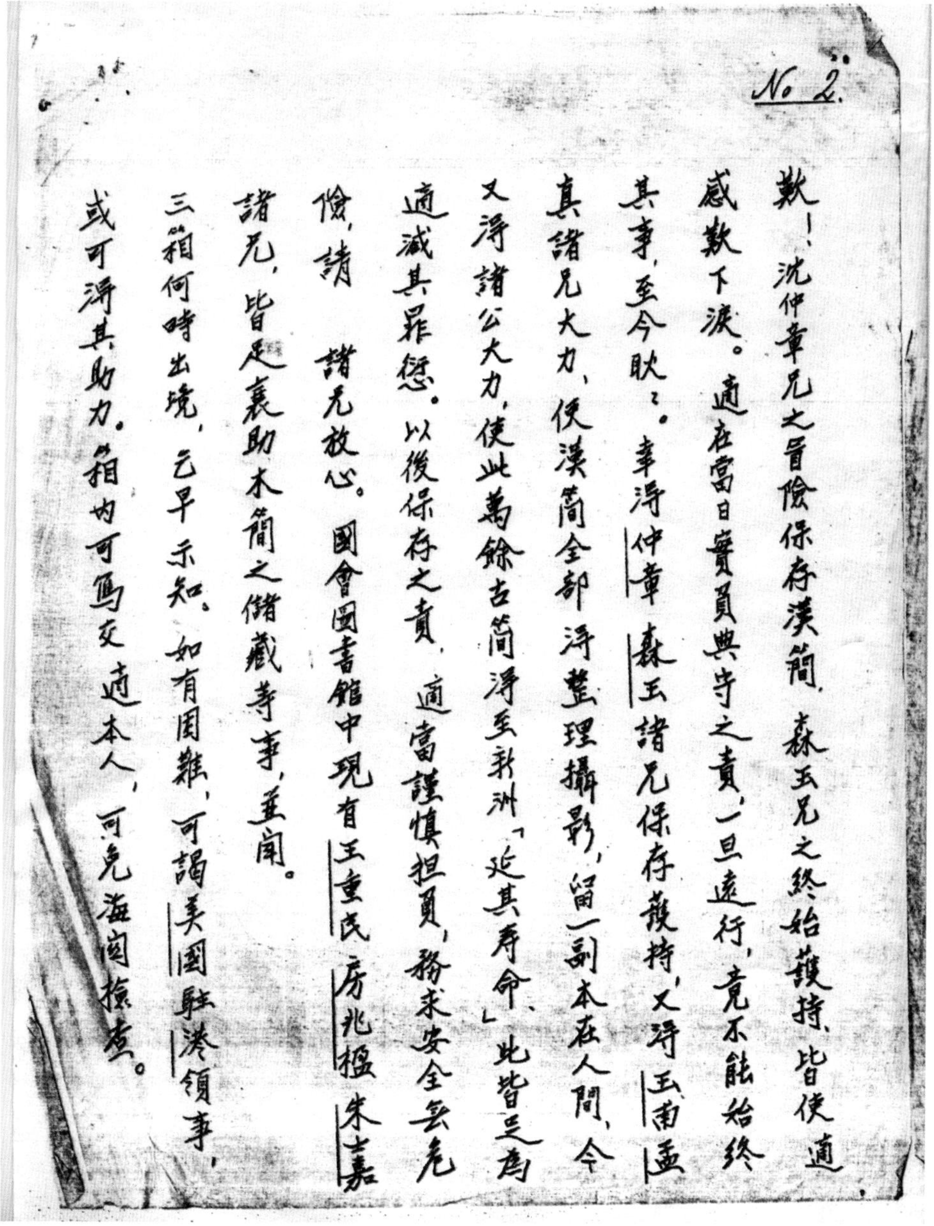

歎！沈仲章兄之冒險保存漢簡，森玉兄之終始護持，皆使適

感歎下淚。適在當日實負典守之責，一旦遠行，竟不能始終

其事，至今耿之。幸得仲章、森玉諸兄保存護持，又得玉甫兄

真諸兄大力，使漢簡全部得整理攝影，留一副本在人間，今

又得諸公大力，使此萬餘古簡得至美洲「延其壽命」此皆三兄

適減其罪戾。以後保存之責，適當謹慎擔負，務求安全，会先

險，請　諸兄放心。國會圖書館中現有王重民、房兆楹、朱士嘉

諸兄，皆足襄助木簡之儲藏等事，甚慰。

三箱何時出境，元早示知。如有困難，可謁美國駐港領事，

或可淨其助力。箱均可逕交　交通本人，可免海關撿查。

圖 9.1-2　1940 年 7 月 31 日胡適致葉玉甫、徐森玉信兩頁。

徐鴻寶和葉公綽得胡適回電，即展開漢簡裝箱託運之事。在徐鴻寶七月卅日給傅斯年的信中（I-1234）有以下一段：

> 由玉甫先生電商之胡適之先生，半月始得回電（雙行小字：同時寶曾寫一航信
> 與適之先生說明始末）可以照辦。裝箱時，寶囑仲章兄將無字之簡檢出一同帶
> 往。啟封後發現有字者尚多，選擇得四百數十件。商諸伯嘉先生，再行補
> 照，忙迫十許日，至昨晚始竣事。共裝五大箱，重七百磅。託皮亞司總統
> 號船運美。今晨十時上船；下月三日解纜出口。運費及保險費共約港幣千
> 元。玉甫先生云渠可向英庚會提案請追認也……。

但是葉公綽在 29 年 8 月 6 日給英庚會的「保存居延漢晉木簡工作報告」（I-1226）中，記載的時間不是 8 月 3 日，而是 8 月 4 日，輪船的名稱也有不同。原報告云：

> 由徐君偕同沈仲章君在商務印書館內積極工作，直至七月底，始將應辦工
> 作辦畢。逐一包裝安放。于八月四交由美國運通公司附企利扶輪總統船運
> 美。

船名不同十分費解。經查美國歷任總統名，1853-57 年總統名為 Franklin Pierce。「皮亞司」或即 Pierce 之譯音。而 1885-89、1893-97 年總統名為 Grover Cleveland，「企利扶輪」即 Cleveland 之譯音。換言之，實際運送簡牘至美的輪船，可能因故改變，與預定的不同。因為徐信寫於 7 月 30 日，信中所說的船名和日期，應是原來預定的。葉公綽的報告寫於漢簡運美之後的 8 月 6 日。他的記載又見於正式給英庚會的報告。8 月 4 日應該是漢簡運美的實際日期，較預定之期延後了一天。戰亂時期，臨時改船或改期是常事，不足為奇。

漢簡五箱於 10 月中旬順利運到美國華盛頓中國大使館。10 月 30 日胡適曾給葉公綽和徐鴻寶一信，報告漢簡抵達及轉交國會圖書館的情形。原信（I-1313，抄件，圖 10）說：

> 玉甫森玉先生：
>
> 　漢簡五箱，十月中旬到此。木箱內外絲毫無損壞。十月廿三日，國會
> 圖書館善本室、東方室各方主任，及在圖書館服務之房兆楹、王重民、朱

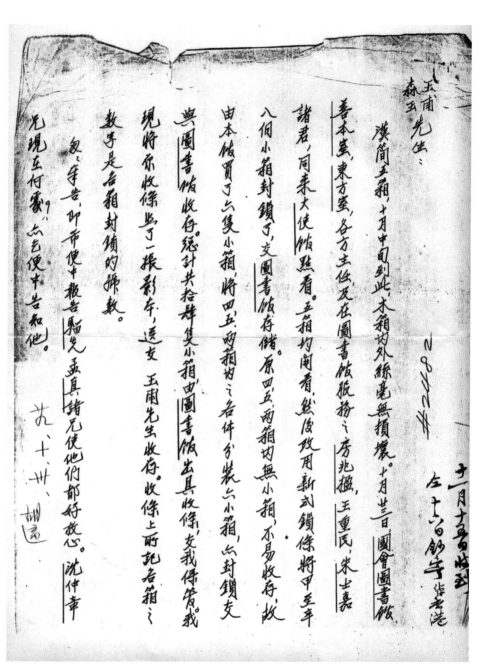

玉甫
森玉 先生：

漢簡五箱，十月中旬到此，木箱内外絲毫無損壞。十月廿日國會圖書館諸君，同來大使館點看。五箱均開看，然後改用新式鎖，保將甲至辛善本箋，東方箋，各方主任及在圖書館服務之房兆楹，王重民，朱士嘉八個小箱封鎖了，支圖書館存儲。原四五兩箱均無小箱，不易收存，故由本館買了六隻小箱，將四五兩箱之各件分裝六小箱，六封鎖支與圖書館收存。總計共拾肆隻小箱由圖書館出具收條，支我保管我現將原收條些了一張影本，送支玉甫先生收存。收條上所記各箱之數字是各箱封鎖的隻數。

又，年告，即市便中報告驪覽孟真諸兄使他們都好放心。沈仲章先現互何豪，北气便中告知他。

　　　　　　　　廿、十、卅、胡適

士嘉諸君，同來大使館點看。五箱均開看，然後改用新式鎖條將甲至辛八個小箱封鎖了，交圖書館存儲。原四、五兩箱內無小箱，不易收存，故由本館買了六隻小箱，將四、五兩箱內之各件分裝六小箱，亦封鎖交與圖書館收存。總計共拾肆隻小箱，由圖書館出具收條，交我保管。我現將收條照了一張影本，送交玉甫先生收存。收條上所記各箱之數字是各箱封鎖的號數。

匆匆奉告，即希便中報告騮先、孟真諸兄，使他們都好放心。沈仲章現在何處？亦乞便中告知他。廿九.十.卅.胡適

信中提到國會圖書館善本室。這就是此後二十五年居延漢簡保存之處。10月 23 日善本室主任到中國大使館來，同日胡適有一正式信函給善本室主任 Arthur A. Houghton。信中提到中華民國駐美大使胡適受中英庚款董事會之託，安排美國國會圖書館暫時保管北京大學文科研究所（Sinological Research Department）的十四箱漢簡（史語所居延漢簡檔，原函影印本，圖 11）。又胡適信中提到改裝為十四小箱，改用新式鎖條封鎖。封鎖又各有號數。胡適在 1951 年 8 月給朱家驊的信中（原信見中央研究院近代史研究所，朱家驊檔案新編第 176 函（圖 12），又見胡頌平編，《胡適之先生年譜長編初稿》第五冊，聯經，頁 1712），還透露一些封鎖和號數的消息：

當年由港運來只裝五箱。後因國會圖書館要我們每件加鎖，故我在大使館改裝十四小箱，每箱有鎖，鎖上各有號數的火漆封印。

至於信中提到的國會圖書館出具的收條，我很幸運在史語所的檔案及傅斯年的檔案中各找到一件（圖 13.1-2）。這兩件的格式和內容相同，唯一不同是史語所的一件上多打出新到圖書部代主任的名字（Philip O. Keeney）。由於這兩件都是副本，因此雖有打字的圖書館人員的名字，卻沒有他們的親筆簽名。這份收條上開列的保管條件，可以明確證明十四箱漢簡絕不是抵押。這些條件是：（一）暫時保管，（二）胡適可隨時全部或部分取回，（三）存放在圖書館的善本室，並不得自該室移出。如果是貸款抵押，自然不可能以隨時取回為條件。據後來 1942 年 12 月 7 日，胡適在給翁文灝、王世杰、蔣夢麟、傅斯年、湯用彤、羅常培的聯合信中，提到原始收條和封鎖

October 2?, 1940

Mr. Arthur A. Houghton, Jr.
Chief of Rare Book Room
Library of Congress
Washington, D.C.

My dear Mr. Houghton:

On behalf of the Sinological Research Depart-
ment of the National Peking University, I am delivering
to you for temporary deposit in the Rare Book Room of
the Library of Congress Fourteen (14) sealed suit-cases
of ancient Chinese inscribed wooden slips or books dating
back to the First Century A.D. or earlier and known as the
Bergman Collection of wooden slips of the Scientific
Expedition to Northwestern China (the Sino-Swedish Expedi-
tion to Northwestern China). A statement of the contents
of the cases is attached herewith.

I wish to take this opportunity on behalf of
all concerned to thank you and your associates in the
Library of Congress for extending the facilities for the
safe custody of this valuable collection.

Sincerely yours,

Hu Shih

Enclosure.

圖 11　胡適致 Arthur A. Houghton 信原件影本

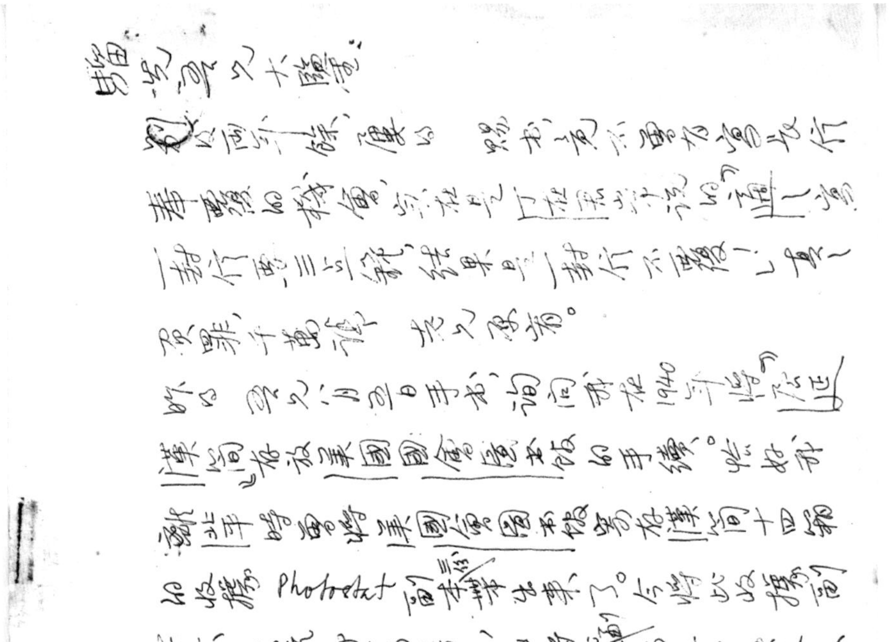

圖 12　胡適致朱家驊信原件

圖 13.1　美國國會圖書館居延漢簡收條（史語所居延漢簡檔）

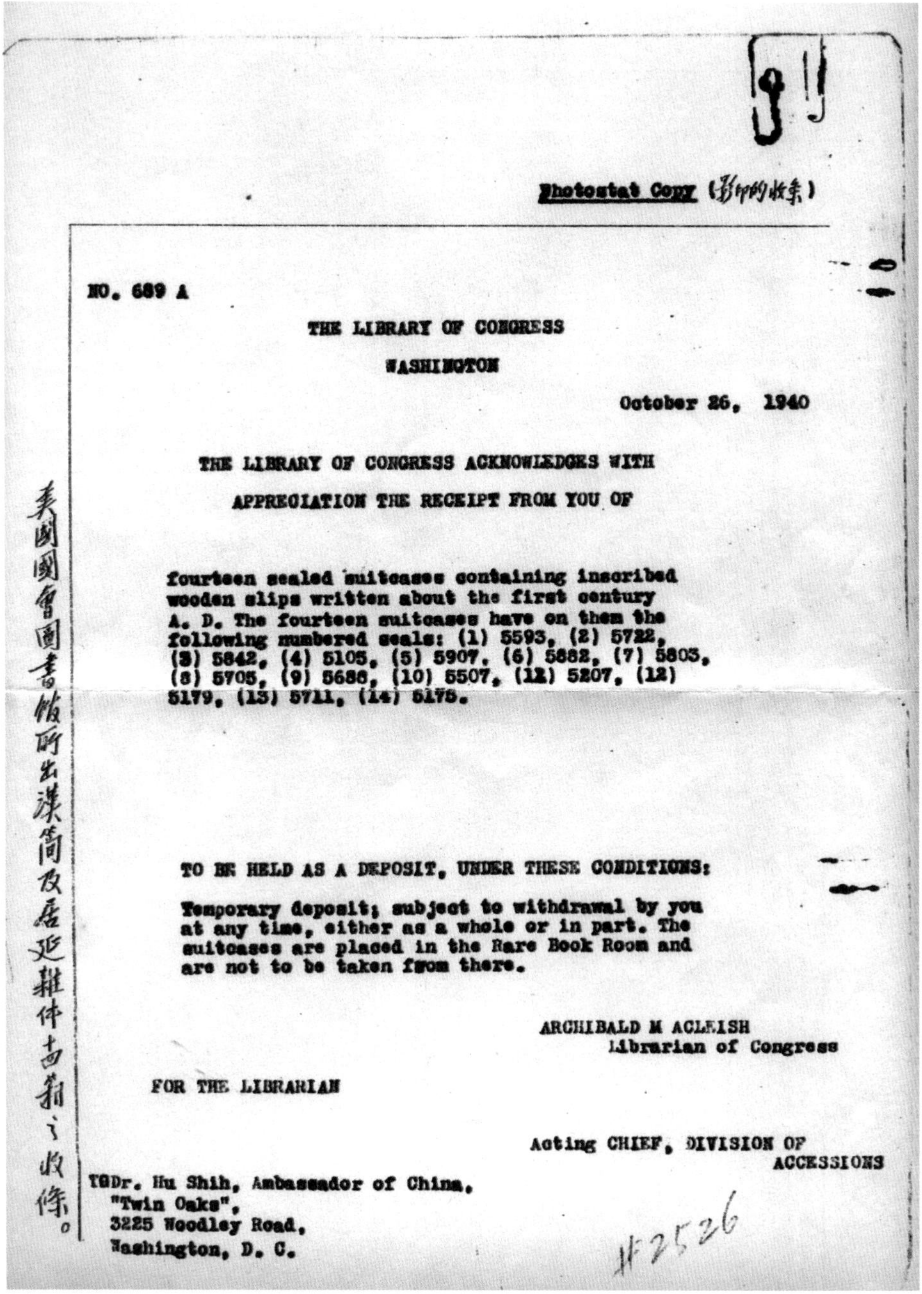
Photostat Copy (影印的收条)

NO. 689 A

THE LIBRARY OF CONGRESS

WASHINGTON

October 26, 1940

THE LIBRARY OF CONGRESS ACKNOWLEDGES WITH APPRECIATION THE RECEIPT FROM YOU OF

fourteen sealed suitcases containing inscribed wooden slips written about the first century A. D. The fourteen suitcases have on them the following numbered seals: (1) 5593, (2) 5722, (3) 5842, (4) 5105, (5) 5907, (6) 5882, (7) 5803, (8) 5705, (9) 5686, (10) 5507, (11) 5207, (12) 5179, (13) 5711, (14) 5175.

TO BE HELD AS A DEPOSIT, UNDER THESE CONDITIONS:

Temporary deposit; subject to withdrawal by you at any time, either as a whole or in part. The suitcases are placed in the Rare Book Room and are not to be taken from there.

ARCHIBALD M ACLEISH
Librarian of Congress

FOR THE LIBRARIAN

Acting CHIEF, DIVISION OF ACCESSIONS

TO Dr. Hu Shih, Ambassador of China,
"Twin Oaks",
3225 Woodley Road,
Washington, D. C.

#2526

美國國會圖書館所出漢簡及居延雜件十四箱之收條。

圖 13.2　美國國會圖書館居延漢簡收條（史語所傅斯年檔案）

的鑰匙都存在胡適手中（I-1664）。開給中國大使的收條和鑰匙應該是後來我國駐美大使向美國國會圖書館要求取回漢簡最重要的根據吧。

漢簡的所有權和主動權在我國手中的另一項證據是漢簡曾兩度有機會回到中國。一次是 1946 至 47 年間，原在國會圖書館工作的王重民將回中國，胡適曾考慮請他將漢簡帶回國。但因其時「國內交通已不方便」，未果。[25] 第二次是 1953 年。國會圖書館曾透過我國駐美大使館和我國政府交涉，打算交還保存的漢簡。當時駐美使館領事崔德禮（Mr. T. L. Tsui）得政府訓令，以時局為由，商請國會圖書館繼續保管。國會圖書館回信同意繼續保管至時局允許運返中國為止。（史語所檔：1953 年 1 月 9 日駐美使館致國會圖書館函，圖 14；同年 2 月 17 日圖書館回函影本）從這一段交涉也可以知道，漢簡的是否留在美國，主動權完全在我國政府。如果是當作貸款保證，國會圖書館即不可能要求我國收回。

從以上的種種情況不難看出：傅斯年「運美尤佳」的指示，胡適本人和漢簡的淵源，以及和傅斯年、國會圖書館人員的私誼，都是促成漢簡運往美國的因素。

四 漢簡在美情況及來臺經過

漢簡存在國會圖書館期間，情況如何呢？據高去尋先生生前見告，他於 1958 年 8 月至 59 年 9 月間去美國訪問時，曾至國會圖書館看漢簡。漢簡放在善本室的十四隻箱子中，封存完好，沒人開過。這種情形一直保持到 1965 年 10 月 21 日，史語所技士陳仲玉先生自國會圖書館領回為止。現在可以根據陳先生在一封信（史語所檔：1965 年 11 月 4 日陳仲玉致史語所汪和宗先生，圖 15.1-2）中的描述，知道存放的情形：

25　參胡適紀念館編，《論學談詩二十年——胡適楊聯陞往來書札》（臺北：聯經出版公司，1998），1953 年 6 月 30 日胡適致楊聯陞信，頁 170。

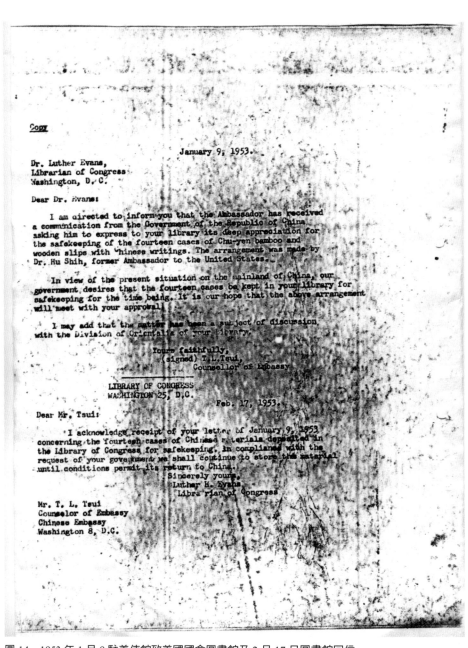

Copy

January 9, 1953.

Dr. Luther Evans,
Librarian of Congress
Washington, D. C.

Dear Dr. Evans:

I am directed to inform you that the Ambassador has received a communication from the Government of the Republic of China, asking him to express to your library its deep appreciation for the safekeeping of the fourteen cases of Chu-yen bamboo and wooden slips with Chinese writings. The arrangement was made by Dr. Hu Shih, former Ambassador to the United States.

In view of the present situation on the mainland of China, our government desires that the fourteen cases be kept in your library for safekeeping for the time being. It is our hope that the above arrangement will meet with your approval.

I may add that the matter has been a subject of discussion with the Division of Orientalia of your Library.

Yours faithfully,
(signed) T. L. Tsui,
Counsellor of Embassy

LIBRARY OF CONGRESS
WASHINGTON 25, D.C.

Feb. 17, 1953.

Dear Mr. Tsui:

I acknowledge receipt of your letter of January 9, 1953 concerning the fourteen cases of Chinese materials deposited in the Library of Congress for safekeeping. In compliance with the request of your government we shall continue to store the material until conditions permit its return to China.

Sincerely yours,
Luther H. Evans,
Librarian of Congress

Mr. T. L. Tsui
Counselor of Embassy
Chinese Embassy
Washington 8, D.C.

圖 14　1953 年 1 月 9 駐美使館致美國國會圖書館及 2 月 17 日圖書館回信

古月集：秦漢時代的簡牘畫像與政治社會
　　——卷一　漢代的簡牘

漢簡原裝在大小不同的衣箱之內。箱外加扎一條細繩。繩頭有當日打的鉛盒封簽。據國會圖書館的贈品及交換部主任吳先生（Director of gifts & exchange, Mr. Wood）說，自一九四〇年十月送進國會圖書館後至今已經二十五年，一直保藏在善本書的保險庫中。箱子的封簽未曾開過。裡面的包裝情形不清楚。晚在細察之後，發現衣箱是紙質的。有的把手在輕提之後即行斷裂，絕不能擔當長途的跋涉。箱內漢簡裝置情形不明。由一些蓋口邊露出的紙絲可以看出，內面漢簡已用紙絲塞緊。

民國 54 年（1965）歷史語言研究所能自國會圖書館提出漢簡，是因為早在 1955 年，中央研究院得到當年資助居延漢簡整理和運美的管理中英庚款董事會（戰後改稱中英文教基金會）的同意，負責保管和整理漢簡。1957 年 8 月，中研院代院長朱家驊即曾函請我國駐美大使館與國會圖書館接洽，將漢簡運回臺灣。據同年 11 月外交部轉告駐美大使館交涉結果，國會圖書館表示「可隨時提取」（史語所檔：1965 年 9 月 1 日，中央研究院致中央圖書館商請一併運送善本及漢簡回臺（54）臺和字第 911 號公函）。但真正提取，卻要等到八年以後，即胡適任滿中央研究院院長（1957.12-1962.2），王世杰繼任的時代。胡適是當年將漢簡交給國會圖書館的人。為何在他為院長時期，不曾繼續洽運漢簡回臺，我還不能明白。或許以當時中研院的房舍和設備來說，胡先生估計還不具備保存漢簡的條件吧。[26]

總之，中央研究院後來是利用紐約萬國博覽會參展古物及存放在國會圖書館之善本書回臺的機會，委託中央圖書館一併運回漢簡。前引陳仲玉先生的信提到，在 10 月 21 日早上 10 時領出十四隻漢簡箱後，即交包裝公

---

26 目前在中研院近代史研究所保存的朱家驊檔案中，仍存有數封民國 40 年至 45 年間，朱家驊院長與胡適來往的函件（新編第 176 函）。朱院長盼望胡適協助爭取經費，為中研院建造房舍及文物倉庫。後來胡適爭取到羅氏基金會及其它一些財源，中研院才開始在南港建造最初的一批房舍。胡適因此十分清楚中研院在房舍和設備上的窘境。民國 46 年，胡適接長中研院，實際到任前，由李濟負責院務，在房舍設備上漸有改善。後來用來存放漢簡的考古館，即在該年開始興建。但考古館在保存設備上無法保持恆溫和防止潮濕，實非美國國會圖書館之匹。其大略，請參中央研究院秘書處編印，《中央研究院史初稿》，1988，頁 66、80。

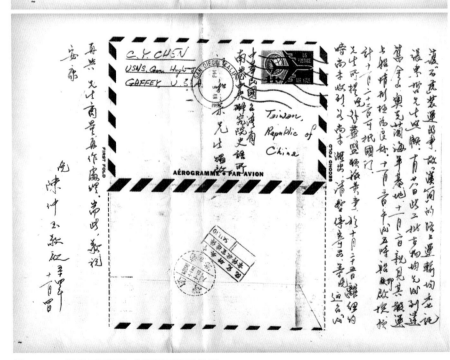

圖 15.1-2　陳仲玉致汪和宗郵簡兩頁及信封

司將原封未動的十四隻箱分裝在三隻大木箱中，與中央圖書館收回的一百零二箱善本書同時運往美國西海岸。這些文物於 10 月 28 日抵舊金山奧克蘭海軍基地。據我親訪陳仲玉先生（1992.5.21），他是在 11 月 2 日親押漢簡木箱上了美國海軍運輸船 General Hugh J. Gaffey（T-AP121）號。11 月 3 日下午 5 時船啟航。信上說預定 11 月 23 日可抵臺灣。這封信是陳先生在船上所寫。結果，船經夏威夷、橫濱，按預定時日抵基隆。當日上午漢簡即運回中央研究院，存放在史語所考古館二樓。

民國 55 年（1966）1 月 27 日至 29 日，由監察院、立法院、教育部、經濟部、外交部、中央圖書館、中研院史語所共同組成的點驗小組完成開箱點收工作，並作成「居延漢簡點收清冊」二冊。史語所現藏有該清冊和清冊的照片五十張（圖 16.1-6）。清冊末附有點收原則五條，十分重要：

1. 以箱為大單位，以包為小單位，以原號為順序。
2. 其中有一包數號者，亦有缺號者，均在該號項下註明。
3. 每包的數量以現有的片數為準。如：
   （1）原為一片而斷為三節，未經用紙包裹者按三片計算；
   （2）原件殘破曾經紙包裹者，以一小包為一片，並註明該小包內之殘件數（例如，一包內有十片，三片曾用紙裹，甲片斷為二節，乙片斷為三節，丙片斷為四節，即用墨筆記明共拾片，用原子筆註明：內碎片三包九件）；
   （3）曾用小紙包裹之碎片成朽末者未記件數。
4. 非漢簡部分則記為雜件，並註明每包為若干小包或若干件。
5. 無號之件，按原題簽登記，並註明若干包或若干件。

根據以上原則，總計點收一萬三千四百零五件。據參加點收工作的陳仲玉先生回憶，點收開箱時，發現簡是用油紙包裹，若干簡為一包（圖 17-18）。清點完，原包包妥，放回原箱。據後來將簡自考古館改放在新樓倉庫的何世坤先生回憶，原簡是先包上一層棉花，若干簡再包在一油紙包裡。

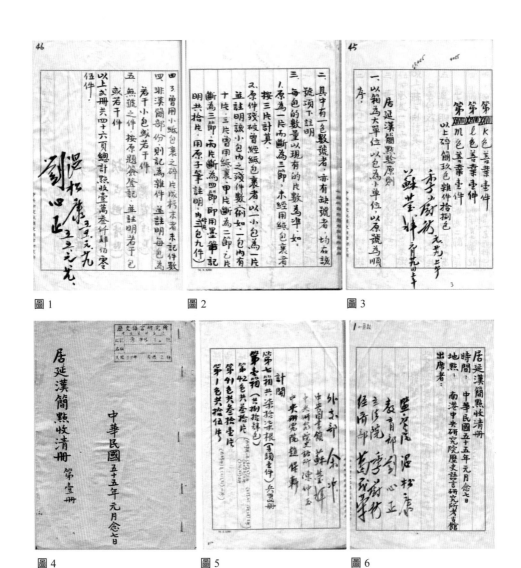

圖1　　　　　　　圖2　　　　　　　圖3

圖4　　　　　　　圖5　　　　　　　圖6

圖 16.1-6　居延漢簡點收清冊部分原件，歷史語言研究所藏。

　古月集：秦漢時代的簡牘畫像與政治社會
　　　　　　——卷一　漢代的簡牘

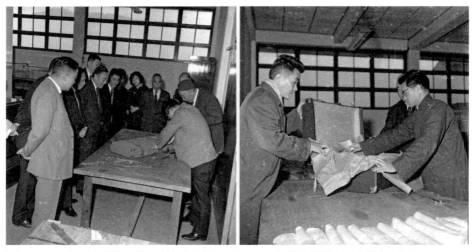

圖 17　1966 年居延漢簡回臺開箱清點現場　　圖 18　照片右側前方開箱者即陳仲玉先生

五 結論

　　歷來戰亂，生靈為之塗炭，古蹟文物亦成灰燼。居延漢簡得倖免於難，除沈仲章、徐鴻寶等人冒險搶救，傅斯年、胡適更是整個過程的關鍵人物。傅斯年以西北科學考察團理事的身分，從一開始即與胡適參與漢簡的初步整理與保存。十餘年前據史語所莊申先生見告，他二十年前在港大任教時曾見友人出示一份西北科學考察團有關漢簡的開會記錄，其上即有胡適和傅斯年出席的簽名。今年（2007）11 月我到港大調查相關檔案，證實莊先生所說無誤。漢簡自北平圖書館移至北京大學，增加余遜、向達、賀昌群、勞榦參加整理，傅斯年尤為主導。他更早在民國 25 年開始與商務印書館接洽，準備將漢簡南運，供商務製版印行。北平淪陷，沈、徐秘密將漢簡運至香港，是以傅斯年、沈仲章、徐鴻寶三人名義存放香港大學（I-1237，徐致傅電文，圖 19）。此後，一直由傅指揮處理漢簡的整理和印行。徐鴻寶曾在一封給傅斯年的信中說：「漢簡兩度移出危地，皆由先生指揮提挈，寶不過備奔走之役」（IV-215）。這是徐的自謙，但也說出傅先生的重要角色。等到戰局轉劣，準備將漢簡自香港轉運到其它地區時，當時曾有運

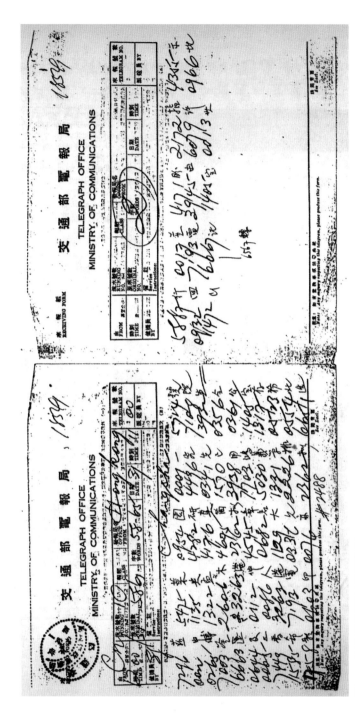

圖 19　徐森玉致傅斯年電報原件

往昆明或馬尼剌之議。但因傅斯年的主張，漢簡才去了美國。

漢簡轉運美國保存的一個積極原因是胡適正是中國的駐美大使。傅、胡都是當時中國學術界的領袖，他們之間關係之密切是大家都知道的。更重要的是 1940 年，胡適名義上仍然是西北科學考察團的理事長。將西北科學考察團發掘出來的簡牘，交由胡適保管，可以說順理成章。胡適以學者從政，關心文物。他出任駐美大使，與國會圖書館來往極密。他不但將自己先人的文稿存在國會圖書館，後來北平圖書館上百箱的善本書也是經由胡適，存放在國會圖書館。[27] 簡單來說，如果不是沈仲章和徐鴻寶的秘密搶救，傅斯年和胡適的合作，上萬的居延漢簡是不是還能存在到今天，就會變成疑問。經過以上的說明，漢簡運美是為保存文物，十分清楚。貸款抵押、盜竊國寶等說，也就無須多辯了。

後記

本文得以成稿，承勞榦、王汎森、陳仲玉、楊慶章、莊申、何世坤、劉增貴、趙綺娜和門田明先生以及中研院近史所在資料上提供協助，謹此致謝。又本文初稿曾在 1992 年 12 月日本關西大學「漢簡研究國際學術會議」中報告，並收入去年出版的會議論文集。可惜所有相關文件影本未能刊出，當時也不曾查閱傅斯年和朱家驊檔案。現在增補新資料，擴大一倍以上的篇幅，重加改寫，並附出重要文件影本，請大家指教。

83.11.3 增補於南港史語所

原刊《中央研究院歷史語言研究所集刊》，66：3（1995），頁 921-952。96.11.30 增訂。增訂期間曾獲同事何漢威兄提供陳君葆等重要資料，香港大學圖書館特藏部主任陳桂英、檔案中心助理主任張慕貞小姐大力協助，

特此申謝。

---

27 參錢存訓，〈北平圖書館善本書籍運美經過——紀念袁守和先生〉，《傳記文學》，第 10 卷第 2 期（1967），頁 55-57。

補記

簡牘整理小組在整理居延簡期間，庫房攝影室發現大量未曾沖印的黑白底片，其中包含很多 1965 年在史語所考古館驗收自美運回漢簡的開箱照片。本文補附兩張，另點收清冊改刊部分原件照片。

111.2.5

夏鼐發現敦煌漢簡和晉泰始石刻的經過

　　近代漢晉簡牘的發現，是由洋人發其端。先是斯坦因等人於十九世紀末，二十世紀初，在樓蘭發現漢晉遺簡。1930 年，中國與瑞典學者組成西北科學考察團，在額濟額河漢代烽燧沿線發現上萬漢簡，但是最先找到簡牘的又是洋人——瑞典的貝格曼。傅斯年先生當時是中央研究院歷史語言研究所所長，基於民族感情，一心想要爭回這口氣。他推動安陽殷墟和西北考古發掘，希望透過科學考古的新手段，一方面驗證當時流行的中國文化西來說，是否如西方學者所說的那樣可信，更重要的是找尋新材料，藉以建立中國人自己的一套古史認識和解釋。

　　民國 26 年抗戰爆發以後，國民政府不斷內徙，中央研究院也不停向西南遷移。因沿海盡失，西南滇緬路和西北往蘇聯之路成為當時和外界聯絡的孔道；民國 31 年中，滇緬路為日軍切斷，西北成為唯一的孔道。學者和政府對這個地區的調查和研究變得格外重視。這一年於是有石璋如和勞榦的西北考古調查，33、34 年又有向達、夏鼐和閻文儒的第二次調查。夏、閻這一次調查，在敦煌小方盤城北的小丘上掘獲數十枚漢簡。夏先生並從新獲簡上得到漢代玉門關位置的新證據。這一結果令他十分高興。他在給傅先生的信中說此「實史坦因氏以後第一次於敦煌獲得漢簡也」（見下文）。掘得漢簡的消息令傅斯年也極為興奮，回信讚揚夏先生為今後中國考古界希望之所寄（圖 1）。[1]

1　傅斯年對夏先生的讚美與期望可於 34 年 2 月 5 日傅給夏的信及 2 月 6 日給朱家驊的信中見之。前一信曾對夏說：「弟就兄之報告看，極為滿意。將來之工作，可以此為藍圖。發現書簡，尤妙。足徵此物尚多也。（已發見者當歸研究所）兄有此旅行經驗，當亦得些益處。本

圖 1　民國 33 年 8 月夏鼐（左）與向達（右）於敦
煌三危山

一 1944 年敦煌簡的發現經過

關於這數十枚敦煌簡發掘的經過，夏和閻先生一直沒有較詳細的報
導。1947 和 1961 年夏先生兩次發表〈新獲之敦煌漢簡〉一文，都說將另
外在正式調查報告中交代考察經過。兩人都已過世多年，《夏鼐文集》三
冊已於 2000 年出版，第三度收錄以上同一文，仍無正式調查報告。

因此，夏先生在發現漢簡後，除了當時的日記，就目前看來，寫給傅
斯年先生的信應該算是最早的報導了。信件自然不及考古報告詳盡。信中
略提發現的經過，可稍補正式報告未出的遺憾。信中還提到一些其它的發
現，這些發現和數十枚簡一樣，目前保存在史語所倉庫。下文將先談談簡
牘和晉泰始石刻的部分。

所考古事業之前途所望于兄者多矣」（史語所藏傅斯年檔，李 38-5-8，那廉君抄件）。後一信
對朱家驊說：「夏君乃本所少年有為之一人，在濟之兄領導下，將來于考古界之貢獻必大」
（李 38-1-17，那廉君抄件）。

民國 33 年 11 月 25 日，在發掘得簡後二十天，夏鼐曾寫給所長傅斯年和副所長李濟一封信，報告發掘所得（傅斯年檔案，李 38-5-5，圖 2.1-5）：

孟真、濟之先生賜鑒：

　　十月廿五日曾奉上一函，諒達座右。十月卅一日出發赴西湖攷察玉門關遺址。十一月一日抵南湖，在南湖居住一日，攷察壽昌故城、紅山口及古董灘。據地人云去年黃文弼先生在此勾留一星期，每日率領警察及二名工人作發掘工作，曾掘得古錢及陶片云云。十一月三日由南湖出發，五日抵小方盤，即漢代玉門關故址。石、勞、向三先生均曾在此試掘。生於小方盤城北小丘上作試掘，知史坦因在此工作係打探溝，並未完全掘開，故仍可擇地發掘。以時間關係，僅工作一日，且未攜帶工人，僅令護送之士兵幫忙工作，結果得有字漢簡四枚。其中一簡有「酒泉玉門都尉……如律令」共三行三十八字。得此經驗後，乃於他處見有希望者亦作試掘。大方盤北之第十七墩又掘得有字漢簡二十餘枚，於第廿三戊墩掘得六枚。此外尚得漢絹、苣火束、線鞋等物。又於大方盤城東南小丘上掘得一晉碑，上刻「泰始十一年二月十七日甲辰造　樂生」十五字。敦煌碑碣此為最古矣。由大方盤而東沿漢代長城而行，途中遇雪，荒漠行帳中頗為凍冷，護送之士兵皆急欲返城，不肯發掘，故匆匆而行。十一月十一日越黨河而東，十二日抵小西梁，逾蘇勒河而北至破城子，似為清初之物，至安西屬之老捲，乃折返敦煌。十一月十五日抵縣城。旅行半月，所得雖微，然實史坦因氏以後第一次於敦煌獲得漢簡也。返城後曾赴千佛山將六朝彩繪花磚依原來樣式堆砌於第九洞中，除攜取九塊花磚運蘭外，其餘五百餘塊皆寄存千佛山藝術研究所中。此物過於笨重，無法運輸，現依原式復原，可供後人參攷。藝術研究所常書鴻所長面允，將來於一年以內，繪就彩色圖一幅以贈攷察團作報告之用。關於其餘採掘品，除一部分陶俑碎片擬寄存千佛山外，擬皆運往蘭州。西北公路局何競武局長已來電允許一公頓左右免費運蘭。連日忙於裝箱，並沖洗照相底片，大約月底以前可以東行。千佛洞於八月間發現六朝寫本六十餘卷，係工人於清末泥像中無意發現。雖為所中職員所察覺，收歸所有，然小部分為工人所藏匿，攜出私售。九月

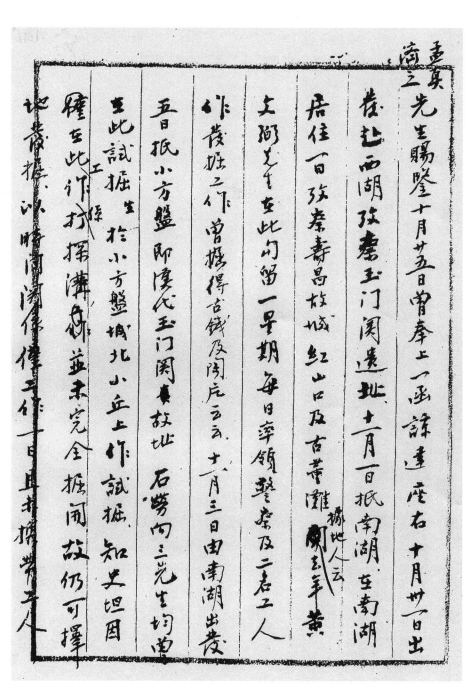

圖 2.1

俾令護送之士兵幫忙工作，結果得有字漢簡四枚，其中
一簡有「淵泉玉門都尉……如律令」共三行三十八字，得此
經驗後，乃於他遠見有希望者，命作試掘，
北三亭十七墩，又掘得有字漢簡二十餘枚，於亭廿三戊燧
掘得六枚。此外尚得漢絹苴火束線鞋等物。又於大方盤
城東南小丘上掘得一晉碑，上刻「泰始十一年二月十七日
申辰造樂生」十五字，敦煌碑碣此為最古矣。由共旁
盤而東沿漢代長城兩行，途中遇雪荒漠行帳中
頗為凍冷。護送之兵士皆急欲返城，不肯發掘，故每久
而行十月十吾日越寬河而東十二日抵小西梁，逾蘇勒河
而北至破城子，似為清御之物，至安西，舊三老捲乃

圖 2.2

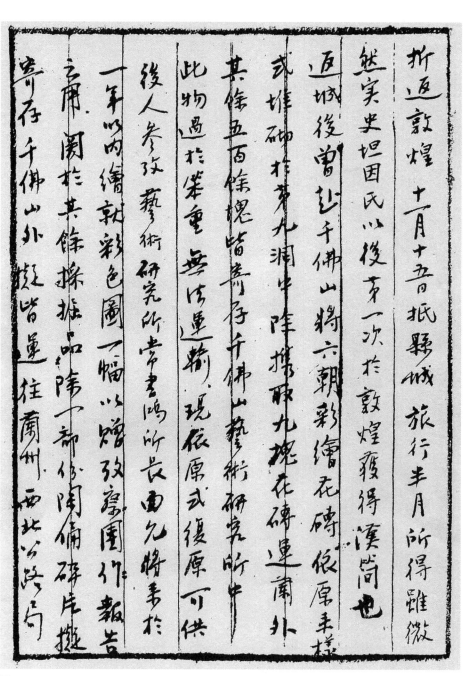

圖 2.3

古月集：秦漢時代的簡牘畫像與政治社會
——卷一 漢代的簡牘

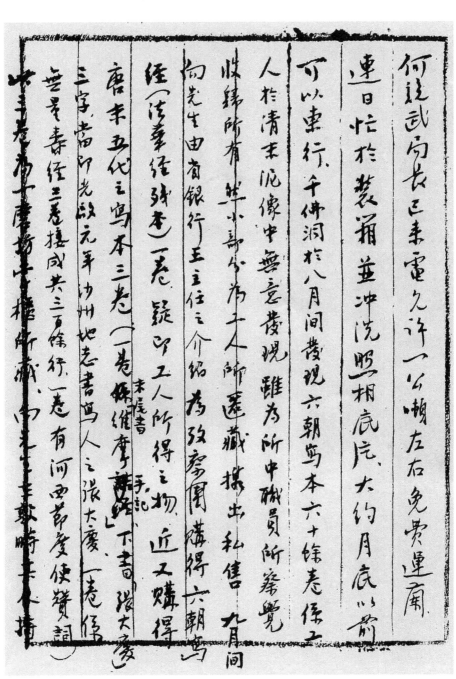

何詮武句長已來電久許一公嗦左右免貴運廠

連日忙於裝箱並沖洗照相底片、大約月底以前

可以東行。千佛洞於八月間發現六朝寫本六十餘卷係工

人於清末泥像中無意發現雖為所中職員所察覽

收歸所有 然亦嘗分布工人師遂藏攜出私售 九月間

向先生由商業銀行王主任之介紹 為致蔡園購得六朝寫

經(法華經殘卷)一卷 疑沙工人所得之物、近又購得

唐末五代之寫本三卷(一卷係維摩詰經 末殘書 手記 下書張大慶)

三字當即光啟元年沙州地志書寫人之張大慶(卷係

無是壽經三卷接咸共三百餘行一卷有河西節度使贊詞

廿三卷為車子廟所出十擔所藏向先生家泰時夫人摘

圖 2.4

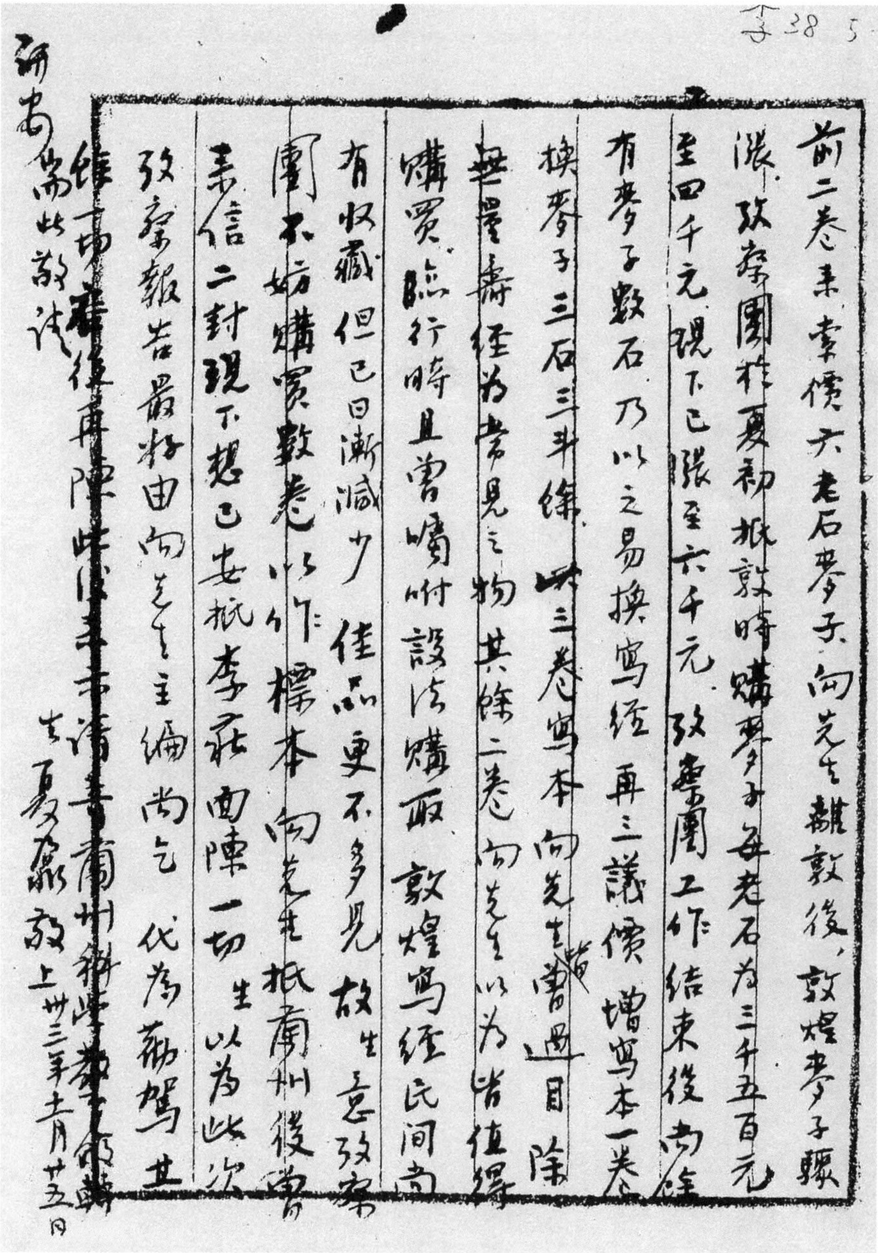

圖 2.5

圖 2.1-5　民國 33 年 11 月 25 日夏鼐致傅斯年李濟信原件

間向先生由省銀行王主任之介紹為攷查團購得六朝寫經（法華經殘卷）一卷，疑即工人所得之物。近又購得唐末五代之寫本三卷（一卷末尾書「維摩手記」，下書「張大慶」三字，當即光啟元年沙洲地志書寫人之張大慶，一卷係無量壽經三卷接成，共三百餘行，一卷有河西節度使贊詞）。此三卷為一磨坊掌櫃所藏，向先生在敦時，其人持前二卷來，索價六老石麥子。向先生離敦後，敦煌麥子驟漲。攷察團於夏初抵敦時，購麥子每老石為三千五百元至四千元，現下已漲至六千元。攷察團工作結束後尚餘有麥子數石，乃以之易換寫經。再三議價，增寫本一卷換麥子三石三斗餘。此三卷寫本向先生皆曾過目。除無量壽經為常見之物，其餘二卷向先生以為皆值得購買，臨行時且曾囑咐設法購取。敦煌寫經民間尚有收藏，但已日漸減少，佳品更不多見，故生意攷察團不妨購買數卷以作標本。向先生抵蘭州後曾來信二封，現下想已安抵李莊面陳一切。生以為此次攷察報告最好由向先生主編，尚乞　代為勸駕。其餘一切，容後再陳。此後來示，請寄蘭州科學教育館轉。尚此敬請

　　研安

生夏鼐敬上
卅三年十一月廿五日

信中未明說發現簡的日期，應是 11 月 5 日。這一點可從《敦煌考古漫記》（天津百花文藝出版社，2002）得到證明。這本書上編是根據夏先生 1955 年在《考古通訊》創刊和二、三期上陸續發表的《敦煌考古漫記》以及夏先生未發表的日記，由王世民和林秀貞重新整理而成。這書第五章摘自夏先生的日記，記述在敦煌發掘漢代的烽燧。以下錄出日記中有關在小方盤城掘到最初四枚簡的經過：

　　11 月 5 日，在小方盤城發掘，工作地點有二，一為城北小丘（A），由斯氏圖上 I（深井）東邊向西開一探溝，深 2 米，長 26 米。據斯氏報告，曾于此間開平行探溝，獲得漢簡，惟未言其探溝之位置，大小及方向。余之掘此探溝，目的在辨清地下土層，俾確定孰種土色為斯氏之擾土，孰為原

來文化層，孰為出土漢簡之文化層，孰為自然堆積之土層，以供以後發掘之參考。于井東 5-13 米處，離地 1 米以下，即有乾蘆葦甚多，40-50 厘米後，文化層完結，即達地質學上之沖積土層，蘆葦中間雜以大小木片頗多，有作封檢形者。余笑謂閻君云，只要上面有字，便算是獲得漢簡了。此外 3-4 厘米長以蘆葦揉成之繩索亦不少。

早餐後，繼續發掘，果然掘得漢簡一枚，係一鉋花，甚薄，蓋鉋去後再用原簡寫他事，以此間物質極缺乏也。上面行書數字「如〔延〕和元」，余等大喜。不久又得一片，字亦清楚，「子奉謁不」，大家神經越發緊張了，留心找有字的木片。後來又得一片，字數更多，余拿來一看，字共三行，有「玉門都尉」幾字。知道獲得珍品了，連忙用棉花包起來。無字的木簡亦有數片，其中一片後來細辨，似有「上郡（？）」二字，也歸入有字簡中一起收藏了。此外殘絹片頗多，間有紅色或藍色者。戈壁中發掘，四顧茫然，只有五里或十里外的古烽台，點綴其中。看起來也像近在眼前，空間觀念縮小了不少。及至發現了漢簡，用手摩挲這些漢代遺留下來的木片，恍惚間打破二千年時間的隔離，自己似乎也回到漢代去，伴了漢代的戍兵在這裡看守烽台，遠處沙塵騰起，一匹飛騎送來故鄉家人的信牘，或京師返郡的公文。手裡所持的漢簡，墨跡如新，幾令人不敢相信這是二千餘年前的東西。……今日初次發掘，以一日之力即獲四漢簡，殊為可喜。

（頁 103-104）

這是 11 月 5 日一天之內掘得四枚簡的經過。據日記，11 月 6 日在大方盤城 T.XVII 墩附近，又得「侯官謹以□書眾候長等」、「脾一所」二簡。11 月 7 日在 T.XVII 墩附近再得有字簡十九片，有字而不清楚者十餘片，無字者頗多。關於出土地點和簡數，〈新獲之敦煌漢簡〉一文有較精確的數字。據此文著錄，十四墩出四枚，十七墩出卅八枚，廿三戊墩出六枚，另外在十七墩還出土甚多無字簡，「其中三簡尚有字畫跡痕，惟以過於漫漶，無法認識。又有細小之碎片二十餘片，僅存一字或半字，甚或僅存點畫，無法綴合，茲暫從略。」（《考古學論文集》，頁 89-90）

幾年前，我們檢查這一批簡，發現在已發表釋文的簡之外，的確還有

不少有字或字跡不全的削衣碎片。夏先生將它們黏貼在一張紙上，並在旁邊作了釋文。後來我們整理出版《居延漢簡補編》（臺北：中央研究院歷史語言研究所，2000），將這些黏貼的殘片照原樣刊布在圖版中，並將夏先生的釋文補刊出來。依據夏先生的原編號，共編了二十七號。

比較夏先生發掘當時的日記和二十天以後的信件，可以知道這二十天裡，夏先生花了不少心思，琢磨簡上的文字及有關的問題。例如，日記原僅記錄最關鍵的「玉門都尉」四字。到寫信時，已變成較詳細的「酒泉玉門都尉……如律令」等三十八字，並且顯然已對當時學界熱衷討論的玉門關址有了新見。夏先生認為玉門關就在小方盤城。民國 34 年 1 月 23 日夏先生在另一封給傅斯年的信中（李 38-5-7，圖 3.1-5），明確表達了他的意見：

孟真、濟之先生賜鑒：

　　去冬由玉門關攷察歸來後，曾奉上一書（十一月廿四日發）陳述攷察經過情形。……起端之「酒泉玉門都尉」一語，不僅證明漢代玉門關之確在小方盤城（蔣委員長曾親書「玉門關」三字，侍從室曾詢問酒泉專員公署以玉門關所在，以便刻石立碑，專員無法回答），且可證明漢武河西拓土設立酒泉郡後，未劃分敦煌郡以前，即設玉門關，漢書地理志以敦煌郡有玉門陽關都尉，乃元鼎六年（111B.C.）分酒泉置敦煌後之事，沙畹氏以「以太初二年（103B.C.）李廣利還至敦煌，天子使使者遮玉門」一事而疑太初以前之玉門關在敦煌以東，勞貞一兄之近作兩關遺址攷乃進而假定太初以前之玉門關在今日玉門赤金峽，然漢武帝既已拓地至今日敦煌，何以設關隘於赤金峽，而棄置以西數百里於關外？頗疑最初所設之玉門關即已在敦煌以西之小方盤，漢武帝使使者所遮之「玉門」即玉門縣，並非玉門關。（史記大宛傳作遮玉門，漢書始添「關」字）外國人讀到 Jade Gate 即有玉門「關」之感，是以中國史家千餘年來對此不發生問題，一入「一字一字對譯」之外國漢學家眼中，即生此錯覺。生曾以此意與向覺明先生談及，向先生極贊同鄙見，其大著兩關小攷中即採用鄙說並加以引伸（聞不久將在真理雜志上發表，生曾拜讀其原稿）。今得此簡，可見太初二年（103B.C.）以前，敦煌未由酒泉分出以前，即已有玉門都尉駐在今日之小方盤。生對於陽關遺址，根據未發表之史

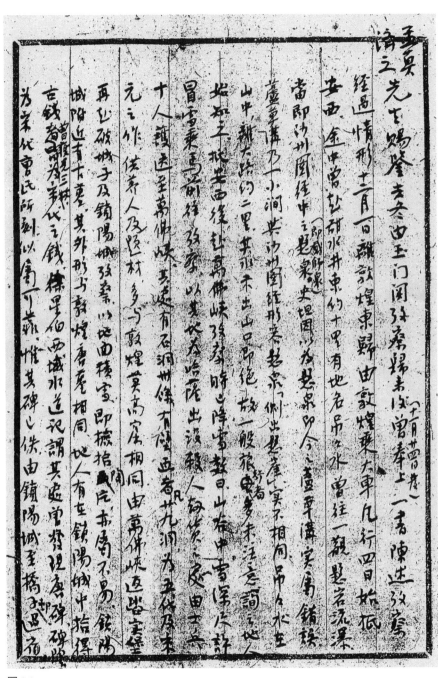

圖 3.1

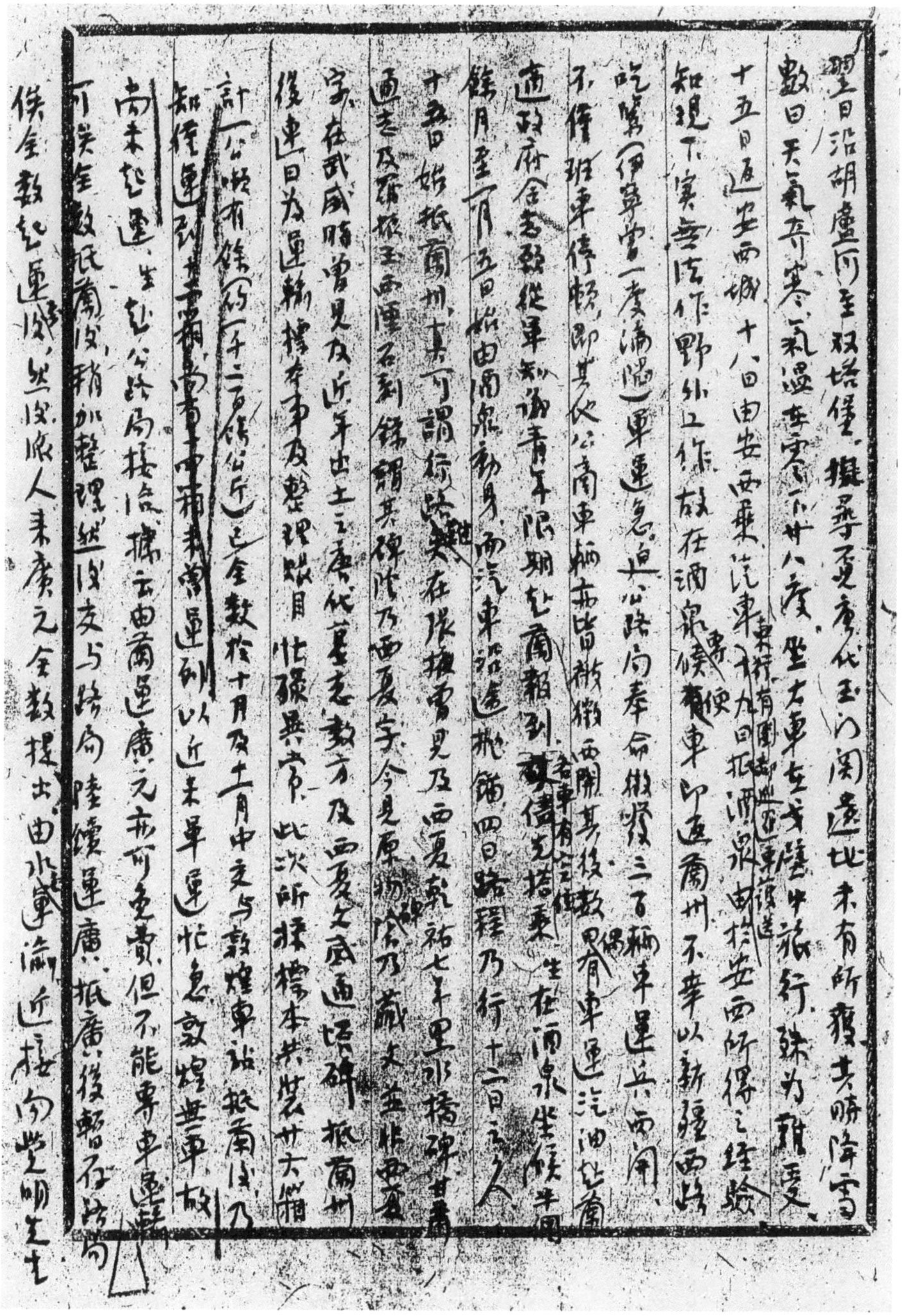

翌日沿胡盧河至双塔堡，攝幾張，再代王以閩遠此未有所獲，其曉降雪

數日天氣奇寒，氣過零下廿八度。坐右車夫戈壁中派行，殊为艱苦。

十五日返安西城。十八日由安西乘汽車東，桥九日抵酒泉，由抵安西所得之坅驗

知退不實無法作野外工作，放在酒泉守候，待便車即返蘭州，不單以新疆西去

吃驚（伊等云〔麥涌過〕軍運急迫，此山路均奉命撤獎三百輛羊運並西開

適政府全客數從軍知通青年限期赴蘭報到，車傳將西開，其役數月偶有車運汽油出蘭

餘月生月沿由涌泉劫身，而汽車站逹抛碇四日路程乃行，十二日之人生在酒泉坐候半阁

十吾始抵蘭州，真可謂狼狽。在張掖曾見及西夏敦祐七十里水橋碑，甘肅

通志及舊絲玉西夏石刻錄，朝其碑代乃西夏字，今見原物纷乃藏之，五作西夏

字在武威曾見及近年出土之唐代慕志數方，及西夏文感通塔碑殘文，此

後運日為運輸樣本事及整理，姑月忙碌異常，此次所採標本共裝廿大箱，振蘭州

知程連到此至需高昂，中南我軍運到川以近未車運（乃）

計（公帳有錄約二千二百餘公斤）已全數於十月及十一月中支与敦煌車站抵南坡乃

南來迄運，生公路局接洽，據云由西南運廣元亦可委費，但不能專車運故

侯全數公運徹，然後派人來廣元全數提出，由水軍偷近接洽，些明先生

圖 3.2

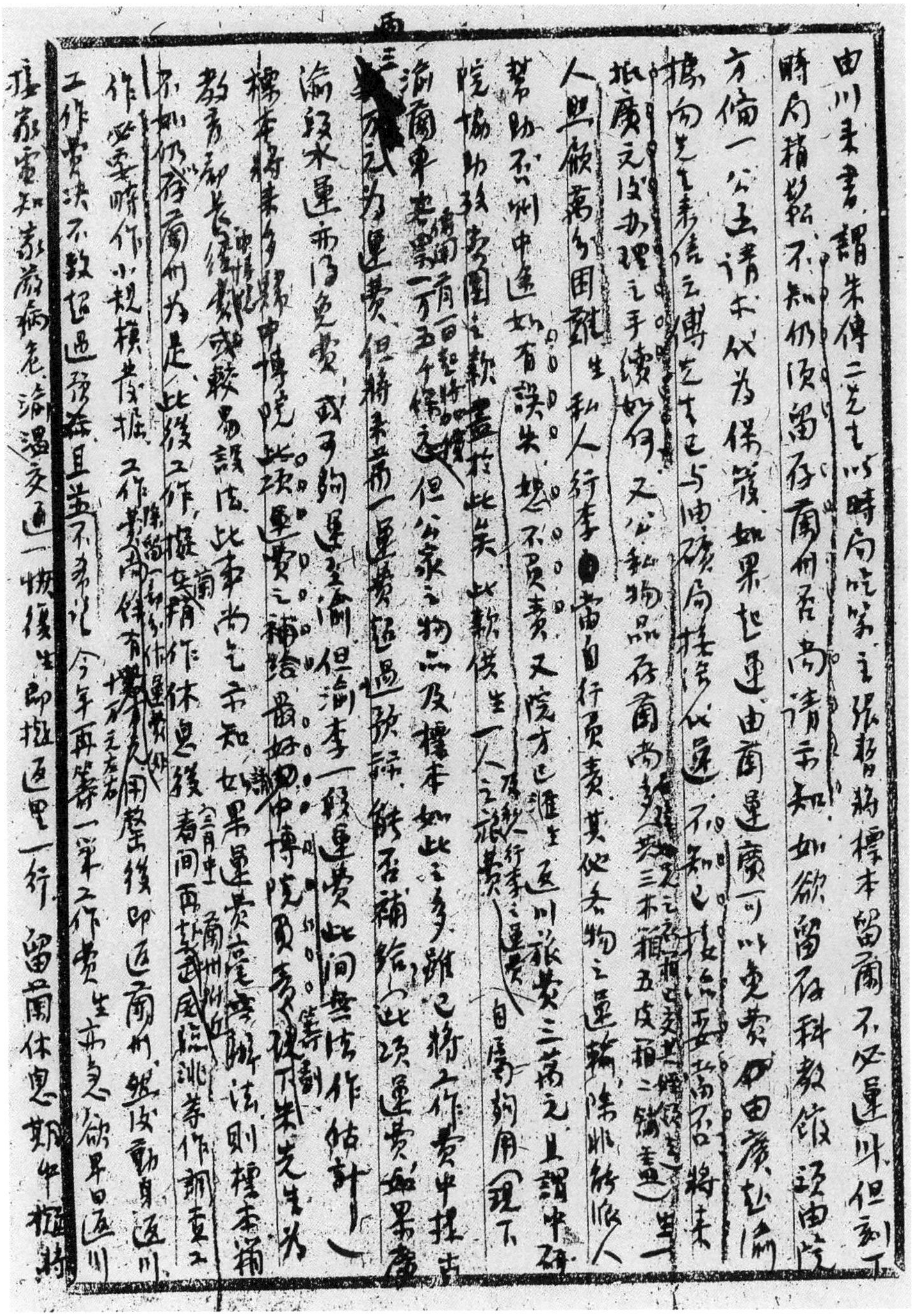

圖 3.3

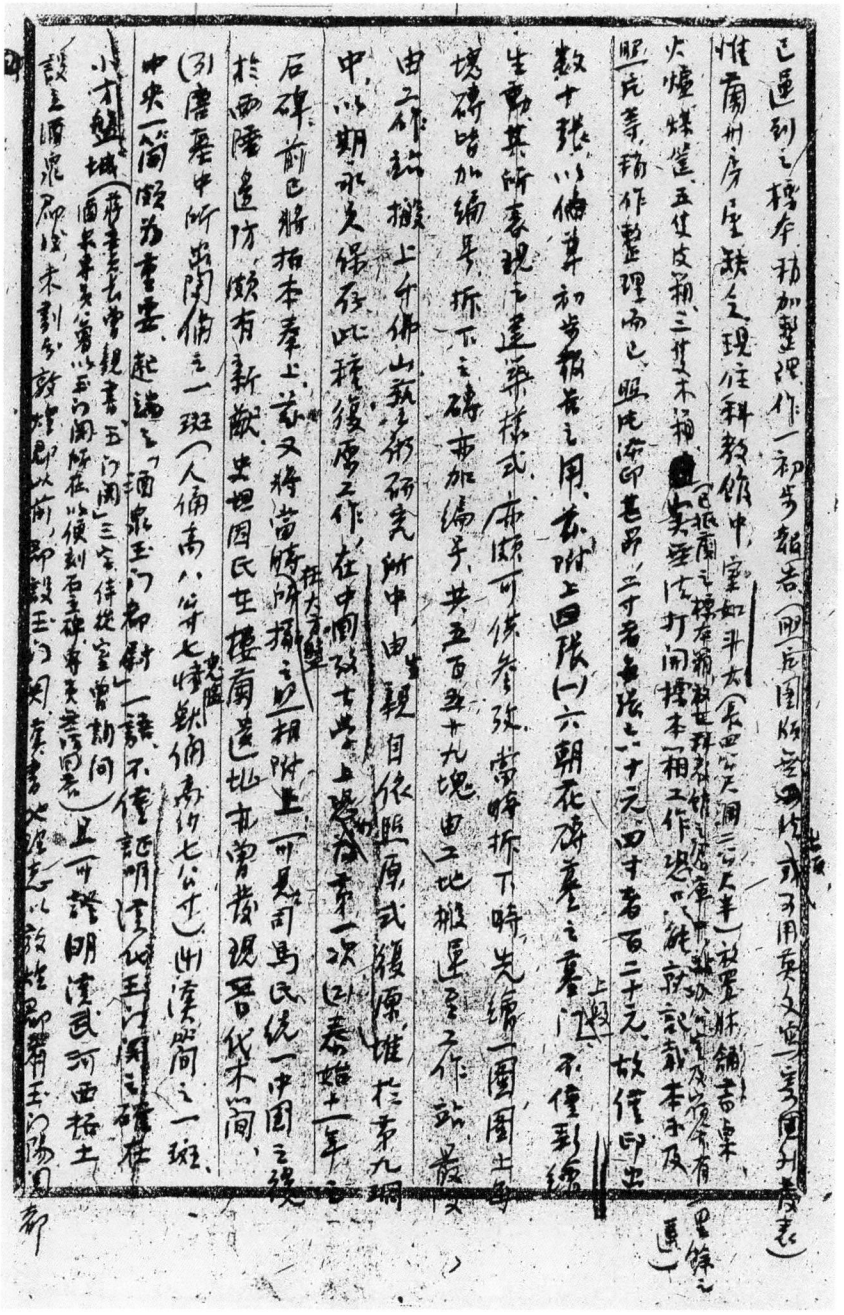

圖 3.4

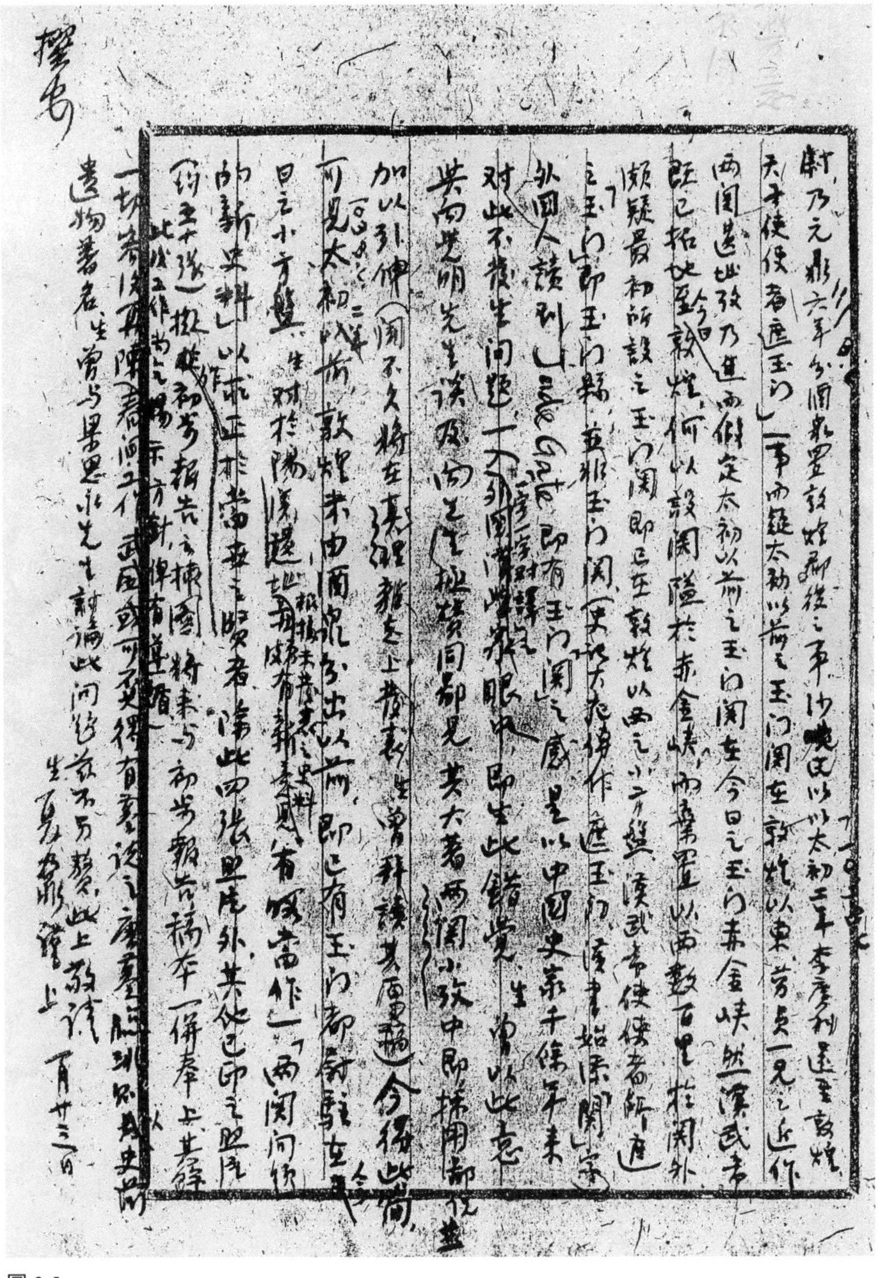

圖 3.5

圖 3.1-5　民國 34 年 1 月 23 日夏鼐致傅斯年李濟信原件

料，亦頗有新意見，有暇當作一「兩關問題的新史料」以求正於當世之賢者。……

生夏鼐謹上

一月廿三日

後來夏先生將他的意見正式寫成論文發表，這裡就不多說了。

■二 晉泰始十一年石刻的發現經過

以下接著談談信中提到的晉泰始十一年石刻。夏先生在 11 月 7 日的日記裡曾提到發現石刻的經過，可以和前信參看：

11 月 7 日為此次西湖之行收獲最佳之日。上午起身後，即發掘大方盤城東南之小丘（即斯氏圖中之 T.XVIII）。先在丘東之 A 區發掘，于 B37 距 B34 處發掘一石碑，係利用此間附近所產之紅色砂石塊，刻上十五字，「泰始十一年二月十七日甲辰造樂生」。（頁 106）

日記提到比信件更明確的出土地點。不過，日記中完全未記發現石碑後的心情。在給傅先生的信中，夏先生不禁興奮地說：「敦煌碑碣此為最古矣」。相同的心情，也明白表露在石刻拓本的夏先生親筆題箋裡（圖 4）：

民國卅三年冬，玫察漢代兩關遺址於小方盤，獲得玉門都尉漢簡，又在大方盤東掘得此碑。按晉武帝泰始十一年改元咸寧，而此碑仍稱泰始，當由于邊地遙遠，改元之事遲久始知也。敦煌碑碣，此為最古矣。　夏鼐敬識

這份拓本是夏先生於 34 年 1 月以前寄給傅先生的。在前引民國 34 年 1 月 23 日夏給傅的信中有一段說道：

泰始十一年之石碑，前已將拓本奉上，茲又將當時在大方盤所攝之照相附上，可見司馬氏統一中國之後，於西陲邊防頗有新猷，史坦因氏在樓蘭遺址亦曾發現晉代木簡。

信中所說寄給傅斯年的照片，迄今未能找到。幸好夏先生的日記已刊布，又增加了些我們對拓本的了解。在華東師範大學出版社 2011 年出版的《夏

民國廿三年六玫摩瘞冢兩闕邊地
於小方盤廢得玉門都射溪間文
在大方盤東垛得此碑按晉武帝
泰始十一年改元咸寧而此碑仍
稱泰始當由于邊地邊遠政
元之事歷久始知地敦煌碑
碣此為最古矣
　　　　　　墓廬謹識

圖4　史語所藏夏鼐題字泰始刻石拓片

　古月集：秦漢時代的簡牘畫像與政治社會
　　　　　　——卷一　漢代的簡牘

鼐日記》卷三頁 251，1944 年 11 月 12 日日記中有這樣一句話：「作泰始十一年碑拓片數份」，[2] 可見拓片不止給傅斯年的那一份。又頁 254，11 月 24 日記道：「晚間給傅、李二先生寫信，并附上泰始十一年碑拓本」。按此最少有兩份，曾分寄給了傅斯年和李濟。

現在我據原石重新拍照，正式刊布，供大家參考（圖 5.1-2）。此石今呈黃褐色，形狀不規整，略呈長方形，長 45.7 公分，寬 26.2 公分，高 17 公分，重 23.92 公斤。銘文楷書，自右至左三行，作：「泰始十一年二月／十七日甲辰造／樂生」。

「樂生」在第三行中，字較小，刻銘者應該就是這位樂生。「樂」字的寫法，將「白」的部分寫在「絲」之上，見於侯馬盟書和北魏、北齊造像題記（參《簡牘帛書字典》和《碑別字新編》），但似乎不見於隸書之簡帛。晉泰始十一年（西元 275 年）實為晉武帝咸寧元年。誠如夏先生所說，邊境上

圖 5.1　晉泰始十一年刻石　　圖 5.2　刻石側面

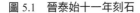

2　按：2018 年社會科學出版社出版的《夏鼐西北考察日記》1944 年 11 月 12 日日記文字稍異：「飯後無事，荒漠斗帳中呵凍手拓泰始十一年碑數份，手術過劣，又以缺墨，結果殊失望也。」（上冊，頁 134）此「手術」指用手拓碑的技術。

不知改元，仍沿用舊年號，這在漢代邊塞出土簡中也時有所見，不足為奇。

　　值得注意的是發現的地點在敦煌大方盤城東南小丘，即斯坦因編號的墩十八 T.XVIII。在這個地點及附近曾發現若干漢簡，其中有甘露二年的紀年（《敦煌漢簡》，簡 2113，出土於墩十八），迄今卻未出土任何紀年明確的晉簡。這裡怎麼會孤零零地有塊有晉代年號的石刻呢？夏先生說史坦因氏在樓蘭發現晉代木簡。為何在大方盤城未發現？據岳邦湖先生踏察，大方盤城（北緯 40°24′30.29″　東經 93°58′11.11″）在小方盤城（北緯 40°21′12.66″　東經 93°51′50.69″）東北十一公里，處於疏勒河南岸的風蝕台地上。[3] 如果小方盤城如夏先生所考即玉門關之所在，又如果他論斷「司馬氏統一中國之後，於西陲邊防頗有新猷」是正確的話，這樣重要的關隘，晉代應駐有邊軍，不會放棄，否則如何聯繫更深入西域，遠在樓蘭的軍隊？果真如此，這塊石刻即不可能是孤零零地存在。在這附近應有其它晉代的遺簡或遺物，或許尚未發現，或者已出土，過去未能分辨出來，而被當成漢代遺物了吧。例如，大方盤城東約二十公里外之墩 XLI 曾出土所謂的「仙師符」。勞榦先生即據字形及符文，斷言應為晉或晉以後物。[4]

　　夏先生 11 月 25 日信中還提到許多其它的遺物，絕大部分現在都還保存在史語所倉庫中。倉庫人員已整理出清單，正陸續電腦建檔中。希望以後有機會再作介紹，使前輩學者的辛勞成果不致沉埋下去。

92.6.13

原刊《古今論衡》第 10 期（2003），頁 61-69。
96.11.4 再訂；105.2.12 三訂；111.2.13 再補

3　岳邦湖，〈疏勒河流域漢代長城考察報告〉（北京：文物出版社，2001），頁 35。我據谷歌地球測經緯度數據。

4　勞榦，〈漢晉西陲木簡新考〉（臺北：中研院史語所，1983），頁 48-71。

香港大學馮平山圖書館藏
居延漢簡整理文件調查記

　　2007 年 10 月左右，史語所考古庫房的同事丁瑞茂先生告知，他在網路上發現香港大學藏有居延漢簡相關檔案資料。聞訊大喜，上網果然見到港大圖書館通訊《*Focus*》2006 年 6 月號刊載張慕貞小姐所寫對居延漢簡整理文件的介紹性報導。略讀報導，即知這批檔案正是史語所所藏居延漢簡的一部分「身分」文件。因此徵得史語所同意，與港大圖書館特藏部主任陳桂英女士及香港大學檔案中心助理張慕貞小姐聯絡後，於 11 月 25 至 29 日到香港作了一次短期調查（圖 1）。以下根據調查、張小姐的報導以及訪談張小姐的結果，將這批檔案的主要內容和價值向關心簡帛學的朋友作一次介紹。

圖 1　民國 106 年 11 月 26 日在港大圖書館善本書室外與張慕貞小姐合影

一 「居延漢簡整理文件」檔的來歷與現況

所謂「居延漢簡整理文件」是港大馮平山圖書館為這批檔案所訂的名稱。館藏索書號為：特 796.7 10。據張小姐報導，這批資料在未進藏港大馮平山圖書館之前，原藏於大學主樓（Main Building）中的大波樓，也就是漢口圖書館特藏室，當時稱為 Room "H"。1940 年 8 月居延漢簡由香港運往美國國會圖書館，這批資料沒有同去而留在港大，無人注意，也沒整理。1950 年 3 月 27 日曾有圖書館員發現這批資料，簽報館長知悉，到 1973 年 9 月才進行初步編目。

張慕貞小姐原在馮平山圖書館任參考組主任，曾於 1990 年代在中文善本書室見到經編目後的檔案。它們當時散置在若干紙盒之內。她有感於檔案重要，特別設計紙盒，重新排放，將所有文件集中在一個大盒中，並為文件編了一份較詳細的清點簡目（參附錄二），以便日後查找。她曾有意將這批資料公諸於世，也曾要求編目部同事重新修訂。後因館方決定將馮平山圖書館納入港大圖書館總館系統，馮平山圖書館的隸屬和人事都發生變動。2006 年張小姐調往檔案中心工作，事遂未果。兩年前，她決定將這項重要的館藏先報導出來，因而寫成 2006 年在圖書館通訊上的報導。

目前這一大盒以「居延漢簡整理文件」為名的檔案存放在馮平山圖書館的善本書室，由港大圖書館特藏部負責管理，可自由借閱，唯不得照像或影印（圖 2、3）。文件有些仍保存著原來所用的包裝紙，紙上仍有原來的毛筆注記；少數原包裝草繩折斷，在整理時加上新的白紙包捲，紙外有館員添寫上的品名。文件保存情況基本良好。唯有一部分文件和釋文籤已遭蟲蛀，甚至有少數釋文籤已因蛀而斷裂，但還不到不堪閱讀的程度。如何確保這批檔案不會繼續遭到蟲蛀是一個問題。

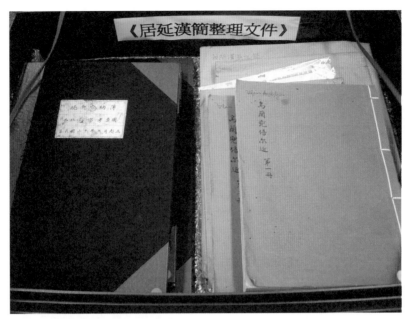

圖 2　考察團現金出納簿及釋文簿

圖 3　居延漢簡釋文簽及包裝

二 檔案內容分類

圖書館整理這批檔案，是將檔案大致分為（1）現金出納簿、（2）點校紀錄簿、（3）公文黃紙袋、（4）漢簡釋文紙簽四大類。我閱讀以後，覺得如果依內容，或可稍作調整，分為以下三大類：

（1）西北科學考察團本身的行政記錄

　　包括 1927～1937 年間西北科學考察團的現金出納簿原件、考察團理事會以及漢簡整理委員會會議記錄（原件及油印件）、西北科學考察團同意送往瑞典研究的採集品清單（原件）；

（2）居延漢簡整理初期的工作記錄

　　包括賀昌群、余遜、勞榦和向達四人自民國 24 年 2 月 12 日至 25 年 7 月每月每日調閱漢簡和釋文進度記錄、原題為「賀先生看過亦行校過之木簡第一次及第二次看」的木簡目錄以及原題為「勞余馬向賀諸先生所看各地採集品件數草目」、送往上海影印木簡細目等；

（3）釋文簿和釋文簽原稿

　　這部分包括馬衡、向達、余遜、勞榦四人先後所作以毛筆書寫在毛邊稿紙，裝訂成冊的釋文稿冊以及卡片式的釋文簽。

以下即依上述分類，分別介紹內容，尤其注重和漢簡直接相關的部分。為省篇幅，凡屬一般行政或與漢簡無關的都略去。

三 內容簡介

一、西北科學考察團行政記錄

這一批西北科學考察團的行政記錄會運到香港，和搶救木簡到香港的徐鴻寶和沈仲章先生關係最大。據沈仲章自己的回憶，他當時是北京大學

研究所的語言和音律實驗室的助教，兼任西北科學考察團理事會的幹事，作秘書和譯述的工作。民國 26 年日軍進入北平，他將原存放在北大文科研究所木櫃裡的木簡偷偷運到西北科學考察團理事會理事徐鴻寶先生住處。據他回憶：

> 此外還有考察團的重要物件也偷運出來了，如居延筆的模型（複製品），貝格滿在居延海發掘木簡的地形坑位草圖，西北科學考察團木刻彩色套版和印有壁畫佛像的信箋、郵票，還有我國郵局特為西北科學考察團發行的紀念郵票一大包（一千多套），還有許多原始記錄、帳目等等……。[1]

依據這段回憶，港大所藏這些西北科學考察團的記錄和帳目來歷就很清楚了。回憶中所說的居延筆模型，不見於港大檔案。史語所所藏為原件，不是模型。紀念信箋和郵票下落不明，貝格滿（曼）所繪地形坑位草圖則似在賀昌群之手。[2]

（A）西北科學考查團現金出納簿共三冊。一冊為理事會現金出納簿自民國 16 年 7 月至 26 年 2 月 1 日。兩冊為西北科學考查團現金出納簿，一自民國 20 年 7 月 1 日至 25 年 6 月 16 日；一自 25 年 7 月 1 日至 26 年 3 月 1 日。這些簿冊登記每月收支情形。收入主要是赫定和北京大學所給的款項。例如民國 16 年下半年，收赫定二千三百八十元，大學院五千元。支出主要是工作人員薪水和各種雜支。茲以民國 20 年至 25 年和漢簡直接有關的支出略舉若干為例，以見當時漢簡工作在人事和材料上花費之一斑：

1　沈仲章口述，霍偉記錄，胡繡楓整理，〈搶救「居延漢簡」歷險記〉，《文物天地》，4（1986），頁 34。

2　在北京圖書館出版的賀昌群《漢簡釋文初稿》（2005）中附有一張額濟納河流域遺址曬藍草圖，其上有遺址名而無坑位標示。不知是傅氏回憶或用詞有出入，或另外有坑位圖。頗疑這張曬藍地圖就是貝格曼地圖，其上實無坑位。因為在一封向達致傅斯年，年份不明 9 月 24 日的信中提到：「三月間在渝曾假賀昌群先生私人所有貝格曼繪額濟納河一帶烽燧圖，當倩中大地理系摹一份，攜之行笈。不知如何，為勞貞一所知，函昌群先生勒索原圖，語多威脅。昌群先生最近函告，極為憤慨」云云（傅斯年圖書館藏傅斯年檔案 李 38-2-18）。由此可知賀昌群手上確實有貝格曼所繪額濟納河一帶烽燧地圖。

年	月	日	支出名目	錢數（元）	備註
20	8	10	漢簡登記冊	55	
20	9	8	傅明德八月薪	20	
21	1	31	流沙墜簡一部	60	
22	1	24	傅明德一月薪	24	
22	3	21	漢簡釋文登記單	13	疑釋文登記單即指釋文簽
22	4	28	記漢居延筆印費	30.6	
22	4	29	記漢居延字卷一百張	35	
22	10	11	購曬藍圖紙一捲	7	
23	2	21	購西陲漢晉木簡兩部	23.04	
23	3	31	傅明德三月薪水	28	
23	8	31	沈仲章八月份薪	30	
24	10	25	助理沈仲章本月薪	30	
25	2	25	印木簡照片二張膠角二包	0.8	馬衡等作木簡釋文一開始即以照片為據，詳後文。
25	7	25	傅明德本月薪水	40	
25	7	25	沈仲章本月薪水	30	
25	9	12	木簡書一頁製珂羅版費	9	

（B）理事會及木簡整理委員會會議記錄

　　這些會議記錄包括西北科學考查團第二至第六次會議記錄油印本和第一至第四次整理木簡會議記錄。現在將各次會議和居延漢簡相關的部分摘錄如下：

1. 中國學術團體協會西北科學考查團會議錄第二次全體理事大會

　　日期：23 年 10 月 23 日

　　地址：沙灘二十一號

出席理事：周肇祥[3]　袁復禮　常福元[4]　徐協貞[5]　任鴻雋　翁文灝
　　　　　　傅斯年　馬衡　徐炳昶　徐鴻寶　沈兼士

列席：劉衍淮　沈仲章　朱組康

主席：周肇祥

記錄：沈仲章

馬先生報告整理木簡情形並提議擬添請北平圖書館之向達、賀昌群二君協同原有之傅振倫君繼續幫忙整理。

傅孟真先生提議：中央研究院之勞幹君亦可請其加入幫忙。

議決：初步考釋工作由馬叔平、徐森玉、沈兼士三先生約同向、賀、勞、傅四位規定時間負責進行。

各理事臨時提議：

傅先生提議：關於印刷本團以後出版物事宜，可仿中央研究院辦法，與商務印書館或別家訂立合同，承印⋯⋯

決議：即請傅斯年先生負責向商務接洽。

2. 第三次全體理事大會

日期：23 年 12 月 2 日

地址：沙灘二十一號

出席理事：周肇祥　袁復禮（袁同禮代表）　胡適　任鴻雋（胡代）　翁
　　　　　文灝　常福元　陳受頤　徐鴻寶　馬衡（徐代）　沈兼士

主席：周肇祥

記錄：沈仲章

3　周肇祥（1880-1954），浙江紹興人，清末舉人，京師大學堂、法政學校畢業。工詩文書畫，歷任湖南省長、臨時參政會參政、清史館提調、中國畫研究會會長和北京古物陳列所所長。在所長任內，和劉復代表中國學術團體協會和斯文・赫定簽約組中瑞西北科學考察團。

4　常福元（1874-1939），畢業於天津水師學堂，精數學曆算，為中國天文學會評議員，中央觀象台台長。

5　徐協貞，中國歷史博物館館長，著有《殷契通釋》。

胡適之先生提議：本團所藏木簡，可否仍在北大原處整理，並添請下列人選積極工作：陳受頤　蒙文通　孟森　余遜　姚士鰲（按即姚從吾）傅斯年

議決：俟馬叔平先生回平後召集以上幾位及上次已推定之向達、賀昌群等詳細計議工作辦法。

3. 第四次全體理事大會議事錄

時間：24 年 2 月 24 日

地點：沙灘二十一號

出席者：梅貽琦　陳受頤　袁同禮　沈兼士　馬衡　徐炳昶　袁復禮

列席者：劉衍淮　沈仲章

臨時主席：袁復禮

記錄：沈仲章

（一）公推舉袁希淵（按即袁復禮）先生為本團主席（下略）

（三）袁希淵先生報告本團一年來各組工作情形：

（甲組）漢簡及同地發現之古物：

（1）白音托賴及塔拉林金都魯班井兩地（參附錄一：中英蒙文地名對照表）之木簡已經馬叔平先生整理考釋

（2）最近賀昌群君正著手整理木多都魯班井之一部分，勞榦君著手整理烏蘭都魯班井之一部分。

（乙組）歷史考古及氣象……（略）

（丙組）地質及史前考古……（略）

4. 西北科學考查團理事會第五次常務理事會議議事錄

日期：24 年 3 月 23 日

時間：下午六時

地點：沙灘二十一號

出席：陳受頤（胡適代）　胡適　袁希淵　徐鴻寶

列席：古物保管委員會代表　傅斯年　董作賓

主席：袁復禮

記錄：沈仲章

討論事件

瑞典團員採集品放行案

傅孟真、胡適之兩先生提議並起草關於赫定正式向本會請求放行該項採集品之公函內容要點：

（a）聲明在不違背中國政府關於古物出境條例之下，並根據先前理事會方面之成約，作為借出研究性質。

（b）負責應許於一定年期內送回中國保存。

（c）該函須由赫定及那林聯名簽字。

5. 第六次常務理事會議事錄

日期：24 年 3 月 25 日

時間：下午五時

地點：團城

出席：胡適（陳受頤代）　陳受頤　袁希淵　徐鴻寶

列席：傅斯年　董作賓　沈仲章　赫定　那林

主席：袁復禮

記錄：沈仲章

主席報告

赫定、那林正式擔保於一定年限內歸回古生物及考古採集品公函內容（由主席宣讀）

徐森玉（按即徐鴻寶）、陳受頤兩理事提請本會正式通過赫定、那林擔保函，無異議通過。並議決：該所附詳單俟檢驗完畢後，由本團在平全體常務理事及本案關係方面代表負責簽名。

6. 出土品運往瑞典清單

這份清單原件已由圖書館另外保存，未能得見。我看見的是原樣影印本。清單完全以英文打字，名為 Collection of the Sino-Swedish Expedition to be taken to Sweden for Study, 首先列出瑞典團員採集品待運之箱數：

1. Collection made by Mr. Boekenkamp　　6 箱
2. Collection made by Dr. G. Bexell　　　6 箱
3. Collection made by Dr. B. Bohlin　　　17 箱
4. Miscellaneous Material　　　　　　　2 箱

接著為各箱內容清單。清單包括各件出土編號、品名、出土地點名稱及包裝情形。由於內容太多，不及悉數抄錄。以出土地點而言，略舉以下為例：

Dsün Kurän, Camp F30, Attone Kuran, Kara Khoto, Vajin torei, Oboengol, Camp 33, Camp F35, Camp F36, Saer tsonehi, Ulan durbeljin, Ergo Kharaling, Camp E29, E16, E39, E33, E4, Etsingol, Att tsench, Ikke durbeljin, Boro tsonch, Mu durbeljin, San-he-lai-pu-tze, Tsondol, Miram, Eregekhan buran, 733, 735, 736, Kuram chanche

清單最後有 1935 年 3 月 27 日陳受頤、胡適、董作賓、徐鴻寶、王作賓的中文簽名及用印。另有赫定（Sven Hedin）、那林（Erik Norin）、袁復禮（F.L.Yuan）和傅斯年（Fu Ssu-nien）的西文簽名。（圖 4.1-2）

7. 整理木簡會議四次會議之「會議錄」一冊

第一次

時間：24 年 1 月 16 日下午二時半

地點：北大文科研究所

到會者為下列諸先生：傅振倫　向達　賀昌群　勞榦　傅孟真　陳受頤　孟心史（按即孟森）　姚士鰲　蒙文通　余遜

記錄：傅振倫

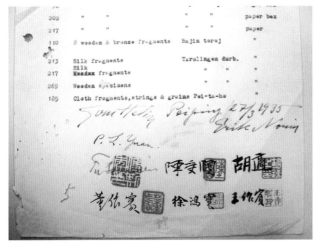

圖 4.1　運往瑞典採集品清單上的簽名附圖

圖 4.2　那林
（Erik Norin1858-1943）全家福

首由馬叔平（按即馬衡）先生報告已往整理木簡經過情形，次述從前整理木簡手續。

議決：

一、整理木簡暫在文科研究所西屋整理之

二、開箱及封鎖事務仍由考查團傅明德任之

三、擔任研究諸先生自行規定每週到所整理時間（另表）

四、馬叔平先生擔任覆校工作

五、定 1 月 21 日下午 2 時開始開箱

六、由余讓之（按即余遜）先生料理整理木簡事宜

附錄：

（1）從前整理木簡之手續：

一、各坑之簡不使屚亂，則斷者復續，同編者分而復合，其機會較多

二、先寫釋文，後加考證，有不可識者，依樣寫之，不可辨者，以方圍代之，字數不可辨者，則注「上闕」、「中闕」、「下闕」等字樣。其依樣所寫之字或方圍之字，事後釋出者，注於其

旁，釋出之字而不敢自信者，則著一問號於旁而以括弧括之。

三、釋文寫定之後，就其所紀事實分為各類，以備分類考證。

四、釋文亦以坑為主。釋畢一坑，再及其他。每簡先寫號碼，再寫釋文，其有斷而復續者，將每一斷簡之號碼依次寫之。釋文先寫簡面，後寫簡背。

五、木簡中亦有觚、楬、符等，就其可知者，分別注明於釋文之前。

（2）參加整理人員到所研究時間表：

傅振倫

向達	三個下午
賀昌群	星期二、三、四下午
勞幹	三個半天
傅孟真	星期中兩個半天
陳受頤	星期五下午
孟心史	星期五 三一五（按：指三點到五點）
姚士鰲	星期五 三一五
蒙文通	
余遜	星期一上午
	二、四下午

8. 第二次（原件，從筆跡看，作記錄者為余遜）

時間：25 年 1 月 21 日下午 2 時

到會者：馬叔平　傅振倫　孟心史　賀昌群　徐森玉　勞貞一（按即勞榦）陳受頤　盧逮增　蒙文通　余讓之　向覺明（按即向達）

由傅振倫先生與考查團傅明德先生啟箱將木簡裝置櫃內，約需一星期始能竣事，下星期始能開始整理。

9. 第三次

時間：25 年 2 月 6 日

到會者簽名：陳受頤　胡適　徐炳昶　傅斯年　徐鴻寶　余遜　賀昌
　　　　　　群　盧逮增　沈仲章

一、整理木簡釋文於二個月內完成，照像從緩。

二、照發掘地理上之順序，編排照片與釋文。

三、每一地照像、釋文用一貫的系統編號

　　每號分三位

　　I.　地點　用 ABCD……＋ α β……（略）

　　II.　物類　用 abcd……（略）

　　III.本件　用亞拉伯數字

　　　　例如 Khara Khoto 出石類第五件

四、在釋文完成後再召集會議，決定報告內應收入之材料。

10.第四次

時間：25 年（按：原缺月份）27 日下午

到會者：胡適　徐鴻寶　陳受頤　余遜　傅斯年　袁復禮　賀昌群
　　　　馬衡

議定木簡出版步驟：

（一）估定印價並決定照相辦法

（二）補鈔卡片

　　　以上請徐森玉先生接洽

（三）補完照片

　　　請沈仲章先生辦理

（四）編定釋文

　　　請馬叔平先生、賀昌群先生、余遜擔任

（五）校寫釋文

（六）全書付印

二、居延漢簡整理初期工作記錄

馮平山圖書館藏居延漢簡整理文件中，有一空白無款牛皮紙袋左上角由圖書館員注明「校閱漢簡記錄」，內裝多種在初期整理過程中產生的調閱原簡和記錄各人閱釋木簡的記錄。分別簡介如下：

1. 賀昌群、勞榦、向達和余遜民國 24、25 年調閱木簡進度記錄一冊

這本記錄簿冊是以毛筆抄寫，簿口上欄印有「萬興」二字，簿上有朱色上下兩欄框格，應是當時一般用來記帳用的帳簿。根據這份記錄，可以清楚知道這四位工作的日期和時間。勞、向、余三位每次都工作半天，賀則有時上下午連續工作。他們都非每日工作，常隔天、隔數日才工作一次。四人閱看起訖時期如下：

賀昌群　自 24 年 2 月 12 日下午至 25 年 4 月 24 日

勞　榦　自 24 年 2 月 16 日下午至 25 年 2 月 24 日下午

向　達　自 24 年 2 月 26 日下午至 24 年 7 月 13 日下午

余　遜　自 24 年 3 月 7 日下午至 25 年 3 月 5 日下午

他們一次約調閱十至九十件，一般約二十餘至四、五十件，也有少數一次看達百件。四人閱看有所分工，大致依出土地點之出土品「包」號為序。例如賀昌群 24 年 2 月 12 日下午「研究照過像 Mu durebeljin 第一至第四包」。[6] 一包包的木簡和其它出土品顯然是存放在有多格抽屜的木櫃中。因此記錄有時也記載某人某日看「一至四屜」或「某屜」。在已出版的賀昌群《漢簡釋文初稿》十二冊裡即清楚記錄，前四冊他是以「第某版」，四冊以後是以「第某屜」為序。某版是指照片，某屜是指存放在某屜的原

6　如果對照賀昌群《漢簡釋文初稿》（北京：北京圖書館出版社，2005）前四冊是以第 1 版至 105 版（版號有些不連續，實共 86 版）為序，第五冊至第十二冊又是以第某屜為序。我懷疑第某版的版是指照片之版。因港大圖書館藏「勞余馬向賀諸先生所看各地採集品件數草目」清楚記載照相者稱為版，而在登記賀先生的部分說他「先看照過相者有字簡八四五簡」，「此地點已照過相者八七版共九五九件」。可見賀昌群曾據照片作釋文，後來又據原簡覆校。在他的釋文初稿各冊清楚記錄覆校時間自 25 年 4 月 4 日至 25 年 4 月 28 日。

物。傅振倫曾回憶道：「登記之後，即運至松公府北大研究院考古學會存放。松（嵩？）公府藏文物之處在大院的最後面，前進為一個四合院……我和傅明德在南間整理木簡。將登記的木簡納入卡片長方座櫃中，按照號次做成囊匣分裝其中。」[7] 因此在上述調閱記錄中也有提到某某包在某某匣的情形。

目前所能看見的調閱記錄都是勞、余、賀、向四人1935年參加整理工作以後的記錄。在這之前，馬衡和劉復等人已進行整理。木簡十二箱是1931年5月底運到北平，藏於北平圖書館。據傅振倫回憶，他當時是北大研究院文史部助教，自1931年7月起，受命和考查團理事會助理員傅明德合作，進行最早開箱除塵、按原編包數排放和為各簡編號、登記的工作。登記完，由馬、劉驗看。[8] 又據沈仲章回憶，剛開始時是由高本漢、伯希和、馬衡和劉復共四人負責整理研究，「先進行拍照，印出四份來，各人有一份，大家根據照片考釋文字，各自研究。如有疑難處，則用通信互相請教，定期交換研究結果和論文。」[9] 高本漢和伯希和實際沒有參加工作。據傅振倫回憶，劉復博學多能，外號「包袱」，意即無所不知，能包攬一切，兼職多達十四項，無暇顧及漢簡之事。1934年他到蒙綏地區考察後，突然去世。實際上「每天上午到北大研究院文史部作釋文及研究者只馬衡教授一人。」（圖5）「馬先生考釋了破城子、大灣、瓦因托萊及地灣、察克和爾特等五個地區的木簡文字。每條釋文抄了一套卡片。」[10] 我在港大圖書館有幸看見了這些卡片（或稱釋文簽），後文再細說。

沈仲章回憶說當時木簡留在中國，「既不研究，也不讓別人細看。」[11] 這應該是因為馬衡等人據照片作釋文，木簡一直鎖在櫃中。直到1935年2

7　傅振倫，〈第一批居延漢簡的采集與整理始末記〉，《文物天地》，1（1987），頁28。

8　同上，頁27。

9　沈仲章口述，霍偉記錄，胡繡楓整理，〈「居延漢簡」歷險記〉，《文物天地》，4（1986），頁34。

10　傅振倫，同上，頁28。

11　沈仲章，同上，頁34。

月余、勞、向、賀先後參加工作，才開鎖啟櫃，直接據木簡作釋文。從前文提到的整理工作會議記錄可知，後來這四位參加整理和記錄釋文依據的基本原則和進行程序，大體都是跟從馬衡的經驗和意見而來。這四位參加工作後，馬衡似乎只擔任覆閱，因此在上述調閱木簡的記錄簿上沒有馬衡調閱原簡的記錄。

圖5　馬衡像，徐悲鴻繪。

2. 原題「勞余馬向賀諸先生所看各地採集品件數草目」一冊

標題寫在印有西北科學考查團理事會緘的專用牛皮紙封袋的背面。袋中存放以研究院文史部為邊款之十二行毛邊稿紙書寫的草目兩份。一份為底稿，其上有朱筆修改處，一份是據底稿謄清的草目。這個草目列出各人閱和校過的木簡數量。現據謄清草目，迻錄內容如下（件數改用阿拉伯數字，為清眉目，迻錄格式稍有調整）：

烏蘭兜倍爾近　勞先生看　余先生校

　　　　　　實看木簡　有字　1043 件（兩件拼成算兩件）

　　　　　　　　　　　無字　272 件

　　　　　　余先生看

　　　　　　勞先生校　木簡　有字　1447 件（兩號拼算兩件）

　　　　　　　　　　　　　　無字　345 件

　　　　　　　　　　　木皮　有字　692 件

　　　　　　　　　　　　　　無字　291 件

　　　　　　此地點已照相者四版 54 件（兩號拼算兩件）

　　　　　　已寫成釋文簽 3102？件（數號拼成者算一件）

Bukhan Torej　向先生看　馬、賀先生校　木簡　有字　167 件（兩號拼算一件）

　　　　　　　　　　　　　　　　　　　　　無字　102 件

　　　　　　　　　　　　　　　　　木皮　有字　41 件

　　　　　　　　　　　　　　　　　　　　　無字　25 件

Pei-tun-tze　　　同上　　　　　　　　木簡　有字　3 件（兩號拼算一件）

　　　　　　　　　　　　　　　　　　　　　無字　1 件

　　　　　　　　　　　　　　　　　木皮　有字　115 件

　　　　　　　　　　　　　　　　　　　　　無字　24 件

　　　　　　　　已寫釋文簽 18 件

Tsagham tsonch　同上　　　　　　　　有字簡　5 件

　　　　　　　　　　　　　　　　　無字簡　29 件

　　　　　　　　　　　　　　　　　器物　　14 件

　　　　　　　　已寫簽 6 件

Moro tsoch　　　同上　　　　　　　　有字簡　7 件

　　　　　　　　　　　　　　　　　無字簡　11 件

　　　　　　　　　　　　　　　　　器物　　4 件

　　　　　　　　已寫簽 6 件

Pei-ta-ho　　　同上　　　　　　　　有字簡　2 件

　　　　　　　　　　　　　　　　　無字簡　13 件

　　　　　　　　　　　　　　　　　器物　　4 件

　　　　　　　　已寫簽 3 件

Boro tsonch　　同上　　　　　　　　有字簡　140 件

　　　　　　　　　　　　　　　　　無字簡　108 件

	有字皮	83 件
	無字	47 件
	器物	51 件

已寫簽 223 件

Tsonchein ama　同上

	有字簡	30 件
	無字簡	34 件
	有字皮	2 件
	器物	3 件

已寫簽 32 件

Khara Khoto　同上

	有字簡	4 件
	無字簡	2 件
	器物	111 件
	有字紙	6 件

已寫簽 11 件

Ma durbeljin　賀先生看

先看照過相者　有字簡　845 簡（兩號拼成算一件）

又第一次看（有無字均算一齊，因釋文簿在賀先生手）　634 件

又第二次看（有無字均算一齊，因釋文簿在賀先生手）　2340 件

　　　　　　有字木板　366 件

此地點已照過相者 87 版共 959 件（兩號拼算兩件）[12]

已寫簽者 3425 件

12　我查現已出版賀昌群《漢簡釋文初稿》十二冊所記版號（1-58, 67-81, 86-90, 96ab-98, 103ab-
105 版）共有 86 版，非 87 版。

Taralingin durbeljin	馬先生看	有字簡	933 件（兩號拼算一件）
		無字簡	275 件
	已照相者 38 版	697 件（兩號拼算兩件）	
	已寫成簽者	933 件	

Vajin torej	馬先生看	有字簡	229 件
		無字簡	10 件
	已照相者 13 版		177 件
	已寫簽者		229 件

　　如果核對已刊布的賀昌群《漢簡釋文初稿》，可以發現此書所收《居延漢簡釋文》三冊，內容正是 Bukhan torej, Pei-tun-tze, Moro tsonch, Pei-ta-ho, Boro tsonch, Tsonchein ama, Khara Khoto 出土的，也正是所謂「向先生看，馬、賀先生校」的部分，釋文作者應是向達，而非賀昌群。賀昌群和馬衡只是校訂者（詳下文）。

3. 校閱漢簡及其它出土品目錄一種

　　在「校閱漢簡記錄」牛皮紙袋內另有校閱漢簡及其它出土品目錄一種，以毛筆書寫在有「西北科學考查團藁紙」邊款的毛邊紙稿紙上。稿紙上打上細格，每格內僅記錄簡號、各簡有無文字，或為器物，未錄釋文內容。有些記錄有校閱者名字，有些僅記出土地名，記錄格式都相同：

1. 原題「賀先生看過亦行校過之木簡 第一次及第二次看」木簡目錄，共 12 頁
2. 原題「賀先生之木皮」目錄 1 頁，內僅記 2 件（162.11，162.20）
3. 原題「余先生看過 勞先生校過之木皮」目錄 5 頁
4. 原題「勞先生看過 余先生校過之木簡」目錄 4 頁
5. 原題「余先生看過 勞先生校過之木簡」目錄 5 頁
6. 原題「Taralingin-durbeljin」目錄 1 頁

7. 原題「Pei-ta-ho」目錄 1 頁

8. 原題「Khara Khoto」目錄 2 頁

9. 原題「Tsagham tsonch」目錄 1 頁

10. 原題「Pei-tun-tze」目錄 1 頁

11. 原題「Tsonchein ama」目錄 1 頁

12. 原題「Bukhen torej」目錄 1 頁

13. 原題「Boro tsonch」目錄 3 頁

4. 原題「送往上海印影木簡及送往南京美展陳列品細目」簿冊一種

當我看見這個簿冊的封面，因為熟悉勞榦先生筆跡，一眼就看出標題是勞先生所書，唯其下有一行附注：「美展陳列品存滬商務印書館」出自其他人之手，不知是誰。封面裡另有勞先生注記筆跡：「號數前點有ヽ（按：朱筆點）者，皆不印者也，注意。」這個簿子所記有兩大部分。第一部分是送往上海印影木簡細目，第二部分是展品目錄。第一部分細目所列全是出土自 Ulan durbeljin 的簡。細目所列是以包號為序，包號後列包內件號，並列有件數總計。將包號和件號並列就是大家所熟知的居延簡號。由於這是一份難得的較原始的居延簡號資料，我費時將所有包號和包內件號抄下。現在列表於下，為今後核對居延簡號提供一個新的依據。

包號	包內件號	件數總計	備註
5	1　2　3（附拼 126.12,13.8,10.1）4-8　9（附拼 306.4）　10-17　18（附拼 255.22）19　20	20	從 1 至 20 號碼連續。附拼某號，指某簡與某簡可拼綴，如 5.3 可和 126.12、13.8、10.1 拼綴，下同。4-8 指 4、5、6、7、8 為連續號碼，下同。
7	2-11　14-27　29　31-34　36-38　6（附拼 7.28）	32	不連續的號碼，單獨列出，下同。
10	2-40	39	
11	2-10　12-21　22（附拼 11.23）26-29　32-33	25	

包號	包內件號	件數總計	備註
12	1 2	2	
13	1-7 9-10	9	
14	1-5 6（附拼 213.21）7-14 18-28	25	
20	1-12	12	
31	1 4-5 6（附拼 31.9）8 11-12 15-19 21 27 29-31	17	
36	1-12 14-17 19-20	18	
41	1（附拼 41.29）2 4-6 9-14 16-20 22 27（附拼 41.32）28 30-31	28	
53	1-4 6-12 14-22 25	21	
54	1-3 5 7-10 11（附拼 54.13）12 14-15 17-21 23-25	20	
65	1-3 5 7-20	18	
69	1-3	3	
74	1-11 13-23	22	
80	1（附拼 80.5）2-3 6 8-11 13-16 18 20-24 26（附拼 141.8）27-30	23	
87	1-4 6 7（附拼 87.8）9-20	18	
97	1-9 10（附拼 213.1）11-14	14	
100	1-6 9-10 12-40	37	
109	1 3-19	18	
116	1-8 10 14-19 23-30 32-33 34（附拼 146.96）36-37 39-60	50	
117	1-3 6-11 13-24 26-28 30-32 34-38 40-42 43（附拼 225.25）	36	
118	1-18 20-30	29	
124	1-2 6-8 10-11 12（附拼 126.47）13-29	25	
125	2 4 8-9 12-13 19 30-32 34-38	15	
126	1-3 5-8 11 13-23 25-39 40（附拼 536.4）41（附拼 332.10、332.23）42 44	38	

包號	包內件號	件數總計	備註
131	1-2　4（附拼 336.30）5　7-9　11-13　16-26　27（附拼 131.47）28-37　39　41-43　46 48-49　51-53　55-60　62　64　67-76	60	
134	1	1	
138	1（附拼 183.2）	1	
141	1-6　7（附拼 141.16）9-13	12	
146	1-4　5（附拼 339.21、341.14、146.95）7-8　11-12　14-15　17　19（附拼 146.45）20　22-25　30-32　34　37　38（附拼 407.5）39　42-44　46　48-49　52　54-60　62　64　67-71　73-81　83-85　88-90　92-94　97-99　101	68	
177	1　4-6　8-17　18（附拼 177.20）21-22	17	
總計		33 包773 件	

　　第二部分為展品目錄，展品僅有三件。第一件就是查克爾帖出土的七十七簡編連在一起的簡冊。目錄中以英文注明出土地：Tsakhortej（Djachir）High watchtower on the E. shore of Etsingol，並清楚寫明包號為 128，包內件號為 1（朱筆注：冊，計簡七十七片編成）、2，計一匣，二件。由此可證著名的永元器物簿冊，在整理之初即已加上編號，並是將七十七簡相連的簡冊編為同一號 128.1，另一件同出簡，單獨編為 128.2。這可以大大澄清目前在原編冊上不見簡號編碼，勞榦先生出版《居延漢簡——考釋之部》時，特別注明此簡冊「未編號」所造成的困擾。

　　第二部分所列另一件展品是注明出土地為 Mu durbeljin small fortress in the watchtower line w. of Etsingol 的 57.1 簡冊。簡冊注明「計簡三片編成」。

　　第三件展品是居延筆模型，並注明「附說明壹軸」。但所附說明，並不見於港大保存的檔案。此筆原件現藏史語所，並在文物陳列館中長期展

出。據傅振倫回憶，「考查團理事會還把『居延筆』由北平琉璃廠復興齋小器作舖製作樟木筆桿的模型，盛以楠木匣，並由劉復仿唐人寫經體寫成古色古香的黃紙卷子，同時出售。」[13] 由此看來，毛筆當時曾複製成模型出售。史語所收藏的一件盛裝在木盒中，木盒上有「漢居延筆 中華民國廿有一年三月 西北科學考查團特製」刻寫的題字。勞先生曾在「特製」二字下方，以紅原子筆細字注記：「（此係原筆） 勞榦記」（圖 6.1-2）。[14] 可見送往南京展覽的是模型，原筆仍在考查團。原筆後隨居延漢簡由北平、香港到美國國會圖書館，再來到臺灣。

圖 6.1-2　居延筆、筆盒及勞榦注記

三、釋文簿和釋文簽

　　香港大學馮平山圖書館所藏這批檔案中，最珍貴的莫過於木簡釋文原稿。據我所知現在可考最早的釋文稿分散在北京、香港和臺灣。1960 年代北京社科院考古所在整理出版《居延漢簡甲乙編》時，曾參考過馬衡和賀昌群的釋文稿本。該書編輯說明提到：「在校定釋文的過程中，我們曾參考了賀昌群先生的『釋文稿本』十五冊，馬衡先生的『釋文稿冊』三冊及『釋文簽』四八七七頁。他們的釋文都是根據原簡所錄，很有參考價值。」（頁 1）[15] 脆弱的木簡隨著時間不免斷裂或字跡褪色，起初根據原簡作釋

13　傅振倫，〈第一批居延漢簡的采集與整理始末記〉，頁 27。

14　感謝史語所林玉雲小姐告知木盒上勞榦先生的注記，並感謝楊永寶先生代攝照片。

15　據徐蘋芳先生 2008 年 1 月 7 日來信賜告，賀、馬二人的釋文稿和釋文簽目前應藏於北京故宮博物院。2018 年我向在故宮工作的王素先生求證，確認馬衡的釋文簽目前在故宮。

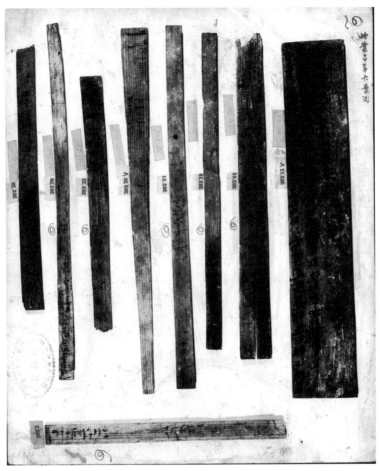

圖 7　史語所藏反體照片第二葉

文，無疑比後來根據照片作釋文要可靠。2005 年北京圖書館出版社影印出版了賀昌群的十五冊釋文稿本。[16]

　　臺北中央研究院歷史語言研究所傅斯年圖書館則藏有勞榦和余遜釋文

16　據駢宇騫先生報導，北京圖書館出版社還要續出《漢簡研究四種》，包括北圖藏勞榦《居延漢簡考釋——考證之部》手稿，張鳳《漢晉西陲木簡彙編》、陶元甘《居延漢簡箋證》和陳邦福《漢晉木簡義證》，這些對居延漢簡的研究都有重要的意義。參駢宇騫，〈漢簡研究四種介紹〉，武漢大學簡帛研究中心《簡帛網》http://www.bsm.org.cn（上網日期：2007.12.21）。

　　古月集：秦漢時代的簡牘畫像與政治社會
　　　　——卷一　漢代的簡牘

稿冊的曬藍本兩冊以及供製最初出版《居延漢簡——圖版之部》的反體照片全份一套。史語所另藏有這批一萬一千餘枚的居延簡原物。反體照片是據原簡在香港所攝製的。這套洗出的照片不知何故，影像相反，因此一直被稱為反體照片（圖7）。勞先生在昆明作釋文，沒有參考他在北平所作的釋文稿，而是據反體照片重作。這是目前僅存最早的居延漢簡照片，其價值不言可喻。所謂曬藍本是據勞榦和余遜釋文原稿曬藍而成，保留了釋文書寫的原始面貌，但畢竟不是原本。原稿何去？一直是謎。

這次到港大調查，終於揭開謎底。不但勞、余釋文的原稿仍好好地存放在港大，其它馬衡和向達的釋文稿冊和釋文籤有一部分也在那兒。港大圖書館在整理這批檔案時，將釋文稿和釋文籤分置於不同的類別下，現在將它們歸於一處，略作介紹。

（一）釋文簿

1. 「烏蘭兜倍爾近」出土木簡釋文稿冊

稿冊分一、二、三、四冊。三、四冊合而裝訂為一冊，實共三冊。港大圖書館將之與其它校閱記錄共七冊歸入「點校紀錄簿七本」之中。這三冊釋文都寫在有「西北科學考查團　紙」邊款的九行毛邊紙稿紙上。線裝褐色紙封面左上角以毛筆題寫「烏蘭兜倍爾近 第某冊」。[17] 第一冊共七十七頁，第一頁內頁有硃筆所書「勞榦閱 余遜校」字樣，第二冊共一二六頁，第一頁內頁有「余遜閱 勞榦校」字樣。第一、二冊和史語所藏曬藍本兩冊基本上相同。原稿本以朱筆校改，自然較曬藍本字跡同為一色更為清楚。

其次，稍一閱讀內容，發現釋文底稿雖然完全相同，校改部分卻有不小的差異。其原因十分清楚。曬藍本製作於只校改了若干，尚未完成之前；曬藍後，勞、余在同一稿本上都繼續有新的校改和考證註記。我以前在閱讀曬藍本時即注意到勞先生校改余遜釋文的筆跡只見於稿本一〇一頁

17　按：烏蘭兜倍爾近即 Ulan durbeljin。其餘譯名請參附錄一：中西蒙文地名對照表。

以前。當時以為勞先生沒有校完。[18] 現在終於知道兩人的釋文稿都曾互校到最後一頁。互校的內容除了釋文字句，兼及簡號和考證。港大所藏為校改完整的原本，而史語所曬藍本是據較早尚未校完的本子所製。

以下僅舉一例，說明校改的不同。余閱勞校本第十一頁上，簡 65.7 余釋原作：「始元十年閏月甲辰居延□金關為出入六寸符券□齒百從第一至千□居官右移金關符合以從事　一第八」余釋有許多字僅描摹字形，本文以□代之。史語所曬藍本此條，勞僅在余釋旁改寫「金」、「券」二字。但在港大稿本上，勞先生以朱筆將余釋文完全劃去，另在同頁右側空白處描摹簡形及左側上方刻齒，並書寫新的釋文於其上：「始元十年閏月甲辰與金關為出入六寸符券齒百從第一至千左居官右移金關符合以從事　・第八」。另勞以朱筆注明在「第八」二字下有一穿。同頁天頭空白處，勞又加上對此簡的考證：「此竹使符也。邊郡無竹，權以木為之。其左旁之闕齒位置適與下△△隧第△左旁之闕齒相同。惟此為第八、第十、十八、十九而彼為卅一、卅二、卅三，故大小長短不能相同。然由此可推知漢時符制。虎符向有傳者，竹使符得由此見其之兩側，不得謂非快事也。」這樣的注記為曬藍本所無，可見港大原稿本的價值。

第三、四冊合為一冊，封面書「烏蘭兜倍爾近 第三四冊」。第三冊共廿一頁，第四冊廿六頁。第三冊內頁第一頁有朱書「木皮 余遜閱 勞榦校」字樣。所謂木皮即削衣。由於可考的木簡出土地點資料一直苦於不夠完整，史語所沒有這兩冊，我特別費時將全部包號及簡號抄錄，為今後核對出土地及簡號提供一份較原始的依據。以下依稿本頁碼和包號列出各包簡號。原簡號皆作「XX 之 XX」，少數作「XX　XX」，省略「之」字，下表一律依後來的習慣改為「XX.XX」。第三冊以包號為別，第四冊又以「雁」為序，現在仍不敢確定當時是一雁存放一包呢？或有其它情況？但確知包號和出土地有關。

18　邢義田，〈行役尚未已 日暮居延城──勞榦先生的漢簡因緣〉，《古今論衡》，8（2002），頁45。

第三冊	簡號	備註
第一包		
頁 1 上	324.26　177.6　314.2　109.11　212.47　324.22　177.5　212.37	
頁 1 下	212.24　212.80　109.19　97.5　97.8　109.9　324.30	
頁 2 上	109.16　87.17　109.13　212.38　124.7　324.29　124.13	
第二包		
頁 2 下	306.22　337.12　7.2　97.6　131.68　124.17　7.5	
頁 3 上	212.70　212.66　11.6　554.1　124.6　171.14　62.50　212.60　212.29	
頁 3 下	212.40　212.62　212.61　300.15　288.11　212.57　212.81　212.63	
頁 4 上	212.67　212.83　212.30	
第三包		
頁 4 上	300.16　212.96　212.65　212,76　212.54　212.55	
頁 4 下	131.72　212.82　212.56　（212.87　314.17　212.90　212.75　125.6　125.15　314.21　212.98　212.97　212.95　300.31　212.89　212.88　109.20　無字）212.26　212.59	凡無字簡或不可釋者，原稿僅連續抄錄簡號。此表以括號表示。「無字」二字或「不可辨」、「不可釋」等俱為原稿用語，下同。
頁 5 上	212.52　212.94　212.53　212.27　1215.9	
第四包		
頁 5 上	300.13　125.4　131.74	
頁 5 下	87.20　300.35　125.2　7.4　300.14　131.69　125.8　300.27	
頁 6 上	（300.18　212.91　125.7　288.14　7.1　300.74　146.66　125.5　皆無字）131.71　300.34　7.3　124.21　300.17　288.13　300.20	
頁 6 下	131.73　124.16　288.9　300.26	
第五包		
頁 6 下	300.25　117.40　288.10　69.3	

第三冊	簡號	備註
頁 7 上	212.39　212.43　212.79　212.28　212.86　212.69 212.84　212.58	
頁 7 下	212.32　212.85　124.20　212.77　212.42　212.41 212.33　212.49　212.50	
頁 8 上	212.45　212.31　212.48　212.35　212.34　212.72 212.46（324.28　212.92　無字）	
第六包		
頁 8 上	109.15	
頁 8 下	109.8　339.20　118.2　212.51　124.23　87.18 171.15　300.33　300.21	
頁 9 上	131.76　300.30　300.32　131.70　212.73　212.74 300.19　300.22　131.75	
頁 9 下	（300.23　333.8　300.29　314.20　125.3　300.28 皆無字）　537.20	
第七包 （竹簡）		
頁 9 下	237.11　228.3　228.5　237.64　237.21　236.21	
頁 10 上	236.27　239.2　236.25　237.35　236.8　236.36 237.14　237.22　237.48	
頁 10 下	237.29　236.20　236.29　237.44　237.34　236.22 236.41　236.23　236.30	
頁 11 上	237.46　237.53　236.39　228.2　236.43　236.10 （237.51　236.24　字模糊不可辨）（236.19 228.14　236.38　237.1　237.45　228.6　237.50	
頁 11 下	236.31　236.9　228.7　237.36　237.62　236.40 228.35　237.52　237.60　237.63　　237.61 237.19　228.4　236.6　228.8　237.54　236.18 237.42　236.42　236.28　237.55　或無字或不可 辨）	
第八包		
頁 11 下	239.26　239.80　228.18　239.44	
頁 12 上	228.9　239.46　228.29　239.50　239.66　239.16 239.4　239.3　239.6	
頁 12 下	239.12　239.13　239.9　239.10　239.64　239.63 239.62　228.32　239.69	

第三冊	簡號	備註
頁 13 上	239.7　239.37　239.88　239.70　228.23　239.96 239.52　228.24（239.8　239.5　239.34　259.51 239.54	
頁 13 下	239.48　239.97　239.1　239.23　　或不可辨或無字）	
第九包		
頁 13 下	218.50　218.34　218.53　218.29　218.30　218.37	
頁 14 上	218.77　218.47　218.59　218.62　218.43　218.58 218.36　218.48　218.78	
頁 14 下	218.24　218.55　218.54　218.35（218.73　218.68 218.74　218.71　218.79　218.72　218.76　218.50 218.70　218.69　218.75　　無字或不可辨）	
第十包		
頁 14 下	239.25	
頁 15 上	239.107　239.56　239.33　239.83　239.74 239.40　239.75（239.133　239.111　239.132 239.89　239.131　239.76　239.104　245.16　無字或不可釋）239.121	
頁 15 下	239.112　239.77　239.120　239.47　239.81 245.6　239.98　239.29　239.85	
頁 16 上	239.32　239.123　239.122　239.125　239.105 239.73　245.20（239.68　239.113　239.95 239.114　245.13　245.14　無字或不可釋）245.9	
第十一包		
頁 16 下	243.23　242.15　243.30　243.41　242.22　242.39 242.35　243.26　243.20	
頁 17 上	243.29　243.2　243.24　243.37　243.21　242.13 243.43　243.34　243.28	
頁 17 下	（242.26　243.36　243.33　243.27　243.39 243.10　243.15　242.37　243.45　243.12　242.33 243.19　243.40　或無字或不可釋）243.22 242.29　243.42　243.44　243.25　243.35	
頁 18 上	242.31　243.38　243.31	
第十二包		
頁 18 上	558.3　248.30	

第三冊	簡號	備註
頁 18 下	248.28　248.26　248.23　559.11　248.3　249.26　248.29　248.31	
頁 19 上	248.25　248.27　248.24　248.20　248.22　559.10　559.7　558.4	
頁 19 下	558.6（559.12　559.14　559.20　559.33　559.153　249.29　249.12　248.21　無字）558.5　559.9	
第十三包		
頁 19 下	242.20　242.18　242.34　242.2	
頁 20 上	242.25　245.12　245.11　242.11　243.3　242.12　242.6　242.23　242.36	
頁 20 下	242.38　242.19　242.27　242.32　243.8　242.16　242.28　241.44　242.30	
頁 21 上	241.45　241.42　241.40（241.9　243.7　241.41　242.8　242.14　243.17　243.4　242.10　242.7　243.16　242.9　245.7　241.43　無字）243.9　242.14	

第四冊	簡號	備註
第一雁		
頁 1 上	246.34　246.40　246.9　246.72　246.27　246.15　246.14　246.31　246.64	
頁 1 下	246.25　246.39　246.65　246.37　246.53　246.17　246.24　246.62　246.16	
頁 2 上	246.69　246.22　246.54　246.52　246.18　246.61　246.13　246.60　246.7	
頁 2 下	246.66　246.11　246.67　246.68　246.70（246.5　246.8　246.29　248.5　246.6　248.4　246.10　246.2　246.32　245.8　246.71　246.4　246.36　246.1　246.3　皆無字　246.26　殘闕已甚不可辨）246.12	
頁 3 上	245.10	
第二雁		
頁 3 上	248.8　248.15　249.2　249.6　249.3　241.1　241.14	

第四冊	簡號	備註
頁 3 下	242.21　249.1　249.14　　249.8　　249.7　249.9 249.5　248.9　249.10	
頁 4 上	249.15　249.17　249.13　241.22　241.27　248.17 248.13　248.7　241.24	
頁 4 下	249.19　249.20　249.16　249.24　249.11　248.18 248.1　248.2	
頁 5 上	（248.10　249.28　241.39　249.21　248.6　249.25 241.17　248.14　249.4　248.11　248.12　無字 249.22　241.28　242.17　241.16　249.18　249.23 以上皆不可辨）248.16　243.32　241.23	
第三屜		
頁 5 下	241.31　242.4　241.12　241.4　241.13　241.10 241.6　241.2　241.15	
頁 6 上	241.18　243.6　242.5　243.13　243.14　242.3 241.8　243.11　241.5	
頁 6 下	243.5　241.25　241.21　241.3　241.19（241.33 241.29　241.26　241.37　243.18　241.30　241.35 241.38　241.36　以上無字　241.34　241.32 241.7　241.20　以上不可辨）	
頁 7 上	241.11	本頁天頭勞榦朱批： 以上均簡，以下木 皮。
第四屜		
頁 7 上	239.78　239.102　239.94　239.118　239.67	
頁 7 下	239.115　239.45　239.90　239.15　239.18 239.110　239.20　245.21　245.17	
頁 8 上	239.117　239.116　239.82　245.19　239.60 239.119　239.21　239.86　239.129	
頁 8 下	239.126　239.124　239.103　239.108　239.79 245.15（245.18　239.28　239.27　239.38　不可 辨　239.55　239.130　245.22　239.24　239.87 239.91　239.99　無字）	
第五屜		
頁 9 上	171.13　212.68　65.1　97.9　109.7　299.6 314.16　314.1　433.21	

第四冊	簡號	備註
頁 9 下	97.7　109.14　109.18　109.6　212.25　69.2　109.12　109.17	
頁 10 上	323.2　324.25　334.23　（212.64　22.11　140.13　324.23　125.17　314.19　125.16　314.18　125.10　212.93　無字）	
第六厞		
頁 10 上	239.36　239.57　239.93	
頁 10 下	239.22　218.6　239.65　239.100　239.128　239.59　239.61　239.72　239.41	
頁 11 上	239.53　239.31　228.16　239.17　239.30　239.92　239.101　239.11　239.127	
頁 11 下	239.58　239.35　239.14　239.39　239.106　239.71　239.19　239.43	
頁 12 上	（239.42　239.109　239.84　不可辨）	
第七厞		
頁 12 上	218.3　218.19　228.13　218.52　218.38　218.32　228.33	
頁 12 下	228.26　228.17　218.13　218.10　218.2　228.10　228.19	
頁 13 上	218.11　228.30　228.21　228.22　218.9　218.12　218.33　218.18	
頁 13 下	218.25　228.15　228.20　218.39　（218.8　228.12　無字）	
第八厞		
頁 13 下	218.5　218.22　218.1	
頁 14 上	218.20　218.21　218.31　218.27　218.15　228.11　218.16　218.4　218.42	
頁 14 下	218.40　218.61　218.45　218.49　218.51　218.60　218.56　218.26　218.23	
頁 15 上	218.41　218.57　（218.82　218.46　218.28　218.17　218.44　無字）218.7　218.81	
第九厞		
頁 15 上	299.3　212.71　323.10	

第四冊	簡號	備註
頁 15 下	341.4　124.19　323.1　124.24　245.23　124.18 288.34　200.1　212.101	
頁 16 上	263.7　323.11　300.12　341.7　323.14　323.12 341.1　341.5　299.1	
頁 16 下	245.1　299.5　215.34　124.27　263.9（323.9 299.2　215.35　341.26　無字）	
第十雁		
頁 16 下	212.104　323.15	
頁 17 上	323.13　215.38　212.105　215.39　215.36 215.41　124.26　212.100　215.37	
頁 17 下	212.99　341.2　300.37　263.12　245.25　263.13 263.8　215.40　263.11	
頁 18 上	109.10　　245.2　　299.4　　288.15（299.4　凡 五件，餘三件皆無墨痕，288.15　凡四件，餘二件 亦僅留墨痕）	
頁 18 下	250.29　124.22（250.30　300.36　263.10　212.102 345.24　212.103　無字）	
第十一雁		
頁 18 下	218.14　333.13　341.6　341.3	
頁 19 上	245.4　218.66　218.63　228.28　333.14　300.44 218.64　300.54	
頁 19 下	300.42　218.65　300.52　242.50　219.64　300.43 228.27　219.61	
頁 20 上	242.40　242.41　245.5　300.46　300.41　300.51 242.47　300.49　300.50	
頁 20 下	242.43　300.45　300.40　242.44　300.53　300.38 300.39　219.67　219.66	
頁 21 上	242.45　300.47　300.48（314.7　245.3　219.63 228.34　245.5　242.42　219.65　242.52　242.49 218.67　219.62　242.46　242.48　242.51　無字）	
第十二雁		
頁 21 上	263.15　91.1	
頁 21 下	（387.32　341.20　252.1　200.9）323.6　234.44 236.45　219.1　125.34　20.9	

第四冊	簡號	備註
頁 22 上	179.3　530.9（剛卯）353.1　219.54　219.52　219.58	
頁 22 下	219.53（214.55　219.56　219.59　219.60　219.57 無字）215.42　215.45　215.52　（215.46 215.49　215.56　215.48　215.51　215.53　215.50 215.54　215.47　215.43　無字）215.44	
頁 23 上	215.55（215.39　248.19　249.27　125.33　146.27 199.5　242.1　299.10　146.91　無字）	
第十三雁		
頁 23 上	241.47　243.54　228.31　241.46　243.48	
頁 23 下	243.47　243.50　239.137　243.49　239.147 239.139　239.140　248.40　241.49	
頁 24 上	239.135　239.146　239.142　239.141　248.33 239.138　239.145　243.57　（228.25　248.35 241.48　248.34　239.149　248.39　243.46 243.56　無字）	
頁 24 下	（239.148　218.84　236.46　236.47　236.48 236.49　239.150　239.151　239.152　239.153 239.154　239.155　239.143　239.144　243.53 248.32　248.37　218.85　243.52　239.134 218.86　239.136　243.51　241.50　248.36 243.55　218.83　248.38　無字）	
第十四雁		
頁 24 下	10.9　12.3（竹簡，字跡不可辨）126.13　13.8 5.3　10.1	
頁 25 上	126.41　332.10　332.23　12.2　179.5　332.9 183.3	
頁 25 下	12.1　36.20	
頁 26 上	12.4（竹簡無字）263.14　36.1　12.1	

2. 北大河 Pei-ta-ho 出土木簡釋文稿冊

稿本形式和前者完全相同。封面有毛筆書英文字 Pei-ta-ho，內容僅一頁，記錄 86-11、86-12、354-4 三簡釋文。Pei-ta-ho 即北大河。簡號之包號和件號之間用「-」。據前文所提到的各人釋文草目，可知此冊釋文為向達

所作，但抄寫者從筆跡看應是馬衡。

3. 阿敵克擦可汗 Ottik tsaghan 出土木簡釋文稿冊

稿本形式和前者完全相同。封面有毛筆書英文字 Ottik tsaghan，內容僅一頁，記錄 345-1、345-2、345-3、345-4、345-5 五簡釋文。據筆跡和後文將提到的釋文簽（釋文簽包裝紙上所書 Ottik tsaghan 譯名為阿敵克擦可汗）可知這五簡應由馬衡所釋和所抄。

4. 舊屯子 Chiu-tun-tze（Shuang-ch'eng-tze 雙城子）出土木簡釋文稿冊

稿本形式和前者完全相同。封面有毛筆書英文字「Chiu-tun-tze（Shuang-ch'eng-tze 雙城子）」，雙城子以鉛筆書寫。內容僅一頁，記錄 547-1 一簡釋文。據筆跡可知這一簡為馬衡所抄。

5. 大灣 Taralingin durbeljin 出土木簡釋文稿冊

稿本形式和前者完全相同。封面有毛筆書寫英文字「Taralingin durbeljin」。這一冊有以阿拉伯數字編號 1 至 723 號共七十五頁的釋文。本冊筆跡和以上（2）至（4）冊完全相同，毛筆楷書釋文無論大小字都極其工整，一絲不苟，從頭到尾不見任何朱或墨筆塗改或校改痕跡。簡號於包號與件號之間一律用「-」，這和（2）至（4）冊也一致。因為史語所藏有不少勞、余、賀、向、馬的書信或文件，他們的筆跡各具特色，不難辨認。以上（3）至（5）冊全由馬衡所抄，一無問題，而據前文提到的各人釋文草目（草目稱 Taralingin durbeljin 為塔拉林金都魯班井），可知這一部分釋文是由馬衡所作。

我抄錄了這一冊全部的簡號，太多，本文暫且略去。以下選錄他所作的釋文三則，以證明那時以肉眼所見到的木簡字跡清晰度超過《居延漢簡——圖版之部》、《居延漢簡甲編》或《居延漢簡甲乙編》刊布的圖版，因而也避免了後來所刊釋文反覆出現的錯誤：

（1）本冊流水編號 255 簡 512-35

元鳳五年盡本始元年九月以來奏（簡面）

騎屬國胡騎兵馬名籍（簡背）

按：《甲乙編》釋文作：

元鳳五年盡本始元年九月以來奈□（512.35A 甲 2112B）

□屬國胡騎兵馬名籍（512.35B 甲 2112A）

圖 8.1-2 簡 512.35AB

　　照《甲乙編》所釋，正背面頭尾有闕字。因勞榦《居延漢簡──圖版之部》僅錄 A 面圖版，《居延漢簡──考釋之部》釋文也僅釋了一面（葉八十，釋文同《甲乙編》，唯沒有加表示缺字的□），而《甲乙編》兩面圖版又極為模糊，《居延漢簡釋文合校》釋文完全依從《甲乙編》。我原來也從《甲乙編》，以為「秦」字後有闕文，「屬國胡騎」四字之前也有闕文。[19] 後查核史語所藏原簡及紅外線照片（圖 8），發現木楬其實完整，字跡清晰，並無闕文，又「奈」即「秦」字，馬衡釋文完全正確。可見當年據原簡，不必借助紅外線，也能清楚辨識。

（2）本冊編號 449 簡 506-14

白乚目始建國三年八月廿八日定（？）作簿柱　　　□九人ニ 百七十□　（下缺）　　　□二人ニ 百三□

　　《居延漢簡──圖版之部》缺本簡圖版，《甲乙編》圖版極不清。《居延漢簡合校》只能從《甲乙編》，釋文皆作：「百目 始建國三年八月二十八日定作簿柱□□許／」。1991、1992 年時史語所漢簡整理小組利用紅外線檢查原簡，曾改訂釋文如下：[20]

---

19 邢義田，〈秦胡小議〉，《中國史新論──傅樂成教授紀念論文集》（1985），頁 151。

20 史語所漢簡整理小組（邢義田執筆），〈中央研究院歷史語言研究所藏居延漢簡整理工作簡報〉，收入大庭脩編，《漢簡研究的現況與展望》（大阪：關西大學出版部，1993），頁 115。

白　目始建國三年八月二十八日定作簿拄　　　廩九人二百七十〔五〕

　　　　　　　　　　　　　　　　　　　　　廩二人二百三□

和馬衡釋文相較，利用紅外線所能看清的，不過多一「廩」字而已，另一「五」字不能確辨，又勾識符號已看不出來。

（3）本冊編號 485 簡 506-10

城官中亭治園條　韭三畦　葵七畦　其故多過條者勿減（簡面）

　　　　　　　　蔥二畦　凡十二畦

界亭　　　　　　　　　　　　　　　　　　　　　　　　（簡背）

　　《居延漢簡——圖版之部》缺本簡圖版，《甲乙編》圖版見甲一五〇。《居延漢簡釋文合校》釋文「蔥二畦」作「蔥三畦」，誤。馬衡所作釋文正確，和我們用紅外線所訂釋文完全相同。[21]

6. 黑城或亦集乃 Khara Khoto 出土木簡釋文稿冊

　　在港大馮平山圖書館歸入「校閱漢簡記錄」的牛皮紙袋裡，另有以毛筆所書，蒙元亦集乃城出土各式蒙、漢文件的釋文稿二十頁。蒙文文書除錄蒙古字，其旁並有漢譯。漢文文書內容包括真書千字文、文契、至元通行寶鈔、蒙元聖旨殘件、行政文書（土地、課稅……）殘件釋文等。因我不通蒙文，未抄錄內容。[22] 這些釋文筆跡像是向達的，但聽說向先生並不通蒙文，釋者到底是誰，待考。

（二）釋文簽

　　以前見過曬藍本釋文簿冊，以為最早的釋文都是抄錄在簿冊上。《居

21　邢義田，〈讀居延漢簡札記〉，收入簡牘學會編，《勞貞一先生九秩榮慶論文集》（臺北：蘭　臺出版社，1997），頁 58。

22　1991 年內蒙古文物考古研究所李逸友等曾編著《黑城出土文書（漢文文書卷）》（北京：科　學出版社），不知是否曾收錄向先生所釋的部分，待查。

延漢簡甲乙編》編輯說明提到釋文簽，一直不了解何謂「釋文簽」。這回在港大親見，才知釋文簽是指長條狀 27.3×8 公分的紙質卡片，其上兩面書有釋文、注記或描繪有簡牘外形。卡片採直式書寫，一面右上角有鉛印「登記號」，左上角印「漢簡釋文」，左下角印「西北科學考查團」，背面右上鉛印「釋文」二字，左下角印「團員貝格滿採集」。釋文和注記寫在簽兩面中央的空白處（圖9）。據港大馮平山圖書館整理者張慕貞統計釋文簽共有 3220 片。另有注明「不印」，自 Ulan durbeljin 出土件之釋文簽 1024 片。

我仔細觀察這些釋文簽，發現釋文簽的印刷和紙質厚薄有明顯不同的兩批。紙質較薄，顏色較老舊的都是馬衡親筆所寫。可見馬衡最早作釋文時，即曾利用紙簽。紙簽比簿冊方便之處是一張紙簽只錄一簡的釋文，便於重新排序。我所見到的釋文簽完全以包為序，各包之釋文簽又以件號為

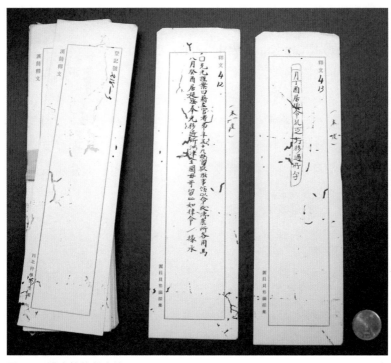

圖9　已遭蟲蛀的釋文簽

序，不像釋文簿一頁抄上不相關聯的十餘簡釋文，要進一步整理時，查找極其不便。

後來賀、向、余、勞諸先生參加了釋文工作，24 年 1 月第一次木簡整理會議上決定請馬衡擔任覆校，25 年 6 月第四次會議又曾決議「補鈔卡片」，顯然就是請馬先生負責將各人互校過的釋文謄錄在釋文簽上。因此紙質較厚較新的釋文簽，除了少部分出自余遜和賀昌群，幾乎都是馬衡的筆跡。傅振倫在回憶中曾提到馬衡對每一條釋文都曾抄成卡片。[23] 卡片應就是釋文簽。

從第四次會議所訂的木簡出版步驟看，當時不但補抄卡片，還請馬衡、賀昌群和余遜負責編定釋文。馬衡所謄釋文簽，應是為出版而準備。其中有注明「不印」者，應是沒有送印而留下來的。為何不印？待考。1937 年徐鴻寶和沈仲章搶救居延漢簡和西北科學考查團文件南下時，有四千八百餘張釋文簽尚在馬衡手上，賀昌群的釋文稿也完全留在自己的手中。因此馮平山圖書館檔案中完全不見賀先生的釋文稿冊。[24] 這些留在北京的釋文稿，後來都成為《居延漢簡甲乙編》編輯時重要的參考。賀先生的釋文稿自題為《漢簡釋文初稿》，線裝十二冊，另有三冊題為《居延漢簡釋文》。[25] 2004 年由賀先生女兒捐獻給北京國家圖書館，而於 2005 年刊印行世。

---

23 傅振倫，〈第一批居延漢簡的采集與整理始末記〉，頁 28。

24 據史語所藏傅斯年檔案中的書信和其它文件可知，當時傅斯年和馬衡關係不睦。賀、向為馬衡所薦，參加漢簡工作，和馬關係較近。傅斯年和胡適等企圖主導漢簡整理工作，馬、賀、向心存芥蒂，不少釋文稿留在自己手上。港大所藏「勞余馬向賀諸先生所看各地採集品件數草目」也明確提到賀昌群所閱 Mu durbeljin 出土簡的釋文簿在賀先生手中。包裝北大河出土簡釋文簽的封紙上甚至提到向達所釋北大河簡的稿本也在賀昌群處。從以後的書信看，傅斯年雖十分欣賞向達的學問，力圖延攬，但二人始終尊而不親。馬對傅的不滿也可由最近刊布的馬衡日記見之。參施安昌、華寧釋注，《馬衡日記——一九四九年前後的故宮》（北京：紫禁城出版社，2006），頁 45-46、50-51 或同一出版社 2005 年所出《馬衡日記手稿》，頁 64-65、76-77。

25 這三冊據我考查實出自向達之手，並非賀昌群所作，詳見後文。

1. 大灣 Taralingin durbeljin 出土簡釋文簽

我之所以能確認釋文簽有前後兩批，一部分是因為馬衡早期所作釋文簽上另有不同的編碼，這種方式的編碼後來未再使用。這部分紙質較薄，較老舊，蟲蛀也較嚴重，少數已攔腰蛀斷。其次，這批釋文簽內容全出土自 Taralingin durbeljin，而從前文提到的各人所作釋文草目可知，這部分是由馬衡負責作釋文。

港大馮平山圖書館整理時將這一部分釋文簽分為四疊，每兩疊外加上紙質封札。封札上注明「Taralingin durbeljin 漢簡釋文（一）」、「Taralingin durbeljin 漢簡釋文（二）」。第一札內有兩疊，一疊流水編號自 00001 至 00200，一疊自 00201 至 00400；第二札內也有兩疊，一疊編號自 00401 至 00600，一疊自 00601 至 00723。各疊釋文簽即依這些號碼，而不是照包號或簡號排列。所謂登記號即由包號和件號構成的簡號，在記登記號的同一面下端左右角各另有不同的編號數字，右角者以毛筆書寫，左角者以鉛筆，有些左角又無數字編碼。這些編碼的意義，不明。可能在早期整理時曾嘗試過不同的編序方式。

或許由於初作釋文，釋文中沒把握的字較多，只描繪了字形。我雖然抄錄了一些釋文，在這裡無法以電腦打字呈現，也無法較準確地重描出來，只能略去。以下舉一件不須另行電腦造字的釋文，用以比較馬衡和其他出版的釋文：

00003　登記號　506 之 18（簽右下角毛筆書 119，左下角鉛筆書 439）：

甲	甲	癸	癸	壬	壬	壬子春	辛	辛	庚
廿七日	建								（下缺）
寅	申	丑	未	子	午	□	□	□	□

在以上釋文旁有附注：「建平二年曆」。

勞榦《居延漢簡——考釋之部》第八十二葉釋文作：

甲	甲	癸	癸	壬	壬	壬子春	辛	辛	庚
廿一日	建								
寅	申	丑	未	□	□六日		□	□	□

《甲乙編》、《合校》作：

甲　甲　癸　癸　壬　壬　壬　☐　☐　辛　辛　庚

廿七日　建　　　　　　　　　　　　　　☐

　　寅　申　丑　未　子　午　☐　☐　☐　☐　☐　☐

　　《甲乙編》和《合校》因圖版不清，都沒有釋
「子春」或「子奉」二字，僅以「☐☐」表示。我檢
查史語所漢簡整理小組製作的紅外線照片，「子春」
二字很清楚（圖 10.1-2）。如果細看這兩種照片，在
「子春」左側應還有墨色較淡的「☐符」等字。符上
一字有殘筆，符字則十分完整可辨，「子春☐符」四
字墨色都較淡，筆跡和曆譜本身字跡明顯不同，應
非同時同人所書。當初馬衡對這些字跡沒作釋文，
也沒有任何相關注記，似乎是因為這些較淡的字跡
當時以肉眼看不見。據沈仲章回憶，馬衡等人最初
作釋文時，是依據在北平拍攝的照片而非原簡。[26]
那時的照片效果或不甚佳，應該也不曾利用紅外
線；後來在香港拍照用了紅外線，反體照片上才呈
現出那些墨色較淡的字跡。

2. 博羅松治 Boro Tsonch 出土簡釋文簽

　　這包釋文簽外包有原來的封札紙，外書「Boro
Tsonch 釋文簽 363-473 號以內者」。從前述草目可
知，這一部分應由向達所釋。所有的釋文簽大致以
包號為序，茲將各登記包號下的張數抄錄如下：

圖 10.1-2　506.18 紅外線
（左）及反體照片（右）

26　沈仲章口述，霍偉記錄，胡繡楓整理，〈搶救「居延漢簡」歷險記〉，頁 34。

登記包號	釋文簽張數	備註
363	1	
368	4	
371	7	
377	1	
395	1	
398	1	
401	7	
405	1	
408	5	
410	2	
412	7	
413	9	
414	4	
420	4	
421	3	
427	2	
428	7	
430	4	
435	15	（原注：木皮）
437	13	（原注：木皮）
443	5	（原注：木皮）
445	3	
446	8	（原注：一剛卯 三木皮）
451	3	
454	20	（原注：木皮）
455	15	（原注：木皮）
456	4	
472	3	（原注：木皮）
469	1	

古月集：秦漢時代的簡牘畫像與政治社會
—— 卷一 漢代的簡牘

登記包號	釋文簽張數	備註
465	4	
464	4	
462	3	
461	1	（原注：木皮）
460	1	
459	7	（原注：木皮）
458	3	（原注：木皮）
457	14	
圖書館總計	222	

　　這一包裡值得注意的是木質剛卯一件（簡號446.17）。在釋文簽上不但有釋文，也描繪了剛卯之形，並注：「上面插一小木籤四面有字每面二行」。這一剛卯原件藏史語所，但其上小木籤現在已失去。剛卯形體極小，長寬厚不過1.2×0.6×0.78公分，字跡已嚴重褪色，用紅外線也難以辨識。反體照片上小木籤仍在，和釋文簽描繪的相同。另外出土的木質剛卯有371.1（1.3×0.7×0.77公分）和530.9（1.3×0.7×0.76公分）兩件，共三件目前都藏於史語所（圖11）。371.1這一件木方中心有孔，有繩貫穿上下，保存情況良好，字跡尚大致可見。530.9字跡幾已無法用肉眼看見，紅外線照片尚能顯示若干。勞榦曾以371.1和530.9兩件為據，考證漢代剛卯之制。[27] 在《漢簡釋文初稿》所收應屬向達所作《居延漢簡釋文》第二冊頁1289，賀昌群曾以整頁篇幅長篇考證剛卯，後署「廿五年八月廿六日昌群記」。同書1290頁有「446之17」剛卯釋文，天頭有細字考證。此處釋文和我在港大所見446.17釋文簽上的釋文、外觀描摹完全相同，連釋不出而描繪的字形都一樣。可以證明這一部分釋文稿正如草目所說是由「向先生

---

[27] 勞榦，《居延漢簡——考釋之部》，頁10-11。在烏蘭兜倍爾近釋文簿第四冊中，勞先生在校訂余遜釋文時，也曾作了530.9剛卯的釋文，見該簿二十二葉上天頭朱批，並注明「簡四方上下有穿，四面各有字兩行，每行四字均已剝蝕。」

看，馬、賀先生校」，賀先生的剛卯考證是校讀時加上的。

	A面	B面	C面	D面
371.1 原狀				
反體 照片				
446.17 原狀				
反體 照片				

古月集：秦漢時代的簡牘畫像與政治社會
　　　── 卷一　漢代的簡牘

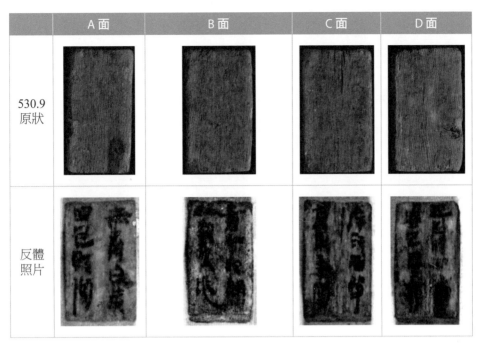

	A面	B面	C面	D面
530.9 原狀				
反體 照片				

圖11　中央研究院歷史語言研究所藏 居延出土剛卯三件

3. 布肯托尼 Bukhan torej 出土簡釋文簽

　　這包釋文簽外包有原來的封札紙，外書「Bukhan torej 釋文簽 25-532號以內者」。依前述草目可知，這一部分應由向達所釋，所抄。所有的釋文簽大致以包號為序，茲將各登記包號下的張數抄錄如下：

登記包號	釋文簽張數	備註
25	15	
60	4	
81	9	
83	5	
96	4	
147	12	原注：木皮
150	2	原注：木皮

登記包號	釋文簽張數	備註
155	13	
163	19	
170	7	
181	14	
230	14	
233	38	
235	11	
240	20	
290	11	
305	10	
351	10	原注：木皮
532	2	
圖書館總計	220	

我抄錄了這一包釋文簽的 81.10 簡釋文。比對後，發現和賀昌群《漢簡釋文初稿》中《居延漢簡釋文》第一冊（頁 1136）中所見到的完全一樣。釋文簽登記號 81-10 釋文如下：

建平三年二月壬子朔丙辰都鄉嗇夫長敢言之　　　（下缺）

同土勿戶籍臧鄉名籍如牒毋官獄徵事當得□□　　（下缺）

《居延漢簡釋文》第一冊頁 1136 所描摹這一簡的字形和釋文，和簽上所見完全相同。而《居延漢簡釋文》三冊的筆跡，除了天頭上以「昌群按」開頭的按語和若干在釋文旁所作的釋文校訂出自賀昌群，完全是向達的。這三冊和由賀昌群自己所寫的《漢簡釋文初稿》十二冊，可以清清楚楚地區別。

那麼，向達的《居延漢簡釋文》三冊為何會在賀昌群手中呢？原因很簡單。因為前引「勞余馬向賀諸先生所看各地採集品件數草目」，清楚記載 Bukhan torej, Pei-tun-tze, Tsaghan tsonch, Pei-ta-ho, Boro tsonch, Tsonchein ama, Khara Khoto 出土品是由「向先生看，馬、賀先生校」。《居延漢簡釋

文》三冊的內容正是上述遺址出土的簡。因為交由馬衡和賀昌賀校訂，這三冊才會到了賀昌群手上，三冊的天頭才會出現「昌群按」的按語和賀先生對釋文的校訂筆跡。草目中記載 Mu durbeljin 出土品由「賀先生看」，《漢簡釋文初稿》十二冊釋文各冊開始多清楚載明就是出自 Mu durbeljin。可見草目所記完全正確。

換言之，北京圖書館出版社古籍影印編輯室在《漢簡釋文初稿》的出版說明中將《漢簡釋文初稿》十二冊和《居延漢簡釋文》三冊都當成是賀昌群之作，應是不明白上述「看、校」分工和沒注意這兩大部分筆跡不同而一時失察。

4. 宗間阿瑪 Tsonchein ama 出土簡釋文簽

這包釋文簽包有原來的封札紙，外以毛筆書「Tsonchein ama 釋文簽 169-561 號以內者」。依前述草目和筆跡可知，這一部分應由向達所釋，馬衡所抄。所有的釋文簽大致以包號為序，茲將各登記包號下的張數抄錄如下：

登記包號	釋文簽張數	備註
169	1	
211	3	
418	1	
448	4	
561	14	
圖書館總計	32	實際為 23 張，圖書館數字或為誤書

5. 黑城或亦集乃 Khara Khoto 出土簡釋文簽

這包釋文簽包有原來的封札紙，外以毛筆書「Khara Khoto 釋文簽 94-574 號以內者」。依前述草目和筆跡可知，這一部分應由向達所釋，所抄。所有的釋文簽大致以包號為序，茲將各登記包號下的張數抄錄如下：

登記包號	釋文簽張數
94	2
152	2
153	1
489	3
567	1
568	1
574	1
圖書館總計	11

　　這一部分所釋內容和前文提到漢蒙文書釋文稿二十頁重複，字跡相同，可見都由向達所釋，所抄。

6. 地灣烽台 Watchtower 1 li n. of Ulan durbeljin 出土簡釋文簽

　　這包釋文簽包有原來的封札紙，外以毛筆書「Watchtower 1 li n. of Ulan durbeljin 釋文簽 1-200 號以內者」。依前述草目和筆跡可知，這一部分應由余遜和勞榦所釋，而由馬衡抄謄。所有的釋文簽大致以包號為別，但包號並無順序。茲將各登記包號下的張數抄錄如下：

登記包號	釋文簽張數
15	23
22	3
29	15
32	21
43	24
50	26
51	20
62	44
75	28

登記包號	釋文簽張數
77	58
119	49
121	29
140	24
171	14
圖書館總計	429

釋文簽上除了登記號，在釋文二字另有以兩個數字編成的號碼，我懷疑是簡包存放櫃屜的編號。不過，這一點仍待確定。

這個紙包內的釋文簽其實比較複雜，有些包有其他的原包裝紙，有些經圖書館整理後改裝，有些還處於較散亂的狀態。例如圖書館員另用紙將木皮 232 張紮為一札，其內各簽之側都標有「木皮」二字。其登記號及張數如下：

登記包號	釋文簽張數
212	76
218	64
241	29
243	36
288	27
總計	232

此外，還有圖書館整理時將有登記號和無登記號之釋文簽，另有原包裝紙之簽，合在一起統計的部分：

登記包號	釋文簽張數	備註
334	23	
340	40	

登記包號	釋文簽張數	備註
	5	無登記號，釋文皆極殘之殘字
530	7	
204	7	
526	1	
529	3	
345	4	另有黃紙包裝，外書「阿敵克擦可汗釋文簽一至四」：345.1, 345.2, 345.3, 345.4, 345.5，其中 345.2、3 綴合，注明：345 之 4 此為上一簡 345 之 2, 345 之 3 之下截而中缺
547	1	另有黃紙包裝，外書「雙城子釋文簽一頁」，按即簡 547.1 之釋文。
86	2	另有黃紙包裝，外書「北大河釋文簽一至三（為向先生看者，稿本在賀先生處）」
354	1	同上，按即：86.11, 86.12, 354.4 三簡釋文。
圖書館總計	123	

　　另有散簽 29 張，或無號，或為 334、340 等號之釋文簽，不知為何出現這樣的情形。

7. 地灣 Ulan durbeljin 出土簡釋文簽（不印之件）

　　這一部分在原包裝紙上書有毛筆所書第一至第三箱不印之件的標示。分列如下：

　　（1）原包裝紙外書「第一箱不印之件 Ulan durbeljin 釋文簽 1-100 號以內者」（1-100 號又被墨筆劃去）。其中簡號起自 5.8，終至 177.21。可能因為實際超過 100 號，封面號數因而塗去。茲列登記包號和釋文簽張數如下：

登記包號	釋文簽張數
5	4
7	14
10	2
11	11

登記包號	釋文簽張數
13	1
14	8
20	3
31	12
36	4
41	10
53	6
54	12
65	8
74	5
80	15
87	8
97	4
100	22
109	8
116	29
117	18
118	10
124	11
125	11
126	16
131	45
134	1
141	8
146	50
177	2
圖書館總計	366

（2）原包裝紙外書「第二箱不印之件（甲）Ulan durbeljin 釋文簽」。登

記號從 179.1 至 245.25。圖書館對這一包未作分札處理和統計，以下統計為我所作，和圖書館的總計數字小有出入。

登記包號	釋文簽張數	備註
179	2	
183	5	
199	10	
200	3	
207	1	
213	25	
215	32	
219	32	
221	20	
226	16	
228	17	
232	16	
236	28	
237	36	
·239	94	
242	33	
245	14	
圖書館總計	388	我的統計：384

這一部分釋文簽從字跡看應為余遜所書，其中偶有以朱筆修改者，如 199.2。

（3）原包裝紙外書「第二箱不印之件（乙）Ulan durbeljin 釋文簽」。登記號起自 246.7，至 343.2。圖書館對這一部分未作進一步分札和統計。其號和件數如下：

登記包號	釋文簽張數	備註
246	54	
248	16	
249	16	
250	14	
253	6	
255	3	
263	11	
268	25	
269	1	
274	17	
280	4	
284	12	
299	20	
300	40	
306	8	
314	13	
322	3	
324	14	
332	3	
333	4	
335	29	
336	13	
337	1	
339	17	
341	12	
343	1	
圖書館總計	370	我的總計：366

　　我曾比對釋文簽和余、勞曬藍本，可以確定釋文簽應作於釋文簿之

後，而且是據余、勞互校後的釋文簿而抄錄。由於釋文中有許多為字形描摹，這裡以電腦打字，難以呈現，就不舉例子了。

（4）原包裝紙外書「第三箱不印之件 Ulan durbeljin 釋文簽」。登記號起自 346.2，至 586.8。其號和件數如下：

登記包號	釋文簽張數
346	22
349	18
350	42
387	3
403	9
407	9
433	20
535	3
536	11
537	11
538	1
539	4
540	5
541	1
542	5
554	2
558	2
559	4
560	1
562	5
564	4
565	7
584	2

登記包號	釋文籤張數
585	6
586	6
圖書館總計	203

如果將以上釋文籤總計起來，不印之釋文籤有 1,319 件，其餘有 1,992 件，散件 29，共計 3,340 件，這和圖書館的統計有出入。

不論如何，這三千餘件釋文籤是居延漢簡整理之初，最原始的一部分成果。如果釋文籤和釋文簿都能影印出版，和已刊行的賀昌群釋文稿以及後來陸續出版的幾種釋文核對，對提高這一批居延漢簡釋文的準確度將是極有幫助的事。尤其重要的是這些原始記錄中有包號，提供了較多出土地的消息。各包著錄的簡數（包括有字、無字和簡以外器物等），也透露了各出土地點出土品的數量，可和索馬斯特勒姆的《內蒙古額濟納河流域考古報告》著錄的簡數相核對。這有待進一步工作。

四 結論：漢簡整理是中國近代初期學術研究的一場考驗

1930 年代是中國學術界受到西方衝擊，正在醞釀建立以西方為典型的近代學術研究的時刻。受到一波波西方探險家在中國西北地區調查和發掘文物的刺激，為了抵制瑞典探險家斯文‧赫定再一次組團前往西北調查，不擅組織的中國學術界才在匆促間由北京大學、清華大學、歷史博物館、北京圖書館等十餘機構組成中國學術團體協會，迫使斯文‧赫定合組西北科學考察團，共同進行科學考察。[28] 1930 年當一萬餘枚的漢簡和其它文物

---

28 關於西北科學考察團成立的背景和組織經過可參邢玉林、林世田，《探險家斯文‧赫定》（長春：吉林教育出版社，1992），頁 212-225；中國新疆維吾爾自治區檔案館、日本佛教大學尼雅遺址學術研究機構編，《中瑞西北科學考察檔案史料》（烏魯木齊：新疆美術攝影出版社，2006）；羅桂環，《中國西北科學考查團綜論》（北京：中國科學技術出版社，2009）。

被發現，並於 1931 年 5 月運到北平以後，如何進行科學性的整理和研究，一場真正的考驗才正式開始。

漢簡首由瑞典團員貝格曼發現，運到北平後的整理卻由中國學者負責。在這一場幾年的考驗裡，當時中國學者不能合作，缺乏工作紀律，沒有較富組織和系統化的一致程序和規格，卻困於人事紛爭的弱點暴露出來。第一，從一開始漢簡等古物應留在北平圖書館或移至北大國學門即有爭議。後來雖移到北大國學門，但由誰主導整理工作又是一場明爭暗鬥。綜合目前可考的文件，可以說向達、賀昌群、勞榦和余遜參加整理是幾方角力後妥協的結果。會議上雖有多達八人排了時間參加整理，實際只有四人到班。名義上雖由馬衡總其成，事實上馬與向、賀是一夥，勞、余是一夥。不論釋讀或校訂，兩夥人各自為政，甚至每人依出土地，各分若干包，工作時間不同，各幹各的。第二，尤其不可思議的是各人所作釋文稿或釋文簽，有些交出作統計或互校，有些卻一直留在私人手上。余、勞曾互校釋文，馬、賀曾校向達釋文，但賀自己的釋文似不見他人校過。據北大文學院秘書盧逮曾民國 25 年 11 月 2 日致傅斯年函，馬衡曾要求將他作釋文的部分原簡由北大送到自己家中，為盧婉拒。馬憤而表示漢簡如因而延遲出版，他不負責云云。[29] 由此二端，不難窺見當時的工作紀律並不理想。第三，釋文稿體例雖大致相同，卻始終不能完全一致。即使是同一夥的向達和賀昌群就不一樣。例如向達《居延漢簡釋文》稿三冊記錄有每一件簡牘的長寬尺寸，其他的人都沒有。向達和賀昌群釋讀時，會先在釋文簿上以隸或草書描摹簡上字形，再接著以楷書錄一遍釋文；勞榦和余遜則或描字形，或僅以楷書錄釋文。其餘抄錄細節上的差異還有很多，這裡無法一一細述。

時局不安也嚴重影響到漢簡的整理和出版。在北平時，漢簡釋文和照片都沒有能真正最後定稿。因日軍攻陷北平，漢簡偷偷搶救南下。在香港安排照像和送上海製版，都是在極其倉促和混亂的情形下進行的。幸而其

29　傅斯年圖書館藏傅斯年檔案 I-497，盧逮曾致傅斯年信原件。

中有一套照片陸續寄到昆明。勞榦在沒有原釋文稿，也無曬藍本的情形下，據反體照片重作釋文並以石印方式出版了第一部居延漢簡釋文和考證。其中艱苦，實非今人所能想像。

　　過去近二十年我有機會接觸到史語所傅斯年圖書館所藏關係漢簡初期整理的檔案，這次再有機會親見香港大學馮平山圖書館所藏初期整理留下的工作記錄和成果，益發深信這萬餘木簡能有今天的命運，實在是許多人努力的結果。歷經時代和人事的考驗，原簡安然，相關文件也安在，真是蒼天保佑！

96.12.15-97.5.25

後記

　　這次調查僅歷短短數天，因無法影印，也不可照像，以上所述是據抄錄的筆記，如有錯誤，應以原件為準。儘管如此，當我看見這批七、八十年前的檔案，心中有無比的興奮和感慨。原以為它們早已隨戰火消失，不料竟安然在人間。在此要再一次謝謝告知消息的丁瑞茂兄，公布這項檔案和提供照片的張慕貞小姐，也要謝謝港大圖書館特藏部主任陳桂英女士。

106.1.29 訂補

附錄一：中西蒙文地名對照表 （參《居延漢簡甲乙編》下冊，頁 291）

蒙文地名　西文拼音	中譯或中文地名	遺址編號
Attik tsaghan	阿德克察汗	A36
Boro tsonch	博羅松治	P9
Bukhan torj	布肯托尼	A22，包括 A21 和 P11
Chiu-tun-tze	舊屯子，雙城子的一個堡	A37
Moro tsonch	摩洛松治	A18
Mu durbeljin	破城子，木多都魯班井	A8, 包括 A6 和 A7
Ottik tsaghan	阿敵克擦可汗	《甲乙編》未列
Pei-ta-ho	北大河	A42，包括 A41
Pei-tun-tze	白墩子	A29
Taralingin durbeljin	大灣，塔拉林金都魯班井	A35
Tsaghan tsonch	察汗松治	A2，包括 K676
Tsakhortej（Djackir）	查科爾帖（或譯察克和爾特）	A27
Tsonchein ama	宗間阿瑪	A1
Ulan durbeljin	地灣，烏蘭兜倍爾近	A33，包括 A32 和 A14
Vajin torej	瓦因托尼（或譯白音托賴、瓦因托萊）	A10

附錄二：馮平山圖書館 特 796.7 /10《居延漢簡整理文件》清點簡目（張慕貞小姐提供）

第一層*	左上：現金出納簿 3 本	右上：紀錄簿 7 本 +紙皮袋 4 個			
	A. 現金出納簿　西北科學考查團 自民國二十年〔1931〕七月〔1日〕起立 附 3 張 現金結餘表，25 年 7-9 月，10-12 月，12 月底止 共用 94 頁（兩面）〔25 x 35 cm〕 B. 二十五年〔1936〕七月啟用　西北科學考查團〔7 月 1 日起至 26 年 3 月 1 日止〕 共用 25 頁（兩面）〔25 x 35 cm〕 C. 西北科學考查團理事會 自民國十六年〔1927〕七月起立〔至廿六年〔1937〕2 月 1 日止〕 用 紙 88 頁〔27 x 41 cm〕	1. Ulan durbeljin 烏蘭兜倍爾近　第一冊　77 葉 2. Ulan durbeljin 烏蘭兜倍爾近　第二冊　126 葉 3. Ulan durbeljin 烏蘭兜倍爾近　第三/四冊 21+26 葉 4. Pei-ta-ho　1 葉 5. Ottik tsaghan　1 葉 6. Chiu-tun-tze（Shuang-ch'eng-tze）双城子　1 葉 7. Taralingin durbeljin 不註葉次　〔75 葉〕　紙皮袋 4 個 a. 西北科學考查團理事會專用緘封〔22.3 x 30cm〕 　內有 Exercise Book 單行簿 1 本 11 葉＋4 白葉 　又夾字條一紙　「商務印書館平版廠存物」 　研究院文史部用箋　4 葉 　西北科學考查團稿紙　4 葉 b. 西北科學考查團理事會專用緘封〔24.5 x 33cm〕 Collections of the Sino-Swedish Expedition to be taken to Sweden for Study〔24 pages〕 注意：讀者只可用影印本 c. 校閱漢簡記錄〔29 x 37.5 cm〕 記錄簿壹本〔22.8 x 26.6cm〕7 葉+4 白葉 散葉 a 至 o 共 15 份，共 58 葉 d. 西北科學考察團及漢簡整理委員會會議記錄〔29 x 37.5 cm〕 會議錄 1 本。7 葉+ 10 白葉，中有散頁 1 張。 油印「中國學術團體協會西北科學考查團會議錄」第二至第六次全體理事大會紀錄 計 3 份 10 張〔約 30 x 41cm〕			
第二層*　共 6 格　計合共 3220 張釋文簽					
I. Watchtower 1 li N.of Ulan durbeljin 釋文簽 1-200 號以內者 429 張	II. 木皮 5 小扎 232 張〕部分繪有木皮之形狀〔未貝名稱〕（無登記號）（木檢）等 123 片	III. Taralingin durbeljin 漢簡釋文《一》《二》紙條右上角印有編號 00001 -000400 000401-000723	IV. Boro tsonch 釋文簽 363-473 號以內者 223 片（包括木皮 98 片）Bukhen torej 釋文簽 25-532 號以內者 220 片（包括木皮 24 片）Tsonchein ama 釋文簽 169-561 號以內者 32 片 Khara khoto 釋文簽 94-574 號以內者 11 片	V. 第二箱不印之件（甲）Ulan durbeljin 釋文簽 388 張（乙）370 張	VI. 第一箱不印之件 Ulan durbeljin 釋文簽 266 張 Ulan durbeljin 釋文簽 203 片 第三箱不印之件 203 片

*筆者按：第一、二層是指圖書館保存盒內分上下兩層，上層文件又另盛於一盒中

對近代簡牘著錄方式的回顧和期望

　　自二十世紀初，漢簡大量發現以後，漢史研究立刻增加了一批豐富的新材料。根據這些材料，許多文獻上闕失和偽誤的地方都得到了補充或修正。可惜這批新材料的價值在過去幾十年裡，還不能說已經充分發揮出來。其原因有些是因為中國近代的動亂影響到研究工作的進行。對此，這一園地的學者完全無可奈何。還有些原因，早先的學者也許可以控制，不過現在已經難以彌補，例如：部分簡牘的出土地點不明或無層位資料，許多斷簡殘篇因此不易復原。

　　為使簡牘資料充分發揮價值，現在尚有努力餘地者即釋讀和著錄方式的改進。釋讀和著錄除了保存史料之外，最主要的任務應該是將原件一切有關的消息，真實、完整和客觀地傳遞給讀者，讓沒有機會接近原件的人也能方便地利用它們。遺憾的是現有的漢簡著錄，嚴格而言，有太多不能達成這樣的任務。近幾十年來，又有成千上萬的新簡和帛書出土，有些已經發表，有些正在整理之中，為了提高秦、漢簡帛資料的利用價值，我們實有必要在這個時候，做一些方法上的檢討，擬出一套較為精確和一致的著釋方法。如果能夠精確一致地釋讀和著錄，將新舊材料整理編排，統一出版，漢簡和其他漢代地下文字材料價值的提高將是難以估計的。

　　本文主要的目的是將過去漢簡著錄出版的情形，[1] 大致以時間為序，做一回顧和檢討，至於如何改進，除略陳拙見，猶待時賢，共同努力。

1　參邢義田，〈秦漢簡牘與帛書研究文獻目錄（1905～1985）〉，《秦漢史論稿》（臺北：東大圖書公司，1987），頁 569-624。

一 沙畹、羅振玉、王國維、張鳳、孔好古初創著錄體例

近世漢簡最早的著錄出版是沙畹（É. Chavannes）（圖 1）的 *Les Documents Chinois découverts par Aurel Stein dans les Sable du Turkestan Oriental:* Oxford, 1913）。該書收錄 1906 至 1908 年間，斯坦因（M. A. Stein）（圖 2）所獲之七百餘枚漢簡以及若干晉、唐時期的簡冊、遺文。除釋文和考證之外，書後附有原簡照片及索引。在著錄方式上，沙氏將各簡編號，編號之後附記原簡長寬，有些未記。接著是中文釋文及考證。釋文用新式楷書鉛字橫排，部分加上標點斷句。如簡文意義可辨，則附法文翻譯。沙畹對釋文態度十分審慎，如有疑義，即缺而未釋。沙氏曾用一些符號表示原簡殘斷漫漶之處，例如：「〇」圓圈代表字數可辨之闕字，「……」刪節號表示字數不詳的闕文。又以「＊」星號置於釋文右上角，表示雖經釋出，但不能完全肯定者。原簡字跡只有部分可識時，不可識的部分也用圓圈表示，例如：黑〇、至〇等。書後所附簡影次序和釋文不一定相合，有些有釋文而無簡影。沙氏在各簡影之上以透明紙標示各簡編號及比例尺，但未做原件摹本。沙書簡影和以後發表的其他漢簡照片比較起來是最清晰的，據勞榦先

圖 1　É. Chavannes（1865-1918）　　圖 2　M. A. Stein（1862-1943）

生說：「這是由於沙畹氏照相的時期，不清晰的木簡，就根本不照。」[2]

沙畹的著釋方式是自出新裁，或別有所本，不得而知。要之沙氏首發其端，功不可沒。如果求全責備，則沙書已顯露出一些著錄上的問題：為了傳達原簡全貌，簡牘上除文字以外的一些圖記，是不是也應該出現在釋文之中？鉛字字體與簡牘所用的隸書或草書時有出入，又照片往往無法反映原字跡不清或過淡之處，為彌補這些缺憾，是不是應用摹本？釋文是否適宜橫排？如果使用符號，什麼才是適合的符號？例如沙氏用圓圈表示缺字，中國傳統金石著錄則習用方框。在著錄之前，似應有體例符號說明，闡明用例；沙畹用了符號，但沒有解釋符號的用法。這些問題在以後的漢簡出版中都不斷出現，下文將一一述及。

沙書出版以後，羅振玉因其書以「歐文撰述，東方人士不能盡窺」，「因與同好王君靜安分端考訂，析為三類，寫以邦文」，[3] 成《流沙墜簡》一書，1914 年由東山學社在日本京都出版。1916 年，附加「補正」，收入學術叢編，在天津出版，這是近代漢簡第一次在中國刊布。《流沙墜簡》包括羅振玉的〈小學術數方技書考釋〉、〈簡牘遺文考釋〉，王國維的〈屯戍叢殘考釋〉和〈流沙墜簡補遺考釋〉等篇（圖 3）。各篇資料和簡影完全得自沙書，但釋文及考證，由羅、王重做。在著錄方式上，羅、王二氏據簡牘內容粗加分類（沙畹書未分），小學術數方技歸為一類，屯戍另成專篇。屯戍中又分簿書、烽燧、戍役、稟給、器物和雜事六類。簡影經過翻照，清晰不及原書。唯其次序曾重加安排，以與新釋文相應。沙書編號全被去掉，羅、王釋文一部分有新的編號，簡影則全無編號。釋文方面也採逐簡考證方式，考證與釋文以楷書抄寫影印。釋文書寫排列盡可能依照原簡行次，字體有與今字不同者，亦依原字摹畫，各簡前皆注有出土地及長寬、竹木質地。沙書未附者，羅、王書亦從缺。在使用符號上，羅、王未依沙畹，而循中國傳統金石著錄之例，用「上缺」、「下缺」或「上缺若干

2　勞榦，《居延漢簡圖版之部》，〈序〉，頁 3-4。

3　羅振玉、王國維，《流沙墜簡考釋補正》，〈序〉。

字」、「下缺若干字」表示闕字或闕文，全不可識者稱「以下」或「以上漫滅」；部分可識時，摹寫可識部分，不可識之闕字用「□」方框表示。羅、王俱為金石巨擘，其捨沙畹之法，循中國之舊，十分自然。然而羅、王二氏並非完全墨守成規。例如他們採用了照片製圖版，這在中國是前所未有的，又如沙畹書未附地圖，《流沙墜簡》曾據斯坦因書增補〈敦煌烽燧圖〉，並列表註明各隧所出木簡在該書中的編號，都是創新之處。

圖3　王國維（左），羅振玉（右）

　　或因羅、王二氏並未打算讓讀者比對《流沙墜簡》與沙畹原書，因此將沙書原編號取消，其釋文或另編新號，或不加（如羅振玉〈小學術數方技書考釋〉之術數類和方技類即未編號），其簡影則完全無號，造成對照和查考上極大的不便。沙畹書後原附有索引。羅、王沒有吸收利用索引的方法。若核對兩書簡影，可以發現《流沙墜簡》或為排印方便，在毫無注記說明的情況下，將許多原簡照片一截為二，如不查沙書，極易誤認一簡為二簡。較令人驚異的是釋文上的差異。茲以沙書編號 No. 151-T. vi. B. i. 125 簡為例，沙畹釋文如下：

（正面）　元年五月辛未

　　　　　罷＊軍○

　　　　　○○○陳却適者賜黃金十斤

（背面）　罷＊軍伏地再拜請

王國維《屯戍叢殘考釋》簿書類第二，釋文如下：

　　上缺陳却適者賜黃金十斤

　　□□元年五月未下

後來勞榦做〈敦煌漢簡校文〉時，亦著錄此簡，其釋如下：

元年五月辛未

罷軍□

□□□陳却適者賜黃金十斤

罷軍伏地再拜請（反面）

此簡兩面皆有文字，王國維釋文僅及一面，遺漏另一面。又據簡影，在「五月辛未」行末有一清楚的「下」字，王國維補出，勞榦校文未補，不知何故。同為一簡，在釋文排列上，沙畹置「元年五月辛未」一行在前，王國維置這一行在後，其原因是原簡上「陳却適者賜黃金十斤」一行在簡之右下端，「元年五月辛未下」一行在左上端，沙釋以上下為序，王釋則以左右為序。釋文排列對了解文義關係重大。以此簡為例，「陳却適者賜黃金十斤」是在簡文第一行的下半部，上部有多少缺文，從簡影無法看出（王國維以「上缺」表示，勞榦認為闕三字），「元年五月辛未下」另起一行，在簡的左上部，字體與第一行同。根據漢簡書寫的習慣，一般都是從上而下，由右而左，一行畢則另起一行，如此沙畹不分左右，從上而下排列釋文，剛好顛倒了釋文的次序。在簡的中段另有較大的字跡，沙畹、王國維、勞榦皆未著錄，亦無一語及之（圖4.1-2）。從此一例即可見著錄之不易，亦可見現有釋文與原簡文字出入之大。如何使釋文完整、精確，如何使讀者在引用釋文的時候有足夠的信心，將是今後簡牘著錄工作者最大的考驗。

沙畹書收簡牘遺文共九九一件。《流沙墜簡》並未全錄。而沙畹所收又僅是斯坦因所發現簡牘的一部分。斯坦因將沙畹未發表的簡牘交給馬伯

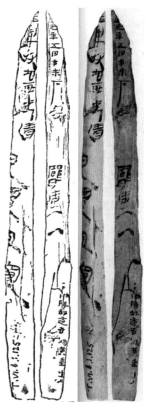

圖 4.1-2　原簡影本（右）作者摹本（左）

樂（Herni Maspero）（圖 5）校釋。馬氏校釋遲遲未出，他的中國學生張鳳根據照片，搶先於 1931 年在上海出版《漢晉西陲木簡彙編》。彙編有初編和二編。初編與沙畹、羅、王書同，張書只收簡影，未收釋文。二編則為張鳳得自馬伯樂者，共收 251 簡，除最後兩簡外，餘皆附有簡影。簡影與釋文皆未編號，唯釋文前皆附有簡影頁碼，尚不難檢索。據張鳳釋文凡例，「此編影本，皆從木簡直接影印」，「簡樣大小，一如原簡」。[4]二編釋文是張鳳在馬伯樂處隨筆記錄成初稿，回中國後再加校讀而成。釋文用鉛字直

圖 5　Herni Maspero（1883-1945）

排，行次略依原簡。張氏未做詳細考證，僅於每條釋文之下以小號字略加注記。釋文仍以「上闕」、「下闕」、「以下漫滅」等文字表示闕文，用方框表示闕字。張鳳釋文體例較特殊之處是依簡的性質及各簡明確可識之二、三字為每簡擬一名，如：「正月簡」、「仙師簡」、「都督署檢」、「須女歷表」、「急就姓氏兒笘」等。又文字以外的一些圖記，張氏也嘗試表示出來，如：「仙師符簡」、「憲叩頭簡」、「嚴寒簡」、「鼓表簡」上的不同記號。此外張氏曾用不同號數鉛字排印釋文，以顯示原字大小之不同，如「永光簡」、「十八日歷表」、「張翟闕簡」。為簡擬名，乃襲傳統金石學之故技，簡名本身並無意義，如今簡牘出土以萬數，一一擬名，亦不可能。今後簡牘著錄，毫無疑問，仍以編號為便。但張氏嘗試著錄文字以外的圖記，用不同號鉛字顯示原字大小，都是盡可能真實反應原簡的正確作法。用不同號字排印釋文，除了可以讓讀者知道原字字跡的相對大小外，更可以幫助讀者警覺字跡之不同的作用。例如「張翟闕簡」有一比其他簡文字體都大的「同」字。這個「同」字乃供券契剖別之用，顯然不能和其他簡文連在

4　張鳳，《漢晉西陲木簡彙編》，釋文凡例。

一起讀。如果釋文都以同大小鉛字排印，解讀的困擾將大為增加。張氏此法曾為後來的一些著錄所採取。

　　1899年，瑞典地理學家斯文・赫定（Sven Hedin）在塔里木河下游古樓蘭遺址發現木簡一百二十餘枚以及少數縑帛文書。這是近代最早發現的木簡。其著錄刊布於1920年，孔好古（August Conardy）（圖6）的 *Die Chinesischen Handschriften und Sonstigen Kleinfunde Sven Hedin in Lou-Lan*。1931年，《國立北平圖書館館刊》五卷四號轉載孔好古書的釋文部分：〈斯文海定樓蘭所獲縑素簡牘遺文抄〉，並附一頁簡影。館刊編者附識謂「所錄諸文，率依孔氏釋文，間取影本對照，加以勘正，殘缺及不可辨者，識以方圍，所有數字，俱依原書次序具錄，以便查對原書云。」館刊未言轉載釋文及勘正為何人所做，據顧頡剛《當代中國史學》，作者應是向達。[5]

　　孔書所錄縑帛有三十六件，木簡一百二十一件。時代可考者皆屬泰始、咸熙或永嘉時期，簡牘雖與五銖錢同時出土，但木簡中是否有漢簡不易斷定。

圖6　August Conardy（1864-1975）

　　孔好古書除序論外，以釋文及影本兩部分為主。中文釋文用正楷鉛字直排，行次排列依原簡文。中文釋文之後為德文譯文，譯文之後為考釋。釋文次序編號與書後簡影相應。簡影大致上十分清晰，有些原件本身已十分模糊，攝影再佳也無可如何。縑素類如：簡16.1，16.2，25.2；木簡類如：簡2、11、45、46、83、103、104、108、113、115等之簡影皆模糊不可辨。簡影未附摹本，收錄也不完全。原件常有兩面皆書文字者，影本只錄其中一面，或全缺，如：簡5.2影本全缺，簡7、10、17.1缺背面等。因此釋文是否正確，讀者有時無法查對。孔氏釋文，比較而言，十分大膽。

_____

5　顧頡剛，《當代中國史學》（臺北翻印本，無年月），頁72。

有時原件上只殘餘字跡極小的一部分，亦以己意度之，做出釋文。向達轉錄時，態度遠為審慎，做了較多的保留和修正，孔氏在釋文中用了一些符號，可惜未說明符號用法。大致上缺字字數可推知者，用方框表示，原件殘缺不明之文句，如《戰國策‧楚策》，可據今本補入者，用方括號〔〕表示，不確定的釋文旁邊加問號「？」。有些符號，意義不明，如「（」、「）」、「〔」、「〕」，還有些字加圓括號「（）」，雖查考影本，亦無法確知它們的用法。

■二 勞榦、黃文弼、《居延漢簡甲編》、馬伯樂與著錄體例的建立

1930 年西北科學考查團的貝格曼（F. Bergman）在額濟納河流域發現漢簡一萬餘枚，這是 1976 年以前所發現最龐大、最重要的一批。馬衡、向達、賀昌群、余遜和勞榦諸氏都曾參加釋文工作。但因戰亂，最後能將這萬餘簡整理出版的是勞榦（圖7）。勞氏《居延漢簡考釋》於 1943、44 年在物質條件極為困難的情況下出版。全書以楷書手抄，石印在十分粗劣的紙上。除釋文和考證外，沒有簡影圖版，但卷三頁 30 有「廣地兵物冊最前部分」的摹本；考證卷末附有「河西漢郡假定圖」和「居延附近草圖」。在著錄安排上，勞書有幾點不同於前人。第一，他沒有逐簡著錄並加考證，而將釋文與考證完全分開；第二，勞氏根據簡文內容，做了較《流沙墜簡》更為細密的分類，分成文書、簿錄、信札、經籍、雜簡五大項，除信札外，每項又分成二至八類；第三，該書出版雖未附簡影，但每條釋文都附有照片頁碼及原簡編號；第四，勞氏創用許多新的符號，表示原簡上文字以外的記號，並在序文中說明用法。例如：「□」為不可識之字，「☑」為缺文不能判別字數者，「▣」為封泥孔，「▨」為有花紋之簡頭，「■」為黑色簡頭，「▼」為釋文一行字數未畢另接下行的記號。

《居延漢簡考釋》出版正值八年抗日戰爭最艱苦的時期。當時出版條件之惡劣，今天的讀者可從該書序言中得知一二，更可以從該書所用的粗

圖 7　民國 27 至 29 年勞榦（照片中最前一人）在雲南昆明龍泉鎮寶台山觀音殿九間房研究室

糙土紙和石印方法去想像。為此我們願對勞氏表示最大的敬意。由於該書只印三百部，流傳不多，再加上未附簡影，並不能滿足研究上的需要。因此抗戰勝利以後，勞氏又重新整理，將舊版釋文根據照片重新核對、校改，加上簡號索引，於 1949 年在上海出版。由於未見該書，此處不能詳述。關於上海版的介紹可參見馬先醒〈居延漢簡之版本與編號〉一文。[6] 據該文所述，上海版唯一不同處是改手抄石印為鉛字排印。

　　1957 年，勞氏《居延漢簡——圖版之部》在臺灣出版。這是一萬餘枚居延簡影第一次公諸於世。簡影有很多不很清晰，勞氏認為「縱然不清晰，總比去掉好些。」[7] 緊接著 1959 年，中國科學院考古研究所出版了《居延漢簡甲編》，收有二千五百餘條釋文及簡影。這個數量只及居延簡數的四分之一。其簡影不夠清晰的情形和《居延漢簡——圖版之部》相若。不過「甲編」釋文與簡影完全重新編號，分開排印。其釋文部分未依內容分

6　馬先醒，〈居延漢簡之版本與編號〉，《勞貞一先生七秩榮慶論文集》（臺北：簡牘學會，1977），頁 138-139。

7　勞榦，《居延漢簡圖版之部》，〈序〉，頁 4。

類，各簡文用正楷鉛字直排，釋文排列依照原簡行次。較改善之處是原簡上大小不同的字，釋文亦用不同號鉛字排印。在符號上除因襲勞氏所創者外，又增加改變了一些，例如：勞書之「▼」號改為「‖」，增加者有「＞」、「V」、「■」、「）」、「○」、「｜」、「▲」等符號，對這些符號，書中並沒有說明意義，但根據簡影，應該是表示簡上原有的圖記。此外，《居延漢簡甲編》附有額濟納河流域略圖、有關簡牘參考書目、簡冊索引及部分簡牘的出土地點。

　　1960 年，勞榦的《居延漢簡—考釋之部》終於問世。於是居延漢簡的照片和釋文有了最完整的出版。《考釋之部》的釋文與先前出版的《圖版之部》的簡影次序相應，尚便檢索。著錄上，釋文與考證仍然分開。釋文未按內容分類，各簡用正楷鉛字，依原簡行次直排，但沒用不同號鉛字排印原簡上不同大小的文字。各簡除了原簡編號，又加上各簡在該書出現之順序流水號，這是 1943 年石印本所沒有的。在釋文符號上，據 1943 年本小有增減。「▼」號未再使用，增加了「…」、「○」、「✕」、「｜」、「·」等號。對這些符號，勞氏沒有解釋用法。他曾計畫出簡號索引，也不見出版。

　　居延漢簡前前後後雖出版了幾次，或因戰禍，或因局勢，出版的條件都不理想。《居延漢簡甲編》編輯時只能七拼八湊獲得一小部分照片，中國科學院預告出乙編，以成完璧，但未見流傳。[8]《居延漢簡——圖版之部》簡影蒐羅甚全，可惜根據的是民國 29 年所攝的舊照片，勞榦序文說：「這些照片大致說來還未完全變壞，但不免有一部分走樣的地方。」[9] 在釋文方面，勞榦就只有在北平工作時期得見原簡；1943、1949 和 1960 三度出版釋文，所根據的都是所謂的反體照片，釋文的準確性自然不易全如

8　乙編似已成稿。1963 年，陳夢家，〈漢簡考述〉（《考古學報》1，1963）文後附參考資料，列有：《居延漢簡乙篇》、《居延漢簡甲乙編釋文》兩種，時在「編印中」。按：《居延漢簡甲乙編》已在 1980 年出版。我寫此文時還無緣得見。

9　勞榦，《居延漢簡圖版之部》，〈序〉，頁 3。

理想。對於勞釋文的修正意見已多，這裡不再多舉。[10]

目前這萬餘居延漢簡仍藏南港中央研究院。1972 年，中央研究院曾與日本教育書道聯盟合作，在日本出版《居延木簡》一書。書中收有根據原簡，重新攝影的木簡照片九十餘頁，十分清晰。部分且為彩色或局部放大，效果頗佳。不過該簡影集是從欣賞書法立場出發，而非完整的材料集。過去勞氏出版釋文之部及甲編出版時，都來不及參考索馬士通（B. Sommarström）所編有關貝格曼發現居延簡的兩卷考古報告 *Archaeological Researches in the Edsen-gol Region: Inner Mongolia*（Stockholm, 1956-1958）。1963、64 年，陳夢家曾根據這份報告，對漢簡所見的居延障塞組織做了極有價值的整理復原工作。[11] 現在如果能根據原簡，用最新的技術，重新攝影，再利用新近的考古報告及研究，校正舊釋文，出版一種更完善可靠的版本，則居延漢簡對漢史研究的貢獻必然增加。從 1978 年 12 月中央研究院歷史語言研究所管東貴先生的賜函得知，管先生目前正在做釋文新校、集校的工作。我們虔誠祝福他早日完工。

在居延漢簡陸續刊布前後，其他較重要的漢簡出版尚有 1948 年黃文弼的《羅布淖爾考古記》。[12] 書中所收是黃氏於 1930、34 年隨西北科學考察團在羅布淖爾考古發掘的結果（圖 8.1-2）。除器物、紡織品等外，有漢簡七十餘枚。由於這是一份較為完整的考古報告，黃氏又曾親自參加發掘工作，對簡牘出土的情形有較詳細的交代。在著錄上，黃氏採逐簡釋文，隨附考證的方式。各簡附記有出土地點、簡長寬厚。釋文用正楷鉛字依原簡行次直排。缺字用方框表示，缺文不知字數者用「缺」字表示。考證中對各簡的外形、書法及殘缺情形皆有說明。本書著錄最大的特色是除簡影之

---

10 參〈秦漢簡牘與帛書研究文獻目錄（1905～1985）〉，《秦漢史論稿》（臺北：東大圖書公司，1987），頁 569-624。

11 陳夢家，〈漢簡考述〉，《考古學報》，1（1963），頁 77-110。〈漢簡所見居延邊塞與防禦組織〉，《考古學報》，1（1964），頁 55-109。

12 其他還有夏鼐，〈新獲之敦煌漢簡〉（1948）；蘇瑩輝，〈中央圖書館所藏漢簡中的新史料〉（1951）等。

外，並附有描在透明紙上與簡影對照的摹本。黃氏於自序中說：「簡文書寫，多屬草隸，且多漫漶，頗難讀識，故此七十餘簡，雖經多人審校，刪增削改至十數次之多，然未釋出者，仍不在少數……因原簡黝暗，製版後，更不清晰，乃根據原簡臨摹，附於照片印行，藉以增加讀者研究之興趣也。」[13] 摹本的重要性不只在於增加讀者的興趣，更重要的是彌補圖版的不足。勞榦在《圖版之部》的序言裡曾提起他閱讀原簡的經驗：「原簡有許多是非常不清晰的。有的字跡

圖 8.1 黃文弼（1893-1966）

已大部分脫落，有的字跡很小，再加上原簡色彩深暗，要用放大鏡才能看見。」[14] 原簡如此，經過照相、製版和印刷以後，影像的清晰度必更打折扣。陳槃在研讀漢簡時即曾因圖版不可據，頻頻詢問勞榦原底片是否可辨識，以為定奪。[15] 詢問原著錄人可濟一時之窮，終非長遠之計。因此如果

圖 8.2 西北科學考察團中方人員在包頭 左二為黃文弼

---

13 黃文弼，《羅布淖爾考古記》，〈序〉，頁 4。
14 勞榦，《居延漢簡圖版之部》，〈序〉，頁 1。
15 陳槃，《漢晉遺簡識小七種》下冊，頁 91 上、107 下、123 下。

著錄人能夠根據原簡，將只有目睹才能辨識的細微之處，臨摹出來，做成摹本，其可靠性必高於讀者根據圖版，自做揣度。將上萬的漢簡做成摹本是一件費時費力的大工程，但值得一試。

斯坦因在中亞曾三度考古探險，最初兩次考古所得由沙畹在 1913 年著錄出版；第三次所獲交由沙畹的學生馬伯樂整理校譯。校譯工作至 1936 年完成，惜因歐戰，其稿未能及時出版。戰後不久（1945），馬氏逝世，又經八年蹉跎，其書 *Les Documents Chinois de la Troisiéme Expédition de Sir Aurel Stein en Asie Centrale* 始由大英博物館於 1953 年在倫敦出版。書中共收各種簡牘、佛經殘卷、買賣文契、公文書六百零七件。簡牘有兩百一十九件，其中有出於敦煌、酒泉的漢簡一百六十六件。在著錄方式上，馬伯樂大致追隨沙畹，然而也有不同。第一，馬書沒有完全附出釋文照片。607 件中有 368 件沒有圖影可據。有些原件兩面有字，圖版只錄了其中一面；第二，中文從西文之便，大部分橫排，但也有部分直排（如：簡 5、213、284、367、376……）這是沙書所沒有的；第三，馬書用不同大小的中文鉛字排印原件上大小不同的字，最多一簡曾用三種大小的鉛字（如：簡 376、377）：第四，符號使用不同。沙畹使用符號不多，對符號的意義也沒說明。馬書大量使用符號，馬氏並曾在序文及〈符號縮寫表〉中交代符號的用法，聲言其符號是借自西方「金石學與草紙文書學」（aux épigraphistes et aux papyrologues）的訓練。[16] 這也許是第一次有學者表明以西洋碑石和古文書著錄的經驗應用在中國的材料上。根據書前的符號表，馬氏說明符號用法如下：

1. ○　表示缺字或不可辨不可識的字。

2. …　表示字數不可知之缺文。

3. ╳　表示原件字跡不完整、漫漶、書寫不明或釋讀難以確定者（╳號置於該字左上角）。

16　H. Maspero, *Les Documents Chinois de la Troisiéme Expédition de Sir Aurel Stein en Asie Centrale*, p.viii.

4. 〔　〕　表示根據其他資料補入的字句。如釋文為橫排，用〔　〕號，如為
   直排用⏜⏝號。

5. ⌐ ⌐　表示與同件其他部分筆跡不同的字。

6. （　）　表示紅筆所寫的字。

7. ｜　表示原件一行終了，但釋文未從原件另起一行之中隔線。

8. ＋　表示屬於同一文書分別的兩件殘簡。

這些符號，一部分（…、〔　〕、｜）見於西方古碑或古文書著錄，一部分
為馬氏所創，以適合中文的需要。不知是原稿不明或是出版者的錯誤，有
些表中的符號在書中從沒有出現過，例如：⌐ ⌐、＋。另有許多釋文中頻
頻出現的符號又未見解釋，例如：＝、／等。這些似應是原簡上原有的記
號，還有些顯然是馬氏加上去的，但沒有說明其意義，例如：

〈　〉　簡 1、137、263、484、492

（？）　簡 8、12

‖　簡 195

…　簡 275、331

⌒　簡 226、470

‖‖　簡 214、216

○　簡 260

⊐　簡 169～173、194

（＝）　簡 275、331

如果釋文不能肯定，據書前的符號表，應用╳號表示，但馬氏又頻用
（？）；如果根據其他資料補入字句，應用〔　〕或⏜⏝，但這兩個符號只見
用於漢簡部分，其餘部分一概用⊐表示。其他一些符號因無圖版可查，不
能斷定其作用。也許因為馬書成稿時間太久，出版時又不能親自校讀，以
致用例不一。馬伯樂用了最多的符號，也造成了最大的混亂，這是十分遺
憾的事。

釋文符號是幫助讀者了解釋文必要的工具。如何建立一套有效而統一
的符號，供今後所有的簡牘、帛書或其他古文字材料著錄之用，應是值得

大家進一步討論的問題。

三 陳夢家《武威漢簡》——一個著錄體例的里程碑

1950 年代以後，中國大陸的考古工作進入了一個新的階段。[17] 在這個階段內，不同時期的文物大量出土，其中極重要的一部分即秦漢時期的簡牘和帛書。這些簡、帛的著錄通常先見於考古期刊，部分再以專書形式出版。由於它們數量太多，不可能在此逐件討論，[18] 現在只擬指出期刊著錄的一些共通特點，至於專書則以陳夢家的《武威漢簡》為代表（圖9）。

圖9 陳夢家（1911-1966）

1950 年以後較大宗的秦漢簡牘及帛書主要發現於長沙馬王堆、武威磨嘴子、臨沂銀雀山、居延破城子以及雲夢睡虎地等處。這些簡帛由各處的考古工作小組整理，做出釋文以後，通常在考古期刊《文物》上發表。已發表的釋文，在方式上有以下若干共通之處：

1. 釋文一概以目前中國大陸通行的簡體字橫排，排印時大部分沒有依照原件行次，但有些注明行次編號。
2. 注釋、通假和錯別字之注記夾雜於釋文之中。
3. 釋文一概加上標點符號。
4. 除了居延簡「建武三年候粟君所責寇恩事」釋文附全部的原簡照片，其餘釋文皆未附刊完整的簡影。
5. 釋文雖由不同的整理小組做成，但在符號應用上，除小部分出

17 Chang Kuang-Chih, "Chinese Archaeology Since 1949," *Journal of Asia Studies*, 36：4（1977），p.1.

18 參〈秦漢簡牘與帛書研究文獻目錄（1905～1985）〉，《秦漢史論稿》（臺北：東大圖書公司，1987），頁 569-624。

入，大體上頗為一致。例如：（　）、〔　〕、〈　〉、□、○等號的用法，都已統一。唯缺字數目不明時，有的用……刪節號，有的用／表示。

若將這些著錄的特點和舊有的著錄比較，可謂優劣互見。通假和錯別字的校注工作，過去的著錄十分忽略。在符號使用上，從沙畹、羅振玉以降，中外學者各行其是，並無定規。現在則大致趨於一致。

但新發表的著錄也有不如過去之處。以前出版的釋文除沙畹、馬伯樂書從西文之便，用橫排之外，其餘一概為直排，這和原簡的書寫形式一致。過去的著錄如用手抄，雖未摹寫原簡字體，遇特殊字時，仍盡可能臨摹原字形，鉛印則用與隸書較接近的正楷鉛字。新發表的釋文用簡體字，與隸書相去甚遠。此外，過去的釋文無論手抄或排印皆大體根據原簡行次分段，讀者從釋文可以知道原簡排列的情形，新的釋文對原件行次較不注意，中間又夾雜通假、錯別字的注記以及標點符號，使讀者無法查證釋文的可靠性。嚴格而言，這樣的釋文只能作為參考，不能當作研究的依據。

再者，也許因為事先沒有很好的計畫，有時候釋文和照片發表在不同的地方。例如馬王堆出土帛書《戰國策》釋文刊於 1975 年《文物》第四期，其部分影本卻分別出現在該刊 1974 年第七期、1975 年第二、三期以及《考古》1975 年第一期。這種現象在初發表時也許難免。為求盡善盡美，其他還有些地方也不無改進的餘地。例如圖版簡影最好附加比例尺，現在沒有這樣做。釋文方面，同一釋文之內，注記的方法應力求一致，現在做的並不夠理想。例如：「建武三年候粟君所責寇恩事」釋文，補字或加方括號（如第 19、31 簡），或不加（如第 23 簡），又第 19、23 簡補字曾注出其根據，第 31、34 簡補字則未。此外，釋文對原件字跡清晰，可確實釋出者以及原字跡殘缺或不清，由推測而釋出者，似應有一定的方法加以區別。現在將殘字當完整字處理的方式，值得再加考慮。

期刊著錄只是初步發表，形式上較為簡陋。以專書形式出版的著錄要嚴謹得多。1964 年出版的《武威漢簡》就是一個很好的例子，它在著錄方式上可謂立下了一個新的里程碑。

所謂《武威漢簡》是 1959 年在甘肅武威磨嘴子漢墓中發現的一批竹木簡。共有四百六十九枚，內容以九篇《儀禮》為主。其著錄共分敘論、釋文、校記、後記、摹本、圖版六大部分。敘論中清楚敘述了簡冊出土的情況，整理的經過以及這批材料對了解漢代簡冊制度和經學的價值。校記以簡本與今本對照，見其異同。本書可貴之處在於除了釋文和照片，還有完整的摹本，並且對釋文、摹本和照片的體例有詳盡的交代。由於所用體例很有參考價值，特節錄其大要如下：[19]

一、釋文部分

   1. 釋文依原簡行次，每簡排印為一行。字多者轉入第二行，低二格。每簡頂格寫，簡中原有標號及穿編留空處空一格。除原有標號外，不附加任何標點。

   2. 簡文為漢隸，用較接近的正楷鉛字排印。少數文字結構不同於今字的，依原字摹錄。

   3. 凡缺失之字，依今補入，上下加方括號 ⌐ ⌐ ，凡簡存而文字漫漶不能辨認或摹本上未能臨摹出來的，亦依今本或簡的上下文補足，上下加圓括弧 ⌒ ⌣ ，凡簡文遺寫之字，加方框口。凡字殘存一部分而仍可認出的，當作一完整字釋寫。

   4. 釋文依各篇原有的頁數編次。其原無頁數的，為之依序補列而加圓括弧。其原有頁數而殘缺者，為之補上而加方括弧。

   5. 凡整簡缺失的，用今本補寫，並於頁號下標明「缺」字。

   6. 凡釋文以外有須說明的，見於校記。

二、摹本部分

   1. 據原簡形式臨摹，其漫漶殘泐過甚者，留空未摹。

   2. 凡不完整之簡，不能綴成全簡，分段臨摹而斟酌空相當缺失的字數。

   3. 摹本編次同於釋文。

19　體例說明全文見《武威漢簡》，頁 196-197。

三、照片部分

    1. 編次同於摹本和釋文。

    2. 除少數背面有字的另拍照外，其它一律照正面。

    3. 竹簡出土後變形變黑，不能重攝，用最初若干殘片原照，做為參考資料。

    4. 本簡有少數殘壞未能照全或未照者，可參看摹本。

    5. 本書所用木簡照片，為原物的二分之一大小。

從上述體例可以看出《武威漢簡》的著錄幾乎完全避免了期刊著錄的缺點。首先，全書及釋文都用繁體正楷鉛字直排，除原簡上的符號，不加標點，又依照原簡段落和行次排印，釋文說明另置於校記之中，都是盡可能使釋文外觀接近原件形貌的正確作法。釋文除有照片，更有摹本可供查對。摹本的重要性在體例說明中解釋得很清楚。有些簡在出土後會變形變黑，無法製成清晰的照片，就必須靠摹本彌補。黃文弼即曾遇到相同的困難，因此他們都用摹本的方式來解決。此外，釋文、照片和摹本以相同的次序排列，便於翻查，也是比以前進步的地方。

1964 年《武威漢簡》的出版為古代文書著錄立下了一個良好的典範。文化大革命期間的著錄未能師法，是極為遺憾的事。如今文化大革命已成過去，考古與歷史工作者如何檢討過去，再做出發，是大家所關心的事情。

四 回顧和展望

大體而言，初期中國學者對漢代文書的著錄方式，無論在觀念上、方法上都受到傳統金石學的影響。這些影響可從正負兩面來看。從正面看，雖然西方的探險家和考古家首先發現了漢簡，由於中國學者傳統上對金石的修養與興趣，他們很快即認識到這些斷簡殘篇的價值，而加以研究。從羅振玉、王國維以後，著錄考釋工作幾乎全出自中國學者之手；也由於這

種認識，才沒有讓這些寶貴的文化遺產不斷地流出中國（貝格曼發現的上萬居延簡未被帶走即為一例）。這種情形如果和十九世紀末、二十世紀初的埃及和兩河流域比較，更能顯出其意義。近代初期，埃及和兩河流域的考古發掘和研究幾乎完全掌握在非埃及、非中東的西歐學者手中，而這些地區古文明的遺物更大量地被英、美、法、德、俄等國洗劫而去。這當然和近代初期的帝國主義有關，但當地缺少對古物適當的認識和研究傳統也不無關係。

其次，中國傳統的金石學在方法上也為初期的簡牘著錄提供了基礎，傳統金石學者雖不免以金石為古玩，但他們很早即認識到金石對考訂文獻和歷史的價值；在方法上，金石家很早就懂得比勘金石與文獻材料，並且省察到著錄存真的重要性。十九世紀初，王昶刊《金石萃編》，曾希望做到「使讀者一展卷而宛見古物焉」的境界。[20] 一百年後，羅振玉對王昶的著錄方法仍不滿意，批評他於「原石漫漶缺泐之處」，「以意增損」，有失原形。羅振玉和王國維都是本世紀初的金石大家，深受金石學傳統的薰陶。漢簡研究著錄從他們開始，並不是偶然的。

但他們沉潛於傳統金石之學，亦不免受其局限，對古文字著錄，王國維最推崇的是宋代呂大臨的〈考古圖〉和王黼的〈宣和博古圖〉，認為「後世著錄家，當奉為準則」。[21] 羅振玉《漢晉石刻墨影》序言中有一段話也可以表現他批評傳統金石學，然而在觀念上仍受其局限的情形：

> 古石刻文字之著錄昉於宋洪丞相《隸釋》。然洪氏之書易隸以楷，字形已失。王少寇《金石萃編》於漢魏諸碑乃各如其書體錄之，形差得矣。而原

20　王昶，《金石萃編》（嘉慶十年，經訓堂藏版）序：「於是因吏牘之暇進取而甄錄之，缺其漫漶殘剝不可辨識者，其文間見於他書，則為旁注以記其全，秦漢三國六朝篆隸之書多有古文別體，摹其點畫，加以訓釋。自唐以後，隸體無足異者，仍以楷書寫定。凡額之題字，陰之題名，兩側之題識者，胥詳而載而不敢以遺。碑制之長短寬博，則取漢建初慮尺度其分寸，並志其行字之數，使讀者一展卷而宛見古物焉。」此外，從趙明誠，《金石錄》跋尾，歐陽修，《六一題跋》等可見傳統金石學者藏石之旨趣。

21　王國維，〈宋代金文著錄表〉，《王觀堂先生全集》卷十。

石漫漶缺泐之處，又不免以意增損。至張氏《金石聚》使用雙鈎以存原形，又視王氏為勝。而鈎勒未善，加以粗工拙刻，筆意全失，偽誤滋生。仍不能無遺憾。……予早歲嘗欲取傳世漢魏石刻求明代及國初善拓，手自勾勒，以傳其真……去年冬，予撿晚出之漢魏諸刻，咸、同諸家所未得見者二十餘種，付諸裝池。今年長夏矢志影模，舍漫漶已甚及細書非吾目力所能勝者，日模二、三紙，逾月遂得十有五種……顏之曰《漢晉石刻墨影》，取校原刻，自謂筆法具存，臨池家可取以臨寫，僅下墨本一等。[22]

從此可見，羅振玉批評傳統著錄失真是從一個欣賞書法的角度出發，他手自勾勒的目的是在「臨池家可取以臨寫」，其精神與宋代洪适《隸釋》序所說「使學隸者藉書以讀碑，則歷歷在目而咀味菁華亦翰墨之一助」，[23]並無不同。

很可惜羅、王二人在《流沙墜簡》各卷的序文中並沒有留下任何方法上的自白。王國維曾指出「古來新學問起，大都由於新發見」，[24]漢晉遺簡即是近代的新發現，羅振玉和王國維用什麼樣的態度和方法研究這些新發現？這個問題對了解近代這兩位大師至為重要。然而要解答這個問題，不能單看他們對簡牘的研究，還須要將他們對殷虛甲骨、敦煌卷子、內閣大庫書等「新發見」所做的研究，合而觀之，方能明白。這個問題太大，不是這篇小文所能談的。

羅、王之後，漢簡的著錄和研究逐漸脫離金石學的影響，大概少有學者再將漢簡看成古董。勞榦等人研究漢簡是在一股新的史學思潮影響之下。這個新史學的精神即傅斯年等人所提倡的「史料即史學」。[25]他們研究漢簡是將出土簡牘當成完完全全的史料，希望從這些第一手的「直接史料」考訂漢史。其精神與傳統金石之學有異，方法亦多創新。本此以往，漢簡和其他許多本世紀所發現的新史料，應可為中國近代史學研究帶來蓬勃嶄

---

22 羅振玉，《漢晉石刻墨影》，〈序〉（上虞羅氏 1915 年景印本）。

23 洪适，《隸釋》，〈序〉（石刻史料叢書）。

24 王國維，〈最近二三十年中中國新發見之學問〉，《學衡》，45（1925），頁 1-13。

25 杜維運，〈西方史學輸入中國考〉，《國立臺灣大學歷史學系學報》，3（1976），頁 428-431。

新的氣象。

奈何近代中國動亂不休，八年抗戰剛剛結束，山河易主，學術研究飽受挫折。居延漢簡出版過程之波折艱苦，正是動亂影響學術的最佳例證。其後漢簡一再出版，都不理想，研究雖有，亦甚零落，[26] 此非學者無心，而是環境杌隉，志業難免為衣食所累。1959 年的《武威漢簡》表現出可喜的成績與進步。奈何典範初立，即遭摧殘。文化大革命爆發，陳夢家先生被迫害致死，考古和歷史研究陷入空前低潮。此期間，簡帛雖不斷發現出版，可惜著錄品質，大不如前。如今兵氣稍歇，考古事業蒸蒸日上，今後如能在安定中求進步，則蒙利者何止簡牘研究一端而已。

如前所述，新史料的釋讀和著錄除了保存史料，最大的功能應是將原件有關的消息完整、精確、客觀地傳達給讀者，讓沒有機會接近原件的人也能方便地利用它們。所謂原件的消息包括在考古上和出土有關的資料，以及出土物本身所包含文字與非文字的消息。過去的簡牘著錄，多詳於文字著釋，疏於出土與非文字消息的提供。其實非文字的部分亦極重要，例如陳槃對木簡上所繪木偶和符籙的研究都十分重要。所謂完整、精確、客觀的傳達，是指在著錄上應利用哪些技術將原件再現出來。照片雖已利用，但照片是否能完全代替摹本是一大問題。近代西方的一些碑石著錄寧用摹本而不附照片，[27] 這個問題值得專家學者再進一步研究。

過去的著錄，簡影部分常常不完全，甚或只附少數，做為點綴，讀者無法據簡影覆按釋文，即影響到釋文的客觀和可靠。勞榦出版《居延漢簡——圖版之部》時，不論照片清晰與否，全部收錄的做法是值得效法的。釋文本身的字體、符號和排列，雖不可能與原件全同，但亦應力求接近。在這方面《武威漢簡》做得相當成功。

26　1950 年代中國學者有關漢簡的研究，在數量上不及日本學者。日本學者以森鹿三領導的居延漢簡研究班最有成績。

27　例如有關羅馬史的《拉丁碑銘彙編》(*Corpus Inscriptionum Latinarum*) 自 1863 年出版迄今，各卷皆逐碑附摹本，未用照片。1965 年 R. G. Collingwood & R. P. Wright 合編之 *The Roman Inscriptions of Britain* 更於序論中論及他們寧用摹本不用照片的原因，p.xiv。

著釋出版還須要方便讀者。簡、帛資料成千上萬,讀者如何能省時省力,查到需要的資料,是一項值得我們多多努力的工作。過去漢簡著錄大部分沒有索引,甚至沒有編號,檢索引用都十分不便。[28] 為這麼多簡牘做詳盡的索引是極費力的事,利用近代的電腦技術編製,似為一條可行的路徑。[29]

再者,過去著錄既多,體例和符號皆未劃一,編號方式亦各行其是。如果能建立一套統一的體例,將所有已知的簡牘和帛書統一出版,今後新發現的材料亦依例續出,則古代簡帛之學必成為一門更有系統、更有貢獻的學問。以上所談都是一些技術性問題。

著釋精確最根本的關鍵當然還是在著錄人本身的訓練和眼光。訓練關係到許多專門性的知識和實際的經驗,對此,個人甚為外行,無可置喙。不過以現在簡帛數量之多,今後的著錄工作顯非一、二人所能承擔,希望見到有更多更有訓練的專業人員從事這項工作。

以上是一位希望利用簡牘和帛書做研究的學生,對前輩學者表示敬意之餘所提出的一些感想和期望。如果能引起先進碩學的指正,就喜出望外了。

附記

1976 年夏隨施培德(Michael P. Speidel)教授學習羅馬古碑,得識西洋碑銘著錄之體,因而靈機觸動,回顧漢簡著錄體例得失。因緣如此,僅向施教授致謝。本文撰寫期間,曾承陳芳明、胡平生、黃進興、康樂諸兄代尋

---

28 1953 年森鹿三寫〈居延漢簡研究序說〉時,曾提到有計畫編纂居延漢簡人名、地名、官職名、成語之索引,但到 1975 年,森先先結集他有關漢簡研究成〈東洋學研究漢簡篇〉時,前文原封未動收入,索引並未見出版。按:大庭脩教授已於 1995 年出版《居延漢簡索引》(大阪:關西大學出版部)。2008 年沈剛出版《居延漢簡語詞匯釋》(北京:科學出版社)。

29 前引《拉丁碑銘彙編》第六卷已利用電腦,以字母為序編出一套極為詳盡的索引。中文電腦已甚普遍,用電腦編中文索引應為可做之事。按:中研院史語所文物圖象研究室已推出簡帛金石資料庫,可供線上檢索。其餘簡帛電腦資料庫已有不少,參武漢大學簡帛研究中心簡帛網。

資料，亦一併致謝。

補記

管東貴先生 1979 年 9 月 8 日來函云：「居延漢簡原物是民國五十六年由美國歸還中國的，現存史語所考古組保險櫃中。據說簡的數量少了很多，這真是無法彌補的損失，前年勞先生回臺時曾翻查過一次，保存狀況尚佳。目前無重攝的計劃。」

後記

本文寫於近三十年前，所談已有明日黃花之感，原本不擬收入《地不愛寶》。唯近見胡平生先生在《出土文獻研究》第八輯（上海古籍出版社，2007）為文討論制訂簡牘整理的國家標準（頁 136-154），與鄙意十分相似。為響應胡先生的倡議，特補入此篇。

98.8.8 稍作修訂

原刊《史學評論》2（1980），頁 101-170；收入《秦漢史論稿》（臺北：東大圖書公司，1987），頁 545-567；《地不愛寶》（北京：中華書局，2011），頁 579-600；105.5.23 再訂

中研院史語所藏居延漢簡整理工作簡報（1988-1993）

一 居延漢簡的運美及返台——幾個疑點的澄清

1930 年代由貝格曼（F. Bergman）發掘的一萬餘枚簡牘，也就是通稱的居延漢簡，在中日戰爭期間如何由北京運到香港，再從香港運到美國，最後由美國運回臺灣，其中的過程一直有很多不清楚，也引起許多猜測的地方。從北京運香港的一段，因有勞榦和沈仲章先生的報導，較為人知。漢簡何時由香港運往美國，在什麼情況下進了美國國會圖書館（Library of Congress），以及如何運往臺灣的經過則曾引起國內外不少的謠言和攻訐。最近，中央研究院歷史語言研究所簡牘小組得到所內楊慶彰先生的協助，在史語所的檔案室裡，找到一夾以「居延漢簡」為檔名的卷宗。裡面收有十餘件居延漢簡歸史語所收藏前後的原始文件及文件副本。現在根據這些文件，可以大大澄清長久以來許多失實的報導和揣測。

第一個問題是居延漢簡在什麼情況下，何時自香港運往美國？根據勞榦在《居延漢簡——圖版之部》序所記，他在李莊作釋文依據的照片，「是民國二十九年時，在香港照出的照片。當時原文尚在香港，照好洗了兩份，一份寄到上海去製版，一份寄到昆明由我來做釋文」（頁3）。勞序沒有提到原簡在民國 29 年以後，是何時離開了香港。一般報導都含混且不正確地說 1941 年太平洋戰爭爆發，香港淪於日軍，簡牘由香港大學校長蔣夢麟和圖書館館長袁同禮協助運往美國。[1] 一份轉載沈仲章口述的報導，更說是

---

[1] 參傅振倫，〈第一批居延漢簡的采集與整理始末記〉，《文物天地》，1（1987），頁 28；鄭有

1941 或 1942 年運往美國。[2] 現在我們尚無法知道漢簡自香港運美的確切日期，不過可以確實知道，十四箱漢簡早在香港淪陷於日軍（1941.12.25）前一年兩個月，即 1940 年 10 月 26 日已由美國國會圖書館發出收據，保存在圖書管的珍本書室中。如此自香港運美日期似應在該年 8、9 月間。據胡適 1940 年 7 月 31 日記，該日他曾「寫信給徐森玉、葉玉甫，談居延漢簡事」。[3] 徐、葉二人時在香港，胡適的信想來應是關於漢簡運美的事，胡適的信寫於 7 月底，漢簡自港運美只可能在 8、9 月之間。

居延漢簡由港運美完全是為保存文物，避免戰火，而不是如某些報導所說作為國民政府向美貸款的抵押保證。[4] 這可以由幾份文件清楚證明。一是當時中華民國駐美大使胡適受中英庚款董事會（後改名中英文教基金董事會）之託，安排美國國會圖書館代為暫時保管北京大學國學門（Sinological Research Department）的十四箱漢簡。胡先生在致國會圖書館的信件中是說代北京大學安排運送十四箱漢簡，實際委託的可能是當時資助漢簡在香港照相的中英庚款董事會（參勞榦前引序）。因此在日後安排漢簡運回臺灣的文件裡，多稱是由中英文教基金董事會將漢簡運美，並經其同意由中央研究院保管整理（參民國 54 年 9 月 1 日中央研究院致國立中央圖書館，臺和字第 911 號函；另一日期與文號皆已模糊的外交部致中央研究院函）。

可以證明漢簡運美保存不是作為貸款抵押的是上述國會圖書館出具的收據。收據是開給駐美大使胡適，其上曾列明保管的條件。從條件上可以清楚看出裝在十四隻箱子中的漢簡不可能是什麼抵押。這些條件是：

（1）暫時保管，

（2）胡適可隨時全部或部分取回，

（3）存放在圖書圖的珍本室，並不得自該室移出。

國編，《中國簡牘學綜論》（華東師範大學出版社，1989），頁 13。

2　〈搶救居延漢簡歷險記〉，《文物天地》，4（1986），頁 33-37；天津日報社主辦《采風報》，4（1990），皆轉載《團結報》報導，但前者作 1941 年，後者作 1942 年。

3　《胡適的日記》手稿本，第 14 冊（遠流出版社，1990）。

4　大庭脩，〈漢簡研究ノート〉，《史泉》，頁 14-18。

如果是貸款抵押，自不可能以隨時取回為條件。

另一項證據是國會圖書館曾希望我國收回漢簡，而為我國婉拒。1953年，國會圖書館曾一度透過我國駐美大使館和我國政府交涉，是否交還保存的漢簡。當時駐美使館領事崔德禮（Mr. T. L. Tsui）得到政府訓令，以時局為由，商請國會圖書館繼續保管。國會圖書館回信同意繼續保管至時局允許運返中國為止。（1953 年 1 月 9 日駐美使館致國會圖書館函；同年 2 月 17 日圖書館回函影本。）從這一段交涉也可以知道，漢簡的是否留在美國，主動權完全在我國。1940 年運往美國明顯是在逃避戰火，而不可能是當作貸款保證。

漢簡存在國會圖書館期間，情況如何呢？據高去尋先生前見告，他於1958 年 8 月至 59 年 9 月間去美國訪問時，曾至國會圖書館看漢簡。漢簡放在珍本室的十四隻箱子中，封存完好，沒人開過。這種情形一直保持到1965 年 10 月 21 日，史語所技士陳仲玉先生自國會圖書館領回為止。現在可以根據陳先生在一封信（1965 年 11 月 4 日致史語所汪宗和先生）中的描述，知道存放的情形：

> 漢簡原裝在大小不同的衣箱之內。箱外加扎一條細繩。繩頭有當日打的鉛盒封簽。據國會圖書館的贈品及交換部主任吳先生（Director of gifts & exchange, Mr. Wood）說，自一九四〇年十月送進國會圖書館後至今已經二十五年，一直保藏在善本書的保險庫中。箱子的封簽未曾開過。裡面的包裝情形不清楚。晚在細察之後，發現衣箱是紙質的。有的把手在輕提之後即行斷裂，絕不能担當長途的跋涉。箱內漢簡裝置情形不明。由一些蓋口邊露出的紙絲可以看出，內面漢簡已用紙絲塞緊。

同信提到陳先生在 10 月 21 日早上 10 時領出十四隻漢簡箱後，即交包裝公司將原封未動的十四隻箱子另分裝在三隻大木箱中，與中央圖書館收回的一百零二箱善本書同時運往美國西海岸。10 月 28 日抵舊金山奧克蘭海軍基地。據邢義田親訪陳先生（1992.5.21），陳先生於 11 月 2 日親押漢簡木箱上了美國海軍運輸船 General Hugh J. Gaffey（T-AP 121）號。11 月 3 日下午五時運輸船啟航。信上說預訂 11 月 23 日可抵臺灣。這封信是陳先生在船

上所寫。結果，船經夏威夷、橫濱，按預訂時日抵基隆。當日上午漢簡即運回中央研究院，存放在史語所考古館二樓。以上是漢簡回台的經過。又從陳先生的訪談中知道，國會圖書館簽收漢簡的收據中提到的封簽號是包在鉛封外小鐵盒上的號碼。

第二年（1966）1 月 27 日至 29 日，由監察院、立法院、教育部、經濟部、外交部、中央圖書館、中研院史語所共同組成的點檢小組完成開箱點收工作，並作成《居延漢簡點收清冊》二冊。史語所現藏有該清冊及清冊的照片十五張。清冊末附有點收原則五條，十分重要：

1. 以箱為大單位，以包為小單位，以原號為順序。
2. 其中有一包數號者，亦有缺號者，均在該號項下註明。
3. 每包的數量以現有的片數為準。如：
　（1）原為一片而斷為三節，未經用紙包裹者按三片計算；
　（2）原件殘破曾經紙包裹者，以一小包為一片，並註明該小包內之殘件數（例如：一包內有十片，三片曾用紙裹，甲片斷為二截，乙片斷為三截，丙片斷為四節，即用墨筆記明共拾片，用原子筆註明：內碎片三包九件）；
　（3）曾用小紙包裹之碎片成朽末者未記件數。
4. 非漢簡部分則記為雜件，並註明每包為若干小包或若干件。
5. 無號之件，按原題簽登記，並註明若干包或若干件。

根據以上原則，總計點收 13,405 件。據參加點收工作的陳仲玉先生回憶，點收開箱時，發現簡是用油紙包裹，若干簡為一包。清點完，原包包妥，放回原箱。據後來將簡自考古館改存新的陳列館大樓倉庫的何世坤先生回憶，原簡是先包上一層棉花，若干簡再包在一油紙包裡。

二、簡牘的保存及簡牘小組的成立

1. 簡牘小組成立以前

居延漢簡自歸史語所保存後，由於倉庫條件的限制，除勞榦先生曾一度開封，查視保存情況，即不曾有人利用進行研究。1987 年，史語所現址新樓完工，文物移置新樓倉庫，才由考古組的何世坤、曹淑惠將箱中一包包的簡牘打開，依勞先生《居延漢簡——圖版之部》的圖版順序，將每一版改置在特製的平扁鐵抽屜中。曹小姐在重新排放的過程裡，曾加清點，做成清冊。她發現有小部分簡，不見於圖版，也不曾有正式發表的釋文。於是將這部分簡牘單獨排放在四十個盒子裡，並拍了照片，存管東貴先生處。

1983 至 85 年間，邢義田因讀勞榦先生新出版《漢晉西陲木簡新考》，興起重新閱讀居延簡牘的念頭。每週數日在傅斯年圖書館校讀勞先生大著《居延漢簡》和他當年所根據發表釋文的反體照片。1987 年以後，偶爾也到倉庫中查對部分簡牘，發現讀照片不如查對原簡，並且發現竹木質的簡牘，因長期在溫度和濕度未加控制的情形下（改置新樓倉庫後漢簡已二十四小時在恆溫恆濕情況下保存），部分變得十分脆弱，有些字跡褪色，甚至不如圖版。當時即深感有必要盡速重新攝影，並根據原簡作釋文校補的工作。於是找同志劉增貴先生合作。這時管東貴所長告知他手上有保管的照片，希望我們整理。我們開始一起工作的時間現在已記不清，總之，是從未發表的四十盒開始。起初工作的時間不固定，兩人有空就到倉庫去。1988 年 1 月，我們覺得有必要有計畫地作較全面的清理。得到管所長的支持。因此決定增加人員，成立漢簡整理小組，展開有計畫的整理工作。

2. 簡牘小組成立以後

小組雖然成立（管東貴所長主持，成員四人：劉增貴、廖伯源、蕭璠、邢義田），初期真正工作的仍然是劉增貴和邢義田二人。從 1988 年年底，我們一星期固定抽出一個下午，工作到 1989 年 3 月 31 日，完成未發表簡的第

一次檢查和釋文。這四十盒簡有少數實已有釋文發表，倉庫人員在整理時誤入。將這部分剔除後，共計尚有六百簡整。簡文有一字以上可釋者三百一十九簡，無字或有字不可識者二百八十一簡。

當時以為未發表簡全部都在這四十盒中。接著展開已發表簡的檢查和校釋工作。校釋的根據，一是原簡，二是勞先生當年作釋文所曾依據的反體照片，三是已出版的圖版。校釋的作法是以勞先生的釋文為底本，先將勞釋文及《居延漢簡甲乙編》、馬先醒《居延漢簡新編》、謝桂華等《居延漢簡合校》之與勞釋不同處抄在一張卡片上，再依序檢查原簡，參考反體照片及圖版，作出新釋文。

當時我們查對了五百餘簡。以這部分簡來說，原簡有不小的一部分因出土已近六十年，保存不盡理想，已部分或全部發黑或字跡褪色，反不如反體照片，甚至不如圖版清晰。但很多原簡情況仍十分良好，較照片或圖版清晰甚多。我們將每一簡的原簡、照片及清晰程度，都作了比較，並加記錄。根據原簡，除了可以確定某些釋文，一大好處是可以見到照片和圖版無法看出的簡之厚薄，明確辨識木紋、墨跡濃淡以及簡上諸如圓孔、裂紋、刻痕等，可以因而確定以照片作釋文造成的錯誤。

1989 年在工作上有幾件重要的發展。一是漢簡小組重組，改稱簡牘小組。成員變成蕭璠、邢義田、林素清、劉增貴四人。四人分為兩組，一組整理未發表簡，一組重校已發表簡。工作時間增加為每星期兩個上午。其次是紅外線儀（CCD Infrared Camera）的購買。1989 年年底大庭脩教授再度來訪，談及紅外線攝影及電腦技術的利用。這引起我們很大的興趣，並在管所長的大力支持下，迅速購得 Canon Ci-20R Camera 一套（圖1）。我們利用這套設備，重新檢查未發表的漢簡，有意想不到的收穫，許多過去以肉眼和放大鏡無法看出或看清的字跡，在紅外線的幫助下，清晰呈現。從工作經驗中，我們

圖1　Canon Ci-20R Camera

發現這種儀器對字跡褪色和已發黑以致字跡無法辨認的簡最有幫助。凡原字跡清楚的，這種儀器可將字跡在螢幕上放大，對釋讀也有相當助益。

另一件大事是在整理已發表簡的過程裡，偶聞倉庫人員提起，才知倉庫中除上述四十盒未發表簡，還有不少在整理時被認為是無字的簡。經初步檢查，發現計有一百零七盒，絕大部分確實無字，然而有明顯殘字，或在紅外線下顯出字跡的，亦不在少數。由於數量龐大，我們由分組工作，轉而決定兩組合作（自 1991 年 8 月 28 日開始），全力進行未發表簡的清理和釋讀。我們將過去已釋讀的一部分當作底本，四人在紅外線儀的幫助下，全部重作一次。到 1992 年 5 月 15 日，共清理未發表簡四千零四十三件。除去無字及字跡過於殘缺或過於模糊，以紅外線都看不清的，初步決定發表釋文的有一千零九十七簡。這包括約八十三簡字跡尚清楚，一時卻都還無法釋出的。

倉庫中另有二十六大盒曾編號，與簡同出居延的各種物品，有銅錢、絲麻織物殘片、麻鞋底、銅鏃、瓦當、折頁手抄本、西夏文佛經殘卷、木梳、庫票、磚燒善業、陶瓷殘片等。其中不少屬漢以後物。這些都有待進一步整理發表。以下僅就簡牘整理到目前為止得到的結果，作一初步報告。

三、已發表簡的整理

目前對已發表簡的整理還很有限，以下僅就已發現的問題分六點，舉若干例子，作一初步報告：

1. 關於簡的編號、裱紙、接合及錯誤

在未見原簡，僅見圖版的情形下，由於編號在背面，我們對原簡編號的方式，有些地方無從知道。現在根據所見，作一報導。原簡最初進行編號時，曾採用兩種方式：

（1）一是以朱砂將編號寫在無字的一面，包號與簡號之間以「之」字分隔（xx 之 xx）。根據曬藍本，余遜和勞榦等人在北平初作釋文時，寫編號即寫作「xx 之 xx」，但也省作「xx，xx」甚至包號與簡號之間不加任何分隔。「之」字改「‧」點號大概是從勞榦發表石印本《居延漢簡》開始，從此成為定制。

（2）有的簡號不直接寫在簡背，而寫在一小橢圓紙牌上。寫妥簡號的紙牌再以細繩繫在簡上。

當時為何採用這兩種不同的方式？從繫紙牌的簡有很多並不算小看來，似乎與簡不夠大，無法直接在簡上書寫編號無關。據前引傅振倫先生在〈整理始末記〉中的回憶，簡上編號是由傅先生作成，另由傅明德以朱砂寫號。〈始末記〉還提到貝格曼工作細緻，「他把木簡碎片（即所謂「木朴」），也都收檢起來，繫上紅繩小簽，用銀箔紙包好，裝在紙菸金屬盒裡。我們擇其大片的編號，過於殘碎就仍然保存在盒子裡，寫了浮簽編為一號。」（頁 28）傅先生擇其大片的編號，不知是寫在原來的小簽上，還是寫在簡上？又過於殘碎的也寫有浮簽編號，但現在看見繫有浮簽的並不殘碎。邢義田曾為此請教勞榦先生。勞先生在覆信（1992.6.15）中說：「以繩繫小圓牌上似乎為初期所作，其後漢簡太多，一律用朱砂寫上號碼。我曾看他們工作，已經一律用朱砂寫上，不用圓牌辦法。」可見可能是因為繫浮簽的方法太費事，後來才改以朱砂直接在簡上寫號碼。有些勞榦釋文及圖版有編號的簡（如：18.6、18.7、18.14、123.21），經查原簡，卻不見編號痕跡。我們懷疑可能就是因為原號寫在浮簽上，而浮簽脫落遺失了。有些編號沒有寫在扁平的簡背，反寫在簡狹窄的側面。還有些簡原有編號，奈何日久脆裂，編號今已殘缺或不見（例如 18.17，今只見 18.）

此外目前已發現有極少數簡編號重複，也發現有不少已發表的簡號是錯誤的，例如：

錯誤	正確
5.2	5.7
15.12	15.12B

16.22	11.22
16.13	163.13
17.19	171.19
19.8	19.28
20.28	80.28
90.26	90.16
90.30	19.30
247.54	247.34
329.38	339.38
403.02	403.2
491.2	491.1
524.10	324.10
539.19	339.19
539.39	339.39

　　原簡有少數較薄較脆弱的，大部分是削衣或稱作柿。背面都裱有一層紙。也有不少斷簡經過膠合。傅振倫先生〈始末記〉只提到對字跡行將脫落的，用 zaponal 膠液加固，沒有提到裱紙。據勞榦先生函示（1992.2.11）：「所有膠接以及裱紙的工作也都是在馬衡先生主持下，由傅振倫先生領導做的。這是一個非常費事的工作。都是在我們（余遜、向達、賀昌群以及我）做釋文時已經做好了的。」後來這批簡改存在史語所新樓倉庫，重新排放時，何世坤和曹淑惠因少數簡太脆弱，或原接合處又斷開，曾做原來的方式，用紙裱或再膠接斷處。目前我們已發現接合上下顛倒的，如 20.7、269.7。這兩件都是早先就接錯的。

2. 原簡可見的一些與形制有關的記號，卻不見於各家釋文者，如：

　　5.14　　簡頭有小孔

　　8.1　　簡頭有小孔

10.48	簡下端有七個「⊥」記號，墨色濃淡不一，⊥與⊥之間有橫向刻痕
11.26	圖版簡下所見黑點為圓孔
21.1	封檢上端凹槽有一圓孔
21.3	圖版曾將照像所造成之陰影部分刪除，以致圖版上簡的左側有缺；又簡下端為殘斷之封檢凹槽，簡背呈半圓弧形。
21.4	簡背呈半圓弧形，簡下端為殘斷封檢凹槽
26.1	原簡左側上端 4.5 公分起有三道刻痕
26.5	原簡有明顯墨跡盡褪之半圓花紋楬頭符號。在燈光下側視則清晰見之。半圓花紋楬頭符號與「槍」字之間有一圓孔。

3. 若干因圖版攝製欠佳造成的疑點及錯誤，可因查證原簡而確認或改正者，如：

4.20	《勞》、《甲乙編》作「□未得……」，「未得」二字之前實無它字
4.25	原簡清晰，「二」字有縱裂紋，形成圖版上的陰影，《勞》誤讀為「十」；《甲乙編》作「二」，正確。
7.7A	「致□」原簡殘缺，形成圖版上的陰影。「致」字在原簡上十分清晰。「致」下一字過殘不可識。《勞》釋作「治罪」，誤。
8.5	原簡清晰，《勞》釋「八百」應作「小石」

4. 從原簡墨跡濃淡及書法，可知簡文非一人一時所書者，如：

7.7B	「人人」二字墨色與它字不同，疑非同時所書。簡上有非常清楚的手指紋墨跡。此一指紋應是書簡者手指有墨，不慎留下者。指紋在圖版上不可見。
7.25	原簡較照片，圖版清晰。簡末「 」形記號墨色較深，與簡文非同時所書，簡末「‧」非墨跡。
10.38	「肩水候官」四字與其餘字跡非同人同時所書

15.7B	「亭長發」三字與它字書法、大小不同，疑非同人所書
19.36	簡上下兩欄筆法與墨跡不同，非一人一時所書
24.1A	原簡部分不如圖版清晰，但可看出不同筆跡，除中間一行上半，餘為任意書寫者
26.9B	「春秋已高」四字筆跡與它字不同，非同一人所書

5. 利用紅外線檢視原簡，可補各家釋文闕疑者，如：

14.6+213.21	《勞》釋「次肩」，《甲乙編》作「囗肩」，以紅外線可證《勞》釋無誤。
14.13	簡頭「昭武」二殘字，各家釋文缺。
14.21	「元鳳六年正月乙亥朔」，《勞》作「五月」，誤。
26.32	有一殘存右半的「令」字，各家釋文皆缺。
27.7	「用穀六十六石八斗」。「用」字僅餘下半，但以紅外線檢視，為「用」字無疑，各家釋文缺。「六十六」，《甲乙編》作「六十七」，仍以作「六十六」為是。
27.8	「廿二」，《勞》作「廿三」，應作「廿二」為是。
27.11	「止害」，《勞》作「遠害」，應作「止害」為是。
27.24	《勞》作「囗夫士孝」，《甲乙編》作「囗囗囗囗」，以紅外線可見「囗史王孝」
47.5	《勞》作「轉索」，《甲乙編》作「輸索」，應作「輓索」。
65.12	圖版字跡不如紅外線所見完整，《勞》釋文完全正確。
90.24	《勞》作「丙寅朔」，「朔」字應作「除」
90.25+513.26	「褒延壽」應作「袁延壽」。
90.86	《勞》作「違」，《甲乙編》作「建」，實應作「盡」。
293.5	《甲乙編》釋「平干國」，正確。
303.44	《勞》釋「辛亥」二字之前可補釋「元鳳六年八月辛丑朔」九字。經查陳垣「朔閏表」，正合無誤。「辛亥」二字，《甲乙編》改釋為「庚子」，誤。《勞》釋「定眾」，應作「美眾」。

「出入簿」應作「□□□□□□八月□出入簿」。

303.45　第一字應作「候」字，各家未釋或誤作「‧」。

303.51　「十石」前可明確補「出麥」二字，簡末可補「盡八月」三字。

310.19　「錢器」，《合校》作「鐵器」，誤。

387.20　背面有字，各家未釋。

387.15　各家有「麥」、「穀」、「粟」不同釋文，以「麥」字為是。

433.45　《勞》作「一封吏…」，《甲乙編》作「一封受…」。以紅外線檢視，「一」字應為某字之下半，不可識。「吏」或「受」字應作「辝」，即「辭」字。

558.1A　簡下半段有三行字，各家只釋一行，應作：

壬申右□起竟隧

肩水候官

□足下□□

6. 各家未釋，以紅外線得見字跡者（以下釋文中有較不能肯定者加〔〕號，下同），如：

303.35B　〔飲〕食不當身疾〔則〕□□□□□〔食〕〔它〕勝□

545.2B　下書

558.1B　伏地再□

四 未發表簡的整理

所謂未發表簡是以勞榦先生的《居延漢簡》釋文及圖版之部為準。凡是未曾收入該書，或少數雖有釋文而缺漏圖版的（如 5.3+10.1+13.8+126.12、10.40、13.9、274.11、479.1 或若干已在《甲乙編》中補出圖版的），一律當作未發表。我們曾請教勞榦先生為何當年會有這麼多簡未曾拍照，因此也沒有釋

文。勞先生在 1991 年 11 月 12 日的覆示中說：「至於沒有拍照的問題，是由於漢簡經過重重困難運到香港，再由中英庚款撥款拍照，已經過了不少轉折。當時負責運輸、照相的是沈仲章先生。在照像時，香港已惶恐不安。雖然全部照像，但寄給我的時候，有些未能寄到。後來香港淪陷，照片也未寄全，這就是有些漢簡曬藍本中沒有，在釋文中也沒有的原因。」這是數十年後，勞先生對當年情況的回憶。未發表簡中有部分曾有曬藍本釋文（共 106 簡）。因曬藍本沒有圖版，我們也視同未發表。凡未發表簡以後發表時，除釋文外，將附：

    （1）簡未經處理前原大原狀照片；

    （2）紅外線及影像強化處理後全簡或局部照片；

    （3）因原狀攝影仍不免有誤差，將附實測長、寬、厚等數據。部分已過於脆弱者，將僅附長和寬。

    曬藍本反映了當時可以肉眼辨識的字跡。但是許多簡在幾十年後墨色褪化，以肉眼已不可辨，唯以紅外線則可見到更完整的字跡，如簡 121.14，以肉眼不可辨，曬藍本釋作：「長尖二□□」以紅外線則可見以下字跡：「長七尺二〔寸〕黑〔色〕」。再如《勞》、《甲乙編》都有釋文，但無圖版的簡 81.1，《勞》、《甲乙編》和《合校》皆釋作：「弓館陶第一車十人」，曬藍本釋作：「右館陶第一車十人」，以紅外線可清晰看見「一」應作「卅」，全簡應作「右館陶第卅車十人」。以下我們就未發表簡的情況分八類略作說明：

    （1）曬藍本不可釋，今以紅外線仍不可釋者如：11.31、43.22、124.5、124.9、212.5、215.28、219.41、324.21、335.13、335.22、335.33、565.3、565.4、565.13

    （2）曬藍本可釋，今因字跡褪化，以紅外線也無辨識或所識不如曬藍本者如：16.9、121.20、121.34、215.6、215.20、246.51、584.4

    （3）曬藍本註明無字、字跡模糊、不可釋或不可辨，而以紅外線可識一字或以上者如：11.35AB、14.15、31.26、50.12、51.7、51.18、54.16、60.39、65.4、75.12、80.4、80.12+80.17、116.38、

117.33、118.19、131.3、131.15、131.63、140.24、146.33、
146.72、171.11、171.20、212.10、213.42、219.49、219.50、
221.34、237.47、288.23+288.29、253.15、322.23、335.12、
335.15、340.1、346.49、349.41、537.14、537.16、540.3、585.2

（4）以肉眼不可識，今以紅外線仍不可釋者如：234.25、241.7、
437.14

（5）以肉眼全不可識，以紅外線可識一字或一字以上者如：6.10、
17.10、17.45、19.48、26.27、35.1、37.53、39.31、61.13、
76.12、76.28、99.3、110.38、116.20、117.19、121.28、121.34、
121.35、122.20、122.23、122.26、122.30、124.3、135.40、
139.15、139.37、139.39、156.2、156.19、156.44、167.5、
180.20、192.52、201.3、201.11、214.29、226.4、227.54、
229.11、229.12、229.35、231.95+231.87、233.26、234.16、
234.23、238.8、241.32、241.34、241.43、246.41AB、261.2、
264.31、266.35、272.13、272.26、274.5、274.14、274.33、
284.5、284.30、324.3AB、327.2、327.3、327.14、334.22、
335.19、335.55、337.7、339.27、375.2、414.7、427.3、443.30、
461.1、485.62、486.10、486.46、486.57、486.91、486.94AB、
539.7、557.7+557.8、559.37、563.4、585.55

（6）以肉眼所識不如以紅外線所識為多且確定者如：3.1AB、3.10、
21.5、38.9、42.2、59.9、61.8、72.52、73.33、76.53、113.10、
113.11、122.24AB、122.25AB、122.32AB、126.43、127.21、
129.6、139.25、155.6、158.14AB、177.19、178.28、203.65、
214.157、214.160、216.5+216.12、231.63、234.38、262.24、
272.1、280.13AB、290.19、322.14、455.9AB、480.20、482.23、
486.66、490.7、564.29

（7）部分勞書無圖版，但已有釋文之簡，今可因紅外線所見而得增補
或修正者如：

13.9 　《合校》「…第廿三□」，應作「第廿三車」（圖2）

18.1 　A.大棉十問隧長

　　　B.□未□□

　　　C.敢言之□□（《合校》）

　　　可增訂為：

　　　A.〔薪〕六槍十問隧長

　　　B 沐未洗沐□□□□□□□□□所〔劾〕

　　　C.敢言之　已來（圖3）

121.29 田卒魏郡□陽北□□　（《合校》）

　　　可增訂為：

　　　田卒魏郡〔梨〕陽北市里大〔夫〕　（圖4）

233.4B 背面各家未釋，應作「□四年　　」

265.13 永始十年三月甲寅作□□□　都尉丞（《合校》）

　　　可增訂為：

　　　A.永始十年正月甲寅張掖肩水都尉丞

　　　B.□（圖5）

274.10 居延與金關為出入六寸符券齒百從第一至千左

　　　居符合以從事　●第七（《合校》）

　　　可增訂為：

　　　〔閏〕〔月〕〔甲〕〔辰〕居延與金關為出入六寸券齒百從第一至千左居

　　　官〔右〕〔移〕金關符合以從事　●第十（圖6）

　　　（曬藍本於〔閏月〕二字之前還釋出「始元十年」四字，按十字必誤，應作七，今原簡已全不可識）

274.11 居延與金關為出入六寸符券齒百從第一至

　　　□□居官右移金關符合以從事　●第十九（《合校》）

　　　可增訂為：

　　　□年□月居延與金關為出入六寸符券齒百從第一至

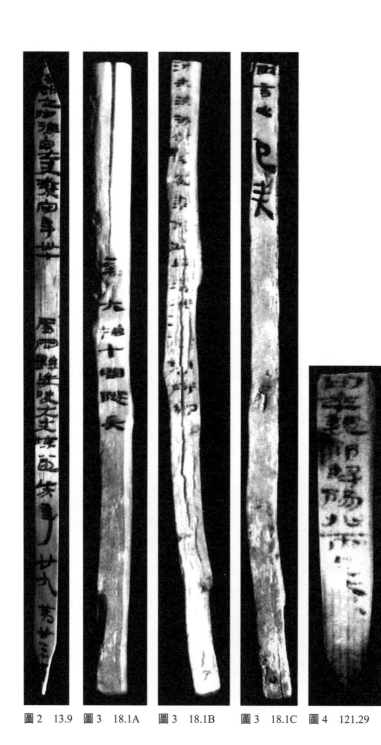

圖2　13.9　　圖3　18.1A　　圖3　18.1B　　圖3　18.1C　圖4　121.29

古月集：秦漢時代的簡牘畫像與政治社會
　　　　——卷一　漢代的簡牘

圖5　　　圖5　　　圖6　274.10　　圖7　274.11
265.13A　265.13B

□居官右移金關符合以從事　●第十九（圖7）

274.34　□□須頃瓦堂意（《合校》）

可增訂為：

A.事耳作久也〔伏〕〔地〕（A面各家未釋）

B.須頃耳頗留意（圖8.1-2）

306.6　《合校》「毋留」，應作「〔行〕毋留」

479.1　《合校》「三年」，誤，應作「三」年

506.12　《合校》「府掾王縣君延長」，應作「市陽里郭安作長」

506.14　百目　始建國三年八月二十八日定作簿柱□□許（《合校》）

可增訂為：

廩九人＝百七十〔五〕

白　目始建國三年八月二十八日定作簿拄

廩二人＝百三□（圖9）

511.36　都已□□一□王忠（《合校》）

可增訂為：

都已□敢言之／令史忠

（8）在一千餘未發表的簡中，有兩字以上可釋者僅五百八十餘。以下
　　僅舉若干從未發表的簡為例（釋文中較不敢肯定者加〔〕號）：

<pre>
                         □□二兩（小字）

              □襲一領　丁   紺行□□　丁

              皂布〔復〕袍一領　丁   布三橐一

8.2 □卒〔淮〕陽   □布復一兩　丁   黑布〔四〕丁

  〔苦〕〔閭〕宜里□ 皂布□〔衣〕一兩　丁   布〔絑〕□〔兩〕丁

  處賢   □一領   丁

  年廿四   〔犬〕二兩   丁   葛絑二兩丁

              枲履一兩   ●右卒私□〔裝？〕

              ●右縣官所給
</pre>

圖 8.1　274.34A

圖 8.2
274.34B

圖 9　506.14

□續一　　　丁　　　誠北（以較大字書寫）

（圖 10.1-4）

72.1　　　私書一封□〔名〕

不□□□

不知語事〔鳴〕〔橐〕□張時來□□

所〔憙〕留□□□（殘帛）

72.9　　　廿〔二〕日奉用錢五萬□

78.23　　□〔廿〕石食九月廿日粟

78.43　　憚交錢二百五十願已二月奉償

110.38　　新始建國地皇上戊元年五月戊子□

122.16　　　　三月戊戌臨桐卒□□

甲渠

以來（甲渠二字甚大，左半殘）

122.26　　吞遠置千二百石〔積〕居延

122.29　　以直不傳別書相報不報者□

佐錄

122.30　　元延五年正月丙子朔甲□□□

簿一編敢言之

136.5　　　世養馬二匹積廿四日

139.15　　直卅六萬奴一人直九萬

158.14A　□當出□□□月廿斤市巾□□斤

158.14B　□　弟子宜伏地再拜上□

□出錢〔卅〕買〔魚〕二

160.21　　□子算計　出錢卅八買□一

出錢卅四買三〔束〕

170.10　　辟北隧卒徐壹

182.32　　出麥〔六〕〔十〕七石四斗八斗

214.157　□□〔坐〕前善毋恙頃者久不相見彳　□

圖 10.1

圖 10.2

圖 10.3

圖 10.4

隧長王卿行塞具吏卒良郭卒三人

231.63　第三隧長史臨　十一月食三斛

238.17　甲渠候官尉史奉親付□胡

322.14　〔廣〕田隧東郡東阿□里李〔更〕

十月己未

十月己未

336.6　　□金關隧長檞得張言

執適隧長氏池趙放字

□□隧長檞得□□□

481.24　　第十候長鄭〔豐〕

507.23A　　　　　　　　　河平元年六月□

第四候長朱嘉

〔半圓花紋楬頭符號〕

□□□吏十□

□□元年六月□

507.23B　　　　　　　〔第〕〔四〕候長朱嘉

〔半圓花紋楬頭符號〕

□□□吏計

564.30　　當利隧長廣和蓬誤

583.1　　□大為同縣里戴輔

官吏十人

無號　甲渠吏卒簿　其三人治亭□　十人

一人從吏　　　十人

　　根據以上對居延簡的工作經驗，我們確信如以這套紅外線和影像強化設備對上萬已發表的居延、敦煌簡作一番新的檢查，必能有更多的收穫。如果 1973 年前後出土的居延簡以及其他簡帛都能利用上述利器，相信許多殘存情況令人沮喪的簡帛都會帶來驚喜。

五 簡帛金石電腦檢索資料庫及研究文獻目錄的建立

　　為配合居延漢簡的整理，我們同時也建立了（1）簡帛金石電腦全文檢

索資料庫，（2）簡帛研究文獻目錄。前者由劉增貴規劃設計，目前已輸入資料二十三種，約 1,610,000 字。這二十三種資料是：

1. 《居延漢簡甲乙編》，中華書局，1980
2. 《居延新簡》，文物出版社，1980
3. 《疏勒河流域出土漢簡》，文物出版社，1984
4. 《敦煌漢簡釋文》，甘肅人民出版社，1991
5. 《敦煌漢簡》，中華書局，1991
6. 《散見簡牘合輯》，文物出版社，1990
7. 《睡虎地秦墓竹簡》，文物出版社，1990
8. 《銀雀山漢墓竹簡》（一），文物出版社，1985
9. 《馬王堆漢墓帛書》（一），文物出版社，1980
10. 《馬王堆漢墓帛書》（三），文物出版社，1983
11. 《馬王堆漢墓帛書》（四），文物出版社，1985
12. 《武威漢代醫簡》，文物出版社，1975
13. 張家山漢簡〈引書〉，《文物》10，1990
14. 天水放馬灘秦簡甲種〈日書〉，《秦漢簡論文集》，甘肅人民出版社，1989
15. 江陵張家山漢簡〈脈書〉，《文物》7，1989
16. 《漢碑集釋》，河南大學出版社，1985
17. 《秦漢金文錄》，臺北影印本，1974
18. 《中國古代磚文》，知識出版社，1990
19. 《秦漢南北朝官印徵存》，文物出版社，1987
20. 〈敦煌漢簡校文〉，見《居延漢簡·考釋之部》頁 205-240 所附，中央研究院歷史語言研究所，1960
21. 〈中國歷代墓券略考〉，《創立四十周年記念論集》I，東京大學東洋文化研究所，1981
22. 居延未發表簡，中央研究院史語所藏，本小組考釋
23. 兩漢鏡銘集錄，林素清提供

根據劉增貴先生的設計，資料庫還可繼續輸入資料，擴充內容。以上資料庫可以輸入任意字詞的方式，同時檢索二十三種的任意九種。所謂任意字詞，是指可任意設定例如有「肩」、「肩水」、「肩水候」或「肩水候官」等為檢索目標，進行檢索；檢索結果可以存檔或印出。（詳參劉增貴，〈電腦在漢簡研究中的應用〉，《新史學》，2：2，1991，頁 129-138）。利用這一資料庫，可以十分快速地檢索所需的資料。本文所附〈漢簡中人名與《急就篇》人名之相合者〉即借助這一資料庫的結果。[5]

研究文獻目錄由蕭璠負責。我們希望這一目錄盡可能完整。凡是論文集所收論文細目皆分別列出。又凡有原書可查的，都重新查證原書出版資料。目前已完成至 1991 年刊出的文獻建卡工作，正將卡片資料輸入電腦中。限於見聞，必有許多我們不知道的出版，也有不少在臺灣無原書可查的。為使工作完美，實有賴中國大陸、日本及歐美學者大力協助。

六、展望

因為簡牘不易長期保存，史語所居延簡目前的情況已有不少不如過去。為使簡上字跡在更為褪化以前能保留現況，今年 5 月 12 日簡牘小組另添一套電腦影像強化及影像儲存系統（INTEC Image Processor and Analysis System）。我們今後可以將以紅外線所見最佳的字跡，經強化處理，再儲存在光碟（optical disc）中。此外，我們也正委託電腦公司設計軟體，希望做到同時檢索影像與釋文資料。（補記：這一點現在已經作到，參中央研究院歷史語言研究所拓片與古文書資料庫之漢簡資料庫 http://rub.ihp.sinica.edu.tw）

本所所藏居延漢簡和 1972 至 74 年新發現的居延簡是關係極密切的一批資料。結合二者，再加上敦煌等地的簡牘，簡牘研究增添了許多新的研究空間，也面臨了不少新的問題。如何使這些珍貴的資料，妥善地保存，

5　此文現已改題〈漢簡、漢印與《急就》人名互證〉，收入本卷一，頁 115-133。

完美地發表，並使更多的學者能方便的利用，增加大家對漢代歷史和文化的認識，是我們最大的心願。展望未來，必然還有更多的簡牘出土。這時，實有必要透過所有關心簡牘學者的合作，建立起一套一致的簡牘著錄體例（包括簡牘命名、編號、圖版、釋文等）。我們相信簡牘之學要能成為一個較科學、有體系的研究領域，資料著錄體例及引用方式的一致是不可少的基本要求。

後記

本文所用兩篇《文物天地》資料，承門田明先生提供；1992 年 12 月 30 日，裘錫圭先生來所訪問，8.2 號釋文曾請裘先生指正，特此誌謝。

81.5.20 初稿

82.1.6 改

原刊《漢簡研究の現狀と展望》，關西大學，1993；本文第一節所述，已大加增補，其詳應另參本書〈傅斯年、胡適與居延漢簡的運美及返台一文。本文刪去與它文重複的附圖並增補部分漢簡釋文紅外線照片。

96.11.4 訂補

補後記

本文發表於近三十年前，所附圖版為當時紅外線儀所攝。現在已有更清晰的紅外線影像圖檔，為使讀者了解當年設備的極限，本文保留原附圖。較好的圖版可參史語所 2014-2017 年出版的《居延漢簡（壹~肆）》。

111.2.2

中研院史語所藏居延漢簡整理近況簡報 （1998-2000）

　　史語所簡牘整理小組於 1998 年出版《居延漢簡補編》以後，仍繼續幾項已進行多年，尚待完成的工作：[1]

1）將原簡依簡號重排。過去原簡的排列是依勞榦《居延漢簡——圖版之部》的圖版排放，同一版上諸簡之間沒有必然的關係，也無簡號順序，查索甚為不便。我們希望依簡號重排，一方面便利查找，同時澈底了解這批簡保存的現狀——有無遺失、斷裂、發霉、殘損、字跡褪色；另一方面也希望將同一包號，也就是同一出土地的簡集中，以便利零簡的綴合和簡冊的重建。

2）逐簡以紅外線檢查，核對簡號，測量尺寸，並以電腦影像處理系統強化以紅外線所見的字跡，儲存成電腦影像檔。目前（1999 年 11 月 15 日）已建檔至 485.58 簡。

3）以紅外線所見字跡，核校勞先生（以下簡稱《勞》）與《居延漢簡釋文合校》（以下簡稱《合》）所作之釋文，並作成新釋文，輸入電腦建釋文檔。

4）以紅外線所見簡影比對勞先生據以作釋文的反體照片和勞書圖版，記錄原簡現況、紅外線簡影和反體照片以及圖版在清晰度、完整性

1　關於史語所簡牘整理小組之成立與初期工作，請參簡牘整理小組，〈中央研究院歷史語言研究所藏居延漢簡整理工作簡報〉，原刊大庭脩編，《漢簡研究的現況與展望》（關西大學東西學術研究所，1993），頁 101-120；增補後收入《居延漢簡補編》（臺北：中央研究院歷史語言研究所，1998），頁 1-14。

上的差別。

整理小組成員除原有的蕭璠、林素清、劉增貴、邢義田，參加工作的還有對古文字學有素養的李宗焜和顏世鉉。由於其它的研究工作甚重，小組成員不一定能每次到齊，只要有兩人即工作。通常一星期工作兩天。

以下分成（一）簡號、（二）原簡情況、（三）反體照片、（四）《居延漢簡——圖版之部》、（五）釋文討論五部分，簡單說說《補編》以外，自1997年2月24日我們從3.2號簡開始，逐簡檢查，至1999年10月31日，查到303.12號簡為止的主要收穫。

一 簡號

原簡簡號大部分是以朱砂寫在簡牘無字的一面，或簡的側面，也有寫在有字的一面的。有極少數簡沒有用朱砂，而以墨筆寫編號，更有少數簡編號是以朱砂寫在小圓紙簽牌上，簽牌再以細繩繫在簡上（如51.24AB、112.4AB、123.21AB、127.10AB、181.3AB、238.36AB、241.11AB、241.25AB、287.1AB。〔其中112.4AB、123.21AB、127.10AB、181.3AB四簡正背面皆無朱砂或墨書之編號，疑原繫有之簽牌遺失，也有可能因原編號剝落〕）。

我們逐簡檢查，發現有不少簡的編號，在《勞》圖版所據的反體照片上就不正確。過去因無原簡可核對，錯誤在各版本中一直延續下來：

誤→	正
4.8（勞圖版）	→48.?（原簡簡號有殘，僅見朱書48，非4.8；反體照片簡號即誤作4.8）
7.23（勞圖版）	→134.1
14.17（勞圖版）	→14.7（曬藍本作14.7）
16.13（勞圖版）	→163.13
17.19（勞圖版）	→171.19

19.8（勞圖版）　　　→19.28

20.28（勞圖版）　　　→80.28

32.20A（勞圖版）　　→204.8

32.21（勞圖版）　　　→204.7A（勞書第一版作 32.21，第二版校記作 204.9A，
　　　　　　　　　　　　亦誤）

32.44（勞圖版）　　　→62.44

37.35（勞圖版）　　　→37.55

50.11（勞圖版）　　　→50.2

50.18（勞圖版）　　　→50.16

51.15（勞圖版）　　　→49.29

52.53（勞圖版）　　　→52.33

55.19＋173.1＋254.20（勞圖版）→55.19＋137.1＋254.20

56.12（勞圖版）　　　→56.21

60.2（勞圖版）　　　　→60.5

62.47（勞圖版）　　　→62.8＋62.47

85.7（勞圖版）　　　　→85.17

85.80（勞圖版）　　　→85.8

90.23（勞圖版）　　　→90.83

90.26（勞釋文誤，圖版不誤）→90.16

95.2AB（勞圖版）　　→25.2AB

95.16-20＋95.20（《合》）→95.16-20（勞圖版編號正確）

100.（勞圖版）　　　　→100.2

103.25（勞圖版）　　　→103.35

108.29（勞圖版）　　　→108.27

110.10（勞圖版）　　　→110.19

111.31（勞圖版）　　　→117.31

112.8（勞圖版）　　　→102.8

116.7（勞圖版）　　　→116.10

116.10（勞圖版）　　→116.7

116.11（勞圖版）　　→116.12

116.48（勞圖版）　　→116.33

116.51 勞圖版 409 之 116.51 與 582.9 編號顛倒

116.57 勞圖版 409 之 116.57 與 116.60 編號顛倒

117.32（勞圖版）　　→117.22

118.27（勞圖版）　　→117.27

120.8（勞圖版）　　→120.8？（.8 之後還有朱砂字痕，已不可識）

120.37（勞圖版）　　→180.37

122.21（勞圖版）　　→122.1

124.22（勞圖版）　　→124.23

127.21（《合》）　　→127.22

129.1（勞圖版）　　→219.1

138.3（勞圖版）　　→183.3

139.39AB（勞圖版）→139.4AB

142.28（勞圖版）　　→142.18

149.45（勞圖版）　　→149.54

157.2（勞圖版）　　→175.2

183.7＋183.2（勞圖版）→138.7＋183.2

183.30（勞圖版）　　→182.30

193.12＋214.117（勞圖版）→193.22＋214.117

198.12B（勞圖版）　→198.17B

203.18（勞圖版）　　→203.24

203.24（勞圖版）　　→203.18

203.47（勞圖版）　　→203.49

203.49（勞圖版）　　→203.47

204.5（勞圖版）　　→204.6

204.6（勞圖版）　　→204.5

　古月集：秦漢時代的簡牘畫像與政治社會
　　　　——卷一　漢代的簡牘

204.9A（勞圖版） →32.21（勞書二版校記改為 32.21，《合》仍作 204.9）

213.34（勞圖版） →213.43

218.12（勞圖版） →218.21

218.21（勞圖版） →218.12

219.19（勞圖版） →299.19

227.93（勞圖版） →227.98

x231.53（《合》） →231.35

231.58（勞圖版） →231.85

233.32（勞圖版） →233.22

237.51（勞圖版） →237.57

x238.36（《合》） →簡背編號已脫落，無法得知正確編號

239.16（勞圖版） →232.16

239.38（勞圖版） →239.35

239.57（勞圖版） →239.75

239.75（勞圖版） →239.57

239.116（勞圖版） →239.106

243.5（勞圖版） →235.5

245.11（勞圖版） →245.1

247,54（勞圖版） →247.34

248.5（勞圖版） →248.3

249.10（勞圖版） →249.14（《合》誤作 249.1）

265.21（勞圖版） →268.21

272.25A（反體照片、勞圖版）→103.9

280.15（勞圖版） →280.5（《合》作 x280.25）

x282.12（《合》） →582.15

286.5（《合》） →286.6

286.30（勞圖版） →266.30

x287.10（《合》） →387.10

293.3（勞圖版）　　→299.3

309.3（勞圖版）　　→307.3

524.9A（勞圖版）　→52.49A

2. 以朱砂寫的原編號少數出現重複，如：

109.10、104.13（勞圖版 322 有 104.13 無誤，圖版 330 另有一簡編號作104.13，可能重複，亦可能有誤，待查）、158.11、248.1、285.1（「□吏官一人持吏卒名籍詣府須集帛書」原綴合在 185.14 之下，此綴合有誤，筆跡、行款皆不同，又勞圖版 265 編號誤作 258.1；另一 285.1 簡見勞圖版 371）。

◰二 原簡情況

原簡自 1965 年運回臺灣後即保存在史語所考古館，1966 年勞榦先生作過一次清點，留下一本〈居延漢簡點查記錄〉。1987 年，史語所陳列館大樓完工，考古館文物遷入新樓倉庫，保存條件才得以改善。由於出土時間已久，長期不能在較理想的情況下保存，原簡現況好壞不一，以下分項敘述。

1. 有相當多的簡，即使環境條件不好，依然墨色如新，亦未變形。更有很多簡以紅外線可以看見遠比照片和圖版為清晰的影像，不但可以修正不少過去因圖版不清造成的誤釋、缺釋，更可以增補若干釋文。例如（以下釋文加〔〕部分表示所釋較難確認，僅供參考。紅外線簡影請參文後附圖。）：

15.5　　「葆　鸞鳥息眾里上造顏收年十二 出入長六尺黑色一 皆六月丁巳出　不」（圖 1）

「出入」二字較小，左右並排，墨色甚淡，《勞》圖版上不可見，各家未釋。同樣的情形亦見簡 51.5＋119.27「葆 鸞鳥大昌里不更李惲年十六 出入長七尺黑」，「出入」二字較小，左

右並排。又「皆六月丁巳出　不」部分筆跡與其餘部分不同。

25.1　此簡為一竹簡。《居延漢簡甲乙編》（以下簡稱《甲乙編》）及《合》釋文作：「氏北昌里房安年三十五　第六車」。

《勞》圖版簡上端發黑，全不可識。以紅外線可見字跡多六字：

「戍卒河南郡緱氏北昌里房幸年三十五　第六車」（圖2）

26.7　「□□乙酉自取」（《合》）。此簡以肉眼已難見字跡，以紅外線可見：「□錢千　給臨木候長樂博六月壬子盡〔晦〕積廿五日□八月己酉自取」（圖3）

26.18　「第三十隧卒□□□十二月□□□」（《合》）以紅外線可見之字跡：「第三十隧卒□第十五隧長□　□□」（圖4）

27.24　「□□□□□部卒亡不得罰金四兩」（《合》）以紅外線可見字跡：「侯史王孝　坐部卒亡不得罰金三兩」（圖5）

46.26　「□□□□□敵後不欲言變事爰書自證□今□□□□」（《合》）原簡發黑，不如《勞》圖版，但以紅外線可見較多的字跡：「□□德大根持敵後不欲言變事爰書□〔自證〕□今□□□□」（圖6）

多釋出的「根」字使我們發現此簡內容與 EPT52：178 應有關連：「根前所白候爰書言敵後不欲言今乃言候擊敵數十下多所□」。

49.32　「戍卒南陽郡魯陽重光里公乘李少子年廿五庸同」《勞》圖版發黑，以紅外線可見較多字跡：「戍卒南陽郡魯陽重光里公乘□少子年廿五庸同縣南□里大夫□」（圖7）

由此簡可知所庸代役之人，其爵（一為公乘，一為大夫）可以不同。

54.19　「奉世妻倚郎年十六長六尺三寸黑色」（圖8），因《勞》圖版發黑，《勞》及《合》都未能釋出「黑色」二字。

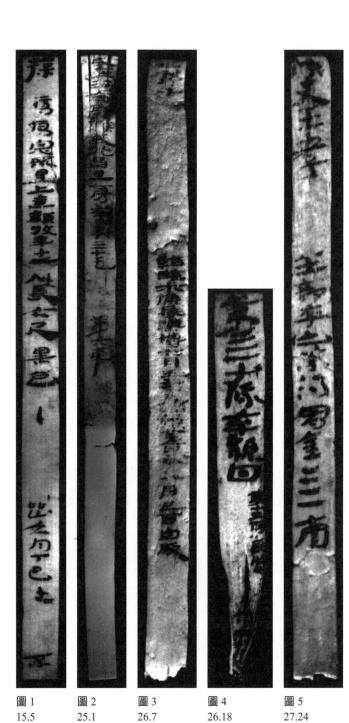

圖1　　　圖2　　　圖3　　　圖4　　　圖5
15.5　　 25.1　　 26.7　　 26.18　　27.24

　古月集：秦漢時代的簡牘畫像與政治社會
　　　　　——卷一　漢代的簡牘

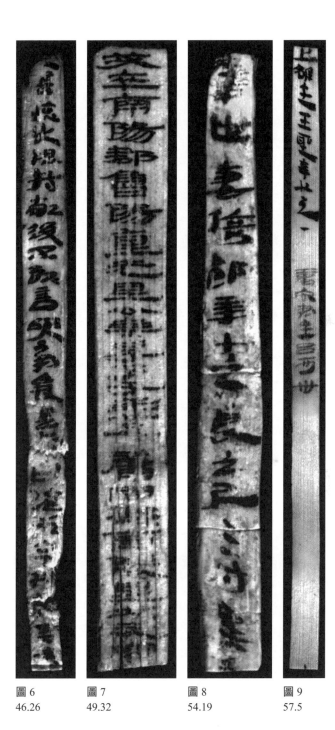

圖 6　　　圖 7　　　圖 8　　　圖 9
46.26　　49.32　　54.19　　57.5

57.5 「上雒丞王聖年廿六　□□□□□卅」（《合》）原簡下段字跡不清，各家未釋，以紅外線可清楚見之。下段書法、墨色皆與上段不同：「上雒丞王聖年廿六· 庸安君里呂可卅」（圖 9）

84.19

《合》釋文：「□□吏□七百五十三　出錢五千二
出錢千付
□錢千付」

紅外線所見較《勞》圖版稍多，我們改釋為：

「發〔弩鞅〕受錢七百五十三　出錢五十二
出錢十付
出錢十付」（圖 10）

90.49＋90.68＋90.89

《合》釋文：「右校假卒史漢中□□□高居里趙式」

紅外線所見較《勞》圖版清晰完整，應改釋為：

「右校假卒史漢中郡褒中高居里趙」（圖 11）

123.41A《合》釋文：「虜　坐盜臧百□□□」

紅外線所見較完整，增釋為：

「□虜　坐盜臧百錢以上」（圖 12）

157.14 《合》釋文最後一句作「界中九十五里定行八時三分□行一時二分」。

按此簡原簡下端發黑，紅外線所見仍明晰，釋文可改為：

「界中九十六里定行八時三分疾程一時二分」（圖 13）。

「疾程」文例見簡 484.8（圖 13.1），味其意應為規定一時行十里，九十六里只走了八時三分，比規定的時程快了一時二分。

160.2 《合》釋文下半部作「□如伏□山隧前憲□□□□
□子趙君上小奴利大刀□」

此簡紅外線所見較《勞》圖版為清晰，釋文應改為：

「□〔鉗〕釱左止□蘇憲已□□□
取女子趙君上小奴利大刀□」（圖 14）

圖 10　　　　　圖 11　　　　　圖 12
84.19　　　　　90.49　　　　　123.41A

圖 13　　　圖 13.1　　　　圖 14

157.14　　484.8　　　　160.2

163.5 　《合》釋文作「夜入淖君所　十二月己未車一兩」
　　　 此簡《勞》圖版上端發黑，紅外線所見清晰，釋文應改為：
　　　 「□　就人淖君作　出一月己未車一兩」（圖 15）
　　　 《勞》釋文作「出一月」正確。

178.17 《合》釋文作
　　　 「□□元年九月丙戌朔丙　戌卅井障守候□尉定國
　　　 　□□□□□□即日遣　之官書到如律令」
　　　 此簡以紅外線所見較《勞》圖版清晰，釋文可增補為：
　　　 「河平元年八月戊辰朔丙戌卅井鄣守候塞尉定國
　　　 　□鳳近補殄北候史即日遣之官書到如律令」（圖 16）

182.20 《合》釋文作「郡安昌長□□□曹」
　　　 此簡以紅外線所見較《勞》圖版清晰，釋文可增補為：「中郡
　　　 成固里秋□□□□」（圖 17），「中郡」應即「漢中郡」。

182.32 《合》、《甲乙編》未收，《勞》作「不可釋」；以紅外線可見
　　　 如下字跡：「出麥六十七石四斗八升　」（圖 18）

185.20 《合》釋文作「蒼頡作書以教後□」
　　　 此簡下端火燒發黑，以紅外線可見較多字跡，應增補為：
　　　 「蒼頡作書以教後嗣幼子」（圖 19）

190.11 《合》釋文作「候史□遂　馬」
　　　 紅外線所見較清晰，應作：「候史成遂　畢」（圖 20）（按：
　　　 EPT51：301 有「候史成遂」）

192.43 《合》釋文作「□□食□田□都□□」
　　　 紅外線所見較清晰，應作：
　　　 「□甲寅朔甲子都尉部」（圖 21）

203.34 《合》釋文作「□□□□□□四斗五升　十一月丙辰卒　護
　　　 取部卒十五人食」
　　　 紅外線所見較清晰，可增補為：
　　　 「出十二月食鹽四斗五升 十一月丙辰卒　護取郵卒十五人食」

圖 15　　　圖 16　　　　圖 17　　　　圖 18
163.5　　　178.17　　　182.20　　　182.32

（圖 22）

203.40　《合》釋文作「第十一候長譚詣官上元□□□□□七月甲戌蚤食入」

紅外線所見較清晰，可增補為：

「第十一候長譚詣官上元壽二年功勞七月甲戌蚤食入」（圖 23）

231.20　《合》釋文作「□官□驛馬一匹驪駮牡左剽齒十四歲高五尺八寸　中」

紅外線所見較清晰，可增改為：「止害隧驛馬一匹□駮牡左剽齒十四歲高五尺八寸　中」（圖 24）

231.74　《合》釋文作「□次傳別書私欲不報者重追之幸□□
　　　　　　　　　／掾□屬至令史涼」

紅外線所見較清晰，可增改為：

「□道次傳別書相報不報者重追之書□□
　　　　　　　　　／少史輔屬聖令史涼」（圖 25）

（按「少史」又見簡 10.30；「〔以〕道次傳別書相報不報者」文例又見 61.9、203.22、EPT48：56、EPT50：48、EPT52：16A）

243.2　《合》釋文作「／守令史鳳」

此簡原簡及紅外線皆較圖版清晰，可增改釋為：

「如律令
守令史鳳」（圖 26）

246.56　《合》釋文作「年十二月
　　　　　　　　□敢言之」，《勞》釋文作「年十二月
　　　　　　　　　　　　屬重訾直」

此簡原簡已不如照片清晰，但我們以紅外線檢查，發現勞釋基本正確，「屬」應改為「累」，釋文應作

「〔年〕十二月
累重訾直□」（圖 27）

圖 19　　　　　圖 20　　　　　圖 21　　　　　圖 22
185.20　　　　190.11　　　　192.43　　　　203.34

圖 23
203.40

圖 24
231.20

圖 25
231.74

圖26　243.2　　　　　圖27　246.56

247.17　《合》釋文作「吏謹為□□官」，

　　　　《勞》釋文作「戍卒淮陽郡□□里」

　　　　此簡紅外線所見較照片及圖版清晰，勞釋基本正確，唯可增

　　　　釋為：「戍卒淮陽郡東安里」（圖28）

255.29　《合》釋文作「□卩」，

　　　　《勞》釋文作「□自言隨□」

　　　　此簡經火燒發黑，以紅外線所見字跡清晰，釋文可增改為：

　　　　「孫廣自言隨塢長」（圖29）

280.20A《合》釋文作「且入將記當□從□長聽以柳中郵累長孫即」

　　　　此簡紅外線所見較照片、圖版清晰，釋文可增改為：

　　　　「且至□奉□記□告□博德幸甚聽以柳中卿累長孫即」（圖

　　　　30）

　　　　本面釋文須與各家缺釋之背面內容參看。280.20B 見下文。

286.12 《合》釋文作「鄣卒□□　鹽三升　十一月庚申自取」

原簡中段發黑，肉眼不可識，以紅外線則可辨，《勞》、《甲乙編》皆無圖版。今可增改為：「鄣卒徐弘　鹽三升　十二月食三石三斗三升少 十一月庚申自取」（圖31）

288.17 《合》釋文作「□□□不服移自證爰書□

肩水候寬寫重」

此簡原簡及紅外線皆較照片、圖版清晰，釋文可增改為：

「問收責不服移自證爰書□

肩水候憲寫重」（圖32）

300.6 《合》釋文作「□奉延所□盡□□賜河東□卒吏餘半月酒直」

此簡紅外線所見較照片圖版清晰，釋文可增改為：

「□月癸未受所□□□□陽河東□卒吏餘半月酒直」（圖33）

300.7 《合》釋文作「□入□故可」

此簡原簡紅外線皆較圖版清晰，釋文可增改為：「●斬人髮〔故〕可□」（圖34）

按：《睡虎地秦墓竹簡》〈法律答問〉84：「士五（伍）甲鬥，拔劍伐，斬人髮結，可（何）論？當完為城旦。」（頁113）

303.12A 《合》釋文作：

「元鳳三年十月戊子朔戊子酒泉庫令安國以近次兼行大守事
丞步遷謂過所縣河津請遣□官持□□□錢去□□取丞從事金
城張掖酒泉敦煌郡乘家所占畜馬二匹當傳舍從事＝如律令／
掾勝胡卒史廣」

此簡原簡、紅外線皆較照片、圖版清晰，釋文可增改為：

「元鳳三年十月戊子朔戊子酒泉庫令安國以近次兼行大守事
丞步遷謂過所縣河津請田閒守卒史解思□大司農部丞從事金
城張掖酒泉敦煌郡乘家所占畜馬二匹當傳舍從者＝如律令／
掾勝胡卒史廣」（圖35）

303.12B 《合》釋文作「十月壬辰卒史解

圖 28　　　　　圖 29　　　　　圖 30　　　　　圖 31
247.17　　　　 255.29　　　　 280.20A　　　　286.12

古月集：秦漢時代的簡牘畫像與政治社會
　　　——卷一　漢代的簡牘

圖 32　288.17

圖 33
300.6

圖 34
300.7

圖 35　303.12A

章曰酒泉庫令印」

此簡缺圖版，紅外線較原簡清晰，釋文可增改為：

「十月壬辰卒史解　口以來

章曰酒泉庫令　印」（圖 36）

2. 原簡字跡也有許多剝落或褪色。有不少簡現在即使以紅外線察看，還不如反體照片或圖版清晰，如：

　　3.7、4.6AB、4.22＋21.6、4.31、19.34、53.14、55.11＋137.6＋224.3、229.34、229.43、246.23、264.35、268.36、271.4B、272.39、275.14、279.11A、279.18、288.3、300.3

3. 有些簡從厚薄、簡質、木紋可確知原屬同一簡，但無法綴合：

　　4.30 與 4.32

　　10.7 與 10.8〔10.9 之內容與形式與 10.7、10.8 一致，當為同一文書〕

　　27.3 與 27.4

　　233.16 與 233.53

　　234.29 與 234.40

4. 有些簡可綴合（從斷痕、木紋、厚薄、筆跡、內容判定）：

　　51.5＋119.27、26.19＋26.30、51.5＋119.27、68.4＋68.16、71.6＋231.6、71.1＋71.3、110.1＋110.5、117.43＋118.1＋255.25、119.2＋119.5、127.30＋勞圖版 127 之無號簡「史明」（《合校》已綴合）、145.30＋145.37、148.1＋148.42（勞釋不誤；《合校》

圖 36　303.12B

分為二，誤）、176.18＋176.45、193.11＋193.27AB、202.11＋202.15、202.12
＋202.20、217.5＋217.32、218.29＋218.49、218.54＋218.62、232.6＋
232.26、233.10＋233.17、239.57＋239.60、239.73＋239.120、239.65＋
239.80、242.12＋242.16、242.15＋242.18、242.35＋242.41、272.30＋
272.31、《勞》無號＋272.32

舉若干例如下：

110.1＋110.5 A：「更始三年二月癸丑朔□□隧長護敢言之謹移」

B：「詣官當教五十上　下」

117.43＋118.1＋255.25：「孝文皇帝五年十一月壬寅下凡卅八字」

193.11＋193.27A：「並伏地言

子務夫甚苦

願列前迫□吏謹因

第來子務功為居延□

因報子務前所言事竟」

193.11＋193.27B：「謹因使撞記□

奉

淳于

卿足下　　　」

202.11＋202.15：「　　父病臣之縣南鄉見嗇夫□□□先令券書家財物

一錢□□□

□□□□〔辟非破胡及城北嗇夫□□□〕二年三月癸

丑□」

（202.10亦屬同一文書）

217.5＋217.32：「遣叩頭死罪死罪盛愚贛恐官備責遺茭即煌恐檄言官

遺當」

218.29＋218.49：「□督足下善毋恙苦臨□

前使隗子元持記予子文言」

232.6＋232.26：「可用者各值亭隧不可用者遣吏輸府謹擇可用者值亭

　　　　　　　　　隧」

233.10＋233.17：「輒賦予如府書律令」

242.15＋242.18：「年十月庚寅朔日視」

　　　　　　　（兩簡木紋、厚薄、墨色、筆跡皆一致，唯中間仍有缺斷）

無號＋272.32：「迹候備盜賊為職至四年十一月丙午隧卒成野」

　　　　　　　（「迹候備盜賊為職至」部分勞圖版 152 標為「無號」，實際

　　　　　　　上是 272.30 簡之上半段，《合》綴合正確）

5.　原簡過去的綴合上下顛倒或有誤：

　　20.7

　　20.9

　　56.35A（《勞》圖版 442 之簡綴合有誤，圖版 445 正確）、

　　78.10（《合》釋文作「書到　食時入」。按：原簡誤綴，「書到」與「食時入」

　　　　筆跡不同，不應綴合）、

　　103.46

　　137.8＋224.22（上下段之間仍有殘缺）

　　185.14（原作 185.14＋258.1。兩斷簡木紋、斷痕、筆跡、字距皆不同，不應綴

　　　　合）

　　192.38（綴合有誤，下段有「元」字及半個「鳳」字）

　　269.7（《甲乙編》已改正）

　　20.9《合》釋文從《勞》及《甲乙編》作：

　　　　卅六　廷尉受制曰廷尉中二千石二千石郡太守諸侯□奉湯

　　其實勞圖版所見簡的綴合是錯誤的，下段正背面顛倒。下段的背面有

字，應翻過來，作為原簡的上段。我們將簡殘片，根據殘斷痕跡復原後，

得出如下新釋文：

　　千石官歲各課其縣道□卅六　廷尉受制曰廷尉中二千石二千石郡太守諸侯

　　□奉湯（圖 37）

　　因簡已殘斷，「奉湯」二字位置不能完全確定。2007 年 11 月 27 日在

香港大學圖書館得見余遜所作，勞榦校訂的此簡釋文：[2]

> 卅六廷尉受制曰
> 廷尉中二千石二
> 千石郡太守諸
> 侯…
> 二千石官春秋
> 徼行縣道…
> …奉湯

從抄錄行款可知余遜作釋文時，簡已斷裂為數段，因無法決定應如何排列，因此分段抄釋文。其中所釋「春秋」、「徼行縣道」明顯有誤。

6. 原簡已較反體照片或圖版，或圖版較反體照片為殘損：

20.9、52.16、62.53、63.9、71.3、71.4、71.7、71.12、71.20（原簡下端較圖版為殘缺，編號已不見，《勞》作無號）、71.22、71.24（《合》按：「此簡似不能綴合」，不確。此簡綴合無誤，但較圖版為殘）、71.28、71.33＋無號、71.46、71.48（原簡殘損，綴合似亦有誤）、71.49、71.54、71.55、71.57、71.61、71.71、95.14、142.26、158.3、169.12、177.15、202.24（反體照片 589 原有 202.24 簡，《勞》圖版不知為何削去）、203.47（圖版「之」字部分削去，反體照片存）、231.14（原簡下端缺一小塊）、231.105、249.2、267.3、272.39、272.49

7. 有少數簡可能遺失。1965 年原簡自美國運回臺灣後不久，勞先生曾請人逐包查對，作成一紀錄（〈居延漢簡點查記錄〉1966 年 8 月）。根據他的記錄，已有不少圖版上有的，原簡

圖 37
20.9

2　參香港大學圖書館特藏部《居延漢簡整理文件》檔（檔案編號：特 796.7 10）。

卻不見蹤影。最嚴重的是有兩整圖版上的簡不知所終。不過我們曾發現該記錄以為遺失的簡，現在又找到了。勞先生當時不是親自查點，這份記錄也不是完全可靠。勞先生的點查記錄裡即指出不少簡放錯了包。香港拍照時的條件十分不理想，拆包拍照，再包妥待運，只有沈仲章、徐森玉等人任其事，倉促間發生排放錯誤或遺失不無可能。[3] 因此，是否真正有遺失，必須在逐簡檢查和整理完成後，才能確定。目前我們對以為遺失的簡並未放棄希望。

8. 原簡已破碎，包在紙包中：120.55、215.11、231.114、247.28、247.46-247.60、248.9

9. 各家未曾著錄之簡：
182.11「□□□□平□孫」
238.35「□里不更□年□」

三 反體照片

當年勞榦在昆明、李莊作釋文依據的是香港拍攝的照片。這些照片不知何故，簡影與字跡完全與實物相反。這套依原簡所拍的照片目前完整保存在史語所倉庫。原始底片（玻璃版）原在香港商務印書館，已於 1941 年日軍攻占香港時，隨印書館被炸而全毀。因此除了最早在北平作釋文時所存留的釋文手稿及曬藍稿本，這套照片就成為目前唯一能反映當時原簡狀態及字跡清晰度的基本資料。

現在我們以原簡與反體照片比對，發現有不少反體照片曾遭到塗描。

3　漢簡到香港後工作情況請參邢義田，〈傅斯年、胡適與居延漢簡的運美與返台〉，《中央研究院歷史語言研究所集刊》，66：3（1995），頁 923-926。

我們曾將部分送請我所照相室專門人員鑑定，確認照片字跡的確經過塗描。有些塗描較輕微，或僅修描一簡上若干字或若干筆劃較不清晰之處，基本上尚不致影響字之原形及辨識；也有少數則幾乎整簡重描，或字形改變，對辨識造成一定的影響。由於沒有原始底片，這些塗描原本是在底片上進行或在反體照片上進行，目前還難完全判定。不過據我們了解，在香港拍攝時，人力不足，工作十分倉促，恐無暇進行細緻地底片修整工作。當時是準備以所謂的珂羅版印刷。供印刷用的底片是一種玻璃版，這是否允許修版也須要了解。比較可能的情況是 1957 年在臺北出版圖版時，以反體照片製版，為求較佳效果，而在照片上作了修整。[4] 有些修整的痕跡，在燈光下斜視即可一覽無遺。以下將有塗描痕跡的三百七十餘簡的簡號列出：

4.6B、54.12B、54.20B、54.21、54.23B、55.3＋55.15、57.7、61.9、61.19、61.24、62.36AB（圖版 158、216、421 整版照片曾塗描）、75.16、75.18、75.19、75.20、75.21、75.22、75.26、75.27A、76.20、76.32、76.33、76.42B、76.62、76.63、77.2、77.4、77.9、77.10、77.11、77.15、77.16、77.18、77.21、77.22、77.23、77.24、77.25、77.29、77.30、77.31、77.32、77.33、77.34、77.35、77.36、77.42、77.49、77.53＋77.56、77.54、77.60、77.62、77.63、77.64、77.66、77.68、77.69、77.76、77.77、78.3、78.8、78.13、78.16、80.2、80.28、80.29、80.30、82.2、84.13＋143.17、84.17、84.23、84.24、84.29、84.30、87.3、89.8、89.10、124.15A、127.4、127.6、127.7、127.8、127.12、127.13、127.14、127.16、127.17、127.18、127.25（圖版 126 塗描且缺簡下段，圖版 127 完整未塗描）、127.26、127.27、127.29、127.33、127.36（圖版 126 塗描，圖版 127 未描）、131.64、132.13、132.23、140.1B、140.6B、140.7、140.8B、140.10、140.11AB、

4　勞榦在民國 46 年《居延漢簡圖版之部》的序言裡曾提到當時製版的經過說：「現在付印時，也是細心付印，對於版式，版的種類，油墨的色彩，紙質的種類都曾經做過幾種試驗。」但並未說明是否曾修整當時「大致說來還未完全變壞，但仍不免有一部分走樣」（頁 3）的照片。

140.15、140.18B、140.19、140.20、140.26、140.30B、141.2、142.4、
142.13AB、142.14A、142.16、142.25B、142.27、142.32A、145.33、
145.38、146.12、146.14、146.20、146.71、146.94、148.1＋148.2、148.6、
148.10、148.11、148.18、148.29、148.33、148.45、149.5、149.21、
149.23、149.24、149.32、149.35、149.41、149.42、149.49、149.64、
155.7B、155.13B、155.15、157.2、157.21、168.13、169.13、169.15、
170.3、170.9A、171.2、171.8、171.17AB、173.31、 174.12、174.14、
174.16B、174.19、174.22、174.24、174.34、175.9、176.25、176.41、
177.11、181.6＋181.16、181.12、182.1、182.25、182.27、182.28、
182.37、182.39、182.44、182.48、183.15B、184.11、184.12、185.4B、
185.9、185.23＋185.24、185.26、185.34B、187.3、187.15、188.17、
188.22、188.25、188.27、188.29、188.35、190.21A、190.38、192.12、
192.31、193.26、193.30、194.1、194.2、194.7、196.2、196.8、198.3、
198.16、198.17A、199.3、199.9、199.12、199.17、203.2、203.6、203.25、
203.27、203.32、203.33、203.44、204.3、205.1、206.17、206.31、210.3、
210.8、210.13、210.18、210.23、212.1A、212.2、212.6、212.7AB、
212.11、212.15、212.25、212.34、212.35、212.38、212.41、212.52、
212.69、212.72、212.96、212.104、213.3、213.9、213.15、213.16、
213.17、213.18、213.23、213.24、213.28、213.44A、213.34、213.37、
213.38、213.40、213.45、213.46、214.5、214.32、214.55、214.71、
214.93、214.101、214.145、217.17、217.18、217.22、217.23、221.8A、
221.11A、224.19、225.16、225.18、225.21、225.22、225.30、225.41、
227.10、227.15、227.18、227.29、227.43、227.91、227.100、228.10、
228.13、232.25、232.29、232.31、232.50、233.20、233.28、233.33、
233.35、233.38、233.44、233.45、233.47、234.7、234.27A、234.20A、
237.17AB、237.10、237.27、238.19A、240.2＋240.22AB、240.3、
240.8AB、240.18、240.19AB、240.30AB、241.15、241.25B、241.40、
243.25、247.7、247.13、247.20、247.22、247.28、247.32、248.27、

249.17、250.4、250.18A、250.20、253.17、254.3、254.4、254.5、254.8、254.9、254.10、254.13B、258.15、260.9AB、260.18AB、260.19AB、260.20AB、263.3、263.6、264.9、264.11、264.14、266.2、266.23A、267.6A、267.10、267.13A、267.15B、267.26B、268.7、268.23、268.34B、268.47、269.1、269.2、271.6、271.7A、277.21A、279.12、279.26、283.7、283.13、283.16、283.24、283.26＋283.36＋283.65、283.38B、283.48、283.53、283.61、283.63、284.8B、287.1B、288.28、290.3、290.4

　　塗描造成字跡辨識上的出入如 120.19「德」字之「心」原作「…」三點，但照片塗描成「一」橫。勞圖版 416 各簡幾乎都被嚴重塗描，字形已不盡準確。

　　其次，我們以原簡與反體照片比對，又發現在香港拍照時，的確有不少是以紅外線底片所攝，但有些並不是。勞榦在 1957 年《居延漢簡——圖版之部》的序言裡即提到原簡有些清晰，有些則否；「這些不清晰的木簡，曾經在香港用紅外線底片加上紅色的濾光鏡來照」（頁三），換言之，其中有些只是以普通底片所攝。因為經過半個世紀，不少簡至今仍十分清晰，當時若以紅外線攝影，不致像反體照片和圖版所見同一簡上只有局部是清晰的。尤其明顯的證據是如果簡曾遭火燒，使簡面發黑，而使字跡無法分辨出來，普通底片所攝的照片只能顯現一片黑。可是以紅外線拍照，字跡和這些火燒發黑的部分就可以明顯區分開，而使字跡顯現出來。我們比對原簡和反體照片，發現有不少經火燒發黑的，並沒有顯出紅外線攝影應有的效果，因此可以確認以下四十八簡只可能是以普通底片所攝：

　　53.15、53.22、54.19、55.10、56.1、57.14、57.15、57.17、57.18、58.2、62.18A、62.20、62.33、62.43、63.17、67.1、72.13、76.46、83.2、84.4、84.18、89.1、89.11、90.18＋90.70、90.86、97.10＋213.1、118.30、119.11＋350.66、119.53＋119.64、127.26、173.22、176.34、177.5、177.10、177.13、177.21、179.4、182.33、184.15、194.14、203.11、237.10、237.32、237.46、237.64、255.15、255.38、303.12A

四 《居延漢簡——圖版之部》

1957 年史語所出版《居延漢簡——圖版之部》，第一次公布了居延漢簡的簡影。同書於 1977 年再版，增加了勞榦的再版序和管東貴訂正錯誤的後記。紙張、印刷皆有改善，圖版清晰度不亞於第一版。1992 年三版，未作改動，圖版清晰度遠不如舊版。以下以再版本為據，談談圖版裡的問題。

1. 少數勞圖版看似無字的簡，其實不是無字，而是當年拍照時誤攝了另一面。因此圖版上無字，字跡實在背面，如：100.6、103.18、112.18、161.4、175.2、184.2、188.23、190.28、224.21、262.18

2. 許多簡兩面有字，因圖版只見一面，各家釋文往往缺釋另一面，如：4.5＋4.8、19.34、20.4、42.5、42.15、42.20、45.1（封檢側面）、49.28、50.2、51.10、52.21、52.28、54.7、54.12、54.21、55.12、57.13、62.53、63.18、71.18、73.9、74.9、75.20、81.5、88.6、89.14、100.38、101.21、101.22、103.28、111.2、113.20、118.3、119.9＋119.70、119.41、121.5、121.12、121.13、121.24、121.32、127.3、131.17、132.31、147.4、148.23、163.6、163.7、168.10、169.14、170.8、176.52、180.13、180.32、180.33、182.9、182.26、182.50、187.313、187.23、192.20、192.22、192.30、192.42、210.9、210.16、212.3、212.13、220.9、240.17、243.32、257.32、258.11、268.21、274.31、280.20、284.11、284.36、501.8、

舉例如下：

73.9B 「□□□□丈人毋恙泉叩頭幸甚
　　　　□〔石〕次卿與范□郭次卿毋恙數以泉累毋已〔時〕□」
　　　　（書信簡兩面內容可以連續，另一面參見《合》，不錄）

89.14B 「〔六〕萬一千九百八十」

121.12A 「地節三年九月甲寅朔丙寅都鄉佐建德敢言之

毌官獄徵事當得以令取傳謁移過所縣」

（勞圖版缺 A 面，各家皆無釋文，B 面「九月癸酉佐光以來」筆跡
與 A 面完全不同）

121.13A　「□乙亥視事以來□一卷」

（勞圖版只有 B 面「□□」，各家皆無 A 面釋文）

147.4B　「府告鄣候卒□」（各家皆無 B 面釋文）

163.6B　「第六」（各家缺）

163.7B　「第廿二」（以上兩簡兩面筆跡相同）（各家缺）

180.32B　「·第第第卅七隧」（各家缺）

182.26A　「府記〔騂馬〕農令」（《合》作「府記□□□史」）

182.26B　「丑朔甲辰府告騂馬」（各家缺）

192.20B　「□□□□買嬰一　　出

出錢廿買中嬰一　　出

出錢〔八〕買小嬰一　　」（各家缺）

240.17A　「始國三年四月丙辰」（原簡脫一「建」字；「丙辰」，《合》作「丙
戌」）

240.17B　「如律令」（各家缺）

243.32A　「書□□□　　　□

隧尉□」（《合》作「皆　□尉」）

243.32B　「□□申日人□」（各家缺）

257.32B　「□叩頭□□□□□〔諏〕田未入□□□□□□□一□□記
□□□□□□□□□□□□久不相見起居得毋它急叩不相見甚
久勤□」（各家缺）

258.11B　「□伏地再拜叩」（各家缺）

268.21B　「□□卒〔廿〕□

□□□卒□六」（各家缺）

274.31B　「令史〔宣〕」（各家缺）

280.20B　「

日因以送遠之道之之人人人□博博德德□幸幸〻 甚〻 王長
卿」（其中部分字重複書寫）（各家缺）

284.11B 「掾光」（各家缺）

284.36B 「白素五尺直九十七□□□上買十」（各家缺）

3. 還有不少簡的圖版和反體照片，明顯因製版時不慎，使原簡上應有的
字跡削去：

61.24 反體照片及《勞》圖版 158 皆無簡末端原有的「徐」字。
《合》根據不同的底本，正確地補上了「徐」字。不過《合》
釋文之「前移」應作「謹移」。

70.21 原簡上端原有「十二月」字跡（《合》作「一月」），照片及圖
版不見「十」的部分。

71.25 原簡及反體照片下端比圖版稍多，圖版下端缺一「十」字，
應是修圖版時不慎被削去。

71.26 《勞》圖版「居延」二字部分遭污損不可見，反體照片十分
清楚。

75.8 圖版末端缺損，原簡及反體照片不缺，應是修圖版時不慎削
去。

112.12 原簡有塗黑之簡頭，反體照片完整，圖版修版時不慎削去。

175.54 《勞》圖版 240 缺上半段，圖版 250 之無號簡即此簡之上半
段。《甲乙編》圖版 2537（178）完整。

179.5＋332.9 《勞》圖版不全。

249.2 原簡較圖版缺上端一小塊，少「七月」二字。

267.3 照片完整，但圖版上端削去。

4. 原簡上有不少圖版未曾顯現的字跡、符號、痕跡、形制：

4.2 在「倉」與「十」二字之間有朱筆記號，或即常見之「卩」
號。

10.18	原簡、照片較圖版清晰，簡上有「⊥」記號，⊥與⊥之間有橫向直線刻痕七。⊥號墨色濃淡不一，或非一時所書。
21.1	上端封檢凹槽內有一圓孔。
21.3	簡下端為殘斷的封檢凹槽，背面為半圓弧形。
26.1	「建昭二年閏月丙戌甲渠令史董子方買鄣卒歐威裘一領直七百五十約至春錢＝畢已旁人杜君雋」這是一件著名的券契簡。簡左側上端 4.5 公分處有三道刻痕。這對了解券契形制十分重要。
26.5	原簡簡頭有已褪色之半圓花頭，以紅外線可見花頭之墨線，花頭與簡文首字「槍」之間有一圓孔。
35.15	簡左側有四道墨書橫劃。
36.10	簡頭兩側有楔刻
36.11	簡頭兩側有楔刻，筆跡、內容與 36.10 簡相關。
38.38	原簡厚達 0.6 公分, 右側有一墨書「二」字或二橫劃
40.20	簡右側面有字跡「居延□」，左側有距離不等之七道刻齒。
82.9	竹簡。簡下端右側有契刻。
89.20	簡上端兩側有契刻。
128.1	簡面無字，長 18.2，寬 1 公分，其上有八道橫向刻痕，刻痕間距不等。
135.9	簡頭左右各有一契刻，圖版不可見。
175.20	簡一面有「過所」二字，背面為半圓形。
225.23	簡面有七道橫向刻痕。
260.22AB	厚木方，背面有二字，不可識，各家缺。
260.17	「亥□」二字間有一穿孔，圖版上形成「‧」形陰影，《合》釋文作「癸亥‧□」，「‧」應取消。
278.7ABC	封檢凹槽之上端削成單面有「廣田以次傳行至望遠止」十字。凹槽以下分為三面，字跡清晰，唯簡已斷為三段，待黏合。

282.9B	簡面中段有明顯封泥之泥痕，右側有淺凹槽，背面也有少許殘泥。
	此簡特別裝在一木盒中，盒面有勞榦親書「帶泥封簡　勞榦記」七字。
287.1	半圓頭塗成黃紅色。《勞》圖、《合》編號誤作「288.11」。
287.21	圖版上端破損造成的陰影使《合》誤以為「劍」字上另有一「私」字。

五 釋文討論（紅外線簡影請參文後圖）

81.10 　「建平三年二月壬子朔丙辰都鄉嗇夫長敢言之□□

同圬戶籍臧鄉名籍如牒毋官獄徵事當得取□□」（勞圖版 376）（圖 38）

此簡原簡清晰程度與圖版相當。2007 年 11 月 27 日我在香港大學圖書館得見當年向達所作，馬衡和賀昌群所校此簡釋文，除「當得」下少一「取」字，餘全同。[5] 釋文之「圬」字，《勞》作「物」，《合》作「均」。均難通解。按原簡字形作「圬」，可釋作「坾」。同樣字形之「坾」字又見 283.42：

「居延移民以坾共取門者□

第四候長吉等言會月廿八」（勞圖版 364）

此「坾」字，《勞》、《合》皆作「物」。居延簡中另有「診」、「殄」字甚多（「診」27.1A，勞圖版 508、266.17，勞圖版 313；「殄」

圖 38　81.10

5　參香港大學圖書館特藏部《居延漢簡整理文件》檔（檔案編號：特 796.7 10）。

3.14，勞圖版 526、30.4，勞圖版 241、174.22，勞圖版 167），這些字右側部分字形俱與上述「坅」之右側相同。疑「坅」即「畛」字。阜陽漢簡〈年表〉「畛」寫作「田勿」，銀雀山〈孫子兵法〉同。[6]「土」、「田」偏旁通用之字在古文字中並不罕見，高明《中國古文字學通論》即曾舉出四例。[7] 畛為田間之路。「居延移民」墾田為業；「以畛共（供）取」，凡居於同一田畛範圍內的居民相互供求，經營一種共同體的生活。這不能不使人想到「居同邑，耕同野」的古制。[8] 也不能不使人想到漢初鼂錯在徙民實邊策中「營邑立城，製里割宅，通田作之道，正阡陌之界」，將城邑里宅與田道阡陌相提並論的規劃，以及對徙民「邑里相救助」，「生死相卹」的期待（《漢書·鼂錯傳》）。看來居延的移民聚落似乎正是如此。81.10 簡「同坅」二字清楚。「坅」與下文之戶籍、藏鄉名籍之間應如何句讀？戶籍和藏鄉名籍以什麼為編成單位？里制與田畛有怎樣的關係？都是極值得進一步探究的問題。

95.5　「制詔納言其虞官伐林木取竹箭　始建國天鳳三年十一月戊寅下」（勞圖版 280）（圖 39）

此簡原簡較圖版清晰，「虞」字，《勞》作「與」，《合》作「□」，以紅外線，可知是一清楚的「虞」字。「虞」字書法與 171.18（勞圖版 61）、194.20（勞圖版 315）虞字相同。[9] 又「三年十一月」，《勞》作「二年十一月」，《合》作「□年二月」，應以「三年十一月」為是。

103.40　「一百令史得羊功憙」（勞圖版 152）（圖 40）

6　參胡平生，〈阜陽漢簡年表整理札記〉，《文物研究》，7（1991），頁 297。

7　高明，《中國古文字學通論》（北京：北京大學出版社，1996），頁 155。

8　參孫詒讓，《周禮正義》卷 29（北京：中華書局，1987），〈地官〉遂人條，頁 1132-1137。

9　相關考證見邢義田，〈月令與西漢政治——從尹灣集簿中的「以春令成戶」說起〉，《新史學》，9：1（1998），頁 38 注 63。

此簡原簡已不如照片、圖版清晰，但紅外線所見較圖版為佳。

《合》釋文作「一百七十可得羊□二頭」，今改釋如上。因為釋出此簡上之「憙」字，又查筆跡，可知此簡與 103.46A「□敢具意因道憙欲買羊□」一簡有關。103.46 之圖版綴合有誤，《勞》、《合》釋文隨之而誤。可惜此簡原斷裂為三段，目前只找到中、下二段，上段待找。

134.35　「甲渠言遣掾　・輸錢府」（勞圖版 204）（圖 41）

《合》作「甲渠言遣掾式

　　　　　　・就書府」

按此簡以紅外線所見較清晰，以作「輸錢府」為是。「輸錢府」文例見 30.15（勞圖版 241）。

185.32　「坐移正月盡三月四時吏名籍誤十事適千里」（勞圖版 266）（圖 42）《合》釋文少一「千」字。按「千」字中間簡斷重接，接痕雖密合，筆劃稍有殘損。《勞》圖版斷痕陰影太寬太深。我們的釋文雖只增一「千」字，卻甚有意義。「誤十事，適（讁）千里」，蓋從此一簡可知，漢代邊吏處理如四時名籍之類的文書，如發生錯誤，懲罰之重。這也為漢代的遷徙刑增添一證。

214.67　「□望明畫天田□」（勞圖版 577）（圖 43）

與《合》釋文「□□隧長王□」相差甚多。按《敦煌漢簡》1817 有「謹候望明畫天田察塞外動靜……」文例。

231.97＋231.98　《合》以為可以綴合，但簡厚薄不同，上下筆跡不一致，難以肯定係同一簡。簡上下筆跡不同的情形固然不罕見，但簡斷裂處之厚薄寬窄木紋必須吻合。（圖 44、45）

285.14　「第廿隧原葆輪軸具　同　橋梁十三〔黃〕沙　枲二斤」（圖 46）

《合》作「第廿隧原葆輪軸具　同　□□□□二斤」

圖 39
95.5

圖 40　103.40

圖 41　135.35

圖 42
185.32

圖 43　214.67

圖 44
231.97

圖 45　231.98　　圖 46　　　圖 47　312.19
　　　　　　　　　285.14

紅外線所見較原簡、圖版清晰，可釋出簡下半截字。「黃」字字形與 286.19B 之「黃將」之「黃」字相同。「輪軸具」以下字，筆跡不同。

312.19 「同　粟三石三斗三升少」（圖47）

以上 285.14、312.19 兩簡中央都有一稍大，剖開的「同」字。285.14（勞圖版 372）同字存左半，312.19（勞圖版 254）同字存右半，應該都是作為契約憑證用的「合同」。合同之制，王國維、胡平生已有考證。[10] 胡文曾舉居延簡 89.21 及張鳳《漢晉西陲木簡》簡 46.1，證明早在西漢中期已有合同文書。以上 285.14、312.19 兩簡可提供更多的例證。

後記

本文初稿曾在民國 88 年 12 月 10 日第一屆簡帛學術討論會上宣讀。今經修訂並增補圖。　　　　　　　　　　　　　　　　　　　89.2.25

小組成員：蕭璠、林素清、劉增貴、李宗焜、顏世鉉、邢義田（圖48）
執筆：邢義田

原刊《古今論衡》4（2000）；原刊圖版用手工剪貼而成，再訂時圖已利用電腦大幅改善。特此感謝史語所數位典藏漢簡計劃所有工作同仁。又史語所藏居延漢簡紅外線檔已於 2000 年 8 月全部完成，影像改善綴合後已納入史語所數位典藏漢簡資料庫（http://rub.ihp.sinica.edu.tw 2007.11.5）。
　　　　　　　　　　　　　　　　　　　　　　　　　96.12.1 再訂

10　胡平生，〈木簡出入取予券書制度考〉，《文史》，36（1992），頁 145-156。

圖 48　簡牘整理小組成員，從左至右：蕭璠、林素清、劉增貴、顏世鉉、邢義田（1999.9.15）。

補後記

　　本文發表於近三十年前，所附圖版為當時紅外線儀所攝。現在已有更清晰的紅外線影像圖檔，為使讀者了解當年設備的極限，本文保留原附圖。較好的圖版可參史語所 2014-2017 年出版的《居延漢簡（壹～肆）》。

111.2.2

《居延漢簡補編》序

　　1930、31 年在額濟納河沿岸，漢代邊塞中出土的一萬餘枚簡牘，保存至今已經整整六十多年。1931 年以後，由於中國長期動亂不安，釋文和圖版先後出版多次，但是在刊布上一直存在著缺憾。[1] 一個最根本的缺憾就是歷次的刊布出版，都沒有能夠核對原簡。

　　1988 年初，本所成立簡牘整理小組，就是希望能夠彌補這個缺憾。我們的目標是將目前藏於本所的居延漢簡作一次較徹底的整理，重新刊布圖版和釋文。在核對原簡的基礎上，希望能夠補充過去的遺漏，並澄清過去存在的疑問和錯誤。《居延漢簡補編》（以下簡稱《補編》）是工作的初步成果。

　　所謂《補編》是補本所前輩勞榦先生的《居延漢簡──圖版之部》和《居延漢簡──考釋之部》未收或刊布不全的部分。這包括：

　　（1）勞書未發表者
　　（2）勞書有釋文，缺漏圖版者，以上共 1,153 枚
　　（3）中央圖書館所藏居延簡 30 枚[2]

　　由於勞先生已發表的簡，我們還沒能完全清理一過，許多簡號錯誤，圖版缺失的，一時還缺少追查的線索，因此以上所補，還達不到完整的地步。在今後整理的過程中，將隨進度陸續增補。

　　《補編》同時也收錄本所所藏居延以外地區出土之漢簡。這部分列為

1　關於成立經過及初步工作情形，請參簡牘整理小組，〈中央研究院歷史語言研究所藏居延漢簡整理工作簡報〉，大庭脩編，《漢簡研究的現狀與展望》，日本關西大學出版部，1993，頁101-120。經增補的工作簡報見本編附錄。

2　中央圖書館自 1996 年已改名為國家圖書館。其藏簡即裘善元舊藏。

本書〈附錄〉：

（4）1930、1934 年黃文弼發現，現藏於本所的羅布淖爾簡 58 枚；

（5）1944 年夏鼐、閻文儒在敦煌小方盤城北郭小丘上所掘，現藏於本所的簡 76 枚；

（6）1945 年 11 月夏鼐、閻文儒於武威南山剌麻灣所掘，現藏於本所的木簡 7 枚。

這些簡的圖版和釋文有些已見於《居延漢簡甲乙編》、黃文弼《羅布淖爾玫古記》、夏鼐〈新獲之敦煌漢簡〉。可是上列書、文所刊布的圖版或有遺漏，或有錯誤。例如《甲乙編》所收中央圖書館藏簡的尺寸有部分縮小，與原簡尺寸不符。黃文弼實際發掘的簡數比他在《考古記》中發表的略多。大庭脩《大英圖書館藏敦煌漢簡》一書雖曾收錄這批羅布淖爾簡，但小有失誤。例如：羅布淖爾簡 54AB，原簡中剖為二，該書圖版只攝取了簡的一半。與黃文弼、大庭書相對照，《補編》增補了：4B、6B、10B、25B、36A、45B、63B、69B、N1、N2、N3、N4。這主要是因為利用紅外線設備，得以增補過去因肉眼看不到字跡而造成的遺漏。我們深覺遺憾的是，黃文弼曾刊布的羅布淖爾簡中有十五枚，迄今未能找到。夏鼐先生曾兩度刊布他發掘的敦煌簡。1991 年中華書局印行的《敦煌漢簡》也曾收錄。可惜三次刊布的圖版都不清晰，少數簡兩面有字，圖版也只刊出一面。另外有些較零碎的簡，夏先生曾加編號，作出釋文，卻未發表，《補編》悉數補錄。令人遺憾的是夏先生曾刊布一木梳刻辭的拓影，我們沒有能夠找到這把梳子。

武威剌麻灣簡過去不曾刊布。剌麻灣在武威縣南六十里。這些簡是 1945 年夏鼐和閻文儒發掘唐金城縣主和朔方節度使慕容曦光墓時所得。[3] 1996 年 5 月 14 日整理小組在本所文物倉庫的清冊上，發現有「殘木簡 13 片」的記錄。經開箱檢查，得知十三枚中有七枚有字跡，七枚中又僅有一

3　此二墓墓誌資料已發表於《中央研究院歷史語言研究所集刊》20 本上冊，（1948），頁 313-342。

枚字跡清晰可辨。可惜夏先生在相關考古報告中對木簡發現的經過未作說明，無法得知出土的實際情況。閻文儒先生曾發表〈河西考古雜記〉，略述在武威剌麻灣的發掘經過，無一字提及有文字的木簡。[4]

勞先生最早於民國 32 年以石印出版《居延漢簡考釋──釋文之部》，33 年出版《居延漢簡考釋──考證之部》。在《釋文之部》的序言裡，勞先生清楚提到他是根據原簡的反體照片作成釋文。這些反體照片目前仍藏在本所（圖 1）。為避免戰禍，原簡早在民國 29 年即秘密運往美國保存。[5] 勞先生在北平時，曾與馬衡、向達、余遜、賀昌群等人一起依據原簡作釋文，並寫成若干釋文底本。不過出版的石印本是以反體照片為據，並沒有參考釋文底本。[6] 序言中說這些底本「因北平淪陷失去」，[7] 也提到約有二十分之一的簡沒有照片，因此沒有釋文。由於照片陸續自香港寄到昆明，遺失、損壞和錯亂的情形也令勞先生覺得十分無奈。

民國 38 年，《居延漢簡考釋──釋文之部》改由上海商務印書館出版鉛印本。46 年，在臺灣由本所出版《居延漢簡─圖版之部》；49 年，出版《居延漢簡──考釋之部》。圖版是依據反體照片翻拍，釋文和考證有所補充和修正，但無法依據原簡核對。民國 54 年 11 月 23 日，居延漢簡從美國國會圖書館回到臺灣。在此之前，於 1959 年，中國科學院考古研究所出版了《居延漢簡甲編》，收有二千五百餘簡的圖版和釋文。《甲編》的圖版係多方拼湊而成，只及居延簡數的四分之一。1980 年，中國社會科學院考古研究所再補充資料出版《居延漢簡甲乙編》。以上先後幾次的出版，或不附圖版，或不夠完整。而所有在反體照片上以及在釋文底本上已存在的錯

4　閻文儒，〈河西考古雜記〉，《文物參考資料》，12（1953），頁 53-71；同一文稍作增補又發表於《社會科學戰線》，4（1986），頁 135-152；1（1987），頁 130-148。

5　運往美國經過請參邢義田，〈傅斯年、胡適與居延漢簡的運美及返臺〉，《中央研究院歷史語言研究所集刊》66 本 3 分，1995，頁 921-952。

6　參馬先醒〈余讓之漢簡學〉、〈勞貞一先生著曬藍本漢簡釋文集鈔〉兩文，分見《簡牘學報》，1（1974），頁 12；2（1975），頁 42。

7　釋文原本失去，但本所仍保存勞榦及余遜所作釋文的曬藍本各一本。《居延漢簡甲乙編》序提到他們曾參考賀昌群「釋文稿本」十五冊，馬衡「釋文稿冊」三冊，「釋文簽」4877 頁。

圖1　居延漢簡　反體照片　第一葉

古月集：秦漢時代的簡牘畫像與政治社會
　　——卷一　漢代的簡牘

誤，都因缺少核對原簡的機會，一再沿誤，無法更正。舉例來說，以《補編》所收簡和勞先生《居延漢簡考釋》石印本以及反體照片核對，發現：

（1）簡號確知重複的有 48.17、209.1 兩枚；

（2）經查核原簡編號，證實石印本及反體照片編號錯誤的最少有以下各簡：

108.29 應為 108.27

120.8 應為 120.8〔？〕　　原簡編號 8 之後還有數字，殘缺不可識

229.24 應為 229.4　　　　簡號原寫作「229 之 4」，將「之」誤作「2」

237.51 應為 237.57

我們過去曾整理一小部分已發表簡，已經發現不少簡號錯誤的情形。[8] 相信經過全面清理，一定還可以發現更多簡號上的問題。此外，石印本所標號有與反體照片上所標的簡號或照片頁碼不一致的情形。石印本各簡有上下兩號碼：上端括弧中號碼為照片頁碼，下端號碼為原簡編號。經查核本所保存的反體照片，發現照片上的確有勞先生所說的照片編號，但按石印本編號卻找不到勞先生所釋的簡。這種情形有以下各簡：36.1、63.38、110.30、146.33、212.5、212.16、234.23、270.5、280.1、288.23+288.29AB、306.7、335.15、428.9、484.32、512.11、532.3、563.4。令人懷疑這是石印本所標照片號數不確，或因照片時時補拍、補寄造成了某些混亂。例如石印本註明簡 484.7 的照片編號為 B26，可是現在卻找不到這張編號 B26 的反體照片。

釐清簡號是我們的一大任務。另一工作則是盡可能為日漸褪色的字跡保留最好的簡影資料。這一萬餘簡從出土至今已歷六十餘年。過去保存的條件不理想，雖然很多簡的字跡仍屬良好，墨色變化不大；有些簡卻出現白斑或字跡褪色，即便使用紅外線設備，也無法拍攝出比過去圖版更清晰的字跡。這種情形所幸不多。以《補編》所收居延簡為例，與最早據原簡

8　參前引〈工作簡報〉，頁 108-109。

寫成釋文的曬藍本比較，發現曬藍本原注明「無字」或「不可辨」的，利用紅外線以後，能釋出字的達 39 簡：

14.15、31.26、65.4、75.12、80.4、80.17+80.12、100.7AB、116.38AB、118.19、124.9、126.43、131.15、140.24、146.33、146.72、171.1AB、177.19、213.42、219.49、221.34、237.47、246.41AB、274.14、274.33、284.30、288.23+288.29AB、299.30、322.14、324.3AB、 336.6、337.7AB、340.1、346.21、346.49、531.2、535.9、537.4、537.16、565.13。

還有不少曬藍本注明「無字」或「不可辨」、「不可識」，經紅外線處理雖看見字跡，卻仍釋不出來。原能釋出若干字，經紅外線處理後，可釋之字數增加的也有一些。這裡不再一一羅列。

《居延漢簡補編》的出版得到本所前任所長管東貴及現任所長杜正勝先生的大力支持。簡牘整理小組在管東貴先生的主持之下成立。這兩年來，杜所長繼續支持整理的工作。中央圖書館慨允出借藏簡，提供攝製圖版上的方便，並允許將這批資料納入《補編》，都是要鄭重致謝的。日本大庭脩教授來訪，使我們得知有較進步的紅外線設備，因而能在圖版和字跡辨識上有所突破。在準備釋文和圖版的階段，裘錫圭先生對釋文、徐蘋芳先生對圖版資料都曾大力幫助。整理小組在此表示衷心感謝。

勞榦先生是本所前輩，也是簡牘研究的先驅。在整理過程中，我們充分體認到前輩在過去極惡劣的條件下，為簡牘學奠基的辛勞。勞先生十分關心我們的工作，時賜書教。《補編》完稿後，勞先生親自為本書題簽，整理小組深感榮幸。在此鄭重致謝。而今年正值勞先生九十華誕，我們謹以最虔誠的心，獻上此書，為先生壽。

最後，還要感謝代攝所有原寸照片的楊永寶先生，擔任保管工作的何世坤先生、曹淑慧小姐和沈建東先生。這幾年裡先後協助我們的助理有黃佩卿、杜昭璿、葉洒治、鄭夙雯、夏嘉萱小姐。沒有她們的協助，這本《補編》不知何時才能問世。

釋文雖經一再推敲，錯誤及仁智之見仍然難免。紅外線圖版因設備本

身的限制也有不盡理想之處。整理小組所有參與工作的同仁願負一切錯誤的責任，並祈海內外方家指教。

史語所簡牘整理小組（蕭璠、林素清、劉增貴、邢義田）

民國 86 年 2 月 28 日

原刊《居延漢簡補編》（臺北：中央研究院歷史語言研究所，1998）97.3.20
再訂

《居延漢簡》第一冊前言（簡牘整理小組）

出土已踰八十年，如今收藏在中央研究院歷史語言研究所的居延漢簡一萬三千餘枚及其它共出文物，終於可以在較好的條件下完整地出版。

史語所前輩勞榦先生曾據抗戰期間所攝反體照片，在民國 30 年至 50 年間先後出版過釋文和圖版，分別為《居延漢簡考釋・釋文之部》（1943）、《居延漢簡考釋・考證之部》（1944）、《居延漢簡・圖版之部》（1957）、《居延漢簡・釋文之部》（1960），為漢簡研究奠下最重要的基礎。奈何這段期間，因種種因素，出版條件一直都不理想。民國 77 年史語所成立漢簡整理小組，再事董理，並於 87 年將部分成果印成《居延漢簡補編》。這算是利用紅外線電子儀器攝製圖版的第一部漢簡書籍。可惜那時能找到最好的設備，其攝像解析度僅有 75 dpi，較便捷的圖檔後製軟體也還沒有面世。以分段拍攝，手工剪貼而成的圖版品質因此並不理想。為此一拖十餘年，除了將圖檔納入史語所網站「漢代簡牘數位典藏」，沒有正式出版新的釋文和全部圖版。

民國 101 年年底邢義田陸續徵得老班底林素清、劉增貴、顏世鉉的同意，又獲得新完成學位的劉欣寧首肯，新舊夥伴組成的簡牘整理小組得以重新出發，並於民國 102 年 3 月 15 日正式恢復釋讀工作。恢復的關鍵在於前一年底，史語所考古學門自日本 iMEASURE 公司購進紅外線掃描器（IR-6000），解析度高達 2400 dpi，可以攝製十分清晰的簡牘影像。這十幾年來電腦軟硬體既已飛躍進步，印製較符合理想的圖版已不是問題，工作沒有再停擱下去的理由。

這次利用紅外線掃描器建立新圖檔，一律掃描每一枚簡的正背面，不

論有字無字；如為觚或封檢，則掃描各面，力求完整。所建圖檔明銳清晰的程度，遠遠超過以往。不過因為掃描器載台為一平版，少數彎曲特甚的簡，因不能貼緊平版面，會因失焦而模糊。其中有些可用分段調整簡面位置，多次掃描後拼接以取得較佳影像。但仍有少數取像不如理想，須要另行攝影。掃描一簡一面並登錄相關資料須時五、六分鐘，掃描正、背面或多面，就是雙倍或雙倍以上的時間，一天工作下來不過建檔數十簡。

隨著圖檔建立，整理小組展開釋讀工作。這次釋讀以民國92年5月所完成的居延漢簡新釋文為底本，根據新的高解析度紅外線圖檔，並參校勞榦《居延漢簡・考釋之部》、《居延漢簡甲乙編》、《居延漢簡釋文合校》諸本，必要時也調出原簡或查考勞榦和余遜所作曬藍本釋文，並盡可能吸收前輩學者如裘錫圭、謝桂華等先生的校改成果。校讀後作出新釋文，其中改釋和補釋者頗為不少。

《居延漢簡補編》出版耗時十年。這次為縮短時程，整理小組決定一邊整理，一邊出版。原預計出版三冊圖版和釋文，實際工作以後發現，如果將以前未曾發表過的簡和其它共出文物，甚至將黃文弼、夏鼐所發掘或採集的簡悉數納入，則須增至四或五冊。目前出版的第一冊收錄包號一百以前所有的簡牘和有編號的遺物共二千七百九十九件。

過去兩年以來，整理小組得到本所所長黃進興大力支持，設備和經費得以無虞。臺大歷史研究所博、碩士生高震寰、石昇烜和洪尚毅、中文所博士黃儒宣擔任助理，協助釋文和紅外線掃描、建檔，認真負責，無怨無悔。他們在校釋釋文的過程中，包括從旁協助的游逸飛博士，都曾積極參與並曾在釋讀和綴合上貢獻良多。過去一年裡曾有不少中外學者來參觀，胡平生、李均明、郭永秉、陳劍、鄔可晶、陳侃理、田天更曾指正釋文。考古庫房林玉雲、施汝瑛和楊德禎小姐不辭辛苦，協助提件、查找資料、操作電腦和安排排版。漢字資料庫的莊德明先生大力幫忙解決造字問題，攝影室楊永寶先生代攝彩照，數位典藏計劃的溫子軍先生細心處理圖檔的後製工作。沒有以上諸多學者、同仁的熱情協助，這部書不可能如此順利編成。簡牘整理小組要向他們表達最大的謝意。唯本書仍然存在的問題，

概由整理小組負責。

史語所簡牘整理小組
林素清、劉增貴、顏世鉉
劉欣寧、邢義田

民國 103 年 9 月
前言執筆：邢義田

《居延漢簡》第二冊前言（簡牘整理小組）

　　目前出版的《居延漢簡》第二冊圖版和釋文，收錄包號一百零一至二百一十所有的簡牘及共出文物二千九百四十三件。本冊圖版和釋文體例基本上同於第一冊，增補之處，請詳見凡例。

　　本冊攝影設備和工作成果與第一冊稍有不同。首先是設備上增加了紅外線相機。紅外線掃描儀適合掃描基本上平整的簡牘，對少數太過彎曲的簡，或書寫在封泥槽內的文字，因簡本身或書寫面無法完全貼近掃描平版而失焦，簡影會部分清晰，部分模糊。為解決這個問題，我們添購了一台全片幅微單眼二千四百三十萬像素 Sony α7 相機，配備 Sony FE 28-70mm 鏡頭，特別請專家移除機身內阻擋紅外線的濾鏡，換裝成容許特定波長紅外線通過之濾鏡 IR85（IR PASS 850nm）。改裝的相機可解決失焦的問題，但限於性能和光源，影像會有光線不平均，粒子較粗的現象。我們只得比較掃描和拍照優劣，加以取捨。第二冊有少數簡的圖版是用紅外線相機所攝，圖版會特別注明。

　　其次，在第一冊出版前，整理小組只綴合了少數的殘簡。出版後，顏世鉉和石昇烜持續綴合很多。他們全力投入，後來黃儒宣也加入，成果豐碩。迄今除了前賢已指出者，他們新綴合成功的簡已達百餘組。除簡號屬本冊範圍者收入本冊範圍外，部分成果顏世鉉和石昇烜在本所《古今論衡》和武漢大學《簡帛網》上發表。此外，第一冊出版後，陸續發現一些錯誤，本冊書後特列「增補表」和「第一冊勘誤表」，以利讀者與第一冊相互參照。謹此向所有指正錯誤和推進綴合工作的讀者和小組成員致謝。綴合工作沒有盡頭。隨著整理工作的進展，可綴之簡必會陸續出現；已綴

者，也可能又須補綴。這須要整理小組和讀者今後共同努力。

最後值得一提的是本冊收錄了永元器物簿七十七枚簡的紅外線和彩色正背面圖版。這次因使用高解析度掃描儀，首次發現第五十四簡和第六十九簡背面有字跡。對這些字跡，我們作了釋文和圖版局部放大，供大家進一步研究。

過去三年多以來，整理小組得到本所黃進興所長的大力支持，設備和經費得以無虞。臺大歷史研究所博、碩士生高震寰、石昇烜、洪尚毅和彭奎翰、中文所博士黃儒宣擔任助理，協助釋文和紅外線掃描、建檔，認真負責，無怨無悔。他們也都曾積極參與校釋，並在釋讀和綴合上貢獻良多。

過去一年裡，焦天然、任攀、劉洪濤、張傳官曾參加釋讀，謝謝他們的關懷和協助。考古庫房林玉雲和楊德禎小姐不辭辛苦，協助提件、查找資料、操作電腦和安排印刷排版。漢字構形資料庫的莊德明先生大力幫忙解決造字問題，攝影室楊永寶和施汝瑛代攝彩色、紅外線照片和尋找更好的攝製器材，數位典藏計劃的溫子軍、金宜蓉和助理嚴巧珍細心處理圖檔的後製工作。文物實驗室謝智華、蔡毓真協助文物的修護。沒有以上諸多學者、同仁的熱情協助，第二冊不可能如此順利編成。簡牘整理小組要向他們表達最大的謝意。唯本書仍然存在的問題，概由整理小組負責。

史語所簡牘整理小組

林素清、劉增貴、顏世鉉

劉欣寧、邢義田

民國 104 年 8 月

《居延漢簡》第三冊前言（簡牘整理小組）

　　《居延漢簡》第三冊圖版和釋文，收錄包號二百一十一至三百一十所有的簡牘及共出文物三千四百八十一件。本冊圖版和釋文體例基本上同於第一、二冊，增補之處，請詳見凡例。此外，本冊攝影和工作成果也有些稍不同於第一、二冊。

　　首先是設備上雖曾在紅外線掃描儀之外，增加了紅外線照相機，照片影像有所改善，但仍不盡如理想。幸好日本奈良獨立行政法人國立文化財機構奈良文化財提供支援，派專人親來史語所，以他們特有的設備，拍攝彎曲特甚的簡，經後製處理，獲得了令人滿意的效果。謹向松村惠司所長、都城發掘調查部副部長渡邊晃宏教授、同部主任研究員馬場基教授及寫真室主任中村一郎先生表示感謝。本冊收錄圖版中有九件為奈良國立文化財研究所代攝，圖版各件之下特加標注。

　　其次，在第二冊出版前後，顏世鉉、石昇烜、黃儒宣、彭奎翰綴合了不少殘簡。至今綴合成功者多達二百餘組，納入本冊者有八十餘組。第一、二冊刊布後，已有讀者成功綴合我們所遺漏的，而整理小組成員也發現若干尚可補綴者。現在我們決定在出版最後一冊時，重新刊布所有綴合成果，包括新綴圖版和釋文。深盼讀者繼續指教，大家一起努力。謹此向所有指正錯誤和推進綴合工作的讀者和工作夥伴致謝。

　　過去四年以來，整理小組得到本所黃進興所長的大力支持，設備和經費得以無虞。臺大中文所博士黃儒宣和臺大歷史研究所博、碩士生高震寰、石昇烜、洪尚毅、彭奎瀚擔任助理，協助釋文和紅外線掃描、建檔，認真負責，無怨無悔。他們也都曾積極參與校釋，並在釋讀和綴合上貢獻

良多。史語所博士後游逸飛也參與了工作。考古庫房林玉雲和楊德禎不辭辛苦，協助提件、查找資料、操作電腦和安排印刷排版。漢字構形資料庫的莊德明大力幫忙解決造字問題，攝影室施汝瑛代攝彩色照片和協助奈良國立文化財研究所攝影工作，數位典藏計劃的溫子軍、金宜蓉和助理嚴巧珍細心處理圖檔的後製和校正。此外我們也得到文物維護實驗室謝智華和劉致慧的協助。沒有以上諸多同仁的熱情協助，第三冊不可能如此順利編成。

　　準備第三冊釋文的過程中，有不少中國、日本和歐美學者來訪，並參與我們的工作，在此恕不一一列名，其中要特別感謝的有：劉洪濤教授和我們一起工作數月，提出頗多釋文上有益的建議，陶安（Hafner, Arnd Helmut）教授和李洪財博士也有釋文建議為本冊採納，陳偉教授則對工作準備和流程有所建言。此外審查人也提供許多重要的意見。簡牘整理小組要向他們表達最大的謝意。唯本書仍然存在的錯誤和問題，概由整理小組負責。

史語所簡牘整理小組
林素清、劉增貴、顏世鉉
劉欣寧、邢義田

民國 105 年 4 月

邢義田作品集

古月集：秦漢時代的簡牘、畫像與政治社會

卷一：漢代的簡牘

2024年9月初版　　　　　　　　　　　　　　　定價：新臺幣1800元

有著作權‧翻印必究

Printed in Taiwan.

著　　　者	邢	義		田
叢 書 主 編	沙	淑		芬
內 文 排 版	菩	薩		蠻
校　　　對	吳	美		滿
封 面 設 計	兒			日

出　　版　　者	聯經出版事業股份有限公司		編 務 總 監	陳	逸		華
地　　　　　址	新北市汐止區大同路一段369號1樓		總 編 輯	涂	豐		恩
叢書主編電話	（02）86925588轉5310		總 經 理	陳	芝		宇
台北聯經書房	台北市新生南路三段94號		社　　長	羅	國		俊
電　　　　　話	（02）23620308		發 行 人	林	載		爵
郵政劃撥帳戶第0100559-3號							
郵 撥 電 話	（02）23620308						
印　刷　者	文聯彩色製版印刷有限公司						
總　經　銷	聯合發行股份有限公司						
發　行　所	新北市新店區寶橋路235巷6弄6號2樓						
電　　　話	（02）29178022						

行政院新聞局出版事業登記證局版臺業字第0130號

國家圖書館出版品預行編目資料

古月集：秦漢時代的簡牘、畫像與政治社會
卷一：漢代的簡牘/邢義田著．初版．新北市．聯經．
2024年9月．600面．17×23公分（邢義田作品集）
ISBN　978-957-08-7315-3（精裝）

1.CST：秦漢史　2.CST：簡牘學　3.CST：文化史
4.CST：考古學

621.9　　　　　　　　　　　　　　　　113002944